Michel Langlois

LE TEMPS DE LE DIRE

Une vie bien fragile *

Une vie nouvelle **

Les années fastes ***

roman historique

ÉDITIONS FRANCE LOISIRS

Édition du Club France Loisirs,
avec l'autorisation des Éditions Hurtubise inc.

Éditions France Loisirs,
31, rue du Val de Marne, Paris
www.franceloisirs.com

ISBN : 978-2-298-14723-0

LE TEMPS DE LE DIRE

Une vie bien fragile

Personnages principaux

Aubry, Roméo : prétendant de Georgiana.

Bourgault, Armande : épouse de Basile Bourgault et amie d'Élise Cournoyer.

Bourgault, Basile : boulanger, ami d'Aimé Courchesne.

Courchesne, Aimé : époux d'Élise Cournoyer.

Courchesne, Annabelle : fille aînée d'Aimé Courchesne et d'Élise Cournoyer.

Courchesne, Denise : fille d'Aimé Courchesne et d'Élise Cournoyer.

Courchesne, Francesca : fille d'Aimé Courchesne et d'Élise Cournoyer.

Courchesne, Georgiana : fille d'Aimé Courchesne et d'Élise Cournoyer.

Courchesne, Guillaume : fils d'Aimé Courchesne et d'Élise Cournoyer.

Courchesne, Louis : frère d'Aimé Courchesne.

Courchesne, Vianney : fils d'Aimé Courchesne et d'Élise Cournoyer.

Courchesne, Victoire : fille adoptive d'Aimé Courchesne et d'Élise Cournoyer.

Cournoyer, Élise : épouse d'Aimé Courchesne.

Cournoyer, Norbert : frère d'Élise Cournoyer.

Joyal, Démérise : mère d'Aimé Courchesne.

Joyal, Émile : propriétaire d'un magasin général.

Ladouceur, Adalbert, dit l'Ermite : ami des Courchesne.

Mitchell, Patrick : marchand prêteur.

Morrissette, Aurélien : habitant de L'Avenir et braconnier.

Murphy, Margaret : fille du marchand Norris Murphy.

Murphy, Norris : propriétaire d'un magasin général.

Poulin, Amédée : aide d'Aimé Courchesne.

Prince, Gédéon : chef de police.

Sicotte, Alfred : renégat.

Tousignan, Cyrille : poète, ami d'Annabelle Courchesne.

Vallée, Éméraldine : mère d'Élise Cournoyer.

Personnages historiques

Un certain nombre de personnages historiques sont mentionnés dans ce roman. Nous n'avons retenu ici que les noms des principaux. Pour chacun, en plus de leur année de naissance et de décès, nous précisons leur titre et soulignons parfois leurs principales réalisations.

Bérard, Pierre-Ambroise (1834-1914): Fils d'Ambroise Bérard et d'Éléonore Grégoire, il naît à Saint-Cuthbert près de Berthier en 1834. Il y épouse en premières noces, le 2 octobre 1860, Lucie-Virginie Houde et en secondes noces, à Drummondville, Emma Lafontaine, le 21 juin 1880. Il exerce la médecine à Drummondville jusqu'à son décès survenu le 24 avril 1914.

Boisvert, Joseph (1814-1887): Fils de Joseph Boisvert et de Geneviève Allard, il épouse en premières noces Louise-Mélanie Leprohon à Saint-Pierre de Sorel, le 27 septembre 1836, et en secondes noces Marie-Julie Colette à Saint-Jean-Baptiste de Nicolet, le 25 mai 1840. Dès 1846, il devient aubergiste à Drummondville, où il meurt le 30 novembre 1887. Son fils Joseph Domptail épouse Elisa-Ann Meek à Sainte-Geneviève de Berthier le 5 septembre 1861. Il lui succède comme aubergiste.

Caya, Joseph-Trefflé (1837-1917): Fils d'Antoine Caya et d'Esther Richer-Laflèche, il naît en 1837. Son père, qui est boulanger, s'établit à Drummondville en 1840. Joseph-Trefflé occupe les postes de greffier de la cour de circuit de Drummondville et de secrétaire du conseil de comté de Drummond. En 1861, il épouse, à l'église Saint-Roch de Québec, Euphémie Thivierge. En 1880, il se fait construire, rue Brock à Drummondville, une maison qui existe toujours. Il y habite jusqu'à son décès survenu en 1917.

Heriot, Frederick George (1786-1843): Fondateur de Drummondville. Né le 11 janvier 1786 à l'île Jersey, d'une famille française huguenote. Enseigne d'une compagnie d'infanterie, il accompagne son régiment au Canada en 1802. En mars 1813, il devient major au régiment des Voltigeurs canadiens, puis lieutenant-colonel. Il accédera au grade de colonel en 1830 et à celui de major-général en 1841. C'est en 1815 qu'il est chargé, à la demande du gouverneur par intérim Drummond, de fonder la future ville de Drummondville. Il décède le 30 décembre 1843, emporté par la fièvre typhoïde.

Marchand, Majorique (1838-1904): Il fait ses études au Séminaire de Nicolet. Il est ordonné prêtre en 1862. Vicaire à Sainte-Anne-de-la-Pérade pendant un an, puis à Sainte-Anne-d'Yamachiche, il a vingt-sept ans lorsqu'il est nommé curé de la paroisse Saint-Frédéric de Drummondville, le 25 septembre 1865. Il y restera jusqu'en 1889. Après quelques mois à Nicolet, il prend la cure de Gentilly le 28 octobre 1890. Il y meurt le 14 mai 1904.

Millar, Charles Howard (1856-1939): Il était le huitième fils de Robert James Millar et d'Eliza Robins, de Drummondville. Il devient maître de poste et registraire de la Drummondville Co., poste qu'il occupe pendant de nombreuses années. Il épouse en 1886 Ida Stewart McDougall, fille de John McDougall, fondateur des forges de Drummondville. Trois garçons et trois filles naissent de leur union. Il meurt en 1939.

Richer dit Laflèche, Louis-François (1818-1898): Il naît à Sainte-Anne-de-la-Pérade le 4 septembre 1818. Il étudie au collège de Nicolet de 1831 à 1839. Il est ordonné prêtre le 7 janvier 1844. Il est d'abord missionnaire dans l'Ouest près de la Rivière-Rouge, puis au Dakota du Nord. Revenu au Canada en 1856, il enseigne à Nicolet. En 1866, il est choisi coadjuteur du diocèse de Trois-Rivières dont il devient l'évêque en titre en 1870. Il se démarque surtout par ses idées ultramontaines. Il meurt le 14 juillet 1898 à l'âge de 79 ans.

Vassal, Henri (1832-1912): Fils de Stanislas Vassal et de Félicité Gill, il épouse à Saint-Thomas-de-Pierreville, le 7 janvier 1867, Adélaïde Niquette, fille de Bénoni Niquette et de Luce Gill. Il s'établit à Drummondville en 1880 et y fait construire une scierie au bord de la rivière Saint-François. Il en sera le propriétaire jusqu'en 1905. Il est maire de Drummondville en 1897. Il vit avec son épouse dans une maison qu'il se fait construire sur ce qui est aujourd'hui le boulevard Mercure. Il meurt en 1912.

D'aussi loin que je me souvienne
Ils étaient faits pour le bonheur
Pour une vie trop quotidienne
Et pour le pire et le meilleur

Georges Dor, *Les ancêtres*

PREMIÈRE PARTIE

DRUMMOND

1880-1883

Chapitre 1

Les Courchesne

Guillaume Courchesne arrivait rue Heriot. Il buta au beau milieu de la chaussée contre une pierre d'assez forte dimension. Vociférant sous le coup de la douleur, il se pencha pour se frotter le bout des orteils. Rageusement, il ramassa la pierre pour la lancer hors de la rue, au-delà du trottoir de bois. C'était du moins là son intention. Toutefois, au moment où il allait tirer, elle lui glissa des mains, prenant une tout autre direction que celle désirée. Elle fracassa la vitrine du magasin de monsieur Norris Murphy. En moins de deux, le petit homme bedonnant, les poings fermés prêts à frapper, se retrouva sur sa galerie et, d'une voix courroucée, hurla :

— *Who has broken my window ?*

Le bruit avait déjà attiré quelques badauds. Guillaume se dirigea sans hésiter vers le magasin avec l'intention bien arrêtée d'avouer son geste. Ne parlant pas anglais, il n'avait pas compris ce qu'avait crié monsieur Murphy. Mais au ton de sa voix, il avait facilement deviné qu'il se plaignait de sa vitrine cassée. Il s'accusa sans hésiter :

— C'est moi qui l'ai brisée, sans faire exprès. Je payerai.

Ils auraient entamé un dialogue de sourds si monsieur Henry Lindsay n'était pas passé par là. Il intervint en traduisant ce que Guillaume venait de dire.

— *Alright*, acquiesça le marchand. *Come here.*

Le jeune homme comprit le geste de monsieur Murphy et entra au magasin derrière son propriétaire, tous deux suivis de monsieur Lindsay désireux de se rendre utile. Guillaume s'empressa de lui dire :

— Prévenez-le que je suis prêt à travailler à son magasin jusqu'à ce que ma dette soit remboursée.

Avant de s'adresser à monsieur Murphy, monsieur Lindsay jugea bon d'avertir Guillaume :

— Te rends-tu compte de la valeur d'une telle vitrine ? J'ai bien peur que tu vas devoir passer plusieurs semaines à te morfondre ici. Il ne te fera pas de cadeau.

Se tournant vers monsieur Murphy, il l'informa des intentions du jeune homme. Il attendit sa réponse et lui en fit part.

— Il veut d'abord connaître ton nom.

— Guillaume Courchesne.

— Le fils d'Aimé, le traversier ?

— Oui, monsieur !

Il en avisa le marchand, puis renseigna Guillaume sur les exigences que monsieur Murphy venait de débiter d'une voix courroucée.

— Tu vas devoir d'abord ramasser jusqu'au dernier petit morceau de verre cassé. Tu devras ensuite rester là jusqu'à ce que monsieur Marcotte vienne obstruer la vitrine avec un panneau. De plus, il veut te voir demain matin à six heures dans son entrepôt.

C'est ainsi que Guillaume Courchesne, quinze ans, fils du traversier Aimé Courchesne et de la ménagère Élise

Cournoyer, commença son apprentissage chez le marchand et quincaillier anglais Norris Murphy de Drummond.

Aimé Courchesne était bien connu à Drummond. Un peu tout le monde avait eu recours à ses services pour traverser la rivière Saint-François vers les cantons de Wendover et de Simpson. Traversiers de père en fils depuis la fondation du village par le lieutenant-colonel Heriot, les Courchesne avaient toujours accompli ce travail à la satisfaction de tous. Il y avait bien eu quelques accidents, attribuables chaque fois à une rivière déchaînée ou à la volonté de quelqu'un de la traverser malgré le danger. Cependant, personne n'avait jamais porté plainte, bien que certains passagers n'eussent pas la réputation d'être les plus conciliants du monde.

Wilbrod Courchesne, le grand-père d'Aimé, avait exercé son métier de passeur durant quarante ans, en fait depuis la fondation du village en 1815 par Frederick George Heriot. Ce lieutenant-colonel avait eu pour mission de créer une ville qui deviendrait la métropole anglaise du Bas-Canada. Ainsi, on pourrait prévenir les éventuelles invasions américaines. Il devait aussi récompenser plusieurs centaines de soldats qui venaient de vaincre les Américains en 1814 dans leur tentative de s'emparer du Canada.

Partant de William-Henry (Sorel), le lieutenant-colonel, avec son ordre de mission en poche, remonta la rivière Saint-François en barque. Il se demandait bien où il allait ériger la ville. La nature se chargea de le lui indiquer. En se butant aux rapides de la rivière dans le canton de Grantham, il décida de ne pas aller plus loin. Il fit construire des baraquements non loin de la rive sur ce qu'on appela ensuite la place d'Armes et, comme si ç'avait été des bonbons, il se mit à distribuer des terres aux anciens soldats. Il eut besoin que quelqu'un s'occupe de faire traverser les gens désireux de passer d'un côté à l'autre de la rivière. Ainsi, Wilbrod devint le passeur, et la traverse resta dans la famille Courchesne quand Claude, le fils de Wilbrod, lui succéda en 1855.

Chaque année, Claude Courchesne devait se sentir aussi mal à l'aise qu'un oiseau dans son nid sur une branche menaçant de se casser, car il était toujours question de construire un pont. Comment faire vivre ensuite les siens sans la traverse? Il pensait bien avoir perdu son travail quand, en 1860, on érigea le pont dont on parlait depuis des années. N'ayant plus de gagne-pain, il choisit de faire vivre sa famille en travaillant dans les chantiers. La chance lui sourit, le pont fut emporté par la rivière en crue au printemps 1862. Le malheur des uns fait le bonheur des autres; il reprit son travail de traversier sans se plaindre. Par contre, un malencontreux accident le rendit invalide alors que son fils Aimé n'avait que vingt ans. Malgré son jeune âge, ce dernier le remplaça à la traverse, conservant ainsi dans la famille ce travail exigeant, mais combien important.

La traverse était installée au bout du chemin Saint-Georges, en bas des rapides de la Saint-François, ceux-là mêmes qui avaient contraint le lieutenant-colonel Heriot à s'arrêter dans son expédition vers les Cantons-de-l'Est et l'avaient déterminé à fonder à cet endroit l'agglomération de Drummond, qui comptait maintenant pas moins de cent quatre-vingt-douze familles, catholiques aux deux tiers, les autres étant anglicanes ou protestantes.

Aimé exerçait son métier à compter du mois d'avril jusqu'au mois de novembre. Il se servait d'un bac pour transporter les voyageurs arrivés en voiture et d'une chaloupe pour ceux venus à pied.

Quand, ce jour-là, Guillaume apprit sa mésaventure à son père, il reçut sans broncher la gifle qui lui était destinée, habitué qu'il était, selon les humeurs paternelles, à avoir droit de temps à autre à une mornifle sans avertissement. Aimé était furieux parce qu'il ne pourrait pas compter sur lui pour passablement de temps alors qu'on était au plus fort de la saison. Il voyait en son fils son successeur à la traverse.

Élise avait d'abord donné deux filles à Aimé, Annabelle et Georgiana, toutes deux maintenant en âge de se marier. Puis Guillaume était né, suivi d'Hector, malheureusement mort en bas âge, et Denise, de deux ans la cadette de Guillaume, puis Vianney et Francesca. Ils étaient six enfants bien vivants autour de la table, prêts à dévorer tout ce qui se trouvait dans leur assiette. Aimé ne pouvant pas compter sur Vianney, encore trop jeune selon lui pour être efficace au traversier, se voyait contraint d'exécuter tout le travail seul. Voilà pourquoi il ne décolérait pas.

— Tu ne pouvais pas faire attention ? reprocha-t-il à son fils en levant de nouveau le bras pour frapper.

Cette fois, Guillaume replia son coude vers sa figure afin de se protéger. Il n'eut pas à le faire, la voix ferme de sa mère monta dans l'air :

— Ça suffit, Aimé ! Un accident est un accident !

Élise Cournoyer était une force de la nature. Svelte du haut du corps, mais forte des hanches, elle avait de beaux cheveux noirs remontés en chignon, ce qui faisait paraître ses épaules carrées et donnait l'impression qu'elle avait une poigne solide, ce qui s'avérait le cas. Elle détenait une certaine autorité, car quand elle montait la voix, son mari se calmait. Il ne lâcha pas tout de suite pour autant.

— Rien n'empêche, simonac, je serai seul pour au moins deux mois… sinon plus.

— Rien ne t'interdit d'emmener Vianney.

— Es-tu folle ? À dix ans !

— Un, je ne suis pas folle, deux, n'est-ce pas toi Aimé Courchesne qui racontes à tout le monde qu'à dix ans tu aidais ton père au traversier ?

— C'est pas pareil !

— Quelle différence y a-t-il ? Vianney peut te rendre beaucoup de petits services.

— Il est trop fluet pour soulever le câble d'arrimage.

— L'as-tu seulement laissé essayer ? S'il n'est pas capable de le faire, j'irai le lever, ton maudit câble.

— Tu ne seras pas de l'autre bord pour le retirer quand je reviendrai.

— T'auras qu'à demander à un passager. C'est pas la mer à boire, après tout. Mais non. Toutes les raisons sont bonnes quand tu t'entêtes à ne pas voir le bon côté des choses. Ce n'est pas la première fois que je te le dis, ni la dernière sans doute.

Élise releva d'un coup sec le bas de sa robe. Sans plus attendre, elle se dirigea vers la traverse afin d'ouvrir la barrière qui y donnait accès. Une voiture qu'elle avait entendue venir de loin, rien qu'aux bruits qu'elle transmettait, venait d'arriver, menée par un vieil homme qu'elle salua :

— Bonjour, monsieur Comeau ! Comment allez-vous ? Nous apportez-vous de beaux légumes ?

Le vieil homme souleva son chapeau.

— Bonjour, madame Aimé ! C'est pas encore ben vargeux pour les légumes, mais les fraises sont bonnes en p'tit péché.

— Vous en aurez bien un peu pour ma dent creuse ?

— Sont toutes promises.

— Allons donc, monsieur Comeau, juste quelques-unes, pour y goûter.

— C'est ben parce que c'est vous.

Le vieil homme lui en laissa tomber cinq dans le plat d'étain qu'elle traînait toujours à sa ceinture.

— Ça s'ra combien ?

— Rien que ça ! susurra-t-il en montrant sa joue.

Elle y déposa vivement un baiser avant de retourner à la maison. Aimé accourait. Il fit monter le vieux, son cheval et sa charrette sur le bac. Pour faire patienter son passager, il lança :

— On va attendre encore cinq minutes en toute, au cas où quelqu'un d'autre arriverait dans peu.

Tout en payant son passage, le vieux ronchonna :

— J'ai rien de contre pourvu que je soye d'l'autre bord dans la demi-heure.

— Vous inquiétez pas, vous y serez.

Quand Aimé promettait quelque chose, il tenait parole. Le vieux serait sur l'autre rive à temps. Il mettait, ordinairement selon la force du courant, un quart d'heure à vingt minutes pour effectuer la traversée.

Revenue à la maison, Élise appela Guillaume, occupé à bouder dans un coin.

— Va au moins aider ton père pour ce voyage-là, c'est sans doute ton dernier avant longtemps.

Elle fit une pause avant d'ajouter :

— Il faut toujours regarder c'qu'on fait.

— J'ai pas fait exprès. En plus, y avait pas à m'frapper.

— Tu l'connais. Y est pas sans cœur. C'est plus fort que lui. Quand le sang lui monte à tête, y pense pas à ce qu'il fait.

— On peut dire qu'y pense pas gros, parce que le sang lui monte pas mal souvent à tête.

— Bon, assez bougonné. Vas-y !

Guillaume descendit à la traverse. Aimé sonnait la cloche signalant le départ. On entendit un cri un peu plus haut du côté de la rue. Deux retardataires arrivèrent à la course et sautèrent dans l'embarcation au moment où elle quittait la rive.

Chapitre 2

Le village et la maison

À Drummond, en cette belle journée ensoleillée de l'année 1880, la rivière prenait la vedette. Elle luisait comme un miroir et sa surface pétillait à l'approche des rapides. Elle semblait bouillonner. Des jours comme celui-là, on entendait les oiseaux chanter dans les arbres des rives et plus bas, près de l'île déjà baptisée « aux-fesses », fusaient les coin-coin des canards malards. L'endroit ressemblait à un lieu magique, avec ses chutes, ses petites îles et ses forêts à perte de vue.

Le village s'élevait à quelques centaines de pieds de la berge. Parallèlement à la rivière, trois rues le traversaient. Elles avaient pour nom Heriot, Brock et Lindsay. Elles étaient entrecoupées par le chemin Saint-Georges, la rue Loring, la rue Cockburn et la rue du Couvent, dont le nom changerait plus tard pour prendre celui de Marchand, en l'honneur du curé. La rue du Couvent aboutissait en face de l'église anglicane Saint-George, située dans la rue Heriot. À l'opposé, rue Brock, l'église catholique Saint-Frédéric dressait son clocher comme un défi à sa consœur anglicane. Les deux églises semblaient se surveiller du coin de l'œil, tout en ne perdant pas de vue leurs fidèles établis tout le long des rues dans des maisons de bois à un étage. Par contre, la rue Heriot s'enorgueillissait de maisons carrées à deux étages, le rez-de-chaussée à hauteur de la rue servant en général de magasin ou de boutique, et l'étage de logement pour le propriétaire et sa famille.

Le long des berges de la rivière, des familles anglaises très à l'aise avaient établi leur domaine. On voyait là des maisons et des villas cossues pleines de serviteurs, propriétés de riches marchands qui y régnaient comme des princes et qui, par leurs entreprises, faisaient marcher à eux seuls l'économie de tout le village.

La maison des Courchesne était située un peu plus haut que la traverse, à mi-chemin entre le bord de la rivière et la rue Heriot. C'était une solide demeure de bois à deux étages, avec des fenêtres basses dont l'une à l'arrière permettait de surveiller la traverse. On n'y entrait jamais par l'avant. La famille comme les voisins et les amis y accédaient par l'arrière directement dans la cuisine. Un corridor menait au salon et à la chambre des parents. Tout au bout, un escalier à pic permettait de gagner l'étage où dans les combles se trouvaient deux grandes chambres, celle des garçons et celle des filles. À l'extérieur, derrière la maison, s'élevait la bécosse, endroit sinistre où on ne se rendait que par obligation et particulièrement redouté en hiver. Tout près, un hangar servait de rangement pour le bois de chauffage. Il y avait également une étable pour la vache et un poulailler avec sa vingtaine de poules.

Dans la cuisine, une pompe à eau en fer noir reliée à un puits sous la maison fournissait toute l'eau nécessaire au lavage du linge et au bain hebdomadaire. Quant à l'eau potable, les Courchesne devaient la puiser au puits voisin au début de la rue Heriot ou à la rivière. Près du poêle, une boîte à bois contenait la provision journalière de quartiers d'érables et de chênes nécessaires en tout temps pour chauffer le poêle servant à la cuisson des aliments et si utile en hiver pour garder un peu de chaleur dans la maison. Des catalognes étendues sur le plancher servaient à couper le froid l'hiver. Les murs de la cuisine étaient enjolivés par quelques gravures, des scènes de chasse et des images saintes. Une grande armoire servait de rangement pour le rouet, le fuseau, les seaux de bois, le balai, un petit banc, et au mur étaient accrochés quelques outils et un fusil. Près du poêle, une horloge marquant les heures trônait sur une petite tablette. Il fallait en remonter le mécanisme une fois par semaine, tâche qu'Aimé se réservait jalousement.

Tout au fond du corridor du bas, entre le salon et la chambre des parents, deux petites pièces servaient de chambre. La première était habitée par Éméraldine Vallée, la mère d'Élise. Elle était vieille comme la terre et aveugle par-dessus le marché, mais ne dérangeait personne puisqu'elle se déplaçait à sa guise sans avoir besoin d'aide. Il fallait toutefois constamment s'assurer de tout remettre en place, et particulièrement les chaises après les repas.

Dans la chambre adjacente à celle de l'aveugle vivait Démérise Joyal, la mère d'Aimé, une femme austère, près de ses sous, au chignon relevé, à l'air courroucé, à se demander si un sourire s'était déjà dessiné sur ses lèvres. Elle détestait l'autre grand-mère, pourtant douce comme une soie.

Dans la cuisine, une trappe recouverte d'un tapis menait à la cave où on gardait en permanence des pommes de terre, des choux, des navets, des oignons, des carottes, du maïs et toutes les conserves et confitures qu'Élise, aidée de sa mère, produisait à l'automne. Le tout était bien rangé sur des tablettes dans des bocaux de verre et dans des cruches de terre cuite. Suspendues au plafond, des feuilles de tabac attendaient d'être fumées et, dans une petite armoire fermée à clé, du whisky d'être bu. Il y avait également, au fond de la cuisine, une porte constamment fermée. Aimé avait défendu aux enfants de tenter de l'ouvrir.

Le chien Vulcain veillait sur tout, signalant par un jappement sec l'arrivée ou le passage de quelqu'un. La plupart du temps, il s'agissait d'un ou de quelques passagers pour la traverse qui fonctionnait jusqu'à la brunante et parfois même de nuit dans les cas urgents. La traversée de la rivière s'avérait parfois si dangereuse qu'on ne laissait pas les gens s'aventurer eux-mêmes à cet endroit. Aimé en connaissait les moindres remous et tous les pièges. Il se chargeait de mener son monde d'une rive à l'autre en toute sécurité.

Voilà donc où les Courchesne habitaient, à proximité de tout, la rue Heriot tout près étant la rue commerciale avec le magasin général de Norris Murphy, la boulangerie de Basile Bourgault – le grand ami d'Aimé, ils avaient été à l'école ensemble –, la boucherie d'Henri Massie, l'hôtel de Joseph Boisvert avec son enseigne suspendue au-dessus de la porte sur laquelle on pouvait lire d'un côté «Hôtel Boisvert» et de l'autre «Greenwood Hotel», et tout près, le salon de monsieur Peter Carroll, le barbier toujours de mauvais poil. Il y avait aussi la boutique du cordonnier Antonio Matte et plus loin le bureau de poste où régnait Charles Millar. Rue Brock s'élevait l'imposante demeure de monsieur Joseph-Trefflé Caya, le greffier de la cour. Celle du docteur Bérard, le grand ami du curé, se trouvait près de la rivière, voisine de la traverse.

Quant aux autres habitants du village, pratiquement tous des Anglais, ils menaient leur vie à leur guise tout en faisant tourner l'économie. Ils étaient partout, occupaient les plus belles maisons et pensaient sans doute pouvoir continuer indéfiniment leur règne. Mais les Canadiens français leur poussaient dans le dos et le village autrefois uniquement anglais devenait, bien malgré eux, de plus en plus français, surtout les jours de marché quand les cultivateurs des environs venaient vendre leurs produits et que les rues s'animaient. Soudainement le village se mettait à vivre et à rire, puis, à la fin de la journée, quand Aimé finissait la traversée des dernières voitures, comme le couvercle d'un cercueil, un silence lourd tombait sur le village.

Le travail accaparait tout le monde. La nécessité de gagner péniblement son pain reprenait le dessus. On revenait à la maison, sinon épuisé, à tout le moins très fatigué du travail accompli. Ainsi se déroulait la vie en ces années sur le bord de la rivière Saint-François.

Chapitre 3

Guillaume se met au travail

Guillaume se retrouva au magasin de monsieur Murphy à six heures, ce matin-là. Le jeune homme, il fallait bien l'admettre, était peut-être un peu fier pet, mais il n'avait qu'une parole. Il s'était mis dans la tête qu'il allait se rendre si indispensable que monsieur Murphy ne pourrait plus se passer de lui.

Quand il revint à la maison le soir, il en avait long à raconter. Le magasin général était une vraie caverne d'Ali Baba. Monsieur Murphy l'avait fait travailler d'abord dans l'entrepôt, à relever ce qui nécessiterait bientôt une nouvelle commande. Il semble bien que Guillaume avait su le satisfaire, car, au début de l'après-midi, après que son commis se fut estropié en s'échappant un barillet de clous sur un pied, il se fit aider par Guillaume pour satisfaire les clients de langue française.

Voilà comment, revenu de son travail à l'heure du souper, le jeune homme fit part avec enthousiasme de ses découvertes. Il avait appris par la bouche du commis que les Murphy avaient trois garçons, tous aux études à l'extérieur, et deux filles. L'aînée, Charline, déjà mariée, vivait aux

États-Unis, et la seule encore à la maison se prénommait Margaret.

De ce premier jour de travail au magasin général, Guillaume était revenu enchanté. Après ce préambule, il s'apprêtait à raconter sa journée en long et en large, et avec lui c'était toujours plus long que large, quand il déchanta. Sa mère avait précisément choisi ce moment et ce jour importants pour raconter l'histoire du passeur à Vianney.

Il faut savoir que dans cette famille, dès qu'un enfant avait l'âge de raisonner quelque peu, afin de le contraindre à réfléchir et pour mesurer sa capacité à solutionner un problème, on lui posait tout naturellement celui de la fable du passeur, du loup, de la chèvre et du chou. C'était maintenant à Vianney de se creuser les méninges autour de ce problème.

Francesca, de deux ans plus jeune que Vianney, aimait bien se faire valoir et mettre son grain de sel dans la conversation. Elle s'empressa de claironner :

— Je connais la solution !

Elle était vive et bien en avance pour son âge. Elle allait révéler la réponse quand sa mère intervint :

— Francesca !

Chaque fois, sa mère n'avait pas à insister, Francesca posait vivement un doigt sur ses lèvres et se taisait en regardant tout le monde l'air de dire : je sais me taire.

Élise exposa à Vianney de quoi il s'agissait.

— Un monsieur qui, comme papa, faisait traverser la rivière à ceux qui le voulaient ne possédait pour le faire qu'une petite chaloupe où ne montait qu'un passager à la fois. Un jour, il va chercher des passagers. L'homme qui l'attendait lui dit : "J'ai avec moi un loup, une chèvre et un chou, qu'il me faut expédier de l'autre côté de la rivière.

Mon fils viendra les y chercher. Il ne faut jamais qu'ils soient laissés seuls tous les trois. Je dois partir. Comment allez-vous faire pour les faire traverser puisque vous ne pouvez en emmener qu'un à la fois ? Voilà le problème." Le passeur se mit à réfléchir tout haut : "En effet, si je fais traverser le loup, la chèvre va en profiter pour manger le chou. Si, au contraire, je fais traverser le chou, le loup va manger la chèvre. Hum ! Hum ! Que dois-je faire ?"

Élise invita donc Vianney à y penser :

— Réfléchis bien ! Il y a une solution. À toi de la trouver !

Vianney répéta : « Si je fais traverser le loup... » Puis il murmura : « Si je fais traverser le chou... » Il s'arrêta un moment, le nez en l'air à regarder le plafond, comme il le faisait toujours quand il s'efforçait de réfléchir. Un sourire se dessina sur ses lèvres. Il s'exclama :

— Il fait traverser la chèvre !

Sa mère questionna :

— Pourquoi donc ?

— Parce que le loup ne mangera pas le chou.

— C'est vrai, mais qui fera-t-il passer ensuite, le chou ou le loup ? S'il choisit le chou, une fois de l'autre côté, la chèvre va le manger. S'il prend le loup, il va manger la chèvre.

Vianney réfléchit longuement, toujours le nez en l'air, puis, de nouveau après un bon moment d'hésitation, il s'écria :

— Je l'ai !

— Que fera-t-il ?

— Il va mener le chou de l'autre côté.

— La chèvre va le manger !

— Non, m'man, parce qu'il va ramener la chèvre avec lui. Et après, il va laisser la chèvre seule et va conduire le loup de l'autre côté, où se trouve déjà le chou, puis il va retourner chercher la chèvre.

Vianney eut droit aux félicitations de son père quand Élise lui apprit qu'il avait résolu la fable du passeur.

Au même moment Annabelle et Georgiana, les filles aînées, arrivèrent à la maison. Elles travaillaient comme servantes chez les Millar, dont le chef de famille était maître de poste. Plutôt que de coucher là, elles préféraient revenir passer la nuit à la maison et repartir tôt le matin. Georgiana allait bientôt terminer ses études d'institutrice à Saint-Hyacinthe et elle attendrait avec impatience de se trouver un emploi dans une école des environs. Leur père s'informa si elles avaient passé une bonne journée.

Quand Guillaume arriva à son tour, Aimé ne daigna même pas lui demander comment il avait trouvé sa journée. Comme il avait le goût d'en parler, Guillaume attendit la fin du souper. Il faut dire qu'il s'entendait bien avec sa sœur Denise, de deux ans sa cadette. Il n'avait pratiquement qu'elle de confidente. Comme elle s'en allait traire la vache et qu'il avait grande envie de parler, il la suivit à l'étable pour lui confier :

— J'ai eu une très belle journée.

— Qu'as-tu aimé le plus ?

— Ce que j'ai découvert.

— Les marchandises du magasin ?

— Oui, mais bien mieux que ça !

— Vraiment ?

— Les Murphy ont une fille de mon âge.

— Comment le sais-tu ?

— Au bout de l'entrepôt, il y a une porte qui ouvre sur un sentier menant à leur maison. Comme j'y allais pour la première fois, j'ai voulu voir où donnait cette porte. Je l'ai ouverte et je suis arrivé nez à nez avec cette fille. Elle a sursauté tout comme moi et a demandé quelque chose en anglais. Ça sonnait comme "ou à ou". Après, quand j'ai demandé à un client ce que veut dire en anglais "ou à ou", il m'a regardé en haussant les épaules, puis a laissé tomber : "Ça sonne comme *Who are you ?*" Ce qui veut dire : Qui es-tu ? En réalité, je n'aurais pas eu besoin de m'en informer parce que, voyant que je ne répondais pas, la jeune fille m'a justement demandé en français : "Qui es-tu ? — Le nouvel employé. — Ah bon et quel est ton nom ?" Je le lui ai dit, puis sans me gêner j'ai demandé : "Je peux connaître le tien ? — Margaret Murphy, la fille du propriétaire." Notre conversation s'est arrêtée là, son père m'appelait. Tu ne peux pas savoir comme elle est belle, avec ses cheveux roux, ses yeux verts et ses joues parsemées de taches de rousseur. Ouf ! Je n'ai pas cessé de penser à elle depuis que je l'ai vue.

— Parce qu'elle t'a donné son nom, tu perds les pédales.

— Pantoute !

— Pourquoi es-tu si énervé ?

— Tu verras, le temps de le dire et elle sera dans mes bras.

— Qu'est-ce que p'pa et m'man vont penser ?

Avec Guillaume, c'était toujours comme ça. Le temps de le dire, telle chose allait être réalisée. Le temps de le dire, il n'y aurait plus de problèmes. Le temps de le dire, l'ouvrage serait fait. Force était d'admettre que le plus souvent, dans le temps de le dire, il tenait parole.

Chapitre 4

Le quotidien

Chez les Courchesne tout était réglé à la minute près. Dès six heures, Aimé effectuait une première traversée. Les passagers venant de Saint-Cyrille-de-Wendover ou d'aussi loin que Kingsey arrivaient tôt. Aimé les ramenait à Drummond où ils se retrouvaient vers les six heures trente, à l'heure où les vieilles sortaient de l'église après la messe et où les magasins et les boutiques ouvraient leurs portes.

Annabelle et Georgiana quittaient la maison à cinq heures trente pour se rendre à leur travail. La vieille Démérise s'empressait de déjeuner pour ne pas croiser l'aveugle. Quand elle regagnait sa chambre, Éméraldine apparaissait à son tour à table. Élise lui servait son déjeuner en même temps que celui des enfants. Guillaume, Denise et les deux plus jeunes, les jours de classe, se pressaient pour ne pas être en retard, Denise et Francesca gagnant le couvent et Guillaume et Vianney se rendant, rue Lowring, chez l'instituteur. Mais depuis qu'il travaillait, Guillaume avait dû arrêter l'école. Au moment où les autres quittaient la maison, il était déjà au travail.

Tout ce beau monde se retrouvait pour dîner et pour souper. Les enfants avaient à rendre des comptes de leur journée et de leurs déplacements. Ils ne devaient jamais, au grand jamais, mettre le nez du côté de l'église anglicane Saint-George et ne pas dépasser d'un côté la rue du Couvent et de l'autre, le chemin Saint-Georges. Élise les avait bien prévenus de bien choisir leurs amis, uniquement des catholiques. Aucun protestant ne mettrait les pieds dans la maison. Il y avait bien assez de ceux qui passaient tout près pour prendre la traverse.

Le meilleur ami d'Aimé, Basile Bourgault, le boulanger du village, demeurait rue Heriot, pas très loin de leur demeure. Aimé et lui étaient comme les deux doigts de la main. Élise s'entendait bien également avec Armande Bourgault. Elles s'échangeaient des recettes. Parfois, le feu prenait entre les deux femmes. Élise revenait de chez la Bourgault en beau joual vert. Dans ce temps-là, elle disait à son mari :

— Je ne remettrai jamais plus les pieds chez elle.

— Qu'est-ce qui se passe encore ?

— À l'entendre, son fils au Séminaire de Nicolet est plus savant que ses professeurs. Tant qu'elle ne parle pas de lui, ça va. Mais dès qu'elle se met à le vanter, elle n'est plus arrêtable. "Y a fait ci, y a fait ça. Il réussit ses examens les yeux fermés. Il est si intelligent qu'il n'a pas besoin d'étudier. Il lit un texte une fois et peut le réciter aussitôt par cœur."

Élise fulminait et certaines fois elle ajoutait, comme pour se libérer de sa colère : « Il doit sûrement pas aller aux bécosses comme tout le monde, et s'il y va il doit chier de l'or. » Aimé lui disait de se calmer, que les Bourgault étaient du vrai bon monde et de bons amis, que lui et Basile s'entendaient très bien, jusqu'au jour où il revenait à son tour fâché bien noir contre son ami. Élise désirait savoir pourquoi. Il se rebiffait et ne voulait rien dire. Puis, on apprenait que le simonac de Basile avait eu le malheur de parler d'élections et comme Aimé et lui ne votaient pas du même bord, la chicane avait pris.

La dernière fois qu'ils avaient eu une prise de bec, une semaine passa, puis, ravalant sa fierté, Aimé se rendit chez Basile. Ils restèrent un bon moment à discourir au bord de la galerie, leur pipe à la main. Comme leur conversation se prolongeait, Élise commanda à Denise :

— Va prévenir ton père que le souper est prêt.

Elle courut l'avertir. Aimé savait que sa femme n'aimait pas qu'il arrive en retard aux repas. Il assura :

— Je viens tout de suite.

Revenue à la maison, Denise transmit le message à sa mère et lui apprit que son père avait un pain en main.

— C'est donc ça, murmura Élise. Pour lui parler, il s'est donné comme défaite que nous avions besoin de pain…

Tous les lundis, elle préparait le pain de la semaine, une tâche qu'elle détestait. Elle se morfondait à pétrir la pâte et cuire ses fournées. Voyant ce qui se passait, elle plaça une miche entière au milieu de la table. Aimé revint avec son pain. Quand il entra dans la cuisine, alors qu'il s'apprêtait à le déposer sur la table, il vit la miche, et s'arrêta net.

— Tu n'aimes plus mon pain ? lança Élise d'un ton glacial.

— C'est pas ça, voyons donc ! Celui que j'ai là est le pain de l'amitié retrouvée.

— C'est mieux d'être vrai, sinon tu ne mangeras jamais plus du mien.

La menace s'avérait fondée. Quand Élise décidait quelque chose, on pouvait être sûr et certain que ça s'accomplirait. Aimé continua à se justifier :

— J'ai pris ce prétexte pour renouer avec lui. Tu devrais en faire autant avec Armande.

— Lui apporter un de mes pains ?

— Tu sais bien qu'ils n'en ont pas besoin !

— Que veux-tu dire ? Que mes pains ne sont pas bons ?

— Ça n'a rien à voir. Ils sont excellents.

— Que veux-tu que je lui apporte alors ?

— Dis-lui tout simplement bonjour en passant. Elle va te répondre. Armande n'est pas toquée après tout.

— Dis donc que je le suis !

— Allons, Élise ! Tu sais très bien que ce n'est pas ce que j'ai voulu dire.

Se voyant dans son tort, Élise se tut. Dehors, les oiseaux faisaient entendre leurs chants du soir. Une grive solitaire y allait de son refrain comme le sifflement des notes aiguës de l'orgue de mademoiselle Ernestine Bérard à l'église.

D'une voix sèche, Élise grogna :

— À table !

Ils s'assirent à leur place habituelle pendant que les deux vieilles se joignaient à eux et que la mère déposait sur la table une fricassée de bœuf dont l'odeur avait envahi toute la maison. Aimé se signa, dit le bénédicité et, comme il en avait l'habitude, raconta l'événement majeur de sa journée.

— Vous ne savez pas ce que j'ai appris aujourd'hui sur le traversier ?

Il les laissa languir un peu avant d'ajouter :

— Monseigneur l'évêque va venir prochainement et comme il veut continuer sa route vers Saint-Cyrille, je vais avoir l'honneur de le traverser.

— J'espère qu'il fera beau, intervint la vieille Démérise. S'il fallait qu'il y ait du gros mauvais temps…

— Encore vos idées noires, m'man. Pourquoi la nature choisirait-elle de se déchaîner juste à ce moment-là ?

— Je disais ça comme ça.

— Est-ce qu'il est vieux, l'évêque ? questionna Denise.

— Je l'ignore, répondit Aimé.

— Il a les cheveux blancs, assura Guillaume.

— Comment le sais-tu ? demanda Denise.

— J'ai vu son portrait l'autre jour au presbytère.

— Que faisais-tu là ?

— Une commission pour m'man.

— Quelle commission ?

— Je l'ai envoyé chercher une copie de son acte de naissance, précisa Élise.

— Pour quoi faire ?

— Parce que je ne trouve plus l'autre et c'est toujours commode d'en avoir une.

S'adressant à son fils, Aimé demanda :

— En as-tu encore pour bien longtemps chez Murphy ?

— Quelques semaines, sinon plus.

— Simonac de simonac, moi qui ai tellement besoin de toi !

— Quand bien même tu te lamenterais jusqu'à la Saint-Glinglin, Aimé Courchesne, Guillaume ne reviendra pas t'aider plus vite, rétorqua son épouse.

— La maudite vitre coûte cher en pas pour rire !

— Guillaume te l'a pas dit ? Monsieur Murphy veut le garder à son magasin.

— Hein ? Qu'est-ce que tu racontes là ?

— C'est pas une mauvaise idée. Il va apprendre à faire autre chose que traverser la rivière. Après tout, t'es pas plus sourd que moi, il est encore question de construire un pont. Cette fois-ci, le curé Marchand est derrière l'idée. Avec lui, même s'il s'appelle Marchand, les choses ne vont pas en marchant, je dirais même qu'elles vont en courant. Mieux vaut prévenir que guérir. Si jamais il y a un pont, finie la traverse. Au moins, Guillaume aura un métier.

L'argument était de poids, parce qu'Aimé se tut. Il finit de souper et il sortit sa pipe, puis alla s'asseoir dans sa berçante. Une minute plus tard, un nuage de fumée flottait déjà au plafond. En passant près de son mari avec une pile d'assiettes à laver, Élise se permit cette réflexion :

— À mon avis, ton idée de construire un bac plus grand n'est pas bonne pantoute !

— Qu'est-ce que t'en sais ? Le pont est loin d'être fait et qui te dit qu'il ne sera pas emporté par la débâcle comme le précédent ?

— Supposons que tu construises ton bac et que l'année d'après y a un pont ?

— Je le vendrai. Il ne manque pas de traverses sur la Yamaska et le Richelieu. Un bac double, personne va lever le nez dessus. Tu veux savoir mon idée ? Je construis un bac aussi long et aussi large que celui que j'ai. Je relie les deux ensemble et je peux faire traverser deux sinon trois attelages dans un même voyage.

— Tu rentreras jamais dans ton argent.

— On gage ?

— Sur quoi ? T'as jamais une cenne !

— De toute façon, mon idée est faite. Je vais acheter du bois et construire mon bac. Même, si tu veux le savoir, il s'appellera l'*Élise*.

— En v'là des idées ! C'est bien du Aimé Courchesne tout craché ! Ç'a pas de sens ? Il le fait pareil…

Avec sa pile d'assiettes, Élise continua vers l'évier où sa mère l'attendait. La vieille Éméraldine avait beau être aveugle, elle rendait quand même service dans la maison. Elle aidait à la vaisselle pendant que l'autre vieille, la mère d'Aimé, n'aurait jamais levé le petit doigt pour rendre un quelconque service.

— La Démérise, grogna Élise, elle pourrait au moins faire sa part.

— Il faut l'excuser, soutint sa mère, elle n'est plus jeune, jeune.

— Et vous, m'man, vous êtes jeune ?

— J'ai cinq ans de moins qu'elle, ça paraît.

Élise était dans tous ses états.

— Cinq ans de moins et aveugle !

— C'est pas parce qu'on ne voit plus qu'on est bonne à rien.

— Il y en a, m'man, qui ont leurs deux yeux et qui, comme elle, ne font rien pantoute sinon se plaindre des autres.

— Ma fille, on ne gagne rien à se fatiguer pour ceux qui ne se fatiguent pas. À propos, es-tu contente de ce que devient Guillaume ?

Occupée à laver un chaudron, Élise mit un peu de temps à répondre.

— Il aime ce qu'il fait.

— Figure-toi qu'il est venu me voir.

— Hein ! pour quoi c'est faire ?

— Il voulait savoir si j'avais pas un vieux bijou à lui donner.

— En aviez-vous ?

— Tu sais bien que ça fait longtemps que j'en ai plus. Méfie-toi, ma fille. Quand un garçon cherche un bijou, c'est qu'il a quelqu'un à qui le donner.

— Vous pensez qu'il a une blonde ?

— J'en mettrais ma main au feu.

Chapitre 5

De la visite

L'été battait son plein, alternant ses jours de pluie et de soleil. Malgré le temps plus clément et les déplacements plus faciles, ce n'était pas la meilleure période pour espérer de la visite. Aimé était l'aîné de la famille. Il avait une sœur, Laurette, entrée chez les religieuses. Son frère Louis vivait aux États-Unis. Ferdinand exerçait le métier de menuisier à Nicolet, ses sœurs Appoline et Alberte avaient épousé des cultivateurs, l'une à Kingsey, l'autre à Saint-Eugène. Quant à Jacques, son autre frère, il était célibataire et travaillait comme employé à bord des trains. Il habitait à Trois-Rivières.

Il ne fallait pas compter voir les uns ou les autres durant l'été, tous occupés qu'ils étaient à faire valoir leur terre ou leurs affaires. Ils ne se fréquentaient pas beaucoup, d'ailleurs. Les belles-sœurs avaient de la difficulté à se sentir. Par contre, Aimé s'entendait bien avec son frère Louis, malheureusement établi au loin, à Nashua au New Hampshire. Du côté d'Élise, c'était encore plus compliqué, toute la famille était éparpillée un peu partout entre Wickham, Roxton et les États-Unis.

Tous les jours se ressemblaient un peu. Aimé partait à la traverse avec Amédée Poulin, son nouvel aide, et Guillaume à son travail, tandis qu'Élise demeurait seule avec les deux vieilles et Denise qui ne quittait guère la maison, aidant sa mère au lavage, au ménage et à la préparation des repas, voyant en même temps à occuper Francesca et Vianney à de menus travaux. Casanière, elle était heureuse dans ses affaires et sa petite routine.

Un soir, Denise flânait près de l'entrée quand Guillaume revint du magasin de Murphy.

— Tu ne sais pas qui j'ai croisé sur la rue Heriot ?

— Comment veux-tu que je le sache ?

— Devine !

— Monsieur le curé ?

— Quelqu'un qu'on ne voit qu'une fois par mois.

— L'Ermite ?

— En plein ça ! Il m'a dit : « Préviens ta mère que j'arrête souper chez vous. »

Tout en parlant, Guillaume était entré. Il lança :

— M'man ! L'Ermite vient souper icitte à soir !

— L'Ermite ? Sans lui tu ne serais pas là !

Deux ans auparavant, Adalbert Ladouceur, surnommé l'Ermite parce qu'il était le seul habitant d'une île en contrebas de la rivière, était à bord du bac d'Aimé, quand Guillaume, perdant pied au milieu de la traversée, bascula par-dessus bord et se retrouva emporté par le courant vers le plus profond de la rivière. Il allait couler quand, vif comme l'éclair, l'Ermite attrapa un bout de cordage qui traînait sur le pont, fit une boucle autour de son poignet et lança l'autre bout à Guillaume qui s'y accrocha. L'Ermite le ramena à bord sans trop d'efforts. Reconnaissant, Aimé l'assura :

— Ton passage sur la traverse sera gratuit tant que je vivrai et quand tu auras faim, tu pourras arrêter manger chez moi.

Voilà pourquoi il s'annonçait pour souper. Il n'avait que peu profité de l'offre d'Aimé depuis tout ce temps, ne s'étant arrêté que quelques soirs pour souper. C'était un homme effacé. Il ne regardait personne en face, n'étant bien que sur son île qu'il semblait toujours regretter d'avoir quittée. Pourtant, il venait à Drummond une fois par mois faire le plein de tout ce dont il avait besoin. De temps à autre, il se permettait de profiter de l'invitation d'Aimé. Il s'était rendu compte qu'il avait plusieurs bonnes raisons. Il se délectait d'abord d'un bon repas gratuit. Il pouvait ensuite voir Annabelle dont il s'était amouraché. Enfin, il avait l'occasion rêvée, comme pour se venger de tous les silences qu'il avait vécus depuis un mois, de raconter un peu tout ce qui lui passait par la tête. Il aimait revenir sur son passé, ne tarissant pas à le détailler. Il mettait ses auditeurs dans le contexte par toutes sortes de précisions comme s'il voulait créer le décor d'une pièce ou d'un drame. Excellent conteur, il s'exprimait avec naturel et aisance. Une fois lancé, il n'était pas facile à arrêter.

« Si jamais vous passez par les Cantons-de-l'Est sur la route qui mène de Sherbrooke à Drummond, vous ne pourrez pas manquer à treize milles d'ici, au milieu de nulle part, sur un terrain plat comme une feuille, traversé par un ruisseau aux allures de rivière, un village avec son église imposante, ses maisons agglutinées tout autour. Sachez que vous êtes là, parmi les marguerites, les pensées, les pivoines et les mauves, en plein cœur de L'Avenir. Ce village, vous le savez tout aussi bien que moi, a poussé là uniquement parce que le général Heriot, chargé de développer les

Cantons-de-l'Est, s'est mis dans la tête de faire construire une route reliant entre elles les deux plus grosses agglomérations. Sans cela, vous n'auriez jamais fait connaissance avec votre humble serviteur, Adalbert Ladouceur dit l'Ermite, parce qu'il ne se serait jamais retrouvé là.

« Revenons tout de même un peu en arrière, quand je n'étais pas de L'Avenir. Je dois avouer que je possédais déjà une longue feuille de route. Me suivre dans les moindres méandres de ma vie serait bien difficile, car avant d'atterrir à L'Avenir mes chaussures avaient déjà parcouru beaucoup de chemin, par des routes empoussiérées, le long de marécages, de champs en fleurs, de sous-bois remplis de fougères, de bois de sapins et de feuillus, et de bords de rivière pleins d'asclépiades et de papillons.

« De tout cela, je vous fais grâce, pour vous mener au fond d'une mine dans un village avoisinant les lignes américaines. Il faut savoir qu'un jour de 1865, j'avais alors vingt-cinq ans, je suis arrivé de la Beauce, après avoir trimé dans les chantiers. Orphelin, n'ayant ni frère ni sœur ni aucune attache dans ce coin, après avoir mis quelques piasses de côté, je décidai que j'en avais assez des chantiers et je pris la route au gré de mes pas pour aboutir à Capelton. Rendu là, je m'engageai à travailler dans les mines, ce que je fis durant quatre années tout en économisant mes sous comme un avare, parce que j'avais d'autres idées en tête que de descendre tous les jours ou presque à mille pieds sous terre.

« Mes compagnons, Dieu les bénisse, se moquaient volontiers de moi, pas seulement parce que je n'étais pas dépensier, mais aussi parce qu'ils prétendaient que j'avais des manies. Il est vrai que j'apportais chaque jour dans la mine de la nourriture et de l'eau pour au moins deux trois jours sinon plus, en sachant très bien que j'allais remonter le soir même avec tout ce que j'aurais en trop. Quand les autres riaient de moi, je me contentais de répondre: “On ne sait jamais”. Sans doute avais-je des pressentiments car un jour, un coup de grisou bloqua complètement la galerie où je me trouvais seul, occupé à soulager la nature. Je restai prisonnier au fond de ma galerie de mine.

«Je n'aurais jamais survécu si je n'avais pas eu la bonne idée d'emporter autant d'eau et de nourriture. Quand je me vis emprisonné sous terre, je pensai que ma fin était arrivée. J'espérais qu'on vienne me chercher, même si je savais que ça pourrait prendre beaucoup de temps. Je me demandais surtout si j'aurais suffisamment d'air pour tenir le coup pendant plusieurs jours. Heureusement, la galerie où j'étais bloqué était très longue et le gaz n'y pénétra pas. En économisant ma nourriture et mon eau, je passai dix jours et dix nuits dans ma tanière avant que, par miracle, on parvienne à me délivrer. Avant que je refasse surface, on m'avait bandé les yeux pour m'éviter d'être aveuglé par trop de lumière. Je fus accueilli à grands cris par mes compagnons de travail.»

Il s'arrêta de parler. Annabelle et Georgiana venaient d'arriver. Guillaume eut beau tenter d'en apprendre plus, l'Ermite le regarda fixement, comme si d'avoir tant raconté lui avait tellement demandé d'efforts qu'il ne pouvait plus rien dire. Il grimaça et s'exclama:

— J'ai faim!

Élise lui servit une bonne soupe aux pois qu'il avala prestement, pendant qu'Annabelle et Georgiana prenaient place à table. Moqueuse, Denise poussa Guillaume du coude avant de lui glisser à l'oreille: «Lui aussi il fait les choses dans le temps de le dire.» Depuis qu'Annabelle était arrivée, l'Ermite ne la quittait pas des yeux. Il tendit l'oreille à tout ce que les jeunes femmes racontèrent, ce qui se résumait à peu de choses, leur travail chez les Millar n'étant pas une longue aventure à transmettre. Élise leur demanda :

— Avez-vous appris du nouveau aujourd'hui ?

— Pas grand-chose, estima Annabelle, sinon que, paraît-il, le couvent va être agrandi.

Georgiana, qui se destinait à l'enseignement et n'attendait que le moment d'obtenir un poste quelque part, fit observer :

— Il me semble que ce serait bien mieux à la place qu'il y ait une école pour les garçons.

L'Ermite intervint :

— Vous avez bien raison, mademoiselle, les garçons ont autant besoin d'apprendre que les filles.

Tout le temps qu'il émit son commentaire, il fixait Annabelle. L'intéressée s'en rendit compte et rougit en silence.

L'Ermite détourna les yeux et finit son plat en se servant d'un croûton de pain pour avaler la sauce restée au fond de son assiette.

— C'était bien bon, madame Aimé. Je ne voudrais pas abuser, seulement vous pouvez vous attendre à ce que je repasse. J'ai trop de plaisir à manger ici et vous avez de vrais beaux enfants.

Il se leva, attrapa d'une main la courroie de son sac à dos et s'envola vers la traverse, où Aimé s'apprêtait à faire monter une voiture sur le bac. D'un pas leste, l'Ermite sauta dans l'embarcation. Guillaume et Denise étaient sortis pour l'accompagner. Il ne se retourna pas pour les saluer. Déçue, Denise commenta : « Celui-là, Guillaume, je te le dis, c'est un vrai sauvage. »

Depuis qu'Aimé s'était trouvé un aide, Guillaume, occupé par son travail, ne l'accompagnait plus à la traverse. Cependant, il avait toujours aimé assister au départ ou à l'arrivée du bac. Pendant que Denise retournait à la maison, il resta appuyé à la barrière et regarda son père manœuvrer pour faire décoller le bac. Dès qu'il se détacha du bord, le courant le poussa vers le bas des rapides. Aimé et son aide se servirent de l'élan ainsi obtenu pour faire filer le bac jusqu'à l'autre rive.

Guillaume se délecta particulièrement de cette scène ; il s'imaginait être à bord et partir de la sorte pour un grand voyage. Depuis qu'il était petit, il rêvait de partir loin de la maison pour vivre des aventures comme celles que l'Ermite racontait si bien. Un jour, il en était sûr, il verrait d'autres rivages. Il parcourrait le monde en quête d'aventures. Pour lors, son horizon se résumait à l'autre rive de la rivière et ses rêves, à explorer les petites îles dont elle était parsemée. Il se jura une fois de plus d'aller rendre visite à l'Ermite sur son île. Il l'enviait et se promettait plus tard de vivre comme lui du produit de ses chasses.

Chapitre 6

Le bac

— C'est aujourd'hui que j'emprunte l'argent pour mon bac.

Élise regarda son mari et, d'une voix désemparée, elle lui jeta :

— Aimé Courchesne, dis-moi pas que tu as encore cette idée folle en tête ?

— Comment ça, une idée folle ?

— Quand on n'a pas ce qu'il faut pour payer, on n'achète pas.

— J'ai besoin de bois, de clous et de tout ce qu'il faut pour construire ce bac.

— Dont on n'a pas d'besoin.

— Si je ne le fais pas, Adrien Croteau va en construire un et me fera concurrence. Avec un nouveau bac et deux ou trois voitures par passage, je ferai plus d'argent. En plus, pour remplacer Guillaume, je suis bien content d'Amédée. C'est le fils de son père et tu sais comme moi que Jérôme Moulin ne donne pas sa place quand il s'agit de travailler.

— Médée ! Tu sais bien qu'il n'est pas comme tout le monde ! Pourras-tu compter sur lui dans un mois ou deux ?

— Il est peut-être un peu faible de la tête, mais pas des bras. Il est fort comme un ours. En plus, son père est assez content que je le fasse travailler qu'il m'a dit: «Nourris-le, Aimé, et donne-lui quelques sous une fois de temps en temps, ça m'ira.»

— Ça fait quand même une bouche de plus à nourrir.

— On est capables!

— À dix sous le passage pour une voiture et cinq par passager…! En plus, y a des journées où à peu près personne ne traverse. Puis la traverse est fermée tout l'hiver. Aimé Courchesne, ne sais-tu donc pas compter?

— Justement. Avec deux voitures par passage ça sera plus payant et je n'aurai pas de concurrent. En plus, ça me prenait quelqu'un pour m'aider, j'étais en train de me morfondre.

Élise eut beau tenter de raisonner son homme, il ne voulut rien entendre. Ça lui prenait du bois qu'il n'avait pas pour construire un bac dont il ne serait pas certain de se servir. C'était plus fort que lui. Il se rendit chez Patrick Mitchell emprunter l'argent nécessaire pour acheter le bois, les clous et tout ce qu'il lui fallait. Seulement, Mitchell ne lui fit pas de cadeau. Aimé devait lui rembourser, sans faute, deux piastres par mois, pendant cinq mois, sinon le marchand pourrait mettre la main sur le bac entier et, du coup, sur l'autorisation de faire valoir la traverse.

Pendant que son mari courait emprunter des sous, Élise se précipita au presbytère. Elle demanda à parler sans faute au curé Marchand. La mère du curé, qui était aussi sa ménagère, la toisa comme elle le faisait avec tout le monde et lui déclara, le bec pincé:

— Il est allé administrer l'extrême-onction à monsieur Galarneau, il ne devrait pas tarder, si vous avez la patience d'attendre.

— J'ai une commission à faire au marché. J'arrêterai en revenant.

Élise se rendit au marché d'un pas hésitant. Ce dont elle voulait parler avec le curé lui hantait tellement l'esprit qu'une fois rendue là-bas, elle ne se rappelait plus ce qu'elle était venue chercher. Le marché regorgeait de beaux légumes. Leur odeur, mêlée à celle des fleurs en bouquets, enveloppait toute la place. Élise, qui en temps ordinaire aimait se promener d'un étal à l'autre juste pour humer ces parfums, retourna sur ses pas, la tête basse. Elle songeait à ce qu'elle se préparait à dire au curé et faillit se buter à son amie Armande, la boulangère, qui l'interpella :

— Élise ! Tu ne regardes pas où tu marches ?

— Excuse-moi, je ne t'avais pas vue.

— Tu avais l'air dans la lune.

— En effet ! Je l'étais.

— Où t'en vas-tu comme ça, les mains vides ?

— Au presbytère.

— Y a quelqu'un de malade chez toi ?

Élise releva la tête et soupira longuement.

— Aimé est en train de devenir fou.

— Qu'est-ce qu'il a fait encore ?

— Son maudit bac !

— T'as pas réussi à le faire changer d'idée ?

— Il n'en parlait plus depuis un bout de temps, et voilà que ce matin en se levant ça l'a repris ! Il est parti emprunter à Mitchell l'argent qu'il lui faut pour acheter son bois et ses clous.

— Que comptes-tu faire ?

— Demander à monsieur le curé de le raisonner.

— Bonne chance, Élise ! Tu sais comme moi que le curé travaille fort pour faire construire un pont.

— Raison de plus. Il aura de bons arguments pour le faire changer d'idée.

Élise mit le cap sur le presbytère. À l'église, on sonnait le glas. Elle s'arrêta pour compter les coups. « Neuf coups, murmura-t-elle. Monsieur Galarneau est mort. » Quand elle parvint au presbytère, le curé Marchand venait tout juste de revenir. Elle demanda à le voir. Il la fit attendre un peu, le temps de terminer son déjeuner. Quand il vint la rejoindre à l'entrée, elle s'informa :

— C'est bien monsieur Galarneau qui est mort ?

— En effet, acquiesça le curé. La vie est ainsi faite qu'elle se termine pour quelqu'un tous les jours. C'était son tour. Ce sera le nôtre. Voilà pourquoi il faut toujours être préparé.

Il se tut un moment puis enchaîna :

— Que puis-je faire pour vous, madame Aimé ?

— Mon homme est chez Mitchell pour emprunter de l'argent.

— Pourquoi en a-t-il besoin ?

— Il s'est mis dans la tête de construire un deuxième bac.

— Un deuxième bac ? Ce n'est vraiment pas la peine. Dans peu de temps, nous aurons un pont.

— Il ne faut pas qu'il emprunte, monsieur le curé. Comprenez-vous ? Ça va nous ruiner. Déjà qu'on a de la peine à avoir de quoi manger tous les jours.

— Si je comprends bien, il a besoin de cet argent pour acheter le bois nécessaire pour son bac ?

Élise le regarda, des larmes plein les yeux, et le supplia :

— C'est en plein ça ! Vous ne pourriez pas dire à monsieur Comtois de ne pas lui fournir le bois ?

— Pauvre de vous. Si ce n'est pas Maxime qui le lui vend, ce sera quelqu'un d'autre et sans doute plus cher.

— À l'heure qu'il est, comme je le connais, il doit déjà être rendu chez lui.

— Il n'est peut-être pas trop tard, mais vous auriez dû m'en prévenir avant.

— Je pensais qu'il avait renoncé.

— Quand un homme comme votre mari a quelque chose en tête, il ne lâche pas facilement, vous devriez le savoir... Priez pour que j'arrive à temps. De toute façon, même s'il a commandé son bois, Maxime ne pourra pas le lui fournir tout de suite. Je vais tâcher de le faire revenir sur sa décision. En attendant, priez Dieu que tout tourne bien pour vous et vos enfants.

Élise s'était agenouillée. Le curé la bénit. Elle se releva, le cœur à l'envers. Quand elle arriva à la traverse, Aimé n'y était pas. Quelques personnes attendaient. Elle leur assura :

— Soyez patients, mon mari va être bientôt là.

Un homme aux cheveux gris maugréa :

— Il devrait y avoir deux passeurs, un sur une rive et le second, sur l'autre. De même, on ne perdrait pas de temps.

Élise lui répondit du tac au tac :

— À présent, il n'y en a qu'un seul et c'est mon mari. Quelqu'un a besoin de quelque chose en attendant ?

Une jeune femme qui se tenait patiemment assise sur une pierre au bord de l'eau s'avança.

— J'irais bien aux toilettes, madame.

— Venez ! l'invita Élise.

Le bonhomme qui s'était plaint lâcha en grommelant :

— La p'tite, fais-toi poser une rallonge.

Le jeune homme qui l'accompagnait éclata de rire.

— Faites-vous-en pas, souffla Élise à l'intention de sa compagne, rire va l'aider à patienter.

Quelques minutes plus tard, Aimé revenait, les mains vides. Il avait l'air contrarié. Entrant dans la maison en passant, il se contenta de lâcher:

— Tu ne perds rien pour attendre.

— Justement, répliqua Élise, on ne perd rien à attendre.

Deux minutes plus tard, il conduisit ses passagers sur l'autre rive. Il revint en faisant traverser un homme seul. Lui qui d'habitude trouvait le moyen de jaser ne dit pas un mot de toute la traversée. Il eut cependant le temps de ravaler sa rancœur, car en entrant dans la maison il ne fit pas allusion à sa rencontre avec le curé. Élise sut qu'il avait perdu la partie. Mais avec lui, il ne fallait pas se compter trop vite gagnant. Le temps de le dire et il se lançait à corps perdu dans un autre projet.

Chapitre 7

Une première

Autant Guillaume avait été loquace à son retour du magasin général la première fois, autant depuis il semblait ne plus rien avoir à raconter. Quand sa mère lui demandait un compte rendu de sa journée, il laissait entendre que tous les jours étaient du pareil au même. Il dressait des inventaires et servait des clients tout en tâchant de s'habituer à un peu tout ce que demande le bon fonctionnement d'un magasin général. Il voyait monsieur Murphy se démener afin de s'assurer d'avoir en main tout ce qu'on pouvait lui commander. « Si on ne l'a pas, expliquait-il, ils iront le chercher ailleurs. Il nous faut tout immédiatement, sinon… »

C'est ainsi que le magasin et l'entrepôt débordaient de marchandises de toutes sortes. Ça allait du poêle à deux ponts en passant par des outils de jardinage, des cruches de sirop d'érable, de vinaigre, de vin et d'huile de lin, sans compter des boîtes de biscuits, d'œufs, de bonbons, des seaux de beurre et de graisse, des lampes à huile, des fers à repasser, du fil à coudre… et, offerts pêle-mêle sur les tablettes, cierges, allumettes, cigares, boîtes de tabac, vaisselle, valises, coffrets à bijoux, albums de photos, moules à gâteaux, laine à tricoter, chapeaux, robes, souliers, tirelires et jouets de toutes sortes, qui n'attendaient qu'un acheteur.

Son pied guéri, le commis était revenu. Guillaume travaillait bien et se demandait toutefois quand monsieur Murphy considérerait qu'il avait remboursé sa dette. Il avait hâte de toucher un salaire. Mais monsieur Murphy le garderait-il le cas échéant ? Mine de rien, il connaissait désormais par cœur le magasin et l'entrepôt. Il avait aussi pour tâche de se rendre à la gare avec cheval et charrette chercher les marchandises livrées par train. Il voyait à ce que tout soit bien à sa place dans l'entrepôt.

Curieux de nature, Guillaume s'intéressait à tout ce qui se passait autour de lui. Il lui arrivait assez souvent de servir des clients de langue française et il savait utiliser la balance à la perfection. Il aimait y faire glisser les poids pour mesurer à l'once près chaque aliment acheté. Il s'ingéniait à puiser d'un seul coup dans les récipients la quantité exacte du produit demandé : une livre de sucre, deux livres de farine, etc. Rarement avait-il à ajouter quelques onces de plus ou à en retirer, tandis que le commis, en servant un client, dépassait chaque fois largement la quantité demandée.

Guillaume se demandait bien pourquoi le commis ne parvenait jamais à retirer avec exactitude la quantité désirée. Mine de rien, du coin de l'œil, il se mit à le surveiller lorsqu'il servait un client ou une cliente. Un jour, il le vit disposer d'un surplus de cassonade. Il semblait bien le remettre dans le récipient où il l'avait pris, mais en observant plus attentivement, Guillaume se rendit compte que, sous le comptoir, derrière chaque baril de marchandise sèche, un sac était suspendu. Il attendit d'être seul pour y regarder de plus près. Il souleva le premier sac et y trouva une bonne quantité de sucre. Il en était de même des autres sacs qui contenaient leur livre de farine, de fèves, de cassonade et de riz. Il remit tout en place, se promettant de bien ouvrir les yeux quand le commis servirait de nouveau un client. Il n'eut pas longtemps à attendre, car une femme vint commander de la farine. Le commis plongea la pelle dans le baril, servit la cliente, lui remit la quantité demandée, toucha l'argent à la caisse et revint glisser prestement le surplus dans le sac accroché derrière le baril de farine.

Guillaume ne fut pas long à comprendre que le commis se servait en sucre et autres denrées. Comment en prévenir monsieur Murphy, qui ne parlait qu'anglais ? Il laissa passer quelque temps tout en étant témoin à maintes reprises des manigances du commis. Curieux de voir comment il récupérait ses sacs, il le surveilla de plus près.

Afin d'éviter d'avoir à transporter des marchandises à bout de bras entre l'entrepôt et le magasin, le commis se servait d'une brouette. Elle passait tout juste dans les allées et entre les comptoirs. Il se rendait à l'entrepôt, y déposait des boîtes de carton remplies de savon, de fromage ou d'autres denrées, par-dessus lesquelles il posait des pots, des jarres, des poches, des seaux contenant toutes sortes de produits. Il apportait le tout dans le magasin pour le déposer sur les étagères. Une fois ce travail accompli, il retournait à l'entrepôt pour faire un autre voyage. Il refusait que Guillaume l'aide, prétextant que lui seul savait comment disposer le tout. Un bon samedi que monsieur Murphy était absent et que Guillaume était au comptoir, profitant du fait qu'il y avait peu de clients, il regarda le commis accomplir son manège. Quand il le vit s'approcher du comptoir où se trouvaient les sacs, il lui demanda :

— Peux-tu servir à ma place, le temps que j'aille me soulager ?

Le commis ne demandait pas mieux. Il se montra on ne peut plus collaborateur.

— Volontiers ! Prends le temps qu'il faut !

Guillaume fit celui qui se rendait aux toilettes, mais au bout de l'allée, se cachant derrière une étagère, il le regarda se faufiler derrière le comptoir. Il le vit nettement s'emparer des sacs pleins pour les remplacer par des vides et disposer le tout dans sa brouette sous quelques boîtes de carton. De retour au comptoir, il remercia le commis qui se dirigea vers l'entrepôt. « C'est ainsi, en conclut Guillaume, qu'il vole le patron depuis sans doute bien des mois sinon des années. » Il se mit à réfléchir à la manière dont il allait prévenir monsieur Murphy.

Il pensa d'abord à en parler au curé. Puis, se ravisant, il se dit qu'il y avait une façon plus simple de procéder. Il n'avait qu'à en toucher un mot à Margaret. Sauf que monsieur Murphy l'avait bien averti de se tenir loin de sa fille. Aussi n'avait-il pas osé pousser plus avant sa chance avec elle. Il connaissait cependant son emploi du temps : elle passait de longues heures à lire dans la cour derrière l'entrepôt. Guillaume se dit qu'en entrouvrant la porte arrière, il pourrait facilement la contacter. La chose toutefois ne s'avérait pas simple. Il devait s'assurer de ne pas attirer l'attention de monsieur Murphy ou celle du commis. Il résolut de lui écrire un mot.

Dès qu'il en eut l'occasion, il se rendit au fond de l'entrepôt, entrouvrit la porte et fit rouler un caillou dans la direction de la demoiselle. Elle leva la tête. Tenant dans sa main droite le mot qu'il désirait lui remettre, il le déposa tout près dans l'herbe et lui fit signe de venir le chercher. Elle se leva et s'approcha. Assuré du fait qu'elle avait compris, il retourna au magasin.

Son message se lisait comme suit :

Votre père m'a défendu tout contact avec vous. Si je lui désobéis, c'est que j'ai une information majeure à lui communiquer et que je ne peux pas le faire parce que je ne parle pas anglais. J'ai pensé lui transmettre le tout par votre intermédiaire. Toutefois, il faudrait que je puisse vous dire de quoi il s'agit de vive voix. Demain midi, à ma pause de dîner, je me rendrai derrière l'entrepôt. Soyez-y ! De la sorte, vous rendrez un précieux service à votre père.

Il avait signé « Guillaume Courchesne ».

Le lendemain midi, à l'heure dite, la jeune fille se trouvait aux abords de l'entrepôt. Guillaume la remercia d'être venue. Elle lui fit signe de la suivre et se retira dans un coin de la cour où on ne pouvait pas les voir ou les surprendre. Elle n'y alla pas par quatre chemins.

— J'espère que tu ne m'as pas contactée pour rien.

— Je n'aurais jamais osé le faire s'il ne s'agissait pas d'une situation grave.

— Alors, explique-toi !

Guillaume lui raconta tout.

— Prévenez votre père ! Il saura bien le prendre en flagrant délit. Et surtout, expliquez-lui que je vous ai contactée uniquement parce que vous étiez la personne la mieux désignée à laquelle je pouvais m'adresser.

La jeune fille sourit et le taquina :

— Tu es sûr que personne d'autre n'aurait pu faire la commission et que c'est la seule raison pour laquelle tu t'es adressé à moi ?

Guillaume rougit et choisit de lui répondre franchement.

— Pour être honnête, Margaret, je vous avoue que j'ai profité de l'occasion afin d'être près de vous, car vous occupez beaucoup mes pensées.

— J'aime les personnes qui ne craignent pas de dire la vérité. Ce que tu viens de me révéler me prouve que tu es un garçon d'honneur. J'aimerais à nouveau causer avec toi. Comme tu le vois, il n'y a rien de plus facile. Tu pourrais me retrouver ici à midi. Je suis prisonnière dans cette maison et j'ai si peu l'occasion de parler avec quelqu'un que ça me ferait grand bien de le faire avec toi.

Elle se leva en lui tendant la main et l'invita :

— À demain donc !

— Et votre père ?

— Si nous sommes prudents, il ne se rendra pas compte de ce qui se passe.

— Si jamais il nous voit, je perdrai mon emploi.

— Qui ne risque rien n'a rien !

Elle souriait en le regardant se débattre avec ses craintes. Il hésita encore un peu puis lui assura :

— Demain midi, vous pouvez compter sur moi, je serai là.

— Je t'en prie, je me sentirai plus à l'aise avec toi lorsque tu auras appris à remplacer ces *vous* trop solennels par des *tu* beaucoup plus modestes, mais plus vrais.

Il la laissa, non sans avoir pris le temps de la regarder, cette fois dans les yeux. Elle comprit qu'en lui, elle comptait un excellent allié.

Chapitre 8

Septembre

La fin de l'été ramena au couvent les élèves qui y étaient pensionnaires. N'ayant pas obtenu de poste dans une école, Georgiana décida de compléter son cours d'institutrice à Saint-Hyacinthe. Denise et Francesca se remirent à fréquenter le couvent. Quant à Vianney, comme l'année précédente, il dut se rendre chez l'instituteur, rue Lowring. Aimé pestait :

— Les filles ont droit à leur couvent, pourquoi les garçons n'ont-ils pas encore d'école ?

Cette question revenait sur le tapis depuis des années au début de chaque mois de septembre. Élise avait toujours la même réponse :

— Il faudrait le demander à monsieur le curé ou aux commissaires.

— La prochaine fois que je verrai le docteur Bérard, je lui en parlerai.

Aimé aborda la question une ou deux semaines plus tard quand il eut l'occasion de croiser le docteur. Ses explications de commissaire d'école ne varièrent pas de celles des années précédentes.

— C'est une question d'argent, Aimé. Ça coûte cher, construire une école. Pour tout de suite, on a juste ce qu'il faut pour payer les sœurs enseignantes et l'instituteur.

— Vous me répétez ça chaque année et il n'y a jamais rien qui change.

— Ça va finir par se faire. Pas cette année, bien entendu, peut-être l'année prochaine. Monsieur le curé travaille bien fort là-dessus.

Ce qui préoccupait Aimé, c'était de voir grandir Vianney, tout comme l'avait fait Guillaume, en n'ayant pas d'autre choix que de fréquenter la maison de l'instituteur, rue Lowring. Aimé était persuadé que son fils apprendrait beaucoup plus et mieux avec plusieurs maîtres. Pourtant, il savait fort bien que tout ce que connaissait Guillaume en matières scolaires, il le devait à cet unique maître d'école. Il s'en tirait quand même assez bien, sachant lire, écrire et compter. C'était la première année qu'il n'avait pas à se rendre chez l'instituteur. Satisfait de son aide, Amédée, qui ne lui coûtait pas cher, Aimé s'était fait à l'idée de voir son fils rester au service de monsieur Murphy. Il admettait avec Élise qu'il valait mieux qu'il continue au magasin général. Il apportait de l'argent neuf à la maison maintenant que monsieur Murphy avait commencé à lui verser un salaire.

Guillaume n'avait pas eu de peine à dire adieu aux bancs d'école. Pendant qu'Annabelle se rendait chez les Millar et que les plus jeunes gagnaient leur école, il courait au magasin général, heureux de s'y retrouver et comblé surtout de pouvoir causer avec Margaret. Il était parvenu, dans le temps de le dire, à l'amadouer en lui laissant entendre qu'il désirait apprendre l'anglais. La jeune femme semblait éprise de lui et, entre deux becs, ne demandait pas mieux que de l'instruire. Tous les midis, il la rejoignait au fond de la cour en prenant garde de ne pas être vu.

Après qu'il l'avait gauchement embrassée et minouchée, elle le repoussait et s'évertuait à lui enseigner ce qu'elle considérait comme absolument essentiel à savoir pour servir les clients et les clientes de langue anglaise. Elle lui répétait sans cesse :

— Ce n'est pas nécessaire que tu parles bien anglais. Tu dois d'abord comprendre ce qu'ils veulent.

Là-dessus, Guillaume lui donnait raison, tant sa hâte était grande de pouvoir connaître suffisamment de mots pour bien servir les clients de langue anglaise. Il comptait de la sorte impressionner monsieur Murphy, dont il était devenu le bras droit depuis le congédiement du commis voleur. Il jouait gros, cependant, à fréquenter ainsi sa fille en cachette. Margaret gardait toujours son sang-froid. Elle lui accordait quelques baisers, puis le rappelait infailliblement à l'ordre :

— Passons aux choses sérieuses !

Pour Guillaume, de pouvoir l'embrasser et la serrer dans ses bras constituait quelque chose d'on ne peut plus sérieux ! Margaret, elle, n'oubliait jamais pourquoi il était là. Elle commença par lui apprendre à compter en anglais.

— Tu dois savoir, insistait-elle, combien par exemple de livres de beurre veut tel ou tel client. En passant, en anglais, livre se dit *pound*. Rentre-toi bien ça dans la tête. Si un client demande : « *two pounds of butter* », ça veut dire deux livres de beurre. Tu lui en sers deux et tu lui dis combien ça lui coûte en shillings ou en dollars. C'est pas compliqué, « dollar » en anglais se dit comme en français et « shilling » n'est pas un mot difficile à retenir. Vous autres, les Canadiens français, vous appelez ça des chelins.

— Peut-être bien ! Quand c'est toi qui le dis, je le comprends, mais quand c'est un client ce n'est pas pareil.

— Si tu n'as pas saisi, tu n'as qu'à faire répéter en disant : « *Would you please repeat ?* »

Elle lui fit dire la phrase jusqu'à ce qu'il la connaisse par cœur et la prononce correctement.

Au début, elle avait eu passablement de difficultés avec son élève qui avait bien d'autres idées en tête en sa présence. Elle n'avait pas tardé à mettre les choses au clair. Elle voulait bien qu'ils se cajolent un peu, mais à condition qu'ensuite il se concentre pour apprendre. On ne pouvait pas trop savoir ce qu'elle avait derrière la tête. En lui enseignant l'anglais, comptait-elle un jour épouser Guillaume et s'assurer qu'il prenne la succession de son père au magasin ? Sinon, à quel jeu s'adonnait-elle ? Elle se montrait satisfaite de ses progrès et le lui faisait savoir.

— Tu apprends bien. Maintenant, il faut que tu emmagasines le plus de mots de vocabulaire possible. Tu dois savoir comment se nomment, en anglais, la plupart des marchandises du magasin. Par exemple, sucre se dit *sugar*, cassonade, *brown sugar*, riz, *rice*. Tu vois, ce n'est pas compliqué, ce sont des mots qui ressemblent à ceux en français.

— Comment tu dis cassonade ?

— *Brown sugar.*

— C'est loin d'être comme en français.

— Oh ! j'y pense ! Si tu connaissais tes couleurs en anglais tu saurais que *brown* veut dire brun, et comme tu sais ce que signifie *sugar* tu saurais que de la cassonade, ça s'appelle du sucre brun donc *brown sugar*. Il faut que tu apprennes tes couleurs au plus vite.

Elle lui fit répéter après elle : « blanc se dit *white*, noir, *black*, bleu, *blue*, vert, *green*, rouge, *red*, jaune, *yellow* », jusqu'à ce qu'il soit en mesure de répondre exactement comme un perroquet à ses questions, *blue*, bleu, *red*, rouge, *yellow*, jaune, etc.

Elle lui remit une feuille sur laquelle elle avait inscrit une cinquantaine de mots français avec leur équivalent anglais, qui désignaient autant de marchandises vendues au magasin. Elle lui commanda :

— Lis-moi ça, voir si tu sauras bien prononcer. Tu devras les savoir par cœur la prochaine fois que tu voudras me voir. Ne viens pas si tu ne les connais pas tous. Je n'y ai pas inscrit des mots qui désignent de gros objets comme les poêles ou les échelles. C'est à mon père de négocier pour les vendre. Tu te contenteras de ce que je t'ai écrit là. Quand tu les connaîtras sans faute, je t'en donnerai d'autres à apprendre. Je te le répète, c'est inutile de venir tant que tu ne les sauras pas tous par cœur !

Elle savait comment le stimuler, car dès le lendemain il était prêt à subir l'épreuve. Elle s'y mit aussitôt.

— Lampe ?

— Lampe !

Elle le reprit :

— Tu ne le prononces pas correctement. En anglais, il ne faut pas prononcer le « e ». Comme ça : *lamp !* Répète !

— *Lamp.*

— C'est mieux. Parapluie ?

— *Umbrella.*

— Ça peut aller. Fèves ?

— *Beans.*

— Bien. Huile ?

— Je connais le mot, o-i-l, mais je ne sais pas le prononcer.

— Je te l'accorde, il est plus difficile. Prononce-le comme quand vous dites ayoye. Oye ou *oil.*

Il le baragouina à sa façon. Elle s'exclama :

— Ça viendra ! Un autre pour le moment. Balance ?

— Sale.

— Pas de même, tête dure ! C'est comme si tu mettais un « é » à la place du « a », et un « q » à la place du « c », pour faire « sqéle », *scale*. Bon ! ça ira pour aujourd'hui.

Elle lui refila une vingtaine d'autres mots à apprendre.

— N'oublie surtout pas les cinquante d'aujourd'hui et rentre-toi la vingtaine d'autres dans le crâne.

— Ce n'est pas facile à retenir.

— Guillaume Courchesne, tu veux comprendre l'anglais, non ? C'est ce qu'il te faut. Mon père sera étonné de voir tes progrès. Si jamais il t'en parle, ne va surtout pas nous trahir et lui raconter que c'est moi qui te l'enseigne. Tu diras que c'est ta sœur ou ton père.

— Ils ne parlent pas anglais ni l'un ni l'autre.

— Ton père le comprend, j'en suis certaine. Autrement, comment ferait-il traverser des passagers anglais ?

— Réclamer cinq ou dix chelins n'est guère compliqué… Il n'a pas à leur demander ce qu'ils veulent. C'est évident qu'ils sont là pour traverser.

— Tu as sans doute raison. Si tu continues comme ça, tu te débrouilleras mieux que lui en anglais. Tu diras que c'est une de tes sœurs qui te l'apprend.

Il était temps qu'il aille travailler. Il voulut l'embrasser. Elle détourna la tête. Offusqué, il demanda :

— Mon bec ?

— Demain, promit-elle, si tu connais tout ton vocabulaire.

Il la quitta, les épaules rentrées et le cœur gros, comme un enfant qu'on vient de punir. Au magasin, monsieur Murphy l'attendait pour dresser l'inventaire. Guillaume se demanda comment on disait inventaire en anglais.

Chapitre 9

La nouvelle église

Élise avait une admiration sans bornes pour le curé Marchand. À son amie Armande venue lui rendre une courte visite, elle confia :

— Nous sommes chanceux d'avoir un si bon curé.

— À qui le dis-tu ! Il a tous les talents. Il paraît que c'est lui-même qui a dessiné les plans de la nouvelle église.

— Vas-tu assister à son ouverture ?

— Bien entendu. Je ne manquerais pas ça pour tout l'or du monde.

— Il paraît qu'il y aura une messe pour les défunts avant qu'on démolisse la vieille église.

— Si je peux, je vais y aller.

— Moi, c'est certain que j'y serai. Si tu peux pas venir, je te raconterai.

Occupée à la boulangerie le jour où commença la démolition de l'ancienne église Saint-Frédéric, Armande ne put assister à la messe de requiem. Elle avait bien hâte de se rendre chez son amie Élise pour apprendre comment tout s'était passé. Elle avait à peine mis les pieds dans la maison qu'Élise commença :

— Tu as manqué quelque chose, ma chère. Monsieur le curé a célébré une messe pour les morts. J'en avais la gorge serrée. Il a rappelé que si nous étions là dans ce vieux sanctuaire construit en 1822, nous le devions à tous ceux qui étaient passés avant nous. Il en a nommé plusieurs, dont Pierre Barnabé, mort il y a trois ans, je ne sais pas si tu t'en rappelles, et aussi Sophie Gagnon, tu sais, la fille d'Honoré. On est allées au couvent avec elle. Il a même nommé deux personnes qui sont mortes âgées de cent ans. Ça m'a fait réfléchir. J'ai pensé à notre amie Alphonsine Granger, morte si jeune.

« Il a rappelé aussi le souvenir de ceux qui sont morts dans des accidents. Il a parlé des trois hommes qui se sont noyés, il y a quelques années, en tentant d'aller sauver un jeune homme parvenu à se retenir sur un rocher. Il a parlé aussi du dernier noyé, qui a mis fin à ses jours en se jetant dans la rivière. Quand il a mentionné son nom, comme il y avait des membres de sa famille dans l'église, ils se sont mis à pleurer que ça en faisait pitié. Pour changer de sujet, le curé a parlé de la nouvelle église. Imagine-toi donc qu'il avait une belle surprise pour nous. »

— Voyons donc !

— Oui. Tu ne me croiras pas. Le sacristain et le garçon à Rosaire Dufresne sont arrivés avec dans les bras la statue de Notre-Dame-des-Cantons.

— La statue miraculeuse ? Pas vrai !

— Oui, la statue miraculeuse. C'est pas croyable, elle existe depuis les débuts de la paroisse et elle a échappé à tous les feux, celui de 1822 et les autres ensuite. Tout le monde voulait la toucher. Monsieur le curé nous a permis de nous approcher et on a pu le faire. C'était très émouvant.

— Ça devait ! Dire que j'ai manqué ça !

Élise se leva pour donner à manger à Vulcain qui tournait autour d'elle depuis plusieurs minutes. Elle grommela :

— Lui, quand il n'a pas sa pitance, il ne lâche pas. Il me fait penser à d'autres qui n'ont pas quatre pattes, mais qui se démènent de la même manière.

Armande approuva d'un signe de tête puis, comme elle était anxieuse de connaître la suite à propos de l'église, elle demanda :

— Ensuite, qu'est-ce qui s'est passé ?

— Plusieurs hommes sont arrivés. Ils ont transporté les bancs de la vieille église dans la neuve. Ensuite, ils sont montés dans le clocher et en ont descendu la cloche.

— Ça devait être beau à voir…

— Ils sont vraiment habiles. Ils avaient installé des poulies et des palans. Demande-moi pas comment ils ont fait, mais, dans le temps de le dire, la cloche était rendue à terre. Ils l'ont montée ensuite dans le nouveau clocher et tu sauras qu'ils ont descendu le vieux clocher et l'ont mis dans le jardin de monsieur le curé.

— Ça, je l'ai vu. Je me demandais bien pourquoi le vieux clocher se trouvait là.

— Il paraît que c'est monsieur le curé lui-même qui a voulu ça, pour se rappeler la vieille église et ceux qui l'avaient bâtie.

Élise alla jeter un coup d'œil du côté des chambres des vieilles. Quand elle revint, Armande s'informa :

— Elles vont bien, toutes les deux ?

— Pour moi, elles vont se rendre à cent ans. Comme tu vois, elles ne sont pas trop dérangeantes.

Baissant le ton, elle ajouta :

— Comme elles ne s'aiment pas, elles s'arrangent toujours pour ne pas être ensemble dans la même pièce.

— Tu as bien du mérite à les garder.

— Je n'ai pas le choix… Après tout, comme le dit le commandement: *Honore tes père et mère.*

Armande insinua:

— Il ne dit pas: «ta belle-mère».

— Que veux-tu! Je n'ai pas le choix.

— Si au moins elle était aimable…

Élise se tut, puis fit une réflexion:

— Changeons de sujet parce que nous allons devoir nous confesser.

— C'est bien vrai! Dimanche, monseigneur l'évêque doit venir bénir la nouvelle église.

— Ah! J'ai assez hâte. Monseigneur l'évêque en personne qui va venir jusqu'ici, c'est pas croyable! Je suis bien curieuse de le voir. Il paraît qu'il est très beau et plaisant à regarder, avec ça très aimable.

— Qui t'a rapporté ça?

— La révérende mère Saint-Éphrem. Elle a enseigné à Trois-Rivières et elle a eu le bonheur de voir souvent monseigneur Laflèche. Monsieur le curé, quand il parle de lui, répète que c'est un saint. Quel bonheur ce sera que de l'avoir parmi nous!

— À part ça, as-tu du neuf?

— Non. Rien de nouveau, sauf que quand monseigneur va venir, Aimé va avoir l'honneur de lui faire traverser la rivière avec tout son équipage. Il est très fier et il en parle pratiquement tous les jours. Il va être… Comment on dit ça? Ah, oui! Il sera un privilégié, il va pouvoir le voir de près. Je pense bien que nous n'aurons pas le même bonheur. Il va y avoir tellement de monde que nous ne pourrons pas l'approcher. J'aimerais tellement qu'il me bénisse avec toute la famille. Une chose est certaine, pour se rendre à la traverse, il va passer près de la maison. Je vais m'installer à la fenêtre arrière et je le verrai bien.

— Chanceuse ! Qu'est-ce que tu dirais si je venais ?

— Tu viendras ! Nous aurons cet honneur sans doute rien qu'une fois dans notre vie, il ne faudrait pas le manquer.

Armande, qui, pendant tout ce temps, avait pris place dans l'unique fauteuil du salon, s'en extirpa de peine et de misère. Elle était passablement corpulente et soufflait comme un phoque dès qu'elle faisait un effort. Élise le remarquait d'une fois à l'autre, mais par crainte de la blesser, elle ne lui parlait jamais de son obésité. Cette fois, Armande elle-même y fit allusion.

— Je ne sais pas ce qui se passe. Ma foi du bon Dieu, j'ai l'impression d'engraisser tous les jours.

— C'est l'âge, l'excusa Élise.

— Tu dis ça pour m'encourager. Tu as le même âge que moi et tu es encore fluette.

— Peut-être que tu manges trop de pâtisseries ?

— Il faut bien que quelqu'un y goûte.

— Demande à Basile de le faire.

— Lui, il ne voit pas de différence entre un pain blanc et un pain aux raisins.

Élise, qui ne voulait pas s'éterniser sur le sujet, déclara :

— Moi, je pense que c'est de famille. Tes sœurs Jeanne et Rita ne sont pas maigres, il faut bien l'admettre.

— Tu as raison, ça doit être de famille. Bon ben, on se revoit quand monseigneur va venir.

Élise reconduisit son amie à la porte. Elle resta un moment à la regarder marcher de peine et de misère vers la rue et se fit la réflexion : « C'est-y Dieu possible de se laisser grossir de même ! »

Chapitre 10

Le passage de l'évêque

Aimé n'avait pas renoncé à son bac. Il était bien occupé à en réviser le plan, ajoutant ici, enlevant là, et calculant ce que ça lui coûterait, morceau de bois par morceau de bois. Il n'en oubliait pas pour autant la visite imminente de l'évêque, qui le rendait fébrile au plus haut point.

Du haut de sa grandeur, monseigneur Laflèche avait accepté, après de nombreuses demandes, de bénir la nouvelle église de Drummond. L'évêque de Trois-Rivières était un homme fier, attaché à ses idées qu'il ne craignait pas de répandre. Il était plus redouté qu'aimé, quoique le curé Marchand l'idolâtrât. Monseigneur Laflèche avait décidé de faire la tournée des paroisses que son équipage croiserait sur sa route. Après Drummond, il comptait s'arrêter en passant à Saint-Cyrille et continuer de la sorte son périple jusqu'à Nicolet, où il était certain d'être reçu en grandes pompes.

À Drummond, le curé Marchand, on ne peut plus fier de sa paroisse, mit tout en œuvre pour recevoir le prélat dignement. Quand sa voiture apparut sur le chemin Saint-Georges, le dimanche matin, tout le village s'y retrouva pour lui faire cortège. Il fallait voir les jeunes demoiselles du couvent dans leur habit du dimanche et les enfants de chœur en soutane neuve bien alignés sur le perron de l'église. Le sacristain suspendu au câble de la cloche tentait de la faire bourdonner comme le gros bourdon de Notre-Dame de Paris. Des fanions ornaient toutes les rues. Le village entier était en liesse. Seul le ciel ne semblait pas vouloir coopérer. Des nuages gris et bas menaçaient de tout gâcher. Depuis le matin, les bonnes sœurs priaient pour conjurer la pluie. Monseigneur l'évêque, lui, ne s'en préoccupait pas, occupé à bénir les fidèles au passage tout en élaborant dans sa tête le discours qu'il se proposait de tenir.

Le carrosse épiscopal quelque peu gris de poussière s'arrêta au pied du perron de l'église. Les deux chevaux qui le tiraient piaffèrent comme pour souligner l'importance du moment. Le premier marguillier, suivi du curé Marchand, se précipita afin d'offrir son bras à Son Éminence. Il l'aida à descendre dignement de son carrosse. Sur tous les visages, on voyait se dessiner de larges sourires. À l'instant même où monseigneur allait pénétrer dans l'église, son acolyte glissait sur son auguste tête sa tiare et lui tendait sa crosse épiscopale. Comme il se retournait vers la foule en délire, le miracle se produisit. Un rayon de soleil semblable à celui d'un phare illumina l'église entière. Il y eut dans la foule un hourra spontané. Tout le village s'engouffra dans le sanctuaire en même temps que l'évêque qu'on pouvait apercevoir de partout avec sa crosse dorée et sa tiare blanche. Les bonnes sœurs pleuraient devant la condescendance du ciel qui avait exaucé leurs prières. Pouvait-on souhaiter événement plus beau ?

En un rien de temps, les bancs de bois furent tous occupés et les allées débordèrent de monde. Avant de s'adresser à ses brebis fidèles, Sa Grandeur, munie d'un goupillon et suivie par le porteur d'eau bénite tenant à bout de bras le récipient, se fraya un chemin dans les allées bondées, propulsant à coup d'aspersoir sa bénédiction aux murs de bois de cette nouvelle église qui, pendant des années, recevrait les confidences de milliers de pécheurs et de pécheresses tout en gardant jalousement leurs secrets au fond du confessionnal. Quand il eut fini d'asperger les murs et les fidèles, monseigneur l'évêque, sous les regards admiratifs de toute la paroisse, monta en chaire et se lança dans le plus beau, le plus noble, le plus mémorable sermon qu'on ait entendu jusque-là dans le village :

— Mes frères et mes sœurs dans le Seigneur. Aujourd'hui, nous avons le grand bonheur de nous retrouver dans cette église toute neuve dont les murs pendant des années retentiront des hymnes à la gloire de Dieu, de Jésus, de la Vierge Marie et des saints. Moi, votre évêque, je vous dis : soyez fidèles à suivre ce que vous dicte notre foi en Jésus-Christ, lui qui nous a appris à nous aimer les uns les autres et qui par sa Parole a changé le monde. Ne manquez pas de vous montrer généreux à soutenir les bonnes œuvres de votre paroisse. Elles sont garantes de votre bonheur futur dans le ciel.

Son discours, entrecoupé de prières et de chants, se prolongea de la sorte pendant près de deux heures, si bien que certains paroissiens plus âgés durent être conduits dehors pour ne pas s'effondrer au milieu de l'église. Mais quel souvenir ineffable les fidèles allaient conserver du passage de leur saint évêque ! Il n'y avait pas de meilleur qualificatif qu'on puisse lui donner, tellement cette présence admirable et ce discours mémorable marquèrent la vie de la paroisse entière.

Conscient du rôle de premier plan qu'il serait appelé à jouer, Aimé se concentra si bien à préparer et décorer son bac qu'il n'assista pas à la cérémonie. Quand le carrosse de l'évêque, suivi par la foule en liesse, quitta l'église pour se diriger vers la traverse, Aimé l'attendait fièrement sur son embarcation. Monseigneur n'aimait pas l'eau et sembla un instant quelque peu angoissé. Au moment où le carrosse allait monter sur le bac, l'évêque le fit arrêter pour s'adresser à Aimé :

— Êtes-vous conscient, mon cher ami, que je mets ma vie entre vos mains ?

Aimé se redressa avec orgueil. D'une voix assurée, il répondit :

— Ne craignez rien, monseigneur. Je connais mon métier qui était aussi celui de mon père et de mon grand-père.

Un mouvement dans la foule agglutinée autour du carrosse et du bac faillit faire tourner les choses au vinaigre. Les chevaux s'énervèrent, le cocher eut toutes les misères du monde à les calmer. Gédéon Prince, le chef de police, qui était chargé de la sécurité, en avait plein les bras. Il ne ménagea pas ses efforts ni ses cris pour faire reculer les gens. Aimé, pendant ce temps, pria le cocher de faire avancer ses chevaux. Il assura :

— Monseigneur sera plus en sécurité sur le bac que sur la rive.

Le cocher obéit. Le carrosse se retrouva au milieu de l'embarcation. Le câble tendu d'une rive à l'autre se raidit. Déjà, Aimé manipulait le treuil et, doucement poussé par le courant, le bac s'engagea sur la rivière sous les applaudissements nourris de la foule massée tant sur une rive que sur l'autre. Le moment était solennel. Sans doute était-ce la première fois, à tout le moins si loin de l'embouchure du fleuve, que la rivière Saint-François avait l'honneur de mener ainsi un évêque entre ses deux rives. Sur le rivage opposé, bien installée sur un promontoire, pour la postérité, madame Cooke rendit cet instant immortel par un splendide croquis.

Depuis la maison de la traverse, Élise et son amie Armande assistèrent à ce qu'elles n'hésiteraient pas à qualifier par la suite comme l'instant le plus mémorable de leur vie.

La traversée se fit sans anicroche. Quand Aimé ramena son embarcation, transportant plusieurs autres personnes, il avait les deux pouces passés sous ses bretelles à hauteur de la poitrine et se pavanait, fier comme un paon, comme s'il venait de réaliser un exploit remarquable. Alfred Sicotte, le renégat du village, que les évêques n'impressionnaient guère, lui lança :

— Tu fais ton p'tit coq, mon Aimé ! Mais si tu y penses comme il faut, y a pas de différence entre traverser un chien ou un évêque.

— Quossé que tu racontes là, Alfred ? Tu sais pas faire la différence entre un chien et un évêque ?

— C'que j'veux dire, c'est que c't'aussi facile de traverser l'un que l'autre !

— On voit bien que c'est pas toi qui as eu à l'faire.

— À mon avis, c'tait pas différent des autres jours. La rivière était belle, y avait pas de vent, pas de houle.

— La différence venait du personnage.

— Pourquoi ? Ils vont pas à la bécosse comme nous autres ? C'est vrai que dans leur évêché et leurs presbytères, y ont l'eau courante pis des toilettes en porcelaine.

— T'es de mauvaise foi, Alfred, dès qu'il s'agit de religion.

— Y a de quoi ! Ils viennent nous quêter une partie de nos profits, tout ça pour se remplir la panse à nos dépens.

— Si monseigneur t'entendait !

— Justement, il ne m'entend pas, parce qu'il sortirait un char de menaces.

Aimé en avait assez.

— Je crois que c'est mieux qu'on parle d'autre chose. Sais-tu quèque chose de plus sur l'idée de construire un pont ?

— Il va s'faire. Si c'est pas c't'année, ce s'ra l'année prochaine ou l'autre après, mais pour s'faire il va s'faire, et tu vas pardre la traverse. J'ai entendu dire que tu songes à construire un autre bac ?

— Justement, j'aurais besoin que tu m'aides. Tu t'y connais pas mal plus que moi là-dedans.

— Ça s'ra du travail perdu. Ça ou autre chose, j'ai pas d'objections, en autant qu'tu payes.

— La traversée gratuite pour les cinq prochaines années à toi et ta famille, ça ferait ton bonheur ?

— Là tu parles ! En autant que le pont ne se construise pas avant. As-tu dessiné un plan de ton bac ?

— Pas seulement un, deux pis trois.

— Ben dans ce cas-là tu me montreras celui qu'il t'faut et, parole de Sicotte, dans le temps de le dire, t'auras ton nouveau bac. Quand est-ce qu'on s'y met ?

— Quand je serai prêt, j'te f'rai signe.

Chapitre 11

De nouveau l'Ermite

Quelques jours après le passage de l'évêque, l'Ermite s'annonça pour le souper. Une petite bruine sévissait depuis la veille. La rivière coulait des eaux grises, couleur du mauvais temps. Les feuilles mouillées ressemblaient à des lavettes et le linge resté à sécher sur la corde depuis la veille dégouttait sous l'averse.

Quand Aimé rentra pour souper, Élise l'informa de la venue de l'Ermite :

— J'en étais sûr quand je l'ai traversé à midi. J'aurais jamais dû lui proposer d'arrêter manger gratis à la maison, déjà qu'il traverse sans payer.

— Ce qui est fait est fait, rétorqua Élise. De toute façon, il le mérite. Ne l'oublie pas ! Sans lui nous ne pourrions pas compter sur Guillaume. En plus, ce n'est pas toi qui as le trouble de le nourrir.

— Peut-être bien, mais qui paye sa nourriture ?

Élise ne releva pas sa remarque. Satisfait, Aimé bomba le torse. Pour une fois qu'il tenait tête à sa femme avec succès ! Elle allait lui servir un bol de soupe quand Vulcain fit entendre un jappement.

— Du monde à la traverse, en déduisit Aimé.

Il se leva en rouspétant :

— Y a pas moyen de souper tranquille. Tu m'en gardes pour tantôt.

Il passa la porte, le chien à ses trousses. En apprenant que l'Ermite s'arrêtait pour souper, Denise laissa là sa couture pour courir au magasin général prévenir Guillaume. Lorsqu'il arriva à la maison, il savait déjà de quoi il voulait le faire parler. L'Ermite avait pris place à table et causait avec Élise. Intimidés, Francesca et Vianney se tenaient bien sagement à l'autre bout de la pièce. À peine arrivé, Guillaume ne fut pas long à déclarer :

— Monsieur Ladouceur, je ne veux pas vous offenser, mais on dirait que vous êtes un Indien.

L'Ermite esquissa un sourire.

— Justement, j'ai du sang indien par ma mère. Je suis né au village huron-wendat, pas loin de Québec, même si mon père était un Blanc. J'ai vécu là quelques années. Ma mère est morte accidentellement, tuée par une mère ourse, un printemps. Mon père m'a pris chez lui. Il tenait à ce que je m'instruise. Sa marotte ! “L'avenir appartient à ceux qui en connaissent assez pour bâtir seuls leur vie.” Il m'a mis pensionnaire au Séminaire de Québec dès que j'ai eu l'âge de faire mon cours classique. L'été, je le passais dans les bois à pêcher et à chasser avec mes amis hurons. Le reste de l'année, j'étais au Séminaire jusqu'à mon année de finissant. Quand j'ai eu dix-huit ans, mon père est décédé. J'ai pris mon linge et tout ce que je possédais. Je l'ai mis dans mon pack sac, je suis sorti du Séminaire la tête haute, j'ai pris le bateau de la traverse de Lévis, j'ai marché en passant par la Beauce et j'ai traversé par Jackman, dans le Maine, jusqu'aux États.

— Comment avez-vous gagné votre vie ?

— Des petits emplois ici et là. J'ai tout fait : de la peinture, du mortier pour des maisons de brique, du nettoyage d'écurie, du transport de bois et de fumier, le tout payé cinquante à soixante cents par jour. Je me demandais si je n'étais pas mieux de prendre le chemin des bois et de m'installer quelque part en vivant de ma pêche et de ma chasse. Ce n'étaient pas les lacs qui manquaient dans le coin. J'en étais à jongler là-dessus, quand, un jour où je passais dans un village, je vis un groupe d'hommes en grande discussion à la porte d'une église toute neuve. Je m'approchai. Il fallait poser la croix sur le clocher. Personne ne voulait s'y risquer. Je leur ai dit : "Je monte là-haut, j'installe une poulie. Vous accrochez la croix au câble et vous me l'envoyez." Ils m'ont regardé avec méfiance et m'ont demandé : "Qui es-tu ?" J'ai répondu : "Quelqu'un qui n'a pas peur du vide." L'un d'eux, tout de noir vêtu, s'est approché et m'a mis au défi : "Es-tu seulement capable de grimper là-haut ? — Au clocher ?" J'ai fait ni une ni deux. Il y avait une échelle appuyée au toit de l'église. Je l'ai montée dans le temps de le dire, j'ai sauté sur le pignon et à force de bras je me suis hissé jusqu'en haut du clocher. Pour les narguer, j'ai passé mes deux pieds autour du clocher, je les ai croisés, je suis resté suspendu là comme si j'étais bien assis et j'ai levé les deux bras en l'air à la manière du vainqueur d'un trophée. Ils m'ont crié de redescendre.

« Ils m'ont apporté une poulie. Un homme m'a expliqué comment poser la croix. J'ai grimpé de nouveau en emportant câble et poulie. J'ai fixé la poulie au clocher, comme on me l'avait enseigné. J'y ai glissé le câble. Je l'ai laissé se dérouler jusqu'en bas. Ils y ont attaché la croix qu'ils ont hissée jusqu'à moi. Elle était assez lourde. Accroché au clocher d'un bras, je l'ai tirée jusqu'à moi, je l'ai levée et laissée glisser dans son trou. Un anneau de métal la retenait pour qu'elle ne descende pas plus bas que prévu. Il ne restait plus qu'à la fixer au clocher à l'aide des boulons qui y étaient disposés.

«Je suis redescendu, non sans qu'un photographe n'ait immortalisé la scène. J'ai reçu les félicitations des hommes présents et les applaudissements des badauds qui avaient suivi l'action. Un homme s'est approché. Il m'a remis un dollar et m'a proposé: "Travaillerais-tu pour moi? — Tout dépend du travail. — Je suis constructeur de ponts. Tu ferais les jobs au-dessus du vide." J'ai accepté, pour un salaire d'une piastre et demie par jour.»

— Vous avez travaillé longtemps sur les ponts?

— Tant qu'il y a eu de l'ouvrage. Ensuite, je suis parti. J'ai erré pendant un bout de temps sans rien trouver nulle part. Je suis allé en Beauce, jusqu'à ce que je revienne par ici. C'est d'même que je me suis retrouvé à Capelton et au fond d'une mine pendant quelques années. Vous connaissez la suite.

S'adressant à Élise, il enchaîna:

— Je mangerais volontiers.

Elle n'attendait que ce moment pour servir la soupe. Les enfants s'empressèrent de prendre place à table. N'eût été le visiteur, ils auraient attendu le retour de leur père. L'Ermite attrapa la miche de pain et s'en coupa une large tranche sans en offrir à personne. Élise reprit la miche et en offrit à qui en voulait. Elle hésita avant de demander:

— Vous êtes bien, sur votre île?

— Bien? Ça se dit pas! La paix, la sainte paix! Des animaux tout le tour, du poisson tant que j'en veux et le concert des oiseaux tous les matins. La lune et les étoiles la nuit.

— Vous ne vous ennuyez pas, tout seul ?

— Celui qui n'est pas capable de vivre seul sans s'ennuyer n'est bien nulle part.

— Qu'est-ce que vous faites de vos journées ?

— Je m'assure de bien manger. Je prépare mon bois pour l'hiver. Je répare mes filets, mes raquettes, mes vêtements. Je me fais des mocassins, nettoie ma carabine, mon campe, débite du petit bois d'allumage, ramasse des petits fruits. J'en fais cuire en confiture pour l'hiver. J'arrange mes pièges pour le trappage, et tout ce qu'il faut pour tendre mes peaux. Entre tout ça, j'observe la nature autour, les aigles pêcheurs, les canards et les loutres sur la rivière, les lièvres, les renards, les porcs-épics, les chevreuils et les autres animaux des bois.

« Les beaux soirs, je me fais un matelas de branches de sapin pour m'étendre dehors et suivre la marche des étoiles. Ça commence, non pas avec des étoiles, mais bien avec Jupiter et Vénus à l'horizon en même temps que le soleil couchant. J'ai étudié les constellations. Je les cherche comme des amies dans le ciel. Il y a toujours la Grande Ourse au nord, et la Petite Ourse, qu'on repère facilement avec l'étoile Polaire, ensuite le Lynx et la Girafe, puis vers l'est Cassiopée et Andromède, et plus au sud le Verseau et le Capricorne. Je tourne lentement les yeux vers l'ouest pour saluer la Vierge, le Serpent et la Balance. Puis je suis la Voie lactée jusqu'à Hercule et je songe à ses travaux comme on nous les a appris en classe. Je l'imagine tuant le lion de Némée, enchaînant Cerbère, ce chien des Enfers à trois têtes, ou nettoyant les écuries d'Augias. Je me dis alors que mon père avait bien raison, lui qui soutenait : "L'avenir appartient à ceux qui en connaissent assez pour bâtir seuls leur vie." »

Annabelle arriva de son travail et se mit immédiatement à table. Quand l'Ermite l'aperçut, ses yeux brillèrent. Il cessa de parler, resta assis un moment encore, puis, se levant, il attrapa son barda et descendit vers la traverse, non sans au préalable avoir remercié Élise de son bon souper et salué la jeune femme en rougissant.

— Dis-moi pas qu'il a des prétentions sur toi, commenta Denise en s'adressant à Annabelle, dès que l'Ermite eut passé la porte.

— Qu'est-ce que tu racontes là ?

— Je dis ce que je dis. Tu ne l'as pas vu te regarder ?

— Allons donc ! Il a plus que deux fois mon âge !

— L'amour n'a pas d'âge. Si j'étais toi, je me méfierais.

Élise, qui s'occupait de décrotter Vianney et Francesca, n'entendit pas ce qu'elles chuchotaient. Elle intervint :

— N'oubliez pas de débarrasser la table. L'Ermite me semble un bon homme, mais quand même… Heureusement qu'il n'abuse pas. Votre père aurait dû se garder de lui permettre d'arrêter manger à sa guise.

— Ça valait bien ça, m'man. Sans lui, Guillaume ne serait pas là.

L'intéressé, qui terminait de manger, les interpella.

— J'ai entendu mon nom. Qu'avez-vous à parler de moi dans mon dos ?

— Rien pantoute, l'assura Denise. On faisait simplement mentionner que sans l'Ermite tu ne serais plus là pour nous casser les pieds.

Sa réflexion fit s'esclaffer Annabelle. Si bien qu'un fou rire les gagna qui se répercuta même jusqu'aux petits. Guillaume entra dans le jeu, au point où ils ne se rendirent pas compte que leur père était arrivé. Aimé s'arrêta sur le seuil en se demandant bien à quoi était dû cet ouragan de rire qui s'éteignit par lui-même quand ils l'aperçurent dans la maison. Il se contenta de commenter :

— Je vois que j'ai manqué quelque chose de passablement agréable. Mes enfants, sachez que j'aime mieux vous voir rire que pleurer.

Il s'assit à table et Annabelle s'empressa de lui servir son souper.

Chapitre 12

Le prétendant d'Annabelle

Depuis qu'elle travaillait chez les Millar, Annabelle n'avait guère le temps de penser à elle. Sa journée commençait tôt. À cinq heures, elle était debout. À peine avait-elle le temps de déjeuner d'un croûton de pain et d'un morceau de fromage qu'elle partait, beau temps mauvais temps, à son travail. Depuis que Georgiana s'était remise à ses études d'institutrice, à Saint-Hyacinthe, Annabelle parcourait seule le trajet jusque chez les Millar, et restait parfois à dormir chez eux.

La maison des Millar se dressait non loin de la rivière, tout près de l'endroit où avait été construit le pont que la crue des eaux avait emporté en 1862. Annabelle mettait une dizaine de minutes pour s'y rendre par un sentier le long de la berge. Elle revenait à la maison par le même chemin.

Annabelle était une jeune femme dont émanait une grande chaleur. Douce dans ses expressions comme dans ses gestes, elle faisait plaisir à regarder. Elle n'élevait jamais le ton, ne calculait pas son temps, étant toujours la première prête à aider. Dévouée et attentive, elle se faisait aimer de tous ceux qui avaient le bonheur de la connaître.

Les Millar se félicitaient de ses bons services, espérant la garder encore longtemps comme bonne. Les enfants l'adoraient. Elle trouvait toujours le moyen de les amuser au grand plaisir de leurs parents. Elle était de ces femmes qui s'imaginent ne pas pouvoir vivre autrement qu'au service de tous. Se marier et fonder une famille ne semblaient pas être possibles pour elle, jusqu'à ce jour où, en revenant de chez les Millar, elle entendit un homme derrière elle lui demander poliment :

— Me permettez-vous de cheminer un moment avec vous ?

Méfiante, elle ne se retourna pas, faisant voir qu'elle n'avait rien entendu. Elle avait parcouru environ la moitié du chemin qui la menait chez elle. Elle savait qu'il était inutile de courir. La voix se manifesta de nouveau à quelques pas derrière elle.

— Ne craignez rien, mademoiselle, je ne vous veux pas de mal.

Elle s'arrêta, attendant de voir ce que ferait son interlocuteur. Il la rejoignit au même instant en la priant :

— Excusez mon audace. Il y a déjà longtemps que je vous observe en me disant qu'il ferait bon vous connaître. Si je ne vous ai pas parlé plus tôt c'est que vous n'étiez jamais seule.

Elle osa lever les yeux et fut heureusement étonnée de découvrir devant elle un jeune homme qui lui tendait un bouquet de fleurs des champs. Elle ne savait pas trop comment réagir. Accepter ce bouquet, c'était en quelque sorte démontrer qu'il ne la laissait pas indifférente. Elle ne fit que suivre son instinct en tendant la main pour le saisir. Elle rougit, puis balbutia un merci hésitant. Le jeune homme s'exclama :

— Vous ne pouvez pas savoir à quel point votre confiance me touche. Vous devez vous demander qui je suis. Je me nomme Cyrille Tousignan, je suis à l'emploi des forges. Si j'ai eu le bonheur de vous apercevoir en ces lieux, c'est qu'il m'arrive fréquemment, étant poète, de venir puiser mon inspiration dans la tranquillité de ce bord de rivière. Si je me tais, mademoiselle, vous entendrez comme moi les chants des oiseaux, le murmure du vent dans les arbres et le bouillonnement de la rivière s'apprêtant à sauter les rapides. Ces bruits vous empêcheront sans doute de percevoir les battements de mon cœur qui palpite du bonheur de vous connaître.

Annabelle l'écoutait en se demandant ce qui avait pu autant l'émouvoir chez elle.

— Je vous remercie, susurra-t-elle timidement, de ces fleurs et de vos belles paroles, mais je dois poursuivre mon chemin, on m'attend chez moi.

— Souffrez, mademoiselle, que je vous retienne encore un peu, d'abord pour entendre de votre bouche votre nom et ensuite pour savoir si vous accepteriez que je vous serve de compagnon au retour de votre travail.

— Puisque vous dites que vous m'observez depuis longtemps, vous connaissez sans doute mon nom. Pour votre plaisir de me l'entendre dire, je m'appelle Annabelle Courchesne, la fille aînée du passeur de la rivière. Je ne me plaindrai pas d'avoir, le soir après mon ouvrage, un compagnon de route, puisque ma sœur Georgiana a repris ses études d'institutrice.

Elle le salua d'une courte révérence et accéléra le pas vers chez elle non sans l'avoir entendu s'exclamer :

— Ce jour est à marquer d'une pierre blanche ! Merci du bonheur que vous me causez !

Annabelle se demandait si elle n'avait pas rêvé. Avait-elle bien fait d'écouter les belles paroles de ce jeune homme, sans doute un exalté, dont le langage n'était pas commun et qui ne semblait pas avoir les deux pieds sur terre ?

Le lendemain, Cyrille l'attendait non loin de la demeure des Millar. Elle prit le temps de le regarder avec plus d'attention. Il était mince et élancé, avec un visage avenant bien qu'étroit, des yeux rêveurs, des lèvres sensuelles et une abondante chevelure châtain clair. Il s'exprimait en gesticulant et semblait réellement tourmenté. Il ne perdit pas un moment pour louer sa beauté.

— Dans votre prénom, chère Annabelle, se trouve le mot *belle* qui vous décrit de la plus franche des façons. Belle, vous l'êtes par vos regards si chaleureux. Belle, vous l'êtes par la tendresse de vos sourires. Belle, vous l'êtes par toute votre personne. En croisant votre route, j'ai trouvé la beauté. Ma nuit a été remplie de rêves de vous. Je n'ai pu dormir qu'après vous avoir écrit un poème. J'ai pensé, en ce deuxième jour de rencontre, vous le dédier, en espérant qu'il sache gagner votre cœur en ma faveur. N'y voyez rien d'autre qu'un hymne au bonheur que me cause votre présence.

Il lui tendit une feuille. Annabelle s'arrêta pour lire.

JE PENSE AVOIR TROUVÉ

Je pense avoir trouvé
les mots voleurs
pour dérober un sourire
à vos lèvres heureuses

Je pense avoir trouvé
les mots enchanteurs
pour retenir votre regard
un instant dans mes yeux

Je pense avoir trouvé
les mots jongleurs
pour étourdir votre cœur
par des rêves insensés

Je pense avoir trouvé
les mots inquisiteurs
pour capter le secret
de votre âme inquiète

Saurai-je trouver
les mots ensorceleurs
pour vous garder toujours
à l'ombre de mes pas

Émue, elle plia la feuille et la glissa dans son corsage tout en le remerciant. Elle reprit son chemin, lui derrière elle, roucoulant comme un pigeon.

— Vous n'avez rien à craindre de moi, chère Annabelle. Je gagne bien ma vie et je saurais certainement vous rendre heureuse.

Elle lui répondit sans se retourner, tout en continuant d'avancer d'un bon pas :

— Vous ne croyez pas qu'il est un peu trop tôt pour parler de bonheur ? Nous nous connaissons à peine.

— Ce sentier, si vous le voulez, et aussi longtemps que vous le voudrez, sera le témoin de nos confidences.

Elle s'arrêta et se retourna lentement vers lui.

— Je veux bien, mais à une condition : nous nous comporterons non pas comme des amants, mais comme des amis.

— Je me plierai à toutes vos exigences, peut-être ainsi saurai-je attendrir votre cœur jusqu'à ce qu'il découvre en moi l'homme de votre vie.

Il s'arrêta et mit un genou à terre pour ramasser une fleur qu'il lui tendit en murmurant :

— En gage de notre amitié !

Elle la prit, lui fit de la main un au revoir et continua son chemin pendant que, figé sur place, il la regardait s'en aller.

Non loin, un pic s'acharnait sur un arbre mort. Tout près, la rivière clapotait dans les anses de ses berges avant de s'engouffrer en grondant dans les rapides en haut de la traverse. Une perdrix, d'un vroum sonore de ses ailes, s'envola au passage d'Annabelle, ce qui la fit sursauter, pendant que Cyrille Tousignan, assis sur une souche plus loin, tirait un crayon et un calepin de sa poche. Il regarda vers le ciel à la recherche de l'inspiration, puis se mit à écrire vivement et d'un seul trait le prochain poème qu'il comptait lui remettre.

Chapitre 13

Aimé aux chantiers

L'automne colora la forêt de ses ors et de ses pourpres. Les berges de la rivière s'ornèrent d'une dentelle de glace. Aimé avait tiré son bac au sec et rangé sa barque dans son hangar. Il ne se risquait plus à traverser, la rivière étant trop dangereuse en raison du froid et des glaces. Il se devait de faire vivre sa famille durant les mois d'hiver. Alors comme beaucoup d'hommes, il allait bûcher dans les chantiers. Il profita de ce que le marchand Maxime Comtois se rendait à Sherbrooke pour se faire conduire jusqu'à Richmond. Ses adieux à sa famille furent brefs. Il n'était pas très expansif et avait horreur des longues cérémonies. Il recommanda à ses enfants d'obéir à leur mère, salua la sienne en deux mots, embrassa Élise d'une courte étreinte, enfila son sac à dos auquel il avait suspendu une paire de raquettes et gagna d'un pas décidé la rue Heriot. Un quart d'heure plus tard, en compagnie du marchand, il partait pour quatre mois.

Il avait laissé entendre qu'il serait là pour Noël, ce à quoi Élise ne croyait guère, car il avait chanté la même chanson en partant les autres années et jamais on ne l'avait vu aux fêtes. Il était cependant fidèle à sa promesse d'expédier de l'argent chaque mois, par l'un ou l'autre marchand de Drummond faisant affaire à Richmond. Le chantier où il travaillait s'élevait non loin de la rivière Saint-François. On y coupait le bois devant servir aux forges McDougall à Drummond. Chaque année, Aimé se demandait comment seraient les camps et avec qui il travaillerait. Il était heureux d'y retrouver des hommes qu'il connaissait depuis des années. Au fil des ans, il s'était fait une spécialité, celle d'ébrancher les arbres abattus. Il était considéré comme un «claireur» efficace. Il se faisait un point d'honneur de nettoyer de leurs branches les arbres abattus en un temps record. Muni de sa gaule à mesurer, il marquait les arbres tous les douze pieds et les scieurs ne perdaient pas de temps à les couper. Il aimait son travail et le faisait avec dextérité. Ses compagnons l'appréciaient, car il pouvait se montrer boute-en-train à ses heures et bon conteur d'histoires.

Ils étaient une cinquantaine d'hommes au travail tous les jours malgré le froid et la neige. Levé à cinq heures trente, Aimé déjeunait à six heures de binnes, de thé, de lard salé et de galettes à la mélasse. Il emportait son lunch de midi, composé des mêmes aliments que ceux du déjeuner. Arrivés sur le lieu d'abattage, ils se mettaient tout de suite à l'ouvrage, les deux scieurs bûchant les arbres, lui les ébranchant et son compagnon, le «pileur», les apportant au «rouleur» qui les empilait toute la journée sans manquer de les marquer à un bout au sceau de leur employeur. Le contremaître voyait à les faire transporter sur le cours d'eau qui les acheminerait, à la fonte des neiges, à l'usine à laquelle ils étaient destinés.

Leur journée terminée avec l'approche de la brunante, les hommes revenaient au camp dont ils étaient éloignés d'une quarantaine de minutes. Ils étaient affamés et se précipitaient au camp-cuisine où les attendait un bon souper de macaroni aux tomates, de pain, de baloney ou de rôti de bœuf ou de porc et de thé accompagné d'une tarte aux pommes pour dessert. Ils étendaient leur linge humide, en particulier leurs bas, sur des fils tendus au bout du camp-dortoir et ne tardaient pas à se coucher.

Aimé appréciait ce genre de vie. De temps à autre, il pouvait faire valoir ses dons de conteur, le dimanche en particulier où, autour du poêle, les hommes racontaient leurs bonheurs et leurs misères, quand ils ne jouaient pas tout simplement aux cartes au son du violon, de l'accordéon ou de l'harmonica de l'un ou l'autre d'entre eux.

Pendant ce temps, à Drummond, Élise veillait sur les siens avec beaucoup de sollicitude. Elle avait plusieurs bouches à nourrir, celles d'abord des deux vieilles qui fort heureusement n'étaient pas gloutonnes, celle ensuite d'Annabelle, les soirs où elle couchait à la maison, et celles enfin de Guillaume, Denise, Vianney et Francesca.

En prévision de l'hiver, Denise et les petits avaient profité de leurs vacances d'été pour cueillir des petits fruits dont Élise et sa mère avaient fait des confitures qui, avec de la mélasse sur le pain, s'avéraient leurs desserts habituels.

En raison du froid dans le poulailler, les poules ne pondaient pas en hiver. Il était quasi impossible de se procurer des œufs frais et, quand il y en avait au marché, leur prix n'était pas abordable. Élise conservait donc des œufs dans la saumure pour l'hiver et elle les utilisait à bon escient pour les gâteaux et les tartes du temps des fêtes.

Leur vie était programmée au rythme des offices religieux. On se retrouvait constamment à l'église pour une célébration quelconque. Il y avait les quarante heures, l'adoration du Saint-Sacrement, les premiers vendredis du mois, les vêpres, les dimanches et fêtes d'obligation, sans compter le chapelet en famille le soir. Dieu était omniprésent dans leur petite existence rude et monotone, seulement perturbée parfois par un accident ou une maladie.

Ainsi se déroulaient leurs jours comme ceux de leurs voisins, sans grandes joies ni grandes peines, tout orientés vers le ciel où on goûterait au bonheur éternel. Rien ne venait perturber leur vie si bien rangée et ordonnée. La plupart passaient leur vie sans jamais quitter leur milieu. Mais voilà que depuis quelques années, le travail se faisant plus rare, le pain manquait sur certaines tables. Manger à sa faim devenait un problème quotidien. On ne fut pas long à apprendre qu'il valait parfois mieux s'exiler que manger de la misère en s'obstinant à ne pas bouger. Des familles entières de Drummond et des villages voisins prirent la destination des États-Unis. Là, au moins, il y avait du travail et on pouvait gagner honorablement sa vie.

Élise voyait venir le jour où le pont serait construit et Aimé, sans travail. Elle avait un de ses frères, Norbert, aux États-Unis. Elle décida de lui écrire un mot afin de garder le contact – au cas où…

Son amie Armande ne parvenait pas à comprendre ses inquiétudes et Élise lui rétorquait:

— Toi, Armande, tu peux dormir tranquille, ton mari est boulanger. Il ne manquera jamais d'ouvrage, tout le monde a besoin de pain. Tandis que mon homme doit déjà passer quatre mois loin de la maison quand la traverse ne fonctionne pas, et en plus, le jour où le pont sera construit, il se retrouvera le bec à l'eau et nous serons dans la misère.

— Aimé doit bien savoir faire autre chose?

— À part s'occuper de la traverse, il sait bûcher et rien d'autre. C'est la misère qui nous guette.

Son amie tentait bien de lui enlever ses idées noires. Elle n'y parvenait pas. Élise ne voyait pas l'avenir d'un bon œil. Ça l'empêchait souvent de dormir. Qu'est-ce qui les attendait ?

Chapitre 14

Une chicane de vieilles

Quand Claude Courchesne, le père d'Aimé, passa de vie à trépas, ce dernier accepta de garder sa mère chez lui, malgré le fait qu'elle ne portait pas dans son cœur la mère d'Élise qui habitait déjà avec eux. De leurs sept enfants toujours de ce monde, seul Aimé habitait Drummond. L'aînée, Laurette, était religieuse à Montréal et avait d'ailleurs pratiquement coupé tous les ponts avec sa famille. Appoline et Alberte étaient mariées. Appoline élevait une nombreuse famille du côté de Kingsey et Alberte habitait Saint-Eugène où son mari cultivait la terre. Louis avait gagné les États-Unis, Ferdinand et Jacques demeuraient l'un à Nicolet et l'autre à Trois-Rivières, si bien qu'il allait de soi qu'Aimé soit chargé de prendre soin de sa mère.

Démérise prétendait que, selon le commandement de l'Église « Honore ton père et ta mère », qu'elle murmurait entre ses dents, Aimé devait la traiter mieux que l'autre. À ses yeux, son fils, le chef de famille, devait l'honorer en premier. Elle n'acceptait pas qu'il ait accueilli sous son toit la mère de son épouse, une infirme en plus, qui ne méritait pas tant d'égards.

Elle exigeait d'être servie la première et prétendait que sa chambre était moins bonne que celle de l'aveugle. En conséquence, elle revenait sans cesse à la charge pour la forcer à la lui céder. Après tout, soutenait-elle, elle ne s'en apercevrait pas puisqu'elle ne voyait rien. Aimé, se rendant compte qu'il ne s'agissait là que d'un caprice ou d'une mesquinerie de la part de sa mère, ne céda pas à ses revendications. Pour le punir, Démérise le boudait comme un enfant.

— Je ne peux pas croire, confia un jour Aimé à Élise, qu'en vieillissant on puisse devenir si malcommode.

— On lui aurait donné la chambre de ma mère qu'elle aurait voulu l'autre. Il ne faut pas s'en faire avec ça. D'ailleurs, tu le sais, ta mère n'est pas la plus facile du monde. Elle a toujours été un peu de même…

— Je pense que c'est devenu pire en vieillissant.

— Elle ne manque de rien. Elle devra prendre son mal en patience, et nous le nôtre.

Élise ne croyait pas si bien dire. Sa mère aveugle se déplaçait à sa guise dans la maison. Alors qu'Aimé était toujours au chantier, un beau jour que la vieille aveugle se rendait à la cuisine, elle buta sur une chaise laissée au milieu de la place. Elle tomba et se fractura un bras. Élise était seule à la maison. Après avoir aidé sa mère à se relever et l'avoir étendue sur son lit, elle enfila ses bottes et son manteau, courut chez la voisine pour la prier d'appeler le docteur et revint en vitesse au chevet de sa mère.

Tout cela ne l'empêcha pas de se demander qui avait bien pu laisser traîner cette chaise. La réponse lui vint très vite. Les enfants étaient tous partis à l'école ou au travail et elle les avait habitués à tout bien ranger pour ne pas nuire à leur grand-mère aveugle. Elle se dit: «Il n'y a que la Démérise pour agir de même. » Malgré les plaintes de la blessée, celle-ci ne s'était pas montrée, comme si tout cela ne la concernait pas. Élise fulminait. Elle s'apprêtait à aller faire connaître ses états d'âme à sa belle-mère, quand le docteur Bérard arriva. Sa présence calma quelque peu le jeu.

La vieille s'était infligé une fracture ouverte. Le médecin mit du temps à replacer les os et à les immobiliser. Même si Éméraldine souffrait le martyre, elle endura dignement son mal, pendant que dans la chambre voisine, son ennemie jurée se frottait les mains de satisfaction.

Élise se jura de ne pas laisser passer l'incident sans sévir d'une façon quelconque. Elle ne trouva rien de mieux que de ne pas servir à manger à sa belle-mère tant qu'elle ne s'excuserait pas. Elle l'en informa :

— Aimé n'est pas ici, sinon je l'aurais laissé prendre les sanctions que vous méritez.

— Quelle sanction et pourquoi ?

— Vous le savez très bien. Cette chaise ne s'est pas retrouvée là toute seule.

— Quelle chaise ?

Élise en avait assez entendu. Elle lui débita :

— Vous avez délibérément laissé traîner une chaise au milieu de la place en espérant que ma mère allait buter dessus et tomber. Vous avez réussi votre coup. Ma mère, même si elle guérit de sa cassure, va probablement en rester infirme. Si vous voulez manger à l'avenir, ne comptez pas sur moi pour vous préparer vos repas.

La vieille ne broncha pas. Entêtée, elle débuta une grève de la faim. Au bout d'une semaine, Élise fut contrainte de lui apporter de la nourriture. Sa belle-mère estimait avoir gagné. Comme elle était gourmande et tenait à la vie, elle sauta sur ce repas comme si rien ne s'était passé.

Heureusement, forte d'une bonne constitution, la blessée se portait mieux d'une journée à l'autre. Élise put enfin respirer plus à l'aise. Elle ne jugea pas bon d'expédier une lettre à Aimé pour lui faire part de toutes ces péripéties. Elle aurait bien assez de les lui apprendre à son retour. Elle savait toutefois que cet événement serait désormais inscrit dans les annales de la famille. Elle s'imaginait ses enfants réunis, évoquant leur passé. Ils ne manqueraient pas de mentionner : « Te rappelles-tu la fracture de grand-mère Éméraldine ? La grand-mère Démérise était vraiment méchante. »

Quand Aimé revint du chantier, un soir, il fut question par hasard de cet incident. Aimé s'enquit :

— Ta mère s'est fracturé un bras ?

— Oui. Je n'ai pas tenu à t'en parler pour ne pas t'affliger pour rien. Il me semble que tu as assez de tes problèmes.

— Comment c'est arrivé ?

Élise fut contrainte de le rappeler. Aimé s'offusqua et s'en prit à sa mère.

— Est-ce vraiment vous qui avez fait ça ?

— Tout le monde m'accuse. Je ne suis pas toute seule dans la maison, pourtant ! Moi, je pense qu'un enfant aura oublié.

Élise intervint :

— Comment expliquez-vous que depuis le temps que ma mère habite ici, il n'y avait jamais eu d'accident ?

— Justement, un accident est un accident.

— Les enfants rangent toujours leur chaise. Celle dans laquelle ma mère s'est enfargée ne s'est pas retrouvée toute seule au beau milieu de la place.

— Si c'est comme ça, s'écria la vieille d'un air indigné, ça ne vaut plus la peine de parler !

Elle regagna sa chambre en bougonnant. Élise mit fin à la scène en concluant :

— C'est du passé et on ne peut pas le refaire. M'man va mieux, restons-en là.

Aimé avait fini de manger. Il sortit sa pipe, s'installa dans son vieux fauteuil et laissa son esprit voguer au loin, bien au-delà des volutes de fumée, là où les vieux et les vieilles n'ont pas de méchancetés, où les enfants sont parfaits et leurs parents n'ont pas à travailler pour les faire vivre, autrement dit : au ciel.

Chapitre 15

Nouvelle visite de l'Ermite

Le printemps vit renaître les activités au bord et sur la rivière. Comme chaque mois d'avril, Césaire Fleurant s'amenait avec ses draveurs à Drummond, pour repousser à la rivière les billes échouées face à la forge. Sachant à quel point leur travail était dangereux, Fleurant profita de leur passage pour faire chanter une messe par le curé Marchand. Il voulait que ses hommes soient sous la protection des saints.

Aimé attendit la fin de la débâcle pour mettre son bac à l'eau. On n'avait pas vu l'Ermite de tout l'hiver. À sa dernière visite, il avait coupé court à son récit sans en dire plus long, comme quelqu'un qui se noie dans ses souvenirs. Guillaume s'était bien promis que quand il reviendrait, il lui ferait raconter la suite. Le premier jour où la traverse se remit à fonctionner, l'Ermite fut d'un voyage et, selon son habitude, s'arrêta pour souper. Guillaume l'incita à parler :

— Vous souvenez-vous ? Une fois que vous êtes venu, vous vous êtes arrêté de raconter, au moment où vous veniez de sortir de la mine où vous étiez prisonnier…

— Ah oui ?

— Oui, je m'en souviens très bien. Qu'est-ce que vous avez fait une fois sorti ?

L'Ermite réfléchit un moment avant d'émettre :

— J'ai respiré à pleins poumons le bon air du bon Dieu. Je suis retourné vers le monte-charge qui nous descend dans la mine et là, j'ai craché et pissé dans le trou en sacrant. C'était là ma vengeance.

— Êtes-vous retourné sous terre ?

— Ah créyé ! Jamais d'la vie !

— Qu'est-ce qui vous a amené par ici ?

— Le hasard. Je quittai Capelton à pied avec sur l'épaule une poche dans laquelle j'avais fourré tout ce que je possédais. Je suivis le sentier qui avançait dans la forêt et par où les gens passaient avec leurs vaches et leurs animaux. Ma marche, après bien des arrêts et bien du tournage en rond, me conduisit jusqu'à L'Avenir. Je croisai ensuite sur mon chemin un homme, Isidore Malette. Je m'informai où je pourrais acheter une terre. Il m'emmena au bord de la rivière sur la terre voisine de la sienne. Il me confia : "Si tu la veux, elle est à vendre. Tu pourrais l'avoir pour une couple de cent piastres. Si j'avais les moyens, je l'achèterais, sauf que j'ai déjà la mienne. — Où est-ce que je peux m'informer pour l'avoir ? — À Drummond, chez le notaire. — C'est loin ? — Treize milles. Si tu veux, je t'y mène. Ma femme m'a justement donné une commission à y faire."

« J'achetai ma terre. Au magasin général, je me procurai une hache. Je savais abattre des arbres, mais je n'avais jamais construit de maison. J'ignorais comment m'y prendre. Je me suis dit : "Tout s'apprend !" Malgré l'invitation d'Isidore de passer la nuit chez lui, j'avais décidé que je coucherais sur ma terre dès le premier soir. Je me fis un lit de branches de sapin, je m'enveloppai dans la couverte, la seule que j'avais apportée, et je me préparai à me laisser emporter par Morphée. Je ne parvins pas à fermer un œil tant les moustiques se montraient affamés. Pour les chasser, je me fis un feu. Au petit matin, la boucane fut aperçue par un homme qui, sa carabine sous le bras, prit le temps de venir voir ce qui se passait. De la voix rude de quelqu'un qu'on contrarie, il me demanda : "Qu'est-ce que tu fais là ? — Je suis chez moi, j'ai acheté cette terre pas plus tard qu'hier. — Comment tu t'appelles ? — Adalbert Ladouceur. — Tu sors d'où ? — De par en bas des Cantons. Et toi, on peut connaître ton nom ? — Aurélien Morrissette. Tu veux te construire ? — En effet, ça me prend un toit au plus sacrant."

« À l'expression qui se dessina sur son visage, je compris que ma présence à cet endroit ne lui plaisait pas. Je ne fus pas long à apprendre pourquoi. Au même moment, un coup de feu se fit entendre du côté de la rivière, là où se trouvait la limite de ma terre. Sans un au revoir, le bonhomme partit en vitesse dans cette direction. Je me demandais bien ce qui le faisait tant se presser. J'eus ma réponse quand mon voisin Isidore arriva à son tour. Je lui demandai : "Tu as entendu le coup de feu ? Aurélien Morrissette me parlait, puis il m'a planté là et est parti à la course du côté où le bruit venait. — Aurélien et Odilon sont des braconniers. Ils chassent au bord de la rivière, là où les bêtes ont l'habitude d'aller boire. — Où passe leur *trail* ? — Au bout de ta terre. Ils seront bien obligés de braconner ailleurs."

«Je venais de comprendre pourquoi cette terre n'était pas encore vendue. Personne n'avait voulu l'acheter par crainte d'avoir des problèmes avec ces braconniers. Isidore me conseilla d'abord de me construire un petit campe. La maison viendrait ensuite. Il m'assura qu'il allait me montrer comment m'y prendre. Je savais que si je voulais manger, il me fallait labourer au plus vite un bout de terre et y semer du blé. Ça assurerait mon pain pour l'hiver. Et avec du pain, on ne meurt jamais de faim.

«Je ne demandais pas mieux que d'avoir un toit sur la tête, seulement j'ignorais par où commencer. Isidore me l'expliqua: "D'abord, tu vas te faire un carré et monter tes murs à cinq pieds, et ensuite tu vas construire par-dessus un toit en pente pour te clairer au milieu du camp une dizaine de pieds de haut. Ton toit, je te suggère de le faire en tôle. C'est pas le *best*, mais c'est le mieux pour le moment. Dans une journée, t'as un toit sur la tête. Bien entendu, quand il mouille, tu vas te croire dans un tambour, mais ça va te sauver tellement de temps que tu le regretteras pas."»

Sur ce, l'Ermite tira de sa poche sa pipe et la vessie de porc dans laquelle il conservait son tabac. Il bourra sa pipe, puis sortit un briquet dont il fit jaillir les étincelles pour enflammer son tabac. Il pompa rapidement et bientôt fut enveloppé de la bonne fumée de sa pipe, pendant que Guillaume attendait patiemment la suite. Après avoir lancé quelques volutes de fumée dans les airs, l'Ermite poursuivit son récit où il l'avait laissé.

— Isidore me dit simplement: "À nous deux, une fois le bois coupé, on montera ton campe en trois jours. T'auras qu'à venir me chercher demain, on ira à Drummond pour acheter tout ce que t'as d'besoin pour te construire. Sur ta terre, au bord de la rivière, là ousqu'y a une éclaircie, tu pourras déjà labourer pour semer. Quand ça sera l'temps j'viendrai avec mon cheval et ma charrue, et tu verras qu'à deux on va t'arranger ça vite. Dans l'temps de l'dire, tu seras chez toi. — Comment j'te l'rendrai? — Ça m'suffira que tu sois mon voisin. Ça fait tellement longtemps qu'Anémone attend ce moment-là. “On n'a pas de voisin” qu'elle me répète tout l'temps. Ben là, j'vais pouvoir lui répondre: “Adalbert c'est pas un voisin?” Elle va être contente en pas pour rire quand j'vais lui annoncer ça.”

Adalbert s'arrêta soudain sur ces mots. Guillaume le pressa de continuer, mais il refusa:

— Ben mon gars, je t'en ai assez dit pour à soir. Si je veux souper, il faut que je me taise. On ne parle pas la bouche pleine.

Il semblait impatient.

— Monsieur Adalbert a raison, intervint Élise. On entendra la suite la prochaine fois.

L'Ermite mangea, récupéra ses effets et profita de la dernière traversée pour gagner l'autre rive. Guillaume l'accompagna jusqu'au bord de la rivière. Avant de monter dans l'embarcation, l'homme demanda:

— Ta sœur Annabelle n'est plus à la maison?

— Depuis que Georgiana est à ses études, elle ne revient pas coucher ici tous les soirs. En plus, elle a un prétendant.

À la grimace que fit l'Ermite, Guillaume comprit qu'il aurait dû se taire. Le mal était fait. L'Ermite partit d'un pas pressé. Aimé le conduisit sur l'autre rive. Son bagage sur le dos, il s'avança sur la route de Saint-Cyrille, puis s'enfonça dans le sentier courant le long de la rivière. Il était le dernier passager de la journée. La brunante tombait quand Aimé regagna sa demeure. Vulcain alla tourner autour de lui en branlant la queue. Plutôt que de se pencher pour le flatter, il le repoussa du pied.

Pour agir de la sorte envers son chien, il fallait qu'il soit vraiment de mauvaise humeur. Quelque chose le contrariait. Élise, qui l'avait vu faire, pensa: « Tant qu'il n'aura pas son nouveau bac, ça ne changera pas. »

Chapitre 16

Les prétentions de Guillaume

Guillaume ne manquait ni d'imagination ni d'ambition. Il se voyait déjà propriétaire d'un magasin général. Monsieur Murphy était pleinement satisfait de son travail. Il avait d'ailleurs commencé à lui verser un salaire depuis quelques mois, considérant qu'il avait remboursé la valeur de la vitrine cassée. Il s'était bien gardé de lui révéler qu'en réalité il n'avait pas eu à débourser un sou pour la remplacer puisque les assurances l'avaient dédommagé. Il n'était pas sans avoir remarqué les progrès en anglais de son jeune commis et il l'en avait félicité. Guillaume, comme le lui avait conseillé Margaret, avait laissé entendre que sa sœur Annabelle l'aidait à se familiariser avec cette langue.

À la satisfaction de monsieur Murphy et des clients, Guillaume parvenait à se débrouiller assez bien pour servir des clients de langue anglaise qui se montraient toujours pressés. Guillaume connaissait bien l'expression : *time is money*. Il était lui-même étonné de constater comment, en si peu de mois, il était parvenu d'abord à se familiariser avec le travail dans un magasin général et ensuite avec une langue étrangère, et tout cela par un caprice du destin : une vitrine cassée.

Une chose toutefois l'inquiétait de plus en plus : les humeurs de Margaret. La jeune femme s'impatientait pour tout et pour rien. Elle le recevait en bougonnant et lui interdisait de la toucher. Elle ne semblait plus prendre plaisir à lui apprendre l'anglais, comme si elle désirait qu'il se limite au peu qu'il connaissait déjà. Guillaume ne manqua pas de le lui mentionner.

— Qu'est-ce qui ne va pas ? Est-ce que j'ai fait quelque chose qui t'a déplu ?

— *Sorry*, mais ça n'a rien à voir avec toi.

— Pourquoi alors me boudes-tu ?

— Je ne te boude pas et parlons d'autre chose.

— Tu ne m'aimes pas ?

— Es-tu sourd ? Je t'ai dit de parler d'autre chose.

— Qu'est-ce que je devrais savoir de plus en anglais ?

— Tout ou à peu près.

— Dans ce cas-là, il y a certainement autre chose que tu peux m'apprendre.

— Pour le moment, ça suffit. Tu reviendras me voir dans deux semaines.

Guillaume n'y comprenait rien. Il en glissa un mot à Denise, sa seule confidente.

— Elle n'est pas comme avant. Elle est continuellement impatiente.

— Elle doit être dans ses mauvais jours.

— Que veux-tu dire par là ?

— Tu ne sais pas que, chaque mois, nous les femmes, nous avons nos mauvais jours ?

— Si elle en a, ils durent longtemps…

Voulant changer les choses, il se mit dans la tête de lui faire un cadeau. Il se rendit compte qu'il la connaissait bien mal. Il n'avait aucune idée de ce qui pourrait lui faire plaisir. Il demanda l'aide de sa sœur. Denise lui répondit :

— Comment veux-tu que je te conseille, je ne la connais même pas !

— Toi, qu'aimerais-tu avoir comme cadeau ?

— Si j'avais un fiancé, le plus beau cadeau qu'il pourrait me faire serait de me donner son portrait.

Guillaume fouilla dans ses petites économies et un beau midi se rendit à l'atelier de Cléophas Duguay. Le photographe lui fit choisir un décor et tira son portrait en pied avec en arrière-plan une vieille maison, qu'à la rigueur on aurait pu prendre pour un magasin général. Le futur propriétaire, Guillaume Courchesne, avait l'air fort important en avant-plan. Deux jours plus tard, il alla chercher les deux exemplaires de sa photo et en fut pleinement satisfait. Il se trouvait irrésistible et était certain que Margaret fondrait en recevant son portrait.

Il lui restait maintenant à choisir le moment idéal pour le lui remettre. Il pensa le faire à plusieurs reprises, mais reporta la partie parce que la jeune femme se montrait peu réceptive. Elle avait daigné, un midi, lui donner une liste de nouveaux mots à apprendre. Il pensa la remercier en lui offrant son portrait. Malheureusement, elle le congédia avant même qu'il puisse le tirer de sa poche.

Quelque chose ne tournait pas rond, il le sentait bien. Il s'obstinait malgré tout à se rendre tous les midis dans la cour, où, la plupart du temps, elle ne daignait même pas se présenter. Un jour, il eut enfin l'occasion, croyant réellement l'amadouer, de lui donner sa photo. Il l'avait mise dans une enveloppe sur laquelle il avait écrit: «Merci à ma bien-aimée».

Elle ouvrit l'enveloppe, en sortit le portrait, fit la grimace et le lui remit en commentant:

— Je n'ai pas besoin de ça!

Guillaume resta sans voix.

— Ton portrait? Tu parles d'une idée! Si je veux te voir, je peux le faire tous les midis. Je n'ai pas besoin de ce morceau de papier pour me rappeler de toi.

Il en fut si mortifié qu'il la quitta sans rien dire et, quoi qu'il lui en coûtât, laissa filer plusieurs jours avant de tenter de la revoir. Il ne comprenait vraiment pas ce qu'elle mijotait. Il l'apprit bientôt, un midi qu'il se rendait dans la cour en espérant lui parler. Ce n'est pas elle qui s'y trouvait, mais son père. Il le reçut on ne peut plus mal avec ce que Guillaume entendit comme une poignée de bêtises. Au cas où il ne comprendrait pas, monsieur Murphy avait pris soin de se faire accompagner d'un homme qui lui servait de traducteur.

Le premier orage passa, que l'interprète ne jugea pas bon de traduire. Ce dernier résuma plutôt qu'il ne traduisit les propos suivants de monsieur Murphy.

— Il te fait dire que sa fille l'a informé que tu passes ton temps à la surveiller et la harceler et qu'elle ne se sent plus en sécurité dans sa propre maison, ce qui la rend très malheureuse.

Ébranlé, Guillaume répondit en français:

— Je ne lui veux aucun mal. Elle m'aide à comprendre l'anglais.

L'homme traduisit pour monsieur Murphy. Le marchand explosa. L'interprète poursuivait:

— Sa fille l'avait prévenu que tu prétendrais vouloir la voir pour apprendre l'anglais. Elle lui a dit qu'une fois qu'elle est venue au magasin, tu lui avais demandé de t'aider en anglais, ce qu'elle a refusé, et que tu ne cesses pas de la relancer à ce sujet. Il ne veut plus te voir dans cette cour. Il a bien pensé à te congédier, mais il doit admettre que tu travailles bien. Si tu tiens à garder ton emploi pour lui, tu ne devras plus jamais à l'avenir quitter le magasin ou l'entrepôt pour t'approcher de Margaret.

Guillaume ne tenta pas de se justifier. Il retourna à son travail, la tête basse et le cœur en charpie, se demandant pourquoi Margaret avait agi ainsi. Quand il raconta sa mésaventure à Denise, elle eut ce commentaire :

— D'après moi, elle cherche un moyen de partir de chez elle. Crois-tu qu'elle est heureuse chez ses parents ?

— Je n'en sais rien, mais tu as peut-être raison. Elle s'est servie de moi à ses fins.

Denise ne s'était pas trompée, car quelques jours plus tard, Guillaume apprit que Margaret Murphy avait quitté Drummond pour poursuivre ses études à l'extérieur.

Chapitre 17

Une mort qui laisse indifférent

Un matin qu'Élise se préparait à desservir la table du déjeuner, elle se rendit compte que la vieille Démérise n'était pas venue manger. Elle frappa à la porte de sa chambre et appela à plusieurs reprises sans obtenir de réponse. Voyant que quelque chose ne tournait pas rond, elle poussa la porte. La vieille était recroquevillée dans son lit – «comme un oiseau mort», pensa Élise. Elle respirait à peine. Les enfants étaient partis pour l'école. La vieille aveugle s'était enfermée dans sa chambre comme elle le faisait toujours. Élise courut prévenir Aimé à la traverse. Il fila droit au presbytère et en revint avec le curé Marchand en surplis.

Le curé parvint à donner l'extrême-onction à Démérise, mais ne put la faire communier. Elle avait perdu connaissance. Il n'y avait rien à faire, elle se préparait à quitter ce monde. La veille, elle grognait encore contre l'aveugle qui avait eu le malheur de s'amener trop tôt à table pour souper. À peine une demi-heure après la venue du curé, le docteur Bérard, qu'on était allé prévenir, constata sa mort.

Le bedeau sonna les sept coups du glas. Ainsi, toute la paroisse sut qu'une femme était morte. Le bouche-à-oreille fit le reste. Au souper, toute la paroisse était informée que la mère d'Aimé Courchesne avait trépassé. Aimé tint à ce que l'enterrement se déroule dans les plus brefs délais. Il vit à ce que ses frères et sœurs, ainsi que les quelques parents de Démérise encore de ce monde, soient prévenus du décès. Il commanda le cercueil au menuisier Louis Guertin qui vint prendre les mesures et le livra l'après-midi du même jour. Le soir, la vieille était exposée dans le salon de la maison et veillée par les voisines venues officiellement non pas tant pour pleurer la morte qu'elles ne connaissaient à peu près pas, que pour profiter d'un bon repas préparé par Élise, secondée de sa mère et de Denise, de même que d'Annabelle accourue de chez les Millar.

Les hommes, avec en tête le docteur Bérard et le greffier Caya, vinrent présenter leurs condoléances. Ils causèrent un bon moment dans la cuisine pendant que les femmes récitaient de temps à autre une dizaine de chapelets en attendant que le curé passe dire les prières d'usage.

En arrivant de l'école, Vianney et Francesca apprirent la nouvelle sans démontrer grand chagrin. Leur grand-mère leur faisait peur et sa disparition ne semblait pas trop les émouvoir. Ils eurent comme tous les autres à s'approcher du cercueil. Élise exigea qu'ils embrassent une dernière fois leur grand-mère par un baiser sur son front. Ce qui les saisit tous les deux fut de voir à quel point la morte était froide. Quand Guillaume arriva après son travail, on lui donna pour tâche de se rendre prévenir sa sœur Georgiana à Saint-Hyacinthe. Annabelle s'offrit à l'accompagner. Le boulanger Basile Bourgault leur prêta son cheval et sa voiture. Partis à la clarté, Annabelle et Guillaume revinrent au milieu de la nuit. Georgiana ne les accompagnait pas. Elle avait un examen de français à passer le lendemain et ne pouvait pas le faire reporter. D'ailleurs, quand elle apprit la mort de sa grand-mère, elle réagit curieusement. Elle s'apprêtait à verser quelques larmes puis, se ravisant, elle remit dans la poche de sa jupe le mouchoir qu'elle venait d'en tirer.

Annabelle lui murmura:

— Tu peux pleurer si t'en as envie. Ne te prive pas de le faire à cause de nous.

Elle répondit vivement:

— Justement, je n'en ai pas envie. Sa mort est une délivrance pour toute la famille.

Le service célébré le lendemain ne fut pas l'occasion de remplir l'église. La vieille femme ne semblait pas avoir une foule d'amis. Il y eut passablement de personnes qui vinrent à la veillée au corps, mais, à part quelques vieilles femmes qui avaient sans doute fréquenté Démérise autrefois, ce furent plutôt les amis d'Aimé qui se retrouvèrent à l'église. Ferdinand et Jacques, les frères d'Aimé, de même que ses sœurs Appoline et Alberte, venus respectivement de Nicolet, Trois-Rivières, Kingsey et Saint-Eugène, s'étaient déplacés pour l'occasion. Louis et Laurette habitaient trop loin. Malgré son travail accaparant à la boulangerie, Basile Bourgault trouva le moyen d'être là, de même que le docteur Bérard et sa fille Ernestine qui accompagna à l'orgue les chanteurs habituels animateurs des services. Monsieur Caya, qui se faisait un devoir d'assister à tous les enterrements, fut présent, de même que l'hôtelier Joseph Boisvert et le cordonnier Antonio Matte, qui avaient toujours été amis des Courchesne.

Au sortir de l'église, les porteurs du cercueil le déposèrent dans le corbillard que le cortège suivit au cimetière.

Le bedeau fit sonner les cloches. Moïse Martel, le fossoyeur, avait fait son travail. Le curé Marchand récita les dernières prières. Aidé de trois des porteurs, après avoir passé des câbles sous le cercueil, le fossoyeur le fit descendre dans la fosse. Les gens défilèrent pour jeter leur poignée de terre et exprimer une dernière fois leurs condoléances à Aimé et aux membres de la famille. Chaque fois que la terre ainsi jetée frappait le couvercle, le cercueil résonnait comme un tambour. C'étaient les derniers adieux de la grand-mère. Denise se permit de glisser : « Même morte, elle continue de grogner. »

Élise avait préparé le dîner auquel les frères et sœurs d'Aimé étaient invités. Accaparés chacun et chacune par leur travail à la ferme et leurs nombreux enfants, ils ne se fréquentaient guère. Étrangement, la mort de leur mère fut l'occasion d'un rapprochement entre eux. Appoline et Alberte promirent une visite à Aimé. Ferdinand et son épouse, Géraldine, invitèrent Aimé à leur rendre visite. Le repas se passa dans le calme et des propos sans éclat. La vieille Démérise n'eut pas droit à beaucoup de larmes.

Le lendemain, quand Aimé décida de vider la chambre de sa mère pour la nettoyer à fond, il remarqua, une fois le lit décollé du mur, que le parquet était défoncé à cet endroit. Cette chambre, qui donnait du côté de la traverse, avait été ajoutée à la maison. Il décida de réparer le plancher. Pour s'assurer que les planches autour du trou étaient encore saines, il en souleva une, qui lui resta entre les mains. Il fut intrigué par ce qu'il découvrit dessous. Il enleva la planche suivante pour être certain qu'il ne rêvait pas. Une pierre tombale, ou ce qui en tenait lieu, s'y trouvait. Il put y lire : *Ci-gît Patrick Badham, huit ans, noyé dans la Saint-François le 3 juin 1827.*

Il avait de la difficulté à en croire ses yeux. Cet enfant n'avait pas été enterré au cimetière ! On ne s'était pas donné la peine d'y déménager son corps. On avait tout bonnement construit la chambre sur l'emplacement de sa tombe. Aimé fit venir le curé Marchand et lui demanda :

— Comment expliquez-vous que cet enfant ait pu être enterré ici ?

— Probablement qu'il n'était ni catholique ni anglican.

Le lendemain, Aimé fit transporter au cimetière ce qu'il restait du squelette, afin de l'inhumer dans le lot des enfants morts sans baptême. En apprenant que sa grand-mère avait dormi pendant des années au-dessus d'un mort, Denise se fit une réflexion qu'elle n'osa pas révéler aux autres : « La grand-mère pouvait bien être détestable. Il devait lui tirer les orteils chaque nuit. »

Chapitre 18

Aimé s'entête

Aimé n'avait pas renoncé à son idée de construire un nouveau bac. Au contraire, il était revenu du chantier bien décidé à la réaliser. Élise eut beau s'y opposer, il lui brandit fièrement sous le nez quelques piastres épargnées de son travail au chantier.

— Simonac ! J'ai presque tout le saint-frusquin pour acheter le bois, les clous, l'étoupe et tout ce qu'il faut pour le construire. Je n'aurai pratiquement pas besoin d'emprunter.

Ce mot sembla galvaniser Élise. Il fit jaillir un flot de protestations :

— Je te défends, Aimé Courchesne, d'emprunter ! T'as bien compris ? Chaque fois que tu l'as fait, on a été dans la misère. Quand on n'a pas ce qu'il faut pour payer, on attend de l'avoir.

— J'pourrai pas me faire aider par Alfred…

— Alfred Sicotte ?

— Oui. Il a promis de m'donner un coup d'main.

— Tu le lui rendras en l'aidant à ton tour.

— Il a besoin d'argent.

— Dans ce cas-là, passe-toi de lui.

— J'peux pas. J'ai besoin qu'il me montre quoi faire exactement.

— Si je comprends bien, tu veux t'endetter. OK, cracha-t-elle. Tu veux emprunter ? Ben, on va voir ce qu'on va voir.

Aimé sortit, gagna la rue Heriot qu'il parcourut jusque chez Maxime Comtois. Il avait pris soin d'apporter son plan et les deux hommes l'étudièrent de près pour déterminer le nombre de planches et de poutres nécessaires. Il sortit de chez Maxime pour se rendre chez le cloutier Aurélien Proulx acheter les barils de clous nécessaires. Il devait encore se procurer l'étoupe et le goudron, mais ça pouvait attendre. Quand il s'arrêta pour additionner ce qu'il avait dépensé jusque-là, il se rendit compte qu'il n'aurait pas assez d'argent pour payer Alfred. « Tant qu'à m'endetter, se dit-il, je suis mieux d'en emprunter plus que moins. » Il se dirigea chez le marchand Patrick Mitchell qui fut d'accord pour lui avancer une dizaine de piastres, à du six pour cent, à condition qu'il lui remette deux piastres par mois pendant cinq mois. S'il manquait à son obligation, il risquait de se faire confisquer la traverse jusqu'au remboursement total de sa dette.

Aimé n'était pas revenu que déjà Maxime Comtois se débarrassait au bord de la rivière du voyage de bois que contenait sa charrette. Élise alla le trouver, faisant celle qui n'est pas informée, et elle lui demanda :

— Du bois pour quelqu'un qui veut le faire traverser ?

— Non, madame. Pour votre mari.

— Est-ce qu'il vous a payé ?

— Oui ! Il ne voulait pas me rembourser entièrement d'abord. Il disait qu'il n'aurait pas assez d'argent pour les clous, l'étoupe, le goudron et surtout pour se faire aider par Alfred. En fin de compte, il m'a payé comptant et il m'a dit qu'il irait voir Mitchell.

Élise en savait assez. Aimé s'amenait. Elle s'enquit:

— T'as eu tout ce que tu voulais avec l'argent que t'avais?

— Ouais! À peu près.

— Dis-moi pas que t'as été obligé d'emprunter?

— Presque rien en toute!

— T'as emprunté! Tu connais mon idée là-dessus.

Elle lui tourna le dos et d'un pas décidé regagna la maison. Elle ferma portes et fenêtres. «Il ne rentrera plus ici», grogna-t-elle, pendant que Vulcain lui tournait autour parce qu'il voulait sortir.

Quand Aimé revint pour dîner, elle refusa de lui ouvrir. Entrouvrant la fenêtre du côté de la traverse, elle lui hurla:

— Tu rentreras quand t'auras rapporté l'argent à Mitchell. En attendant, tu coucheras dans la *shed* ou ben le hangar, et avec ce que tu gagneras à la traverse tu payeras tes repas chez Cusson.

Il haussa les épaules et remonta d'un bon pas vers la rue Heriot. Un peu plus tard, il réapparut pour s'occuper de la traverse. Vers les cinq heures, il retourna en ville et revint accompagné de Guillaume. Élise ne voulut pas que son fils passe la nuit dehors. Elle avait à peine entrebâillé la porte que son mari y glissa un pied. Il entra derrière son fils. En ronchonnant, il glissa d'une voix ferme:

— On va toujours ben voir qui c'est qu'est l'boss ici!

Il leva le bras. Sans l'intervention de Guillaume, il aurait frappé Élise. Son fils le regarda d'un air décidé et, haussant la voix, lança:

— Touchez jamais à m'man, parce que vous aurez affaire à moi.

Interdit, Aimé ferma le poing en même temps qu'il se mit à hurler:

— Qu'est-ce qui te prend ? T'es même pas capable de te moucher tout seul !

— Détrompez-vous. Depuis que je travaille chez Murphy, il m'a passé pas mal d'outils, de barils de clous et de barils de mélasse entre les mains.

D'un ton qui ne souffrait pas de réplique, Aimé ordonna :

— Tu dois respect à ton père !

La réponse cinglante ne tarda pas :

— En autant qu'il respecte ma mère !

Voyant à quel point son fils était décidé, Aimé changea de propos :

— Personne ne m'empêchera de bâtir mon bac.

Guillaume se tut. Le ton avait tellement monté que Vulcain s'était couché en boule derrière le poêle. Élise les fit taire en les prévenant d'un ton froid :

— La soupe est servie.

Les plus jeunes prirent place à table. Personne n'osa parler de tout le souper.

Chapitre 19

Les débuts de Georgiana

L'été passa et septembre arriva. Aimé avait commencé la construction de son bac. Revenue de Saint-Hyacinthe avec un diplôme d'enseignement en main, Georgiana se fit rapidement proposer un poste à l'école primaire du 3e Rang de Saint-Germain. Elle s'informa à gauche et à droite pour savoir si quelqu'un allait de ce côté. Elle comptait trouver un bon Samaritain pour la conduire au village et, de là, elle était certaine qu'un habitant, en retournant dans les rangs, la laisserait en passant à l'école.

C'est le curé Marchand qui la dépanna. Il allait rendre visite à son confrère, le curé de Saint-Germain. Après le dîner, il fit atteler son cheval et se rendit chercher Georgiana à la maison de la traverse. Les adieux ne furent pas longs, seule Élise se trouvant à la maison avec sa mère. Les autres étaient tous partis, qui au couvent, qui à son travail, qui chez l'instituteur. Georgiana avait salué son père avant qu'il se rende à la traverse. Pour lors, le bac se trouvait de l'autre côté de la Saint-François. Quant à Annabelle, Guillaume, Denise, Francesca et Vianney, elle leur avait fait ses adieux avant leur départ à leur travail ou à l'école.

Élise n'ajouta rien à toutes les recommandations qu'elle lui avait adressées depuis le matin. Elle se contenta de dire :

— Écoute bien les conseils de monsieur le curé !

Georgiana acquiesça d'un signe de tête. Élise s'empara de sa malle. S'approchant de la voiture, avant même que le curé offre de lui donner un coup de main, elle y balança la malle.

— Vous avez du bras ! lança le curé d'un ton admiratif.

— On ne peut guère faire autrement quand on s'occupe des passagers de la traverse.

Du même souffle, elle ajouta :

— Merci beaucoup, monsieur le curé, de bien vouloir mener Georgiana à destination.

— Soyez sans inquiétude, madame Aimé, votre fille sera bien, là où elle va.

Il claqua de la langue pour inviter le cheval à partir. La voiture s'ébranla en remontant le chemin Saint-Georges, puis gagna la rue Brock. Le prêtre se signa quand ils passèrent près de l'église.

— Mademoiselle Georgiana, ça ne vous en coûte pas trop de quitter votre famille ?

La jeune femme, qui avait encore le cœur gros de laisser derrière elle le milieu où elle vivait depuis son enfance, parvint à articuler en refoulant ses larmes :

— Ce n'est pas facile, monsieur le curé, ce n'est pas facile…

— Je vois, commenta le curé, que vous êtes bien courageuse, ma fille. Vous sentez-vous prête à affronter vos premiers élèves ?

— Il y a tellement longtemps que je m'y prépare. Je crois que je le suis.

— Vous savez que Dieu vous accorde une grande faveur en vous permettant de le faire connaître à des enfants ? Ne manquez pas de leur parler souvent de Dieu, de Jésus et de la Vierge Marie. Ils vous aideront dans votre tâche.

Le cheval avançait au petit trot. Hésitant, le curé le fit arrêter puis lui fit emprunter une route à peine dessinée en pleine forêt. Georgiana, qui n'était jamais allée à Saint-Germain par cette route, s'étonna :

— On peut passer par ici ?

— Absolument ! C'est un tout nouveau chemin qui mène au rang Sainte-Anne et par là jusqu'à Saint-Germain. Il nous permet d'épargner passablement de temps. Je pourrai d'ailleurs vous laisser à votre école en passant.

Georgiana devint du coup moins anxieuse. Elle n'aurait pas à s'enquérir de quelqu'un pour la mener de Saint-Germain à son école, dans le 3e Rang, et elle ne pouvait être entre de meilleures mains que celles du curé. Il avait plu, la route devint boueuse. Le prêtre eut quelque peu de difficultés à guider son cheval. Sentant sa passagère inquiète, il se fit rassurant :

— Ma Puce est une bonne bête. Elle saura bien nous tirer de ce mauvais chemin.

Il laissa la jument faire son travail, et bientôt ils sortirent de ce passage difficile pour se retrouver sur un bout de route jonché d'aiguilles de pin. La forêt qu'ils traversaient était d'ailleurs imprégnée à cet endroit des bonnes odeurs de ces grands arbres. Le curé profita de la circonstance pour énoncer une comparaison :

— Ne trouvez-vous pas, ma chère fille, que cette route ressemble en tout point à celle de notre vie ? Si, la plupart du temps, nous la parcourons sans heurts, nous nous retrouvons parfois dans des chemins difficiles qui nous mènent dans la boue du péché. Heureusement que nous pouvons nous en tirer par une bonne confession. À ce propos, vous confessez-vous souvent ?

Georgiana n'hésita pas à répondre :

— Une fois par mois autant que possible.

— Vous n'avez pas de garçon en tête ?

— Non. Sinon je ne serais pas devenue institutrice.

— Vous me semblez une bonne fille. Souffrez que je vous apprenne qu'en plus de vingt ans de ministère, j'en suis venu à des certitudes qui peuvent paraître étonnantes à certains, mais qui pour moi me paraissent des évidences. Communiez-vous souvent ?

Georgiana ne semblait pas s'attendre à cette question. Elle hésita un peu avant de répondre :

— Tous les dimanches et jours de fête.

— Vous m'en voyez enchanté. J'ai pour mon dire qu'un jeune homme ou une jeune femme qui communie une fois par mois ou aux deux semaines vit généralement en état de grâce. Les enfants qui auront le privilège de vous avoir pour institutrice seront certainement choyés. Il me reste cependant une inquiétude à votre sujet. Saurez-vous, tous les dimanches et jours de fête, quel que soit le temps qu'il fera, quitter votre école pour assister à la messe du dimanche ?

— Je le saurai, monsieur le curé.

— N'avez-vous jamais songé à vous faire religieuse ?

Georgiana ne répondant pas, il reposa sa question. Elle balbutia :

— Je ne crois pas être faite pour ce genre de vie.

— Pourquoi donc ?

— Parce que je n'aime pas vivre en groupe.

Pendant ce temps, ayant laissé derrière eux la route forestière, ils débouchèrent sur un bout de chemin bien droit qui rejoignait une belle route de rang. Le curé poussa un soupir.

— Nous voilà enfin au rang Sainte-Anne. Y êtes-vous déjà venue ?

— Une fois, à la procession annuelle.

Ils s'arrêtèrent devant la statue de la sainte sur le bord de la route. Le curé l'invita à prier avec lui la bonne sainte pour qu'elle l'assiste tout au long de cette année scolaire. Ils remontèrent en voiture, puis la route le permettant, le curé fit trotter sa jument. Ils aperçurent au loin la petite école isolée au milieu de nulle part. Elle avait été construite à cet endroit pour favoriser à la fois les habitants de l'est et ceux de l'ouest du village. Leurs enfants avaient à peu près tous la même distance à parcourir pour s'y rendre. Le curé arrêta la voiture devant la porte.

— Vous avez la clé ? demanda-t-il.

Georgiana déclara qu'on lui avait dit où la trouver. Le curé l'aida à porter ses effets qu'ils disposèrent à la porte. Elle fit le tour de la bâtisse, souleva une pierre plate à l'arrière et revint avec la clé. Elle déverrouilla la porte. Une odeur de renfermé les prit à la gorge. Le curé entra le premier. Il aida Georgiana à ouvrir quelques fenêtres pour aérer la place. Elle eut vite fait le tour de la salle qui paraissait vide, les pupitres et les chaises ayant été empilés le long d'un mur. Au fond, le poêle ressemblait à une bête tapie, prête à bondir. Georgiana ouvrit la porte donnant sur sa chambre, tira le rideau de l'unique fenêtre pour y voir clair, s'assit à peine sur le lit puis s'empressa de retrouver sa valise restée près de la porte. Pendant ce temps, pour se rendre utile, le curé s'évertuait à placer chaises et pupitres, les plus petits en avant, les plus grands derrière.

— Vous allez être bien, ici, mademoiselle, vous verrez.

Il avait dit ça pour l'encourager, car la place était vide. Personne ne s'était donné la peine de venir l'accueillir.

— Étiez-vous attendue aujourd'hui ? s'informa le curé, d'une voix hésitante.

— Peut-être. J'avais prévenu le commissaire. C'est lui qui m'a dit où je trouverais la clé.

Tout en parlant, elle regardait à droite et à gauche. Elle repéra le tableau à écrire et à droite, le long du mur, des tablettes où avaient été déposés livres et cahiers. Elle soupira et parut un peu rassurée. Le curé se leva :

— Je dois continuer mon chemin. J'espère que vous ne manquerez de rien. Voulez-vous venir avec moi jusqu'au village acheter quelque chose ?

— Demain, monsieur le commissaire m'a assuré qu'on me livrerait tout ce dont j'ai besoin.

Avant de la laisser, le curé la bénit en lui souhaitant du succès tout au long de l'année. Elle entendit sa voiture s'éloigner. Ne perdant pas de temps, elle s'occupa de mettre sa chambre à sa main. Elle possédait peu de choses, une robe, des bas, des sous-vêtements qu'elle déposa dans la commode. Elle avait apporté un drap dont elle couvrit le lit et une taie dont elle enveloppa l'oreiller. Elle trouva dans le tiroir du bas de la commode une couverte de laine qu'elle étendit par-dessus le drap. Elle poussa sa valise dans un coin en y laissant ses bottes et ses vêtements d'hiver. Élise lui avait préparé de quoi manger, mais elle avait surtout très soif. Cherchant la vaisselle, elle s'empara d'un gobelet de métal. Au fond de la cour elle repéra les bécosses et, du côté opposé, le puits dont on lui avait parlé. Un seau y était suspendu. Elle le laissa filer au fond, le remonta plein, le posa sur le bord de la margelle et y remplit son gobelet d'étain. Elle but goulûment.

D'avoir étanché sa soif lui donna le courage de retourner préparer son école à recevoir ses élèves. Quand elle jugea que tout était en place, elle déballa son petit repas, s'assit sur le bord de son lit et se mit à grignoter un morceau de fromage. Elle n'entendit rien d'abord, puis elle reconnut le bruit du vent dans les feuilles, les bruissements d'une souris quelque part dans les murs, le sifflement d'un train au loin. Du coup, elle se sentit si seule au monde qu'elle se mit à pleurer.

Chapitre 20

Une tragédie

L'automne fit place à un hiver glacial. Cyrille Tousignan, le poète, ne manquait pas d'accompagner Annabelle chaque fois qu'elle décidait de revenir coucher à la maison, ce qui devenait de moins en moins fréquent, surtout par les plus froides journées de décembre alors qu'elle devait chausser des raquettes pour taper son chemin le long de la rivière gelée. Elle craignait de s'aventurer sur le cours d'eau. Le simple fait de savoir qu'il y avait plusieurs pieds d'eau sous la glace lui donnait une bonne frousse. Elle aimait mieux suivre la rive, même si elle mettait plus de temps à se rendre chez elle. Son prétendant la devançait parfois, s'évertuant à lui battre le chemin. Chaque fois qu'il la voyait, il avait pour elle un nouveau poème.

Annabelle ne savait pas trop quoi penser de ces débordements poétiques vantant ses yeux, sa bouche, sa douceur, sa grandeur d'âme. Elle reconnaissait toutefois que Cyrille était un jeune homme sensible et très attentif, trop peut-être, ce qui la contraignait à se replier sur elle-même en se contentant d'endurer plus que désirer sa présence. Lui, toujours dans son monde imaginaire, ne s'apercevait de rien et continuait à l'inonder de poèmes et à l'encenser, mieux que le curé lors des cérémonies funéraires.

Elle avait regroupé ses poèmes et songeait à les lui remettre en l'en remerciant et en lui disant que même s'il était bien gentil, il n'était pas le genre d'homme avec qui elle aimerait partager sa vie. Or, il était si excessif que chaque fois qu'elle se promettait de le lui dire, elle changeait d'idée à la dernière minute par crainte de le contrarier et de lui causer une trop grande peine. Elle se reprochait de l'avoir écouté lors de leur première rencontre. Si elle ne l'avait pas encouragé, elle ne se retrouverait pas dans le pétrin dans lequel elle s'était mise un peu malgré elle.

Annabelle cherchait la meilleure façon de l'éloigner, mais elle ne parvenait pas à trouver quelle ruse elle pourrait bien inventer pour y parvenir. Sa plus grande amie étant sa sœur Georgiana, elle résolut de lui rendre visite pour lui en parler. L'occasion se présenta un dimanche, quand Guillaume voulut bien la conduire à l'école du 3e Rang. Il se proposait de chasser dans le coin pendant que ses sœurs causeraient. Il espérait rapporter un chevreuil dont la viande serait la bienvenue durant les mois d'hiver.

Ils empruntèrent le cheval et la *sleigh* du boulanger. Ils mirent un peu plus de trois heures à rejoindre l'école où travaillait Georgiana. Fort heureusement, elle n'était pas sortie. Elle se montra étonnée de voir surgir Annabelle et Guillaume sans en avoir été prévenue.

— C'est une décision de dernière minute, assura Annabelle. Nous prenions une chance. Si tu n'avais pas été là, nous aurions profité quand même d'une des plus belles journées de l'hiver.

Comme pour faire diversion, elle ajouta :

— Tu ne t'ennuies pas trop ici ?

— Je n'ai pas le temps ! Pas avec dix-huit élèves de la première à la septième année…

Annabelle l'informa :

— J'ai à te parler.

Voyant qu'il nuisait plus qu'il n'était utile, Guillaume, qui n'avait pas placé un mot jusque-là, se leva.

— Je m'en vais voir s'il n'y aurait pas moyen de chasser dans le coin.

Ses sœurs l'accompagnèrent jusqu'à la porte. On entendit les grelots du traîneau tinter en s'éloignant. Elles se réfugièrent dans la chambre de Georgiana. Annabelle entra sans plus tarder dans le vif du sujet.

— Si je tenais tant à te voir, c'est d'abord parce que tu me manques, Georgiana. Tu es ma meilleure amie. Depuis que tu ne travailles plus avec moi chez les Millar, je me sens seule. Celle qui t'a remplacée est une fille gentille, mais très peu évoluée. Elle ne comprend pas la moitié de ce qu'on lui raconte. Elle travaille bien, c'est pourquoi les Millar la gardent, mais ça ne me fait pas une bonne compagne quand j'ai le goût de parler d'autres choses que de la pluie et du beau temps. Vois-tu, j'ai besoin de ton avis sur un sujet délicat qui me tourmente passablement.

— Dis toujours ! Je ferai mon possible pour te conseiller, bien que je te sache beaucoup plus sage que moi pour prodiguer de bons conseils.

— Quand c'est pour les autres, ça s'avère toujours plus facile. Seulement là, ça me concerne directement, et on n'est jamais bon juge dans sa propre cause.

Elle fit une pause, poussa un soupir et entra dans ses explications.

— Après que tu es partie, je me suis fait, un peu malgré moi, un… ami. À la fin de la journée, il s'est mis à m'accompagner le long de la rivière jusqu'à la maison. Je me suis lassée de lui et j'ai cessé de retourner coucher à la maison tous les soirs pour m'en débarrasser. Sauf qu'il guette patiemment ma sortie de chez les Millar et chaque fois que je me rends chez nous, il me retrouve pour me parler, chanter mes louanges et m'inonder de poèmes – parce que oui, j'avais oublié de te dire : c'est un poète… S'il n'est pas avec moi aujourd'hui, c'est parce que je suis avec Guillaume. J'ai constamment l'impression qu'il me surveille et qu'il sait tout ce que je fais.

— Est-il gentil, au moins ?

— Très ! mais c'est un rêveur et ça me fait peur. J'aime mieux quelqu'un qui a les deux pieds bien à terre – ou mieux, de la terre entre les orteils, comme dit p'pa. Une journée, il me parle de mes yeux, la fois suivante de mes cheveux, quand ce n'est pas de mes lèvres ou de mes mains. J'aimerais mieux qu'il m'entretienne normalement de ce que nous pourrions vivre ensemble. Aimerais-tu voir le genre de poèmes qu'il m'écrit ?

— Si tu veux !

Elle fouilla dans le sac de cuir qu'elle portait en bandoulière et lui tendit une feuille. Georgiana y lut :

TES MAINS

Tes mains
comme des pages
sur nos bonheurs
fermées

Tes mains
comme des ombres
sur nos amours
posées

Tes mains
comme des baisers
sur nos secrets
enfouis

Tes mains
comme des colombes
sur nos rêves
envolés

— Qu'en penses-tu ?

— Il est vraiment poète. Il doit bien te parler d'autre chose ?

— Justement non, jamais. Il s'exprime en rimes. J'ai l'impression, quand je suis avec lui, qu'il est là sans y être.

— Donne-lui son congé.

— Je voudrais bien, mais comment ?

— Lui as-tu dit que tu ne l'aimes pas ?

— Non ! Je n'ai pas osé.

— Annabelle, tu es trop timorée. Il a beau être poète, il comprendra si tu le lui dis et il devra s'arranger avec ça.

— Il va avoir beaucoup de peine.

— Il aura couru après. Il devrait se rendre compte que tu le tolères plus que tu l'aimes.

— Ah ! Tu ne le connais pas !

Georgiana se tut un moment. Elle reprit d'une voix amusée :

— C'est pour ça que tu as fait tout ce chemin ? Tu veux vraiment un conseil de ma part ?

— Je suis venue pour te voir et aussi pour te demander ton avis.

— En as-tu parlé à m'man ?

— Non, et encore moins à p'pa. Je ne sais plus quoi faire. Je lui ai laissé voir au moins cent fois que nous ne sommes pas faits pour être ensemble.

— Le lui laisser voir et le lui dire n'a pas le même effet. Tu devrais le savoir.

— Je me prive même de sortir pour éviter de l'avoir dans mon dos. Je pensais au début le déjouer en me risquant à aller chez nous les jours de pluie, de grands vents ou de neige. Eh bien non, il est toujours là ! Il me suit de chez les Millar jusqu'à la maison.

— Est-ce qu'il travaille ?

— Il le prétend, à la fonderie. Il s'appelle Cyrille Tousignan. J'ai envoyé Guillaume s'informer s'ils ont un employé de ce nom. Ils n'en ont pas.

Georgiana se tapa sur le front.

— Il me vient une idée.

— Laquelle ?

— Fais-lui croire que tu rentres chez les sœurs. D'après moi, c'est la meilleure défaite que tu puisses inventer.

— S'il ne me croit pas et qu'il continue à me surveiller, il verra bien que je lui ai menti.

— Joue le jeu jusqu'au bout. Profite d'un moment où il y a des jours de retraite dans l'une ou l'autre communauté de sœurs. Fais-lui tes adieux et va y passer trois jours en t'arrangeant pour qu'il te voie bien y aller. Emporte une grosse valise pour faire croire réellement que tu rentres chez les sœurs.

Annabelle ne semblait pas tout à fait convaincue. Georgiana conclut :

— Tu es venue me demander conseil, voilà celui que je te donne. Fais-en ce que tu veux ! Tu verras bien comment il réagira quand tu reviendras. Tu lui laisseras entendre que tu étais allée trois jours chez les bonnes sœurs pour voir comment ça se passait et que ta décision est vraiment prise. À mon idée, il va recommencer le même manège avec une autre. S'il ne te lâche pas, parles-en à p'pa. Tu vas voir qu'il va lui régler son cas bien vite.

Elles discutèrent encore un peu, puis Guillaume revint. Il n'avait rien tué, même s'il avait aperçu deux chevreuils dans un champ à l'orée d'un bois. Annabelle remercia Georgiana et promit de revenir la voir bientôt.

Annabelle mit à exécution le plan que sa sœur lui avait proposé. Elle prit trois jours de congé et feignit de partir à tout jamais.

Le lendemain de son départ, un homme qui longeait la rivière en cherchant un endroit où la traverser sans danger sur la glace aperçut de loin ce qu'il prit pour un animal. En s'approchant, il découvrit un homme pendu à la plus grosse branche d'un chêne. C'était Cyrille Tousignan.

À son retour, au bout de trois jours, Annabelle entendit parler chez les Millar d'un pendu. Quand elle sut qu'il s'agissait de son prétendant, elle faillit tomber en syncope. Les jours suivants, elle dépérit au point que les Millar la conduisirent chez le docteur Bérard. À force de la questionner, le docteur finit par apprendre la raison de son trouble.

— Pauvre enfant, la plaignit-il. Tu te rends coupable d'une faute qui n'est pas la tienne. On n'est pas responsable du déséquilibre des autres. Ce jeune homme nous était connu depuis longtemps. Si tu en parles à monsieur le curé, il te dira la même chose que moi. Cyrille Tousignan était doué pour la poésie, mais complètement nul pour quoi que ce soit d'autre. À deux reprises déjà j'étais intervenu pour l'empêcher de se suicider. Une fois, il s'est ouvert les veines, la fois suivante il a tenté de se noyer. Un bon Samaritain l'avait sauvé de justesse. La troisième a été la bonne et tu n'y es pour rien. Il y a des maladies pour lesquelles nous n'avons absolument aucun remède.

Les paroles du médecin ne l'apaisèrent pas pour autant. Elle se mit sérieusement, en guise de rachat, à penser se faire religieuse.

Chapitre 21

La visite du curé

L'hiver montrait des signes de fatigue. La rivière était de plus en plus dégagée. L'eau brunâtre de la fonte des neiges y coulait en abondance. Ce réveil de la nature ramena Aimé chez lui, après plusieurs mois passés au chantier. Il voulait se donner le temps, avant la débâcle, de terminer le bac et mettre tout en place afin d'ouvrir le plus tôt possible la traverse. Il ne lui resterait plus qu'à tendre le fil d'une rive à l'autre et tout serait en place pour les mois à venir.

À peine quelques jours après son retour, le curé annonça sa visite annuelle dans les foyers de Drummond. Élise, comme elle le faisait chaque fois, se mit au grand ménage printanier. Il ne fallait surtout pas que le curé voie quelque chose à la traîne. Tout devait être à sa place et la maison impeccable. Elle guettait son passage comme si c'était celui du Messie. Elle vit à ce que Guillaume, Denise, Vianney et Francesca portent leur plus beau linge.

Quand le curé entra, elle fit agenouiller toute la famille pour recevoir sa bénédiction. Le prêtre lui laissa entendre qu'il gardait ça pour la fin. La vieille grand-mère s'était jointe au reste de la famille et tâchait de son mieux de faire bonne figure. Pour sa part, Aimé n'appréciait guère ces visites. Il trouvait que le curé se mêlait trop des affaires des familles. Il n'osait pas s'en plaindre. Toutefois, il ne retirait guère de plaisir à voir débarquer chez lui le curé Marchand qu'il considérait comme un homme retors, habile à vendre ses idées. Il ne lui fit pas pour autant mauvais accueil, lui souhaitant même la bienvenue.

— C'est un honneur, monsieur le curé, de vous savoir sous notre toit. J'espère que vous nous ferez le plaisir d'être des nôtres pour souper ?

— Je le voudrais bien, mon bon Aimé, seulement mon devoir m'appelle ce soir loin d'ici. Il faudra se reprendre.

Les politesses ainsi esquissées, le curé, après s'être informé de la santé et du bien-être de chacun, afin de s'assurer de leur degré de connaissance du catéchisme, posa quelques questions à Denise, Francesca et Vianney qui s'en tirèrent à merveille. Ils avaient bonne mémoire. Il les exhorta à se conduire en bons catholiques et à ne jamais manquer de faire leurs Pâques. Il s'informa de la santé d'Annabelle et de Georgiana, de même que de celle de la grand-mère. Éméraldine assura que malgré ses soixante-quatorze ans elle se portait aussi bien qu'une vieille de son âge pouvait l'espérer.

— Vous m'en voyez ravi, assura le curé.

S'adressant ensuite à tout le monde, il fit remarquer :

— Pâques approche, ne manquez pas de vous confesser ! Justement, sur ce point, si j'entends les plus jeunes en confession, il me semble que ce n'est pas nécessairement souvent le cas pour toi, mon Guillaume…

En même temps qu'elle visait Guillaume, la remarque s'adressait tout aussi bien à son père. Le curé n'insista pas, marqua une pause, et poursuivit par cette recommandation :

— Vous savez que, pour demeurer dans les bonnes grâces de Dieu, vous devez tous avoir fait vos Pâques au plus tard le dimanche de la Quasimodo. Je vous recommande, ce jour-là, de bien prêter l'oreille. Les cloches sonneront pendant un quart d'heure pour annoncer la fin de la communion pascale. Vous verrez, madame Aimé, à réciter à ce moment-là le chapelet en famille pour demander la conversion de ceux qui n'auront pas fait leurs Pâques.

Satisfait d'avoir passé son message, il se tut. Aimé lui versa le montant de la dîme. Élise en profita pour s'enquérir :

— Vous boirez bien quelque chose, monsieur le curé ?

— Un verre d'eau fraîche ferait mon bonheur.

Vulcain lâcha un jappement. Aimé sortit voir de quoi il s'agissait. On l'entendit parler à quelqu'un. Il revint presque aussitôt en précisant :

— Monsieur Dorion voulait savoir quand je pense que la traverse sera prête.

Pendant que le curé buvait son eau à petites gorgées, Élise lui demanda si la rumeur du déménagement du cimetière était fondée.

— Ce n'est pas une rumeur, assura-t-il d'une voix bienveillante. Le déménagement va se faire bientôt. Pour procéder, il faudra profiter des journées encore fraîches avant les grandes chaleurs.

Comme bien d'autres, Aimé n'était pas favorable à ce déménagement.

— Vous ne pensez pas, monsieur le curé, que le vieux cimetière pourrait rester là où il est et que les morts à venir pourraient être enterrés dans le nouveau cimetière ? Pourquoi cette obligation de les déménager loin de l'église ? Mon père et ma mère, de même que mes grands-parents, s'y trouvent et je n'apprécie guère qu'on les dérange dans leur repos éternel. En plus, vous le savez, je ne suis pas le seul à penser d'même. Les Irlandais et les Écossais qui ont des leurs au cimetière sont du même avis.

Compatissant, le curé se tourna vers lui et, d'un ton conciliant, expliqua :

— Il ne faut pas croire, mon cher Aimé, que c'est de gaieté de cœur que je me permets de déranger nos morts. Ce sera d'ailleurs un travail ardu que de déterrer tous ces corps de façon à pouvoir les inhumer sans mélanger les dépouilles. Je me passerais bien de cette corvée. Si je la fais réaliser, la raison en est toute simple : le cimetière est devenu trop petit et de plus ça devient malsain d'avoir autant de squelettes près de l'église. Même si le cimetière est en plein air, il se dégage de tous ces morts des gaz, sinon dangereux, à tout le moins malodorants qui, certaines nuits, par temps lourd, se font sentir jusqu'au presbytère.

Sur ce, comme il avait vidé son verre, il se leva pendant que tous s'agenouillaient. Il les bénit d'un large geste.

Le lendemain, alors qu'il se trouvait rue Heriot, Aimé croisa Éphrem, une vieille connaissance, le propriétaire du moulin à scie du village de Saint-Henri. Il l'aborda aussitôt.

— Ça fait longtemps que je t'ai vu ! Les affaires vont bien ?

— On ne peut mieux, surtout que le curé Marchand, pas plus tard qu'avant-hier, m'a commandé du bois pour l'agrandissement du couvent. Il m'a dit qu'il va en avoir besoin aussi pour le nouveau presbytère.

— Ah ben ! Tu m'en apprends toute une, là ! Pour le couvent, je savais, mais pour le nouveau presbytère ? Il est vrai que j'en perds des bouts quand je suis au chantier.

— Oui, le presbytère actuel a été vendu aux commissaires scolaires pour devenir l'école des garçons. Des frères de Sainte-Croix vont la diriger.

— Ah ben ça c'est une bonne nouvelle ! Y est à peu près temps d'en avoir une ! Comme ça, monsieur le curé se fait construire un nouveau presbytère ?

— Et en grand, à part ça ! Je lui fournis le bois pour une bâtisse à deux étages de trente-six pieds sur cinquante-quatre et deux ailes à un étage de dix-huit pieds sur vingt-sept.

— Il n'y va pas de main morte !

— Il a l'argent pour…

Le lendemain, dès qu'il en eut la chance, Aimé se précipita chez son ami le boulanger. Il était curieux de savoir ce qu'il pensait de tout ça. Basile étant l'ami du notaire, il devait en connaître plus long là-dessus. Il l'aborda en lui demandant :

— T'as sûrement entendu dire comme moi que le curé se fait bâtir un nouveau presbytère.

— À qui le dis-tu ! Et pas n'importe quoi à part ça, une bâtisse d'au moins quinze cents piastres, sinon plus.

— As-tu une idée où il va le faire construire ?

— Voyons donc ! Sur le terrain du vieux cimetière. Il avait besoin de cet espace. C'est pour ça qu'il fait déménager les morts. Il sait ce qu'il veut et ne perd pas de temps pour le réaliser. Il a acheté à Dorion une terre de quelque chose comme cent vingt acres au bout de la rue du Couvent qui mène jusqu'au 3e Rang. C'est là que va être le nouveau cimetière.

— Qui paye ça ?

— Inquiète-toi pas ! Monsieur le curé est d'affaire. Le notaire m'a confié qu'il a payé les cent vingt acres mille piastres. Il a engagé des hommes pour couper le bois afin de dégager l'emplacement du nouveau cimetière. Sais-tu combien de cordes de bois il va en tirer ?

— Des centaines sans doute.

— Six cents bien comptées, à une piastre et vingt-cinq la corde. Ça paye sa terre parce que sur mille piastres y avait déjà donné trois cents. Il faut bien admettre que le curé est un bon administrateur.

— Pour ça, oui ! Rien n'empêche que les Irlandais et les Écossais doivent être en beau joual vert de voir leurs morts déplacés…

— Tu me diras si je me trompais, mais d'après moi le déménagement des morts ne se fera pas tout seul.

— Tu crois qu'il va y avoir de la casse ?

— Je n'en serais pas étonné.

Basile ne se trompait pas, car il y eut dans la paroisse un mouvement de protestation contre le déménagement des morts. Par contre, comme le curé payait bien, il n'eut pas de difficultés à embaucher des hommes prêts à le faire. Veux, veux pas, puisque le curé en avait décidé ainsi, le déménagement se ferait en temps et lieu.

Chapitre 22

Le nouveau bac

Dès la fonte des neiges, Aimé s'activa à terminer la construction de son nouveau bac. Son ami Guertin, qui s'y connaissait en embarcations, vint lui donner un coup de main. Ils sortirent le bois du hangar et installèrent leur chantier près de la rivière afin de ne pas être trop loin de l'eau pour y faire glisser le nouveau bac.

Élise était toujours opposée à ce projet. Elle en avait de nouveau parlé au curé qui lui avait laissé entendre que cette fois il n'y pouvait rien. Elle s'était informée si l'idée du nouveau pont était toujours dans l'air. Le curé l'assura qu'il ne se ferait pas cette année, mais qu'éventuellement il y en aurait un. Au moins, se résigna-t-elle, son bac servirait un an. Tout ne serait peut-être pas perdu, car il pourrait le vendre avec le vieux. Les deux ensemble rapporteraient sans doute pas mal d'argent.

Les deux hommes travaillèrent avec acharnement et bientôt la charpente prit forme. Le plus gros du travail était fait. Il leur restait maintenant à le mettre à l'eau en le faisant rouler sur des billots. Tout était bien en place. Au moins une trentaine de personnes s'étaient déplacées pour assister à l'opération, ce dont Aimé se montrait très fier. La mise à l'eau se fit tout en douceur. Dès qu'Aimé et son aide ôtèrent les cales qui retenaient le bac à la rive, il glissa lentement dans la rivière. Le courant le déporta vers le large, mais ils avaient pris la précaution de le retenir par un câble. Ils se mirent à quatre pour le ramener jusqu'au vieux bac auquel il fut arrimé.

Aimé ne mit guère de temps à l'utiliser, car deux voitures attendaient d'être traversées. Quand elles furent bien en place sur ces plates-formes flottantes, Aimé mania le treuil pour faire décoller la charge. Dès cet instant, il se rendit compte qu'il lui faudrait renforcer tout le système. Le poids étant plus lourd, il mit beaucoup plus de temps à atteindre l'autre rive. Il y parvint sans encombre, ramenant au retour quelques passagers, mais sans aucune voiture.

Une demi-heure plus tôt, on avait entendu le chant des cigales. Entre-temps, le ciel s'était chargé de nuages gris. Un orage se préparait. Aimé s'assura que ses bacs étaient bien arrimés au quai et rentra à la maison au moment où fulguraient les premiers éclairs. La foudre tomba quelque part le long de la berge, un arbre fut décapité. L'air était chargé d'électricité. Des étincelles crépitaient sur le fil de fer reliant les deux rives. Aimé se mit à craindre que la foudre ne mette le feu aux bacs. Et puis l'orage éclata pour de bon. La pluie tombait dru, créant des rigoles dans la pente menant au rivage. Une buée dense montait du sol. La rivière disparaissait derrière le rideau de pluie. Le vent sifflait dans une des fenêtres. Les éclairs sillonnaient le ciel en illuminant tout le village. Le tonnerre frappa d'un coup sec de-ci de-là à son gré. La foudre claqua près du hangar. Aimé se précipita pour voir si elle n'y avait pas mis le feu. Puis, petit à petit, l'orage faiblit. Un rayon de soleil apparut du côté des forges. Les nuages s'effilochèrent. Aimé sortit. L'air était frais, le vent chassait les dernières traînées de brume. Déjà, sur le chemin Saint-Georges, une voiture s'amenait pour traverser. Aimé l'entendit venir de loin au bruit que faisait un seau attaché à l'arrière. Il jeta un coup d'œil à la rivière. Quand le voyageur se présenta à la traverse, il lui demanda :

— Vous me semblez pressé ?

— En effet. J'ai beaucoup de chemin à faire.

— Vous allez où, comme ça ?

— À Sainte-Anne-du-Sault.

— Vous allez devoir attendre un peu. Il faut laisser passer le gros de la crue avant de nous risquer sur la rivière.

— Ça va être long ?

— Quinze à vingt minutes.

— Ça me va.

— Je n'ai jamais été à Sainte-Anne-du-Sault. Si ça s'appelle de même, je suppose qu'il y a un sault sur la rivière.

— Oui, et un bon !

— Est-ce qu'il y a une traverse ?

— Il y en a une, mais la Bécancour n'est pas aussi large qu'ici. La traverse est du côté de Maddington.

— Ça coûte cher pour une traversée ?

— Ça dépend. Pour une voiture à quatre roues et deux chevaux ou deux bœufs, quelque chose comme vingt-cinq centins, et la moitié pour une voiture avec un cheval ou un bœuf. Pour celles à deux roues, c'est encore la moitié moins cher.

— Pour un cavalier ?

— Je ne sais pas. Ça doit être dans les huit centins, et pour des bêtes comme un mouton ou un cochon c'est quatre centins.

— Un piéton ?

— Deux centins et demi.

Satisfait, Aimé s'affaira à son travail. Son métier n'était pas de tout repos. Il lui fallait être constamment disponible. Chaque traversée constituait une aventure en soi selon les humeurs de la rivière. Après un gros orage comme celui qui venait de sévir, il devait décider, sans se tromper, du moment propice pour se lancer sur la rivière en crue. Il devait constamment vérifier que tous les accessoires étaient sécuritaires, et tout cela pour quelques sous par passager et à peine dix sous ou centins pour un cheval et une voiture. Certaines bêtes se montraient très nerveuses. Il intervenait auprès du propriétaire pour leur indiquer la meilleure façon de les faire monter sur le bac et de les faire tenir tranquilles. Toutefois, il connaissait bien son métier et les passagers lui faisaient entièrement confiance.

Quand vint le temps de payer son ami pour la construction du nouveau bac, Aimé disposait de l'argent nécessaire. Il lui restait cependant un versement à faire au marchand Mitchell et il n'avait plus un sou. Il avait pris la mauvaise habitude de boire depuis quelque temps. Les économies qu'il avait rapportées de son travail au chantier avaient fondu comme beurre au soleil. L'échéance approchait, la traverse venait à peine d'ouvrir. Il ne pouvait guère compter sur l'argent que lui rapportaient ses traversées. Il en avait besoin pour nourrir les siens. Il devait toujours deux piastres au prêteur. Ne voyant pas d'autres issues à son problème que de traverser le plus de passagers possible, il résolut d'ouvrir la traverse pour les piétons, malgré les dangers causés par la rivière en crue. Il s'y risqua en barque avec un passager. Emporté par le courant, il eut beau battre des rames comme un forcené, son embarcation dériva sur plus d'un mille avant qu'il puisse atteindre l'autre rive. À ses risques et périls, il retraversa la rivière au même endroit. Il tira sa barque sur le rivage, l'arrima à un arbre en s'assurant qu'elle ne puisse pas être emportée et regagna sa maison à pied.

— Tu as eu ta leçon, lui reprocha Élise. Tu as failli nous faire tous mourir d'inquiétude, et tout ça pour cinq cents. Il te manque une piastre et quatre-vingt-quinze pour ton dernier remboursement.

Ne faisant ni une ni deux, elle alla fouiller dans l'armoire et revint avec la somme requise.

— Où as-tu pris cet argent ? bégaya Aimé avec étonnement.

— Pour chaque bouteille que tu as prise, j'ai épargné la somme équivalente au détriment du bien-être de la famille. Maintenant, tu vas aller payer ton maudit prêteur et ne viens plus jamais me quêter un sou.

Il n'eut pas à le faire. La leçon avait porté. Il cessa de boire.

Chapitre 23

Les réticences de Denise

L'été était déjà passablement avancé. Les jours se faisaient plus courts. Les oiseaux se réunissaient en bandes pour gagner leurs lieux de migration. Plusieurs oiseaux de rivage apparaissaient sur la berge. Déjà quelques érables commençaient à changer de couleur. Les dernières fleurs sauvages garnissaient le bord de la forêt.

La journée avait débuté sous un rideau de brume que le soleil se chargea vite de déchirer. La rivière apparut petit à petit avec ses canards déjà en quête de nourriture et ses quelques goélands perchés sur des roches au milieu du courant. Dès que le ciel fut suffisamment dégagé, Denise gagna le bord de la rivière avec un panier d'osier plein de linge à laver qu'elle faisait d'abord tremper avant de l'enduire du savon produit par la perlasse. Elle chantonnait tout en frottant les vêtements sur une grande pierre plate posée sur la rive, puis elle rinçait le tout dans la rivière. Après les avoir tordus pour les égoutter, elle revint à la maison avec ses vêtements fraîchement lavés et les étendit sur la corde à linge tendue entre deux arbres près du hangar.

Elle souffla deux minutes, assise sur la planche de la balançoire, puis se rendit à la rivière munie d'un seau avec lequel elle puisa l'eau à boire. Revenue à la maison, elle appela Vianney et Francesca.

— On va aux bleuets !

Vianney se laissa tirer l'oreille, alors que Francesca apparut aussitôt avec les récipients pour la cueillette. Leur mère les prévint :

— Faites attention aux nids de guêpes et revenez pour dîner.

— Même si les seaux ne sont pas tous pleins ? s'enquit Denise.

— J'ai besoin de toi après dîner pour la perlasse.

Denise aimait aider sa mère à produire le savon tiré des cendres de potasse. C'est elle qui, la semaine précédente, s'était rendue chez la tante Appoline à Kingsey chercher de la potasse produite par l'oncle Josaphat. Elle était arrivée au moment où son oncle ramassait des cendres d'arbres abattus durant l'hiver, dont il avait fait brûler les souches. Elle l'aida, quand il déposa les cendres sur un tamis posé au-dessus d'une cuve et y versa de l'eau bouillante. Son oncle lui apprit qu'il fallait ébouillanter les cendres jusqu'à ce que l'eau suffisamment concentrée produise de la charrée, qu'il faisait chauffer ensuite jusqu'à former une cendre brunâtre. Il déclara à Denise :

— C'est comme ça qu'on fait de la potasse !

— Ça en prend beaucoup pour la perlasse ?

— Pas tant que ça. J'en ai un petit baril que tu vas apporter, à condition que tu me le rapportes une fois vide. Tu diras à ton père que j'y tiens. À propos, on ne le voit pas souvent.

— Il est très occupé.

— À quoi, à part la traverse ?

— Il a construit un nouveau bac.

— Je l'ignorais. Ah oui, avant que je l'oublie, dis à ta mère que ta tante Appoline trouve qu'elle se fait trop rare.

— Mon oncle, vous savez que quand la traverse marche, p'pa et m'man peuvent à peu près pas quitter la maison. Il faudrait qu'ils viennent à l'automne, quand la traverse ferme. Sauf qu'à ce moment-là, c'est impossible de passer de l'autre bord de la rivière, c'est trop dangereux. Puis quand elle gèle, et qu'on peut enfin se rendre sur l'autre rive par le pont de glace, arrive le temps des fêtes. Ça serait le meilleur moment pour venir. Je ne manquerai pas de leur dire.

— T'es une bonne fille. Tes parents sont bien chanceux de t'avoir. Tes cousines ne sont pas aussi vaillantes que toi. Rien n'empêche qu'elles aimeraient vous voir plus souvent. Ton frère Guillaume travaille toujours au magasin général ?

— Oui, toujours !

— J'ai su que Georgiana a ses élèves du côté de Saint-Germain. Et Annabelle ? Qu'est-ce qu'elle devient ?

— Vous l'ignorez ?

— Quoi donc ?

— Elle veut entrer chez les sœurs.

— Bout de ciarge ! Pas vrai ! Est ben qu'trop belle pour faire une bonne sœur ! Qu'est-ce qui lui arrive ?

— Son prétendant s'est suicidé.

— Ben voyons donc ! Comment ça ?

— Il était fou. Il paraît que c'était pas la première fois qu'il essayait.

— Y a du monde de même…, commenta l'oncle.

Denise revint de chez lui avec sa potasse. Sa mère avait décidé que cet après-midi-là, elle ferait chauffer la potasse pour, en la remuant, la faire tourner en perlasse dont elle tirerait son savon.

Depuis que son frère Guillaume travaillait au magasin général et qu'il n'allait plus à l'école, Denise voyait venir avec appréhension le mois de septembre. Elle ne voulait plus aller au couvent. Son père l'apprit et l'avertit :

— Pas de caprices, tu vas aller à l'école cette année comme les autres années.

— Mais p'pa, je sais lire, écrire et compter.

— Tu as encore des choses à apprendre.

Élise intervint :

— Elle m'est très utile !

— Vraiment ? En quoi ?

— Tu le sais très bien ! Elle m'aide pour le lavage, le ménage, les commissions, et même pour la perlasse. En plus, tout l'été elle a emmené Vianney et Francesca à la cueillette des petits fruits, en commençant par les fraises des champs, ensuite les framboises et les bleuets. Tu aimes bien les confitures, hein ? Ben, apprends que ça se fait pas tout seul ! Ma mère m'aide aussi à les préparer pour la cuisson. Elle a beau être aveugle, elle n'est pas manchote. On dirait que tu l'oublies, parfois. On n'arrête pas pendant que t'es collé à ton bac. On s'occupe de la maison, des repas, du jardin, des provisions pour l'hiver. Tu vois, demain on se met au ketchup ! Où penses-tu qu'on a pris nos tomates ? En plus, qui va aller chercher au magasin ce qui nous manque ? Denise, comme de raison.

— Comme ça, si je comprends bien, tu aimerais mieux l'avoir avec toi à la maison ?

— Oui parce que j'en ai besoin, sinon il faudrait engager une servante. Ce qu'elle apprend va lui permettre d'être une bonne mère de famille et je me compte chanceuse de l'avoir encore avec moi.

— Et Annabelle dans tout ça ?

— Elle travaille chez les Millar, tout comme Guillaume chez Murphy. N'oublie pas qu'ils apportent des sous neufs à la maison !

— Ouais !

Il réfléchit un instant, haussa les épaules et se rallia :

— Bon ben, d'accord !

Denise esquissa un large sourire. Elle avait gagné. Sa mère pourrait désormais compter sur elle.

Chapitre 24

Guillaume amoureux

Le départ de Margaret, l'année dernière, avait marqué Guillaume profondément. C'était son premier amour et il avait mis du temps à l'oublier. Il était de plus en plus à l'aise dans son travail au magasin général et mieux en mesure de servir les clients dans les deux langues. Monsieur Murphy se louait de l'avoir gardé. Il avait rapidement appris à se familiariser avec un peu tous les aspects du travail dans un magasin général. Ça ne l'embêtait pas de faire des inventaires, de classer des produits ou de servir les clients. Il était très fier de rapporter chaque semaine à sa mère l'argent qu'il gagnait tout au cours de ses longues journées de travail.

Un midi qu'il était seul au comptoir, il entendit la clochette de la porte. Levant les yeux, il vit une jeune femme blonde qui entrait, les bras déjà chargés de paquets. Il se précipita pour l'aider avant de lui demander ce qu'il pouvait faire pour elle.

— J'ai besoin de sucre !

— Rien de plus simple. Je vous sers ça tout de suite. Vous en voulez combien ?

— Trois livres.

Il avait remarqué ses yeux bleus et il en était resté admiratif. Rarement voyait-on à Drummond des jeunes femmes blondes, et encore moins avec de si beaux yeux. Il se demanda d'où elle pouvait bien venir. C'était la première fois qu'il la voyait au magasin et depuis le temps qu'il y travaillait, il avait l'impression de connaître tout le monde du village.

Il s'empressa de lui servir son sucre.

— Si vous ne désirez rien d'autre, mademoiselle, ça fera neuf sous.

Elle paya en esquissant un sourire. Il courut l'aider à porter ses paquets.

— Vous allez loin comme ça ?

— À deux pas, au coin d'Heriot et Lowring.

Il l'accompagna et poussa même l'audace jusqu'à lui demander son nom.

— Clara Reid.

— Si vous avez besoin de quoi que ce soit d'autre au magasin, je suis à votre service, vous demanderez Guillaume.

— Guillaume qui ?

— Courchesne. Mon père est le passeur. Vous me semblez nouvelle ici…

— Je suis arrivée hier, je suis venue donner un coup de main à ma tante malade.

— Madame Reid est malade ? C'est une de nos bonnes clientes. Est-ce grave ?

— Le docteur assure qu'elle va s'en remettre.

— J'espère avoir l'occasion de vous revoir.

— Sans doute. Ma tante aura besoin de moi quelque temps.

— Veuillez m'excuser, je me sauve, il n'y a personne au magasin.

Il la laissa, non sans avoir ressenti quelque chose d'indéfinissable en sa présence. Il était si rare de voir surgir ainsi quelqu'un de nouveau au village et surtout une si belle et aimable personne.

Il retourna au magasin. Monsieur Murphy l'y attendait. Il ne semblait pas de bonne humeur. Guillaume tenta de se justifier avec le peu d'anglais qu'il possédait. Il parvint à dire que c'était pour «*a good reason*». Monsieur Murphy n'insista pas. Il n'y avait d'ailleurs pas de client dans le magasin. Deux jours plus tard, Guillaume revit la jeune femme à laquelle il n'avait pas cessé de penser. Elle lui parut encore plus belle. Il lui servit de la farine, du thé, du lait, une douzaine d'œufs et deux livres de beurre. Quand elle le paya, il s'informa de l'état de santé de sa tante.

— Elle va un peu mieux. Il faudra du temps pour qu'elle soit parfaitement rétablie.

Il s'enquit:

— Madame Reid est veuve, vous êtes sans doute seule pour l'entretien de la maison et pour tout le reste. Ne vous gênez surtout pas si vous avez besoin d'un coup de main: une vitre à changer, quelque chose à réparer. Je me ferai un plaisir de vous aider.

Elle parut apprécier son offre et l'en remercia vivement.

— Tout va bien à présent. Mais comme on ne sait pas ce que le lendemain nous réserve, je ne vous dis pas non, d'autant plus que j'ai beaucoup à faire.

Elle partit en le gratifiant de son plus beau sourire. Guillaume la regarda aller. Il n'avait rien ressenti de pareil depuis sa rencontre avec Margaret. Il se mit à espérer qu'elle ait besoin de ses services. Elle le requit quelques jours plus tard en venant au magasin.

— J'ai besoin d'un coup de main pour le poêle. Il boucane beaucoup. Je ne sais pas à quoi c'est dû. Ça m'empêche de faire la cuisine.

Il promit :

— À cinq heures dix, je serai chez vous.

Il ne mit guère de temps à trouver d'où venait le problème. La clé du tirant d'air était pratiquement fermée. Il l'ouvrit, fit une attisée et tout rentra dans l'ordre.

Clara l'invita :

— Vous resterez bien souper avec moi ?

— Ne vous sentez pas obligée…

— Ça me fera plaisir d'avoir de la compagnie. Ma tante est encore au lit. Parfois je trouve la maison bien grande.

Il laissa entendre une dernière excuse :

— J'espère que ma mère ne s'inquiétera pas.

— Vous lui direz que c'est moi qui ai insisté.

Il ne se fit pas tordre le bras plus longtemps, d'autant plus que la seule présence de la jeune femme le bouleversait. Il eut le temps de l'admirer alors qu'elle s'activait autour du poêle à préparer un rôti de bœuf dont le fumet envahissait toute la maison.

— Où avez-vous appris à faire à manger ?

— Ma mère me l'a montré.

Il soupa avec elle, prenant le temps d'admirer ses yeux bleus qui, lorsqu'ils croisaient les siens, lui confirmaient qu'il ne la laissait pas indifférente. Quand, après s'être empiffré, il retourna chez lui, il marchait tout de même d'un pas léger, convaincu que l'amour une fois de plus frappait à sa porte.

Chapitre 25

Le temps des fêtes

Novembre avait porté un premier coup avec une chute de neige de plusieurs pouces, pas assez toutefois pour pouvoir se servir des *sleighs* avec facilité, encore que cela nuisait au déplacement des voitures à quatre roues. La nature se montrait hésitante. Pendant quelques jours, par un soleil ardent, elle rendait nostalgique de l'été. Les nuits froides calmaient les ardeurs. Au début de décembre, l'hiver s'installa pour de bon. On sortit les bottes, les foulards, les paletots, les couvertes de laine et les catalognes. Le soleil se levait dans un air glacial, pur comme du cristal. Il allumait des étoiles au faîte des arbres givrés. Des fumées blanches qu'aucun vent ne dispersait montaient tout droit des cheminées. Elles formaient au-dessus du village un nuage bleuâtre qui dérivait doucement vers la rivière. D'un côté, l'ombre des arbres s'étendait sur la berge à moitié gelée. De-ci, de-là apparaissaient au milieu de cette masse compacte des trous de lumière.

Aimé avait gagné son chantier depuis la mi-novembre, en promettant, comme chaque année avant de partir, de revenir durant le temps des fêtes, ce qu'il ne faisait jamais.

Son départ laissa un vide dans la maison, que Guillaume, le fils aîné, tenta de remplir de son mieux. Il devait, le soir après sa journée de travail, rentrer le bois de cordes servant à alimenter le poêle. Accompagné de Vulcain qui lui tournait autour en jappant, il faisait la navette entre le hangar et la maison, en portant de grandes brassées dont il emplissait la boîte à bois.

Élise tenait aussi à autre chose : l'horloge. Il s'agissait d'une horloge de parquet qu'une récente chanson avait rebaptisée horloge grand-père. C'était ce qu'il y avait de plus précieux dans la maison. Aimé se souvenait que son père l'avait obtenue en cadeau d'un vendeur itinérant qu'il avait sauvé de la noyade lors d'une traversée. L'homme avait promis de le récompenser. Plusieurs années passèrent, puis, un beau jour, le vendeur revint et lui fit cadeau de cette horloge qu'il installa lui-même dans la maison. Elle n'avait pas changé de place depuis. Il arrivait parfois qu'elle prenne de l'avance. Aimé attendait alors que passe l'horloger ambulant qui, avec un peu d'huile et un niveau, la remettait à l'heure juste.

Sans l'insistance de sa femme, Aimé n'aurait d'ailleurs jamais accepté d'apprendre à Guillaume comment la remonter. Ses sonneries régulières marquaient la progression du temps.

— Nous sommes si habitués de les entendre, argua Élise, que si l'horloge ne sonne pas – elle se signa en parlant –, nous aurons l'impression que quelqu'un est mort dans la maison ou est sur le point de mourir.

— Il y a l'angélus, ça suffit, lui avait objecté Aimé.

— C'est pas pareil. Il ne sonne que trois fois par jour, tandis que l'horloge fait entendre chaque heure. Peut-être aussi que ce ne sera pas bon de la laisser des mois sans marcher, comme l'année dernière. Heureusement que l'horloger s'est adonné à passer ici pas longtemps avant ton retour. Tu le sais, il a dit: "Si votre horloge marche trop vite, ou pas assez, ce n'est pas sa faute, mais celle de votre maison qui bouge avec l'hiver." Il a ajusté l'horloge et le balancier. Si nous la faisons marcher tout l'hiver, il y a de bonnes chances qu'elle continue à bien fonctionner.

Les arguments d'Élise étaient venus à bout des réticences d'Aimé. Il avait pris le temps d'expliquer en détail à Guillaume ce qu'il fallait faire et ce qu'il fallait éviter en remontant cette horloge. Si jamais elle s'arrêtait, il ne devait rien tenter pour la remettre en marche. Si elle prenait du retard et qu'il voulait la remettre à l'heure, il devait remonter uniquement la grande aiguille et jamais au grand jamais la reculer. Si elle ne sonnait pas correctement les heures, il devait, au moyen de la grande aiguille, en la tournant vers la droite, lui faire sonner toutes les heures jusqu'à ce qu'elle s'accorde avec le temps.

Ce n'est qu'après que Guillaume eut promis de suivre les instructions à la lettre que, presque à regret, son père lui confia la clé de la porte donnant accès aux chaînes servant à la remonter.

Après s'être mise aux confitures avec l'aide de sa mère, Élise s'attaqua aux provisions des fêtes. Guillaume avait eu la bonne idée de tendre des collets. Il avait attrapé des lièvres dont sa mère fit des civets que le froid permettait de conserver congelés dans l'armoire de la cuisine d'été. En ménageant la farine et le beurre, elle cuisina quelques tourtières. Il lui restait à confectionner les tartes et les gâteaux pour Noël et le jour de l'An.

Profitant de ce que son père n'était pas à la maison, Guillaume avoua à sa mère qu'il s'était fait une blonde. Il la voyait rarement, mais il espérait bien l'inviter à la maison pour le jour de l'An. Élise voulut savoir son nom. Guillaume lui apprit qu'elle s'appelait Clara. Il se garda bien de mentionner son nom de famille. Comme elle parlait français sans accent, il comptait éviter de révéler qu'elle n'était pas catholique.

Noël arriva. Clara le passa chez sa tante et Guillaume, convié à prendre le thé avec elles, goûta aux petits gâteaux de sa bien-aimée et ne la quitta qu'à l'heure du souper, sans manquer de l'inviter chez lui pour le dîner du jour de l'An. Il tenait tellement à ce qu'elle vienne qu'il lui offrit d'emmener sa tante, comptant bien dans son for intérieur qu'elle ne l'accompagnerait pas en raison de sa maladie.

De retour à la maison, il informa sa mère qu'il était passé inviter Clara à la maison pour la nouvelle année. Élise n'y fit pas objection. Au contraire: elle avait hâte de connaître la jeune femme, peut-être sa future bru. Tenant sa promesse, Clara se présenta pour le dîner chez les Courchesne en ce premier janvier 1883. Comme l'avait prévu Guillaume, sa tante devait effectivement rester au lit.

Élise, Annabelle et Georgiana, revenue pour les fêtes, de même que Denise et les petits la reçurent comme si elle faisait partie de la famille depuis toujours. Clara fut bien émue de l'accueil. On l'inonda de questions. Où était-elle née? Où restait-elle? Qu'est-ce qui l'avait amenée à Drummond? Comment avait-elle rencontré Guillaume? Elle répondit à toutes les questions aimablement et sans détour.

Le dîner se passa on ne peut mieux. Clara était heureuse de passer ce jour de l'An au sein d'une si grande famille.

Tout allait merveilleusement bien, jusqu'à ce qu'arrive un invité-surprise, Aimé en personne qui, pour une fois, avait pu s'échapper du chantier pour quelques jours. Au grand étonnement de Guillaume, qui lui présenta Clara, il se montra très aimable avec elle, allant jusqu'à l'inviter à rester pour le souper. Elle le remercia, prétextant qu'elle ne voulait pas laisser sa tante seule. Aimé prit ensuite la vedette en racontant ses aventures du chantier. Clara les quitta finalement en fin d'après-midi.

Après son départ, Aimé félicita Guillaume de son choix. Il voulut en connaître plus long à son sujet et demanda :

— Au fait, c'est Clara qui ?

Guillaume figea. Cette question, il la redoutait depuis le jour où il avait fait sa connaissance. Il résolut de lui donner un faux nom.

— Clara Janelle.

— La fille de Clément ?

— Non ! Elle n'est pas de Drummond. Elle vient de Montréal. En plus, dès que sa tante ira mieux, elle retournera là-bas.

— Dans ce cas, c'est bien inutile de t'amouracher d'elle. Tu sais bien que tu ne la reverras pas.

Guillaume ne répondit pas. Une idée lui trottait dans la tête. Il pourrait tout aussi bien mettre de l'argent de côté et la rejoindre à Montréal où il trouverait certainement du travail. Mais qu'arriverait-il si jamais son père apprenait son vrai nom et surtout qu'elle était protestante ? N'étant pas majeur, il savait qu'il devait obtenir la permission de son père pour se marier. Celui-ci n'accepterait jamais qu'il épouse une protestante, ni d'ailleurs qu'il parte pour Montréal sans prévenir. Tout allait contre lui. Décidément, la nouvelle année débutait mal. Que lui réservait-elle ?

Quand, deux jours plus tard, il se présenta chez la tante pour voir Clara, elle était déjà repartie à Montréal, sans le revoir. Elle lui avait toutefois laissé un mot qu'il s'empressa de lire.

Cher Guillaume,

Beaucoup de belles choses auraient pu naître entre nous. Après mûres réflexions j'ai préféré retourner à Montréal sans te revoir pour ne pas te laisser de faux espoirs. Quand tes parents apprendront que je suis protestante, je suis certaine qu'ils ne te permettront plus de me fréquenter. Il vaut mieux tout arrêter là, au lieu de nous faire souffrir inutilement. D'ailleurs, comment aurions-nous pu nous connaître vraiment, en vivant tous les deux si éloignés l'un de l'autre ? Crois-moi, c'est la meilleure solution.

Adieu !

Clara

Il relut la lettre, puis, en colère, la chiffonna. De retour chez lui, il alla dans sa chambre et saisit une plume. Il réfléchit longuement avant de se mettre à écrire une première lettre qu'il déchira et mit au panier, puis une seconde qui prit le même chemin. Se ravisant, après s'être rendu compte qu'il ne connaissait même pas l'adresse de sa bien-aimée, il ramassa les deux lettres mises au panier et les fit brûler dans le poêle. Il ne décolérait pas. Il se rendit ensuite chez la tante de Clara pour obtenir l'adresse de sa nièce. Or, Clara lui avait fait promettre de ne pas la lui donner et, malgré les supplications de Guillaume, la tante tint son bout.

Il se jura que si un jour il tombait de nouveau en amour, rien ni personne ne l'empêcherait de se marier.

Chapitre 26

Annabelle en grande réflexion

Depuis que son prétendant s'était enlevé la vie, Annabelle n'était plus la même. Elle se sentait coupable de l'avoir poussé à bout en feignant de vouloir se faire religieuse.

Profitant de la présence de Georgiana à la maison durant le temps des fêtes. Annabelle discuta longuement avec elle de ce qui était survenu au pauvre Cyrille.

— Je n'aurais jamais dû lui faire croire que je rentrais chez les sœurs.

— Premièrement, c'est moi qui t'ai suggéré ça. Tu ne devrais donc pas te le reprocher. Deuxièmement… ce n'est peut-être pas une mauvaise affaire que les choses aient tourné comme ça.

— Que racontes-tu là ?

— Te serais-tu vue, mariée avec lui ? Tu l'aurais peut-être trouvé pendu quelque part dans la maison ou la grange. Quel métier pratiquait-il, déjà ?

— Aucun. Il m'avait juré qu'il travaillait aux forges, mais en réalité il vivotait. Ses parents l'aidaient comme ils le pouvaient. Tout cela, c'est monsieur le curé qui me l'a appris. Le docteur Bérard aussi m'en a parlé.

— Ça devrait te suffire pour cesser de te faire des reproches. C'était un malade. Tu le sais bien. Un jour ou l'autre, devait arriver ce qu'il a fait.

— Rien n'empêche…

Georgiana lui coupa vivement la parole :

— Regarde-toi ! Tu es encore à te culpabiliser. Quand est-ce que tu vas te rentrer dans la tête que tu n'y es pour rien ?

— Ce n'est pas facile, tu sais !

— Si tu veux, nous allons changer de sujet parce que ça va nous gâcher tout le temps des fêtes. Tout va bien chez les Millar ?

— Oui. Tu devrais venir faire un tour. Ils seraient bien contents de te voir. Et toi, à ton école ?

— J'aime ça. Au début, je ne pensais pas être capable de rester là toute seule. Maintenant, ça va mieux.

— Est-ce que les enfants t'aiment ?

— Oh, pour ça oui ! Ils sont bien gentils. Pour eux, l'institutrice est un personnage important. Ça me motive.

— Tu es bien chanceuse de te sentir utile. Ce n'est pas mon cas. Le travail que j'accomplis chez les Millar, n'importe qui pourrait le faire. Changer des lits, voir au lavage et au ménage, toutes les mères de famille le font ! Il me semble que ma vie devrait servir à autre chose.

— À quoi songes-tu ?

— Je n'en ai pas encore parlé à m'man et à p'pa. Tu es la première, à part Denise, à qui je le confie. Je pense de plus en plus à me faire religieuse.

Georgiana ne put retenir l'exclamation qui lui vint spontanément :

— Pas vrai ! Toi chez les sœurs ?

Elle se tut, comme pour assimiler ce qu'elle venait d'entendre. Fort heureusement, elles s'étaient retirées dans leur chambre, loin des oreilles indiscrètes. Après un moment, Georgiana reprit :

— Tu as dû parler à monsieur le curé…

— Pourquoi dis-tu ça ?

— Parce que quand il est venu me conduire à mon école, il a tenté de me persuader de rentrer chez les sœurs.

Annabelle resta silencieuse. Georgiana devina qu'elle avait vu juste.

— Avoue-le. Tu as parlé à monsieur le curé ?

— En effet. Je suis allée me confesser et il m'a demandé comment ça allait depuis le départ de Cyrille. Sa question m'a fait monter les larmes aux yeux. Il s'est rendu compte de mon trouble et m'a invitée à aller le voir au presbytère.

Elles en étaient là en plein échange quand on frappa à la porte de la chambre. Denise venait les chercher.

— P'pa et m'man trouvent que vous laissez tomber le reste de la famille. La tante Appoline et l'oncle Josaphat viennent d'arriver. Ils vous réclament. En plus, mon oncle Ferdinand et ma tante Géraldine ne devraient pas tarder.

La maison, surtout le salon, avait été décorée pour le temps des fêtes. De petites branches de sapin suspendues au plafond remplissaient l'air d'une agréable odeur. On entendait le crépitement des bûches dans le foyer. Sur les murs, des ombres dansaient au rythme des flammes. Assis devant le feu, l'oncle Josaphat et la tante Appoline discutaient avec Élise et Aimé. Dès qu'Annabelle et Georgiana apparurent, les questions fusèrent.

— Comment vont ces belles grandes filles ?

Après les embrassades, elles répondirent de leur mieux à l'oncle et la tante.

— Nous allons bien.

Que pouvaient-elles dire à un oncle et une tante qu'elles ne voyaient qu'une fois par année? Georgiana retourna la question.

— Vous, mon oncle, ça va bien à votre ferme? Je trouve Denise chanceuse d'aller parfois chez vous. Moi, je ne bouge guère de mon école. Et comment vont nos cousins et nos cousines? Vous ne les avez pas emmenés.

— Tu en demandes, des choses, dans une seule phrase, toi! Ta tante va te dire que tout va pour le mieux. Les cousins sont restés à la ferme pour s'occuper des animaux. Vos cousines sont presque toutes mariées, sauf Hélène qui passe les fêtes chez son ami. Il faudrait bien que vous leur rendiez visite un beau jour. En plus, il y a Josephte qui a un pain au four.

— Vraiment? Elle doit être contente!

— Et vous deux? s'informa la tante Appoline. Quand est-ce que vous allez vous marier?

— Voyons, ma tante, tant que je serai institutrice, je ne pourrai pas, vous le savez bien.

— Et toi, Annabelle?

— Ça viendra peut-être, dans le temps comme dans le temps...

— Tu as bien un cavalier?

— Pas pour le moment.

— Pourtant, il me semblait avoir entendu dire que tu en avais un.

Voyant que le terrain devenait glissant, Élise intervint:

— Annabelle est difficile. Elle ne se contentera pas du premier venu.

Croyant qu'Élise faisait allusion à ses enfants, la tante sursauta. Comme pour tirer la couverte de son bord, elle revint à la charge:

— Le jeune homme qui s'est pendu à Drummond, le connaissiez-vous ?

Cette fois, c'est Aimé qui contre-attaqua :

— Il était malade ! C'est du moins ce que monsieur le curé nous a laissé entendre. Il faut être passablement fou pour finir ses jours attaché à un arbre comme une pomme à son pommier. Annabelle le connaissait un peu, mais ce n'était même pas un ami pour elle.

L'oncle eut le bon sens de faire dévier la conversation.

— Ton nouveau bac te satisfait, Aimé ?

— J'ai rien à redire. Quand la traverse a fermé, je commençais à rentrer dans mon argent. Avec le printemps, ça sera fait.

— S'il n'y a pas de pont de construit, intervint Élise. Monsieur le curé se démène pas mal pour en faire bâtir un.

— Si jamais ça arrive, s'inquiéta Josaphat en s'adressant à Aimé, que comptes-tu faire ?

— J'y ai pas pensé encore. On verra en temps et lieu.

Voyant qu'elles n'étaient plus le centre de la conversation, Annabelle et Georgiana s'éclipsèrent dans la cuisine.

— Celle-là, siffla Georgiana entre ses dents, je l'étriperais. Si elle voulait te faire parler, c'est qu'elle en sait plus qu'on pense.

Annabelle la calma :

— Ne t'en fais pas avec ça. Il y a du monde comme ça qui se réjouit du malheur des autres.

— Tu ne penses pas que ma tante en fait partie ?

— Peut-être qu'elle disait ça comme ça.

— Tu es naïve, Annabelle. Elle voulait te tirer les vers du nez et t'entendre lui raconter toi-même ce qui s'est passé. Tu t'en es bien sortie. Laisse-la mijoter dans son jus.

Annabelle en avait assez de la visite.

— Pendant qu'ils placotent entre eux, que dirais-tu d'aller marcher un peu ?

Elles s'habillèrent chaudement et prévinrent qu'elles seraient de retour dans une heure.

— Où allez-vous ? demanda Élise.

— Prendre du bon air, répondit Georgiana. En dedans, ça commence à sentir le renfermé.

Sa mère n'insista pas. Subtilement, Georgiana lui avait passé le message. Le temps des fêtes se termina de la sorte et Aimé regagna son chantier.

Chapitre 27

Un prétendant pour Georgiana

Depuis plus d'un an qu'elle travaillait dans son école du 3e Rang, Georgiana avait fini par se faire à sa solitude. Elle vivait là complètement seule les fins de semaine, profitant toutefois du dimanche pour voir un peu de monde en allant à la messe. Les parents d'un de ses élèves arrêtaient en voiture la prendre pour se rendre à l'église. La semaine, les enfants l'envahissaient, mettant un peu de vie entre ces quatre murs très dépouillés.

Que pouvait faire Georgiana le samedi et surtout le dimanche après son retour de la messe ?

Un dimanche, les gens qui la conduisaient à l'église décidèrent de rendre visite à quelqu'un de leur parenté après la messe. Ils laissèrent Georgiana se débrouiller pour retourner à son école. Elle décida de faire le trajet à pied. Elle avait à peine un mille de parcouru qu'une voiture conduite par un jeune homme s'arrêta près d'elle.

— Mademoiselle, où allez-vous comme ça ?

— À l'école du rang.

— En êtes-vous l'institutrice ?

— En effet. Je reviens de la messe.

— Montez, montez, je vais vous reconduire. Je n'ai rien d'autre à faire que de me promener.

Le jeune homme, esquissant son plus beau sourire, lui tendit la main pour l'aider à s'installer près de lui sur le banc du conducteur. C'est cette main qu'elle remarqua d'abord, puis son sourire chaleureux et ses yeux bruns, pleins de douceur. Elle attendit un peu avant d'oser le regarder mieux. Elle avait eu le temps de croiser son regard et de se dire qu'il s'agissait d'un homme bon. Maintenant qu'elle était à ses côtés, elle le regardait à la dérobée, admirant sa chevelure noire, frisée et très fournie, ses lèvres charnues, son front large, ses joues bien rondes et appétissantes. Il se présenta :

— Roméo Aubry, pour vous servir, lança-t-il avec un éclat de rire. Et vous êtes ?

— Georgiana Courchesne.

— Courchesne, ça me dit de quoi. Le traversier à Drummond est bien un Courchesne ?

— C'est mon père.

— Me voilà déjà en pays de connaissance ! s'exclama-t-il. Je reste à L'Avenir. Vous connaissez ?

— J'y suis allée quelques fois.

— Ça fait curieux de vivre dans un village qui s'appelle L'Avenir. On dirait que ça nous enlève l'envie de revenir dans le passé ! Il y a longtemps que vous êtes institutrice dans le coin ?

— C'est ma deuxième année.

— Habitez-vous dans votre école ?

— Oui !

— Vous n'y êtes pas seule, j'espère ?

— J'y vis seule. Une institutrice n'a pas le droit de se marier.

— Allons donc ! Vous me l'apprenez. Vous n'avez pas peur de vivre là au beau milieu de nulle part ?

— Je n'ai pas le choix.

— Vous me plaisez, avoua-t-il soudain. Que diriez-vous si parfois je venais vous voir, histoire de vous tenir compagnie ?

Georgiana rougit et mit du temps avant de répondre.

— Ça me ferait plaisir, seulement ça ferait jaser. Il n'y a pas une voiture qui passe dans le rang sans que tous ceux qui y vivent ne la voient.

— Je pourrais laisser ma voiture plus loin et venir à pied.

— On vous verrait quand même passer.

— Peut-être bien, mais je pourrais m'arranger pour qu'on ne sache pas où je vais. Un détour par les bois, par exemple, avant d'arriver à votre école.

— Les chiens vous sentiraient et japperaient après vous.

— On essaie ? On verra bien si ça fonctionne. Quand puis-je venir ?

— Je suis là tous les soirs !

Il apparut une semaine plus tard, alors qu'elle était à préparer ses cours du lendemain. Ne voulant pas lui faire peur, il mit les choses au point en entrant.

— Vous n'avez rien à craindre de moi, mademoiselle. Je ne suis ni tête folle ni dangereux.

Georgiana lui demanda :

— Que faites-vous dans la vie pour pouvoir vous libérer comme ça ?

— Je suis menuisier. Je fabrique toutes sortes de meubles : tables, armoires, commodes... et même des cercueils !

Il lui posa plusieurs questions sur son travail. Il se souvenait du temps où il avait usé les bancs d'école, mais il avait eu l'occasion d'étudier là où il y avait plusieurs maîtres.

Il était curieux de savoir comment elle se débrouillait pour enseigner à des enfants de la première à la septième année. Elle lui expliqua qu'il s'agissait de mener de front sept programmes différents en s'occupant surtout des plus jeunes et en donnant des travaux aux plus vieux qui savaient lire. Les enfants collaboraient bien et les journées filaient sans qu'elle ait le temps de les voir. Il lui laissa entendre qu'il ne pourrait pas se faire à ce genre de travail.

— Quand on est occupé, commenta-t-elle, on n'a pas le temps de s'ennuyer.

— Là-dessus, vous avez bien raison. Lorsque j'ai des meubles à fabriquer, le temps passe tellement vite !

Elle savait qu'il n'était pas venu simplement pour parler de son travail. Il ne fit pas de détours pour lui avouer ce qui le motivait à la visiter :

— Dès que je vous ai vue, vous qui êtes si belle, je vous ai aimée.

Le compliment la fit rougir. Elle mit du temps à murmurer un merci, attendant la suite avec intérêt.

— Me permettrez-vous de venir vous voir, comme ça, à la dérobée ?

— Si jamais ça se sait, je perds ma place.

— Je serai discret. Vous arrive-t-il d'avoir des visiteurs le soir ?

— Il y a bien monsieur Métivier qui vient jeter un coup d'œil de temps à autre pour voir si tout va bien.

— Qui est ce monsieur ?

— Un voisin à qui le commissaire a confié cette mission. Il m'aime bien et ne reste jamais plus qu'une minute ou deux. Sauf que s'il vous voyait avec moi…

— Il faudra prendre des précautions pour ne pas qu'il nous aperçoive.

— Comme quoi ?

— S'assurer que les rideaux devant les fenêtres tout comme celui de la porte soient bien tirés et qu'on ne puisse pas nous voir de l'extérieur. Il sera bien obligé de frapper à la porte. Ça me donnera le temps de me cacher.

— Où ça ?

— Dans votre chambre, derrière la porte ou sous le lit.

Elle se mit à rire.

— Eh bien, vous êtes prêt à tout pour venir me voir, même si vous me connaissez à peine. Et si monsieur Métivier arrivait juste là, de quoi aurions-nous l'air ?

Il sembla quelque peu décontenancé.

— Je me ferais passer pour votre cousin. Pourquoi ne pourriez-vous pas avoir la visite d'un cousin ?

— À la noirceur après le souper ?

— Bien sûr, car dans la journée vous êtes occupée.

— Sauf les samedis et dimanches.

Georgiana finit par consentir à ce qu'il vienne une fois par semaine en variant les soirs. Elle avait besoin de parler et Roméo Aubry ne la laissait pas indifférente. Elle prit le temps, toutefois, de mettre les choses bien au clair.

— Ne vous faites pas d'illusions. N'espérez rien de moi. Je veux bien vous recevoir comme ami, mais ne vous attendez à rien de plus.

— Le marché me convient. Puisque je suis là et que l'après-midi nous laisse encore quelques heures de clarté, sans vous voler de temps, je pourrais fort bien vous divertir.

— Comment ?

Il tira de sa poche un jeu de cartes. Pendant deux heures, il l'étonna et l'enchanta avec toutes sortes de tours de magie qu'elle ne parvint pas à comprendre. Comment faisait-il pour deviner quelle carte elle avait pigée ? Il devait lire dans sa tête pour lui mentionner celles qu'elle avait cachées. Il ne se trompait jamais et menait son jeu d'une façon si divertissante et habile, que Georgiana avait de plus en plus d'admiration pour lui – même si elle se demandait s'il n'était pas un peu sorcier.

Quand le temps devint plus sombre, comme elle avait encore ses cours du lendemain à préparer, elle déclara :

— Ce fut très agréable, mais pour aujourd'hui, ça suffit, je suis fatiguée et demain les enfants seront là très tôt comme chaque matin. Merci d'être venu.

Satisfait de constater qu'elle ne le repoussait pas, il n'insista pas. Dans le ciel, la pleine lune se levait sur l'horizon. Roméo mit encore un peu de temps à partir. Au moment où il quitta Georgiana, il lui vola un baiser sans qu'elle puisse s'en défendre et il repartit en riant.

La lune montait déjà au-dessus de la forêt, l'éclairant de ses rayons tout en esquissant la silhouette de chaque arbre et ornant les champs de clôtures argentées. Georgiana souleva le rideau. Dans sa voiture, Roméo venait de gagner la route. Elle le suivit du regard jusqu'à ce qu'il disparaisse au détour du chemin. « Il est si facilement repérable, songea-t-elle, qu'il me faudra le prévenir de ne pas venir les jours de pleine lune. »

Elle allait se remettre au travail quand monsieur Métivier cogna à la porte. Il la salua et s'enquit :

— Tout va bien ?

— Oui, pourquoi ?

— Vous avez eu un visiteur. Je voulais m'assurer que tout s'était bien passé.

Elle mentit :

— C'est mon cousin. Il m'a montré des tours de cartes.

Monsieur Métivier n'insista pas.

— Si jamais quelqu'un vous dérange, ne manquez pas de me le faire savoir.

— Merci. Je vous préviendrai.

Elle mit du temps à s'endormir. Tout ce qu'elle avait vécu dans la journée lui tournait dans la tête, jusqu'au baiser final qui l'avait bouleversée. Elle se reprochait presque de lui avoir permis de rentrer, se demandant si, malgré tout le plaisir qu'elle avait eu, elle avait bien fait d'accepter sa visite.

Chapitre 28

Une visite d'Armande

Il y avait longtemps qu'Élise n'avait pas vu son amie Armande. Elle s'ennuyait d'elle, même si elles se quittaient parfois un peu fâchées. Aux yeux d'Élise, Armande exagérait bien trop les qualités de son fils Grégoire. Ce genre de conversation lui tombait sur les nerfs tout autant que celle des grands-mères vantant les prouesses de leurs petits-enfants. Élise avait pour son dire que les enfants, peu importe leur nom de famille, se comportaient à peu près tous de la même façon. Ils apprenaient tous à faire des grimaces, à rire, à brailler, à marcher et à faire leur tas dans un petit pot.

— À en entendre certaines, commentait-elle, leurs petits-enfants sont déjà propres à deux mois et peuvent s'habiller tout seuls à huit mois.

— Tu remarqueras, commenta Aimé, celles qui prétendent que leurs petits-enfants ont déjà toutes leurs dents à six mois.

— Pourquoi donc?

— Parce qu'elles n'ont probablement plus une dent elles-mêmes…

— Changement de propos, avança Élise. Il y a plusieurs mois que nous ne sommes pas allés chez Basile et Armande.

— Avec la traverse, j'ai pas le temps et quand arrive le soir, je n'ai qu'une idée en tête : dormir. N'oublie pas que la traverse marche sept jours sur sept. Ça ne fait pas le bonheur de monsieur le curé qui me reproche de travailler le dimanche. À chaque fois qu'il m'en parle, je lui réponds que les gens ont aussi besoin de traverser le dimanche et les jours de fête, et que ça prend quelqu'un pour les mener de l'autre bord.

— Tu ne chanteras pas le même refrain quand il va faire construire son pont.

— C'est pas encore fait.

Ils en étaient là dans leur propos lorsque Armande se présenta justement à la porte. Aimé ne put se retenir de lancer :

— En parlant de la bête, on lui voit la tête !

— Vous parliez de moi ? s'indigna Armande.

Élise s'empressa de réparer la gaffe d'Aimé.

— On se disait juste que ça faisait longtemps qu'on ne vous avait pas vus, Basile et toi. Aimé se proposait à ce qu'on vous rende visite. Entre, Armande ! Entre ! Ça nous fait plaisir de te voir. Quoi de neuf ? Pas des mauvaises nouvelles, j'espère ?

Armande, étant de forte corpulence, mit du temps à s'asseoir avant de répondre :

— Y a bien eu la mort de Josaphat, le père de ma bru, la femme de Thomas.

— Pas celui avec une barbe de patriarche ?

— Celui-là même. Il paraît qu'il s'est étouffé en dormant.

— Où est-ce qu'il restait déjà ?

— À Saint-Zéphirin.

— Comment ça se fait qu'on n'en a pas entendu parler ?

— Ç'a pas adonné, je suppose. Ben là, vous le savez.

Aimé mit son grain de sel.

— T'es pas venue nous voir rien que pour nous annoncer ça ?

— Ben sûr que non ! Vous saurez que notre Grégoire a décidé de devenir prêtre.

— Ah créyé ! pour une nouvelle, c'en est toute une !

— Qu'est-ce que Basile en pense ?

— Sur le coup, il n'était pas content. Vous savez qu'il comptait sur Grégoire pour prendre sa place. Mais moi, j'étais certaine qu'il ne deviendrait pas boulanger. Grégoire est tellement intelligent qu'il va pouvoir devenir évêque.

Son amie avait à peine fini de parler qu'Élise fit dévier la conversation.

— Comment va Basile ? Avant, il venait faire son tour une fois qu'Aimé en avait fini avec la traverse.

— Il en perd. J'ose pas lui dire. Il s'endort partout. Il faut le comprendre, il travaille tellement dur et surtout à partir de quatre heures le matin. Ça fait des années que c'est d'même. Avant, il pouvait veiller jusqu'à neuf heures. Astheure, il se cante tout de suite après le souper.

Aimé intervint :

— Il vieillit, comme nous autres. On a déjà été meilleurs sur tout, et aussi du califourchon.

La réflexion d'Aimé fit sourire Élise, mais parut scandaliser Armande. Élise changea encore de sujet :

— Tu me diras pas que c'est tout ton nouveau ?

— Pour tout de suite, c'est pas mal tout.

— À part Grégoire, les autres vont bien ?

La question paraissait ambiguë à Armande, car elle répondit :

— Grégoire n'est pas malade. Quant aux filles, elles sont toutes en santé, même Gisèle, aux États. Dans sa dernière lettre, elle nous annonçait qu'à elle toute seule, elle allait nous faire grands-parents une quatrième fois.

— À elle toute seule ? renchérit Aimé. J'ai pourtant toujours pensé que ça se faisait à deux.

Sa plaisanterie tomba dans le vide, et Élise s'empressa de demander :

— Vous en êtes à combien en tout, Basile et toi ?

— Neuf bien comptés. Ça ne nous rajeunit pas. Vous autres ?

— On attend toujours le premier.

Armande fit mine de se lever. Élise la pria :

— Tu peux bien rester encore un peu.

— Il va falloir que j'y aille, le souper est pas prêt. Justement, j'étais venue t'emprunter un peu de cassonade.

— De la cassonade ? Aimé ! va donc voir dans la réserve, la boîte bleue en métal.

Aimé se leva. L'aveugle venait de se glisser en dehors de sa chambre et s'amenait d'un pas hésitant. Armande la salua :

— Ça fait longtemps que je vous ai vue, madame Cournoyer, vous ne vieillissez pas, on dirait !

— Y a juste celles qui ne sont pas dans mes os qui disent ça. Je me sens vieille comme le monde.

Elle tâta le dossier d'une chaise et s'assit. Aimé revint avec la cassonade. Élise mit la main sur un sac de papier brun dans lequel elle s'apprêtait à en vider.

Elle demanda à Armande :

— Tu en veux combien ?

— Une dizaine de cuillerées devraient faire l'affaire. Je veux sucrer un peu des galettes d'avoine et raisins, une nouvelle recette que j'essaye.

— Si c'est réussi, tu me la donneras, demanda Élise.

Armande promit. Elle poussa un long soupir en se levant difficilement de sa chaise.

— Au moins, soupira-t-elle, y a encore ça de bon dans la vie, les galettes…

Aimé, qui avait sorti sa pipe, intervint :

— Manger pis fumer, quoi demander de mieux ?

— La sainte paix, marmonna Élise.

Sa réflexion fut précisément suivie d'un moment de silence qu'Aimé brisa en s'adressant à Armande :

— Tu salueras Basile de ma part. Dis-lui que je vais aller le voir betôt.

— Ça lui fera plaisir. Il me répète souvent qu'il a hâte que tu viennes.

Dès qu'elle eut passé la porte, Élise soupira : « Elle pis son futur évêque ! »

Chapitre 29

Georgiana et son Roméo

Enfermée durant des mois dans sa petite école, Georgiana occupait exclusivement son temps libre à la préparation de ses cours et à la correction des travaux de ses élèves. Pendant un temps, après la première visite de Roméo, elle s'était mise à penser à lui et, sans oser se l'avouer, espérait sa visite chaque soir. Elle avait apprécié son sourire envoûtant et sa joie de vivre communicative. Elle avait aimé l'entendre raconter les menus faits de son enfance si peu semblable à la sienne. Ses parents, ayant l'esprit ouvert, l'avaient initié à tout ce qu'il y avait de nouveau. Il avait pu assister à des pièces de théâtre, voyager et participer à des soirées de danse. Elle avait si peu de distractions et de visites, qu'elle espérait le voir surgir à tout moment.

Il la fit quelque peu languir, car ce n'est qu'un mois après sa première visite qu'un soir, il se pointa comme un voleur au moment où elle s'apprêtait à se coucher. Quand il cogna discrètement à la porte arrière, elle crut à un bruit produit par un raton-laveur ou quelque autre animal et ne bougea pas. Le bruit se faisant à nouveau entendre, elle s'approcha et demanda :

— Il y a quelqu'un ?

À voix basse, il répondit :

— C'est moi, Roméo.

Elle s'empressa d'ouvrir.

— Vous êtes sûr de ne pas avoir été vu ?

— Qui pourrait prétendre voir dans pareille noirceur ?

Il entra d'un pas vif et, sur un ton de reproche, commanda :

— Si tu veux bien, Georgiana, tu vas délaisser ce *vous* fatigant pour un bon vieux *tu* beaucoup plus amical.

Elle répliqua en lui faisant remarquer l'heure.

— Huit heures ! Tu devrais venir plus tôt !

— Ça m'a été impossible. N'oublie pas que je pars de L'Avenir qui n'est pas tout à côté. Es-tu heureuse de me voir ?

— Bien sûr !

Il ne tarda pas à jouer son rôle. Depuis qu'il était arrivé, il se raclait la gorge à tout bout de champ. À tel point que Georgiana lui demanda :

— As-tu le rhume ?

— Seulement un mal de gorge.

Elle crut entendre un bruit insolite. Il l'enterra en s'écriant plus fort que nécessaire : « J'ai une surprise pour toi ! » Il la pria de fermer les yeux. Elle s'exécuta. Elle sentit qu'il en profitait pour l'observer et détailler ses traits. Elle rougit malgré elle. Il l'invita à s'imaginer le ciel bleu d'une belle journée. S'approchant en même temps qu'il lui glissait dans les mains ce qu'elle crut être un objet mou et doux, il lui permit d'ouvrir les yeux. Elle sursauta. Il lui avait apporté un chaton qui se mit à miauler. Elle en fut tout émue. Sous prétexte de flatter l'animal, il en profita pour lui caresser la main. Elle n'osa pas la retirer. Il poussa l'audace jusqu'à lui tendre la joue :

— Ça vaut bien un bec, murmura-t-il.

Obéissant sans réfléchir, elle l'embrassa.

Sa mise en scène était parfaite. Il avait obtenu ce qu'il voulait. Il s'assit à califourchon sur un banc et se mit à rire comme un enfant qui vient de jouer un bon tour. De l'entendre rire la fit se détendre et lui soutira un sourire.

— Voilà ce que je voulais, avoua-t-il. Te voir sourire me ravit.

Elle rougit, puis retrouva ses moyens en déposant le chaton dans une boîte au fond de la classe.

— Il faudra que je lui crée un petit coin bien à lui, s'empressa-t-elle de dire. Je ne m'attendais pas à un si beau cadeau.

— J'ai pensé que ça te ferait de la compagnie.

— Sans doute, mais je devrai l'enfermer dans ma chambre quand mes élèves seront là, sinon le pauvre minet ne saura pas où donner de la tête.

En s'exprimant de la sorte, elle pensa qu'elle-même ne savait pas trop où cette rencontre avec Roméo la mènerait. Il ne la fit pas trop attendre. S'approchant alors qu'elle se penchait pour flatter le chaton, il la prit par les épaules, la fit pivoter sur elle-même et, la serrant dans ses bras, l'embrassa sur la bouche. De surprise et d'étonnement, elle fut sur le point de défaillir.

— Allons, Georgiana, lui glissa-t-il à l'oreille, ne viens pas me dire que tout cela n'est pas bon.

Elle fut contrainte d'admettre que, la surprise en moins, ce qu'elle venait de vivre s'avérait agréable. Il s'empressa de la rassurer.

— Ce sera tout pour ce soir, je dois me sauver, mais je reviendrai et sans doute nos lèvres sauront-elles se retrouver.

Il ne lui laissa pas l'opportunité de dire quoi que ce soit et partit aussi vite qu'il était venu. Elle n'eut pas le temps de s'émouvoir davantage qu'il s'était évanoui dans la nuit. Elle resta sur place, interdite, le cœur battant, se demandant si elle ne venait pas de rêver. Le chaton qui avait faim la ramena sur terre. Elle lui versa un peu de lait dans une assiette, puis se mit à réfléchir à ce qui venait d'arriver. Roméo n'était pas passé par quatre chemins pour lui apprendre qu'elle lui plaisait. Elle mit bien du temps à trouver le sommeil. Même dans ses plus beaux rêves, elle n'avait jamais imaginé le plaisir qu'elle venait de vivre.

Trois jours plus tard, il réapparut à la brunante. Elle fit celle qui était étonnée.

— Je ne pensais jamais te revoir si vite.

— Avoue que tu avais hâte que je revienne.

— Bien entendu !

Cette fois, il s'assit dans la pénombre, tout au fond de la classe, près de la porte qui donnait sur sa chambre. Ne sachant pas trop comment se comporter, elle hésita et s'assit à bonne distance de lui, comme un animal méfiant.

— D'après ce que je vois, se moqua-t-il, je devrai t'apprivoiser. N'aie pas peur, je ne te mangerai pas, même si ce n'est pas le désir de le faire qui me manque.

Elle rougit jusqu'au bout des oreilles et, pour calmer le jeu, lui demanda :

— Parle-moi de toi. Je te connais à peine.

— Que veux-tu que je t'apprenne, sinon que depuis que je t'ai vue je ne cesse pas de penser à toi ? Tu es belle comme le jour. Heureux celui qui saura gagner ton cœur… Et pourquoi ne serait-ce pas moi ?

Il s'approcha furtivement. Elle se leva, prétextant qu'il faisait trop sombre et qu'elle allait chercher la lampe de sa chambre. Il lui emboîta le pas. L'enlaçant de ses bras, il la fit basculer sur le lit. Elle se débattit. Il l'apaisa :

— Allons ! Allons ! Je ne te veux pas de mal ! Au contraire !

Il se mit à lui parler d'amour d'une voix douce, lui assurant qu'il n'avait jamais rencontré une créature aussi belle qu'elle. Il choisit de se faire plaindre en lui sortant une toute autre version que la première fois :

— Tu voulais savoir qui je suis. Tu ne trouveras jamais quelqu'un de plus malheureux que j'étais avant de te rencontrer. Quand j'avais douze ans, mon père me battait. Je me suis sauvé de chez moi. J'ai passé des jours et des jours dans le froid, sans manger. Un pauvre hère m'a recueilli chez lui. Il m'a sauvé la vie. Ce sont souvent ceux qui n'ont rien qui ont le plus de cœur. J'ai fait tous les métiers avant d'apprendre celui que je pratique maintenant grâce à un homme généreux qui m'a pris en pitié. Aujourd'hui, je gagne honorablement ma vie. Je te ferais un bon mari.

Pendant qu'il se confiait, Georgiana se leva et se tint loin de lui, près de la porte de la chambre, comme prête à s'enfuir. Sa brusquerie l'avait rendue méfiante. Il l'invita :

— Viens ! Tu n'as rien à craindre. Je suis l'homme le plus doux du monde. Pourquoi es-tu si farouche ?

Elle lui dit qu'elle devait se lever tôt, qu'une dure journée l'attendait, qu'il ferait mieux de la laisser. Il se leva, la suivit jusqu'à la porte. S'arrêtant un instant, il demanda :

— Si je reviens, est-ce que je serai le bienvenu ?

Elle hésita, puis, retrouvant son calme, laissa entendre :

— J'aime que tu sois là quand tu ne te jettes pas sur moi pour me voler un baiser.

— Pardonne mon impétuosité. Je t'aime tellement que tu me fais perdre la tête. Je te promets d'être plus sage à l'avenir.

Quand il réapparut une semaine plus tard, il semblait être un autre homme. Il lui avait apporté des fleurs et se garda d'abord de s'approcher d'elle, tout en lui répétant à quel point sa beauté le subjuguait. Voyant que ses paroles ne la laissaient pas indifférente, il osa dire :

— Pourquoi ne me donnerais-tu pas la main pendant que nous sommes là à nous aimer en silence ?

Il attendait qu'elle fasse les premiers pas. Elle se décida au bout d'un moment. Il prit sa main qu'il porta à ses lèvres, puis, lui caressant doucement le bras, il l'attira vers lui. Elle sentait sa chaleur et souleva le menton quand il l'embrassa dans le cou. Un frisson lui parcourut tout le corps. Jamais elle n'avait ressenti quelque chose d'aussi bon. Quand, très doucement, il lui passa la main dans les cheveux avant de lui caresser la joue, elle le laissa faire. S'enhardissant, il la serra dans ses bras tout en effleurant ses lèvres d'un premier baiser. Voyant qu'elle ne le repoussait pas, il l'embrassa franchement. Elle répondit à son baiser. Ce qui suivit se passa rapidement. Sans qu'elle ne s'en rende compte, ils se retrouvèrent sur son lit. D'une main experte il souleva sa robe tout en lui caressant les cuisses, cependant qu'il la bombardait de baisers. Elle avait peine à reprendre son souffle et frémissait de plaisir sous ses caresses. Il la pénétra au moment où il caressait ses seins de ses deux mains. Elle était vierge. Elle n'aurait su dire si elle avait aimé l'expérience, tant se mêlèrent la douleur de cette première relation et le plaisir immense qui l'envahit. Elle était toute bouleversée de ce qui venait d'arriver quand d'un bond il fut hors du lit.

— Je dois partir ! Je reviendrai, sois-en certaine. Je t'aime !

Avant qu'elle ne puisse dire quoi que ce soit, il avait disparu. Elle l'entendit fermer la porte derrière lui. Hébétée, elle resta étendue, tâchant de comprendre ce qui venait de se passer. Comment avait-elle pu le laisser faire ? Il prétendait qu'il l'aimait, tandis qu'elle ignorait si ce qu'elle ressentait pour lui pouvait s'appeler de l'amour. Il n'en demeurait pas moins qu'elle n'aurait pu nier avoir pris plaisir à l'expérience. Elle mit une bonne partie de la nuit à s'endormir. Le lendemain matin, elle s'adonna de son mieux à son travail. Les enfants eurent l'impression, tant elle était distraite, qu'elle avait l'esprit ailleurs.

Son beau Roméo fut plusieurs jours sans lui donner de nouvelles, voulant sans doute la faire languir avant de revenir la voir.

Chapitre 30

Le déménagement des morts

Il n'y avait plus de neige et le temps était doux quand le curé fit entreprendre le grand déménagement du vieux cimetière. Il savait que cette décision ne faisait pas l'unanimité parmi ses paroissiens. Il profita du prône de la grand-messe du dimanche pour la justifier :

— Nous devons parfois prendre des décisions difficiles dans la vie. Celle de changer nos morts de cimetière entre dans cette catégorie. C'est le cœur chaviré, et après avoir longtemps pesé le pour et le contre, que j'en suis venu à cette solution. Vous serez d'accord avec moi qu'il est urgent que nos garçons aient aussi leur école. Les filles ont leur couvent depuis plusieurs années et voilà qu'elles pourront compter sur un important agrandissement par une nouvelle aile de soixante pieds par vingt pieds sur deux étages. Je me suis donc dit, et vous serez de mon avis, que les garçons ont eux aussi le droit de compter sur une bonne instruction. Voilà pourquoi j'ai fait la démarche de vendre le presbytère aux commissaires afin qu'il soit transformé pour devenir une école.

« Dès que nous prenons une décision importante, elle donne forcément naissance à d'autres changements. Le presbytère vendu nécessitait donc la construction d'un nouveau. Vous serez d'accord avec moi que la maison où vit votre curé doit se trouver près de l'église habitée par Dieu dont il est le représentant. Si vous regardez autour de l'église, vous vous rendrez compte, tout comme moi, qu'il n'y a pas d'espace disponible pour un tel édifice. Le cimetière ne pouvant plus accueillir de nouvelles dépouilles, il allait de soi que je songe à en faire développer un autre. Du même coup, je me suis dit : "Nos morts devraient tous se retrouver ensemble au même endroit." Cela explique ma décision de faire transporter leurs restes au nouveau cimetière.

« Du coup, l'espace libéré permet la construction du nouveau presbytère. Par cette seule décision, la plus logique, je me trouvais à régler trois problèmes : celui de l'école des garçons, celui du vieux cimetière et celui du nouveau presbytère. J'étais assuré que vous trouveriez qu'il s'agit de la meilleure façon de procéder. J'ai donc engagé le nombre d'hommes suffisant pour que soient déménagés les morts du vieux cimetière dans le nouveau. Je calcule que le tout se réalisera en quatre jours. Vos morts ne seront guère dérangés dans leur repos éternel, et vous les retrouverez au nouveau cimetière, dans un emplacement semblable à celui qu'ils avaient dans l'ancien. Vos lots de famille seront respectés et votre place y sera réservée. Voilà les précisions que j'ai voulu apporter à ce sujet afin que tout soit bien compris. S'il y en a parmi vous qui, après ces explications, ont des revendications à faire, ils pourront venir me rencontrer après la grand-messe et je serai attentif à ce qu'ils auront à me dire. »

Il avait engagé pas moins de vingt-cinq journaliers pour exécuter le travail. Le lendemain matin, dès six heures, ces hommes se retrouvèrent au vieux cimetière avec pelles et pioches. Ils commencèrent à creuser autour des premiers lots. Le curé avait pris la précaution de faire dessiner un plan du vieux cimetière. Il tenait à ce que dans le nouveau les lots soient répartis exactement comme dans l'ancien afin que les vivants y repèrent facilement leurs morts. Les hommes commencèrent par enlever les monuments funéraires et les pierres tombales, qu'ils déposèrent dans une charrette en attendant d'y apporter les dépouilles de chaque famille. Ils creusèrent ensuite et retirèrent les cercueils encore intacts, prenant un soin jaloux de recueillir les squelettes plus anciens en s'assurant de les déposer dans la bonne charrette.

Au nouveau cimetière, les fosses étaient déjà prêtes. Quelques hommes attendaient qu'on leur apporte les dépouilles et elles furent aussitôt remises en terre, retrouvant leur repos éternel. On s'empressa ensuite d'aplanir le terrain avant d'y installer, selon le cas, les pierres tombales ou le monument funéraire.

Dès le premier jour, le quart de l'ancien cimetière fut vidé. Aimé, profitant de ce que la traverse était tranquille, laissa Amédée se débrouiller seul une heure, le temps de se rendre au vieux cimetière voir comment les choses se déroulaient. Il croyait bien se heurter à un rassemblement d'Irlandais ou d'Écossais en colère. Eh bien non, parmi les curieux qui, comme lui, se massaient autour du cimetière, il n'en vit pas un seul. Il voulut savoir ce qu'en pensait le docteur Bérard, venu comme lui assister au déroulement du déménagement.

Il s'approcha du médecin :

— Bonjour, docteur ! Ça y va par là ! Les morts n'auront pas le temps de se rendre compte de ce qu'il leur arrive qu'ils auront retrouvé leur place six pieds sous terre.

Le docteur, toujours aussi affable, prit le temps de saluer Aimé avant de commenter :

— Monsieur le curé est un bon organisateur. Ce n'est pas une mince affaire que de déménager quelque chose comme treize cents dépouilles. Pourtant, grâce à lui, dans le temps de le dire ça sera terminé.

— Y en a beaucoup d'eux autres que vous avez soignés ?

— En effet ! Sûrement quelques centaines.

Aimé fit un clin d'œil et le taquina :

— Ne vous offusquez pas si je vous dis qu'ils sont morts pareil…

Le docteur sourcilla, puis, comprenant tout à coup la plaisanterie, il sourit et haussa les épaules :

— Mon cher ami, il n'y a pas un docteur qui peut empêcher quelqu'un de mourir. Si c'était le cas, on l'honorerait autant que Jésus-Christ. Nous ne sommes là, et tu le sais bien, que pour guérir les gens et aussi les empêcher de trop souffrir.

Avant de poursuivre, Aimé tira sa pipe de sa poche et se mit en frais de l'allumer. Le docteur en profita pour vanter les actions de son ami le curé.

— Nous sommes réellement chanceux d'avoir auprès de nous un si sage représentant de Dieu. Tout ce qu'il fait tourne toujours au profit de la paroisse. Ce nouveau cimetière est déjà payé. La vente du presbytère a permis de défrayer les coûts du nouveau, et nos garçons auront leur école sans que la paroisse s'endette. Monsieur le curé est vraiment un homme habile et il a toute mon admiration.

Aimé approuva les propos du docteur, mais non sans manquer d'ajouter :

— Tout est bien qui, je l'espère, finira bien.

Le docteur s'étonna :

— Pourquoi dis-tu “je l’espère” ? Tu crains que les choses tournent mal ?

— Les morts irlandais et écossais ne sont pas encore déménagés.

— Tu n’as pas à t’inquiéter, monsieur le curé a prévu le coup. Il y aura des policiers jeudi quand ce sera leur tour de faire un dernier voyage. Les Écossais et les Irlandais auront eu le temps de voir avec quel respect monsieur le curé traite les morts, si bien qu’ils n’auront plus rien à redire. Et s’ils veulent faire du grabuge, nos policiers sauront bien les calmer.

Aimé, ayant passé son message et obtenu sa réponse, se contenta de laisser tomber :

— Espérons-le, docteur, espérons-le !

Le docteur commenta :

— Tu ne sembles pas convaincu, Aimé. On gage qu’il ne se passera rien ? Dix cents si tu as raison, dix cents si c’est moi.

— Dix cents pour vous, ça n’est pas grand-chose. Pour moi, c’est la traversée d’une voiture. Voilà pourquoi je m’abstiens toujours de gager.

Il souleva sa casquette, fit monter un nuage de fumée de sa pipe et conclut en manière d’excuse :

— Il faut que j’y aille, Élise m’attend pour dîner.

— Dans ce cas, bon appétit, répondit le docteur en le regardant avec des yeux moqueurs.

Les craintes d’Aimé se révélèrent vaines. Il y eut bien, le jeudi, un rassemblement d’Irlandais et d’Écossais près du vieux cimetière, mais le chef de police n’eut pas à intervenir. Ils se contentèrent, sans plus, d’assister au déménagement de leurs morts. Il n’y avait pas lieu de s’en surprendre. Ils avaient eu le temps de voir comment s’était déroulée cette opération les jours précédents et le curé leur avait assuré que leurs morts subiraient le même traitement. Ils accompagnèrent les dépouilles jusqu'au nouveau cimetière et se retirèrent en bon ordre. Le docteur regretta qu'Aimé ait refusé de gager.

Chapitre 31

Une nouvelle venue

La débâcle avait emporté les glaces non sans faire quelques dégâts à Drummond. Des blocs étaient entrés dans le moulin à farine, dans la manufacture de laine et celle de haches, n'y causant fort heureusement pas trop de dommages. Avec l'arrivée de l'été, la rivière avait repris son débit normal. Aimé pouvait accomplir son ouvrage. Quelques personnes désireuses de se rendre à Drummond attendaient avec impatience sur la rive opposée. Elles faisaient sonner la cloche à toute volée pour signaler leur présence. Aimé leur fit signe qu'il traversait les chercher. Il ne fut pas étonné de compter l'Ermite parmi elles. Il savait qu'il le reverrait à l'heure du souper.

L'Ermite arrêta d'ailleurs afin de prévenir Élise de sa présence pour le repas du soir :

— Je fais mes commissions, madame Aimé. Je vais ensuite voir ce que deviennent nos morts et si le château de monsieur le curé est commencé. Avant de repartir, j'arrêterai manger.

— Les enfants seront heureux de vous voir.

Élise disait cela par politesse, car les deux plus jeunes, Vianney et Francesca, le craignaient. Dans leur petit monde, ils avaient peur de deux personnages : l'Ermite et l'infirme de la famille Barnabé. Ils avaient prêté l'oreille à ce que les autres enfants colportaient à l'école. L'Ermite, selon la rumeur, gardait chez lui des enfants et les torturait. On les entendait hurler, le soir, quand on passait non loin de son île. Quant au monstre des Barnabé, si on croisait son regard, on risquait de devenir infirme à son tour pour le reste de ses jours.

Ils avaient eu maintes occasions de voir et d'entendre l'Ermite. Ils se rendaient bien compte que cet homme n'avait pas plus de méchanceté que les autres, seulement ils n'osaient pas contredire les autres élèves à son sujet. Cependant, ils croyaient toujours dur comme fer à ce qu'on racontait à propos du monstre des Barnabé.

Francesca provoquait Vianney à ce sujet.

— T'es pas *game* d'aller voir le monstre et de me dire de quoi il a l'air…

— Pourquoi j'irais ?

— Dis-le ! Dis-le ! T'as peur !

— Vas-y toi-même !

La discussion s'arrêtait là, jusqu'à ce qu'ils aient l'occasion de passer rue Lowring, non loin de chez les Barnabé. Francesca défiait son frère. Il osait bien tenter de voir par la fenêtre en passant, mais sans succès, et le monstre demeurait aussi mystérieux que l'idée qu'il s'en forgeait.

Ce jour-là, comme chaque fois que l'Ermite arrêtait à la maison, Guillaume se fit un devoir d'en connaître plus sur ce qu'avait été la vie de cet homme solitaire. Il lui fit raconter un autre bout de son histoire. Cette fois, il lui demanda :

— Pourquoi n'êtes-vous pas resté à L'Avenir ?

L'Ermite mastiqua puis avala un morceau de poulet avant de répondre. On voyait qu'il réfléchissait sérieusement à ce qu'il allait dire.

— Tout allait pour le mieux au début. Mon voisin Isidore avait tenu à ce que je m'établisse au plus tôt sur ma terre. Il m'aidait dans à peu près tout ce que je faisais. Il en profitait pour me raconter sa vie. Il m'apprit que sa femme était une Lafleur et que sa mère n'avait rien qu'une idée en tête, donner des noms de fleurs à ses enfants. Elle s'est vite rendu compte qu'avec les garçons – elle en a eu trois –, ce n'était pas facile d'en trouver. Le premier, elle l'appela Narcisse, le second Jasmin et le troisième Laurier. Elle eut ensuite quatre filles de suite. Elles furent baptisées sous les prénoms de Rose, Marguerite, Jacinthe et Anémone. Ça faisait un beau bouquet.

« Anémone, c'était bien la première fois que j'entendais ce nom. J'en fis part à Isidore. Il m'assura qu'il s'agissait d'une fleur très rare, et que c'est elle qu'il avait épousée. Il ajouta : "Tu vas voir quand tu vas venir à la maison que c'est un beau brin de femme. Des quatre c'était la plus belle et c'est moi qui l'ai eue."

« L'automne approchait. Il fallait que je me chauffe pour l'hiver. Je me procurai un baril en fer et le fis transformer par le forgeron Prosper Descoteaux, pour en faire une truie. Au magasin général, j'achetai des tuyaux pour la cheminée. J'allai m'enquérir où je pourrais me procurer de l'étoupe pour calfeutrer les murs de mon campe. On me conseilla d'aller à Sorel, là où on fabrique des chaloupes. En attendant, pour les rendre plus étanches, je bouchai les fentes avec de la mousse. C'est de même que je pus passer mon premier hiver.

« Le printemps arriva. J'étais devenu bien ami avec Isidore qui pestait contre les braconniers. Il faut dire que je n'avais rien entrepris pour les dissuader de venir chasser sur ma terre. J'avais trop d'autres choses à faire. Puis arriva le malheur dont vous avez sans doute entendu parler. Mon voisin Isidore fut tué par un coup de feu accidentel au moment où il nettoyait sa carabine. La pauvre Anémone tomba veuve très jeune. Je l'aidai du mieux que je pus. Elle songeait à retourner chez ses parents à Saint-Eugène. Moi, je m'entendais bien avec elle, mais je voyais que quelque chose la tracassait.

«Un beau matin, Aurélien Morrissette, le braconnier, arriva chez moi, armé comme toujours. Il semblait énervé. Je lui demandai: “Quelque chose ne va pas?” Il me répondit, en me menaçant de son arme: “T'as tenté de me voler ma *trail* de chasse. — J'ai rien volé, j'ai simplement acheté la terre. — Tu vois que ça ne m'empêche pas de tuer les chevreuils que je veux. Dis-toi ben que tu me voleras pas mon Anémone!”

«Je fus l'homme le plus étonné du monde d'apprendre qu'il avait idée de se marier avec Anémone. Avec lui, tout marchait au bout de la carabine. Je continuai à fréquenter Anémone. Un bon jour que j'avais eu affaire à Drummond, et que j'en revenais, j'arrivai à mon campe que je trouvai en ruine. Quelqu'un y avait mis le feu. Je ne fus pas long à supposer qui ça pouvait être. Sauf que je n'avais aucune preuve, alors comment l'accuser? N'ayant nulle part où aller, je me dirigeai tout naturellement chez Anémone. Aurélien y était. Il me reçut, carabine en main, et m'avertit: “Si tu tiens à la vie, disparais d'icitte.” J'eus beau me plaindre à la police, rien à faire. Voilà pourquoi j'ai abandonné ma terre et, comme vous le savez, je vis seul sur mon île en bas d'ici.»

Selon son habitude, l'Ermite mit là-dessus un terme à son récit. Guillaume étant habitué à cette lubie, il n'insista donc pas pour faire resurgir le passé de cet homme solitaire. Il lui demanda toutefois:

— Si j'allais vous voir, m'apprendriez-vous à piéger la loutre et le vison et surtout à dépecer les dépouilles et à les tendre pour en faire de belles fourrures ?

— Songerais-tu à devenir trappeur ?

Guillaume ne se défila pas :

— Ça me plairait beaucoup.

— Dans ce cas-là, si jamais tu viens me voir sur mon île, je te montrerai volontiers. Ne va pas croire cependant que c'est facile.

Guillaume, qui rêvait d'une vie en plein air, avoua :

— Je suis prêt à tout pour cesser d'être enfermé tous les jours derrière un comptoir.

Denise se mit à ricaner. Guillaume, vexé, lui demanda vivement :

— Qu'est-ce qui te fait rire de même ?

— Guillaume Courchesne ne devait-il pas devenir propriétaire du magasin général ?

— J'ai jamais dit ça !

— Serais-tu en train de perdre la mémoire ?

— Allons, intervint Élise. Laisse ton frère tranquille. Il a le droit de changer d'idée.

S'adressant à l'Ermite, elle lui demanda :

— Y a-t-il moyen de gagner sa vie juste en trappant ?

En se levant de table, car il devait partir, l'Ermite répondit :

— Quelqu'un de vaillant vit amplement de ses chasses.

Une surprise les attendait tous quand Aimé revint de la traverse. Il ramenait une petite fille qui semblait être perdue. On estimait qu'elle était âgée de six à sept ans.

Il l'avait trouvée seule, assise sur le sable de la berge, pleurant toutes les larmes de son corps. Le soleil avait disparu derrière l'horizon et la brunante s'installait en même temps que tous les bruits du soir. Aimé s'apprêtait à ramener son bac du côté de Drummond. Il pensait que quelqu'un viendrait chercher l'enfant, mais personne ne se manifesta. Après avoir demandé à la petite, sans obtenir de réponse, si elle attendait ses parents, il décida de la ramener avec lui. Il arriva avec elle à la maison. Ce n'est que lorsque Élise lui demanda son nom qu'elle murmura « Victoire ». Il n'y eut pas moyen de connaître son nom de famille ni de savoir d'où elle venait. Après qu'elle eut avalé un gros souper, Denise l'installa avec elle dans sa chambre.

— Nous verrons demain ce qu'on en fera, conclut Aimé.

— Monsieur le curé devrait nous aider à savoir qui elle est, commenta Élise.

Le lendemain, personne ne vint la réclamer du côté de la traverse. Le curé assura qu'il ferait enquête auprès des paroissiens et de ses confrères pour tenter d'obtenir des informations sur cette enfant. En attendant, il demanda à Aimé et Élise de bien vouloir la garder. C'est ainsi que Victoire entra dans leur vie.

Chapitre 32

Le presbytère de monsieur le curé

Ce qui fit le plus jaser cet été-là fut la construction du nouveau presbytère. Aimé en entendit parler par l'hôtelier Joseph Boisvert qui, un beau jour, prit la traverse. À Aimé qui lui demandait s'il y avait du nouveau dans sa vie, il répondit spontanément :

— Dans la mienne, c'est du pareil au même. Un peu toujours la même routine avec les clients. Les affaires vont au ralenti. On ne peut pas dire la même chose de la vie de notre cher curé.

En l'entendant parler de la sorte, Aimé se rappela que tout n'allait pas comme sur des roulettes entre lui et le curé. D'ordinaire, un hôtelier et un curé ne partagent pas les mêmes repas, tout bonnement parce qu'ils ne poursuivent pas les mêmes buts. Le curé s'occupe du bien-être des âmes, tandis que le plus grand souci de l'hôtelier est celui des corps. Voulant en apprendre plus, Aimé lui demanda :

— Qu'est-ce qu'il mijote encore, celui-là ?

— Tu en as entendu parler comme nous autres. Il a vendu son presbytère.

— Bien sûr ! Aux commissaires, comme il l'avait dit.

— Aux commissaires en effet, pour en faire l'école des garçons. Il dit, et pour une fois je suis d'accord avec lui, que c'est une honte que les garçons n'aient pas encore d'école alors que les filles ont leur couvent depuis bien proche dix ans et qu'il va être agrandi.

— Ça, je le sais tout comme toi.

— Ouais ! Les sœurs veulent accueillir plus de pensionnaires. Là où je ne suis pas d'accord, c'est qu'il va nous quêter pour payer l'agrandissement. Tu verras…

— Ça ne sera pas nouveau. Qui t'a parlé de ça ?

— Un des Gauthier qui a été approché pour la construction. Il paraît que ça va être toute une bâtisse à deux étages.

Ils en étaient là dans leurs échanges quand le courant plus rapide se fit sentir sur le flanc du bac. Le cheval de l'hôtelier piaffa. Il le calma. Aimé, lui, alla jeter un coup d'œil afin de s'assurer que tout allait bien. Il revint aux nouvelles. Joseph lui confia :

— Parlant du curé, tu sais qu'il a des problèmes avec notre cher Carré.

— Alphonse ?

— Il devrait s'appeler Il défonce… Il a tenu tête au curé.

— À propos de quoi ?

— Son banc à l'église. Il a attendu à la dernière minute pour en payer la location. Entre-temps, monsieur le curé l'avait loué à un autre. Quand Alphonse a appris ça, il a décidé de faire un procès au curé. Il a tenté d'engager deux avocats qui ont refusé. Monsieur le curé est allé voir Berthiaume à qui il l'avait loué afin de lui demander s'il accepterait de le redonner à Carré. Pour éviter que ça tourne au vinaigre, Berthiaume a renoncé au banc.

De nouveau, Aimé fut appelé à faire une manœuvre pour que le bac poursuive correctement son chemin. Joseph descendit de sa voiture et le suivit. Aimé lui rappela :

— Pour en revenir à ce que tu disais, combien penses-tu que le presbytère a été vendu ?

— J'ai voulu le savoir par Caya. Il n'a pas voulu me le dire, mais moi, je l'ai appris par Gauthier. Il l'a vendu mille cinq cents piastres.

— Oh là là ! C'est pas donné.

— Pourquoi tu penses ? Avec cet argent-là, il va se faire construire un autre presbytère.

— C'est bien vrai, il a parlé d'un autre presbytère qu'il va mettre sur l'emplacement de l'ancien cimetière. Son affaire était toute calculée. Ce n'est pas pour rien qu'il a fait déménager les morts.

Aimé se mit à rire avant d'ajouter :

— Ça c'est notre curé. Il pense à tout. Il a bien combiné son affaire.

— Si je me fie à ce que m'a appris Gauthier, ça va être tout un presbytère. J'aurais plutôt envie de dire un château. Je suis certain qu'il va lui coûter plus que deux mille piastres. Tu vas voir, il va le faire plus grand que l'autre. N'oublie pas qu'il y garde sa mère et une de ses sœurs infirme.

— Je veux ben, mais avec le vicaire, ils seront toujours ben rien que quatre à habiter là. Deux mille piastres, j'en reviens pas. C'est de l'argent en titi !

— Il n'y a rien de trop beau pour le représentant du bon Dieu, ç'a l'air...

— Entre nous, Joseph, il faut admettre qu'il le mérite bien. Il se démène en pas pour rire, les messes, le catéchisme, le nouveau cimetière, le déménagement des morts, l'agrandissement du couvent, l'entretien de l'église, pis là, la construction de son nouveau presbytère, sans compter toutes les visites qu'il reçoit. Il y a toujours d'autres curés de passage. Pour moi, c'est pour ça qu'il fait construire un si gros presbytère.

Le bac touchait presque l'autre rive. Dès qu'il fut à quai, Aimé l'assura au moyen d'un câble et de deux amarres. L'hôtelier fit descendre sa voiture. Trois voyageurs à pied y montèrent, suivis de deux hommes avec cheval et équipage. Joseph souleva son chapeau pour saluer Aimé.

— À la r'voyure, lança-t-il tout en fouettant le dos de son cheval. J'en aurai d'autres à te conter.

Aimé ne tarda pas à se servir du treuil afin de forcer le bac à quitter la rive. Il était heureux. Les affaires allaient bien. Il avait hâte de rapporter à Élise ce qu'il venait d'apprendre. Quand il l'en informa, elle s'exclama :

— Je suis bien contente pour monsieur le curé. On est bien chanceux d'avoir un si bon prêtre. Il n'y a rien qu'il ne fait pas pour nous. Tu vois, dimanche à trois heures, il y aura la procession du Saint-Sacrement. J'espère que tu vas venir. Tu n'auras qu'à fermer la traverse pour une heure. Les gens vont comprendre. Oh, à propos, j'ai été faire une commission rue Heriot. Tu devrais voir le reposoir devant la maison d'Auguste Boucher. C'est de toute beauté. Il y a des banderoles de couleurs, des lampions, des cierges, des fleurs. Ça va être toute une fête !

Aimé la laissa s'enthousiasmer. Il n'était pas très friand des processions et d'un peu tout ce qui touchait les célébrations à l'église ou dans les rues du village. Il allait lui certifier qu'il ferait son possible pour suivre la procession, quand la cloche de l'église fit entendre le glas. Il compta les coups et murmura, comme s'il se parlait à lui-même :

— Qui est mort ?

Élise répondit :

— Je le sais ben pas. J'avais pas entendu dire que quelqu'un était mourant.

— Moi non plus...

Aimé dîna. Sans tarder, il entreprit une traversée. Il n'y avait que deux passagers à pied. Il les mena de l'autre côté en barque. En revenant, il ramena une jeune femme. Elle lui apprit qu'elle s'en allait au chevet de son grand-père gravement malade. Aimé lui glissa doucement :

— Je ne veux pas vous faire de peine, mais tout à l'heure on a sonné le glas et c'était celui d'un homme. Souhaitons qu'il ne s'agissait pas de votre grand-père.

— Vous savez, si c'est lui, personne ne va s'en plaindre. Pour ma part, je le connais à peine. Mes parents m'ont dit que, tout jeune, il était déjà détestable, imaginez-vous en vieillissant... Ma sœur, qui le garde, va être délivrée.

— Si vous le prenez d'même, tant mieux, approuva Aimé.

Au moment où il accostait au débarcadère, il crut apercevoir du coin de l'œil un billot dévalant la chute. Sa passagère sauta sur la berge et le gratifia d'un large sourire. Il le lui rendit en songeant qu'il avait la chance d'exercer le plus beau métier du monde. En se retournant pour ranger ses rames, il sursauta. Le corps d'un noyé flottait au bas de la chute. Il laissa dériver son embarcation, saisit le grappin qu'il y gardait en tout temps et ramena la dépouille jusqu'au bord. S'assurant que le courant ne risquait pas de l'emporter, il courut jusque chez le docteur Bérard. Heureusement, il était chez lui. Quelque peu secoué, Aimé l'informa :

— J'ai trouvé un noyé.

Le docteur appela son domestique :

— Georges-Aimé, amène-toi !

Ils partirent tous les trois en vitesse vers la traverse. Le praticien s'enquit :

— Tu sais de qui il s'agit ?

— Non. Pour moi c'est un inconnu.

— Un jeune ou un vieux ?

— Un jeune, si j'ai bien vu. Je l'ai laissé tourné sur le ventre.

Arrivé au bord de l'eau, le médecin se pencha, attrapa un pied du noyé, se fit aider par son domestique pour tirer le cadavre sur la rive et, dans la même manœuvre, ils le retournèrent sur le dos.

— Dieu du ciel ! s'écria le docteur Bérard. C'est Olivier Bessette, un travailleur à la tannerie. Il a deux jeunes enfants. En plus, sa femme en attend un troisième. Il faut avertir monsieur le curé au plus coupant.

Se tournant vers son domestique, il lui commanda :

— Cours au presbytère ! En même temps, avertis Gédéon Prince, qu'il s'amène avec d'autres chercher le corps.

Pendant tout ce temps, Aimé était resté à côté, les bras ballants. Il avait peur des morts. Le docteur vit qu'il était pâle. Il lui conseilla :

— Rentre chez toi, Aimé. Prends un p'tit remontant. Gédéon ira te voir pour que tu lui racontes comment tu l'as trouvé.

Quelques minutes plus tard, une délégation conduite par le chef de police arrivait avec cheval et charrette. Ils hissèrent le corps dans la voiture. Par la fenêtre, Élise les regarda gagner la rue Heriot. Un peu plus tard, Gédéon Prince vint se faire raconter par Aimé les détails de sa découverte.

— Y a pas long à dire, avança Aimé. Je finissais ma traversée quand je l'ai vu dévaler la chute. Avec mon grappin, je l'ai ramené au bord. La suite, vous la connaissez.

— Tu as fait ton devoir, Aimé. Je t'en félicite. Tu nous as épargné sans doute de longues recherches. Monsieur le curé est allé prévenir la veuve. Le glas ne tardera pas à sonner. Des choses de même ne devraient pas arriver. Personne, surtout pas un père de jeunes enfants, ne devrait mourir ainsi.

— La volonté de Dieu n'est pas la nôtre, glissa Élise.

— Rien n'empêche, madame Aimé, que parfois elle est bien mystérieuse.

Chapitre 33

Une bonne frousse pour Vianney et Francesca

Le premier novembre, on célébrait à l'église la Toussaint. Ce jour-là, on honorait tous les saints du ciel, connus ou inconnus et non seulement la vedette la Vierge Marie. Même si l'école était commencée, c'était une occasion rêvée pour conduire les élèves, filles et garçons, à l'église pour une messe solennelle. Le curé Marchand en profitait pour rappeler que durant son passage sur la terre, tout être humain devait s'efforcer de pratiquer les vertus qui menaient à la sainteté – et en particulier la pureté.

Il ne manqua pas, comme il le faisait toujours, de rappeler que si on célébrait ce jour-là les saints et les saintes, le lendemain serait de nouveau une fête importante, celle des morts. « Si vous avez des membres de votre famille qui reposent au cimetière, vous ne devez pas oublier de les fêter en leur rendant visite et en déposant des fleurs sur leur tombe. »

Les paroles du curé n'étaient pas tombées dans le vide, car le lendemain, Vianney et Francesca décidèrent de se rendre au cimetière déposer des fleurs sur la tombe de leur grand-mère Démérise. Dès leur retour de l'école, ils demandèrent à leur mère s'ils pourraient se rendre au cimetière.

— À cause de la fête des Morts ?

— Oui, m'man ! répondit Francesca. Monsieur le curé a bien expliqué que nous devons penser aujourd'hui à ceux qui sont morts.

Vianney ajouta :

— Francesca et moi on voudrait aller prier sur la tombe de grand-mère et lui apporter des fleurs.

— Où allez-vous prendre vos fleurs ?

— Au bord de la rivière. Il y en a des grandes mauves. Ça ferait un beau bouquet.

— M'man, je t'en supplie, s'empressa d'ajouter Francesca, pourrait-on mettre dans notre bouquet un ou deux glaïeuls ?

Leur mère en avait planté le long de la maison. Avec les pivoines, plus tôt au printemps, c'étaient les seules fleurs qu'elle cultivait avec des géraniums rapportés des États-Unis par l'oncle Louis lors de sa visite il y avait quelques années. Élise était parvenue de peine et de misère à les conserver en pots qu'elle mettait à la cave l'hiver pour leur éviter de geler. Ils remplissaient l'air d'une odeur poivrée.

— On verra après souper, promit Élise, si vous avez bien fait vos devoirs et bien appris vos leçons.

Ils eurent à patienter, car leur père, comme c'était souvent le cas, fit une traversée à l'heure du souper. Ils l'attendirent pour se mettre à table, si bien que l'heure avançait et qu'il faudrait vite courir au cimetière. Francesca renouvela leur demande. Ils avaient expédié devoirs et leçons en un temps record. En attendant leur père pour souper, ils avaient cueilli des fleurs en y joignant deux glaïeuls. Leur mère leur permit de se rendre au cimetière à une condition :

— Vous faites une prière, vous déposez vos fleurs sur la tombe de grand-maman et vous revenez tout de suite.

Vianney demanda à Denise si elle voulait les accompagner.

— Je n'ai pas le temps, allez-y tout seuls.

Le cimetière n'était pas tout à côté, ils partirent sans plus attendre au moment où le soleil descendait sur l'horizon et que la rivière, dans chaque pli du courant, montrait des feux orangés. Ils coururent pour se rendre à la rue du Couvent qu'ils parcoururent d'un bon pas dans la direction du cimetière. Quand ils y arrivèrent, la brunante tombait. Ils eurent du mal à trouver la tombe de la grand-mère. Le cimetière avait été fréquenté tout au long de la journée. Plusieurs tombes étaient couvertes de fleurs.

Pas trop rassurés de se retrouver là au moment où la nuit tombait, ils firent une courte prière. Comme ils déposaient leurs fleurs, un coup de vent fit frémir les feuilles des arbres. Ils entendirent nettement une plainte qui les figea sur place tout en leur donnant la chair de poule. Une seconde plainte se fit entendre. Ils déguerpirent en hurlant. Comme ils sortaient du cimetière, ils entendirent un grand rire qui leur glaça le sang. Ils prirent leurs jambes à leur cou et, à bout de souffle, n'arrêtèrent de courir que lorsque apparurent les premières lueurs des lampadaires du village. Ils continuèrent à marcher vivement et ne se sentirent vraiment en sécurité qu'une fois devant le couvent.

L'obscurité était maintenant totale. Heureusement, la lune venait de se lever. Elle éclairait d'argent le faîte des arbres. Derrière chaque ombre dans la rue, ils croyaient voir apparaître un fantôme. Un hibou ulula. Ce fut pour eux le signal d'une seconde course dont ils sortirent essoufflés en pleine rue Heriot, devenue pour eux le symbole même de la sécurité. Ils arrivèrent tremblants à la maison. Quand leur mère leur demanda si tout s'était bien passé, ils se mirent à parler tous les deux en même temps, si bien qu'elle ne comprit rien de leur charabia. Se rendant compte qu'ils étaient très énervés, elle les pria :

— Calmez-vous ! Allez-y un à la fois.

— Un fantôme nous a couru après, affirma Francesca.

— Pas seulement un, deux ou trois ! renchérit Vianney.

— Les avez-vous vus ?

— Non, on les entendait souffler derrière nous, par exemple.

— Un fantôme ne souffle pas.

— Si c'était pas des fantômes, c'était un mort.

— Les morts ne bougent pas.

Pendant qu'ils racontaient leur aventure, Denise s'approcha. Elle les taquina en les traitant de peureux. Leur mère leur révéla que chaque année des farceurs profitaient de ce jour des Morts pour faire peur aux vivants.

— Votre peur, conclut-elle, c'est vous qui l'avez inventée.

Chapitre 34

Les amours de Georgiana

Le temps filait, et décembre était arrivé. L'hiver semblait avoir figé la vie dans les glaces de la rivière. Les jours passaient et se ressemblaient tous. Aimé était allé rendre visite à son ami Basile avant de gagner les chantiers. Il semblait à Élise que rien ne changeait. Georgiana ne donnait pas souvent de ses nouvelles. Les enfants grandissaient et on ne s'en rendait compte que lorsque leurs pantalons et leurs souliers devenaient trop petits. Sa mère vieillissait, mais elle semblait éternelle. Les fêtes allaient passer. Est-ce qu'Aimé leur ferait la surprise de venir pour le jour de l'An ?

Georgiana, tout au fond de son école, profitait bien de la vie. Elle n'avait pas fermé la porte à son Roméo, réapparu avec le début des classes. Il ne manquait pas de la visiter en cachette une ou deux fois par semaine, le soir de préférence, au moment où la fatigue la gagnait et où elle était plus vulnérable. Combien de fois ne lui avait-il pas volé un baiser ? Si elle aimait ses visites, elle restait toujours sur la défensive et se montrait constamment sur le qui-vive chaque fois qu'il mettait les pieds dans l'école. Il lui assurait avoir pris toutes les précautions nécessaires. Personne ne l'avait vu entrer et personne ne le verrait sortir. Il la faisait raconter les péripéties de ses dernières journées qui se ressemblaient toutes. Il l'écoutait avec patience, évitant de la sorte de répondre trop longuement à ses questions, car elle voulait tout savoir de lui.

À la longue, elle avait fini par apprendre – et cette fois cela semblait vrai – qu'il avait perdu sa mère lorsqu'il n'avait que quatre ans et que son père s'était remarié à une femme presque deux fois plus jeune que lui. Elle lui avait fait d'autres enfants. Sa belle-mère était devenue si impatiente avec lui qu'il avait fini, à seize ans, par quitter la maison. Il avait gagné les chantiers, mais n'avait jamais plus remis les pieds chez lui. Il se trouvait bien du côté de L'Avenir à travailler dans les chantiers l'hiver et comme menuisier le reste du temps. La construction d'une maison n'avait plus de secrets pour lui. Si Georgiana devenait un jour sa femme, elle était assurée de vivre sous un bon toit. Il possédait un bout de terre au village. Ils s'établiraient là et auraient tous les enfants qu'elle désirerait.

Georgiana avait parfois l'impression qu'il était au fond un grand parleur, car dès qu'elle voulait creuser davantage son passé, il lui racontait des histoires plus ou moins vraisemblables. Se pouvait-il qu'il en ait tant fait ? À l'entendre, il était bon en tout. Quand il venait le dimanche, il l'emmenait derrière l'école à travers le bois jusqu'à la lisière des champs et avait toujours quelque chose à lui montrer. Elle savait qu'il tirait de la carabine comme pas un. Le dimanche où il lui en avait fait la démonstration, elle eut bien peur que les coups de feu n'attirent l'attention des voisins sur eux. Il s'était servi de cette excuse pour l'emmener dans le bois jusqu'à un abri qu'il avait fabriqué et où ils s'étaient terrés en attendant que les voisins ne soient plus alarmés. Sous prétexte de la garder au chaud, il en avait profité pour la serrer étroitement dans ses bras d'abord, l'embrasser à qui mieux mieux ensuite, et finalement, une fois ses dernières résistances vaincues, lui faire l'amour. À un point tel qu'elle lui en avait fait le reproche, si bien qu'il laissa passer un dimanche avant de revenir la voir en lui apportant en cadeau un petit bracelet de cuir.

Elle se mit à espérer le voir le plus souvent possible. Il ne fut pas long à comprendre que sans se l'avouer, elle l'aimait. Un beau dimanche, Roméo intrigua Georgiana en lui affirmant qu'elle allait vivre une expérience singulière. Il était arrivé au milieu de l'après-midi, porteur d'une petite boîte de carton. Georgiana voulut savoir ce qu'elle contenait. Il assura qu'il s'agissait d'une surprise. Il l'emmena au-delà du bois qu'ils longèrent sur plus d'un mille, puis, s'arrêtant, il la pria de s'asseoir sur un arbre tombé et d'une voix invitante déclara : « Madame, vous allez assister à un des plus beaux spectacles de la nature. »

Le champ immaculé s'étendait devant eux comme un linceul. À une centaine de pieds de l'orée du bois, un orme se dressait. Georgiana avait remarqué que Roméo avait longuement scruté le faîte de cet arbre. Satisfait, il ouvrit la boîte et en laissa sortir une souris qu'il chassa vers le champ. Georgiana regarda la petite bête s'éloigner pour ne devenir bientôt qu'un point noir qu'elle allait perdre de vue quand dans les airs surgit un oiseau qui, en moins de deux, en fit sa proie. Roméo exultait. Il s'écria : « Bingo ! » Peinée pour la souris et tout ébranlée, Georgiana demanda :

— Quelle sorte d'oiseau était-ce ?

— Un hibou blanc.

— Comment savais-tu qu'il allait venir ?

— Tu ne l'as pas remarqué, perché dans le haut de l'orme ?

L'expérience ne lui avait pas beaucoup plu. Elle protesta :

— Pauvre petite bête, elle n'avait aucune chance.

— C'est la loi de la nature ! S'il veut vivre, il faut bien que cet oiseau mange.

— J'aurais aimé mieux ne pas voir ça.

— Tu n'as pas aimé ? Moi qui voulais te faire plaisir…

La voyant bouleversée, il la prit dans ses bras et la couvrit de baisers.

— Allons, allons, ma mie, ne sois pas triste. Tu n'es pas heureuse que je sois là ?

— Je le suis, mais…

— Oublie ça ! Profitons bien de ce dimanche, car nous ne nous reverrons pas avant un mois, sinon plus.

— Tu dois t'absenter si longtemps ?

— Je pars en voyage d'affaires.

Il se rendit compte que ce qu'il venait de dire l'accablait davantage. Il l'invita :

— Retournons vite à l'école pour profiter, à la chaleur d'un bon feu, du peu de temps qu'il nous reste avant que je te quitte.

Au retour, tout le long du chemin, il la soutint comme un enfant perdu qu'on vient tout juste de retrouver. Elle avait besoin de le sentir tout près d'elle pour éviter de se rappeler qu'elle passerait seule les prochains dimanches. Elle mesurait du même coup la place qu'il tenait dans son cœur.

Arrivés à l'école, Roméo installa Georgiana sur une chaise près du poêle. Il étendit par terre la peau de mouton dont elle se servait pour tenir ses pieds au chaud. Il se tint derrière elle en lui parlant doucement tout en lui donnant des petits baisers dans le cou. Voyant qu'elle ne réagissait pas, il continua son manège tout en laissant ses mains descendre sur ses seins. Comme elle ne protestait pas, il s'enhardit et se mit à déboutonner le haut de sa robe. Il en profita pour l'embrasser avec passion. Vaincue, elle répondit à son étreinte et se mit à gémir sous ses caresses. Il en profita pour la faire glisser de sa chaise sur la peau de mouton. Ses mains coururent sur ses seins puis s'activèrent sur ses hanches et le long de ses cuisses. Elle s'abandonna. Il la sentit frémir sous lui quand il la pénétra. Elle laissa entendre une légère plainte comme un animal blessé. Il ne mit guère de temps à jouir et se retira d'elle sans plus. Ils restèrent un moment étendus sur le plancher. Elle se cramponna à lui en quête de caresses, mais il la repoussa sous prétexte que la nuit venait et qu'il devait partir. Quand il passa la porte, elle était encore étendue sur le plancher et pleurait doucement.

Chapitre 35

Guillaume se fait rêveur

Guillaume devait au hasard des circonstances d'avoir travaillé d'abord à la traverse avec son père et maintenant au magasin général de monsieur Murphy. Pourtant, quand il était plus jeune, il ne se voyait pas du tout à l'ouvrage dans un endroit fixe. Il rêvait de gagner sa vie en parcourant le pays. Il s'imaginait facilement vendeur itinérant comme il en avait vu souvent à la traverse. Un jour où il marchait rue Heriot, son attention fut attirée par un grand monsieur bien mis, aux traits fins et arborant une moustache d'aristocrate. Il n'avait pas l'air d'un marchand. Guillaume pensa qu'il pouvait s'agir d'un instituteur. Pour en avoir le cœur net, il s'approcha et le salua.

— Bonjour monsieur ! Excusez mon audace, mais depuis que je vous ai vu, j'essaie de deviner quel est votre métier.

L'homme esquissa un sourire.

— Je vois que tu es curieux. C'est bon signe. Tu te débrouilleras dans la vie. Et quel métier penses-tu que je pratique ?

— Seriez-vous instituteur ?

— Dieu m'en garde ! Je ne me vois pas tous les jours dans une petite école à rabâcher la même chose d'une année à l'autre.

— Ne seriez-vous pas vendeur de montres, ou horloger ?

— Ce métier se rapproche en effet de celui qui est le mien. Toutefois, même si tu tentais de deviner, je crois bien que tu n'y parviendrais jamais, parce que je pratique un métier extrêmement rare.

Ne s'avouant pas vaincu, Guillaume lui demanda s'il ne travaillait pas dans un cirque.

— Allons donc ! Que penses-tu que j'y ferais ?

— Je vous verrais marcher sur un fil.

Ses yeux semblèrent se rétrécir et il éclata de rire, montrant des dents très blanches, soignées comme le reste de sa personne.

— Moi, funambule ! Pourquoi pas clown ?

Ses rires redoublèrent. Il portait une valise d'assez bonne dimension. Guillaume tenta d'imaginer ce qu'il pouvait bien y transporter. L'homme avait remarqué qu'il s'intéressait à ses bagages, ce qui le fit s'esclaffer de nouveau.

— Je vois que tu es intrigué par ce que j'apporte. Ne sois pas inquiet. Il n'y a pas de squelette dans ma valise. Tout au plus quelques outils fort utiles pour ce à quoi je m'adonne.

— Des outils ! s'exclama Guillaume. Vous êtes donc menuisier ou charpentier ?

— Oh ! Tu es loin de deviner, tu ne brûles même pas. Si je te disais le mot « église », que crois-tu qu'on doive parfois y réparer ?

Il repassa rapidement ce qui, dans une église, demandait une réparation.

— Êtes-vous serrurier ?

— Il est vrai que dans une église, il peut y avoir des serrures détraquées, mais ce que je fais est bien loin de ça.

Guillaume avait beau se creuser la tête, il ne voyait pas du tout ce que pouvait bien être le métier de cet homme. Il n'y avait pourtant pas tellement de choses qui, dans une église, nécessitaient des réparations. Le voyant chercher vainement, l'homme lui dit :

— Quand bien même tu cogiterais encore des heures durant, je crois bien que tu ne pourras pas deviner. Donnes-tu ta langue au chat ?

Guillaume acquiesça d'un signe de tête.

— Je répare les orgues. Comme il y en a très peu dignes de ce nom dans nos églises, j'ai rarement l'occasion de travailler. Il me faut gagner ma vie autrement. Je me suis transformé en accordeur de piano, ce qui me permet d'avoir accès aux plus belles maisons des villes où me mènent mes pas. C'est un métier fort agréable.

— Comment vous faites-vous connaître ?

— Les petites annonces dans les journaux.

— Qu'est-ce qui vous a amené à Drummond ?

— Une demande du docteur Bérard. Sa fille se plaignait depuis quelque temps que leur piano était mal accordé. Je venais de faire paraître une annonce dans le journal de Trois-Rivières.

Il tira de sa poche une enveloppe et en sortit une coupure qu'il lui tendit. On y lisait :

Monsieur Omer Landreville, accordeur de piano, a le plaisir de vous annoncer sa présence dans vos murs. C'est l'occasion rêvée de faire accorder votre instrument pour qu'il cesse de donner des fausses notes. Soyez assuré que je porterai une attention toute particulière à l'exercice de mon métier pour vous donner une entière satisfaction. On peut me joindre au 170, rue Notre-Dame, tout aussi longtemps que je pourrai exercer ici mon métier.

— Le docteur Bérard m'a fait prévenir par un de ses amis de passage dans cette ville qu'il avait besoin de mes services. Quand j'ai vu ça, je suis venu après un arrêt à Nicolet, où les sœurs avaient quelques pianos à faire accorder.

— Vous devez parcourir beaucoup de chemin dans une année…

— En effet, et ce n'est pas de tout repos. Cet inconvénient de mon métier est largement compensé par des rencontres fort agréables. J'ai l'occasion de connaître de jolies demoiselles dont la beauté et la gentillesse ne me laissent pas indifférent. Il me donne accès à de magnifiques maisons où, très souvent, j'ai le privilège de déguster des mets que je n'aurais pas les moyens de me payer, et de plus, préparés par la crème des cuisiniers.

Guillaume s'excusa, il devait aller travailler. Monsieur Landreville lui demanda où demeurait le docteur Bérard. Il fut tout heureux de lui indiquer sa maison, qu'ils apercevaient non loin, au coin d'Heriot et de Saint-Georges.

Cette rencontre lui fit prendre conscience qu'il n'était pas fait pour pratiquer un métier qui le tiendrait prisonnier toute sa vie comme à la traverse ou comme à présent au magasin général de monsieur Murphy. Il se dit qu'un jour, il trouverait le moyen de parcourir du pays et, à compter de ce moment, il se mit à jongler à ce qu'il pourrait mettre en œuvre pour que se réalise ce désir.

DEUXIÈME PARTIE

RIEN NE VA PLUS

1884

Chapitre 36

L'école des garçons

En ayant vendu le presbytère aux commissaires, le curé permettait enfin aux garçons d'avoir accès à une école où on trouverait plusieurs maîtres et non pas seulement un instituteur dont les connaissances étaient limitées. Dès que le nouveau presbytère fut prêt à accueillir le curé Marchand et sa mère, de même que sa sœur infirme et le vicaire, les ouvriers se mirent à l'œuvre dans l'ancien presbytère pour y apporter les transformations nécessaires à une école.

L'année scolaire avait débuté dans le local qui servait d'école jusque-là, rue Lowring. Au printemps 1884, les locaux de classe du nouvel édifice étaient prêts, par contre tout manquait: pupitres, tableau noir, livres, etc. Le curé profita de son prône du dimanche pour inviter les gens à se montrer généreux afin de doter l'école de tout le nécessaire pour que les enfants puissent la fréquenter au plus tôt. Il organisa une quête spéciale. Tous ceux qui donneraient au moins six piastres verraient leur nom inscrit en permanence comme bienfaiteur de l'école.

Aimé se mit dans la tête, quitte à ce qu'on se serre la ceinture à la maison, de voir son nom affiché parmi les généreux donateurs. Il parvint à mettre deux, puis trois dollars de côté. De peine et de misère, il ajouta une autre piastre à la cagnotte, espérant tout de même atteindre bientôt son objectif. Mais, l'argent ne poussant pas dans les arbres et les obligations qu'ajoutait l'hiver le contraignirent à garder ses sous pour l'achat du bois de corde nécessaire au chauffage de la maison. Il désespérait d'arriver à son but quand lui vint une aide inattendue de la part à la fois de Guillaume, Annabelle et Georgiana.

Un beau dimanche après la messe, alors que son père saluait le docteur Bérard, Guillaume entendit le médecin dire qu'il devait se rendre au début de l'après-midi visiter un de ses malades du côté de Saint-Germain. Guillaume sauta sur l'occasion et demanda :

— Je veux rendre visite à ma sœur Georgiana à son école. Accepteriez-vous de m'emmener ? Vous n'auriez qu'à me laisser là en passant et me reprendre à votre retour. Ma sœur n'a pas beaucoup de visite. Ça lui ferait plaisir de me voir.

— Tu peux venir, mon garçon, le voyage me paraîtra moins long.

En route, le docteur lui posa toutes sortes de questions sur son travail et sur ce qu'il envisageait pour l'avenir. Guillaume lui laissa entendre qu'il désirait succéder à monsieur Murphy, mais qu'il se demandait s'il aimerait ce travail.

— En d'autres mots, commenta le docteur, tu penses finir par avoir ton propre magasin ?

— Ouais ! Quelque chose de même.

— Tu sais qu'il faut posséder beaucoup d'argent pour ça.

— J'ai bien le temps d'ici quinze ou vingt ans de mettre suffisamment de sous de côté pour y parvenir.

— Tu ne manques pas d'ambition. Ça te mettrait à quel âge ?

— Tout près de quarante ans.

Le docteur donna quelques coups de cordeau sur la croupe du cheval qui ralentissait le pas. Il enchaîna :

— Il n'est jamais trop tard pour bien faire. As-tu calculé combien tu pourrais épargner jusque-là ?

— Quelques centaines de piastres, en espérant que monsieur Murphy augmente ma paye un jour et tant que je pourrai vivre chez mes parents.

— Tu n'ambitionnes pas de te marier ?

— Pour ça oui, sauf que ça fait deux fois que je manque mon coup.

— Vraiment ?

— Les deux fois parce que ma blonde n'était pas catholique.

Le docteur mit un peu de temps à lui confier :

— Tu aurais pu obtenir une dispense.

— Une dispense ?

— Oui, il y a possibilité pour un catholique de se marier avec une non-catholique.

— De toute façon, p'pa ne voudra jamais.

— Ton père est un homme très strict, mais compte-toi chanceux, c'est un bon père de famille.

De nouveau, d'un petit coup de cordeau, le docteur encouragea son cheval à accélérer le pas.

— Ta sœur aime-t-elle enseigner ?

— Oui, même si elle se sent bien seule, car nous n'avons pas beaucoup d'occasions de la visiter. P'pa ne quitte jamais la traverse pendant des mois et ensuite il va aux chantiers. M'man colle à la maison à cause de sa mère aveugle. Elle ne veut pas la laisser seule avec Denise.

— Ta sœur aînée, que devient-elle ?

— Annabelle ? Elle travaille toujours chez les Millar, d'ailleurs elle vient de plus en plus rarement à la maison.

La voiture s'était engagée sur le chemin du rang. Déjà on voyait se profiler au loin la silhouette de l'école, perdue entre les champs et les bois comme un navire en pleine mer. Le docteur laissa entendre qu'il ne devrait pas s'attarder plus d'une heure chez son malade.

— Tu n'auras pas beaucoup de temps avec ta sœur.

— Elle sera heureuse quand même de ma visite. Vous savez, avec ses élèves elle est passablement occupée toute la semaine.

Quand la voiture s'arrêta en face de l'école, Guillaume en sauta d'un bond tout en remerciant le docteur. Il assura :

— Je serai là à votre retour. Ne m'oubliez pas !

Le docteur Bérard se mit à rire.

— Heureusement, je ne suis pas encore en âge de commettre pareil oubli !

Guillaume traversa la cour. Il entendit un bref hennissement et aperçut un cheval attelé à une voiture derrière l'école. Il en déduisit que Georgiana avait de la visite. Anxieux de savoir qui elle pouvait bien recevoir, il entra sans plus. La salle de classe dont les rideaux étaient tirés baignait dans la pénombre. Il entendit du bruit dans la chambre. Pour signaler sa présence, il fit tomber une chaise. La porte de la chambre s'entrouvrit aussitôt. Georgiana apparut comme sortant d'un rêve. Elle s'écria :

— Guillaume ! Quelle belle surprise !

— Tu n'es pas seule, je le sais. Sans doute que je dérange ?

— Absolument pas. Mon ami Roméo est avec moi. Donne-nous une minute, tu feras sa connaissance. Il m'a apporté un cadeau.

Elle referma la porte. Il entendit du bruit, puis Georgiana réapparut et l'entraîna dans sa chambre. Pour y justifier la présence de Roméo, elle lui laissa entendre qu'il venait de lui faire cadeau du chat qu'il tenait dans ses mains. Guillaume ne fut pas long à comprendre qu'il était arrivé mal à propos. Roméo lui tendit la main et s'excusa.

— J'allais justement partir.

Georgiana ne le retint pas. Elle l'accompagna jusqu'à la porte. Quand Guillaume fut seul avec elle, il ne passa pas par quatre chemins pour l'interroger :

— Je vois que tu t'es fait un amoureux.

— Oh ! Ce n'est qu'un ami qui s'arrête de temps à autre en revenant de Saint-Germain où il travaille de ce temps-là.

— Que faisait-il dans ta chambre ?

— Il m'a apporté ce chat qui venait de se sauver dans la chambre quand tu es arrivé. On tentait de l'attraper, mais il se cachait sous le lit.

Guillaume n'insista pas. Il trouvait que sa sœur mentait bien mal.

— Qu'est-ce qui me vaut ta visite ? lui demanda-t-elle.

— Quelque chose qui ferait bien plaisir à p'pa.

— Quoi donc ?

— Imagine-toi donc qu'il veut que son nom paraisse comme donateur pour la nouvelle école des garçons. Ça prend six piastres. Tu le connais comme moi. Il n'a jamais une cenne. Il est quand même parvenu à mettre quatre piastres de côté. J'ai pensé que si nous nous cotisions, Annabelle, toi et moi, nous pourrions ajouter les deux piastres qu'il lui manque.

— Sais-tu combien je gagne par année ?

— Non pas.

— Cinquante piastres, pour payer ma nourriture et ce dont j'ai besoin pour vivre.

— La vie est bien difficile pour nous tous. Je voulais juste voir si, des fois, tu pouvais nous aider, Annabelle et moi. Ne t'en fais pas, nous allons nous arranger quand même.

Georgiana tenait malgré tout à faire sa part. Retournant dans sa chambre, elle en revint avec cinquante cents. Guillaume se sentit mal de l'accepter.

— Je n'en mourrai pas, prends-les si ça peut faire le bonheur de p'pa.

Après une pause, elle enchaîna :

— J'espère que tu n'as pas fait tout ce trajet juste pour ça.

— Je voulais te voir et te dire quelques mots au sujet d'Annabelle. Quelque chose la travaille de ce temps-là. Depuis la mort du poète, elle n'est plus la même. On n'y peut pas grand-chose. M'est idée qu'elle va nous quitter bientôt pour se faire religieuse.

— Vraiment ?

— Oui, elle me l'a dit.

— Et les autres, comment vont-ils ?

— Tout le monde est en santé. P'pa va vraiment être heureux de pouvoir donner six piastres.

— Qu'est-ce que m'man dit de ça ?

— Elle fait comme nous autres. Elle laisse porter. Je pense qu'au fond, elle l'approuve. Il est si fier de voir qu'enfin les garçons ont leur école. Mais parle-moi un peu de toi !

— Je ne pense pas enseigner ici l'an prochain.

— Pourquoi ?

— C'est trop isolé. Je me sens trop seule.

Le chat réapparut. Guillaume le prit.

— Tu devrais avoir un chien, plutôt qu'un chat. Ça te ferait une meilleure compagnie. Tu sais que les paroissiens ont donné un saint-bernard à monsieur le curé ? Il est énorme, une vraie montagne de poils blancs ! Il s'appelle justement Mont-Blanc. Il paraît qu'il pèse au moins cent cinquante livres. Il mange autant qu'un homme. Ça en prend, des sous, pour nourrir une pareille bête. Je me demande si monsieur le curé se sert de l'argent des quêtes pour lui acheter de la nourriture…

— Veux-tu bien me dire ce que monsieur le curé peut bien faire avec une pareille bête ?

— Que veux-tu ? Les gens ont parfois de drôles d'idées.

Ils en étaient là dans leurs échanges quand une voix se fit entendre dehors. Guillaume se leva.

— Dis-moi pas que le docteur est déjà de retour !

C'était bien lui. Ils sortirent. Aimablement, le docteur descendit de voiture pour venir saluer Georgiana.

— Je vais vous l'enlever bien vite, mademoiselle. La vie est ainsi faite. Mon malade est passé de vie à trépas aux petites heures ce matin. Ma visite a été bien courte.

— Vous prendrez bien quelque chose à boire ?

— Oh, si vous me l'offrez… Une tasse de thé ferait mon bonheur.

Georgiana se précipita pour faire chauffer de l'eau. Il y avait encore des braises dans le poêle. Guillaume y glissa un quartier d'érable. Quelques minutes plus tard, le docteur buvait son thé tout en commentant :

— Vous ne vous trouvez pas trop seule, j'espère, mademoiselle ?

— J'étais justement à dire à Guillaume que je ne pense pas continuer à enseigner ici l'an prochain.

— Où comptez-vous le faire, alors ?

— Quelque part en ville. Certainement pas si éloigné que dans une école de rang, en tout cas. On y est tellement seul, surtout les fins de semaine.

— Si c'est votre désir, je vous le souhaite bien. Espérons que la chance vous sourira. Si jamais vous avez besoin d'une lettre de recommandation, n'hésitez pas à venir me voir, ou mieux, demandez à monsieur le curé.

Il finit de boire son thé, se leva et s'excusa de devoir partir si vite.

— Il n'y a rien de parfait, vous savez. Chaque métier a ses obligations. La traverse contraint votre père à ne jamais s'absenter. Vous, pour les enfants auxquels vous vous dévouez, vous êtes clouée ici. Quant à moi, je ne sais jamais quand, de jour ou de nuit, je serai appelé auprès d'un malade ou d'un mourant. Voyez-vous, peut-être qu'en arrivant chez moi je devrai aussitôt repartir. Voilà pourquoi je ne peux pas rester plus longtemps et que, du même coup, je suis contraint de vous voler votre visite.

Guillaume allait saluer sa sœur quand il s'exclama :

— Avec ça je ne t'ai pas parlé de Victoire !

— C'est vrai !

— Nous la gardons toujours.

Georgiana aurait voulu en savoir plus, mais le docteur sortait déjà. Guillaume lui emboîta le pas.

— Désolé, déplora-t-il, je t'en parlerai dans une lettre.

Quand ils passèrent la porte, le froid s'engouffra dans l'école. Georgiana frissonna. Guillaume revint sur ses pas pour lui glisser :

— Je vais te tenir informée à propos de p'pa.

Quelques jours plus tard, Aimé porta fièrement ses six dollars aux commissaires.

Chapitre 37

Le départ d'Annabelle

Depuis que son prétendant s'était enlevé la vie, Annabelle n'était plus la même. Elle si spontanée d'habitude et fidèle dans ses visites à la maison ne se montrait pratiquement plus, préférant coucher chez les Millar où elle travaillait toujours. Quand elle venait chez ses parents, elle parlait peu et se réfugiait constamment dans sa chambre où elle réfléchissait et pleurait. Élise tentait souvent de savoir ce qui se passait, mais Annabelle restait fermée comme une huître.

— Si tu nous disais ce qui ne va pas, nous pourrions peut-être t'aider.

— Il ne se passe rien.

— Pourquoi tu pleures, alors ?

— J'ai de la peine.

— C'est pas en restant dans ta chambre que ta peine va s'envoler. Quand ça ne va pas, le mieux pour oublier est de se changer les idées. Viens jouer aux cartes, la soirée va passer bien plus vite.

— Je n'aime pas les cartes.

— Viens tricoter ou bien tisser, je vais t'aider. Tu aimais ça autrefois.

— M'man, tu sais ce qui va arriver. Je vais être distraite et il faudra recommencer tout le tissage que j'aurai fait.

Élise avait beau tenter de lui tirer les vers du nez, Annabelle ne voulait pas dire quel mal la rongeait. Sa mère finissait toujours par abandonner.

— Si tu as besoin de quelque chose, tu sais que je suis là.

— Oui m'man…

Élise la laissait seule dans sa chambre à creuser son malheur. Annabelle aurait bien voulu se débarrasser des remords qui la rongeaient. Elle se sentait responsable de la mort de Cyrille. « Si je l'avais écouté, se reprochait-elle, il ne se serait pas pendu. » À se morfondre comme elle le faisait, elle avait maigri et était devenue si triste qu'elle en faisait pitié. De plus en plus inquiète, sa mère finit par lui conseiller :

— Si nous ne pouvons rien pour toi, va au moins en parler à monsieur le curé ou encore au docteur Bérard, ils sauront bien te dire quoi faire pour aller mieux. De te voir mourir ainsi à petit feu, toi qui étais si bien autrefois, me fend le cœur. Fais quelque chose pour ta mère, si tu ne veux pas le faire pour toi, et redeviens l'Annabelle que tu étais.

Suivant les conseils de sa mère, au terme d'une journée de travail, Annabelle se rendit au presbytère avec l'intention de parler au curé. La mère du curé vint répondre et lui apprit qu'elle ne pourrait pas voir son fils, car, comme il lui arrivait très souvent, il passait la soirée chez son ami le docteur où, après un bon souper entre amis, mademoiselle Ernestine égayait leur soirée en jouant du piano et en chantant.

— À moins que ce soit absolument urgent, il est préférable de ne pas le déranger. Peut-être que vous pourriez l'attendre ici en compagnie de ma fille. Il ne rentre jamais très tard.

Annabelle, qui connaissait l'infirme, ne voulait pas passer une heure ou deux au presbytère avec elle qui radotait toujours la même chose, ce qui risquait de la déprimer encore plus qu'elle ne l'était.

— Vous êtes bien aimable, madame Marchand, je reviendrai une autre fois, quand monsieur le curé sera là.

D'avoir tenté cette première démarche lui fit du bien. Elle se reprit dès le lendemain, et cette fois, le curé voulut bien la recevoir dans son bureau. Pensant qu'elle voulait se confesser, il la pria de s'agenouiller près de lui. Annabelle s'apprêtait à le faire quand elle se ravisa et déclara vivement :

— Je ne veux pas me confesser.

— Assoyez-vous alors, l'invita le curé en lui désignant un fauteuil.

Annabelle s'y laissa choir, puis l'anxiété la gagna, elle se mit à rougir et balbutia :

— Si vous saviez, monsieur le curé, comme je regrette.

— Qu'avez-vous donc sur le cœur ?

— La mort de Cyrille Tousignan.

— C'est cela qui vous ronge, ma pauvre enfant ? Vous vous dites sans cesse que si vous aviez répondu à ses avances, il serait toujours de ce monde. Je croyais m'être fait bien comprendre quand vous étiez venue me voir au lendemain de sa mort. Le docteur aussi vous a bien expliqué que vous n'y étiez pour rien. Pourquoi alors continuez-vous à vous tourmenter de la sorte ?

— C'est plus fort que moi. Je voudrais me racheter.

Le curé saisit la plume posée près d'un encrier sur son bureau, s'éventa avec et la déposa avant de se frotter les mains. Il se tut un moment, puis lança :

— Qui d'entre nous vous blâmerait de vouloir réparer ce que vous semblez toujours considérer comme une faute ? Vous désirez vous racheter. Avez-vous pensé que si Dieu vous a permis de vivre cette épreuve, il voulait vous faire signe ? Autrefois, comme on le mentionne dans la Bible, il apparaissait directement aux gens pour leur faire connaître ses volontés. Aujourd'hui, il agit autrement. Il nous fait vivre des épreuves qui nous ouvrent les yeux sur ce qu'il attend de nous. Cette mort est sans aucun doute le signal qu'il vous adresse pour vous signifier comment orienter votre vie. Vous êtes venue me voir de votre plein gré, parce que Dieu vous a envoyée vers moi. Il veut vous faire prendre conscience que vous ne serez heureuse que lorsque vous aurez décidé de lui consacrer votre vie. Il veut vous compter parmi ses servantes. Il vous a fait subir une dure épreuve pour que vous compreniez que le mariage n'est pas ce qu'il attend de vous. Réfléchissez bien à ce que je viens de vous dire, vous verrez que j'ai raison. Mademoiselle Courchesne, Dieu a jeté les yeux sur vous, ne le décevez pas. Voilà le conseil que je vous donne si vous désirez retrouver la paix de l'âme.

Le curé se leva et, s'approchant d'elle, il la pria :

— Veuillez vous agenouiller que je vous bénisse. Vous vous rendrez ensuite chez vous. En priant, vous verrez que la lumière se fera dans votre esprit. Si, ensuite, vous désirez vous entretenir avec moi des démarches que vous devrez accomplir pour répondre à l'appel de Dieu, venez me voir. D'ici là, j'en suis certain, vous retrouverez la paix de l'âme. C'est la récompense qu'Il accorde aux âmes qui savent entendre Sa voix.

Annabelle sortit du presbytère, la tête remplie d'une multitude de questions. Comme le lui avait recommandé le curé, elle se rendit chez elle en récitant des prières. C'était un soir sans vent et sans nuages, où le ciel débordant d'étoiles attirait le regard. Annabelle s'arrêta un long moment près de la maison avant de rentrer. Elle s'assit sur la galerie, tout émue de ce qu'elle venait d'entendre. Une petite brise venait de se lever. Elle se laissa envahir par les bruits de la nuit, celui des feuilles doucement agitées dans les arbres, le clapotis de l'eau contre le bac, à quai, la rumeur régulière des rapides et, au loin, les cris des animaux en chasse. Elle se sentit envahie d'une paix soudaine comme elle n'en avait pas connue depuis des mois. Le curé Marchand avait vu juste, elle devait se faire servante du Seigneur.

Quand, le lendemain, elle rapporta à sa mère sa rencontre avec le curé, Élise lui conseilla :

— Si tu penses que ton bonheur dépend de ça, tu n'as pas d'autre choix que de répondre à l'appel de Dieu. Mais auparavant, donne-toi encore du temps pour y réfléchir. N'oublie pas que, toi qui aimes les enfants, tu ne pourras pas en avoir.

— J'aurai ceux des autres.

— As-tu seulement une idée de quelle sorte de sœur tu veux devenir ?

— Je deviendrai institutrice, comme Georgiana.

— Dans ce cas, tu devras entrer dans une communauté de sœurs enseignantes.

— Ce ne sera pas difficile, j'irai voir mère Sainte-Dorothée au couvent. Elle saura bien me dire comment je pourrais entrer dans la même communauté qu'elle.

Élise trouvait que sa fille allait vite en affaires.

— Penses-y bien avant de te décider pour de bon. Je ne sais pas ce que ton père va dire de tout ça… Si tu veux, je vais lui en parler ce soir. Attends-toi à ce qu'il t'interroge là-dessus, si tu viens coucher ici demain.

— Je viendrai, juste pour connaître son opinion.

La conversation avec son père se passa plutôt bien. Deux semaines plus tard, Annabelle quittait Drummond pour Saint-Hyacinthe où elle entrait au noviciat des sœurs de la Présentation de Marie.

— Une de perdue, commenta Élise, et une autre de trouvée.

Elle allait parler à Aimé d'adopter officiellement Victoire. Depuis près d'un an qu'elle habitait avec la famille, ils s'étaient tous attachés à cette petite fille très enjouée aux yeux et aux cheveux noirs.

Chapitre 38

Une visite à Georgiana

L'hiver était chose du passé. Le soleil du début de mai faisait poindre les feuilles des arbres. Le dimanche, Guillaume ne tenait plus en place. Il voulait profiter pleinement de son seul jour de congé. Il se dit : « Georgiana reviendra dans moins de deux mois. Il faut que j'aille la voir avant. » Georges Dupuis, un client du magasin, avait laissé entendre qu'il se rendrait à Saint-Germain ce dimanche-là. Guillaume lui demanda s'il pourrait faire un bout de route avec lui.

— Je veux aller voir ma sœur à l'école du rang. Ça fait quelque temps qu'elle n'a pas donné de ses nouvelles. J'apprendrai comment elle compte s'arranger pour revenir à la maison.

— T'as ben en bel de venir. Y a tout plein de place dans ma voiture.

Après la grand-messe, Guillaume monta aux côtés de cet homme jovial qui riait constamment en racontant des histoires drôles ou qui lui semblaient l'être.

— Connais-tu celle du fou et de la folle qui voulaient se marier ?

— Non.

— Le fou dit à la folle: "Viens à moi, je serai tout à toi." La folle lui répondit: "J'peux pas, je n'suis pas toute à moi."

Du coin de l'œil, il guettait la réaction de Guillaume. Le voyant rire, il partit lui-même d'un gros rire qui lui secoua la panse, et tout le long du chemin, ce fut une histoire après l'autre, si bien que Guillaume poussa un soupir de soulagement lorsqu'il descendit de voiture à la porte de l'école du rang.

Georgiana n'attendait personne. Elle était réfugiée dans sa chambre, tenant une plume en main, occupée à corriger les travaux de ses élèves. Elle sursauta quand Guillaume fit vibrer la porte principale de petits coups secs. Elle alla ouvrir et ne vit personne. Guillaume s'était éclipsé près du mur de côté avec l'idée bien arrêtée de l'étriver. Quand il fut assuré qu'elle était retournée à sa chambre, il cogna de nouveau et refit le même manège. Cette fois, elle sortit, regarda du côté de la route et prit le temps de faire quelques pas pour s'assurer qu'elle n'avait pas affaire à un plaisantin. Elle allait rentrer quand Guillaume la saisit par-derrière en lui passant les bras autour des épaules. Elle poussa un cri de surprise. Il lança d'une voix enjouée:

— Bonjour, ma grande sœur préférée!

Sa réplique sortit spontanément:

— Espèce de grand fou!

À son expression, Guillaume vit qu'elle n'entendait pas à rire. Il la suivit dans l'école. Elle lui semblait mal à l'aise et s'empressa de s'asseoir. Guillaume s'inquiéta:

— Quelque chose ne va pas?

— Des malaises de femme, murmura-t-elle.

Il n'insista pas, se contentant de dire qu'il était venu afin d'apprendre quand et comment elle comptait revenir à la maison.

— Tout le monde a bien hâte de te voir. Tu n'as guère donné de nouvelles.

— J'ai trop de travail et je suis constamment fatiguée.

— Tu vas pouvoir te reposer durant les vacances. Oh ! Avant que je l'oublie, je t'ai apporté quelque chose.

Il tira de sa poche une petite boîte qu'il lui tendit. Elle la prit, l'ouvrit et s'exclama :

— Comme il est beau !

C'était un camée. Elle n'en croyait pas ses yeux.

— Où l'as-tu eu ?

— Mystère et boule de gomme de sapin, fit-il en soulevant les épaules. Peu importe d'où il vient pourvu qu'il te plaise. Je l'avais acheté depuis longtemps. Je n'ai jamais eu la chance de le donner ni à Margaret ni à Clara. Je ne t'ai jamais fait de cadeau. J'ai pensé te l'offrir pour que tu saches que tu nous manques à tous à la maison.

Il se rendit compte qu'elle pleurait. Il déplora :

— Quelque chose ne va pas, j'en suis certain. Allons, grande sœur, parle donc. Il ne faut pas garder de crotte sur le cœur.

Elle se leva et ouvrit l'épais manteau qu'elle portait. Il l'observa et se rendit compte qu'elle était grosse.

— Est-ce bien ce que je vois qui te tracasse ?

Elle acquiesça d'un signe de tête.

— C'est donc pour ça que nous n'avions pas de nouvelles. Que comptes-tu faire ?

Elle ne répondit pas tout de suite. Il lui donna le temps de revenir de ses émotions.

— Je ne te juge pas, assura-t-il, ta vie est ta vie. Comment comptes-tu l'apprendre à tout le monde ?

— Si tu ne parles pas, ils ne le sauront jamais.

— Au fait, qui est le père ?

— Un homme qui n'a pas d'honneur ni de parole. Un grand parleur qui, dès qu'il a su que j'étais en famille, ne s'est pas remontré.

— Celui que j'ai vu avec toi dans ta chambre ? Où habite-t-il ? Dis-moi où il reste que j'aille le voir !

— Un menteur le reste toute sa vie. Il dit qu'il s'appelle Roméo, mais le nom qu'il m'a donné est peut-être inventé tout comme l'endroit où il habite et est censé travailler.

Guillaume insista.

— Dis-le-moi quand même, je vais le chercher.

— Oublie ça. Tu perdrais ton temps.

Il choisit plutôt de s'inquiéter pour l'avenir :

— Qu'as-tu décidé pour l'enfant ?

Elle se remit à pleurer. Guillaume la consola de son mieux. Elle finit par balbutier, entre deux sanglots :

— Si j'avais le choix, je le garderais.

Il la laissa retrouver ses moyens avant de lui reposer la question.

— Que comptes-tu faire ?

— Je ne passerai pas par la maison. Dans deux semaines tout au plus, je quitte l'école avant que les enfants remarquent mon ventre comme tu l'as fait. J'ai trouvé une remplaçante. Je file à Montréal pour la naissance de l'enfant. Les sœurs verront à le faire adopter.

— Comment comptes-tu expliquer ton départ ?

— Un poste d'enseignante à Montréal que je ne pouvais pas refuser. Rendue là-bas, j'écrirai. Ça calmera tout le monde et je laisserai croire que dès que j'en aurai la chance, je passerai à la maison. En attendant, ajouta-t-elle, si jamais m'man s'inquiète trop, je compte sur toi pour arranger les choses.

— Je veux bien, mais le plus important c'est que tu écrives dès que tu seras rendue là-bas.

— Je le ferai sans faute. Jure-moi que tu garderas tout ça pour toi.

— Ne t'inquiète pas ! Je ne dirai pas que tu t'apprêtes à partir, sinon p'pa ou m'man risque de venir te voir. Si jamais la chose se sait, sois certaine que je ne serai pas en cause, car ce secret, je l'emporterai dans la tombe.

Georgiana parut se calmer. Elle apprit à Guillaume qu'Annabelle lui avait écrit et qu'elle semblait heureuse chez les sœurs. Elle s'enquit de ce qui se passait à la maison.

Guillaume lui laissa entendre que tous étaient bien, même la grand-mère qui semblait avoir une santé de fer. Denise paraissait heureuse de son sort et rendait beaucoup de services à leur mère. Vianney et Francesca fréquentaient assidûment l'école et obtenaient des notes convenables. La petite Victoire faisait maintenant officiellement partie de la famille.

— Elle va bien ? demanda Georgiana.

— Très bien et m'man et Denise l'adorent.

— Et toi, comment ça va ?

— J'en suis maintenant sûr : je ne deviendrai jamais propriétaire d'un magasin général comme je l'avais laissé entendre. Je ne passerai pas toute ma vie derrière un comptoir.

— Alors que comptes-tu faire ?

— Ça reste à voir.

Il la quitta sur ces mots, car l'homme qui l'avait conduit frappait à la porte.

Chapitre 39

Les vacances de Denise, Vianney, Francesca et Victoire

Mai fut on ne peut plus doux. Aimé profita largement de la clémence du temps. Il lui semblait que depuis qu'il menait le bac, il n'avait jamais connu un si beau printemps. Un jour, à la traverse, se présenta un homme qui se disait apothicaire à la recherche de plantes médicinales. Tout au long de la traversée, il entretint Aimé de ce qui le passionnait le plus : les fleurs printanières. Il lui parla avec enthousiasme de trilles, d'érythrones, d'asarets, de populages et d'ancolies. Il lui vanta en particulier une plante, la sanguinaire, dont, paraît-il, les racines saignaient.

Aimé l'écouta parce qu'il ne pouvait pas faire autrement, tout en s'occupant à mener son bac à bon port. Il n'avait que faire de ces fleurs des bois où il ne mettait jamais les pieds autrement que pour gagner sa vie. Quand il accosta du côté de Drummond, son interlocuteur sauta sur la rive. Il semblait chercher quelqu'un. Il demanda :

— Pourriez-vous m'indiquer où demeure le docteur Bérard, un de mes anciens confrères ?

— Rien de plus facile, répondit Aimé. D'ici, nous voyons le toit de sa maison, rue Heriot, le rouge avec sa longue cheminée de pierre.

L'homme le quitta en le saluant d'un coup de chapeau. Aimé le regarda aller, en se disant que ça prenait toute sorte de monde pour faire un monde.

Sans qu'on s'en rende compte, tellement les journées se faisaient belles, l'été remplaça le printemps et marqua du coup la fin des classes. Comme chaque année, Élise réquisitionna Denise pour prendre charge de Vianney, Francesca et de la petite Victoire. C'était déjà le temps de la cueillette des fraises des champs. Leurs seaux en main, en ce premier jour de vacances, fiers de participer à leur façon au plaisir de chacun, ils partirent de bon matin, accompagnés de Vulcain. Ils gagnèrent la rue du Couvent qu'ils parcoururent jusqu'au cimetière dont ils firent prudemment le tour pour se retrouver en plein champ à la recherche des meilleures talles afin de remplir leurs contenants à ras bord et pouvoir revenir en fin d'après-midi, heureux d'avoir passé la journée en plein air.

Ce qu'ils appréciaient le plus de leur journée était ce moment privilégié où, à midi, ils entendaient l'angélus et s'arrêtaient pour dîner. Élise leur préparait toujours un régal fait d'un morceau de fromage, de beurrées de mélasse et d'une pointe de tarte aux petits fruits. Ils connaissaient, en bordure de la forêt, un endroit où coulait une source. Ils s'y désaltérèrent et s'assirent sur une pierre non loin de là pour savourer en toute quiétude leur repas. Ils virent un écureuil puis un raton s'approcher de la source. À travers les buissons, ils les observèrent. Comme ils se rappelaient la fois où ils avaient vu au même endroit un faon se désaltérer, Vulcain, qui s'était montré fort docile toute la matinée, se mit à gronder. Vianney voulut le retenir, mais il lui échappa et partit en flèche dans un buisson, à l'opposé de la source. Quand la senteur leur parvint, ils comprirent le drame qui venait de se jouer: Vulcain avait attaqué une moufette.

Le chien revint, son pelage humide empestant la sécrétion malodorante dont l'animal l'avait arrosé.

C'est Denise qui eut la désagréable tâche de baigner Vulcain de force dans l'eau d'un étang voisin. Ils revinrent à la maison avec l'impression d'être eux-mêmes imprégnés de cette horrible odeur. Quand Aimé apprit ce qui s'était passé, il menaça de tuer le chien. Denise se chargea de le laver de nouveau, cette fois au savon du pays. Après deux jours, malgré les multiples lavages, il sentait toujours. Élise leur défendit de l'emmener lors des autres cueillettes, notamment celle des framboises et surtout celle des bleuets.

Pourtant, si le chien les avait accompagnés quand ils gagnèrent la limite des bois où poussaient des framboisiers, ça leur aurait évité la plus grande peur de leur vie. Vulcain aurait détecté la présence de l'ours qui, à leur arrivée, se leva et les fit déguerpir comme s'ils avaient vu Lucifer en personne. Ils laissèrent tomber leurs seaux et coururent jusqu'à bout de souffle pour s'apercevoir, à leur grand soulagement, que la bête ne les avait pas suivis. Heureusement, pensa Denise, que la petite Victoire était restée à la maison. Elle prévint Gédéon Prince, le chef de police, de la présence de cette bête à cet endroit. Ils n'osèrent plus y retourner de l'été. Leur père leur indiqua où ils pourraient trouver des framboises du côté de Saint-Cyrille. Ils y allèrent, mais à condition que Vulcain les accompagne. Le chien montra sa reconnaissance en tournant autour d'eux comme une toupie.

— Si ç'avait été une chienne, plaisanta Denise, il aurait fallu la baptiser Toupie…

Vianney reprit :

— Comme c'est un chien, nous aurions pu l'appeler Pitou.

— Quel nom ridicule ! s'écria Francesca. Tous les chiens s'appellent Pitou. C'est bien plus beau Vulcain.

— Peut-être, approuva Vianney, mais on ne sait même pas ce que ça veut dire.

Denise fit remarquer :

— Que veut dire Pitou ? Nous l'ignorons. Tandis que je suis certaine que Vulcain signifie quelque chose. Si j'ai bonne mémoire, c'est Guillaume qui a trouvé ce nom. Il faudra le lui demander.

Le soir même, quand Guillaume se présenta à la maison, Denise s'informa. Il n'hésita pas :

— Vulcain est le dieu romain du Feu, le patron des forgerons.

— Qui t'a appris ça ?

— Monsieur l'instituteur, dans le temps que j'allais à l'école. J'aime beaucoup ce nom, voilà pourquoi j'ai voulu le donner à notre chien. Il le porte bien, on dirait qu'il a toujours le feu au cul !

— Le jour où il a rencontré la bête puante, il aurait été mieux de l'avoir ailleurs, intervint Élise.

— Ne vous inquiétez pas, m'man, il aura appris sa leçon. Les chiens sont pas mal plus intelligents qu'on pense. Ils sont même plus fins que bien du monde. Ils ne répètent pas la même bêtise deux fois.

— Serait-ce un reproche ? s'enquit Denise.

— Non… pas à toi, grogna Guillaume, mais à monsieur Murphy. Il parle d'engager de nouveau le commis qui le volait.

— Pas vrai!

— Il prétend qu'il a eu sa leçon. Il risque fort de s'en mordre les doigts. Ce commis sort à peine de prison.

Élise commenta:

— Un voleur ou un homme malhonnête risque de l'être toute sa vie.

— Parlant de vol, enchaîna Guillaume, vous savez que l'orfèvre s'est fait dérober plusieurs montres. Je trouve ça bien curieux. Ça coïncide tout juste avec le retour du commis. Si c'est lui le voleur, il a certainement eu le temps de penser à ce coup pendant son temps de prison. Peut-être qu'un compagnon lui aura parlé de ces montres.

— Pourquoi était-il en prison?

— Encore une fois pour vol, paraît-il, aux forges McDougall.

— Qu'est-ce qu'il avait dérobé?

— Des outils. Il s'est fait prendre quand il a voulu les revendre. Il y a une marque sur chaque outil des forges.

— Si monsieur Murphy l'embauche à nouveau, il court après son malheur.

— C'est certain. Seulement quand monsieur Murphy a une chose dans la tête, c'est pas possible de la lui faire sortir. C'est une moyenne tête de cochon.

— Quand bien même c'en serait une, Guillaume, intervint sa mère, on doit se passer de dire ça à voix haute. Tu ne sais jamais qui t'entend et peut le rapporter. Bon, assez placoté, j'ai passablement de choses à faire, ne serait-ce que de préparer les framboises cueillies aujourd'hui.

— Le temps passe vraiment vite, soupira Vianney. On va à peine commencer à cueillir les bleuets que l'école va recommencer.

— Pourquoi tu penses à ça ? lui reprocha Francesca. Il nous reste encore plusieurs belles journées de vacances.

— L'été prochain, tu peux être certaine que je vais me trouver autre chose à faire que de ramasser des fraises, des framboises et des bleuets.

— Que comptes-tu faire ?

— On verra, dans le temps comme dans le temps.

Chapitre 40

L'exil de Georgiana

Pendant ce temps, les vacances avaient commencé sans que Georgiana ne paraisse à la maison. Élise s'inquiéta.

— Il y a certainement quelque chose qui ne va pas. Il me semble que la dernière fois aux fêtes, elle était boudeuse et impatiente. Elle parlait constamment d'enseigner ailleurs que dans une école de rang.

— Elle n'aime pas ça, assura Guillaume. Elle se plaint d'être seule tous les soirs, les samedis et les dimanches. Le temps lui paraît très long. La dernière fois que je l'ai vue, elle se cherchait une place en ville. Là au moins, elle pourrait faire autre chose que se morfondre le soir.

— Où comptait-elle aller ?

— Peut-être à Saint-Hyacinthe ou bien même à Montréal. Je n'ai pas voulu la décourager, continua Guillaume, je lui ai rappelé qu'à Montréal il y avait pas mal de religieuses enseignantes. L'évêque les a fait venir exprès de France pour ça. Elle m'a répondu qu'elle avait fait application partout. Sans doute que quelqu'un quelque part lui a répondu.

— C'est à souhaiter.

Trois semaines passèrent et ils reçurent enfin une lettre de Georgiana. Denise s'empressa de la lire. Elle disait être à La Prairie où elle avait obtenu un poste d'enseignante plus d'un mois avant la fin de l'année. Elle ne voulait pas perdre la chance qu'elle avait de se retrouver dans une bonne école de village. Elle avait trouvé une remplaçante et n'avait pas terminé son année à l'école de rang de Saint-Germain. Elle s'excusait de ne pas avoir trouvé le temps de passer à la maison avant de partir.

En réalité, avant que les enfants ne se rendent compte de sa situation, elle était parvenue à trouver une remplaçante. Elle s'était fait conduire à Saint-Hyacinthe pour prendre le train. Une jeune femme, qui lui parut fort gentille, l'attendait à la gare à Montréal. Elle la repéra tout de suite et s'approcha.

— Serais-tu Georgiana Courchesne ?

Surprise d'être si vite reconnue parmi tous les passagers descendus du train, elle balbutia :

— C'est bien moi.

— Je me nomme Odile. Veux-tu que je t'aide à porter ta valise ?

— Elle n'est pas lourde. Je le ferai moi-même.

— Dans ce cas, suis-moi ! Ce n'est pas loin. Tu n'auras pas de difficultés. Tout se passera bien, tu verras.

Tout de même anxieuse d'en savoir plus sur ce qui l'attendait, Georgiana la questionna :

— Je n'ai pas beaucoup de sous, est-ce qu'on me recevra quand même ?

— Nous ne refusons personne. Tu compenseras par de petits travaux qu'on te fera faire. As-tu une lettre de recommandation de ton curé ?

— Non ! Personne de ma famille ou du village ne connaît ma condition.

— Sans doute est-ce mieux ainsi. Tu n'auras qu'à te conformer aux règlements de la maison et tout se passera bien.

Pendant qu'elles conversaient de la sorte, la jeune femme la guida à travers les rues de la ville. Georgiana y venait pour la première fois et se sentait perdue. Odile s'en rendit compte.

— Ne sois pas inquiète. Tu n'auras guère à sortir. Tu pourras vivre en paix. Tu t'accommoderas vite aux habitudes de la maison. Si tu te demandes qui je suis, je ne suis pas une religieuse, je suis une bénévole. Considère-moi comme une amie. Si jamais tu as le goût de parler, tu pourras t'adresser à moi en tout temps ou encore à l'une ou l'autre des religieuses qui dirigent l'institution. Tu verras, elles sont gentilles et ne sont pas là pour faire des reproches. Elles prendront bien soin de toi. Tout ce qu'elles veulent, c'est t'aider à te tirer du mauvais pas où tu te trouves.

Toujours étonnée du fait d'avoir été si vite repérée, Georgiana s'informa :

— Comment avez-vous fait pour me reconnaître ?

— Tu sais, tu n'es pas la première que je vais accueillir à la gare. J'ai l'habitude. Comme la plupart d'entre vous viennent à Montréal pour la première fois, que vous êtes seules et que je connais votre condition, je ne mets guère de temps à vous repérer.

Cette explication apaisa Georgiana. Tout en continuant à la rassurer, Odile l'entraîna à sa suite jusqu'à la rue Dorchester où s'élevait l'Hôpital de la Miséricorde. Elles y pénétrèrent. Une religieuse vint accueillir Georgiana.

— Bienvenue chez nous, la salua-t-elle. Je suis mère Saint-Amable. Le dîner sera bientôt servi. Ce sera l'occasion, mademoiselle, de faire la connaissance de vos compagnes.

Pour tout de suite, veuillez me suivre. Je vais vous mener au dortoir afin de vous indiquer où vous coucherez. Vous pourrez y déposer votre valise. Vous aurez tout le temps, cet après-midi, pour ranger vos effets dans votre commode.

Odile salua Georgiana en lui souhaitant bonne chance. Elle lui sourit et ajouta :

— Je suis ici tous les après-midi vers deux heures.

Georgiana suivit la religieuse dans un escalier qui avait vu passer bien du monde et craquait de toute part. Ça sentait à la fois l'encaustique et le renfermé, une odeur à laquelle elle devrait se faire et qui l'accompagnerait durant tout son séjour. En haut des marches, elles se retrouvèrent dans un court vestibule donnant sur une vaste salle servant de dortoir. La religieuse la conduisit vers le coin le plus éloigné. Elle lui indiqua les toilettes et l'invita à redescendre aussitôt. On entendait la cloche appelant les occupantes au réfectoire. Quand Georgiana y arriva, la place était déjà envahie par des dizaines de jeunes femmes – dont plusieurs étaient enceintes – curieuses d'accueillir leur nouvelle compagne. Elles avaient pris place en silence près des tables, attendant avant de s'asseoir que le bénédicité soit dit.

Mère Saint-Amable l'entonna :

— Seigneur, bénissez la nourriture que votre bonté nous procure, au nom du Père, du Fils et du Saint-Esprit.

Les jeunes femmes répondirent *amen* en chœur, et s'assirent sans élever la voix.

La religieuse leur apprit :

— Mesdemoiselles, veuillez accueillir Georgiana, une nouvelle compagne. Tout comme vous, elle porte la vie en elle. N'oubliez jamais la parole de Jésus envers votre prochain : *Aimez-vous les uns les autres.*

Georgiana se sentit rougir. Une des filles lui prit la main et la fit asseoir à une table autour de laquelle elles étaient déjà cinq. Pour dîner, elles se contentèrent d'un ragoût accompagné d'une tranche de pain. Les jeunes filles se présentèrent d'une aimable façon, sauf une, qui avait l'air bougon. Il y avait Gabrielle, Alexandrine, Josée, Marie-Ève et Roberte, celle qui ne semblait pas dans un de ses bons jours. Georgiana remarqua que pour quelques-unes la grossesse était déjà très avancée.

Elle passa l'été dans cette maison en y accomplissant des travaux de couture, bien consciente que ses compagnes et elle étaient considérées comme des filles de mauvaise vie. Elle trouva le moyen durant ce temps d'expédier des lettres à ses parents en laissant croire qu'elle donnait des cours privés du côté de La Prairie durant l'été.

Sa grossesse se déroulait bien. Ce qui lui causait le plus de peine était de savoir qu'elle donnerait bientôt naissance à un enfant qu'elle ne verrait même pas. Elle avait signé à contrecœur et en pleurant le document par lequel elle abandonnait son enfant. Au mois d'août, elle donna naissance à une petite fille qui fut aussitôt portée à l'Asile des enfants trouvés.

Elle devait à présent penser à son avenir. Durant son séjour, elle avait eu beaucoup de temps pour réfléchir à ce qu'elle allait faire une fois remise de son accouchement. Les religieuses n'avaient pas manqué de l'inciter à entrer dans leur communauté. Georgiana tint son bout :

— Ma sœur Annabelle est religieuse. Elle avait la vocation, ce qui n'est pas mon cas.

— Qui vous dit que vous ne l'avez pas ? insista mère Saint-Amable. Ne sommes-nous pas des enfants de Dieu ? Pourquoi hésiter à vous mettre à son service ?

Georgiana la laissait parler tout en se disant qu'entrer chez les religieuses s'avérait la façon la plus facile de se sortir d'un mauvais pas comme le sien. Mais elle ne se sentait pas appelée, ne perdant pas de vue qu'elle avait un diplôme lui permettant d'enseigner. Elle fit de nouveau application à tous les endroits où, dans les journaux, on laissait entendre avoir besoin d'une institutrice. Quand elle vit qu'on en cherchait une du côté de Kingsey, pour remplacer une institutrice qui venait de démissionner sans crier gare juste avant le début de l'année scolaire, elle fit part de sa disponibilité. Par chance, comme elle venait de Drummond, on accepta sa candidature.

Elle joua bien son rôle avec sa famille, leur écrivant qu'elle avait aimé son expérience à l'école de La Prairie, mais qu'elle s'ennuyait de Drummond et préférait s'en rapprocher en enseignant à Kingsey. Personne, sauf Guillaume, ne sut la vraie raison de son éloignement. Elle se jura toutefois que jamais plus elle ne se laisserait berner par les belles paroles de quelque Roméo, aussi beau et charmant soit-il.

Chapitre 41

L'expédition de Guillaume

Guillaume bénéficiait rarement d'un congé : monsieur Murphy lui en accordait un de temps à autre au cours de l'été. Depuis des mois, le jeune homme n'avait qu'une chose en tête, voyager. Il aurait voulu prendre le train, ne serait-ce que pour se rendre à L'Avenir. Il songeait à ce qu'il pourrait faire pendant une journée de congé, quand un des clients venant de Saint-Cyrille fit allusion à la fameuse pruche, l'honneur de tout le village. Il laissa entendre :

— Ceux qui veulent grimper au sommet de cet arbre ont besoin de se grouiller. Bientôt il n'existera plus.

Guillaume demanda :

— Qu'est-ce que cet arbre a de plus que les autres ?

L'homme le regarda d'un air incrédule.

— Ne me dis pas que tu n'as jamais entendu parler de notre pruche ?

Voyant que c'était le cas, il expliqua :

— Vous savez qu'autrefois, à Saint-Cyrille, il y avait un beau bois de pruches sur ce qu'on appelle chez nous la Petite Montagne. La pruche est un très bel arbre. Son écorce en particulier est bien renommée. Comme on en avait besoin pour différentes industries du bois, les hommes abattirent toutes celles qui poussaient à cet endroit, sauf une. Ils l'y avaient laissée parce qu'en grimpant jusqu'au faîte, on s'était rendu compte qu'on y voyait comme du haut d'une tour d'observation. On avait, et on a toujours, sous les yeux, une fois au sommet de cet arbre, un spectacle inoubliable.

Ce que cet homme racontait piqua la curiosité de Guillaume. Il s'informa où se trouvait exactement cet arbre, d'autant plus que, tout compte fait, ce n'était pas très loin de Drummond.

— Rien de plus simple, jeune homme. Cet arbre est à environ deux milles après le village, dans le 4e Rang de Simpson. Tu ne peux pas le manquer. Cette pruche dépasse les autres arbres autour de plusieurs pieds. De toute façon, l'endroit est très connu et il y en a des centaines qui ont grimpé au sommet, tellement que son écorce est très usée et plusieurs branches sont cassées. D'ici un an ou deux, il faudra penser à l'abattre.

Profitant d'une traversée sur la rive nord, lors d'une de ses rares journées de congé, Guillaume prit à travers les bois la route qui mène à Saint-Cyrille. Il n'y avait rien qu'il appréciait autant que de se retrouver en pleine forêt.

Le chemin entre Drummond et Saint-Cyrille avait été ouvert depuis une trentaine d'années. Il aurait eu bien besoin d'être retapé, tant les fondrières se faisaient profondes et les voitures s'y enlisaient facilement. Il y avait de temps à autre de grands pans de clarté dans la forêt, aux endroits habités, puis les arbres ombrageaient de nouveau la route jusqu'à l'approche du village où les champs se faisaient plus nombreux. Le regard pouvait porter loin et Guillaume s'imaginait déjà voir la fameuse pruche, l'objet de sa destination.

Il croisa sur la route quelques voitures, dont une tirée par deux bœufs, qui disparaissaient presque sous un chargement de foin. Une jeune fille trônait là-haut comme une reine. Elle lui sourit malgré le fait que la voiture, secouée par ce qu'on appelait depuis peu des nids-de-poule, la faisait se déporter d'un côté et de l'autre comme une marionnette.

Il traversa le village de Saint-Cyrille, le plus important de ce canton de Wendover, au moment où on s'apprêtait à y ouvrir le marché. Les gens avaient déployé sur leurs étals leurs trésors de viandes, de légumes et de fruits. On pouvait s'y procurer de la saucisse comme du boudin, du jambon, des carottes, de la laitue, des radis et même des tartes aux fraises et aux framboises. Il s'y arrêta juste pour le plaisir de parcourir les allées et de profiter des bonnes odeurs qui s'en échappaient comme des cadeaux du ciel.

Après s'être informé où se trouvait le 4e Rang, il emprunta une route étroite qui y menait, à quelques arpents dépassés le village. Il n'eut guère à se préoccuper de l'endroit où s'élevait la pruche tant il y avait de traces de pas qui y menaient. Arrivé au pied de l'arbre, il se rendit compte qu'il n'était pas le seul à profiter de cette journée chaude et ensoleillée pour venir admirer le paysage du haut des quarante pieds de cet arbre. Il dut attendre une bonne demi-heure avant de pouvoir, à la manière d'un ours, s'accrocher de ses bras et de ses jambes au tronc lisse et, par petites poussées, finir par grimper jusqu'à la première grosse branche, à une dizaine de pieds plus haut. Il s'y assit quelques secondes pour reprendre son souffle avant de continuer son ascension d'une branche à l'autre jusqu'au sommet de cet arbre droit comme un piquet.

Rendu là-haut, ce fut l'émerveillement. Il n'aurait jamais cru qu'on pouvait découvrir ainsi, sans obstacle, un tel panorama de trois cent soixante degrés. Son regard portait à perte de vue sur tout ce qui constituait les environs. Ses yeux couraient de village en village, sautant d'un clocher d'argent à un autre, comme d'une balise à une autre. Avec une vive émotion, il compta les villages s'offrant à sa vue. Il n'y en avait pas moins de huit. Comme il ne les connaissait pas tous, il se fit aider par les gens qui, au pied de l'arbre, attendaient pour y monter. Il pouvait situer Drummond, bien sûr. Le clocher de l'église Saint-Frédéric se découpait très bien dans la verdure. Plus à gauche lui apparut celui de L'Avenir. En continuant à scruter les environs, toujours sur la gauche, il repéra un clocher qu'on lui dit être celui de Kingsey. Plus loin, on lui apprit qu'il voyait ceux de Sainte-Clotilde et de Saint-Albert. Il reconnut tout près la flèche de Saint-Cyrille et, au bout du regard, celle de Saint-Zéphirin-de-Courval pour aboutir enfin, au-delà de Drummond, à celui de Saint-Germain.

D'en bas, on le pressait de descendre. Il prit le temps de parcourir une dernière fois du regard ce paysage merveilleux pour le fixer à jamais dans ses souvenirs. Il quitta son nid à regret, bien conscient d'avoir vécu là un moment important de sa vie. Tout au long du chemin du retour, il n'avait de nouveau qu'une chose en tête, s'envoler au plus tôt vers d'autres cieux. Son goût du voyage venait d'augmenter de plusieurs crans. Il se promit qu'une fois à Drummond, à la première occasion, il irait causer de voyage avec l'Ermite.

À son retour à la maison, sa mère lui demanda s'il était satisfait de sa journée. Il s'enthousiasma :

— Satisfait n'est pas le mot ! Je crois que je viens d'admirer ce que j'ai vu de plus beau de ma vie.

— C'était si beau que tu le dis ?

— Vous avez pas idée ! J'ai compté huit villages et autant d'églises. C'était incroyable. Je ne pouvais pas tomber sur une plus belle journée pour admirer ces lieux. Le temps était si limpide, qu'on voyait à des milles et des milles à la ronde.

— Compte-toi chanceux ! Tu vois, de nous tous, tu es le seul à avoir pu contempler ce paysage merveilleux. Vraiment, tu peux l'en remercier, le bon Dieu ne fait pas les choses à moitié.

Le dimanche suivant, Guillaume emprunta le canot et fila à l'île de l'Ermite avec l'idée de lui raconter sa dernière découverte. Il l'attendit vainement tout l'après-midi. Son chien était là, ce qui lui fit croire qu'il reviendrait avant la fin du jour. Ce fut en vain. Il ne se montra pas et Guillaume dut regagner Drummond avant la brunante. Il se jura que ce n'était que partie remise. Mais, comme il arrive souvent, le temps nous file sous le nez et une promesse que nous nous étions faite, séance tenante, ne s'avère pas encore réalisée après des semaines.

Chapitre 42

Une rencontre marquante

Drummond grandissait petit à petit. D'anglais, le village, devenu une municipalité depuis qu'on y comptait plus de trois cents personnes, était à présent en majorité français. Il s'apprêtait à troquer son nom de village pour celui de ville. Le maire rêvait de pouvoir parler enfin de Drummondville. Le Hall qui servait d'hôtel de ville avait belle allure. Avec ses deux églises, son imposant presbytère, son couvent pouvant recevoir une centaine de filles et son école de garçons dirigée par des religieux, sans compter quelques maisons cossues, la municipalité s'enorgueillissait d'être une des plus belles des Cantons-de-l'Est.

Guillaume travaillait toujours au magasin général de monsieur Murphy. Ce qui lui plaisait le plus était de se rendre chercher les marchandises que son patron achetait et faisait livrer par train. Il attelait le cheval et se dirigeait chaque mercredi à la gare avant l'arrivée du train. Il aimait s'y rendre un peu à l'avance uniquement pour voir ce qui se passait. Ça grouillait sur le quai. Il y avait d'abord ceux qui s'apprêtaient à partir en voyage et, bien souvent, les personnes qui les accompagnaient pour un dernier au revoir. Selon la façon dont les dames étaient habillées, on pouvait savoir si elles allaient à un rendez-vous important dans leur famille ou ailleurs. Il y avait aussi très souvent dans les trains, soit au départ, soit à l'arrivée, des prêtres venus rendre visite au curé Marchand, quand ce n'était pas ce dernier qui prenait le train pour une destination quelconque.

À travers tout ce beau monde, Guillaume s'intéressait tout naturellement aux jeunes femmes, espérant peut-être découvrir parmi elles celle avec laquelle il partagerait sa vie.

À l'approche de Drummond, le train faisait entendre son sifflet. Les gens se rangeaient alors sur le quai, prêts à y monter ou encore à accueillir leurs visiteurs. La locomotive apparaissait avec son panache de fumée. On entendait les gémissements des roues sous la force des freins. Guillaume attendait un peu en retrait qu'on descende les marchandises sur les chariots. C'est là qu'il vit Louise pour la première fois. Il s'approcha pour chercher ce qui était destiné au magasin général quand il remarqua un cercueil de chêne sur le premier chariot que poussait un des cheminots. Deux femmes descendues du train le suivirent jusqu'à l'entrée de la gare. Là, un homme les attendait. Il fit signe au cheminot de le suivre. Sa voiture se trouvait tout près. Les deux hommes s'affairèrent à y déposer le cercueil, qui semblait lourd. Ils vacillèrent en le soulevant. Les deux femmes ne purent retenir un cri d'effroi. Guillaume se précipita et arriva juste au moment où ils allaient l'échapper. Il le saisit par le milieu et, à trois, ils parvinrent à le glisser en sécurité à l'arrière de la voiture.

Les deux femmes s'approchèrent. La plus jeune, toute vêtue de noir et encore sous le coup de l'émotion, se dirigea droit vers lui.

— Merci, murmura-t-elle d'une voix émue.

— Ça allait de soi, mademoiselle. Permettez-moi de vous demander de qui il s'agit ?

— De mon père. Selon son désir, nous venons l'enterrer à l'endroit où il est né.

Guillaume jugea bon, même s'il ne la connaissait pas, de lui offrir ses condoléances. Elle en fut touchée. Elle lui tendit une main gantée qu'il serra doucement.

— J'aurais aimé, avoua-t-il, vous rencontrer en de meilleures circonstances.

Sa mère l'appelait. Elle la rejoignit et Guillaume vit les deux femmes s'éloigner du côté de la rue Brock. Il rapporta les marchandises au magasin et fut distrait tout le reste de la journée. Il n'avait en tête que le visage triste, mais si beau, de cette demoiselle dont il ignorait même le nom. À peine avait-il terminé sa journée de travail qu'il se précipita au presbytère, anxieux de savoir qui était cet homme qu'on venait enterrer à Drummond. La mère du curé vint lui répondre. Il lui confia :

— J'ai appris qu'on a ramené un cercueil des États-Unis.

— Oui, celui de monsieur Thomas Grandmont, parti depuis dix ans avec sa famille. Son service aura lieu demain matin. Sa veuve et sa fille sont venues cet après-midi faire les arrangements pour le service et l'enterrement.

— Savez-vous où elles sont logées ?

— À l'hôtel Boisvert.

Il détenait sa réponse. Il alla rôder autour de l'hôtel, sans les apercevoir. Ne voulant pas manquer l'occasion de revoir cette demoiselle, il courut prévenir monsieur Murphy de son retard le lendemain au magasin.

— Pourquoi ?

— J'assiste à un service à six heures.

Le curé présida à la cérémonie dans une église presque vide. Les Grandmont n'avaient plus vraiment de parenté à Drummond. À part les habitués de la messe de six heures, Guillaume était un des rares assistants. Il fut distrait tout au long de la cérémonie, porté qu'il était à fixer la jeune femme qu'il n'apercevait que de dos. Il ne se rendit compte qu'à la fin du service qu'elle pleurait. Il aurait voulu être près d'elle pour la consoler. Le cercueil fut mené au cimetière. Guillaume s'y rendit afin d'avoir l'occasion d'offrir de nouveau ses condoléances, cette fois à la mère et à la fille.

Au moment où le fossoyeur et le sacristain descendaient le cercueil dans la fosse et avant que les quelques personnes présentes ne se dispersent, il s'approcha des endeuillées et attendit que quelqu'un parle à la mère pour aborder la fille. Elle le reconnut.

— Merci encore pour hier et surtout d'être là aujourd'hui !

— Il me semblait que je devais venir. Mais je n'ai pas le bonheur de connaître votre nom ?

— Louise Grandmont. Et vous ?

— Guillaume Courchesne.

Les présentations faites, il ne savait plus trop quoi demander.

— Pensez-vous rester un peu à Drummond ?

— Nous repartons pour Nashua par le premier train cet après-midi. Ma mère est très affectée par tout ce qu'elle a vécu depuis des semaines. Elle a hâte de pouvoir se reposer chez nous.

Il allait lui demander plus de précisions sur l'endroit où elle vivait, quand sa mère s'approcha. Il s'empressa de lui tendre la main pour lui offrir ses condoléances. Louise commenta :

— M'man, c'est lui qui a empêché le cercueil de se renverser hier.

— Oui, en effet. Merci beaucoup, monsieur.

— Y a pas de quoi. J'étais là au bon moment.

L'intervention de la mère l'empêcha d'en savoir plus. Un homme s'était approché en les priant de le suivre. Louise le salua de la main. Il la regarda s'éloigner en se demandant s'il la reverrait un jour. Monsieur Murphy devait s'impatienter. Il ne le fit pas attendre plus longtemps et se rendit au magasin général en courant. Il était conscient que quelque chose venait peut-être de changer dans sa vie.

Chapitre 43

Le retour de Georgiana

Les vacances allaient se terminer quand Georgiana revint à la maison, de passage avant de se rendre à son école de Kingsey. Sa grossesse tout comme son accouchement étaient devenus son secret. Personne ne devait savoir ce qui lui était arrivé. Sa mésaventure lui avait appris une chose, il fallait se méfier des hommes et surtout des bonimenteurs. N'y avait-il pas le mot «menteur» dans ce terme qui désignait ces chanteurs de pomme dont le seul but était d'attirer les femmes dans leurs bras pour les abandonner ensuite à leur sort?

Son retour à la maison ne passa pas inaperçu. Sa mère le célébra par un souper spécial où il y avait un rôti de bœuf comme on n'en avait pas mangé depuis des mois, accompagné de patates jaunes dans leur jus et d'une salade du jardin arrosée de crème. Le dessert, une tarte aux pommes, était venu couronner superbement le tout. Après le souper, Élise tout comme Aimé et les autres membres de la famille, l'entourèrent et la prièrent de raconter son séjour à La Prairie.

— As-tu aimé ton expérience? Pourquoi ne retournes-tu pas là-bas? T'es-tu ennuyée de nous? Avais-tu des amies par là ? Est-ce que tes élèves t'aimaient ? Quel est le souvenir le plus marquant de ton séjour ?

Voilà autant de questions auxquelles elle eut à répondre. Elle s'en tira quand même assez bien, car durant ses mois passés à l'Hôpital de la Miséricorde, elle avait écrit quelques lettres inventant tout ce qu'elle y racontait. Une religieuse se chargeait de les expédier de façon à ce que personne ne puisse savoir d'où exactement elles provenaient. Georgiana broda tant qu'elle le voulut. Elle dut cependant faire un très grand effort de mémoire pour se souvenir de la façon dont elle avait décrit l'école où elle était censée avoir terminé l'année. Mais en demeurant dans le vague, tout passa sans difficulté. Là où elle dut patiner davantage, ce fut lorsque Denise lui demanda de leur faire part de l'événement le plus marquant de son séjour.

Elle hésita un moment avant de laisser entendre que les élèves lui avaient fait une agréable surprise. Comment avaient-ils appris la date de son anniversaire ? Elle ne le sut jamais. Mais ce jour-là avait été très particulier. Il avait débuté comme les autres jours et semblait vouloir se dérouler sans rien de particulier quand, à trois heures trente, une élève se leva en pleurant, disant qu'elle était malade. Ne voulant pas la laisser seule, Georgiana avait dit aux autres de commencer leur devoir et avait accompagné la malade dehors jusqu'aux toilettes. Bonne actrice, la jeune fille avait fait semblant de vomir. Quand elles étaient revenues en classe, le local était décoré de rubans. Il y avait même un bouquet sur son pupitre et debout, sur un air de leur invention, les enfants lui chantèrent une chanson où il était question d'anniversaire. Une des grandes lui lut un poème lui rendant hommage pour son sourire et sa gentillesse. Vraiment, c'était le plus bel anniversaire de sa vie.

De son côté, Georgiana leur fit raconter les principaux événements auxquels elle n'avait pas pu prendre part. Comme Victoire jouait dehors avec Francesca, son père lui parla de Victoire.

— Quand je l'ai trouvée qui pleurait toute seule sur la berge, j'étais loin de penser qu'elle ferait un jour partie de la famille.

— Elle est si mignonne, confia Élise. À part ça, elle a du caractère, mais aussi un sourire pour faire vite oublier ses colères.

— Et vous l'avez adoptée ?

— Quand on a vu que personne ne la réclamait et que monsieur le curé lui-même n'avait pas pu savoir d'où elle pouvait venir, nous avons décidé d'entreprendre les démarches.

— Est-ce que c'est compliqué ?

— Pas tellement, le notaire nous a aidés à remplir les papiers. Vous avez maintenant une sœur de plus.

Georgiana se montra émue, puis demanda :

— Il doit bien y avoir d'autre nouveau à part ça ?

Élise intervint :

— Tu sais que les garçons ont maintenant leur école ?

— Oui, bien sûr.

— Seulement, tu ne l'as pas vue. Je te dis qu'il s'agit d'une très belle bâtisse, une des plus belles de Drummond, si on excepte les maisons des Anglais et, bien entendu, le presbytère de monsieur le curé. À part ça, le reste on te l'a appris dans nos lettres. Pendant que j'y pense, comment se fait-il que nous devions t'écrire en poste restante à Montréal ?

— Parce qu'on ne faisait pas la livraison des lettres à La Prairie même. Je me rendais de temps à autre au bureau de poste voir si vous m'aviez écrit. Ça me faisait une belle sortie à Montréal.

Ce beau mensonge passa tout comme le précédent comme l'eau dans la rivière. Georgiana soupira et enchaîna en demandant à Guillaume :

— Comment te débrouilles-tu à ton travail ?

— Pas mal. Ça bouge, tu sais, dans Drummond. Dans ta petite école, tu ne t'en rendais pas compte. Il va falloir que tu en fasses le tour pour découvrir ce qu'il y a de nouveau. Il se construit de nouvelles maisons. Il paraît que dans peu de temps ça va être vraiment une ville et on devra s'habituer à ne plus parler de Drummond, mais bien de Drummondville.

Chapitre 44

L'incendie

L'automne marquait déjà le temps par des nuits plus fraîches et des journées moins chaudes. Le matin, au lever du soleil, de la brume flottait sur la rivière. Les rapides en déchiraient les rideaux. Déjà, Aimé préparait l'espace où il retirerait son bac pour l'hiver. Au lever, il leur fallait faire une attisée pour chasser de la maison l'humidité de la nuit. Dans le village, les cheminées commençaient tôt à cracher leur fumée. Pour que les maisons ne tournent pas en glacière, les gens chauffaient leur âtre ou leur poêle, autant de signes avant-coureurs de la venue prochaine de l'hiver.

Le travail de Guillaume au magasin général devenait de plus en plus routinier. Il arrivait à six heures du matin, beau temps mauvais temps, s'assurant avant l'apparition des premiers clients que rien ne manquait sur les tablettes. S'il remarquait qu'ils étaient à court d'une fourniture quelconque, il le notait et en avisait monsieur Murphy qui s'empressait d'en faire la commande à ses fournisseurs habituels. Rarement étaient-ils pris de court. Si la chose survenait, après avoir pesté, monsieur Murphy lui ordonnait d'aller en chercher chez leur concurrent, monsieur Joyal.

Plutôt que d'y envoyer le client, monsieur Murphy préférait y expédier Guillaume. Monsieur Joyal n'était pas dupe, et il collaborait volontiers, car il procédait exactement de la même manière, quand une denrée lui manquait, en leur envoyant Maxime Blanchette, son commis, qui était devenu pour Guillaume un ami. Il leur arrivait souvent, le dimanche, de se retrouver ensemble à chasser les écureuils et à piéger les lièvres.

Ils rêvaient tous les deux d'une autre vie. Ils se sentaient captifs, dans leur magasin respectif, parmi les barils de mélasse, les tonneaux de vinaigre, les cruches de sirop d'érable, les jarres de beurre et les tinettes de lard, à servir à monsieur son tabac préféré, et à madame son étoffe indispensable. Guillaume rêvait au jour où il pourrait disposer davantage de son temps tout en étant libre de s'adonner à son passe-temps favori : la chasse. Il enviait l'Ermite de pouvoir se rendre dans les bois à sa guise, y tendre ses pièges et gagner sa vie à trapper les animaux à fourrure. Comme l'Ermite se faisait de plus en plus rare, Guillaume se proposait de lui rendre visite sur son île un bon dimanche. Selon les désirs de ses parents, il se devait d'être à la grand-messe de dix heures et au dîner de famille. Il ne lui restait que l'après-midi pour réaliser son rêve, mais son père comptait sur lui cet après-midi-là pour l'aider à la traverse. Ça lui permettait de donner congé à son aide.

Plus les mois passaient, plus Guillaume se sentait prisonnier et plus il songeait à s'enfuir gagner sa vie quelque part ailleurs. Lui qui d'habitude aimait rire et chanter, il n'avait plus le goût de le faire. Il était devenu, avec le temps, une espèce de marionnette dont les autres tiraient les fils. Il désespérait de pouvoir sortir du piège dans lequel il était tombé le jour où, par mégarde, il avait fracassé la vitrine de monsieur Murphy. Devait-il attribuer à la Providence ce qui, au moment où il s'y attendait le moins, vint changer sa vie ? Peut-être bien, si toutefois nous pouvons imputer à la Providence ou au hasard des événements sur lesquels nous n'avons aucun pouvoir.

Une nuit, Guillaume, qui dormait comme une bûche, fut réveillé par le tocsin. Il n'était pas rare qu'il y ait un feu quelque part dans le village. Les plus vieux avaient parlé en long et en large du grand feu qui, au temps de leur jeunesse, avait dévoré toutes les maisons du village, ne laissant debout que les deux églises, la catholique et l'anglicane, et les deux auberges, la française et l'anglaise, ce qui avait fait dire au curé que le bon Dieu et le diable avaient chacun gardé leurs deux maisons.

Pour lors, puisque le tocsin sonnait à répétition, le feu devait s'avérer sérieux. Guillaume se leva et jeta un coup d'œil par la fenêtre, du côté du village. Des flammes léchaient les murs d'une maison de la rue Heriot. En y regardant plus attentivement, il se rendit compte que ce devait être une résidence voisine du magasin de monsieur Murphy. Il s'habilla en vitesse et, malgré les protestations de sa mère et les avertissements de son père, il courut en direction de l'incendie. Il avait vu juste, la maison qui était la proie des flammes voisinait le magasin. Les quelques pompiers sur place s'efforçaient vainement de maîtriser l'incendie. Monsieur Murphy se démenait pour sauver les meubles de sa maison. Guillaume l'aida de son mieux à mettre en sûreté, tout au fond de la cour et loin du magasin, un fauteuil, quelques chaises, la grande table de la cuisine et des bibelots auxquels son patron tenait. Quand il voulut se précipiter pour sauver des objets du magasin, monsieur Murphy le retint fermement. Il avait eu le temps d'en retirer les livres de compte et le peu d'argent qu'il avait dans la caisse. Déjà les flammes léchaient la façade de l'édifice et sous la chaleur il entendit éclater – de nouveau – la vitrine, source de tous ses malheurs. Le feu s'attaqua comme une bête avide à la bâtisse.

Au grand étonnement de Guillaume, monsieur Murphy ne fut pas trop affecté par la perte de son magasin. Il est vrai qu'il possédait des assurances. Déjà, alors que le jour commençait à poindre, il dessinait les plans de son futur magasin. Il fit savoir à Guillaume qu'il désirait le garder à son emploi et que dans deux mois tout au plus, il pourrait recommencer à travailler.

Pour lors, avec l'hiver qui approchait, Guillaume était sans emploi. Il restait tout au plus un mois et demi avant que son père ferme la traverse. Il accepta bien volontiers de le seconder dans son travail. Tout cela lui donna amplement le temps de mijoter ce qui lui trottait dans la tête depuis belle lurette. Il espérait voir arriver l'Ermite à l'une des traversées. Malheureusement, il ne vint pas. « Si le loup ne vient pas à vous, se dit-il, il faut aller à lui. »

Guillaume prépara minutieusement la visite qu'il désirait rendre à l'Ermite. Pendant tout ce temps, monsieur Murphy voyait à ce que son nouveau magasin puisse être en fonction pour le temps des fêtes. Voyant qu'il s'apprêtait à faire appel à ses services pour y classer les marchandises, Guillaume mit son projet à exécution. Un beau matin, il prépara un sac à dos plein de tout ce qu'il considérait nécessaire pour affronter le froid. Il alla le cacher, ainsi qu'une hache, non loin de la rive. Sous prétexte qu'il se rendait tendre des collets pour les lièvres, il quitta la maison, récupéra la hache, le sac à dos et la couverture de laine et, le long de la rivière, il se mit en route à la recherche de l'Ermite. Il avait laissé un mot dans sa chambre à l'intention de sa mère pour lui éviter de s'inquiéter de son absence.

L'île où il habitait n'était située qu'à quelques milles du village. Bien qu'il dût se frayer un chemin à travers les arbres morts échoués sur la rive, Guillaume parvint rapidement à son île. Il lui restait toutefois un problème de taille à surmonter. Comment s'y rendre ? Du côté de la rivière où il se trouvait, il y avait peu de courant. Comme il ne pouvait pas espérer mettre la main sur une barque ou un canot à des milles à la ronde, il résolut de se fabriquer un radeau. Il n'eut guère de difficultés, tant il y avait de bois échoué sur la rive, à réunir les billes nécessaires à la fabrication d'une embarcation de fortune. Comme il avait pris la précaution d'apporter une hache et quelques grands clous, le temps de le dire et son radeau fut prêt. Au moyen d'une perche, l'eau étant peu profonde à cet endroit, il réalisa son dessein sans peine. Il arriva à l'île au moment où le soleil déclinait à l'ouest. Il échoua son embarcation et se mit sans tarder à préparer son abri pour la nuit. Comme il n'avait pas prévenu l'Ermite de sa venue, il n'osait pas lui demander l'hospitalité.

Une bâche tendue sous un sapin lui servit de toit. Il ramassa une provision de bois sec et se confectionna un lit de branches de sapin, puis prépara son bûcher qu'il alluma. Il réchauffa sur une pierre la pointe de pâté à la viande qu'il avait pris la précaution d'emporter et, comme un prince en son château, il la dégusta, ainsi que deux beignes empruntés à la réserve que sa mère préparait pour les fêtes. Il avait pensé à apporter une tasse d'étain. Il fit réchauffer de l'eau qui, une fois bouillante, se transforma en thé sous la poignée de feuilles qu'il y jeta. Il alimenta son feu pour qu'il brûle des heures et s'enroula dans sa couverture. La forêt bruissait de tous les côtés. Il entendait le murmure constant de la rivière. Des corneilles au loin s'interpellaient comme de vieilles commères. Au moment où les chouettes s'appelaient par des hou hou sonores, la nuit l'enveloppa de son ombre. Il dormit en paix comme un enfant. Le froid du petit matin finit par le tirer de ses rêves. Il alimenta le feu encore chargé de braises. Les bonnes flammes qui en jaillirent lui permirent de ronfler jusqu'au lever du jour.

Quand il se réveilla, le soleil éclairait le haut des sapins. La rivière disparaissait sous les brumes matinales. Il ne perdit pas de temps. Récupérant ses effets et comptant sur l'hospitalité de l'Ermite pour déjeuner, il se fraya un chemin pour atteindre l'autre côté de l'île, là où s'élevait le camp de son hôte. L'île était petite et l'habitation de l'Ermite facilement repérable sous les arbres. Il fut étonné de ne pas voir monter de fumée de la cheminée. Sa déception fut vive. Il se dit : « Tu es venu pour rien. Il n'est pas là ! »

Chapitre 45

Le drame

Quand, arrivé au camp de l'Ermite, Guillaume se rendit compte qu'aucune fumée ne sortait de la cheminée, il en déduisit, puisque ça faisait quelque temps que personne ne l'avait vu, qu'il devait être allé préparer ses territoires de chasse, comme il le faisait chaque automne. Il avait déjà mentionné où il trappait. Guillaume ne parvenait pas à se rappeler où, mais il savait qu'il couvrait un large territoire le long de la rivière Bécancour. Il lui fallait obtenir plus de précisions là-dessus, mais à qui s'adresser pour le savoir ?

Il pensa que l'Ermite pouvait en avoir parlé au seul marchand d'armes qui les concurrençait du côté de Wendover. L'Ermite préférait parfois acheter là plutôt que de se rendre à Drummond, surtout quand il n'y avait plus de traversier. Guillaume décida de passer sur l'autre rive de la rivière. Toutefois, il savait que son petit radeau ne lui permettrait pas de le faire. Il s'avisa de chercher si l'Ermite possédait une chaloupe et un canot. La chaloupe était échouée sur la rive et le canot demeurait introuvable. L'Ermite l'avait certainement utilisé pour traverser. Il parvint à mettre la chaloupe à l'eau et il se rendit sur l'autre rive. Un sentier s'enfonçait dans les bois. Il l'emprunta en prenant le temps de laisser tout son barda à l'abri. Selon ce qu'il apprendrait, il comptait revenir sur l'île et décider ensuite s'il se mettrait en route à la recherche de l'Ermite.

Il parcourut, dans le temps de le dire, les quelques milles qui le séparaient de Saint-Cyrille. Le magasin du marchand d'armes s'élevait au milieu du village, le long de la route menant à Drummond. Il ne mit guère de temps à le trouver. Quand il demanda au marchand s'il avait vu récemment l'Ermite, l'homme lui répondit laconiquement:

— Il y a bien deux ou trois mois qu'il n'a pas mis les pieds chez moi. Comme il me doit des sous, il ne se presse pas pour me les rapporter.

— Pensez-vous qu'il est allé préparer son territoire de chasse pour l'hiver?

L'autre grommela:

— Je ne suis pas devin, mais ça se peut fort bien.

— Vous a-t-il déjà dit exactement où il trappait?

— As-tu déjà vu, jeune homme, un trappeur crier sur tous les toits où sont ses lignes de trappe? Tout ce que je sais, c'est qu'il trappe le long de la Bécancour, mais où au juste, fouille-moi!

Guillaume n'était pas plus avancé. Il décida de revenir à l'île. Il pensa que l'Ermite avait peut-être laissé un message quelque part à l'entrée de son camp pour d'éventuels visiteurs. Guillaume ne mit guère de temps à retraverser. On ne pouvait souhaiter plus belle journée. L'automne avait fait son travail: il avait l'impression de se promener dans de l'or et du pourpre tant les feuilles étaient colorées. Remplis de champignons et de fougères séchés, les bois embaumaient. Il apercevait, çà et là, des traces d'animaux dans la vase le long des ruisseaux. Un faucon survola les arbres sous les cris d'alarme des geais bleus. Puis la rivière s'offrit à son regard au moment où passait au-dessus un voilier d'outardes.

Revenu à la chaloupe, il retraversa la rivière et, cette fois, décida de frapper fermement à la porte du camp pour bien s'assurer que l'Ermite n'y était pas. Avant d'y pénétrer, il ébranla de quelques coups de plus le chambranle de la porte. N'obtenant pas de réponse, il poussa la clenche. La porte s'entrouvrit. Il recula devant la senteur qu'exhalait la pièce. Il ouvrit complètement la porte et attendit que l'air du dehors chasse cette puanteur. Quand il voulut entrer, l'odeur le saisit à la gorge. Il chercha dans son sac de quoi se couvrir la figure. Se servant des manches, il attacha son gilet de façon qu'il lui couvre le nez et la bouche. Ses yeux se faisant à la semi-obscurité de la pièce, il découvrit l'Ermite étendu à plat ventre près de son lit. Il comprit qu'il était mort depuis un certain temps, tant son corps montrait les marques d'une décomposition avancée. Il ne toucha à rien. Sortant à reculons, il referma la porte. Il était si secoué qu'il se mit à trembler sans pouvoir se contrôler. Il avait le cœur au bord des lèvres. Il vomit et mit du temps à reprendre ses esprits.

Dès qu'il se sentit prêt à partir, il attrapa son barda où il l'avait laissé et, sautant dans la chaloupe, il décida de remonter la rivière jusqu'à Drummond. Il lui fallait au plus tôt prévenir le chef de police Prince.

Il ne se rendait plus compte de ce qui se passait autour de lui. Tout au long du trajet, il n'eut qu'une idée en tête, courir, trouver le chef de police et, le temps de le dire, lui apprendre ce qu'il venait de découvrir. Comme c'est presque toujours le cas lorsque vous êtes l'auteur d'une macabre découverte, vous êtes le premier soupçonné. Le chef Prince lui fit subir un interrogatoire en règle.

— Tes parents m'ont signalé ta disparition. Pourquoi t'es-tu rendu chez l'Ermite ? Pourquoi n'es-tu pas entré dans son camp dès le premier soir ? Que faisais-tu, il y a deux semaines ? Ne t'es-tu pas rendu à l'île ?

Guillaume fut contraint de dresser son emploi du temps des deux dernières semaines, son travail, l'incendie du magasin, sa présence aux messes du dimanche et il dut même chercher des témoins pour le confirmer. En cette circonstance, monsieur Murphy lui fut d'une grande utilité. Mais celui dont le témoignage s'avéra le plus utile fut le marchand de fusils de Wendover. Il déclara au policier :

— Pourquoi ce jeune homme se serait-il donné la peine de me demander où l'Ermite trappait s'il l'avait assassiné ?

Gédéon Prince objecta :

— Qui vous dit que ce n'était pas là une mise en scène pour détourner les soupçons ? Le meurtrier, sentant la soupe chaude, décide après deux ou trois semaines de faire découvrir le corps. Il s'adresse à vous pour détourner les soupçons. Il se crée un bon alibi.

— Qui se serait soucié de ce que devenait cet homme ? répliqua le marchand. L'hiver aurait pu passer sans que personne ne sache qu'il était mort. Le coroner saura bien démêler les choses et déterminer s'il s'agit d'un meurtre ou d'une mort naturelle.

Monsieur Chèvrefils vint mener l'enquête et démontra que l'Ermite était mort de sa belle mort. Un arrêt subit du cœur l'avait emporté. Guillaume mit des semaines à se remettre de ce terrible choc.

TROISIÈME PARTIE

L'EXIL

1885-1888

Chapitre 46

Annabelle reçue religieuse

Le temps filait. Les fêtes étaient déjà du passé. Il y avait longtemps qu'Annabelle ne donnait plus de ses nouvelles, comme si, en même temps qu'elle était entrée chez les sœurs, elle avait fermé pour toujours la porte de sa famille. Si les siens voulaient savoir ce qu'elle devenait, il leur fallait lui rendre visite à Saint-Hyacinthe. Comme ils étaient tous occupés à leur travail, ils n'avaient ni le temps ni la possibilité de le faire. D'abord, il aurait fallu qu'ils s'y rendent en train, et payer leur passage n'était pas donné, ou encore qu'ils profitent de ce que quelqu'un y aille en voiture par un beau dimanche. Mais comme ils n'avaient pas les moyens de le faire, ils ne savaient pas trop ce qu'Annabelle devenait.

Le temps passe très vite, il y avait presque un an qu'elle avait quitté la maison, quand ils reçurent enfin une lettre dans laquelle elle les invitait à assister à sa consécration comme religieuse. Ils ne savaient pas trop en quoi ça consistait. Élise demanda à Guillaume, qui avait l'occasion de parler à beaucoup de monde, de s'informer. Il trouva plus facile de se rendre au couvent de Drummond rencontrer la mère supérieure qui lui expliqua qu'Annabelle allait prononcer des vœux définitifs de pauvreté, chasteté et obéissance, ce qui voulait dire qu'elle ne recevrait jamais de salaire pour elle, ne pourrait jamais se marier et devrait toujours obéir à ce que les mères supérieures lui demanderaient.

Voilà ce qu'il retint de ce que la mère supérieure lui avait dit et il en fit part à sa mère désireuse plus que tout d'assister à cette cérémonie. Denise s'offrit de l'y accompagner, mais encore fallait-il débourser l'argent nécessaire pour se rendre là-bas. Aimé paya le billet d'Élise et de Francesca. Guillaume flamba une partie de ses économies pour défrayer le sien et celui de sa sœur Denise. Georgiana, tout comme leur père, ne voulut pas les accompagner.

Depuis quelque temps, Aimé était devenu songeur, ce qui inquiétait toute la famille. « Quand votre père se met à jongler, murmurait leur mère, ce n'est pas bon signe. Il y a quelque chose qui se prépare. »

Ils allaient se mettre en route, deux jours plus tard, quand un homme arrêta chez eux pour leur vendre des assurances sur la vie. Heureusement qu'Aimé était là, l'affaire se régla vite. Il lui demanda :

— Comment ça se fait que tu nous arrives pour nous vendre des assurances quelques jours à peine avant que ma femme et trois de mes enfants prennent le train ?

Le visiteur répondit :

— Ça n'a pas de rapport.

Aimé lui lança :

— Combien donnes-tu au chef de gare qui vend les billets pour qu'il te refile les noms de ses clients ?

L'autre protesta :

— Je suis ici par hasard. Je ne fais que mon travail. Ça s'adonne de même.

Aimé ne le croyait pas et ça paraissait, car il lui envoya :

— Drôle d'adon !

Le bonhomme voulut vendre quand même sa marchandise :

— Cinq piastres pour l'année, monsieur, et vous assurez madame pour mille piastres si elle meurt dans l'année.

— On n'a pas besoin de ça ! tonna Aimé d'une voix courroucée.

— À vos yeux, votre femme ne vaut pas mille dollars ?

La réflexion du bonhomme le fit rugir.

— Dehors ! ordonna-t-il. Personne ne t'avait invité.

Rarement Aimé avait été si furieux. Il baragouina ensuite quelque chose comme :

— Maudit vendeur à marde, comme si on était obligé de mourir dans l'année !

Ils prirent le train pour Saint-Hyacinthe à six heures trente. Il passait par Wickham et Acton Vale. C'était la première fois que Guillaume, Denise et Francesca montaient dans un train. Ils furent bien impressionnés de voir à quelle vitesse il roulait à travers les champs et la forêt. Ils arrivèrent à temps pour la cérémonie de onze heures. Dans le train, ils firent la connaissance de la famille Bélair de Wickham dont une fille se faisait religieuse comme Annabelle. Le père et la mère étaient accompagnés de deux enfants. Élise sympathisa tout de suite avec la mère. Elle demanda :

— Est-ce que ça vous coûte de laisser votre fille se faire religieuse ?

— Ça fait de quoi, mais pensez-y, quand un de nos garçons se fait prêtre et une de nos filles entre chez les sœurs, notre ciel est assuré.

— Vous avez un de vos garçons qui est prêtre ?

— Oui. Il est vicaire à Sorel. Nous en sommes bien fiers. C'est un bon garçon qui fait du bien à beaucoup de monde.

— Votre fille qui entre chez les sœurs, est-ce l'aînée?

— Non. Nos filles les plus vieilles sont déjà mariées. C'est notre cinquième enfant, on en a douze. On a laissé les plus jeunes à la maison. On a emmené juste Georgette et Claire, parce qu'elles songent elles aussi à faire comme leur sœur.

Pendant que les deux mères échangeaient ainsi, le train filait. Le père demanda à Guillaume ce qu'il faisait dans la vie. Quand il sut qu'il n'était que commis au magasin général, il cessa de le questionner. Guillaume aimait autant ça. Il ne voulait pas être obligé de lui raconter sa vie. Mais à compter de ce jour, il se promit de devenir si riche que quand quelqu'un lui poserait la même question, il lui répondrait: «Je ne fais plus rien, je suis millionnaire.»

Quand ils arrivèrent à la gare, comme ils avaient quelqu'un de leur parenté qui venait les chercher pour les conduire au couvent des sœurs, les Bélair leur offrirent gentiment de monter avec eux dans la voiture. Ils n'y étaient pas moins de huit en plus du conducteur.

Le couvent où ils arrivèrent était vraiment très imposant. Il avait au moins quatre étages. Après l'entrée, ils traversèrent un corridor pour arriver droit dans la chapelle qui était presque aussi grande qu'une église. Il y avait des décorations partout et beaucoup de fleurs. Quelle splendeur! La cérémonie fut présidée par un monseigneur dont ils ne retinrent pas le nom. Ce qu'ils aimèrent surtout, ce furent les chants et la musique. Annabelle était tellement changée qu'ils avaient peine à la reconnaître. Ils purent lui parler après la cérémonie. Elle semblait très heureuse de son sort. Sa mère lui demanda:

— Tu ne trouves pas ça difficile de devoir toujours obéir aux mères supérieures ?

Annabelle répondit :

— Non. À travers ce qu'elles nous commandent, c'est la volonté de Dieu qui se manifeste.

Élise sourit et commenta :

— Il faut croire que quand on te demandait certaines choses, tu n'y voyais pas la volonté de Dieu.

Là-dessus, Annabelle sourit à son tour et demanda pardon à sa mère pour toutes les fois où elle lui avait désobéi. Élise était tout émue. Denise ne savait pas où se mettre. Quant à Guillaume, il intervint avant que tout ça tourne au vinaigre :

— Sais-tu ce que tu vas faire dans les prochains mois ?

— Je vais enseigner, comme Georgiana. À propos, j'aurais aimé qu'elle vienne avec vous.

Sa mère s'empressa de répondre :

— Il fallait que quelqu'un reste avec grand-maman, Vianney et Victoire, c'était elle ou moi.

En réalité, il s'agissait de l'excuse qu'elle avait trouvée pour ne pas être obligée d'expliquer que Georgiana n'avait pas du tout exprimé son intérêt de venir. Au bout de l'heure qui leur était accordée, il leur fallut laisser Annabelle. Les Bélair leur offrirent à nouveau de les conduire à la gare puisqu'ils prenaient le même train qu'eux jusqu'à Wickham.

Il faisait un temps splendide. L'air était bon. Les oiseaux gazouillaient dans les arbres. À la gare, un couple de merles bâtissait son nid sur une poutre de l'abri des voyageurs. Guillaume eut tout le loisir de les regarder pendant qu'ils attendaient l'arrivée du train. Des hirondelles se pourchassaient autour de la gare, comme elles le font chaque printemps avant de nicher. Des merles sautillaient dans les parterres, des pinsons s'appelaient d'un fourré à l'autre, et non loin on entendait le martèlement d'un pic sur un arbre mort.

Sans doute parce qu'ils s'étaient familiarisés avec ce moyen de transport, le voyage de retour leur parut plus court. Aimé leur demanda de lui décrire comment les choses s'étaient passées. Il écouta sans commenter, jusqu'à ce qu'Élise lui apprenne que désormais Annabelle allait s'appeler mère Marie de la Miséricorde. Un sourire se dessina sur les lèvres d'Aimé et il marmotta « mère Marie de la misère en cordes ». Élise n'avait pas compris. Elle voulut lui faire répéter ce qu'il avait dit. Il laissa entendre : « Rien, je me parlais à moi-même. »

Chapitre 47

Le nouveau pont

Le curé Marchand expliquait à qui voulait l'entendre qu'il était grand temps qu'on ait un pont sur la rivière. Les plus pessimistes lui rappelaient qu'on en avait construit un en 1860 et qu'au début de l'année 1862 il avait été emporté par les glaces. Le prochain subirait le même sort.

— Ce n'est pas parce qu'un pont a été emporté que le suivant va l'être.

— Mais, monsieur le curé, lui expliquait vivement le photographe Cléophas Duguay, vous oubliez que le pont de Yamaska aussi a été emporté par les glaces il y a deux ans. Je m'y suis rendu pour prendre des photos de ce qu'il en reste. C'est pas demain la veille qu'on va voir un nouveau pont sur la Yamaska ! Avec ça, on ne peut plus se rendre en train à Sorel.

— Mon cher ami, reprit le curé, au lieu de rappeler les malheurs des autres, vous devriez parler du bonheur que nous aurons de pouvoir traverser la rivière à notre guise en toute saison. Si c'est déjà possible d'y faire passer des trains, pourquoi ne pourrions-nous pas construire un pont pour les voitures ? Il se payera de lui-même, car chacun devra débourser un montant pour l'emprunter.

— En attendant, monsieur le curé, il n'y a que ceux qui ont beaucoup d'argent qui peuvent miser sur ce nouveau pont. On m'a dit que l'on vend des actions pour en payer la construction.

— En effet.

— Savez-vous combien elles coûtent?

— Cent piastres chacune.

— Comme je vous le disais, ça prend des sous pour y souscrire. Il n'y a que nos compatriotes de langue anglaise comme messieurs Robert et David McDougall, William Mitchell et William John Watts qui ont les moyens d'en acheter.

— Que ça plaise ou déplaise à certains, le pont va se construire pas plus tard que cette année. J'ai bien hâte de le bénir lors de son inauguration.

Si le curé parlait comme il le faisait, il se gardait bien d'avouer qu'il avait misé pour cinq parts sur ce nouveau pont. C'était une petite fortune qu'il n'avait pourtant pas hésité à engager. Son ami, monsieur Caya, n'avait pas les moyens d'acheter même une part dans ce pont, lui qui touchait à peine un salaire de cent dollars par année. Ça ne l'avait pas empêché de deviner ce qui motivait tant le curé pour la construction de ce pont. Quand, enfin, on en commença la construction, Caya se permit une réflexion qui faillit lui mettre le curé à dos:

— Vous devez être heureux, monsieur le curé, vu que nous allons enfin avoir un pont. L'église devrait se remplir pour les messes du dimanche. Les travailleurs de la tannerie n'auront plus d'excuses pour ne pas venir à la messe.

Sans le savoir, monsieur Caya venait de souligner le vrai motif pour lequel le curé avait souscrit une si forte somme. Il faillit reprendre vertement son ami, mais choisit plutôt de laisser entendre que ce dont il se réjouissait, c'était que grâce à ce pont, on éviterait à l'avenir de nombreux accidents.

— On voit, mon cher Trefflé, que ce n'est pas toi qui as la triste tâche de prévenir une ou deux fois par année une pauvre jeune femme, souvent mère de plusieurs enfants, que son mari a été emporté par les eaux de la rivière en tentant de la traverser. Le pont devrait nous éviter un bon nombre de catastrophes du genre.

Le greffier de la cour ne jugea pas bon de pousser ses remarques plus avant. Il ne se demandait pas moins si ce pont saurait satisfaire les ambitions du curé de voir plus de monde à la grand-messe du dimanche.

— Si je comprends bien, les passages ne seront pas gratuits. Avez-vous une idée de ce que ça va coûter pour le traverser dans un sens ou l'autre ?

— Les tarifs ont déjà été fixés avant même sa construction. Comme tu peux voir, les promoteurs ont bien fait leurs calculs avant de se lancer dans cette aventure. Il en coûtera dix cents par voiture traînée par un cheval ou un bœuf et quinze cents par voiture traînée par deux chevaux ou deux bœufs.

— Et pour les piétons ?

— Deux sous.

— J'ai bien peur que les familles de la tannerie qui ont six ou sept enfants ne se montrent pas régulièrement à la messe. Voyez-vous ça, monsieur le curé, être obligé de débourser quatorze sous pour venir et autant pour repartir ? À ce compte-là, vous n'aurez pas beaucoup de sous de plus à la quête.

— J'y ai déjà pensé, tu sais.

— Vraiment ?

— Eh oui ! J'ai demandé que ceux qui viendront à la messe du dimanche puissent obtenir deux passages pour le prix d'un.

— Y a-t-il des chances que votre demande soit exaucée ?

— Je le pense.

— Le bonheur des uns, monsieur le curé, fait le malheur des autres. Ce pont va ôter le pain de la bouche du traversier et de sa famille. Le pauvre va devoir trouver un autre travail.

— Il va en obtenir un.

— Lequel ?

— Il collectera le coût des passages de Drummond vers Wendover et Simpson.

— Croyez-vous que sa part sera suffisante, une fois la remise faite à la compagnie pour chaque passage ?

— Ça, je l'ignore ! Tout dépendra de l'usage que les gens feront de ce pont.

— Vous connaissez Aimé, monsieur le curé, je ne le vois guère derrière un comptoir sans bouger à longueur de journée, lui qui est habitué depuis son tout jeune âge à voguer sur la rivière.

— Rien n'est parfait, mon cher Trefflé. Il devra s'y faire, sinon il aura à chercher autre chose.

Le greffier secoua la tête avant de lâcher :

— Pourquoi faut-il absolument que le progrès cause du tort à d'honnêtes gens ?

— La vie est ainsi faite, commenta le curé. Si on n'avance pas, on recule ou on fait du surplace, avec tout ce que ça comporte de malsain.

— Vous ne craignez pas de le voir, comme d'autres, partir pour les États avec toute sa famille ?

— Je crois plutôt qu'il cherchera une place de traversier ailleurs. Son expérience pourra sans doute lui permettre d'en obtenir une sur la Yamaska ou la rivière Richelieu, ou encore sur la Saint-Maurice ou la Bécancour. Qui sait ?

— C'est bien triste quand même, conclut le greffier.

Chapitre 48

Les démarches d'Aimé

Le curé Marchand s'était bien démené pour qu'un pont soit construit sur la Saint-François. Il était parvenu à ses fins. Le contrat avait été donné à une firme qui ne mit guère de temps à ériger ce lien entre les deux rives de la Saint-François. Le curé soupirait d'aise en voyant son projet devenir réalité. En octobre, dès que le pont fut en place, il organisa une cérémonie où tous les paroissiens furent invités, tant ceux de la rive nord que ceux de la rive sud. Il bénit le pont et, avant qu'on ne coupe le ruban permettant enfin de l'utiliser, il se servit de toute son éloquence pour souligner, au moyen de textes de la Bible, les bienfaits apportés par le pont. Il se permit même d'employer un passage du texte de la cérémonie du mariage, en disant qu'on ne pourrait désormais plus séparer ce qui avait été uni, c'est-à-dire les deux rives de la rivière.

Aimé qui, tout le long de la construction du pont, s'était refusé à admettre ce fait, fut contraint de se défaire de ses bacs. Il partit un beau matin en barque sur la rivière avec Médée. Ils laissèrent le courant faire son travail, se contentant de diriger l'embarcation jusqu'à ce qu'elle atteigne l'embranchement où la Yamaska se jette dans la Saint-François. De là, il remonta la Yamaska afin d'informer les passeurs de son intention de vendre. Il n'eut de succès ni à Yamaska ni à Saint-David. Ils s'arrêtèrent le long de la rivière et couchèrent à l'Auberge du pain doré. Le propriétaire, un homme affable et enjoué, fut de bon conseil pour Aimé.

— Qu'est-ce qui vous amène dans nos parages, mon ami ?

— Un bac à vendre.

— Vous êtes passeur ?

— Je l'étais, à Drummond. Mais avec le nouveau pont…

— Moi j'irais plutôt du côté des villages de la Richelieu. La Yamaska n'est pas une grosse rivière. Il n'y a pas beaucoup de traverses et pas grands passagers à transporter, tandis que sur la Richelieu, on en compte plus d'une et il pourrait y en avoir de nouvelles.

Tôt le lendemain matin, Aimé et son compagnon redescendirent la Yamaska jusqu'au fleuve. En longeant la rive, ils gagnèrent à Sorel l'embouchure de la rivière Richelieu. Malheureusement, ils n'eurent pas plus de chance de ce côté. Les passeurs sympathisaient avec lui, mais se disaient satisfaits de leur bac. La mort dans l'âme, Aimé regagna Drummond. Élise s'attendait à un tel résultat. Elle garda pour elle ses reproches. Aimé pensait devoir se tourner les pouces tant les activités ralentissaient à Drummond. Il désespérait de se trouver un emploi, quand le curé l'informa qu'on lui avait réservé le poste de collecteur du côté de Drummond.

— Il nous faut quelqu'un pour recueillir l'argent des gens qui traversent le pont. On avait tout naturellement pensé t'offrir ce travail, puisque le pont t'a fait perdre le tien.

— Je ne me vois guère enfermé toute la journée à attendre que quelqu'un daigne traverser.

— Ne te fie pas à ce qui se passait à la traverse. Les gens ne venaient que quand ils étaient vraiment obligés. Tu verras. Maintenant qu'il y a un pont, ils accourront beaucoup plus souvent. Ça va être l'occasion pour toi de faire connaissance avec beaucoup de monde. Dans moins d'un an, tu seras connu par une foule de personnes.

Le curé vendit si bien sa salade que, malgré ses réticences, Aimé accepta de tenter l'expérience. Pendant quelques semaines, il se plut à ce travail. Il avait l'occasion de causer avec l'un ou l'autre, le plus souvent de la pluie ou du beau temps. Certains étaient toujours pressés. Il n'y avait rien à en attendre. Heureusement, d'autres personnes s'arrêtaient volontiers, le temps de fumer une bonne pipe. La plupart du temps, ce qu'elles racontaient s'envolait avec la fumée qui montait au plafond. Aimé était alors obligé d'ouvrir la porte et l'unique fenêtre afin d'aérer la baraque lui servant de guérite. Parfois, certains entretenaient des conversations beaucoup plus intéressantes, sur leur famille ou encore leur travail.

Les jours de pluie, ceux qui se montraient le nez filaient sans plus attendre. Aimé remarqua à quel point le temps joue sur l'humeur des gens. Il se rendit compte que certains venaient de loin, comme Nicolas Plourde de Sainte-Anne-du-Sault, qui possédait un moulin à scie sur la Bécancour. Le gaillard était un bon conteur et Aimé avait beaucoup de plaisir à l'entendre. Il se serait également volontiers lié d'amitié avec Donat Lamy, de Baie-du-Febvre, qui l'invita plus d'une fois à venir chasser le canard sur les bords du fleuve. C'était aimable de sa part, sauf qu'Aimé était retenu à son travail, sept jours sur sept, le dimanche inclus. Le curé Marchand fermait les yeux : il fallait bien que quelqu'un collecte l'argent nécessaire pour rembourser celui emprunté pour la construction du pont. Et Dieu sait que ses retombées étaient appréciables, parce que le pont était très fréquenté le dimanche. Le curé avait gagné son pari, les habitants du village de la tannerie venaient maintenant nombreux à la messe. Le montant rapporté par la quête avait ainsi augmenté.

Tout aurait été bien dans le meilleur des mondes si Élise ne s'était pas mise à se plaindre qu'elle ne voyait plus son Aimé. Le curé fut bien forcé d'admettre qu'il devrait trouver quelqu'un pour remplacer Aimé, au moins le dimanche. Ainsi, il pourrait assister à la messe et passer du temps à la maison. Elle gagna son point, mais ne bénéficia guère des résultats escomptés, car Aimé profitait de cette journée de congé pour s'évader de la maison. Il inventait toutes sortes de raisons pour le faire. Quand ce n'était pas pour chasser ou tendre des pièges, c'était pour rendre visite à un nouvel ami qu'il s'était fait du côté de Wendover ou de Kingsey. Il prétendait le plus souvent chercher un travail moins monotone que le sien, ce qui lui permettait de flâner du côté de la tannerie ou de la fonderie. Il se rendit également voir s'il ne serait pas heureux de travailler au moulin à scie de monsieur Vassal. Autant il ne bougeait pas pendant la semaine, autant il ne tenait pas en place le dimanche.

Élise désespérait de pouvoir créer, au moins le dimanche, un semblant de vie familiale. La plupart du temps, elle se retrouvait seule avec sa mère, Guillaume, Denise, Francesca, Vianney et Victoire. Elle ne se plaignait toutefois pas de ne plus voir Médée manger comme un porc à table. Elle en était enfin délivrée.

Quelque temps passa de la sorte jusqu'à ce qu'Aimé arrive un beau midi en annonçant qu'il venait de quitter pour de bon sa guérite. Élise soupira d'aise et demanda :

— Où comptes-tu travailler ?

— Aux forges.

— Qu'y feras-tu ?

— Je ne le sais pas encore, mais le *foreman* m'a assuré qu'il y aurait une place pour moi.

— Qu'est-ce qu'on y fabrique au juste ?

— Des roues de wagons de chemin de fer, des tuyaux de fonte et éventuellement des rails de fer, parce qu'on ne produit plus de rails de bois.

— Tu n'aurais pas aimé mieux t'engager à la tannerie ?

— C'est loin d'ici. On aurait été obligés de déménager, tandis que là, puisqu'on peut continuer à louer la maison, il n'y a rien de plus proche que les forges.

— T'aurais pu t'essayer à la manufacture de voitures de monsieur Pépin ou encore comme bûcheron pour monsieur Vassal, sinon à la manufacture de bobines…

— J'aurais pu. Seulement tu n'es pas à ma place. D'abord, on m'a dit que la manufacture de bobines est à la veille de fermer. Je ne suis pas menuisier, monsieur Pépin n'aurait pas voulu de moi pour ses voitures. Ensuite, bûcheron, je l'ai été assez. J'ai choisi les forges, un point c'est tout.

— Sans savoir ce que tu vas y faire.

— Je l'apprendrai bien !

Élise laissa tomber. Aimé avait choisi de s'engager aux forges, il ne changerait pas d'idée. Qu'est-ce qu'il allait bien y faire et que deviendrait la famille ? Élise savait qu'elle vivait un tournant. On ne laisse pas derrière soi, sans conséquence, des années de travail à son compte à faire un métier en plein air qui nous plaît tout en étant son propre patron, pour se mettre soudain aux ordres de quelqu'un d'autre. C'était pourtant ce qu'Aimé vivait.

Chapitre 49

Aux forges

L'hiver débutait. Aimé se donna tout de suite à fond à son travail aux forges. L'édifice, constitué de deux hauts fourneaux et de quatorze charbonnières, se dressait au bord de la rivière, entouré d'un abri pour un compresseur, d'un engin à vapeur, d'un atelier de réparations et d'entretien, d'une écurie, d'un magasin avec une boulangerie, et des habitations de logements pour le personnel permanent de l'usine.

On avait offert à Aimé de travailler à l'extraction de la limonite nécessaire à la production des roues des wagons ou à la coupe de bois pour la production du charbon servant à faire fonctionner les hauts fourneaux. Aimé préféra la production du charbon. Il partait tôt le matin pour se rendre aux forges et revenait le soir à l'heure du souper, passablement fatigué et noir de la tête aux pieds. Élise veillait à ce qu'un bain soit prêt dès son arrivée. Il se lavait, se mettait à table sans mot dire, ne trouvant jamais le moyen de raconter les péripéties de ses journées.

Élise ne fut pas longue à constater qu'il était malheureux et n'appréciait pas son travail. Il était trop orgueilleux pour avouer qu'il avait fait un mauvais choix. D'être à longueur de journée dans la grosse chaleur et la poussière de charbon contrastait avec ce qu'il avait connu du temps où il était maître de la traverse. Cette liberté lui manquait. De plus, une autre chose lui tapait particulièrement sur les nerfs : on lui versait son salaire toutes les deux semaines, non pas en argent, mais bien en coupons qu'il ne pouvait utiliser qu'au magasin des forges. Il rouspétait :

— J'aimerais bien connaître celui qui a eu cette idée. Je lui ferais passer un mauvais quart d'heure.

— Tu sais bien que tu n'en ferais rien…

— Tu penses ? Je lui ferais avaler ses pitons.

De pouvoir ainsi laisser cours à ses récriminations lui permettait de continuer à s'adonner malgré tout à ce travail qui lui déplaisait. Il était employé aux forges depuis à peine quelques semaines, quand disparut un des motifs de son irritation. Le propriétaire des forges, monsieur Robert McDougall, décéda et ce fut son frère George qui lui succéda. Il apporta aussitôt un changement majeur dans l'administration des forges en vendant le magasin général et la boulangerie, si bien que les ouvriers furent désormais payés en argent. Aimé délaissa son travail de charbonnier pour celui de bûcheron. Il se joignit aux équipes engagées pour la coupe de bois à Saint-Nicéphore. S'il ne couchait pas chez lui en raison de son travail matinal, il n'en était pas loin et profitait des dimanches pour faire un saut à la maison. Même s'il avait laissé entendre qu'il avait suffisamment bûché dans les chantiers, il semblait se plaire davantage à ce travail en plein air, bien qu'il lui volât beaucoup d'énergie.

Le voyant dans de meilleures dispositions, Élise eut la malencontreuse idée de suggérer un déménagement. Aimé s'insurgea :

— Pourquoi ? Tu n'es pas bien chez nous ?

— Je le suis, mais j'aimerais te savoir tous les soirs à la maison. Qu'est-ce que tu dirais si on déménageait à Saint-Nicéphore ?

— N'y pense pas ! Ce n'est pas écrit que je serai bûcheron toute ma vie. Je le suis actuellement parce que nous avons besoin d'argent pour manger et payer le loyer. En attendant, j'ai les oreilles bien ouvertes à tout autre travail qui pourra se présenter et ferait davantage mon bonheur.

Il venait alors de vendre son bac double pour une bouchée de pain. Élise se garda bien de commenter, ne voulant pas l'irriter en lui rappelant qu'elle l'avait prévenu de ne pas le construire.

— Que comptes-tu faire, sinon bûcher ? Aurais-tu idée de redevenir passeur ?

— Justement, ce n'est pas impossible que ce soit à trois milles ou trois cents milles d'ici.

Cette réflexion inquiéta Élise. La faisait-il marcher ? Il était bon pour laisser entendre un tas de choses qu'il se gardait bien d'accomplir, mais comme passeur, ce n'était pas la même histoire.

— Aurais-tu entendu parler d'une possibilité ?

— Tu verras dans le temps comme dans le temps !

Une fois de plus, il laissa Élise indécise. Il savait pourtant qu'elle allait se ronger les sangs. Les jours passèrent et tout laissait croire que les choses se replaçaient pour eux. À la maison, tout allait pour le mieux. La grand-mère vieillissait bien, Denise était toujours présente pour seconder Élise et Guillaume continuait à travailler au magasin général. Vianney fréquentait la nouvelle école des garçons et s'y plaisait, bien qu'il laissât entendre de temps à autre que les bons frères enseignants se montraient sévères. Georgiana semblait heureuse dans son école à Kingsey et, aux dernières nouvelles, Annabelle appréciait sa vie religieuse. Quant à Francesca et Victoire, elles étaient choyées par leur mère et le lui rendaient bien.

Un phénomène particulier se passait depuis plusieurs années dans les familles de Drummond et des environs. Le travail manquait cruellement. On savait par ceux et celles qui revenaient en visite qu'il était possible de gagner honorablement sa vie aux États-Unis. Élise avait un frère, Norbert, qui était parti avec sa femme depuis quelques années au Massachusetts. Son départ avait été la cause de dissensions dans la famille. Leur père, en particulier, l'avait très mal pris. On était sans nouvelles de lui depuis plus d'un an quand cette lettre arriva.

Lowell, 28 novembre 1885

Bonjour Élise,

Tu seras sans doute surprise de recevoir ces nouvelles de ma part, étant donné que nous avons peu communiqué depuis mon départ pour les États. Mais, les choses se replaçant maintenant pour moi, j'ai repensé à mon passé. Judith et moi avons beau vivre bien loin, nous n'oublions pas où nous sommes nés et ce que nous avons laissé dernière nous – nos parents, nos frères et nos sœurs. Je regrette de ne pas être à Drummond quand quelqu'un que je connais meurt. Je ne voudrais pas que ça m'arrive si jamais maman mourait. Je veux la revoir avant qu'elle meure. Comme tu la gardes, et que Judith et moi avons décidé de faire un tour au Canada, j'ai pensé t'écrire pour t'annoncer notre visite. Nous devrions être à Drummond vers le milieu de mars prochain. Nous aimerions bien avoir le plaisir de vous voir tous.

Ton frère Norbert

P.-S. Écris-moi au 42 Pawtucket Street, Lowell, Massachusetts, États-Unis

Quand Aimé apprit la venue de ce beau-frère des États-Unis, il se montra fort intéressé à ce qu'il allait lui apprendre. Il se promit de lui faire raconter en long et en large un peu tout ce qui lui était arrivé depuis son départ là-bas. Il savait par contre que le curé Marchand, à l'instar de monseigneur Laflèche, désapprouvait ces départs pour les États-Unis. Il avait d'ailleurs été témoin d'une prise de bec entre le curé et un paroissien de Drummond sur le point de partir.

— Notre évêque a dit, lui reprochait le curé, que ceux qui partent pour les États-Unis sont des victimes de leur imprévoyance, de leur ivrognerie et de leur goût pour le luxe, et qu'ils reculent devant les sacrifices que notre pays leur demande.

— Traitez-nous donc de lâches et de saoulons, rétorqua l'autre.

Le curé ajouta :

— Monseigneur a raison quand il dit que "nos bons Canadiens français devraient se contenter de peu comme autrefois. Qu'ils se satisfassent de ce qu'ils ont et s'ils n'en ont pas assez, qu'ils sachent souffrir, la souffrance a son mérite."

L'homme reprit d'une voix courroucée :

— À ce que je sache, monseigneur l'évêque n'a pas de femme et d'enfants à nourrir. Tout ce qu'il a à faire est de s'asseoir à table et de se laisser servir.

Le curé, qui habituellement avait la réplique facile, ne sut quoi répondre.

Chapitre 50

La visite de l'oncle Norbert

Comme il l'avait laissé entendre, l'oncle Norbert arriva des États au milieu du mois de mars avec sa femme Judith, une vraie beauté, gentille et souriante. Ils avaient pensé à apporter des cadeaux. Guillaume reçut un canif. Quand il le lui donna, son oncle commenta : « Je ne savais pas trop quoi t'offrir, mais habituellement un jeune homme aime bien en avoir un. » Il avait vu juste, car son cadeau fit grandement plaisir à Guillaume.

Il y avait déjà sept ans que l'oncle se trouvait aux États-Unis. Il s'était marié quelques mois avant de partir pour Lowell, au Massachusetts. L'oncle était mécanicien et très habile de ses mains, ce qui lui fut très utile pour se trouver rapidement un emploi à Lowell. Comme il le raconta, dans des filatures comme celles de Lowell, il ne se passait pratiquement pas une journée sans qu'un appareil quelconque ne se brise. Il était aussitôt appelé à la rescousse pour procéder aux réparations et, parce qu'il était devenu bien vite indispensable et sauvait beaucoup d'argent aux propriétaires, ils le payaient très bien. Il n'avait mis que quelques années à acheter une maison et il vivait heureux dans un endroit où l'hiver était beaucoup moins rigoureux qu'à Drummond et où il y avait moyen de vivre très aisément. Tout cela, il le raconta alors qu'Aimé était à la maison. Il fut bombardé de questions.

— Y a-t-il beaucoup de Canadiens français à Lowell ?

— Plusieurs milliers. La plupart vivent dans ce qu'on appelle le Petit Canada.

— Le Petit Canada ?

— Oui ! Ça s'appelle de même. Un entrepreneur a eu l'idée de construire un bloc, rue Aiken. Ce sont des Canadiens français qui sont allés habiter là. Le bloc a été plein dans le temps de le dire. Quand il a vu que ça marchait bien, Samuel Marin, le constructeur, a décidé d'ériger d'autres blocs qui furent loués aussi vite. Ce quartier est devenu français. On y trouve toute une série de bâtiments sur la Pawtucket Street, Aiken, Coolidge et Ward.

— Est-ce qu'il y a comme ici, une église, une boulangerie, des épiceries, un magasin général ?

— Bien sûr ! Nous avons notre église et, tout le long de la rivière Merrimack, à partir du pont de la rue Aiken jusqu'à celui de Centralville, il y a plusieurs magasins. On peut y acheter de tout, et en français à part ça, du linge, des meubles et tout ce qu'on a d'besoin pour la maison.

Sa femme acquiesçait d'un geste vif de la tête à tout ce qu'il disait. Elle renchérissait de temps à autre :

— Tu veux des bonbons, tu peux en avoir. Il te manque des boutons, tu vas en trouver chez madame Louise. Du fil, il y en a partout, comme de tout le reste, de la viande, du tabac, des fruits, des légumes. On manque de rien.

Son mari reprit :

— Si jamais il nous manque quelque chose, on peut facilement l'obtenir par un peddleur ou l'autre. Je gagerais d'ailleurs qu'on en a plus qu'icitte. On a des vendeurs de glace. On a des espèces de glacière et pour quinze cents on se les fait remplir. C'est bon pour quelques jours, à condition de ne pas oublier de vider deux fois par jour le plat qu'on met sous la glacière pour recueillir l'eau, parce que la glace, même quand elle est dans une glacière, fond vite, surtout en été.

Se tournant vers son épouse, il poursuivit :

— Par les peddleurs, on peut avoir à peu près tout, hein, Judith ?

— J'te crée ! Des patates, des pommes, une grosse boîte pour cinquante cents, dans le temps des pommes, bien entendu. On achète même des bananes, mais pas à la livre, à la douzaine, en plus que c'est un marchand juif qui nous livre les meilleures. Avec lui, il faut marchander. S'il te demande vingt cents, tu en proposes dix et tu es certaine d'avoir ce que tu veux à quinze cents, comme des tomates ou des concombres.

Plus la tante parlait, plus elle s'animait et plus Guillaume la trouvait belle. Elle parla encore d'un peddleur qui vendait du savon fabriqué avec des restants de graisse de viande et des poussières d'os, ou encore d'un autre qui répare tout, mais surtout les parapluies. L'oncle leur apprit qu'il y avait même un Syrien qui parlait français et vendait du beau linge à bon prix, sans compter « un autre Juif qui, lui, achète tout ce qui s'appelle guenilles, bouteilles ou flacons. Il ne donne jamais grand-chose, une cenne ou deux. On ne sait pas trop ce qu'il fait avec ».

La tante précisa que la meilleure rue pour faire des achats et celle qui se développait le plus vite, était la rue Moodey. Bientôt, soutint l'oncle, il y aurait là-bas à peu près tout ce qu'on trouve au Canada et plus encore, parce que le coin grossissait à vue d'œil.

— Il y a suffisamment d'argent pour tout le monde, ajouta Norbert. Le Petit Canada de Lowell est plus peuplé que Drummond. On peut y voir de beaux spectacles de chant ou de danse et il y a même un journal français qui s'appelle *L'Étoile*. Il paraît une fois par semaine et rapporte toutes les nouvelles de Lowell, mais aussi de la Nouvelle-Angleterre et du Canada.

— Ça me semble intéressant de demeurer là, remarqua Aimé.

— Oui, renchérit Norbert. À condition de ne pas vivre dans un des blocs du Petit Canada.

— Pourquoi donc ?

— Parce que les gens y sont cordés les uns sur les autres. Les blocs ont été construits en vitesse et beaucoup trop proches les uns des autres. Il y a des places, je vous mens pas, où c'est impossible d'ouvrir les fenêtres, parce que vous pouvez vous retrouver avec les eaux sales que le voisin voulait jeter entre les deux maisons. Moi, quand quelqu'un m'apprend qu'il veut venir vivre à Lowell, je lui conseille, s'il a un peu d'argent, de prendre un logement pas loin du Petit Canada, mais pas dedans, à moins que ça ne le dérange pas d'avoir ses voisins pratiquement chez lui.

Ces renseignements intéressèrent Aimé au plus haut point. Il s'informa de la meilleure façon de s'y rendre.

— Avant, assura son beau-frère, les gens partaient de chez eux en voiture et faisaient tout le trajet de cette façon. Aujourd'hui, la meilleure manière de se rendre à Lowell est de prendre le train. À partir de Drummond il faut passer par le Vermont. Le *best*, c'est de le faire en deux jours, dépendant des trains. De toute façon, il y a sur les trains des hommes qui sont payés pour servir d'interprètes et vous dire où et quand débarquer. Il y en a un ou deux à Lowell qui attendent les arrivants à la gare et les conduisent aux appartements à louer.

L'oncle Norbert et la tante Judith passèrent trois jours à Drummond. L'oncle fut très ému de retrouver sa sœur Élise et sa mère. Éméraldine était une femme positive qui ne se rebellait pas malgré son handicap et passait paisiblement ses journées en se rendant utile à sa manière, puisque pour tricoter ou aider à la cuisine elle n'avait pas besoin de voir. Elle se montra particulièrement heureuse de la visite de son fils qui, après en avoir glissé un mot à Élise, et avec l'assentiment de son épouse, lui offrit de la prendre avec eux à Lowell.

— Vous y seriez bien, promit-il. Il fait moins froid qu'ici en hiver.

Sa mère ne mit guère de temps à lui répondre :

— Ça fait trop longtemps que je reste chez Élise pour changer de place. En plus, prendre le train pour me rendre là-bas me fatiguerait trop. J'aime bien mieux rester ici. Aimé et Élise me traitent bien. J'ai pas à me plaindre. Monsieur le curé vient me voir de temps à autre et m'apporte la communion. Je ne pense pas que ce serait pareil là-bas. En plus, je veux être enterrée à côté de votre père.

— Même si vous mourriez à Lowell, m'man, on pourrait vous faire enterrer ici, vous savez !

— Merci bien ! Je sais que ton offre vient de ton bon cœur et j'en suis reconnaissante, mais à mon âge, tout ce que je demande c'est de ne pas être obligée de sortir et de changer de place. Il me faudrait apprendre à connaître la nouvelle maison. Ici, je sais où sont toutes les choses.

Norbert n'insista pas. Au fond, sans doute s'attendait-il à ce refus. Le dernier soir qu'il passa à Drummond, Aimé le questionna à nouveau sur Lowell. Il insista pour savoir quel genre de travail on y offrait.

— Quand un homme a un métier comme moi, il peut facilement se faire engager, parce que chaque année des milliers de personnes viennent s'établir à Lowell. Malheureusement, comme il y a des ponts, il n'y a pas de traverse. Malgré ça, tu pourrais trouver de l'ouvrage dans un moulin.

— Quel genre de travail y a-t-il à faire dans les filatures ?

— Ça ne varie pas beaucoup. Les femmes sont pour la plupart aux fuseaux à fil comme enfileuses ou encore comme fileuses. Certaines tissent, mais des hommes également.

— Quels sont leurs gages ?

— Un dollar pour douze heures de travail par jour pour une femme.

— Et les hommes ?

— Un dollar cinquante pour le même temps d'ouvrage.

— C'est pas très payant.

— Les gens s'arrangent pour faire travailler toute la famille. Tous leurs salaires mis ensemble leur permettent de bien vivre, s'ils savent utiliser leur argent comme du monde.

— Je suppose qu'il y a d'autres ouvrages pour les hommes ?

— Pour ceux qui n'aiment pas travailler en dedans, il y a la construction et l'entretien des routes, de l'aqueduc et des égouts. Plusieurs le font pendant l'été, pis en hiver ils vont bûcher le bois de cordes. Ça prend beaucoup de bois pour chauffer les moulins et les maisons.

Norbert et Judith les quittèrent pour aller visiter le reste de la famille du côté de Wickham et Roxton. Après leur départ, Aimé resta bien songeur.

Chapitre 51

La grande décision

Le passage de l'oncle Norbert et de la tante Judith laissa des traces à la maison. L'idée du déménagement germa peu à peu dans l'esprit d'Aimé durant les semaines qui suivirent. Plus il y réfléchissait, plus il se disait: «Bûcher ici ou aux États, c'est la même chose, sauf que c'est plus payant là-bas.» Désireux d'en savoir plus là-dessus, il se mit à faire le tour des familles qui avaient des membres aux États-Unis. Norbert lui avait dit en partant: «Aimé, si jamais tu veux venir à Lowell, tu me le fais savoir. Je vais m'arranger pour vous trouver un appartement et de l'ouvrage pour toute la famille.»

Aimé arriva un soir de bien bonne humeur. Il leur apprit qu'il s'était informé combien ils pourraient faire d'argent à Lowell s'ils y travaillaient tous, sauf Élise et Victoire qui resteraient à la maison. Il estimait pour sa part rapporter une piastre et demie par jour. Il savait qu'un loyer coûtait douze à quinze piastres par mois. Si Georgiana, Denise, Vianney, Francesca et Guillaume travaillaient à une filature, ils rapporteraient ensemble quelque chose comme cinq piastres par jour, cinq jours par semaine, ce qui donnait au bout du mois cent piastres. En ajoutant cela à son salaire, ça se chiffrait à pas moins de cent trente piastres. Une fois le loyer payé, il lui resterait par mois cent quinze piastres pour couvrir la nourriture. « Il paraît qu'avec vingt piastres, précisa-t-il, nous aurions de quoi nous nourrir pour un mois. Il faudrait payer nos vêtements, mais une fois ça fait, on mettrait au moins cent piastres de côté par mois. » Aimé se disait qu'au bout d'un an, il serait assis sur une fortune d'au moins mille deux cents piastres. Après deux années, la famille reviendrait à Drummond. Il achèterait un magasin où Guillaume travaillerait avec Georgiana, Denise, Francesca et même Vianney et Victoire. Lui, il verrait aux achats. Ils auraient enfin leur maison à eux et tout le monde les envierait.

À cette seule évocation, Élise sentit l'inquiétude monter en elle. Elle se raidit dans la crainte de voir Aimé mener son idée jusqu'au bout. Elle ne se voyait pas du tout déménager aux États-Unis. Son frère avait laissé entendre qu'ils y vivaient bien, sauf que Norbert n'était pas Aimé, qui n'acceptait pas d'autre patron que lui-même. Elle souleva une objection :

— Aimé, tu n'as pas pensé à ma mère.

— Elle n'aura qu'à venir avec nous.

— Tu sais qu'à son âge un pareil voyage et de si gros changements risquent de la tuer.

— Ben non ! Une fois rendue là-bas elle va s'habituer vite. Rester dans une maison ici ou à Lowell, quelle différence ça fait ?

À bout d'arguments, Élise cessa de discuter. Dès qu'elle en eut la chance, elle écrivit à ses frères et ses sœurs pour expliquer la situation, pensant que l'un ou l'autre allait s'offrir à prendre leur mère. Elle n'eut pas de succès. Les Cournoyer n'étant pas une famille où l'on se fréquentait beaucoup, et leur mère étant aveugle, personne ne se manifesta. Élise dut se résoudre à expliquer la situation à sa mère afin de la préparer tranquillement à ce qui s'en venait pour eux.

Mai arriva. Aimé les informa que son idée était faite. Ils déménageaient aux États-Unis à Lowell, Massachusetts. Ils allaient vendre leurs meubles à l'encan, ce qui rapporterait assez d'argent pour payer leurs billets de train. Il prévint Norbert. Selon l'oncle, ils n'avaient aucun souci à se faire. En arrivant là-bas, il les attendrait pour les mener à l'appartement qu'il se chargeait de réserver pour eux. Il y aurait du travail pour chacun au moulin Boot. Bien sûr, il faudrait sans doute qu'ils s'habituent au début à ce nouveau travail, mais ils apprendraient vite et auraient là une vie bien meilleure que celle qu'ils menaient à Drummond.

Quand Georgiana apprit la nouvelle, elle rappela qu'elle devait enseigner à Kingsey. Son père lui dit :

— Si jamais tu ne veux pas travailler au moulin à Lowell, je suis certain que tu pourras te trouver du travail d'institutrice. Il y a beaucoup d'enfants trop jeunes pour travailler dont les parents ne demanderont pas mieux que tu leur fasses l'école.

Georgiana protesta vivement :

— C'est bien beau, seulement il me faudra trouver une place pour les réunir et, en plus, je suis certaine qu'il y a déjà des écoles là-bas.

Elle eut beau argumenter, son père ne changea pas d'avis. Georgiana allait venir avec eux, un point c'est tout.

Au début, Guillaume n'était guère enthousiaste à l'idée de quitter Drummond. Petit à petit pourtant, se souvenant que Nashua, où habitait la belle Louise Grandmont, n'était pas loin de Lowell, et son désir de voyager prenant le dessus, il se fit à cette idée, se disant qu'au fond, si tout marchait comme leur père le laissait entendre, ils ne seraient pas absents plus de deux ans et qu'à leur retour leur vie serait drôlement meilleure.

Il y eut un véritable branle-bas de combat dans la maison. Ils firent le tri dans ce qu'ils allaient vendre et ce qu'ils allaient emporter. Ils n'avaient droit chacun qu'à une valise dans laquelle il leur fallait mettre leur linge et ce qu'ils désiraient conserver. Tout ce qu'ils laissaient sur place devait être vendu à l'encan la veille de leur départ. Il y eut foule à cette vente, parce qu'ils vidaient complètement la maison. Les meubles partirent en premier, la table de cuisine, les chaises, le fauteuil, les deux commodes, le buffet. Les lits furent vendus, mais les acheteurs durent attendre au lendemain, après leur départ, pour venir les chercher. On se disputa les divers outils, de même que la barque et ses accessoires. La vache trouva aussi preneur. Heureusement, Aimé accepta qu'ils emmènent avec eux Vulcain qui commençait à se faire vieux, même s'il était un membre à part entière de la famille depuis plusieurs années.

Tous pensaient que la grand-mère allait être un fardeau. Elle se plia pourtant à la décision d'Aimé. Élise l'assura qu'elle s'occuperait d'elle durant tout le voyage et qu'elle n'aurait qu'à se reposer dans le train.

La vente de tous leurs biens les attrista au plus haut point. Ils prirent conscience qu'ils laissaient derrière eux un monde qui avait toujours été le leur, pour plonger dans l'inconnu. Seraient-ils heureux à Lowell ? Le rêve d'Aimé se réaliserait-il ?

Chapitre 52

Le long voyage

Lowell n'était pas à la porte. Heureusement, ils pouvaient prendre un train à Drummond et, après quelques changements dans des gares principales, parvenir à destination. Une chose qu'il fallait accorder à Aimé est qu'il ne laissait rien au hasard. Son travail de traversier le lui avait appris. Aussi avait-il en main les billets nécessaires à leur déplacement et ils pouvaient compter sur les interprètes. Ils ne risquaient pas, comme le leur avait raconté l'oncle Norbert, qu'il leur arrive une mésaventure semblable à celle vécue par une certaine famille de dix enfants.

— Les pauvres, racontait Norbert, ils ne parlaient pas un mot d'anglais. Le père était déjà rendu là-bas et devait les attendre à la gare de Lowell. Tout se passa bien dans le train, même si ni la mère ni les enfants ne comprenaient rien à ce que disaient les employés. Quand le percepteur de billets arriva, il n'y eut aucun problème. La mère soupirait cependant à tout moment et avait bien hâte d'arriver. Par signes, elle tâcha de faire comprendre à un voyageur qu'elle et sa famille se rendaient à Lowell. Le train arrêtait à la moindre gare et chaque fois elle demandait: "On est-tu à Lowell?" Le bonhomme faisait non de la tête. À un moment, ils arrivèrent à une plus grosse gare. La mère s'écria: "Lowell?" Le bonhomme répondit: "No! Nashua." La mère pensa: "Il va nous prévenir quand on sera à Lowell." Le train continua son petit bonhomme de chemin à grands coups de sifflets et de tchou! tchou! Le voyageur s'endormit. Le train arrêta à quelques reprises sans qu'il ne se manifeste. La mère n'osait pas le réveiller et se mit à s'inquiéter. Elle tenta de se faire comprendre par un des employés, un grand Noir gentil et souriant qui ne savait pas du tout ce qu'elle voulait en répétant "Lowell, Lowell".

«Au bout d'un moment, le bonhomme sur qui elle comptait pour lui indiquer quand elle serait à Lowell se réveilla. "*My God*, dit-il, *it's Boston!*" Ils avaient dépassé Lowell de cent kilomètres. Ce fut toute une histoire pour récupérer les bagages et reprendre le train jusqu'à Lowell. Quand ils y arrivèrent, le père n'était plus là pour les attendre. Heureusement, elle put parler à un compatriote qui fut assez gentil pour prévenir le bonhomme de l'arrivée de sa famille.»

Il n'y avait pas de danger, avec Guillaume, qu'ils vivent la même mésaventure. Leur voyage se fit en deux jours avec des escales à n'en plus finir dans plusieurs gares. Si on le leur avait demandé, ils n'auraient pas trop su dire par où ils étaient passés. Ils traversèrent la frontière du côté du Vermont, ensuite, le train descendit par Plymouth et Nashua jusqu'à Lowell. Ils dormirent dans les gares en attendant de changer de train avec une grande hâte d'arriver. La grand-mère était très fatiguée, même si elle avait somnolé pratiquement pendant tout le voyage. Aimé avait le nez dans ses carnets et calculait sa future fortune.

Ce long voyage, ils ne l'oublieraient jamais. Les wagons étaient bondés. Toutes sortes d'odeurs leur montaient au nez. Des enfants pleuraient, d'autres se chamaillaient dans les allées. Ça toussait, ça crachait, ça riait, ça braillait, et le train semblait ne jamais vouloir atteindre sa destination. Jamais ils n'auraient pensé qu'ils pourraient se faire secouer autant. Quand ils essayaient de se reposer, le tac tac des roues les ennuyait jusqu'à ce qu'il finisse par n'être plus qu'un bruit à travers leurs rêves. Au début du voyage, ils s'intéressaient au paysage, mais à la longue, il n'y avait rien d'autre à voir que des arbres et encore des arbres.

Heureusement que l'oncle Norbert les attendait à la gare quand, courbaturés, ils descendirent enfin du train. La grand-mère avait peine à marcher. Cependant, Lowell leur fit tout de suite une bonne impression, sans doute en raison de sa rivière. Avec les moulins des filatures, les ponts sur la rivière et tous les blocs un peu partout, on se rendait vite compte qu'il s'agissait d'une ville beaucoup plus grosse que Drummond.

L'oncle avait tenu parole : il les conduisit à leur appartement non loin de là où il demeurait lui-même. L'endroit était à demi meublé. Il leur faudrait se débrouiller pour acheter tout ce qui manquait. L'argent qu'Aimé avait touché pour la vente de leurs meubles avait servi en bonne partie à payer les billets de train et le reste risquait fort d'être vite englouti. Mais comme disait Aimé : « Il faut c'qu'il faut. Le temps de le dire et nous vivrons encore mieux qu'à Drummond. » Élise n'était pas de cet avis, ce qui causa beaucoup de flammèches. Il était visible qu'elle était venue, tout comme la grand-mère, contre son gré.

Une chose, cependant, qu'il fallait donner à Élise, c'est que jamais elle ne manquait à son devoir de bonne mère.

On se rendait vite compte que si le père décidait, en réalité c'était la mère qui permettait à tous de tenir le coup et de ressembler à une famille unie.

Pour lors, Élise regrettait la visite de l'oncle Norbert et de la tante Judith qui, en leur vantant Lowell et les possibilités de s'y enrichir, avaient persuadé Aimé d'imiter des milliers de ses compatriotes et de tout laisser derrière pour commencer une vie nouvelle. On ne connaît pas l'avenir. Sans doute est-ce mieux ainsi.

Chapitre 53

L'établissement

À leur arrivée à Lowell, après s'être fait brasser pendant des milles et avoir passé des heures à attendre les changements de train, ils étaient si fatigués que, malgré l'inconfort des lieux, ils passèrent une nuit convenable dans cet appartement où ils allaient désormais vivre, au deuxième étage d'un bloc qui en comptait quatre. On y entrait en haut de l'escalier donnant sur le corridor, où s'ouvraient des chambres, le tout débouchant sur ce qui servait à la fois de salle à manger et de cuisine. Tout se passait d'ailleurs dans la cuisine. Les parents avaient leur chambre, la plus grande, près de l'entrée. La grand-mère et Victoire occupaient celle adjacente. En face s'ouvrait celle de Georgiana, Denise et Francesca, et au bout celle qu'occupaient Guillaume et Vianney. Dans les chambres des enfants, qui ressemblaient davantage à des placards, on avait disposé des lits superposés. Ils avaient à peine l'espace nécessaire pour accrocher leurs vêtements au mur.

Ils n'auraient pas soupé si la tante Judith n'avait pas eu la bonne idée de leur apporter à manger. Elle avait préparé un ragoût qui fut englouti dans le temps de le dire. Comme on le faisait toujours avec le ragoût, les tranches de pain qui l'accompagnaient servirent à faire disparaître les dernières traces de sauce au fond des assiettes. Pour dessert, elle les gâta de belles pointes de tarte aux pommes avec de la crème. Ils ne savaient pas qu'ils allaient passer des mois avant de pouvoir se régaler de nouveau de la sorte.

À six heures, le lendemain de leur arrivée, ils furent réveillés par les sirènes des moulins. L'oncle avait prévenu Georgiana, Guillaume, Denise, Vianney et Francesca :

— Vous n'aurez pas besoin de vous lever de bonne heure demain matin, je viendrai vous chercher vers neuf heures pour vous conduire au moulin. On vous expliquera le fonctionnement et vous pourrez commencer à travailler.

Aimé, de son côté, comptait se trouver un emploi le jour même. L'oncle promit de l'accompagner :

— Pendant que je conduirai les enfants au moulin, suggéra-t-il, tu pourras donner un coup de main à ta femme pour mettre la place en ordre et voir ce qui manque. Judith va venir vous aider. Quand je reviendrai, nous irons acheter ce qu'il vous faut pour la cuisine et tout le reste. On en profitera pour rapporter quelques provisions. Judith aidera Élise à préparer des lunchs pour le dîner des enfants. J'emmènerai la petite les leur porter au moulin afin qu'elle s'habitue. Si jamais Élise décide ensuite de faire des lunchs en surplus le midi, Victoire pourrait les vendre en allant porter ceux de ses frères et sœurs. De même, elle rapporterait aussi un peu d'argent. Après le dîner, j'irai avec toi voir s'il n'y aurait pas une place de bûcheron pour le bois de corde. Ça devrait, il manque des hommes tout le temps.

Vers neuf heures moins quart, l'oncle conduisit les cinq enfants Courchesne au moulin Boot, un immense et impressionnant édifice où il les laissa au contremaître. Des centaines de personnes y travaillaient. Celui-ci leur fit faire le tour du moulin pour les familiariser un peu. Il avait beau parler français, ils comprenaient à peine ce qu'il disait, tellement il y avait de bruit. Il suggéra à Georgiana, Denise et Francesca de travailler comme fileuses et à Guillaume et Vianney d'apprendre le métier de tisserand. Il leur expliqua que ça leur prendrait quelque temps à se familiariser avec leur travail, mais quelqu'un les aiderait et qu'avec le temps ils se révéleraient de très bons ouvriers. Guillaume voulut savoir combien ça payait par jour. L'oncle précisa que pour les deux premiers mois, durant leur entraînement, ils n'auraient que cinquante cents par jour. Ensuite, s'ils donnaient un bon rendement, ils toucheraient jusqu'à une piastre. Il ajouta qu'il leur fallait être chaque matin à sept heures au moulin, qu'ils disposaient d'une heure pour dîner mais que s'ils le préféraient, ils pourraient ne prendre qu'une demi-heure, et qu'après ils fileraient jusqu'à six heures du soir.

Pendant que Guillaume et Vianney l'attendaient, le contremaître conduisit Georgiana, Denise et Francesca à leur étage et leur indiqua leur futur lieu de travail. En voyant toutes ces machines et en entendant le bruit qu'elles causaient, plusieurs étaient pris de panique. Heureusement, un homme s'occupa des deux garçons avant qu'ils ne se sauvent. Il les conduisit devant un des moulins à tisser et, patiemment, leur expliqua son fonctionnement.

Guillaume fut étonné qu'ils n'aient pas été obligés de s'inscrire quelque part. Quand il en fit la remarque plus tard, l'oncle lui apprit que leur père lui avait fait parvenir par la poste leurs certificats de baptême et qu'ils étaient déjà inscrits avant même leur arrivée. Qu'auraient-ils fait sans l'oncle et la tante, car malgré leur aide, une semaine au moins se passa avant qu'ils aient l'impression d'être enfin un peu à l'aise dans leur nouvelle vie.

Aimé revint lui aussi à l'heure du souper, l'air satisfait. Il avait obtenu l'emploi qu'il souhaitait. Il travaillerait comme bûcheron toute la semaine, loin de la maison, et ne reviendrait que les samedis et les dimanches – s'il ne décidait pas de faire du temps supplémentaire ces jours-là. Élise sut qu'elle devrait s'occuper de tout à la maison en ne comptant que sur l'aide de Victoire. Quant à la grand-mère, elle ne mit guère de temps à leur faire savoir que ce déménagement ne lui plaisait pas. Elle refusa de manger et Élise fut obligée de la forcer à avaler sa soupe. Elle faisait en quelque sorte une grève de la faim, tout comme le pauvre Vulcain qui ne bougeait guère de derrière le poêle.

— À ce régime-là, se plaignit Élise, elle ne fera pas de vieux os.

Aimé lui reprocha :

— Nous n'avions qu'à la laisser au Canada chez une de tes sœurs. Elles auraient bien pu faire leur part, pour une fois.

— Tu sais tout aussi bien que moi, Aimé Courchesne, qu'elles ont refusé de la prendre. En passant, je vais te le rappeler : ce n'est pas moi qui ai décidé de m'exiler dans ce trou.

— Lowell n'est pas un trou. C'est une belle ville. Dans deux ans, quand nous partirons d'ici, je suis certain que tu le regretteras.

— Rêve toujours. J'ai bien peur, comme c'est parti là, que dans cinq ans on soit encore collés ici.

— Plains-toi pas, on ne manque de rien.

— Peut-être, sauf d'argent. Juste pour acheter ce dont nous avons absolument besoin, nous avons déjà commencé à nous endetter. Nous voudrions retourner à Drummond que nous n'aurions pas une cenne pour nos billets de train.

— Dans un mois, on va avoir gagné tout ce qu'il faut pour rembourser nos petites dettes.

— Tu serais mieux de refaire tes calculs. Les enfants ne rapporteront que cinquante sous par jour pendant deux mois. C'est pas avec ça qu'on va aller péter loin.

— Y a un commencement à tout. Arrête de te plaindre et sacre-moi patience.

Quand le ton montait de la sorte et qu'Aimé faisait savoir qu'il en avait assez, Élise, malgré son caractère bouillant, préférait se taire, ce qu'elle fit une fois de plus, non sans décocher une ultime remarque fort appropriée :

— Quand Norbert et Judith sont venus à Drummond, Norbert avait offert d'emmener m'man à Lowell. Et si je lui rappelais son offre ? proposa-t-elle.

— Fais donc ça ! approuva Aimé.

Le lendemain, Élise en parla à son frère. Il refusa carrément de prendre Éméraldine.

— Elle a dit qu'elle resterait toujours chez vous. Je respecte sa décision.

— Elle ne voulait pas venir aux États, mais maintenant qu'elle y est, peut-être qu'elle serait mieux chez vous qu'avec nous autres.

— C'est inutile d'insister, la rabroua son frère. Les choses sont de même et vont le rester.

Élise laissa tomber. Tout cela fit que leur séjour à Lowell débutait plutôt mal. La ville semblait belle, mais ils étaient déjà si accaparés par leur travail et la fatigue qu'il causait, qu'ils ne disposaient pas d'une minute pour visiter un peu. Au bout de deux mois, les deux seuls trajets qu'ils connaissaient étaient ceux entre l'appartement et le moulin et l'appartement et l'église. Que leur réservait ce séjour à Lowell ?

Chapitre 54

Au travail

Tous les matins à six heures trente, Guillaume et Vianney, de même que Georgiana (qui n'avait pas trouvé de place d'institutrice), Denise et Francesca, partaient pour le moulin. Ils ne s'y rendaient pas de bon cœur. Dans les rues, c'était la procession de centaines d'hommes et de femmes se rendant à leur travail. Les sirènes des moulins faisaient entendre leurs derniers appels. Les ouvriers et ouvrières pressaient le pas, la tête basse. Leur journée n'était pas encore commencée, qu'ils avaient déjà l'air accablés. Cette masse ressemblait à un troupeau qu'on mène à l'abattoir.

Guillaume et les autres mirent quelques mois à maîtriser les techniques de leur nouveau travail. Ils se sentaient aussi malheureux que des prisonniers. L'ambition de leur père les avait menés contre leur gré dans un milieu de travail rude et exigeant, où la main-d'œuvre était exploitée à fond. Dès leurs premiers pas dans le moulin, ils surent que désormais, toute leur vie ne serait consacrée qu'à une chose, soit produire à un rythme infernal sans pouvoir bénéficier réellement de temps pour récupérer d'une journée à l'autre. Guillaume fut le premier à s'en plaindre.

— M'man, vous devriez voir quel job nous sommes obligés de faire. C'est inhumain.

— Votre père a dit que nous ne serions pas ici plus que deux ans. Vous n'avez pas le choix.

— Le métier de tisserand avec des machines comme celles-là est totalement fou.

— Pourquoi ça ?

— Nous n'avons pas le temps de respirer une minute et encore moins d'aller aux toilettes. Il nous faut attendre midi pour pouvoir le faire. Le reste du temps, nous ne pouvons pas quitter nos machines qui n'arrêtent pas.

— Si tu m'expliquais comment ça marche ?

— On est enfermés dans une salle où se trouvent de gros métiers à tisser. J'en surveille six à la fois, qui font chacun mille *picks* à la minute. Tout est automatique. Il y a un peu partout des jets de vapeur pour garder les fils humides et les empêcher de se rompre. Il fait chaud là-dedans que c'est pas endurable. Nous devons continuellement surveiller pour empêcher les fils de se mêler et voir à ce que le métier n'en manque pas et que la trame se fasse sans rencontrer d'obstacle. Si quelque chose se détraque, nous arrêtons le métier et replaçons tout. Il faut toujours faire attention où nous mettons les mains et ne jamais être distraits, sinon nous risquons de nous blesser. Il paraît qu'il y en a certains qui ont perdu des doigts.

— Je t'en prie ! s'écria Élise. Fais attention ! S'il fallait que tu t'estropies…

— Pauvre m'man, c'est pas ça le pire… La tête me bourdonne à longueur de journée. J'ai l'impression qu'elle va éclater. Il y a tellement de bruit qu'on ne peut pas se parler. Si on a quelque chose d'important à se dire, on est obligés de le faire par gestes en espérant que l'autre va comprendre. Le seul moment agréable de la journée, c'est l'heure du dîner. Il y en a qui racontent des histoires drôles. À part ça, on est comme des machines qui ont soif toute la journée. Il doit bien y avoir d'autres sortes de travail par ici, non ?

Guillaume avait beau se plaindre, ça ne changeait rien à la situation. De leur côté, même si elles ne disaient pas un mot, les filles ne semblaient pas plus heureuses. Élise s'inquiétait surtout pour Georgiana qui ne souriait plus et semblait soucieuse.

— Quelque chose ne va pas ?

— Non. Ça va, m'man.

— Je comprends que ce que tu fais est loin de ce que tu faisais. Mais, à te voir, je suis certaine qu'il se passe quelque chose que tu n'aimes pas.

Les silences de Georgiana parlaient plus que n'importe quel discours. Élise décida d'en souffler un mot à Aimé. À la première occasion favorable, elle le prévint :

— Aimé, nos enfants sont malheureux. Les garçons font un travail dangereux et les filles de leur côté ont la mine longue. Georgiana surtout m'inquiète.

— Il n'y a rien de parfait.

— Ça fera bientôt trois mois que nous sommes ici. Où en es-tu dans tes finances ?

— Ah ça ! Je commence à pouvoir mettre un peu d'argent de côté.

Élise comprit, à sa réponse évasive, qu'il pouvait à peine épargner quelques sous. Toujours inquiète pour Georgiana, elle suggéra à son mari de la questionner pour savoir ce qui n'allait pas.

— Si elle ne veut pas t'en parler, elle ne m'en dira pas un mot.

Il profita néanmoins de la fin du souper pour se montrer tout à coup intéressé par le sort de ses enfants.

— Votre mère me dit que vous n'aimez pas votre travail.

Vianney répondit spontanément :

— Moi, j'aime ça !

— Bon, il y en a au moins un qui aime ce qu'il fait. Toi, Guillaume ?

— Le jour où je vais pouvoir trouver autre chose, je n'hésiterai pas longtemps…

— Et vous, les filles ?

Comme aucune ne répondait, il choisit de les interpeller directement.

— Denise ! Est-ce que ton travail te plaît ?

— Non, p'pa !

Voyant que Denise avait osé révéler que son travail lui déplaisait, Francesca n'hésita pas à dire qu'elle n'aimait pas non plus ce qu'elle faisait. Aimé s'adressa à Georgiana :

— Et toi, ma grande ?

— Pantoute.

— Pourquoi ?

— Il n'y a aucun agrément à travailler d'même !

— Demande donc à ta mère s'il y a de l'agrément à faire ce qu'elle fait ! On a tous besoin de manger pour vivre, et pour ça, il faut travailler. Tu le sais. Par chez nous, on ne pouvait plus gagner notre vie.

Il fallait que Guillaume soit particulièrement frustré pour intervenir comme il le fit :

— P'pa, c'est vous qui le dites !

Son père répliqua d'une voix courroucée :

— Qu'est-ce que tu entends par là ?

— Il y avait en masse d'ouvrage aux forges ou au moulin de monsieur Vassal. Moi, j'avais ma place au magasin général et Georgiana enseignait.

Les arguments de Guillaume portaient, bien qu'Aimé ne se tînt pas pour battu.

— Dans une famille, celui qui s'assure que tous ses enfants vont manger, c'est le père. Travaillez bien. Le jour où nous aurons ramassé assez d'argent, nous retournerons chez nous.

Il avait fait son enquête. Il s'en montra satisfait. Élise, au bout de cet échange, fut très déçue. Quand elle fut seule avec Aimé, elle lui rappela :

— Tu devais demander à Georgiana ce qui ne va pas.

— Je le lui ai demandé. Elle n'aime pas son travail.

— Il y a autre chose, j'en suis certaine. C'est ça que j'aurais voulu savoir.

— Demande-le-lui toi-même. Ah, les femmes ! Vous êtes donc compliquées !

Élise sut qu'il ne s'efforcerait pas d'en savoir plus. Elle avait autre chose à lui dire. En plus du sort de ses enfants, elle demeurait soucieuse de celui de sa mère qui dépérissait à vue d'œil.

— M'man ne va pas bien.

— Elle n'a qu'à manger et elle ira mieux.

— Tu ne comprends pas, Aimé, elle est malade.

— À son âge, ça se comprend.

— Il faudrait faire venir le docteur.

— Qui va le payer ?

— Toi, bien sûr ! Ça ne coûtera pas une fortune. À mon idée, il faudrait qu'elle entre à l'hôpital. Je suis certaine que si le docteur la voit, c'est ce qu'il va nous dire de faire. Je suis plus capable de la soigner toute seule. La pauvre Victoire dit qu'elle râle toute la nuit et ça l'empêche de dormir.

— Tu n'as qu'à faire coucher Victoire avec les autres filles.

— Ça ne guérira pas m'man ! En plus, quatre dans une chambre grande pour deux… Comme c'est là, Francesca couche un soir avec Georgiana et le lendemain avec Denise.

Aimé ne voulait rien entendre. Profitant de ce qu'il passait la semaine à son travail, elle fit venir le docteur Labonté. Le même jour, la vieille aveugle était hospitalisée. Elle qui n'avait plus que la peau et les os refusa toute nourriture. Élise allait la voir tous les jours. Elle sut que la fin était proche. « Parfois, songea-t-elle, quand on déracine un arbre pour le transplanter ailleurs, il meurt. C'est ce que nous avons fait à m'man. » Avant la fin de semaine, l'aveugle n'était plus. Les pauvres économies d'Aimé servirent à payer les frais d'hôpital, de même que le cercueil.

Ils ne furent qu'une poignée à assister au service de la vieille aveugle. Réunis en avant, tout près du cercueil, le cœur dans la gorge et les larmes aux yeux, ils n'auraient pas pu dire ce que le prêtre avait raconté pour faire accepter la mort comme une délivrance. Au sortir de l'église, l'oncle Norbert se souvint que lors de son voyage à Drummond, il avait promis à sa mère qu'elle serait enterrée près de leur père. Il tint parole et sortit les sous nécessaires pour expédier le cercueil à Drummond. Il ne s'offrit pas de l'accompagner. Élise fut choisie pour le faire. Norbert fut catégorique :

— Tu es la personne toute désignée pour te rendre à Drummond. Tu dois bien ça à notre mère. Et Victoire pourrait t'accompagner aussi.

— Parce que tu penses que je n'en ai pas fait assez pour elle ?

— Ce n'est pas ce que je veux dire. C'est toi qui étais la plus proche d'elle. Il me semble qu'il te revient de l'accompagner jusqu'à la fin.

— Tu pourrais le faire toi-même, tu n'as pas à t'occuper d'une famille !

— Non, sauf que je dois voir à mes affaires. Et j'en ai des pressantes de ce temps-ci.

— Tu es bien venu à Drummond une semaine !

— À ce moment-là, ce n'était pas comme aujourd'hui.

Élise eut beau argumenter, Norbert n'en démordit pas. Il fit les arrangements nécessaires auprès du chef de gare et paya les billets aller et retour d'Élise et de Victoire.

Chapitre 55

L'enterrement

Le train vers le Canada partit de Lowell à dix heures. Élise y monta accompagnée de Victoire. Il n'était pas question pour Aimé qu'un des autres enfants manque des jours d'ouvrage pour accompagner le cercueil jusqu'à Drummond. Georgiana s'était spontanément offerte à y aller. Son père lui rappela :

— Tu es la plus vieille. Tu t'occuperas de tes frères et sœurs pendant que votre mère sera partie.

— Quand bien même je manquerais trois jours de travail, ce ne serait pas la fin du monde !

— Je t'interdis de me parler d'même. N'oublie pas que je suis ton père et que tu me dois obéissance.

Georgiana, qui aurait tant désiré être du voyage, dut taire ses espoirs. Denise était prête à partir elle aussi, mais elle n'eut pas plus de chance que sa sœur. Son père argua :

— Victoire est jeune, elle se fatigue moins vite, ne coûte pas cher à nourrir, et comme elle ne rapporte pas d'argent à la maison, elle peut y aller.

Quant aux garçons, il n'était pas question que l'un d'eux parte, comme ils gagnaient plus que les filles.

Quand il fut décidé qu'Élise rapatrierait le corps, elle expédia un télégramme au curé Marchand, l'informant de son arrivée et demandant qu'un service soit célébré à l'église Saint-Frédéric, et qu'on prépare la fosse au cimetière. Par lettre, elle communiqua l'information à ses frères et sœurs, se demandant, puisqu'ils étaient si peu enclins à visiter leur mère de son vivant, s'ils daigneraient se déplacer pour le service.

Le voyage vers Drummond se déroula beaucoup mieux que celui de leur venue à Lowell. Cette fois, il y eut peu d'attente dans les gares et le train fila jusqu'au soir et dans la nuit pour atteindre Drummond au petit matin. Malgré l'inconfort des bancs, Élise et la petite dormirent sans bouger de leur place. Elles dégustèrent avec appétit les sandwichs préparés par Élise pour leur dîner et leur souper.

En descendant du train à Drummond, Élise n'eut pas assez de ses deux yeux pour tout voir. Peu de choses avaient changé depuis leur départ, mais il lui semblait que tout était nouveau. Le cercueil fut descendu du train et déposé dans une charrette pour être aussitôt transporté au cimetière. Élise se précipita au presbytère. La mère du curé lui apprit que son fils était absent jusqu'au souper. Voyant qu'elle disposait de toute la journée, Élise décida de se promener dans Drummond avec Victoire. Tout d'abord, suivie de la petite, elle se rendit rue Heriot, à l'hôtel Boisvert, afin d'y réserver une chambre pour la nuit. Quand le vieil hôtelier la vit, comme il avait toujours eu beaucoup d'attirance pour elle, il s'écria :

— Élise ! Quelle surprise ! Qu'est-ce qui nous vaut ta visite ?

Elle lui expliqua la raison de son voyage.

— Ah ! Je suis bien triste de te recevoir dans pareilles circonstances. Suis-moi, j'ai plusieurs chambres de libres. Je vais dire à mon fils de te réserver la meilleure et pour toi ce sera à moitié prix.

Élise fut tout émue de cet accueil. « Ce n'est pas à Lowell, songea-t-elle, que je serais si bien traitée. » Victoire ne la quittait pas d'un pas. L'hôtelier s'informa :

— Vous avez fait bon voyage ?

— Oui, mais on ne dort pas très bien dans un train.

— Si vous voulez vous reposer, vous êtes bien libres de le faire, sinon je vous fais préparer à déjeuner. Vous devez avoir faim ?

Élise hésita, se demandant combien coûterait ce repas. L'hôtelier sembla deviner les motifs de son hésitation, car il s'empressa de dire :

— Je vous offre à déjeuner aux frais de la maison. La petite me semble affamée.

Soudain sous l'emprise d'une vive émotion, Élise se retourna vivement pour qu'il ne la voie pas pleurer. Elle trouva la force de le remercier.

— Merci, Joseph ! Dieu te le rendra.

— Je vous fais préparer à déjeuner, enchaîna-t-il, et si toi ou la petite avez besoin de quoi que ce soit, vous le demandez.

Leur séjour à Drummond commençait sous de bons augures. Pendant qu'elles mangeaient, l'hôtelier s'informa d'Aimé et voulut tout savoir de leur séjour à Lowell.

— Il n'y a pas grand-chose à raconter, avoua Élise. Nous travaillons dur et recommençons le lendemain. Il nous arrive de pouvoir parfois souffler le dimanche.

— Pensez-vous revenir à Drummond un jour ?

— Peut-être bien, mais il serait devin celui qui pourrait dire quand.

— Que comptes-tu faire aujourd'hui ?

— Je vais aller voir mon amie Armande à la boulangerie.

— Bonne chance !

— Pourquoi dis-tu ça ?

— Parce que le torchon brûle entre elle et son mari. Il y va un peu fort sur la bouteille.

— Elle sera contente de me voir, j'en suis certaine.

Pendant qu'Élise échangeait avec l'hôtelier, Victoire s'amusait avec le chien de la maison. Elle lui parlait comme à un enfant et le flattait doucement. L'animal branlait de la queue et, prêt à jouer, sautillait sur place. L'hôtelier s'en avisa :

— Si tu veux te rendre voir ton amie toute seule, on pourra garder la petite avec nous.

Après un bon déjeuner fait d'une omelette au fromage et de pain grillé accompagné de confitures aux fraises, Élise se rendit à la boulangerie, confiant Victoire aux bons soins de l'aubergiste. La visite fut brève. Armande lui offrit ses condoléances, mais elle était débordée. Basile avait eu une mauvaise nuit. La dernière fournée avait failli brûler et elle devait s'occuper de tout.

— Reviens à la fin de l'après-midi, l'invita Armande. Vous allez souper avec nous.

— Peut-être. Tout dépendra comment la journée va se passer. Il faut que je parle à monsieur le curé vers l'heure du souper. Demain matin, il y aura l'enterrement au cimetière. Il devrait y avoir une messe avant. Ça nous donnera tout juste le temps ensuite de sauter dans le train pour Lowell.

Elle quitta son amie sur ces mots et repassa à l'auberge chercher Victoire. Elle décida de se promener tout simplement dans le village. Peut-être rencontrerait-elle quelqu'un de sa connaissance. Avant tout, elle désirait profiter de son séjour pour se rappeler de bons souvenirs. La journée s'annonçait très belle. L'air était bon, accompagné d'un léger vent, et le soleil jouait de temps à autre à la cachette avec les nuages. Tout naturellement, Élise emmena Victoire à leur ancienne maison de la traverse. Au bord de la rivière, elles s'assirent dans l'herbe et passèrent là une bonne demi-heure à surveiller les ébats des canards et le va-et-vient des goélands. Il lui semblait qu'il n'y avait pas si longtemps, elle trouvait tout son bonheur au passage des voyageurs. Il n'avait fallu que la construction d'un pont pour que tout sombre comme un caillou au fond de l'eau.

La petite montrant des signes d'impatience, Élise décida de suivre le sentier le long de l'eau pour se rendre jusqu'au pont, cause de leur malheur. Quand elle arriva près de la guérite, elle s'imagina Aimé, enfermé là comme un poisson dans un bocal. Elle ne s'y attarda pas, trop de mauvais souvenirs lui revenaient. Elle prit Victoire par la main et le long du chemin, elle lui raconta comment c'était autrefois avant son arrivée à la traverse. Elles suivirent ensuite la rue du Couvent. En la parcourant jusqu'au bout, elles se retrouvèrent au cimetière. Tout naturellement, les pas d'Élise la menèrent au lot familial. La fosse dans laquelle sa mère allait enfin reposer pour l'éternité était creusée, n'attendant que le cercueil. Élise fit une courte prière sur la tombe de son père puis, retournant sur ses pas, elle regagna le village. Par la rue Lindsay, elle se dirigea vers l'église. Elle voulait se reposer un peu tout en se remémorant les lieux. D'être ainsi à l'église lui rappela soudainement Lowell. Elle décida de retourner à l'hôtel. Il leur faudrait dîner et la fatigue de leur courte nuit les gagnait. La petite traînait de la patte. Leur hôte se fit très accommodant. Elles mangèrent peu pour dîner et s'empressèrent, après avoir avalé une dernière bouchée, de gagner leur chambre pour y faire la sieste.

Quand elles se réveillèrent, trois heures avaient déjà sonné. L'hôtelier leur offrit un peu de thé, après quoi Élise décida de passer par le presbytère au cas où le curé serait de retour. Comme elle y arrivait, Victoire à ses côtés, elle le vit venir, accompagné de son grand ami le docteur Bérard. Ce dernier, toujours affable, après l'avoir saluée lui demanda :

— Bonjour, madame Aimé ! J'ai appris ce qui vous amène à Drummond et vous m'en voyez navré. Acceptez mes condoléances. Vous allez bien ? Que deviennent votre mari et vos enfants ?

Ses explications furent brèves. Il n'y avait pas grand-chose à dire. Ils travaillaient tous dans l'espoir de ramasser suffisamment d'argent pour revenir à Drummond.

— Promettez-moi, insista le docteur, si vous revenez, de me le faire savoir à l'avance. J'ai plusieurs maisons. Je suis certain que je pourrais vous en louer une à bon prix et que vous y seriez bien.

Sur ce, le curé Marchand, qui ne semblait guère enthousiaste, laissa entendre à Élise que la messe pour le repos de l'âme de sa mère serait célébrée le lendemain matin, à sept heures. Les paroissiens en avaient été avisés. On se rendrait tout de suite après au cimetière pour l'enterrement. Comme le train partait de Drummond à dix heures, elle pourrait y monter sans problèmes. Quant aux frais du service, elle serait bien bonne de les payer tout de suite.

Élise sortit son porte-monnaie et en défraya le coût de dix-neuf dollars et soixante-dix cents. « Heureusement, songea-t-elle, que Norbert m'avait donné vingt piastres. » Elle ne s'attarda pas plus longtemps au presbytère. Victoire et elle gagnèrent la boulangerie où Armande les attendait.

Le souper offert par Armande fut le bienvenu. Comme le lui avait laissé entendre l'hôtelier, les choses ne tournaient pas rond entre elle et son mari. Quand il se présenta, alors qu'elles finissaient de souper, il ne reconnut pas Élise tellement il était ivre. Elle ne s'attarda pas. Victoire bâillait et la journée du lendemain serait éprouvante. Remerciant Armande, Élise la quitta au moment où son mari commençait ses récriminations parce qu'elle refusait de lui donner un verre de plus.

Elles passèrent une bonne nuit. À six heures, elles étaient debout, prêtes à se rendre à l'église.

Joseph leur avait fait préparer à manger pour leur déjeuner, leur dîner et même leur souper. Élise voulut payer. Il refusa.

— Si Joseph Boisvert, commenta-t-il, n'est pas capable de faire ça pour une bonne amie comme toi, il ne mérite pas de la regarder en face.

Élise était mal à l'aise, mais, reconnaissante, elle accepta le panier rempli de victuailles.

En partant, elle embrassa Joseph puis, quand elle tenta par la suite de se rappeler ce qui s'était passé, ce fut comme s'il s'agissait d'un tourbillon dans sa tête. Elle se souvint d'avoir quitté l'auberge en pleurant, tenant la petite par la main. Les cloches de l'église sonnaient. Le ciel gris rendait l'atmosphère encore plus triste. Au service, il y avait peu de monde. Pas un de ses frères ni aucune de ses sœurs ne se présenta, et elle en fut profondément peinée. Elle ne pouvait pas s'expliquer leur indifférence : après tout, c'était leur mère qu'on enterrait ! Au cimetière, tout se déroula en vitesse. Il commençait à pleuvoir. La cérémonie fut vite expédiée. Après tout, peu de monde l'avait connue. Ceux de son âge avaient pour la plupart déjà quitté ce monde. Seule la vieille Osmonde, la femme du boucher, avait daigné venir saluer une dernière fois sa bonne amie, qu'elle ne tarderait sans doute pas à rejoindre.

Ensuite, ce fut la course vers la gare et l'attente du train, suivies de ce long voyage qui n'en finissait plus. Victoire vomit. Élise dut se débrouiller pour tout nettoyer. Ce n'était rien pour la réconcilier avec les voyages en train et encore moins avec cet exil à Lowell.

À leur arrivée là-bas, elles avaient à peine mis les pieds dans l'appartement qu'elles apprirent une mauvaise nouvelle. Guillaume leur annonça que Vulcain était mort durant leur absence. Le chien se faisait vieux. Il n'avait plus d'entrain et quittait rarement la place qu'il avait choisie derrière le poêle. Le matin, avant d'aller travailler, Guillaume lui portait un peu de nourriture et d'eau. Il raconta :

— Je l'ai trouvé mort hier matin avant de partir à l'ouvrage.

Il enchaîna aussitôt :

— Il ne faut pas vous désoler, m'man, à partir de tout de suite, je vais mettre un peu d'argent de mes payes de côté pour acheter un autre chien.

Aimé ne fit pas d'objections. Depuis sa propre enfance, il y avait toujours eu un chien à la maison. Il demanda :

— Pis, comment ça s'est passé à Drummond ?

Élise commença par dire qu'elle avait beaucoup aimé s'y retrouver, que Joseph Boisvert s'était montré très aimable avec elle, que tout s'était très bien passé, qu'il n'y avait pas beaucoup de monde au service et qu'aucun de ses frères et aucune de ses sœurs n'étaient venus.

— Si je m'étais écoutée, soupira-t-elle, je serais restée à Drummond.

Aimé promit sans trop de conviction :

— On y retournera un jour…

En se levant pour gagner sa chambre, Georgiana glissa :

— On sait bien, dans la semaine des quatre jeudis.

— Je t'interdis de te moquer ! grogna son père.

Il se fit un silence de mort, que Victoire brisa :

— M'man, je m'en vais me coucher.

Chapitre 56

Les projets de Guillaume

Lowell ne leur allait pas bien. La grand-mère était morte et Vulcain en avait fait autant. Si on observait chacun d'entre eux, à commencer par Aimé et Élise, on constatait tout de suite que ni l'un ni l'autre ne se plaisait à Lowell. La seule raison de leur présence à cet endroit était qu'ils y gagnaient leur vie. Mais il fallait voir dans quelles conditions ! Ils besognaient comme des esclaves du matin au soir. Quand ils revenaient à la maison, ils étaient si épuisés qu'ils ne rêvaient qu'à une chose : dormir. Heureusement que l'oncle Norbert avait eu le bon sens de leur éviter de s'enfermer dans un bloc de ce début de quartier qu'on appelait le Petit Canada. Les Canadiens français s'y établissaient, mais ils se pilaient sur les pieds tant ils y étaient cordés. Il n'était pas rare d'y voir des familles de dix enfants et plus obligées de vivre dans des appartements offrant de l'espace pour au plus six personnes. Chaque bloc abritait entre dix et quinze familles, autrement dit, facilement cent à cent cinquante personnes. Ils étaient des centaines à vivre ainsi, prisonniers des rues situées entre les ponts du canal, ceux de la Pawtucket, de la Merrimack et de la Aiken.

Quand ils se promenaient entre ces blocs, toutes sortes d'odeurs leur sautaient au nez. Il y avait des détritus partout. Ça sentait les excréments, l'urine, la viande pourrie et la crasse. Les enfants en guenilles, la morve au nez, jouaient dehors à la cachette sur les minces terrains boueux entre les édifices. On y aurait vainement cherché un peu de verdure. Ce n'était pas facile à accepter pour ceux, comme les Courchesne, qui étaient habitués au grand air et aux vastes espaces qui les avaient vus naître. Il fallait se promener dans les rues principales, là où s'élevaient les magasins, pour se croire dans un village du Québec. On y trouvait une épicerie, une pharmacie, quelques restaurants, deux boulangeries, autant de boucheries et divers magasins de linge. Ces commerces peinaient à survivre tellement les gens étaient pauvres. Tout le monde devait ménager et bon nombre de leurs compatriotes rêvaient comme eux de retourner au pays.

En arrivant à Lowell, Guillaume, qui était en âge de se marier, sans trop y croire, rêvait de se rendre à Nashua pour revoir Louise Grandmont. Il déchanta vite. Il se rendit compte rapidement qu'il avait peu de chances de la retrouver… Et, à Lowell, qui aurait pu être la femme de sa vie ? Les centaines d'ouvrières de son âge, qui, tout comme lui, peinaient du matin au soir dans les filatures, ne songeaient guère au mariage. Elles étaient d'abord et avant tout préoccupées par leur survie. Bon nombre de femmes travaillaient à la fabrique Lawrence Hosiery, à la confection de bas. Elles avaient un horaire tellement chargé, commençant leur journée à six heures du matin pour filer jusqu'à sept heures du soir, qu'il ne fallait pas espérer y faire des rencontres. Pourtant il ne faut jamais désespérer. Le hasard parfois joue bien son rôle et c'est parmi elles que Guillaume repéra une compagne qui devint sa blonde. Chaque fois qu'il se remémorait dans quelles circonstances ils s'étaient rencontrés, Guillaume souriait malgré lui.

Leur premier contact fut assez brutal. C'était au sortir de la messe du dimanche. Il venait tout juste de descendre les marches du perron de l'église quand il entendit un cri. Le temps de se retourner, il recevait dans ses bras une jeune femme qui venait de rater une des marches. Sans son intervention, elle se serait retrouvée tête première dans la rue. Il la cueillit comme un fruit tombé de son arbre. C'est en rougissant qu'elle le remercia de l'avoir ainsi attrapée.

— Sans toi, s'exclama-t-elle, je me tuais!

Guillaume commenta:

— Je n'irais pas jusque-là, mais tu risquais fort de te blesser sérieusement.

Elle poursuivit:

— Je tiens à te récompenser. Quel est ton nom et où demeures-tu?

Elle nota le tout et promit qu'à la sortie de la messe, le dimanche suivant, elle aurait quelque chose pour lui. Guillaume lui fit savoir que ce n'était pas nécessaire, que n'importe qui aurait fait comme lui… Elle murmura:

— Pour moi, tu n'es pas n'importe qui.

À peine le temps de cette conversation et elle était repartie. En étourdi qu'il était, Guillaume réalisa qu'il avait oublié de lui demander son nom. Il ne croyait pas qu'elle tiendrait sa promesse. Pourtant, le dimanche suivant, elle arriva, tout essoufflée à force de le chercher, et lui tendit un petit paquet enveloppé dans du papier blanc enrubanné de rose. Elle tint à ce qu'il l'ouvre devant elle. Il y découvrit un foulard de soie comme il en avait vu dans les boutiques du Petit Canada. Il n'en croyait pas ses yeux. Elle avait dû dépenser une petite fortune pour le lui offrir. Sa réaction toute spontanée fut de s'écrier :

— Mademoiselle, c'est beaucoup trop beau !

— Sans toi, assura-t-elle, je ne serais pas là pour te l'offrir.

Il ne savait pas trop comment la remercier. Au sourire qu'elle esquissa, il se rendit compte à quel point elle était heureuse de son geste. Ce n'est qu'à ce moment, et grâce à ce sourire, qu'il découvrit comme elle était belle. Jusque-là, tout s'était passé si vite qu'il ne s'était pas arrêté à la regarder attentivement. Il balbutia :

— Je ne sais pas trop comment te remercier.

— Si tu acceptais de me revoir, osa-t-elle, ça me vaudrait tous les mercis du monde.

— Suis-je assez sot, murmura-t-il. Je ne connais même pas ton nom.

Il vit se dessiner sur ses lèvres un sourire espiègle.

— Lucie Poulin, lui apprit-elle, autrefois de Beauce, aujourd'hui enterrée dans cette petite ville d'esclavage nommée Lowell.

Elle l'avait pris par surprise. Il resta bouche bée. Pour poursuivre la conversation, il demanda :

— Où exerces-tu ton esclavage ?

— Dans les bas à la Hosiery. Nous ne pouvons guère faire quelque chose de plus bas que des bas…

Sa réflexion le fit rire. Elle demanda :

— Et toi, quel est ton travail ?

— Tisserand au moulin Boot.

— Convenons d'une chose, l'exhorta-t-elle. Revoyons-nous ici dimanche prochain.

Guillaume promit d'être là. Tout le reste de la semaine, il eut son image en tête. Ses yeux bruns et vifs l'avaient touché jusqu'à l'âme. Il lui fallait à tout prix les revoir. C'est ainsi que, de dimanche en dimanche, il lui fut moins pénible d'aller à l'église parce qu'il savait quel bonheur l'attendait après la messe. Rares furent les occasions de se voir ailleurs que là. Ils étaient si épuisés au sortir de leur travail, qu'ils peinaient à se donner des rendez-vous. Pourtant, petit à petit, leurs mercredis soir devinrent aussi des moments sacrés de rencontre. Guillaume apprit à connaître Lucie et à l'apprécier de plus en plus. Il n'avait pas été chanceux jusque-là dans ses amours. Voilà que cette fois le ciel semblait vouloir le favoriser. Il n'avait plus que Lucie en tête. Il réussit à la présenter à ses parents en l'invitant un soir à souper. Malgré la fatigue qui l'accablait, elle fit bonne impression. Elle était vive d'esprit et avait bon caractère. Elle leur parla de sa famille, composée de quatre garçons et quatre filles. Les plus vieux étant mariés, ils n'étaient que cinq à avoir accompagné leurs parents à Lowell. Leur père travaillait dans une fabrique de chaussures. Leur mère, comme ses deux frères et ses deux sœurs, gagnait sa croûte dans les filatures. Elle était la seule de la famille à travailler à la Hosiery. Elle disait avec désinvolture: «Je fournis les bas de la famille, je préférerais lui procurer les hauts.»

Guillaume s'attacha bien vite à elle. Le seul fait de penser qu'un jour il aurait sans doute le bonheur de partager sa vie le poussait à travailler avec zèle au moulin, ayant toujours en tête le désir de s'enrichir le plus tôt possible afin, un jour, de retourner au pays. Quand il faisait part de ses intentions à Lucie, il la voyait se troubler. Il la rassurait en lui jurant qu'il ne partirait pas sans elle.

Elle soutenait:

— Si tu tiens vraiment à moi, tu seras alors obligé de demeurer ici.

— Pourquoi donc?

— Mes parents ont trop besoin de tout ce que je gagne. Ils ne me laisseront jamais m'en aller.

Il la rassura :

— Nous verrons en temps et lieu.

Ils se connaissaient à peine. Déjà pourtant, une bonne entente passait entre eux. Petit à petit, le tout se transformait en amour véritable et avec lui naquirent des projets de plus en plus précis. Guillaume proposa :

— Donnons-nous encore six mois. D'ici là, tout se concrétisera. J'ai déjà idée de ce que je ferai à mon retour à Drummond.

— *Qui prend mari prend pays*, formula-t-elle. Je te suivrai au bout du monde.

— Drummond n'est pas le bout du monde. Une chose est certaine cependant, nous y serons certainement mieux qu'ici.

C'est ainsi que peu à peu leur rêve prit forme. À Drummond, Guillaume se trouverait facilement un travail. Ils auraient leur maison. Ils la rempliraient d'enfants. Parce qu'ils avaient des rêves, la vie leur semblait plus belle. Mais que leur réservait-elle vraiment ?

Chapitre 57

Les mères s'indignent

Il y avait maintenant six mois qu'Aimé avait déménagé les siens à Lowell. Au début, pris par son travail, chacun n'avait pas su faire autre chose que de survivre. Petit à petit, Élise eut l'occasion de rencontrer d'autres mères de famille qui, comme elle, consacraient entièrement leur vie au bien-être des leurs en se chargeant de toutes les tâches quotidiennes d'une maison : ménage, lavage, reprisage, repassage et repas. Elle se fit parmi elles quelques amies. Il y avait Lucienne Harnois, une longue femme maigre toujours sérieuse comme un pape, Aurore Melançon, petite et boulotte, qui ne savait pas ce que c'était que de s'asseoir et, surtout, Catherine Michaud, toujours de bonne humeur, poussant de temps à autre une turlutte, se frottant les mains et disant comme pour conjurer le mauvais sort : « Amenez-en, on est capable d'en prendre ! »

Ces femmes menaient une vie toute simple et n'avaient le plaisir de se rencontrer que les dimanches, une fois les dévotions de l'avant-midi passées et le repas du midi expédié. Elles se donnaient rendez-vous chez l'une ou l'autre pour placoter, jouer aux cartes et oublier un peu leur sort de prisonnières. Quand Élise évoquait le passé à Drummond, le souvenir étant souvent plus beau que la réalité, elle revoyait le village baigné dans une paix profonde. Il y faisait toujours beau. Tout y était réglé à merveille. Basile faisait cuire le meilleur pain du monde, le docteur Bérard s'avérait un guérisseur hors pair, sa fille Ernestine touchait l'orgue comme pas une. Il y avait du travail pour ceux qui le voulaient, aux forges, au moulin Vassal et ailleurs. Il ne manquait rien de ce qui fait la vie belle : de copieux repas, du bois dans le poêle en hiver, et un curé qui, du haut de la chaire, savait tenir ses paroissiens loin des embûches semées par le diable. Les enfants bénéficiaient d'un excellent enseignement. La paix régnait dans les cœurs.

Vraiment, pourquoi avaient-ils quitté ce paradis terrestre ? N'était-ce pas tout simplement parce qu'Aimé ne souffrait pas d'être enfermé ? Il n'avait pas pu trouver un travail lui permettant d'être, comme à la traverse, son propre patron et de vivre à sa guise au grand air du bon Dieu.

Tout cela, Élise le racontait à ses amies qui, elles, faisaient part à leur tour de ce qu'avait été leur vie avant de se retrouver dans cette misérable ville où elles avaient peine à respirer tant elles étaient accaparées par leur travail. Comme il n'y avait rien à dire du présent, elles se complaisaient dans le passé et consacraient leurs dimanches après-midi à un seul rêve, celui de se retrouver à l'aise sous d'autres cieux et autant que possible sous ceux que la vie les avait contraintes à quitter.

Un bon après-midi qu'elles étaient réunies chez Aurore Melançon, leur hôtesse eut une idée qui allait chambouler leur vie. Elle leur proposa de former une association de femmes qui protesteraient contre les conditions de travail imposées à leurs enfants. Certaines réagirent vivement.

— Nous ne gagnerons rien. S'il y a une chose, les employeurs vont resserrer encore plus les conditions de travail. Ils tiennent le gros bout du bâton, rappela l'une.

— Êtes-vous satisfaites des conditions dans lesquelles ils font travailler nos enfants ? Êtes-vous satisfaites de vos salaires de crève-faim ? rétorqua Aurore.

— Aucune de nous n'est contente, sauf que les patrons ne changeront rien. Ils savent trop bien qu'ils auront toujours de la main-d'œuvre tant qu'ils en voudront. Pour un enfant qu'ils clairent, ils peuvent en engager deux ou trois.

— Ce n'est pas une raison pour ne rien tenter et laisser nos enfants se faire exploiter. Si nous n'essayons pas, nous ne saurons jamais.

— Que comptez-vous faire ? demanda Élise à Aurore.

— Expédier une lettre de protestation dans laquelle, au nom de nos enfants, nous formulerons nos volontés aux patrons des différentes manufactures.

Une femme qui, depuis le début, écoutait ces propos avec attention, déclara :

— Votre lettre, ils vont se la mettre là où je pense. Croyez-vous être les premières qui tentent d'obtenir de meilleures conditions de travail pour leurs enfants ou pour elles-mêmes ? Chaque fois que des hommes ou des femmes ont osé se plaindre, les patrons les ont mis à la porte. C'est ça que vous voulez ?

L'intervention de cette femme refroidit quelque peu les ardeurs des plus décidées, si bien que l'association des femmes mourut dans l'œuf.

Pourtant, certaines d'entre elles ne voulurent pas laisser tomber. Elles décidèrent de formuler de façon anonyme leurs revendications. On les prévint :

— Vous perdez votre temps ! Une lettre anonyme ne leur fera pas peur puisqu'ils en reçoivent continuellement.

Elles tinrent leur bout :

— Nous en enverrons une quand même au nom de toutes les mères et s'il le faut tous les jours. Nous aurons au moins la satisfaction de tenter quelque chose. Nous ferons paraître notre lettre dans les journaux. Ils ne pourront tout de même pas mettre tous les enfants dehors. Ils n'en auraient pas assez pour les remplacer et de plus les remplaçants n'auraient aucune expérience.

— Gare à vous et aux vôtres si jamais les patrons apprennent que cette lettre vient de vous !

— Au pire, nous retournerons là d'où nous venons.

Certaines n'avaient pas froid aux yeux, durent admettre les autres femmes de Lowell.

Elles couraient sans doute à leur malheur, soutinrent la plupart, mais la lettre parut et se lisait comme suit :

À tous les patrons de nos enfants,

Nous, les mères de famille, déplorons les conditions de travail de nos enfants.

Nous, les mères de famille, protestons contre les traitements qu'ils subissent dans leur milieu de travail.

Nous, les mères de famille, craignons pour leur sécurité au travail. Des mesures devraient être immédiatement prises pour éviter qu'ils ne se blessent.

Nous, les mères de famille, sommes d'avis que leurs heures de travail sont beaucoup trop longues et devraient être diminuées.

Nous, les mères de famille, demandons que le salaire qu'ils reçoivent soit augmenté substantiellement.

Nous, les mères de famille, prions donc tous les employeurs de faire montre de plus d'humanité et les invitons à prendre le travail de nos enfants en plus grande considération.

Comme il fallait s'y attendre, ce cri de détresse fut totalement ignoré. Les employeurs n'avaient aucune intention d'améliorer les conditions de vie ni d'augmenter les salaires de leurs employés. Ils répondirent en ces termes :

Aux mères de famille,

Apprenez que sans nous, vos enfants ne gagneraient pas un sou. Nous estimons qu'ils sont très bien traités, puisqu'ils peuvent jouir d'une heure de repos chaque midi et que la durée quotidienne de leur travail est la même que celle des autres manufactures de la Nouvelle-Angleterre. Aussi, nous prions les mères qui se disent insatisfaites du traitement de leurs enfants de les reprendre à la maison. Nous ne sommes pas une œuvre de charité. Nous attendons de nos employés qu'ils soient efficaces au travail et méritent les gages qu'ils touchent.

L'affaire en resta là. Une semaine à peine après cette intervention des femmes, les journaux rapportèrent le terrible accident subi par un jeune garçon au moulin Boot. On avait dû lui amputer une main.

Chapitre 58

La visite de l'oncle Louis

Rien ne venait troubler la routine quotidienne à Lowell. Les jours, les semaines et les mois défilaient et tout restait pareil. Les ordures dans les rues ne changeaient pas de place. Les odeurs de misère imprégnaient les murs. Parfois, un accident ou une maladie mettaient un accroc dans le rythme de la vie. Des gens arrivaient, d'autres partaient. On s'entassait dans les appartements. L'été brûlant apportait son lot de malaises, l'hiver glacial ajoutait le sien.

Cela jusqu'au jour où l'oncle Louis causa toute une surprise en leur rendant visite depuis Nashua. Quelle guêpe l'avait-elle piqué ? Pourquoi tout à coup donnait-il signe de vie ? Cette question, Aimé se la posa quand il vit son frère arriver sans prévenir.

Louis Courchesne avait quitté Drummond depuis nombre d'années. Il avait abouti à Nashua où il avait épousé Émérentienne Houle. Il gagnait sa vie en réparant à peu près tout ce qui demandait à l'être. Il avait un don particulier pour rafistoler aussi bien les montres que les fusils, les chaises que les tables, ainsi que pour fabriquer n'importe quelle pièce manquante, ou encore ajuster, aiguiser ou réparer les outils.

À Aimé qui lui demanda ce qui leur valait sa visite, il assura d'abord :

— J'avais le goût de voir comment ça allait pour vous.

— Tu aurais dû nous annoncer que tu venais. Élise aurait préparé un repas en conséquence, tandis que là, tu devras te contenter de ce qu'il y aura sur la table.

— Je ne suis pas là pour manger.

— Tu es là pourquoi, alors ?

— Pour vous voir.

— Tu ne me feras pas accroire que t'as pris le train ce matin juste pour venir nous voir.

— Pour ça bien sûr, mais aussi…

— Aussi ?

— Parce que je me cherche un jeune homme pour m'aider à la boutique et j'ai pensé que, peut-être, ton plus jeune serait intéressé. Au fait, comment il s'appelle, déjà ?

— Vianney.

— L'idée n'est pas de moi, c'est Émérentienne qui a suggéré : "Au lieu de te morfondre à chercher un étranger, tu devrais aller voir chez ton frère. Le plus jeune, il me semble qu'il ferait bien l'affaire." C'est pour ça que me v'là.

Aimé s'exclama :

— Les femmes ont toujours des idées pas comme les autres. Comment se fait-il qu'elle se soit souvenue de Vianney ?

— Il faudrait le lui demander. Toujours ben que me v'là pour ça.

Aimé ne semblait guère enchanté de la proposition. Louis s'en rendit compte et promit :

— Il sera bien traité, tu sais. Il ne manquera de rien et son avenir sera assuré. Nous n'avons malheureusement pas d'enfant. Il est temps que quelqu'un apprenne le métier. Ça ne demande pas de grandes connaissances. S'il est habile de ses mains, et un peu débrouillard, il ne regrettera pas d'être venu. Tu sais, c'est pas l'ouvrage qui manque. J'avais un employé, sauf qu'il est tombé amoureux et, du jour au lendemain, il est devenu bon à rien, la tête ailleurs, les yeux dans la graisse de binne. Je l'ai clairé. Y avait plus rien à en tirer.

— Qui te dit que ça n'arrivera pas à Vianney ?

— On verra, dans l'temps comme dans l'temps.

Aimé mit du temps à se faire à l'idée de laisser partir Vianney. Il était vrai que ça lui ferait une bouche de moins à nourrir, mais, en même temps, son salaire, si mince fût-il, ne rentrerait plus… Il recommanda à son frère :

— Il faut d'abord voir ce qu'en pense le principal intéressé. De plus, tu conviendras avec moi que si jamais il nous quitte, il faudra compenser pour ce qu'il ne gagnera plus pour nous.

Là-dessus, Louis se montra bon prince.

— Ça va de soi. Je t'enverrai tous les mois un petit montant de sa paye. De même, tu ne seras pas perdant.

Quand, ce soir-là, Vianney arriva de l'usine, il eut la surprise de sa vie de se voir proposer du travail à Nashua. Son oncle, en lui décrivant ce qui l'attendait là-bas, ne fut pas long à le convaincre. Tout semblait mieux à Vianney que ce qu'il vivait tous les jours. L'offre de l'oncle s'avérait une délivrance. Son tempérament un peu rebelle aidant, il accepta de quitter Lowell pour Nashua avec promesse, puisque ce n'était pas très loin, de venir de temps à autre rendre visite aux siens. Mais comme le dit si bien le proverbe : *L'homme propose, Dieu dispose.*

Chapitre 59

L'accident

Aimé avait eu beau économiser tant qu'il pouvait, il était loin, après sept mois à Lowell, de posséder la somme de mille deux cents dollars qu'il espérait mettre de côté. Il y avait tellement eu de dépenses imprévues que l'argent entrait bien moins vite qu'il l'avait pensé. Lui-même avait compté toucher un dollar et demi par jour, alors que pendant des mois, il avait dû se contenter d'un dollar. De plus, si le loyer n'avait pas augmenté, se nourrir coûtait de plus en plus cher. Élise avait beau tenter d'étirer la sauce à chaque repas, il fallait quand même que ses enfants puissent manger convenablement. Tout se vendait très cher.

Aimé travailla un certain temps comme bûcheron, puis à l'entretien des routes, avec l'espoir de se faire employer de façon permanente au service de la voirie de la Ville. Cependant, il déchanta vite quand on lui montra la liste de ceux qui avaient postulé avant lui. Voyant qu'il ne pouvait pas espérer d'avancement de ce côté, il se tourna, avec l'arrivée de l'hiver, vers un travail qu'il connaissait bien et qui lui convenait mieux. Quand il annonça à Élise qu'il s'était joint aux hommes chargés de fournir le bois nécessaire au bon fonctionnement des divers moulins de Lowell, elle ne manqua pas de lui rappeler qu'il exerçait le même métier à Drummond avant leur venue à Lowell. Il tint son bout en laissant entendre qu'ici la même tâche était moins pénible et mieux payée.

Un matin de décembre, il quitta tôt la maison. Il se proposait, avant de commencer à travailler, de visiter un chenil afin de voir s'il ne pourrait pas y trouver un chien pour remplacer enfin Vulcain. Guillaume avait promis de le payer. Aimé pensa lui laisser le soin de le choisir, mais il voulait se faire une idée du choix qu'il y avait. En sortant du chenil, absorbé dans ses pensées, il traversa distraitement la rue. Il fut violemment renversé par un attelage lancé en pleine course. Transporté à l'hôpital, on constata qu'en raison de la gravité de ses blessures, il ne survivrait probablement pas. Informée de ce qui venait de se passer, Élise en perdit tous ses moyens. Victoire fut chargée d'aller prévenir les autres au moulin. La petite était habituée à leur apporter leur repas. Elle eut cependant un mal fou, tant elle pleurait, à expliquer à Guillaume ce qui était survenu. En apprenant la nouvelle, il resta un moment sur place, comme pétrifié, puis, surmontant son désarroi, alla prévenir Georgiana, Denise et Francesca. Le gardien s'interposa, ne voulant pas qu'ils quittent leur travail. Guillaume se dressa :

— Il n'est pas né celui qui va m'empêcher de me rendre auprès de mon père mourant.

Il avait prononcé ces paroles avec tellement d'assurance que le gardien en resta bouche bée et qu'il s'écarta de son chemin.

Les autres étaient là derrière lui. Il se retourna.

— Venez ! leur commanda-t-il.

Ensemble, ils se retrouvèrent avec leur mère à l'hôpital. Ils ne purent s'approcher du moribond. Ils étaient là depuis une demi-heure à attendre, quand un médecin, d'un ton blasé, vint les prévenir que leur père était au plus mal.

— Il ne survivra pas à ses blessures.

Il les invita à le suivre.

— Il n'en a plus pour très longtemps, confia-t-il plus doucement. Parfois, comme une flamme vacillante, des mourants reprennent vie avant de s'éteindre. Mais je ne crois pas qu'il en sera de même pour votre père.

Ils se groupèrent autour du lit pour le voir pousser ses derniers râles. Leur mère s'effondra. Le vide causé par sa perte paraissait si grand que Guillaume se demanda si Élise n'allait pas sombrer à son tour. Georgiana et Denise l'entourèrent et l'aidèrent à se calmer. Pendant ce temps, Guillaume s'occupa de Francesca et de Victoire qui sanglotaient.

Aimé était désormais entre les mains de Dieu.

Guillaume raccompagna sa mère et ses sœurs à la maison. Durant le trajet, il prit brusquement conscience qu'il était devenu le chef de famille. Aussitôt les siens de retour à la maison, il prévint sa mère qu'il allait s'occuper du choix du cercueil et voir à ce qu'un service soit célébré à Lowell, puis, s'adressant à tous il déclara :

— P'pa sera enterré à Drummond. Si m'man est du même avis que moi, nous allons retourner y vivre.

Tout le monde souffla d'aise. Ces simples mots eurent l'effet d'un baume sur ce qu'ils vivaient tous.

Guillaume sortit et se précipita chez son oncle Norbert pour lui faire part de la mauvaise nouvelle. Le choc passé, l'oncle mit les mains sur les épaules de son neveu et lui confia :

— Courage, mon gars. Te rends-tu compte que tu devras remplacer ton père auprès des tiens ?

Accablé, Guillaume poussa un long soupir.

— Je le sais, finit-il par murmurer. Et en premier je dois voir à trouver un cercueil et prévenir monsieur le curé pour le service.

— Pour le cercueil, assura l'oncle, je m'en occupe. Va avertir le curé et fais les arrangements nécessaires pour les funérailles.

Guillaume dirigea ses pas vers le presbytère. Le curé était déjà prévenu de la mort d'Aimé. Il eut des mots de consolation pour Guillaume et offrit de célébrer le service dès le lendemain matin à neuf heures.

— Ça vous donnera le temps de faire une veillée au corps ce soir. J'ai prévenu le bedeau qui va faire sonner le glas. Toute la paroisse aura appris la nouvelle avant le souper. Sois sans crainte, ceux et celles qui voudront se rendre veiller ton père le feront. J'irai vers les huit heures.

La veillée funéraire ne fut guère animée. Il y eut quelques compagnons de travail d'Aimé qui se déplacèrent, et quelques amies de Georgiana et Denise. Lucie ne se montra pas, ce qui laissa Guillaume perplexe. Il croyait la voir au service le lendemain, mais elle brilla de nouveau par son absence. Quelque chose clochait… et ça l'inquiétait.

L'hiver sévissait sur Lowell. Même si tous rêvaient de retourner le plus vite possible à Drummond, encore fallait-il qu'ils refassent leurs finances afin de pouvoir acheter les billets de train et surtout avoir une petite réserve d'argent pour payer la location d'une maison dès leur arrivée. Ils furent contraints de passer une autre année à Lowell.

Guillaume eut toutes les misères du monde à revoir sa Lucie. Son père ne voyait pas d'un bon œil leurs fréquentations. Tenace, il finit toutefois par la persuader de le suivre à Drummond. Au printemps 1888, après qu'ils eurent liquidé ce qu'ils possédaient à Lowell et s'apprêtaient à retourner à Drummond, il voulut voir Lucie pour lui confier le plan qu'il avait conçu afin qu'elle puisse les accompagner. Il se rendit chez elle pour, mine de rien, régler le tout, mais il ne put pas la voir. Son père le reçut en lui disant :

— Enlève-toi-la de la tête, mon garçon. Tant que je serai là, ne pense pas la revoir.

Guillaume sortit de ses gonds.

— Ça ne se passera pas de même, vous pouvez en être sûr.

— Qui vivra verra, furent les dernières paroles d'Oscar Poulin quand il lui ferma la porte au nez.

Le lendemain, avec sa mère et ses sœurs, il fit ses adieux à Lowell. Le seul regret qui lui rongeait le cœur était de partir sans sa Lucie. Mais il n'avait pas dit son dernier mot.

Une vie nouvelle

Personnages principaux

Bourgault, Armande : épouse de Basile Bourgault, amie d'Élise Cournoyer.

Bourgault, Basile : boulanger, époux d'Armande Bourgault et ami des Courchesne.

Bruneau, Antonia : voisine des Courchesne à Daveluyville.

Courchesne, Annabelle : fille aînée d'Aimé Courchesne et d'Élise Cournoyer.

Courchesne, Denise : fille d'Aimé Courchesne et d'Élise Cournoyer.

Courchesne, Francesca : fille d'Aimé Courchesne et d'Élise Cournoyer.

Courchesne, Georgiana : institutrice, fille d'Aimé Courchesne et d'Élise Cournoyer.

Courchesne, Guillaume : fils d'Aimé Courchesne et d'Élise Cournoyer.

Courchesne, Louis : frère d'Aimé Courchesne.

Courchesne, Vianney : fils d'Aimé Courchesne et d'Élise Cournoyer.

Courchesne, Victoire : fille adoptive d'Aimé Courchesne et d'Élise Cournoyer.

Cournoyer, Élise : veuve d'Aimé Courchesne.

Dubois, Alberte : fiancée de Vianney Courchesne.

Houle, Émérentienne : épouse de Louis Courchesne.

MacFarlane, Sam : chasseur rencontré par Guillaume.

Lacombe, Albert : cousin de Philippe Lacombe et ami de Francesca Courchesne.

Lacombe, Josaphat : père de Philippe Lacombe.

Lacombe, Marceline : mère de Philippe Lacombe.

Lacombe, Philippe : époux de Georgiana Courchesne.

Légaré, Joseph : *foreman* à la carrosserie de monsieur Pépin.

Vallée, Dominique : notaire.

Vallée, Odette : sœur et secrétaire de Dominique Vallée et épouse de Guillaume Courchesne.

Personnages historiques

Un certain nombre de personnages historiques sont mentionnés dans ce roman. Nous n'avons retenu ici que les noms des principaux. Pour chacun, en plus de leur année de naissance et de décès, nous précisons leur titre et soulignons parfois leurs principales réalisations.

Bérard, Pierre-Ambroise (1834-1914): Fils d'Ambroise Bérard et d'Éléonore Grégoire, il naît à Saint-Cuthbert près de Berthier en 1834. Il y épouse en premières noces le 2 octobre 1860 Lucie-Virginie Houde et en secondes noces, à Drummondville, Emma Lafontaine le 21 juin 1880. Il exerce la médecine à Drummondville jusqu'à son décès survenu le 24 avril 1914.

Boisvert, Joseph Domptail (1837-1923): Fils de Joseph Boisvert et de Louise-Mélanie Leprohon, il épouse Elisa-Ann Meek à Sainte-Geneviève de Berthier le 5 septembre 1861 et succède pour un temps à son père comme aubergiste. Il meurt à Saint-David de Yamaska le 20 juillet 1923.

Pépin, Georges-Étienne-Nephtalie (1858-1933): Il apprend le métier de voiturier au village d'Hochelaga, à Montréal. Il épouse Orise Rabouin en 1882. Ils auront huit enfants. Établi à Drummondville, il ouvre un atelier où sont produits entre 150 et 200 voitures et carrosses par année. Il se fait élire représentant de son quartier en 1889, puis de nouveau en 1914, 1916 et 1918. Il meurt le 11 juillet 1933 à 74 ans.

Richer dit Laflèche, Louis-François (1818-1898) : Il naît à Sainte-Anne-de-la-Pérade le 4 septembre 1818. Il étudie au collège de Nicolet de 1831 à 1839. Il est ordonné prêtre le 7 janvier 1844. Il est d'abord missionnaire dans l'ouest près de la Rivière-Rouge, puis au Dakota du Nord. Revenu au Canada en 1856, il enseigne à Nicolet. En 1866, il est nommé coadjuteur du diocèse de Trois-Rivières, dont il devient l'évêque en 1870. Il se démarque surtout par ses idées ultramontaines. Il meurt le 14 juillet 1898 à l'âge de 79 ans.

Vassal, Henri (1832-1912) : Fils de Stanislas Vassal et de Félicité Gill, il épouse, à Saint-Thomas-de-Pierreville, le 7 janvier 1867, Adélaïde Niquette, fille de Bénoni Niquette et de Luce Gill. Il s'établit à Drummondville en 1880 et y fait construire une scierie au bord de la rivière Saint-François. Il en sera le propriétaire jusqu'en 1905. Il est maire de Drummondville en 1897. Il vit avec son épouse dans une maison qu'il se fait construire sur ce qui est aujourd'hui le boulevard Mercure. Il meurt en 1912.

PREMIÈRE PARTIE

LE DÉRACINEMENT

1888-1892

Chapitre 1

Le départ

Lowell se réveilla, comme tous les jours, sous les sirènes des filatures. Il pleuvait. Une odeur de pourriture flottait dans l'air. Dans les rues de terre se formaient des rigoles qui charroyaient les débris de ce que les travailleurs avaient jeté à leur retour à la maison. Des papiers flottaient comme des bateaux à la dérive. C'était, pour Élise, Guillaume, Georgiana, Denise, Francesca et Victoire, leurs derniers moments à Lowell. À la gare, ils attendaient le train qui, après quelques longues escales, les mènerait à Drummond. De tous, Georgiana semblait la plus heureuse de partir, elle qui était venue à Lowell contre son gré. Elle ne laissait pas trop paraître son bonheur, mais elle avait hâte de se retrouver au pays où, elle en était certaine, elle finirait par dénicher de nouveau un poste d'institutrice, quelque part loin de ces filatures où elle s'était tant morfondue.

Après avoir vendu aux enchères les quelques meubles qu'ils possédaient, ils prenaient donc tous le train pour Drummond, Vianney en moins, resté chez son oncle Louis Courchesne à Nashua. Pour Aimé, qui était mort un an et demi plus tôt dans les circonstances tragiques que l'on sait, frappé par une voiture, Élise procéda comme elle l'avait fait pour sa mère en accomplissant les démarches afin de ne pas laisser la dépouille de son mari à Lowell. Comme il était décidé que la famille retournerait à Drummond, elle avait fait entreposer le cercueil dans le charnier du cimetière. En arrivant à la gare, la première préoccupation d'Élise et de Guillaume fut de s'assurer que le cercueil se retrouvait bien sur le quai, prêt à être monté dans un des fourgons de queue. Quand le train entra en gare, pour s'assurer que tout se passerait bien, Guillaume accompagna les deux hommes désignés pour charger la dépouille dans le train. Il eut tout juste le temps de sauter dans le dernier wagon quand la locomotive se remit en marche. Il rejoignit le reste de la famille installée dans un des wagons de tête. À peu près tous les sièges étaient occupés. Heureusement, Georgiana lui avait gardé une place près d'une fenêtre sur un banc encore vide.

Guillaume s'amenait rapidement dans l'étroite allée. Il arriva nez à nez avec un jeune homme de son âge. Il voulut passer à droite, l'autre à gauche, et tous deux furent contraints de s'arrêter. Repartant chacun du même côté, ils se retrouvèrent de nouveau face à face. Ils éclatèrent de rire. Guillaume se tassa pour le laisser passer, puis s'arrêta pour parler à sa mère. Au moment où il la rejoignit, Georgiana était en grande conversation avec le jeune homme croisé dans l'allée. Il avait trouvé place sur le banc face au sien.

— Nous sommes de Drummond, l'informait-elle. Et vous ?

— De Sainte-Anne-du-Sault.

— Où est-ce ?

— Au nord, sur la rivière Bécancour, à environ vingt milles du village.

— Ça fait combien loin de Drummond ?

— Quelque chose comme trente milles.

Guillaume vint prendre place. Georgiana le présenta :

— Voici mon frère Guillaume et moi, c'est Georgiana.

Le jeune homme tendit la main à Guillaume. Ils rirent tous les deux au souvenir de leur face-à-face. Il se présenta :

— Philippe Lacombe, de Sainte-Anne-du-Sault. Je reviens de Boston où j'étais pour affaires.

Curieux, Guillaume demanda :

— Pour affaires ? Comme ça tu parles anglais ?

— Oui, si on peut dire.

— Ça t'arrive souvent d'aller là-bas ?

— De temps à autre, pour mon père, quand il a besoin de certains produits plus particuliers comme une colle, une laque ou encore un vernis spécial qu'on ne trouve que là-bas.

— Tu travailles dans quel domaine ?

— Les meubles de salon et de cuisine. Mon père dirige une usine. Selon les commandes, nous en fabriquons parfois plusieurs dizaines par mois.

— Où les vendez-vous ?

— Surtout aux États. Nous avons aussi des clients du côté de Montréal. Si jamais tu viens à Sainte-Anne, arrête me voir, je te ferai visiter notre fabrique.

Pendant qu'il parlait, le jeune homme ne pouvait s'empêcher de temps à autre de reluquer du côté de Georgiana qui semblait bien lui plaire.

— Et vous, demanda-t-il, vous vous en allez à Drummond ?

— On retourne chez nous, expliqua Guillaume. Notre père est décédé à Lowell, ce qui nous a incités à revenir là où nous vivions il y a à peine deux ans, quand nous avons pu amasser assez d'argent.

— Votre père est décédé ? Vous m'en voyez désolé.

Guillaume s'empressa de préciser qu'Aimé était mort accidentellement et que ça les avait beaucoup secoués et pris de court.

— Pourquoi n'êtes-vous pas restés là-bas ? Vous n'aimiez pas Lowell ?

— Nous étions en train de nous y morfondre à l'ouvrage.

Désireuse de savoir si tout allait bien pour Guillaume et Georgiana, Élise qui, avec le reste de la famille, occupait deux bancs au milieu du wagon, envoya Denise s'en enquérir. Elle leur apportait deux sandwichs, qu'elle s'empressa de leur remettre. Guillaume et Georgiana l'assurèrent que tout était sous contrôle. Après avoir longuement bâillé, Denise repartit aussi vite qu'elle était venue. Philippe demanda :

— C'était une de vos sœurs ?

— Denise, le bras droit de m'man.

— Vous me semblez à peu près tous du même âge, non ?

Guillaume sourit et acquiesça.

— En effet, on se suit de peu. Il y a Annabelle, l'aînée, mais elle est entrée chez les sœurs et depuis on ne la compte plus. Il y a ensuite Georgiana, qui a vingt-quatre ans et moi qui ai vingt-trois ans. Denise a vingt et un ans et les deux plus jeunes, Francesca et Victoire, seize et douze ans. Il y a aussi Vianney, qui est resté chez notre oncle à Nashua. Il a dix-huit ans. Et chez vous, vous êtes combien ?

— Sept ! Je suis le plus jeune et le seul qui ne soit pas encore marié.

Georgiana aurait bien aimé en entendre plus à ce sujet, mais Philippe poursuivit en s'informant sur le métier de Guillaume.

— J'étais commis au magasin général de monsieur Murphy à Drummond. Puis notre père, lors de la construction du pont, a perdu son travail de passeur. Il a décidé de déménager avec toute la famille à Lowell. Ce n'est pas un endroit dont je vais m'ennuyer.

— Que comptes-tu faire à ton retour à Drummond ?

— Je n'ai encore rien décidé. Peut-être, si j'y ai une place, que je retournerai au magasin général de monsieur Murphy, à moins que je m'engage au moulin de monsieur Vassal. C'est désormais moi qui dois faire vivre la famille.

La pluie avait cessé. Des champs pleins de flaques d'eau défilaient sous les fenêtres du wagon. Un rayon de soleil éclaira le train. Ce fut comme un signal. Plusieurs voyageurs se levèrent pour se dégourdir les jambes. Philippe Lacombe s'étira d'un geste lent avant de demander à Georgiana :

— Et vous, mademoiselle, que comptez-vous faire ?

— Enseigner, si je me trouve une école où le faire.

Avec de l'admiration dans la voix, Philippe s'exclama :

— Vous êtes donc institutrice !

— Avant de partir pour Lowell, j'ai passé quatre ans dans une école du 3e Rang de Saint-Germain, et deux ans à Kingsey. Si ça n'avait été que de moi, je ne serais jamais allée à Lowell.

— Il y a bien des choses dans la vie qu'on ne contrôle pas, déplora le jeune homme en secouant la tête.

Ses cheveux bruns fournis et bouclés, qu'admirait Georgiana, semblaient luire au soleil, dont les rayons envahissaient le wagon.

Guillaume étira le bras pour baisser le rideau de la fenêtre.

— Espérons, souhaita-t-il, qu'il fera aussi beau à notre arrivée à Drummond.

— On verra bien demain !

Denise était revenue. Elle s'adressa à Guillaume :

— M'man a quelque chose à te dire.

Guillaume s'excusa auprès de Philippe avant de se diriger vers le banc occupé par sa mère. Denise s'assit à sa place. Philippe sembla quelque peu surpris de se retrouver soudainement en compagnie des deux sœurs. Il s'enquit :

— Êtes-vous nées à Drummond ?

— Oui. Notre famille est de là depuis trois générations au moins. Et vous ?

— Je suis du Saguenay, mais je reste depuis plusieurs années à Sainte-Anne. Mon père est venu y vivre parce que mon grand-père maternel y possédait une terre. C'est là que j'ai appris à travailler le bois. Je gagne bien ma vie à l'usine de meubles de mon père. J'aime ce que je fais.

Élise avait fait venir Guillaume sous prétexte de s'informer si tout s'était bien passé avec le cercueil. Elle ne manqua pas de le prévenir.

— Je vois que Georgiana et toi vous jasez avec un jeune homme. Qu'avez-vous tellement à vous dire ? Je n'aimerais pas que ta sœur devienne trop familière avec lui.

— Allons donc, m'man ! Pour nous, c'est encore un parfait étranger, et rien d'autre qu'un compagnon de voyage.

Entre-temps, Georgiana avait pris soin d'obtenir ses coordonnées.

Chapitre 2

Le retour

Le lendemain midi, Drummond leur apparut, rayonnant sous un ciel dégagé et ensoleillé. Pour renouer avec le passé, on ne pouvait pas souhaiter meilleure température. Un soleil radieux faisait luire les vitres des maisons, et du sol s'exhalaient des parfums de fleurs.

Guillaume et Georgiana souhaitèrent une bonne fin de voyage à leur jeune compagnon en promettant, si jamais ils en avaient la chance, d'aller le visiter à Sainte-Anne-du-Sault. Le premier souci de Guillaume fut de s'assurer que le cercueil de son père serait bien descendu du train. Deux cheminots le déposèrent sur un charriot qu'ils poussèrent vers une des portes arrière de la gare.

Élise se dirigea immédiatement avec ses enfants vers l'hôtel Boisvert. Elle avait pris la peine d'annoncer leur arrivée à Joseph Domptail Boisvert, devenu le propriétaire de l'hôtel depuis la mort de son père, qui leur avait réservé des chambres.

— Vous y serez le temps que vous voudrez, assura-t-il en les accueillant.

— Il se peut que ce ne soit pas plus d'une nuit, s'empressa de préciser Élise. Si la maison que le docteur Bérard a proposé de nous louer est encore libre, nous y emménagerons dès demain. Guillaume fera ensuite le nécessaire auprès de monsieur Murphy pour nous procurer les meubles dont nous avons besoin.

À peine était-il descendu du train que, laissant sa mère et les autres s'arrêter à l'hôtel, Guillaume poursuivit son chemin vers chez le docteur Bérard dont la maison s'élevait non loin de leur ancienne demeure de la traverse. En arrivant sur les lieux, il sentit remonter en lui tout un pan de son passé. Que de bons moments n'avaient-ils pas vécus à cet endroit ! La rivière, toujours aussi vivante, déversait ses eaux bouillonnantes au bas des rapides, et il sembla à Guillaume qu'il allait monter sur le bac de la traverse, s'apprêtant à prendre le large comme il l'avait fait si souvent tout au cours de son enfance. Ce temps, pourtant pas si lointain, lui paraissait révolu depuis des années.

Il frappa à la porte du docteur Bérard en espérant le trouver chez lui. La bonne qui vint répondre ne le reconnut pas.

— Monsieur Bérard est-il ici ? Dites-lui que Guillaume Courchesne aimerait lui parler.

Ce n'est qu'au moment où il prononça son nom que la femme réagit. Indiscrète, elle demanda :

— Guillaume Courchesne ! Qu'est-ce qui t'amène à Drummond ?

— Nous y revenons tous pour de bon.

— Le docteur est au presbytère, s'empressa-t-elle de l'informer.

Guillaume y courut. Le docteur Bérard jouait tout bonnement aux cartes avec le curé Marchand. Guillaume s'excusa de les déranger. Dès qu'ils le reconnurent, ils se levèrent pour le saluer. Le curé s'enquit :

— Il y a longtemps que vous êtes de retour ?

— Nous venons tout juste de descendre du train.

S'adressant au docteur, Guillaume demanda :

— Ma mère veut savoir si votre maison à louer est toujours libre.

Le docteur sourit.

— Vous êtes bénis des dieux, elle l'est redevenue depuis deux semaines.

Cette bonne nouvelle fit bondir Guillaume de joie. Il s'exclama :

— Nous sommes prêts à la louer dès aujourd'hui.

Le curé intervint :

— Nous avons appris le malheur survenu à votre père. Nous en sommes tous les deux désolés.

Guillaume remercia tout en commentant :

— Nous avons été bien secoués par son départ… Mais la vie continue. Nous avons ramené sa dépouille avec nous.

Le curé l'informa :

— Vous avez bien fait de m'en prévenir, de même que de votre arrivée, comme ça j'ai pu l'annoncer à la grand-messe de dimanche dernier, et puisque vous êtes là, comme prévu, dis à ta mère que je célébrerai le service dès demain matin à sept heures.

Le docteur Bérard s'était levé. Il s'excusa auprès du curé de devoir partir.

— Je vais reconduire ce jeune homme à la maison. Il a certainement hâte de s'y retrouver. Quand on a un toit sur la tête, tout le reste se présente mieux.

Guillaume le suivit sur la rue Heriot jusqu'à celle du Couvent. Tout au coin, s'élevait une belle demeure victorienne. En le voyant s'y arrêter, Guillaume pensa qu'il avait un mot à dire au propriétaire. Le docteur se retourna et l'invita :

— Allons, viens, c'est la maison à louer.

Guillaume n'en croyait pas ses yeux :

— Pas cette belle maison ! Nous n'aurons jamais les moyens de payer.

Le docteur fit celui qui n'avait rien entendu.

— J'avais promis à ta mère que si elle était libre à votre retour, je la lui louerais volontiers et à bon prix. Or, comme je te l'ai dit, elle l'est.

La maison de deux étages avec sa tourelle et ses lucarnes paraissait être un château aux yeux de Guillaume. Une galerie au rez-de-chaussée courait sur toute la façade et sur les côtés. Comme s'il craignait de salir, Guillaume y entra sur le bout des pieds. Le médecin le rassura :

— Vous y serez bien. Vous aurez chacun votre chambre et ce ne sont pas les places qui manqueront autour de la table.

Comme il disait cela, ils pénétraient dans la salle à manger. Une longue table de chêne était entourée d'une bonne dizaine de chaises.

Guillaume imagina toute la famille autour. Il demanda au docteur :

— Est-ce que la maison est toute meublée ?

— Elle l'est. Vous n'aurez pas besoin de vous préoccuper d'acheter des meubles.

Guillaume s'arrêta un moment, ébloui, songeant aux réceptions qu'on pouvait tenir dans une telle demeure. « Inutile de rêver, pensa-t-il, nous n'en avons pas les moyens. » Puis, relevant les épaules, il murmura pour lui-même : « Un jour, ça viendra. »

— Si vous le permettez, dit-il au docteur Bérard, je vais aller chercher ma mère tout de suite.

— Où se trouve-t-elle ?

— À l'hôtel Boisvert.

— Vas-y ! Je vous attends ! Dis cependant à ta mère de ne pas tarder.

Guillaume détala en assurant :

— On revient tout de suite.

Un quart d'heure plus tard, Élise, entourée de ses enfants, pénétrait dans ce qui pourrait être désormais leur chez-soi. Elle se demandait s'ils auraient les moyens de louer cette vaste demeure. Le docteur sembla deviner son hésitation.

— Vous ne trouverez rien à Drummond pour le même prix. Je vous la laisse à vingt-quatre dollars par année, c'est-à-dire deux piastres par mois.

Il les invita à en faire le tour. Les filles ne mirent pas de temps à choisir leur chambre. Pendant ce temps, impressionné par l'ameublement de la maison, Guillaume s'attarda longtemps à examiner le bahut, la grande table, les chaises, les armoires, à tel point que sa mère lui demanda :

— Pourquoi t'intéresses-tu autant aux meubles ?

— Parce que je verrais bien ici, à Drummond, une manufacture de meubles.

— Aurais-tu l'intention d'en ouvrir une ? dit-elle, étonnée.

— On ne sait jamais !

— Pauvre enfant, tu ne manques pas d'ambition !

— M'man, vous savez comme moi que c'est ce qui fait vivre. En attendant, je me trouverai bien du travail quelque part. Quand j'en aurai les moyens, je vous promets que notre vie va changer.

Le docteur intervint :

— Votre fils a raison, madame. Dans la vie, il faut avoir de l'ambition.

Saisissant l'occasion, Guillaume s'écria :

— Vous voyez, m'man !

Élise n'en continua pas moins :

— Je ne veux pas te faire de la peine, mais tout ça me semble bien loin. Commençons d'abord par réapprendre à vivre là où nous aurions dû toujours rester. Crois-tu que nous pourrons payer deux piastres par mois ?

— Allons, m'man. Pourquoi pas ?

— Dans ce cas, conclut-elle, nous la louons.

Chapitre 3

Un renouveau

La nouvelle du décès d'Aimé et du retour de sa famille à Drummond s'était vite répandue. Les gens avaient appris le jour et l'heure du service. Le service, célébré par le curé, attira une foule considérable. Aimé était connu de tout le monde. De se voir ainsi entourée fut un baume pour Élise. Sa grande amie Armande Bourgault, la femme du boulanger, était à ses côtés. Les Millar, tout comme le greffier Joseph Caya et le docteur Bérard, accompagnèrent le défunt jusqu'à son dernier repos. Revenus dans le milieu qui les avait vus naître, les enfants se sentirent très vite à leur aise. Le soir même, ils s'installaient dans la maison louée, en espérant que, cette fois, ce serait pour longtemps.

D'être de retour à Drummond fut une bénédiction pour chacun d'eux. Ils se sentaient enfin chez eux et les traces de leur passage à Lowell s'estompèrent bien vite pour devenir un souvenir qu'ils n'évoqueraient plus. La maison qu'ils habitaient avait l'avantage de s'élever non loin de la rue Heriot, où le plus gros des activités de Drummond se déroulait. On y voyait, outre le magasin général et l'hôtel de monsieur Boisvert, différents commerces où on trouvait de tout pour faciliter la vie de tous les jours, aussi bien des selles pour les chevaux que des roues de voitures, des matériaux de construction, de la farine, du tissu et des lampes à l'huile.

Y avaient également pignon sur rue le salon de Peter Carroll, le barbier mal-aimé, la boutique du cordonnier Antonio Matte, le studio de photo de Cléophas Duguay, la boulangerie de Basile Bourgault et le bureau de poste dirigé par monsieur Millar. Tout près, rue Brock, se dressaient l'église Saint-Frédéric et le nouveau presbytère.

Ils demeuraient maintenant à l'opposé de l'endroit où ils avaient vécu. Par contre, il leur était facile de se rendre un peu n'importe où dans Drummond en parcourant les trois rues principales jusqu'à la rue Saint-Georges. Ils n'habitaient pas très loin de la rivière. Ils pouvaient facilement y accéder en suivant un sentier qui s'ouvrait au bout de la rue du Couvent et menait en haut des rapides, non loin du pont qui les avait obligés à quitter Drummond.

Pour se rendre au cœur du village, Élise évitait de prendre la rue Heriot, ce qui l'aurait contrainte à passer devant l'église anglicane Saint-George. Elle avait bien prévenu ses enfants :

— Vous ne devez jamais rentrer dans leur église !

— Pourquoi ?

— Ils ne sont pas de notre monde et ils ne croient pas aux mêmes choses que nous. Monsieur le curé ne serait pas heureux de vous voir là.

Le plus pressant pour Guillaume était de se trouver un emploi. Il se sentait investi d'une mission : faire vivre les siens. Il se rendit au magasin général de monsieur Murphy, qui se montra heureux de le revoir mais qui, pour lors, avait un commis dont il était satisfait. Guillaume allait devoir travailler ailleurs. Revenu à la maison, il ne tenait plus en place à tel point qu'il ne semblait plus lui-même. Il se planta devant sa mère. D'une voix décidée, il laissa tomber :

— Notre première idée est toujours la meilleure, n'est-ce pas, m'man ?

— Et cette première idée, c'était quoi ?

— Me trouver de l'ouvrage au moulin de monsieur Vassal.

— Peut-être bien, mais c'est pas tout à côté.

— Allons donc, m'man, ni à l'autre bout du monde non plus, surtout que nous habitons maintenant de ce côté-ci du village.

— Que comptes-tu y faire si jamais on t'engage ?

— Ce qu'on me proposera.

Le moulin Vassal, comme on le nommait, se dressait non loin de la rivière en banlieue éloignée de Drummond, dans le nouveau secteur de Sainte-Thérèse. S'il y trouvait du travail, Guillaume serait obligé de partir tôt le matin. Il devrait compter un bon dix à quinze minutes pour s'y rendre.

De son côté, depuis leur retour à Drummond, Georgiana s'était rendue au couvent s'enquérir s'il n'y aurait pas de l'ouvrage pour elle. Comme seules des religieuses enseignaient au couvent, sa démarche fut stérile. Elle se rendit ensuite rencontrer le commissaire, qui l'aida à expédier des lettres dans lesquelles elle offrait ses services d'institutrice. Le commissaire la prévint :

— Je ne veux pas vous décourager, mademoiselle, mais à ce temps-ci de l'année les places sont probablement toutes occupées.

— J'essaie quand même. On ne sait jamais.

Elle attendit vainement une réponse et, quand elle fut convaincue que ça ne marcherait pas, elle se tourna spontanément vers ce qu'elle faisait avant d'enseigner : elle alla frapper à la porte des Millar. Madame Millar se montra enchantée de la revoir. Elle n'avait pas besoin d'une bonne, mais lui laissa entendre que si elle voulait bien patienter quelque temps, elle aurait quelque chose à lui offrir.

Denise, de son côté, se remit aux tâches auxquelles elle était habituée. Sa mère vieillissante avait besoin d'elle pour le ménage, la cuisine, le lavage et tout ce qu'exigeait la bonne tenue de la maison.

Quant à Francesca et Victoire, elles furent heureuses de reprendre le chemin de l'école.

Chapitre 4

Une vaine tentative

Guillaume avait parlé de se chercher du travail. Tout cela n'était au fond qu'un prétexte. Il avait un autre plan en tête. Maintenant qu'il savait sa mère et le reste de la famille en sécurité, il mit en œuvre l'autre scénario qu'il avait concocté. Sans un mot, comme s'il allait se chercher du travail, il partit tôt le matin et sauta dans le train en direction de Sherbrooke.

Il avait dû quitter Lowell en y laissant celle dont il voulait faire son épouse. Par le biais d'un voisin, Guillaume avait fait parvenir une lettre à Lucie en cachette en lui donnant sa nouvelle adresse et en lui assurant qu'il l'aimait toujours. Avec la complicité du voisin, elle lui avait depuis écrit une lettre où elle disait qu'elle s'ennuyait de lui et craignait de ne plus jamais le revoir. Guillaume lui avait répondu en la rassurant et en lui dévoilant son plan :

Ne t'inquiète pas, je reviendrai te chercher. Sois prête ! Sans avertissement, je vais t'arriver un jour qui n'est pas loin. Je passerai la nuit à l'hôtel de monsieur Chagnon et je m'arrangerai pour te faire savoir que je suis là.

D'ici une semaine, arrête tous les matins à l'hôtel et informe-toi s'il n'y a pas un mot pour toi. Quand il y en aura un, tu sauras que je suis là. Retrouve-toi, tôt le lendemain matin, à la gare avec tes effets. Arrange-toi pour ne pas te faire voir. Nous prendrons le premier train vers le nord.

Si tu as peur d'inquiéter tes parents, laisse-leur un mot qu'ils ne trouveront qu'après ton départ, disant que tu n'en peux plus de travailler dans des conditions si difficiles, que tu vas te trouver du travail ailleurs et de ne pas s'inquiéter... Et que tu vas leur donner des nouvelles dès que tu seras fixée là où tu vas vivre.

À Drummond, tu habiteras chez nous. Tu n'auras pas de dépenses pour vivre. Tu te trouveras un petit travail et tu leur expédieras l'argent gagné.

Sa lettre avait rassuré Lucie. Ils s'aimaient. Ses parents n'allaient pas gâcher leur union.

La disparition de Guillaume causa d'abord toute une commotion à Drummond. On le chercha partout, jusqu'à ce que Georgiana mette la main sur le petit mot qu'il lui avait laissé sur son oreiller avant de partir.

Rassure m'man et ne soyez pas inquiètes, je serai vite de retour.

Quand Georgiana montra à sa mère le mot que Guillaume avait laissé, elle éclata :

— Ton frère est un sans-cœur. Nous faire des peurs de même ! Attends qu'il soit de retour, il va toujours bien savoir ce que je pense.

— Allons, m'man, il n'est pas mort !

Élise n'écoutait pas, car elle continua sur le même ton :

— On donne naissance à des enfants qui, à la première occasion, nous brisent le cœur. Si seulement ton père était encore ici...

Georgiana fut elle-même étonnée de sa réplique.

— P'pa n'est plus là, m'man. N'oubliez pas que c'est Guillaume qui le remplace. Comptons-nous chanceuses de l'avoir. Il est vaillant. Il doit être parti quelque part chercher du travail.

— Pourquoi ailleurs qu'à Drummond ?

— Sans doute qu'il a entendu parler de quelque chose.

— Il aurait pu nous prévenir. Non, d'après moi, c'est autre chose qui lui ronge le cœur.

Élise avait deviné juste. Pendant ce temps, à Lowell, Guillaume avait suivi son plan à la lettre. Il arriva le mardi matin à l'auberge de monsieur Chagnon et laissa un mot pour Lucie. Il y passa la nuit et, tôt le lendemain, se dirigea vers la gare. Celle-ci, quasi déserte, était encore dans le noir quand il y pénétra. Il s'assit sur un banc non loin de l'entrée, guettant la porte avec l'espoir de voir apparaître Lucie d'une minute à l'autre. Un train allait bientôt entrer en gare. Ils y monteraient tous les deux et plus rien ensuite ne serait pareil.

Quand il avait revu Lowell, qu'il n'avait pourtant quitté que quelques jours auparavant, il avait maudit le jour où il y avait mis les pieds. N'eût été son amour pour Lucie, la seule bonne chose qui lui était arrivée pendant son séjour à cet endroit, il n'y serait jamais retourné.

Sur la grosse horloge au-dessus de la porte, les minutes déboulaient et il attendait avec impatience que la lampe de la locomotive illumine les poutres de l'abri. Il devenait de plus en plus nerveux au fur et à mesure que le temps passait. Quelques personnes se tenaient maintenant sur le quai. Que faisait Lucie ? Il pensa : « Les femmes se font toujours attendre. On dirait que pour elles le mot "ponctualité" n'existe pas. »

Il en était là de ses réflexions quand la porte de la gare s'ouvrit brusquement, laissant le passage au père de Lucie.

La tension qui gagnait Guillaume s'accentua. Il se leva d'un bond pour faire face à l'homme qui s'avançait vers lui, le menaçant de ses poings. Oscar Poulin explosa d'une voix forte, qui fit se retourner vers lui les quelques personnes occupant la gare :

— Tu ne t'attendais pas à ça, hein, mon garçon ? J'ai trouvé ta lettre, baptême ! Monte dans le train qui arrive et disparais. Ne t'avise jamais plus de seulement tenter de revoir ma fille.

Guillaume ne souffla pas un mot. Il était blême et tremblait de rage, les poings fermés, prêt à frapper. Pourtant, que pouvait-il faire ? Il ramassa le sac qu'il avait déposé sur le sol. On entendait le bruit du train qui entrait en gare. Renonçant à se battre, il fonça vers la porte. Au passage, il donna un coup de poing dans le vide en direction du père de Lucie et, sans plus attendre, sauta dans le premier wagon.

Deux jours plus tard, il descendit seul du train en gare de Drummond. Il se dirigea vers la maison en se traînant les pieds. En le voyant, sa mère poussa un long soupir. Elle qui s'apprêtait à lui demander où il était allé et à lui reprocher de ne pas l'avoir prévenue, n'osa pas le questionner en voyant son air contrarié. Guillaume se réfugia dans sa chambre, martela son oreiller à coups de poing, se jurant de ne plus rien tenter pour se faire une blonde. Tout le long du trajet de retour, recroquevillé sur son malheur, il avait pensé : « Si je suis malchanceux dans mes amours, c'est sans doute parce que ce genre de vie n'est pas fait pour moi. » Il vit défiler dans sa tête les visages de celles qu'il avait aimées, d'abord Margaret, qui lui avait fait faux bond, puis Clara, et maintenant Lucie. Pourtant, se ravisant, il murmura en serrant les dents : « Ce n'est pas dit que Guillaume Courchesne demeurera célibataire. »

Chapitre 5

Le moulin Vassal

Drummond se développait avec lenteur. Les forges constituaient la plus grosse industrie mais Guillaume ne voulait pas y travailler. Ça lui rappelait trop Lowell. Il avait en horreur ces grosses industries dans lesquelles on devenait anonyme dès qu'on y pénétrait. Il aurait pu également tenter sa chance à la tannerie, mais elle s'élevait sur la rive opposée de la rivière, ce qui l'aurait obligé à emprunter le pont tous les jours. Il avait pratiquement développé une allergie envers les ponts. Celui-là était à l'origine de tous leurs malheurs : leur déménagement à Lowell, leur travail acharné à cet endroit et la mort de leur père. Il ne pouvait pas se faire à l'idée de le traverser deux fois par jour. Ça lui aurait trop rappelé le bon temps où il aidait son père à la traverse. Il choisit donc plutôt de s'essayer du côté du moulin de monsieur Vassal. Ce dernier était arrivé à Drummond en 1880 et n'avait pas tardé à construire un moulin à scie le long de la rivière, au sud du village. Il embauchait depuis tous les hommes en bonne santé et aptes à travailler ferme durant des heures pour faire de la planche ou du bois d'œuvre qu'on expédiait aux États-Unis.

Le jour où Guillaume se présenta au moulin pour tâcher d'y obtenir un emploi, il pleuvait. Le mauvais temps lui donnait ordinairement le cafard. Il avait dû faire un très grand effort pour parcourir le chemin de terre plein de boue menant au moulin. Quand il y parvint et aperçut le moulin ruisselant de pluie, une image lui vint à l'esprit. L'édifice lui faisait penser à un animal étendu dans la vase, ce qui n'était rien pour l'enchanter. Il se dirigea vers ce qu'il croyait être la porte principale. Des hommes s'affairaient autour des scies qui faisaient entendre leurs plaintes lugubres dès qu'elles mordaient dans le bois. Guillaume s'arrêta, étonné de constater à quel point tout ici lui paraissait gigantesque. Il ne s'attendait pas à cela. Il s'avança du côté droit du moulin où une pièce fermée servait de bureau. Un homme l'interpella :

— On peut faire quelque chose pour toi ?

Guillaume hésita. Le bruit était si intense qu'il craignait de ne pas être entendu. Il enfla la voix pour demander :

— Est-ce que vous embauchez ?

— Tout dépend de ce que tu sais faire.

— Un peu de tout.

Sans préciser de quel genre de travail il s'agissait, il ajouta :

— J'ai travaillé dans un moulin à Lowell.

— Si l'ouvrage ne te fait pas peur, on pourrait avoir de quoi pour toi. Comment t'appelles-tu ?

— Guillaume Courchesne.

— Tu ne serais pas par hasard le fils d'Aimé ?

Guillaume acquiesça. L'homme s'approcha et lui tendit la main.

— Ernest Lemaire. Je suis le contremaître. Mes sympathies pour ton père. Je l'ai bien connu au temps de la traverse. Tu peux être fier de lui. Si tu es aussi vaillant que ton père, je pourrais t'offrir une bonne job ici même. Nous embauchons beaucoup de monde comme bûcherons.

Toutefois, comme s'il lisait dans les pensées de Guillaume, l'homme enchaîna :

— Sans doute aimerais-tu mieux travailler à l'abri au moulin, surtout par des journées comme aujourd'hui... Suis-moi !

L'homme le précéda vers une des scies en action. Il l'invita :

— Regarde !

Deux hommes transportaient une longue planche qu'on venait de couper.

— Ce n'est pas sorcier, cria le contremaître par-dessus le bruit. La scie fait son ouvrage. Il s'agit juste d'être là pour ramasser les planches au fur et à mesure et les empiler là-bas sur une des plates-formes du train, prêtes à être shippées.

Il n'y avait en effet rien de trop compliqué dans ce travail. Il parut facile à Guillaume qui s'enquit :

— Quand pourrai-je commencer ?

— Demain matin à six heures trente.

— Je serai là.

— T'es guère curieux, commenta le contremaître. Je m'attendais à ce que tu me demandes le montant de tes gages. Est-ce qu'une piastre par jour fera ton bonheur ?

Guillaume touchait jusqu'à une piastre et demie à Lowell. Il questionna :

— Pour six jours d'ouvrage ?

— Pour six jours.

Il calcula rapidement comment répartir cet argent entre la nourriture, les vêtements et les autres dépenses de la semaine, tout en s'assurant de mettre cinquante cents de côté par semaine pour le loyer de la maison. Il acquiesça :

— Ça me va.

Conscient qu'il vivait sa dernière journée de congé sur semaine avant longtemps, il mit du temps à revenir à la maison. La pluie avait cessé. Le soleil perçait les nuages de temps à autre et faisait luire comme un miroir la surface des fosses le long de la rivière. Il revint tranquillement vers Drummond par le sentier qui longeait la berge. Il s'arrêta là où la rivière formait un méandre comme pour reprendre ses forces, avant de s'animer et courir se jeter dans les rapides. Il s'assit sur une grosse pierre et resta longtemps pensif. Dans sa tête défilaient les événements marquants de sa vie. Des hirondelles en quête de nourriture volaient au-dessus de l'eau. Il les enviait de pouvoir ainsi aller où elles voulaient. Pourrait-il lui-même voler un jour de ses propres ailes ? Si jamais il voulait réaliser son ambition de devenir riche, ce n'était pas en transportant de la planche dans un moulin à scie qu'il y parviendrait. Il se sentait prisonnier de son sort. Il déplorait d'autant plus la mort de son père, qu'elle le contraignait désormais à faire vivre les siens. Sans lui, que deviendraient-ils ?

Il en était là de ses pensées quand un homme armé d'une carabine apparut en amont sur le sentier. Guillaume le regarda venir et compta les lièvres attachés par les pattes et suspendus aux épaules du chasseur.

— À ce que je vois, lança-t-il, la chasse a été bonne.

— Pas beaucoup… comment vous dites ? assez ? répondit l'homme avec un fort accent, en s'arrêtant à la hauteur de Guillaume.

À son langage et à la tignasse rousse qui débordait de sa calotte de chasseur, Guillaume en déduisit qu'il devait être Écossais.

— Vous chassez le lièvre et la perdrix, je présume ?

— Le canard avec. *Today*, la pluie à matin, c'est pas bon. Ils sont tous partis. Tu chasses, toi-même ?

— Rarement. En plus, nous venons juste de revenir des États, mentionna Guillaume. Sans doute que cet automne et surtout cet hiver, un de ces dimanches, je m'essaierai à la perdrix.

— Pour la perdrix, le bois de l'autre bord de la rivière *is good*.

— De quel côté ?

— Saint-Joachim.

— Peut-être bien qu'on s'y croisera un jour.

— *Maybe. Good luck !* fit le chasseur en poursuivant son chemin.

Guillaume le regarda disparaître derrière les saules bordant la rivière, se demandant qui il pouvait bien être. Il avait oublié de lui demander son nom. « Peut-être que m'man pourra me l'apprendre. » Il se leva à son tour, reprenant le sentier le long de la rivière. Le soleil avait chassé les nuages. L'air demeurait frais malgré tout. Le sentier montait, tournait, descendait selon les caprices du terrain. Des cèdres se penchaient au-dessus de l'eau. À travers les branches, Guillaume aperçut, presque à ses pieds, un héron en chasse. Il s'arrêta pour le voir manœuvrer avec ses longues pattes et son bec pointu comme un poignard. L'oiseau s'avançait sur le rivage avec de l'eau à mi-pattes, puis s'arrêtait en ouvrant les ailes pour faire de l'ombre. Dès qu'un poisson venait s'y abriter, d'un coup de bec il en faisait sa proie.

Guillaume songea que dans la nature comme chez les humains, il y avait des chasseurs et des chassés. Pour lors, il se sentait davantage du côté de ces derniers. Il poussa un long soupir au moment où il débouchait près de chez lui, rue du Couvent. « Un jour, grommela-t-il, j'aurai mon tour. »

Arrivé à la maison, il annonça fièrement à sa mère qu'il avait trouvé du travail au moulin Vassal et qu'il commencerait le lendemain même. Elle l'en félicita tout en se réjouissant d'avoir un garçon si vaillant, le portrait même de son père. En pensant à Aimé, son cœur se serra. Il ne se passait pas une journée sans qu'elle ressasse les souvenirs de sa vie avec son défunt mari. Guillaume la ramena au présent en lui contant sa rencontre avec le chasseur qui lui avait semblé être un Écossais.

— Je n'ai pas pu deviner qui c'est. Un roux, assez grand, avec un nez bien droit et des yeux verts, est-ce que ça vous dit quelque chose ? Je ne me souviens pas de l'avoir vu à la traverse.

— Un roux, assez grand…, répéta Élise. Qui ça peut bien être ? Attends, ça me revient ! Pour moi, ça doit être monsieur MacFarlane. Quel âge pouvait-il avoir ?

— Dans la quarantaine.

— Je n'en mettrais pas ma main au feu, mais ça devait être lui. Ton père avait eu affaire à lui à un moment donné pour faire ferrer notre cheval par son forgeron. Il habite quelque part pas loin de la rivière, plus bas de ce côté-ci. C'est une famille qui a des sous, tu peux en être sûr.

Guillaume ignorait que cette famille allait jouer un grand rôle dans sa vie.

Chapitre 6

La relique

Depuis son retour à Drummond et maintenant qu'elle disposait de plus de temps, puisque les enfants avaient vieilli et que Denise se cloîtrait dans la maison tout en assurant l'entretien, Élise passait plusieurs heures à l'extérieur. Elle se rendait tous les avant-midis chez Armande, son amie boulangère, qui avait encore grossi et ne s'en souciait pas. Toutes les deux prenaient tranquillement le thé tout en respirant les bonnes odeurs de pain qui envahissaient toute la maison. Elles ne manquaient pas de commenter tout ce qui se passait à Drummond. Armande, à la manière d'une conspiratrice, insinua :

— As-tu su que Rose-Alma, la veuve d'Arthur Valiquette, va se remarier ?

— Oui, avec Honoré Lafond, paraît-il. Veux-tu bien me dire ce qu'elle lui trouve ? Il n'est pas beau, pas vite et pas riche.

— Faut crère que quand on tombe en amour, on ne voit plus rien.

— Eh oui ! c'est connu. L'amour rend aveugle.

— Mais toi, Élise, tu es veuve, songes-tu à te remarier ?

— Il faudrait d'abord que je rencontre. Si tu passes en revue les veufs de la paroisse, lequel ferait un bon parti ?

Armande réfléchit un moment, puis laissa entendre :

— Aurélien Lemire.

— Es-tu folle ? Il boit comme un trou et a l'air d'un vieux matou.

La réplique d'Élise les fit s'esclaffer. Armande ne manqua pas de faire remarquer :

— Après tout, Élise, t'es pas une vieille chatte.

Élise, qui acceptait tout ce qui venait d'Armande, la trouva bien bonne. Elles rirent de bon cœur jusqu'à ce qu'Armande insinue :

— Il n'est peut-être pas beau, mais rien n'empêche qu'il est riche.

— Je n'épouserai personne pour son argent.

— Tu fais ta difficile. T'es-tu déjà demandé ce que les veufs peuvent penser de toi ? Tu dois bien admettre que tu n'es pas de la première jeunesse, après tout.

— C'est ça, dis donc que je suis une vieille poulette !

La réflexion d'Élise sembla ébranler son amie qui, comme pour se racheter, s'empressa d'insinuer :

— Tu sais très bien que ce n'est pas ce que je pense de toi. Tu es encore mince et bien faite. En plus, quand tu t'y mets, avec ta robe du dimanche, il y a certainement des veufs que ça doit leur démancher quelque part en te voyant.

La réflexion d'Armande les fit de nouveau éclater de rire. Élise s'écria :

— Si monsieur le curé nous entendait !

— Justement, il ne nous entend pas, pis en plus c'est pas péché de dire ce qu'on pense.

Un bruit venant de la boulangerie les fit sursauter.

— Qu'est-ce qui se passe ? s'étonna Élise.

— Rien de bien grave. Basile a un nouvel aide qui se montre parfois passablement gauche. Il a certainement échappé encore quelque chose, un outil ou un quartier de bois.

— Je me demande comment ton mari fait pour passer des heures auprès du four et endurer des chaleurs de même.

— Il n'a pas le choix, c'est le métier qui le veut. Dis donc, puisqu'on parle justement de ça, Guillaume est-il content de son travail ?

— Oui. Il ne se plaint pas. Il n'a rien voulu savoir de la forge, pas plus que de la tannerie. Je lui pousse dans le dos depuis quelque temps. Pourvu qu'il se fasse à son travail au moulin. Il a été habitué, à la traverse avec son père, à pas mal de liberté. À Lowell, il était vraiment malheureux. Il n'est pas fait pour rester des heures durant sans pouvoir respirer un peu. Dès qu'il se sent enfermé, il devient maussade et malheureux.

— Il semblait aimer son ouvrage au magasin général, non ?

— C'est dommage que monsieur Murphy n'ait pas eu besoin d'un commis. Mon Guillaume m'étonne parfois. Il a de l'ambition. Ça fait plusieurs fois qu'il laisse entendre qu'un jour on va vivre passablement mieux qu'asteure.

Un homme qui s'amenait dans la rue en traînant derrière lui une petite voiture rouge attira leur attention.

— Tiens, un colporteur ! commenta Armande. C'est bien la première fois que je le vois. Qu'est-ce qu'il peut bien vendre ?

L'homme, un grand maigre avec une petite moustache et des yeux comme des billes, agitait une clochette tout en criant :

— Des porte-bonheur ! Achetez des porte-bonheur ! Patte de lièvre, fer à cheval, trèfle à quatre feuilles, médaille de la bonne sainte Anne, rameau, crucifix, images bénites par le pape, reliques de saints. De tout pour tout le monde !

Les deux femmes sortirent à sa rencontre. Il s'arrêta, retira son chapeau et les salua d'un grand geste.

— Pour vous, mesdames, et vos enfants, j'ai de quoi assurer le bonheur dans toute la maison.

Il rabattit une tablette sur le côté de sa voiture et étala dessus une patte de lièvre, un fer à cheval et plusieurs images. Solennellement, il déposa une enveloppe tout près. Il avait vu juste ; les deux femmes, délaissant les autres objets, se montrèrent aussitôt intéressées par le contenu de l'enveloppe.

— C'est ce que j'ai de plus précieux, mesdames. Vous ne verrez pas souvent des images bénites par le pape, mais encore moins des reliques de saints.

— Des reliques de saints ?

— Authentiques et certifiées.

Il retira de l'enveloppe un tube de verre hermétiquement fermé, dans lequel se trouvait ce qui ressemblait à un petit morceau de bois.

— Ne vous y trompez pas, mesdames, il s'agit d'une parcelle d'os de saint Michel, le saint patron des maisons. Il les protège du feu et de tous les maléfices imaginables : tonnerre, inondations, tremblements de terre, glissements de terrain.

Voyant qu'il avait piqué leur curiosité et que cette relique semblait les intéresser, il fonça :

— Je vous la laisse pour dix cennes.

Armande demanda vivement :

— Vous en avez juste une, je suppose ?

— Rassurez-vous, madame, j'en ai une autre et je vous assure que ce n'est pas facile de s'en procurer. Vous êtes chanceuse, il ne me reste que ces deux-là.

Il fouilla dans sa voiture. Au bout d'un moment, il tendit à Armande un tube similaire à l'autre.

— Si tu en prenais une, Élise, et que je prenais l'autre, monsieur nous ferait probablement un meilleur prix, comme quinze cennes pour les deux au lieu de vingt cennes.

Méfiante, Élise demanda :

— Qu'est-ce qui nous prouve qu'il s'agit bien de reliques de saint Michel ?

— Ceci, rétorqua vivement le colporteur en leur présentant un papier sur lequel elles pouvaient lire : *Relique de saint Michel, authentifiée à Rome le 2 février 1887, par moi, soussigné…*

Il leur était impossible de déchiffrer le nom du signataire, mais il était suivi de son titre parfaitement lisible de grand chancelier de Sa Sainteté Léon XIII.

Le colporteur ne marchanda pas. Il leur céda les reliques à prix d'aubaine, quinze cennes pour les deux. Élise était aux anges. Elle emporta le précieux objet dans la maison et le déposa sur la petite tablette au-dessus de laquelle trônait un grand crucifix. Au souper, elle s'empressa d'assurer :

— Notre maison est maintenant protégée contre tous les maux.

— Comment ça ? interrogea Guillaume.

Sa mère prit le petit tube et le lui montra.

— Cet après-midi, un colporteur est passé. Il vendait des reliques authentiques de plusieurs saints et saintes. Je me suis procuré celle-ci.

— De quel saint ?

— Saint Michel, le protecteur des maisons.

Élise tenait en main la relique et le papier l'authentifiant.

Guillaume s'en empara, examina le tube et lut le papier. Denise, Francesca et Victoire s'approchèrent pour jeter un coup d'œil de plus près à la précieuse acquisition.

Guillaume, qui s'était levé, se laissa choir sur sa chaise, en hochant la tête. Élise s'inquiéta :

— Qu'est-ce qu'il y a, mon homme ?

— M'man, vous vous êtes fait avoir.

— Comment peux-tu dire ça ?

— Depuis quand peut-on avoir des reliques d'un archange ?

Chapitre 7

Georgiana se trouve une école

Les Millar avaient généreusement accepté de réembaucher Georgiana comme femme de chambre. Elle accomplissait bien son travail, mais elle n'avait pas renoncé à reprendre un jour sa tâche d'institutrice. Après que l'automne eut animé le paysage avec ses rouges et ses ors, l'hiver s'installa sans avertissement à la fin de novembre par une importante bordée de neige. Puis le temps des fêtes, grâce à ses célébrations, fit oublier le froid pendant quelques jours. Entre Noël et le jour de l'An, une lettre arriva à l'intention de Georgiana. On lui offrait un poste d'enseignante à Saint-Louis-de-Blandford pour le reste de l'année scolaire. L'école se situait dans le 2e Rang de Bulstrode. Elle n'avait aucune idée du lieu où ça se trouvait, mais elle se languissait tellement de pouvoir enseigner, que, sans s'inquiéter davantage, elle répondit aussitôt par courrier qu'elle acceptait ce poste.

Quand elle communiqua la nouvelle à Guillaume, il s'informa :

— Sais-tu où c'est?

— Pas du tout, mais qu'importe, j'aurai mon école et mes élèves.

— Nous allons demander au docteur Bérard, il saura bien nous l'apprendre.

Ils se rendirent chez lui le soir même. Guillaume était impatient de savoir où Georgiana allait se retrouver.

— Saint-Louis-de-Blandford, supposait-il, n'est certainement pas à la porte d'à côté. Si c'était près, nous en aurions entendu parler. J'ai idée que ça doit se trouver quelque part au bord du fleuve du côté de Bécancour.

— Tu n'y es pas du tout, lui apprit le docteur Bérard, après avoir lu la lettre que lui avait remise Georgiana. Par rapport à Drummond, Saint-Louis-de-Blandford se situe après Sainte-Anne-du-Sault.

En entendant ce nom, Georgiana sursauta:

— Sainte-Anne-du-Sault, n'est-ce pas là qu'habite Philippe Lacombe?

— Tu as raison. Il vient bien de cet endroit. Comme ça, Saint-Louis-de-Blandford est du même côté que nous, sur la rive sud?

— En plein ça, mais à des milles du fleuve et d'ici.

Il jeta un coup d'œil à la lettre reçue par Georgiana.

— Si je lis bien, l'école se trouve au 2e Rang de Bulstrode… Une bonne vieille carte devrait nous renseigner.

Il ouvrit le tiroir d'un classeur de bois et en tira un rouleau de papier qui avait été consulté de multiples fois. Il l'étala sur la table de la salle à manger en demandant à Georgiana d'en tenir deux coins et à Guillaume d'en faire autant pour les deux autres.

— Voyons, voyons, répéta-t-il en lissant sa barbe, d'un air pensif.

Puis son index parcourut la carte et s'arrêta sur un point.

— Le 2e Rang de Bulstrode, murmura-t-il. L'école étant dans ce rang, sauf erreur, elle se trouve entre Saint-Louis-de-Blandford et Sainte-Anne-du-Sault.

Ils avaient leur réponse. Ils remercièrent le docteur. En sortant de chez lui, Georgiana ne put réprimer un sourire. Le simple fait d'avoir rencontré Philippe Lacombe dans le train lui donnait l'impression qu'elle serait en milieu connu. De retour à la maison, avant même de penser à préparer ses bagages, elle écrivit à Philippe pour lui annoncer la bonne nouvelle.

Le lendemain, elle commençait à rassembler le peu de choses qu'elle possédait. Elle sortit le coffre qui lui servait de valise et y déposa quelques pièces de linge. Elle s'arrêtait à tout moment, l'esprit ailleurs. L'image de Philippe lui trottait dans la tête et à cette simple évocation, son cœur battait plus vite. Elle le revoyait quand le soleil, pénétrant par la fenêtre du train, avait fait luire ses cheveux bouclés. Elle était perdue dans ses pensées quand Guillaume, qu'elle n'avait pas entendu venir, l'interpella depuis le cadre de porte :

— Ma grande sœur préférée, je ferai le nécessaire aujourd'hui pour que tu puisses te rendre à ton école sans problèmes. Je me suis informé. Il y a un train qui passe à Saint-Louis-de-Blandford. Je vais voir à nous acheter chacun un billet. Une fois là, on trouvera bien quelqu'un qui nous conduira à ton école. Je tiens à voir comment tu seras installée.

Chaque fois que Guillaume s'adressait à elle en la qualifiant de sa grande sœur préférée, et qu'il montrait de la sollicitude à son égard, des larmes lui montaient aux yeux. Son frère s'en rendit compte. Pensant que son émotion était due à son départ prochain, pour l'encourager dans sa décision, il ajouta :

— Ne t'en fais pas. Si loin que ce soit, je trouverai bien le moyen d'aller te rendre visite au printemps. Tu auras de nos nouvelles. Cette fois, on ne te laissera pas languir seule pendant des mois. On t'écrira. Il ne t'arrivera pas le même malheur qu'à ton école de Saint-Germain.

À cette évocation, elle se mit à pleurer. Il la prit par les épaules et l'attira à lui.

— Allons, l'incita-t-il. Ne pense plus à ça. Tu auras un meilleur sort cette fois, j'en suis sûr.

Elle ronchonna :

— Il n'est pas né, celui qui va m'approcher.

— Ne dis pas ça ! Tu finiras bien par trouver l'homme qui saura t'aimer assez pour te garder et te faire des enfants. Rien n'est fini tant que ça dure, comme notre vie à tous les deux. Je ne suis pas plus choyé que toi. Je n'ai pas de compagne de vie. Mais je sais qu'il y en a une quelque part qui m'est destinée. Tout arrivera en temps et lieu.

Les paroles de Guillaume semblèrent l'apaiser un moment. Dehors, un vent glacial soulevait la neige, la projetant par paquets contre la maison. La fenêtre de la chambre était à moitié bouchée. Georgiana frissonna.

— Viens ! l'invita Guillaume. Il fait meilleur du côté de la cuisine. M'man est occupée à préparer une tarte. Denise saura bien nous faire une bonne tasse de thé. Il ne faut pas se rendre malheureux de ce qui a été. Pense plutôt à ce qui s'en vient. As-tu idée de revoir Philippe ? Si tu me dis que oui, je m'arrangerai pour lui faire savoir que tu n'es pas loin de chez lui.

Elle intervint :

— Ça ne sera pas nécessaire.

Elle lui montra la lettre qu'elle s'apprêtait à lui faire parvenir.

— Il t'avait donné son adresse ?

— Comme tu vois.

Il hésita un instant, puis se résigna à lui formuler ce conseil :

— Je t'en supplie, prends ton temps. Ne commets pas la même bêtise avec lui !

— Sois sans crainte. S'il vient me voir, ce ne sera jamais qu'à titre d'ami.

Guillaume haussa les épaules.

— On dit ça, mais quand ça arrive…

Elle l'interrompit vivement.

— Ne sois pas inquiet, ça n'arrivera pas.

Deux jours plus tard, accompagnée de Guillaume, elle partait prendre charge de sa nouvelle école. Quand Guillaume revint à Drummond, à sa mère qui s'informait comment était l'école de Georgiana, il répondit :

— Toutes les écoles de rang se ressemblent, m'man. Elle sera aussi bien qu'elle l'était à Kingsey. Une chose est certaine, elle est très contente d'y être et elle ne manquera de rien.

Chapitre 8

Des nouvelles de Georgiana

Guillaume prenait son travail à cœur. Il était bien conscient du rôle qu'il devait jouer maintenant qu'il était devenu chef de famille. Ses mésaventures amoureuses l'avaient rendu méfiant. Il ne cherchait pas vraiment à se fiancer. Les rares fois où il y avait une soirée dans la paroisse pour célébrer un événement quelconque comme la Toussaint ou la Chandeleur, il y participait, mais sans plus. Maintenant qu'il travaillait au moulin, c'était à peu près la seule occasion qu'il avait de croiser des jeunes femmes. Elles étaient toutes fiancées ou mariées et il ne s'efforçait pas d'en trouver une de libre. Il répétait à qui voulait l'entendre: «C'est quand on cherche qu'on ne trouve pas. Il faut laisser venir.»

Pour ne pas déplaire à sa mère, il ne montrait pas la lassitude qui l'envahissait chaque matin avant de partir au moulin. Au début, sans doute parce que c'était nouveau pour lui, il avait trouvé son travail intéressant. Mais à la longue, s'échiner à scier des planches avait eu raison de son optimisme. Il se disait: «Je vaux mieux que ça. C'est pas avec ce travail que je vais devenir riche.» Il rêvait à ce qu'il pourrait faire de sa vie. Il se voyait à la tête d'une entreprise, sans parvenir à préciser davantage en quoi elle consisterait. Quand sa mère le trouvait trop songeur, elle le ramenait vite sur terre.

— Cesse de te morfondre à rêver. Les rêves n'apportent pas de pain sur la table.

— S'il n'avait pas rêvé, l'oncle Louis ne serait pas devenu riche !

— Il l'est devenu par un coup de chance. Il est arrivé aux États juste au bon moment, un peu comme les premiers qui ont trouvé de l'or aux États. Les autres n'ont ramassé que des miettes.

— C'est vous qui le dites, m'man. Il s'agit d'arriver en quèque part dans le bon temps. Qui vous dit que ça se produira pas pour moi aussi ?

Elle le regarda en hochant la tête.

— Pauvre enfant ! Il ne faut pas attendre après ça pour vivre, sinon nous risquons de manger notre pain sec.

— Voilà ce qui arrivera, si je ne bouge pas et si je n'ai pas le courage de regarder ailleurs.

Sa mère allait dire quelque chose qu'elle ravala. Comme elle le faisait quand elle était émue ou en colère, elle se leva d'un bond de sa chaise puis retourna dans la cuisine à la recherche d'un peu d'apaisement.

— J'ai maintenant vingt-quatre ans, continua Guillaume. Je n'ai pas l'intention de rester collé ici aux mêmes gages pendant le prochain quart de siècle.

— Où voudrais-tu aller ?

— Là où je pourrai toucher plus d'argent.

Elle le regarda d'un air déconfit et lâcha :

— Si jamais tu veux partir, ce sera sans moi.

— Allons, m'man ! Qui vous fera vivre, vous, Denise et les petites ?

— Je ne suis pas manchote, Denise non plus et les petites ne seront pas petites toute leur vie. Tu n'es pas satisfait de ton travail et de tes gages?

— De mon travail surtout. Je suis capable de mieux.

Ils en étaient là de leur échange quand quelqu'un se présenta à la porte. Guillaume alla répondre. Un homme d'une cinquantaine d'années, arborant une barbe touffue et des sourcils tout aussi fournis, demanda:

— Je suis bien chez les Courchesne?

Guillaume acquiesça en l'invitant à entrer.

— J'arrêterai pas longtemps, promit-il. Je prendrai seulement un bon verre d'eau.

— Qu'est-ce qui vous amène? s'enquit Guillaume.

— Ceci.

Il tira de sa poche une lettre. Puis, s'adressant à Élise, il demanda:

— Vous êtes bien madame Courchesne?

Après la réponse affirmative d'Élise, il déclara en lui tendant une enveloppe:

— Votre fille Georgiana m'a donné ça pour vous.

Élise s'informa d'une voix inquiète:

— Elle n'est pas malade, j'espère?

— Rassurez-vous, elle va très bien. Je suis le père d'une de ses élèves. Quand elle a su que je venais à Drummond, elle m'a demandé si je pourrais pas vous apporter sa lettre.

Élise soupira. Comme si la nature voulait souligner cet instant particulier, un coup de vent souleva la poussière de la rue. Disparu depuis un bon moment derrière les nuages, le soleil laissa filtrer un rayon accueilli par le pépiement des poules dans la cour voisine. Élise invita leur visiteur à s'asseoir. Il s'excusa, disant qu'il avait beaucoup à faire.

Denise lui avait apporté un verre d'eau qu'il but d'un trait avant de les saluer et de disparaître presque aussi vite qu'il était apparu. Élise s'empressa d'ouvrir l'enveloppe et tendit la lettre à Denise.

— Lis-nous ça, ma fille, c'est si rare que ta sœur nous donne de ses nouvelles.

Denise ne se fit pas prier et lut :

Chère mère,

J'espère que vous êtes en bonne santé, comme tout le reste de la famille. Ne vous inquiétez surtout pas pour moi. Tout va très bien. J'ai beaucoup d'agrément avec les vingt-deux enfants qui fréquentent mon école. Ils apprennent vite et je suis bien traitée par leurs parents, même si mes gages de vingt-cinq dollars pour le reste de l'année ne sont pas très élevés. Il est vrai que je n'ai pas de grosses dépenses et que les gens sont fidèles à me fournir tout le bois de chauffage et les autres choses dont j'ai besoin pour l'école.

Même si je suis seule le soir, je ne m'ennuie pas trop. J'aurai le plaisir de vous revoir durant les vacances, mais une petite visite de Guillaume me ferait bien plaisir. Denise pourrait peut-être aussi trouver le temps de m'écrire et profiter de ce que quelqu'un de Drummond vient à Sainte-Anne ou à Saint-Louis pour faire porter la lettre ou bien l'envoyer en poste restante à Saint-Louis.

J'ai eu la visite de monsieur le curé de Saint-Louis. Il m'a confessée et déplore le fait que je ne puisse pas aller à la messe tous les dimanches. Ça me serait bien difficile puisque c'est rare que quelqu'un puisse me conduire à Saint-Louis ou à Sainte-Anne. J'y vais parfois, mais m'y rendre à pied à l'aller et revenir de la même façon au retour est fatigant. Mon école n'est pas située dans le rang le plus passant les fins de semaine et se trouve loin de l'église la plus proche.

Il m'arrive parfois d'être invitée à manger chez les parents de l'un ou l'autre de mes élèves, mais rarement. Qui pense à l'institutrice ? De plus, bien des parents de mes élèves ont tout juste ce qu'il faut pour nourrir leurs enfants. Je ne m'en plains pas parce que je fais ce que j'aime le plus au monde.

Je vous laisse là-dessus en vous souhaitant du bon temps à tous.

Votre fille qui ne vous oublie pas,

Georgiana

Élise commenta :

— Au moins, elle semble aimer ce qu'elle fait.

Guillaume intervint à son tour :

— J'avais promis d'aller la voir. Elle ne se plaint pas, mais la connaissant comme je la connais, elle doit trouver parfois le temps long. Elle écrit d'ailleurs qu'elle ne s'ennuie pas trop, ce qui veut dire qu'elle s'ennuie tout de même un peu.

— As-tu vraiment l'intention d'aller là-bas ?

— Oui ! Dès que j'en aurai la chance.

Chapitre 9

Georgiana et son courtisan

Georgiana aimait enseigner et se comptait bien chanceuse de pouvoir le faire à son école de Bulstrode. Toutefois, elle se serait trouvée bien seule si elle n'avait pas eu, de temps à autre, la visite de Philippe Lacombe. Le jeune homme avait bien reçu la lettre qu'elle lui avait fait parvenir, lui annonçant sa venue comme institutrice non loin de Sainte-Anne-du-Sault. Toutefois, il avait dû entreprendre un long voyage pour affaires. Dès son retour, en avril, il se présenta un beau dimanche après-midi, heureux de renouer avec elle. Il ne la trouva pas très chaleureuse ni démonstrative. Il se rendit compte que si elle était heureuse de sa visite et se montrait aimable à son égard, elle se tenait cependant constamment sur ses gardes et se crispait quand il osait faire allusion à un rapprochement entre eux.

À sa première visite, il accepta ses explications selon lesquelles, en tant qu'institutrice, elle ne pouvait pas se marier et que par conséquent, elle refusait toute familiarité. Mais, de son côté, il l'avait aimée dès qu'il avait bavardé avec elle dans le train. Il persistait à lui rendre visite. Il se montra tout de même à la fois patient et tenace, car elle lui plaisait.

Il finirait bien par l'amadouer. En causant avec elle, il devina qu'elle avait vécu une dure épreuve en amour. Puis, un bon jour, après lui avoir fait jurer qu'il ne répéterait jamais à personne ce qu'elle allait lui révéler, elle lui apprit ce qui lui était arrivé à Saint-Germain. Il se montra compatissant et commenta :

— Les hommes ne sont pas tous pareils. S'il t'avait vraiment aimée, il ne t'aurait pas abandonnée. Tu es mal tombée, ma pauvre Georgiana. Sois certaine d'une chose, si tu acceptes un jour de partager ma vie, je resterai à tes côtés et tu pourras toujours compter sur moi.

Ne se décourageant pas, il lui laissa entendre qu'elle ferait une bonne mère de famille.

— Tu aimes les enfants, pourquoi te priverais-tu d'en avoir à toi ?

Chaque fois qu'il abordait ce sujet, il la sentait vulnérable, voyant ses yeux se remplir de larmes. Toutefois, il continuait à aller la voir et il montrait tellement de respect pour elle, qu'elle l'accueillait toujours avec plaisir. Mais allait-il la fréquenter longtemps ainsi sans espoir de la voir changer d'idée ?

Guillaume, de son côté, n'avait pas oublié sa promesse. Il résolut de rendre visite à Georgiana. Il prit le train un dimanche matin et, comme il l'avait fait quand il l'avait accompagnée à son école, il loua une voiture pour se rendre de Saint-Louis-de-Blandford au 2e Rang de Bulstrode.

Il n'aurait pas pu souhaiter plus bel après-midi pour se promener tranquillement dans la campagne. Les routes étaient toutefois difficilement praticables. Il y avait encore suffisamment de neige pour employer une *sleigh*, mais il se faisait drôlement brasser tant la route s'avérait mauvaise. Il ne s'en souciait pas. Lui qui aimait se sentir libre, il profitait à fond de ces moments précieux.

Le cheval emprunta la route de terre, pleine de trous et encore passablement enneigée, qui menait au 2e Rang. De temps en temps, une ferme apparaissait au loin. Des champs venaient mourir au bord de la route traversée par les pistes des animaux sauvages dans la neige fondante. Il eut le plaisir de voir deux renards se pourchasser, quelques lièvres sauter dans les fourrés et il suivit longtemps du regard le vol d'une buse en quête d'une proie. Au bord du chemin, les herbes tapées avaient roussi sous la neige et ici et là, dans les champs entrecoupés de talles de feuillus, commençaient à paraître les sillons des labours. On entendait, mêlés à des plaintes lointaines, les cris des corneilles que poursuivaient les étourneaux à ailes rouges tout juste revenus de leur habitat d'hiver.

Comme il parvenait à l'école, Guillaume vit une voiture arrêtée devant. Il ne fut pas étonné de trouver Philippe en compagnie de Georgiana. Le jeune homme se montra heureux de l'arrivée de Guillaume.

— C'est ma chance! s'exclama-t-il. Depuis le temps que j'espérais te revoir.

Profitant de ce que Guillaume était sur place, Philippe l'invita à poursuivre sa route avec lui, après sa visite à sa sœur, jusqu'à Sainte-Anne-du-Sault.

— Ma proposition tient toujours. Si jamais tu te décides à venir, il y aura du travail pour toi à la fabrique de meubles de mon père, j'en suis certain. Même si c'est dimanche, je pourrais te la faire visiter.

D'une voix hésitante, Guillaume déclina son invitation:

— J'irais avec plaisir, mais je n'aurai pas le temps aujourd'hui. Après tout, je suis venu pour causer avec Georgiana. En plus, je ne peux pas me permettre de manquer mon train à Saint-Louis. Il faut que je sois de retour à Drummond pour mon travail demain. Mais je me reprendrai, sois-en certain.

Ils s'assirent en compagnie de Georgiana. Tout en lui transmettant les salutations de toute la famille, Guillaume lui donna une tarte que leur mère avait préparée pour elle.

— M'man, Denise, Francesca et Victoire s'ennuient de toi. Elles parlent souvent de toi. Elles ont bien hâte de te revoir aux vacances.

— Avez-vous des nouvelles de Vianney ?

— Celui-là, on dirait qu'il ne fait plus partie de la famille ! Il ne prend pas une minute pour écrire. Aux dernières nouvelles que nous a fait parvenir l'oncle Louis, il se portait à merveille et se disait heureux du travail qu'il accomplissait.

— En réalité, qu'est-ce qu'il fait au juste ?

— Il aide l'oncle dans toutes sortes de petits travaux.

Guillaume expliqua à Philippe qu'il n'y en avait pas un comme son oncle Louis pour réparer tout ce qui se cassait ou cessait de fonctionner. Il n'y avait pas un mécanisme qui lui résistait et, en plus, il se permettait même des inventions. La dernière était une truelle spéciale qui facilitait le travail des maçons.

— Ne me demande pas à quoi elle ressemble, je ne saurais pas te le dire. Mais une chose est certaine, il semble bien qu'elle soit très efficace.

Après avoir pris des nouvelles de Georgiana, Guillaume fut contraint de s'en aller pour ne pas rater son train.

— Le temps d'arriver et c'est déjà celui de partir, déplora-t-il.

D'un sourire, Georgiana le rassura :

— Ta visite m'a fait plaisir.

Philippe intervint en lui disant :

— Si tu pouvais rester pendant deux jours, tu pourrais loger chez moi.

— Peut-être un jour, on ne sait jamais !

Philippe sortit en même temps que Guillaume pour le raccompagner à sa voiture. Profitant du fait qu'ils étaient seuls et désireux d'en avoir le cœur net, Guillaume ne fit pas de détours et demanda :

— Qu'en est-il de vos amours ?

Philippe répondit sans sourciller :

— J'aime beaucoup ta sœur, mais elle rend nos fréquentations bien difficiles.

— Tu dois la comprendre. Sans doute qu'elle t'apprécie beaucoup, mais une mauvaise expérience qu'elle a vécue la rend très méfiante. Elle ne se laisse pas approcher facilement. Si jamais tu veux gagner sa confiance, tu devras y mettre du temps, passablement de temps.

Philippe se garda bien de lui faire savoir qu'il connaissait déjà la mésaventure de Georgiana.

Ils se serrèrent la main avec promesse de se revoir. Philippe regagna l'école où Georgiana l'attendait sur le seuil. Guillaume les salua de la main. Ils le regardèrent s'éloigner, non sans que Philippe murmure :

— J'espère qu'un jour il viendra travailler à Sainte-Anne.

— Ne compte pas trop là-dessus, répondit Georgiana. Il faudrait que toute la famille quitte Drummond, et ma mère ne sera pas facile à convaincre. Elle y est née et y a vécu les plus belles années de sa vie. Elle n'a pas beaucoup d'amies, mais elle connaît un peu tout le monde, tandis qu'à Sainte-Anne-du-Sault elle serait une parfaite étrangère.

Chapitre 10

Un été marquant

Les vacances étaient arrivées. Georgiana adorait l'été quand tout était en effervescence. Les champs se remplissaient de fleurs, les bois grouillaient de vie, et la rivière, fréquentée par une multitude d'oiseaux, coulait sagement dans son lit. Elle revint de son école par le train de cinq heures. Denise, Francesca et Victoire l'accueillirent à la gare.

Lorsqu'elles arrivèrent à la maison, Élise montra sa joie de revoir Georgiana. Elle lui posa mille questions sur son école, puis demanda :

— Es-tu heureuse de te retrouver à Drummond ?

Se reprenant, elle corrigea :

— Je devrais plutôt dire à Drummondville.

— Comment ça ?

— Dans moins de deux mois, Drummond va devenir une ville. Et si tu te promènes le moindrement dans les rues du centre, tu vas constater qu'il y a eu passablement de changements durant ton absence.

— Comme quoi ?

— Si tu veux, on reparlera de ça tout à l'heure. Prends d'abord le temps de te réinstaller dans ta chambre.

Denise l'accompagna jusqu'à sa chambre en transportant sa valise. Elles revinrent bientôt toutes les deux à la cuisine où leur mère les attendait avec impatience.

— Ta chambre te va toujours ? s'enquit aussitôt Élise.

— Elle est parfaite et pleine de lumière. Elle n'est guère comparable à celle, toute noire, de mon école.

— Tu devrais t'y plaire, formula Élise, tout comme dans Drummond d'ailleurs.

— Vous disiez qu'il y a eu beaucoup de changements dernièrement ?

— Passablement. Il y aura même de l'éclairage le soir dans les rues.

— De l'éclairage ?

— Oui, ma fille ! Une douzaine de fanaux à l'huile vont être posés. Monsieur Alexandre, le nouveau curé, en aura trois près de l'église et du presbytère. En plus de ça, il paraît qu'il y aura bientôt un barrage électrique sur la rivière, sans compter le chemin de fer en construction qui reliera Drummond à Saint-Hyacinthe. Enfin, tu sauras que maintenant ça coûte vingt-cinq cennes par jour pour une voiture au marché. L'augmentation en a rendu plusieurs mécontents.

— Le marché va-t-il bien quand même ?

— Très bien ! Si tu veux, nous irons demain.

Après cette énumération, Élise se mit à réfléchir à voix haute.

— À part ça, quoi de nouveau ? Ah, oui ! Tu as su que l'école des garçons est passée au feu ? C'est bien triste de la voir en ruine. On ignore encore si elle sera reconstruite. Si le curé Marchand était encore ici, elle le serait sans doute, mais monsieur Alexandre ne sait pas si et quand elle sera reconstruite. Cependant, ce n'est pas ce qui a fait le plus jaser les gens.

— C'est quoi, alors ?

— Les plus grandes discussions ont été causées par le maire. D'abord il faut que tu saches que tout a commencé avant les dernières élections municipales. Il y avait trois conseillers sur six qui devaient partir.

Georgiana laissa entendre :

— J'imagine que ça n'a pas dû être facile de les éliminer…

— En effet. Sais-tu ce que monsieur le maire a eu comme idée pour arriver à en remplacer trois ?

Voyant que Georgiana ne tentait aucune supposition, sa mère poursuivit :

— Tu sauras qu'il a mis trois fèves blanches et trois fèves noires dans une bourse. Les conseillers ont pigé chacun leur tour. Les trois qui sont tombés sur les fèves noires ont été éliminés. Puis il y a eu l'élection du nouveau maire.

Guillaume, revenant de son travail, entra et quand il vit Georgiana en discussion avec leur mère, un grand sourire illumina son visage. Il serra sa sœur dans ses bras en disant :

— Ça fait du bien, grande sœur, de te voir de retour et de bonne humeur.

— Parce que tu trouves que je ne le suis pas assez d'habitude ?

Il ne releva pas sa remarque, préférant laisser entendre que la maison semblait moins vide quand elle était là. À la première occasion qu'elle eut d'être seule avec lui, Georgiana ne prit pas de détours.

— Toi comme moi, lança-t-elle, nous devrions nous marier.

Guillaume commenta :

— Tu sembles en avoir assez de l'école ?

— J'aime enseigner, mais j'aimerais aussi avoir des enfants.

— Philippe est-il toujours dans le portrait?

Georgiana soupira:

— Plus que jamais. S'il n'en tenait qu'à lui, nous serions déjà mariés.

— L'aimes-tu?

— Bien sûr que je l'aime!

— Dans ce cas-là, donne ta démission à l'école et mariez-vous.

— Qu'est-ce que m'man va en penser?

Guillaume esquissa un geste d'impatience.

— Ce n'est pas elle que ça concerne, c'est toi. Elle sera bien obligée de se plier à ta décision. Après tout, tu es majeure. Quand elle s'est mariée, nous n'étions pas là pour lui mettre des bâtons dans les roues. Je ne comprends pas pourquoi tu hésites.

— Et toi, Guillaume, qu'est-ce que tu attends pour en faire autant?

Il regarda sa sœur droit dans les yeux. Elle vit qu'il était tourmenté. Il soupira:

— Premièrement, je n'ai pas de blonde et deuxièmement, je n'aime pas l'ouvrage que je fais.

Georgiana n'hésita pas:

— C'est à mon tour de te le dire: qu'est-ce que tu attends pour changer de travail? Philippe t'en trouverait certainement à Daveluyville.

— Daveluyville?

— Oui, c'est d'même que ça s'appelle asteure, à la place de Sainte-Anne-du-Sault, et les gens n'y manquent pas d'ouvrage.

— Je veux bien, mais pour ça, il faudrait déménager une fois de plus.

— Si ça peut te rendre heureux, pourquoi pas?

— As-tu pensé à m'man, Denise, Francesca et Victoire ?

— Pauvre toi, elles n'auront pas d'autre choix que de suivre. Après tout, tu les fais vivre.

Quand, deux jours plus tard, Francesca parla d'aller cueillir des fraises avec Victoire, Georgiana décida de les accompagner. Elle insinua :

— Quand j'étais plus jeune, nous avions une belle place pour les fraises.

— De l'autre côté de la rivière ? la questionna Francesca.

— Oui ! Dans les champs du bonhomme Norris.

— Il paraît qu'il n'endure plus personne sur ses terres. Il les reçoit à coups de fusil.

— Pas vrai !

— Il envoie aussi ses chiens après ceux qui y vont. Il y en a qui se sont fait mordre. Personne n'ose plus passer par là.

Georgiana s'assit. Sa mère lui demanda :

— Tu renonces ?

— Non, mais assise, ça va mieux pour réfléchir.

Élise intervint :

— Pourquoi n'allez-vous pas du côté sud ? Entre ici et le moulin de monsieur Vassal, il y a plusieurs champs en friche. Il doit bien y avoir quelques fraises par là.

— Pourquoi pas ? acquiesça Georgiana.

Les trois filles saluèrent leur mère et se mirent en route. Elles empruntèrent le sentier longeant la rivière et parvinrent dans une clairière où elles s'arrêtèrent un moment. Le champ venait mourir au bord du cours d'eau. D'un étang tout près montaient les appels des pinsons et ceux, comme des poulies grinçantes, des étourneaux à ailes rouges, tandis qu'au loin des goglus faisaient entendre leurs trilles mêlés aux appels des corneilles. Un héron en quête de proies arpentait la rive opposée. Des nuages joufflus apportaient de temps à autre une ombre bienvenue.

Poursuivant leur marche, elles débouchèrent dans les champs en friche dont leur avait parlé leur mère. Un chemin de terre fraîchement retournée y menait. Elles l'empruntèrent d'un pas lent. Victoire courait devant et s'arrêtait à tout bout de champ en quête de fraises.

— Il devrait y en avoir un peu plus loin, lui cria Francesca, qui ne se pressait pas.

Elle se pencha soudainement pour ramasser un caillou blanc, cracha dessus et le lança par-dessus son épaule, sans regarder où il tombait.

— Que fais-tu là ? s'enquit Georgiana.

— J'attire la chance, répondit sa sœur en souriant.

— Nous en avons bien besoin toutes les deux, avança Georgiana.

Victoire s'était arrêtée pour les appeler :

— Venez par ici, il y en a tout plein.

Elles la rejoignirent et se mirent à leur cueillette. Dans les arbres voisins, des moucherolles chassaient, changeant brusquement de branches pour gober un insecte. Georgiana les remarqua.

— Ces oiseaux, murmura-t-elle, n'hésitent pas à changer de place pour attraper ce qui fait leur bonheur.

— Pourquoi ce commentaire ? demanda Francesca.

Georgiana s'était mise à sa cueillette. Elle releva la tête vers sa sœur et lui demanda :

— Que comptes-tu faire en septembre, maintenant que tu as fini l'école ?

— Je vais me trouver du travail.

— Tu n'as pas de petit ami ? Tu as pourtant l'âge d'en avoir un. Il y en a plusieurs qui sont mariés à ton âge.

— Je le sais, mais m'man ne voulait pas voir un garçon chez nous pendant que j'étudiais encore. Je ne resterai pas vieille fille comme Denise, tu peux en être sûre !

— Que comptes-tu faire dans la vie ?

— Je vais me marier, c'est certain. Et toi, Georgiana, vas-tu rester institutrice toute ta vie ? Tu n'as pas envie d'avoir des enfants ? À ta place, vu ton âge, je commencerais à y penser sérieusement.

C'était la deuxième fois en deux jours que quelqu'un de sa famille revenait sur ce sujet. Georgiana fut ébranlée. Elle ne donna pas pour autant sa démission comme institutrice.

Chapitre 11

La décision

Pour Guillaume, comme pour le reste de la famille, tout se déroulait de la même façon depuis leur retour à Drummond. Il y avait maintenant plus d'un an qu'ils étaient revenus de Lowell. Guillaume travaillait toujours au moulin de monsieur Vassal. Sa mère se rendait bien compte qu'il n'était pas heureux. Le soir, il passait de longs moments à rêver sans dire un mot, se languissant de ne pas pouvoir réaliser quelque chose de mieux de sa vie. Il ne se faisait pas d'amis non plus, ce que déplorait sa mère. Les seuls moments où il se montrait plus enthousiaste arrivaient à l'automne, quand il pouvait se libérer pour aller chasser.

Il n'avait pas eu l'occasion de revoir l'homme qu'il avait croisé au bord de la rivière, peu de temps après leur retour de Lowell. Il s'était informé de qui il s'agissait. Comme il ne connaissait pas son nom, il s'était contenté de le décrire. Sa mère lui avait dit que ce devait être Sam MacFarlane, propriétaire d'une vaste demeure et d'un domaine le long de la rivière.

Il y avait maintenant plus d'un mois que Georgiana était retournée à son école. L'invitation de Philippe Lacombe tenait toujours. Guillaume, justement, en avait assez de son travail au moulin Vassal, il fallait que ça change. Il avait bien réfléchi à la situation durant toute l'année. Il se mourait à petit feu au moulin Vassal et ne se voyait pas travailler aux forges et encore moins à la tannerie. S'il avait été seul, il y aurait belle lurette qu'il serait parti chercher ailleurs, or il devait faire vivre sa famille. Il avait enduré son mal sans se plaindre, mais là il en avait assez.

Au début du mois d'octobre, il se fit porter malade et, sous prétexte de rendre visite à Georgiana, il profita du samedi et du dimanche pour aller voir Philippe à Sainte-Anne-du-Sault, maintenant Daveluyville, du nom du premier maire de la place.

Son ami Philippe tenait à ce qu'il connaisse bien les lieux. Il l'invita :

— Si tu veux, nous allons marcher un peu. Ça va nous permettre de mieux apprécier les environs.

Ils s'arrêtèrent à l'unique maison en haut de la côte menant au pont. Philippe y mena leur cheval. Une femme sortit et alla au-devant d'eux.

— Madame Mercier, bonjour ! Est-ce que je peux laisser le cheval et la voiture ici pour à peu près une heure ? Mon ami et moi, nous avons décidé de marcher un peu.

— Bien sûr, Philippe ! Prenez tout le temps qu'il vous faut.

La route descendait vers le pont pour remonter aussitôt en direction du village. L'air était frais. On ne pouvait souhaiter plus belle journée. Tout en causant, ils descendirent lentement vers le pont, le bruit de la chute les contraignant à parler plus fort. Arrivé sur le pont dominant la chute de Maddington, Guillaume demanda :

— De quelle rivière s'agit-il ?

Ils s'arrêtèrent au milieu du pont et son ami lui apprit que la rivière Bécancour naissait dans la Beauce et Mégantic.

— Dans sa course vers le fleuve, précisa-t-il, elle serpente à Daveluyville entre les cantons de Maddington et de Bulstrode. Elle avance lentement en multipliant ses méandres et progresse dans la plaine à la manière d'un serpent. Les Abénaquis la nommaient *solinak*, ce qui signifie « détours ». Au bout d'une de ces boucles, avant de sombrer dans cette cascade haute de quarante-cinq pieds, qu'on appelle la chute Maddington, comme tu peux le voir, la rivière se divise en deux bras pour former sur quarante arpents la Grosse Île.

À la suite de ces explications, Philippe invita Guillaume :

— Viens ! Je veux te montrer la fabrique de meubles de mon père. Il devrait être à son bureau, même si c'est dimanche. Je lui ai déjà parlé de toi et il est intéressé à te rencontrer.

Ils s'arrêtèrent à la fabrique. Philippe lui en fit faire le tour en lui expliquant comment on procédait, à partir du bois brut, pour réaliser, étape par étape, table, chaise, buffet et commode. Guillaume se montra enchanté de ce qu'il voyait. Il insista auprès de son ami pour qu'il le présente au grand patron. Philippe s'enquit :

— Tu es vraiment décidé ? Tu déménagerais ici avec les tiens ?

— Absolument. J'ai besoin d'un grand changement dans ma vie.

Philippe ne cacha pas son enthousiasme. Il était certain que la décision de Guillaume influencerait celle de Georgiana quant à leur mariage. Il le conduisit au bureau de son père, un homme dans la cinquantaine avancée, rieur et bien bâti, à la poignée de main solide, qui s'exclama :

— Le voilà enfin, ce Guillaume Courchesne à propos duquel Philippe ne cesse de me casser les oreilles ! Es-tu aussi vaillant qu'il le dit ?

Interloqué, Guillaume hésita avant de répondre d'une voix ferme :

— Le travail ne m'a jamais fait peur, vous savez.

— À la bonne heure ! Philippe m'a appris que tu es le responsable de ta famille et que tu déménagerais ici ? Voilà le genre d'homme que je ne crains pas d'embaucher. Si tu es décidé à venir t'établir dans le coin, ça me fera plaisir de te donner du travail.

Guillaume ne s'attendait certainement pas à pareil accueil. Il se passa la main dans les cheveux, jeta un coup d'œil dans la direction de Philippe et laissa tomber :

— Considérez ça comme chose faite !

Josaphat Lacombe lui sourit et s'enquit :

— Tu gagnes combien là où tu travailles ?

— Maintenant, une piastre et demie par jour.

— OK, conclut le patron, tu toucheras le même montant et tu commenceras aussitôt que tu le pourras. De l'équarrissage du bois à la finition des meubles, Philippe saura bien te trouver le travail qui te convient.

Quand ils sortirent de la fabrique, les deux jeunes hommes riaient aux éclats.

— Je te l'avais bien dit ! s'exclama Philippe, en lui donnant une tape amicale dans le dos.

Encore tout étonné de ce qui venait de se passer, Guillaume souriait ; puis après un moment, il devint soucieux. Son ami s'en rendit compte et demanda :

— Quelque chose ne va pas ?

— Le pire reste à faire, murmura-t-il. Il me faut informer m'man et les filles de ma décision. Ça risque de faire des flammèches.

— Elles n'auront pas le choix, le rassura son ami. Quand elles vont voir comme il fait bon vivre ici, elles finiront bien par oublier Drummond.

Guillaume s'arrêta au milieu de la rue. Il soupira :

— J'ai bien peur que ça ne soit pas aussi facile que tu le crois.

Pour lui changer les idées, Philippe l'invita :

— Allons prévenir Georgiana de la bonne nouvelle. Et ensuite, nous pourrions aller jeter un coup d'œil à une maison à louer qui, je crois, vous intéressera.

Ils retournèrent sur leurs pas, traversèrent le pont où Guillaume, fasciné par la chute sous leurs pieds, tint à s'arrêter un moment. Une vapeur d'eau formait un nuage devant eux. Le soleil y dessinait un arc-en-ciel.

— N'est-ce pas de bon augure ? remarqua Philippe. Il va y avoir de la couleur dans nos vies, j'en suis certain.

— J'espère bien gros que tu aies raison, soupira Guillaume.

Reprenant la voiture, ils allèrent chercher Georgiana à son école. À peine étaient-ils arrivés que déjà Guillaume faisait part à sa sœur de ce qui venait de se passer.

— Monte, l'invita-t-il, nous allons visiter une maison.

Ils repartirent dans la direction d'où ils étaient venus. Georgiana questionna Guillaume :

— Tu as vraiment décidé de venir travailler à Daveluyville ?

— Eh oui !

— Qu'est-ce que m'man va dire ?

— On verra bien. De toute façon, une chose est certaine, je pars de Drummond, qu'elle le veuille ou non.

— Et si elle décidait de ne pas venir ?

— Il faudrait que je lui fournisse l'argent pour qu'elle puisse continuer à louer la maison et s'occuper des filles et là, elles auraient à peine de quoi vivre et moi aussi. Elles devront se faire à l'idée. Ça ne m'empêchera pas de venir travailler ici. Ma décision est prise, je ne reviendrai pas en arrière.

Pendant qu'ils échangeaient de la sorte, ils avaient rejoint les premières maisons du village. Ils dépassèrent le pont et remontèrent l'unique rue. Philippe les conduisit au bord de la rivière et s'arrêta précisément là où elle était séparée en deux par une île et joignait à nouveau ses deux bras en coulant des eaux plus vives vers la chute. Philippe leur indiqua une maison dressée tout près, dominant la rive, et devant laquelle était plantée une affiche indiquant « À vendre ou à louer ». Ils s'en approchèrent et l'examinèrent minutieusement en en faisant le tour. L'arrière donnait vers la rivière à l'endroit même où elle commençait à bouillonner. La vue s'étendait au loin, au-delà du cours d'eau et de l'île, vers les forêts de la rive opposée. Passant près de la maison, Guillaume descendit jusqu'à la rive. À part le bruit régulier du courant et les cris des oiseaux, une grande paix régnait en ces lieux, ce qui lui plut.

— Parfait ! lança-t-il à son ami avec enthousiasme. Je suis certain que ma mère aimera cet endroit. Ça lui rappellera Drummond et la traverse. Es-tu de mon avis ? s'enquit-il à Georgiana.

— Ça devrait aller, fit-elle en s'éloignant pour en faire de nouveau le tour.

Profitant de ce qu'il était seul avec Guillaume, Philippe murmura :

— Espérons que cette maison vous sera favorable et ne vous réservera pas de mauvaises surprises.

— Pourquoi dis-tu ça ?

— Parce que le dernier propriétaire s'y est pendu. C'est pourquoi elle est si peu chère.

— Ouf ! fit Guillaume.

— Rien ne t'oblige à informer ta mère et les autres du drame qui s'y est déroulé.

Cette nouvelle désarçonna quelque peu Guillaume. Son ami insista pour qu'il visite l'intérieur.

— Les lieux semblent te plaire. Je suis certain que tu apprécieras vivre ici, et d'autant plus quand tu auras vu l'intérieur.

— Tout se sait, murmura Guillaume. Ma mère finira bien par l'apprendre.

— Peut-être, mais certainement pas tout de suite, sans doute après quelques mois ou bien un an ou deux elle aura eu le temps de s'y plaire et ne voudra pas quitter l'endroit malgré ce qui y est arrivé. En connais-tu bien des maisons où personne n'est déjà mort ?

— Mais pas de cette façon.

— Qu'est-ce que ça change ?

— Tu penses ? Il me semble que…

Guillaume se tut. Il paraissait jouer dans sa tête le scénario de ce qui se produirait si jamais sa mère apprenait la vérité. Il demanda :

— Qui en était le propriétaire ?

— Un monsieur Boissonneault. La famille a quitté Daveluyville et a confié la clé de la maison au notaire Duclos. Il se fera un plaisir de te la faire visiter, car jusqu'à présent, personne ne semble intéressé à la louer et encore moins à l'acheter.

— Il y a de quoi, murmura Guillaume. Un pendu dans la maison !

— Qu'est-ce que ça change, en réalité ? Je te le répète : la maison n'est pas plus mauvaise pour ça et l'endroit demeure aussi beau.

Les arguments de son ami ne semblaient pas le convaincre. Georgiana revenait vers eux.

— Si jamais tu la loues, insista Philippe, il y a une chose que je te conseillerais de faire, avant même que vous y emménagiez.

— Quoi donc ?

— Tu demanderas à monsieur le curé de venir bénir les lieux.

Cette proposition sembla plaire à Guillaume qui demanda :

— Où demeure le notaire ?

— Je t'y conduis, assura son ami. Je suis certain que tu ne regretteras pas ton choix.

Une heure plus tard, Guillaume et Georgiana inspectaient les lieux. La maison de bois de deux étages correspondait parfaitement à ce que Guillaume cherchait. Il y avait suffisamment de chambres pour les accommoder tous. La cuisine, avec sa large fenêtre donnant sur la rivière, plairait certainement à leur mère et à Denise, tout comme la vaste salle à manger. À l'extérieur, la place ne manquait pas pour un jardin qui ferait le bonheur d'Élise. Il ne se demanda pas où l'homme s'était pendu et pourquoi il avait mis fin à ses jours. Malgré tout, durant toute sa visite, il ne put chasser de son esprit l'image d'un pendu.

Quand le notaire lui demanda s'il voulait acheter ou louer, Guillaume lui laissa entendre qu'il allait y penser. Philippe tenta de nouveau de le convaincre. Guillaume hésitait :

— Il y a certainement d'autres maisons à louer ici ?

— Pas aussi belles et aussi bien placées que celle-là. Et aussi peu chères ! Tu vas t'en rendre compte quand nous aurons fait le tour du village.

Georgiana se mit de la partie.

— Si tu es bien décidé à t'installer ici, je trouve cette maison parfaite.

La réflexion de sa sœur fit mourir ses craintes. Il s'enquit auprès du notaire du prix de vente et de celui de location.

— Les propriétaires demandent deux cents piastres pour la maison, payables à l'achat, ou trois dollars de location par mois.

— C'est trop cher. Je serais preneur à deux dollars par mois.

Guillaume s'assit en compagnie du notaire pour se faire lire le contrat.

— Je paierai mes deux dollars chaque mois, affirma-t-il. Par contre, j'aimerais que ce montant soit retenu chaque année en déduction du prix d'achat. Ça serait un genre de location avec option d'achat. C'est à prendre ou à laisser. Dans dix ans, la maison serait totalement à moi. Les propriétaires ont besoin d'être d'accord. Je sais pourquoi leur maison ne se vend pas et ne se loue pas.

Cet arrangement parut plaire au notaire, qui laissa entendre qu'il saurait les convaincre.

— Si vous le permettez, avança Guillaume, je vais signer tout de suite un engagement. Si ça ne marche pas, il faudra me le faire savoir aussitôt par télégramme à la gare de Drummond. Si je n'ai pas de nouvelles, dans trois jours j'arriverai avec ma famille.

Georgiana ne manqua pas de le taquiner.

— Enfin, mon frère est devenu un homme.

Il se tourna vers elle et lui lança, d'un air taquin :

— Et toi, grande sœur, quand feras-tu une femme de toi ?

Elle répliqua vivement :

— Plus tôt que tu ne le penses, Guillaume Courchesne !

— Mes bonyennes, répliqua-t-il en pointant Philippe et Georgiana, vous me cachez quelque chose…

Philippe s'esclaffa.

— Qu'en dis-tu, Georgiana ? Nous lui cachons quelque chose ?

— Philippe est en train de me réconcilier avec la vie, dit Georgiana en souriant.

Si Guillaume savait qu'ils se fréquentaient, Georgiana gardait encore secret le fait que Philippe et elle comptaient se marier dans la prochaine année.

Chapitre 12

Le déménagement

Quand, de retour de sa visite à Philippe, Guillaume annonça à sa mère sa décision d'aller travailler et vivre à Daveluyville, elle lui tourna le dos et, sans un mot, se retira dans sa chambre. Il savait que ce serait difficile de lui faire quitter Drummond. C'était son milieu de vie. Elle avait accepté contre son gré le déménagement à Lowell. Elle était si heureuse d'être revenue à Drummond qu'il lui faudrait trouver de bons arguments pour la décider à le suivre.

Il savait toutefois que c'était lui et non sa mère qui détenait le gros bout du bâton. Elle avait beau bouder, il lui faudrait se rendre à l'évidence. Guillaume attendit donc patiemment qu'elle revienne à de meilleurs sentiments. Le lendemain, elle réapparut dans la cuisine avant le dîner. Il revint à la charge.

— Si j'ai décidé d'aller travailler là-bas, ce n'est pas sur un coup de tête. Je ne veux plus rien savoir du moulin.

Son intervention tomba dans le vide. Sa mère montrait un visage fermé et ne semblait pas vouloir desserrer les dents. Guillaume poursuivit :

— Je sais bien, m'man, que ça ne vous plaît pas. J'ai réfléchi longtemps avant de me décider. Je ne serai pas malheureux tout le reste de ma vie à faire un travail que je n'aime pas. Je crois que je serai plus heureux là-bas.

Sa mère brassait les casseroles comme si elle avait été seule. Voyant qu'il parlait dans le vide, il sortit pour ne revenir qu'à l'heure du souper, après être allé porter sa démission à monsieur Vassal. Sa sœur Denise l'attendait.

— Tu vas faire mourir m'man, lança-t-elle dès qu'elle le vit paraître.

— Si m'man ne veut pas suivre, rétorqua-t-il, elle n'aura qu'à rester ici, et toi aussi.

— Comment tu penses qu'on va vivre ici, toutes seules ?

— Justement ! se récria Guillaume. C'est moi qui vous fais vivre. J'ai bien le droit que ce soit là où ça me plaît.

— T'aurais pu au moins essayer ailleurs à Drummond, comme à l'usine de voitures de monsieur Pépin.

— Je me suis informé. Il n'y avait pas de place pour moi.

— Tandis que là-bas, tu en as trouvé une tout de suite, je suppose ?

— En plein ça. À la fabrique de meubles de monsieur Lacombe, le père de Philippe. Il m'a engagé sans poser de questions.

— Qu'est-ce qu'en pense Georgiana ?

Guillaume ne voulait pas mêler sa sœur à sa décision. Il répondit :

— Elle est heureuse que je me sois trouvé un travail qui devrait me plaire.

— Où penses-tu vivre là-bas ?

— Dans une maison que je vais louer, peut-être avec option d'achat plus tard.

— Et nous, là-dedans ?

— Je pense que le mieux serait que vous veniez vivre là-bas.

— Ah oui ! En laissant ici tous nos souvenirs et nos amies.

La réflexion de Denise lui fit soudain prendre conscience de l'ampleur du sacrifice qu'il leur demandait. Il se rebiffa :

— Quand p'pa a décidé qu'on s'en allait à Lowell, on a bien été obligés de suivre. Là, c'est pareil. Je suis le chef de famille et je fais ce que je pense être le mieux pour tous. Si je tombais malade, que deviendriez-vous ? N'attendez pas que je le sois, à force de ruiner ma santé au moulin. En plus, attendez donc de voir Daveluyville. C'est pas pire qu'ici, bien au contraire. Je veux bien vous faire vivre, m'man, toi, Francesca et Victoire, mais à mes conditions. Et je ne peux pas payer deux maisons à la fois avec le salaire que je fais. Tu peux rapporter ça à m'man.

Le lendemain matin, Guillaume se rendit prévenir le docteur Bérard qu'il quittait Drummond, et qu'il pourrait louer la maison. Le docteur s'étonna :

— Ça s'est donc fait vite ! Où t'en vas-tu ?

— À Daveluyville, où j'ai trouvé un bon travail.

— Tu en avais un à Drummond.

— Il ne me plaisait pas.

— Ta mère doit être découragée…

— Elle se fera à sa nouvelle vie, comme mes sœurs. Je n'ai pas choisi de devoir les faire vivre. Le sort a voulu qu'elles dépendent de moi.

Son argument porta. Le docteur lui glissa :

— Pauvres de vous. Il ne me reste plus qu'à vous souhaiter bonne chance. Comment comptez-vous vous rendre là-bas, si vous déménagez toute la famille ?

— Monsieur Murphy m'a prêté un cheval et sa voiture pour le transport de nos effets. Comme on n'a pas de meubles, on aura la place qu'il faut pour nous et nos biens.

On pouvait entendre les mouches voler dans la maison quand Guillaume revint. Ses sœurs et sa mère avaient toutes l'air dépitées. Pendant que Guillaume était allé prévenir le docteur Bérard, Denise, Francesca et Victoire avaient tristement commencé à faire leurs bagages. Élise, la mine sombre, avait aussi commencé à s'activer. Quelques boîtes et deux valises étaient déposées près de l'entrée. Armande, l'amie d'Élise, était aussi là pour les aider. On se serait cru en plein deuil. Quand Guillaume vit que sa mère et ses sœurs avaient décidé de ne pas lui mettre des bâtons dans les roues, il poussa un soupir et rapailla ses effets.

— À moins d'un changement, nous partons après-demain à l'aube, leur dit-il. Nous ne nous en allons pas à l'abattoir. Daveluyville est un village aussi beau que Drummond et quand vous verrez la maison où nous allons vivre, ça va vous rappeler la traverse. Je suis certain que du bon temps nous attend là-bas.

Une fois assuré de partir, il se rendit au bureau de poste et fit expédier un court télégramme à son ami Philippe pour lui confirmer son arrivée.

Le surlendemain, au petit matin, ils prirent la route en passant par le pont. Élise ne regarda devant qu'une fois qu'elle vit disparaître le clocher de l'église. Ils empruntèrent le chemin qui menait à Saint-Cyrille-de-Wendover. Il était bordé sur des milles par la forêt, puis une éclaircie laissait paraître une ferme entourée de ses bâtiments et dont les champs clôturés étaient verts ou or, selon ce qu'on y cultivait. De temps à autre, un chien jappeur venait tourner autour de la voiture, puis le paysage changea à l'approche de Saint-Cyrille. Ils croisèrent quelques voitures dont l'une était menée par un homme aussi maigre que son cheval. Ils le saluèrent. L'homme souleva son chapeau sans rien dire. Guillaume laissa entendre que ça devait être un pasteur.

Plus loin, il dut ranger la voiture en bordure de la forêt pour laisser passer un tombereau traîné par deux chevaux de labour. Le véhicule occupait à lui seul presque toute la largeur du chemin. Couchée à plat ventre sur une pile de planches, une petite fille leur sourit au passage. Près de l'homme chauve et rond qui tenait les cordeaux était assise une vieille femme qui semblait perdue dans ses pensées. Guillaume espérait les voir s'arrêter, mais ils ne ralentirent pas.

Après avoir traversé le village de Saint-Cyrille, bordé de coquettes maisons de bois, ils gagnèrent l'agglomération de Notre-Dame-du-Bon-Conseil, dont les fermes se succédaient parfois à plus d'un mille de distance. Le soleil était à son zénith quand ils s'arrêtèrent près d'un ruisseau pour manger le pain et le fromage apportés pour dîner avec quelques tomates et une tarte aux fraises. Ce repas frugal fut avalé aux chants des oiseaux sans qu'une seule parole ne soit prononcée.

Le cheval ayant pu boire au ruisseau et brouter tout autour, ils ne s'attardèrent pas et reprirent la route bordée de sapins et de feuillus où les éclaircies se faisaient rares et qui ne semblait pas devoir aboutir quelque part. De temps à autre, une voiture apparaissait au loin. Guillaume tentait d'imaginer qui pouvait s'y trouver. Ils croisèrent de la sorte un marchand, un homme rieur qui s'arrêta pour leur conter une histoire, puis plus loin ce fut un curé, lequel les bénit au passage. Après des milles de forêts, au bord desquelles paraissaient des ruisseaux et des étangs remplis de vie, ils aboutirent à une route transversale au coin de laquelle une pancarte indiquait la direction de Daveluyville.

— Nous arrivons! les encouragea Guillaume.

Son information tomba dans le vide. Ses sœurs semblaient s'être mises au même diapason que leur mère et affichaient un air morne.

Guillaume aurait aimé emménager dans leur nouvelle maison dès le premier soir, mais ils devaient d'abord attendre qu'elle soit meublée. Il mena le cheval jusqu'à l'unique auberge de la place où il réserva deux chambres pour la nuit. Après l'avoir dételé, il mena le cheval à l'écurie pour qu'il puisse boire, manger et se reposer. Il avait promis à monsieur Murphy de le lui ramener dès le lendemain. Leur arrivée ne passa pas inaperçue, car Philippe leur fit la surprise de leur amener Georgiana, ce qui eut l'heureux effet de délier les langues. Élise lui demanda:

— Tu n'as pas d'école aujourd'hui?

— J'ai donné congé aux enfants pour l'après-midi. Après tout, ce n'est pas tous les jours que je peux accueillir ma famille.

De son côté, Philippe n'avait pas chômé. Chez des amis et des connaissances, il avait repéré à bon prix des lits, des matelas, un buffet, une commode ainsi qu'une table et des chaises. Malgré la fatigue de la journée, Guillaume trouva le courage d'accompagner son ami à la collecte des meubles réservés pour lui pendant que sa mère et ses sœurs se reposaient à l'auberge. Ils allèrent même les installer dans la maison, si bien que le lendemain matin, pendant que Guillaume refaisait le chemin vers Drummond pour y rapporter cheval et voiture, Élise et ses filles investirent la maison.

Dès qu'il avait su que Guillaume s'amenait, Philippe avait couru chez le notaire prendre la clé de la maison pour y faire du ménage, ce qui fit qu'à leur arrivée, Élise et ses filles entrèrent dans une maison passablement accueillante. Quand, revenu le soir par le train, Guillaume arriva à la maison, il fut étonné de la trouver en bon ordre et se dit que ça ne devrait pas être long pour qu'elle devienne un agréable foyer.

Chapitre 13

Les voisins

La maison était bien entourée d'une forêt d'érables, de chênes et de hêtres, terrain de jeu des chevreuils, des porcs-épics et des ratons laveurs qui, soir et matin, se montraient au bord de la rivière où ils se désaltéraient en se tenant sur leurs gardes. Non loin de l'endroit où la rivière plongeait et où autrefois il y avait aussi eu un bac, le pont accueillait chaque jour, dans un sens ou l'autre, des dizaines d'hommes et de bêtes.

Les voisins les plus proches étaient les Tourigny, dont le père pratiquait l'honorable métier de cordonnier en fabriquant des souliers de bœuf, les seuls qu'il avait appris à faire. C'était un homme taciturne qui portait une calotte de cuir qu'on lui voyait tout le jour sur la tête. Il ne la quittait qu'à l'église, et encore pour peu de temps, car il ne s'y présentait qu'à l'épître avant d'en sortir durant le sermon, pour ne réapparaître qu'à l'élévation. Sa calotte l'accompagnait dans ses mains au moment de la communion pour retrouver son port favori au sortir de l'église et ne plus le quitter jusqu'au soir. Sa femme, en raison de son embonpoint, se déplaçait lentement tout en balançant les bras pour ne pas perdre l'équilibre. Ils avaient une dizaine d'enfants dont seuls les plus jeunes étaient encore à la maison. De tous, Marcel se montrait le plus débrouillard et, tout comme son père, ne se départait pas de sa calotte rivée sur sa tête. Mais dès qu'on lui adressait la parole, on constatait qu'il était particulièrement timide et renfrogné.

La maison suivante abritait le clan des Bruneau. On n'en dénombrait pas moins de douze autour de la table. Les quatre filles étaient encore en âge de fréquenter l'école. Elles attiraient déjà l'attention des garçons. L'aînée, une belle rousse, ne donnait pas sa place pour les provoquer. Leur père exerçait le métier de forgeron, aidé des deux garçons les plus vieux. La mère, Antonia, une maîtresse femme, travaillait sans arrêt. Rien ne la rebutait. Aussi solide qu'un homme et toujours prête à rendre service, elle s'était taillé une réputation de femme forte dans tout le village et les environs. Élise reçut son aide dès le lendemain de son arrivée. Elle avait acheté un quart de lard salé que le livreur avait tout bonnement déposé à l'entrée de la maison. Antonia, qui passait par là, s'en avisa. Elle vint frapper à la porte et, de la voix grave qui la caractérisait, s'enquit à Élise :

— Madame notre nouvelle voisine, vous allez pas laisser ce quart au soleil toute la journée ?

— C'est gentil d'être venue me le dire. J'attends que mon fils Guillaume revienne de travailler. Il va le rentrer.

— J'peux vous faire ça si vous voulez.

Élise s'en montra étonnée :

— Vous en seriez capable ?

— Allons donc ! C'est pas un quart de lard qui va m'faire peur. Vous m'dites où vous l'voulez et je vous l'apporte dret-là.

— Venez voir ! l'invita Élise.

Les deux femmes empruntèrent le corridor qui menait à la cuisine. Tout au bout, près de l'escalier donnant accès à l'étage, Élise se pencha et souleva la trappe qui s'ouvrait sur la cave. Une bouffée d'humidité, pleine d'odeur de terre et de moisi, leur sauta à la gorge. Une échelle s'enfonçait dans la pénombre. La voisine jeta un coup d'œil.

— Je vous l'descends là ?

— Il sera au frais.

— Comme vous voulez, lança-t-elle tout en retournant chercher le quart.

Elle se pencha, le souleva d'un coup de reins et, son fardeau sur une épaule, elle descendit à la cave. Tenant un fanal allumé à bout de bras dans l'ouverture de la trappe, Élise l'éclaira comme elle le pouvait.

— Posez-le pas loin de l'échelle, recommanda-t-elle.

— C'est fait ! lâcha Antonia. Si tu veux, y aura pas d'manières entre nous. Appelle-moi Antonia. Toi c'est quoi ?

— Élise !

— Bon ben, ton quart est là où tu l'voulais. Si jamais t'as besoin d'moé pour d'autres services, ne t'gêne pas.

Pendant tout le temps que sa voisine se trouvait à la cave, Élise remarqua qu'elle regardait partout, comme désireuse d'y trouver quelque chose. Avant de remonter, elle s'enquit :

— Passe-moi donc l'fanal. J'veux m'assurer que quand vous aurez besoin d'aller chercher du lard, le quart s'ra pas trop coincé et que ça s'ra facile de l'faire.

Élise lui tendit le fanal. Antonia le tint à bout de bras en éclairant toute la cave. Puis, sans doute satisfaite de ce qu'elle avait vu, elle emprunta l'échelle pour remonter et remit le fanal à Élise. Elle commenta :

— C'est plus grand que j'pensais, y a passablement d'place en bas. Ça vous fait une bonne chambre froide.

— On en est satisfaits. Les légumes vont bien s'y conserver.

— Si jamais t'as besoin d'un coup d'main, Élise, je te l'répète, ne t'gêne pas pour m'appeler. Entre voisines, on peut ben s'entraider.

— Je n'y manquerai pas, promit Élise. Merci beaucoup pour ton coup de main.

— Y a pas d'quoi.

Élise la regarda s'en aller, sûre d'elle-même et fière de sa force. Elle soupira. Denise l'entendit.

— Pourquoi vous soupirez, m'man ?

— Pour rien. Je me disais que c'est rassurant d'avoir une telle voisine.

Élise et ses filles ne mirent guère de temps à rendre la maison habitable. Comme Guillaume l'avait laissé entendre, sa mère avait tout de suite aimé l'endroit. La rivière tout près lui rappelait un peu le site de leur maison de Drummond. Élise s'arrêtait souvent au milieu de ses activités. Elle s'approchait de la fenêtre de la cuisine et restait un moment à contempler la rivière. Il lui semblait alors ne pas avoir tout perdu. Drummond était loin, mais les souvenirs des beaux jours qu'elle y avait passés demeuraient vifs. La rivière contribuait à les ramener.

Francesca et Victoire se plaisaient dans leur nouveau milieu. Elles s'étaient déjà fait des amies avec lesquelles elles aimaient flâner au bord de la rivière.

Georgiana revint à la maison pour les fêtes, ce qui combla Élise. Elle n'aimait rien tant que d'avoir tous ses enfants autour d'elle.

— Il ne manque qu'Annabelle et Vianney, déplora-t-elle, et la famille serait complète.

— Sans p'pa, fit remarquer Georgiana. Pourquoi vous ne vous remariez pas ?

— Me remarier ? Jamais, ma fille. Une fois suffit.

La vive réaction de sa mère, et le ton sur lequel elle avait dit ces mots, fit sourire Georgiana.

— Mais, m'man, je suis sûre qu'il y a des veufs ici qui ne prendront pas de temps à vous remarquer.

— Ils sont mieux de ne pas se faire d'idées. J'ai eu mon tour, j'ai pratiquement fini d'élever ma famille, penses-tu que je vais m'embarrasser d'un bonhomme qui va compter sur moi rien que pour que je lui lave ses bas et le reste de ses guenilles ?

— Mais m'man, il n'y a pas que ça dans la vie. Ça vous ferait du bien d'avoir un compagnon de vie.

— Pour qu'il me parle de sa femme et de ses enfants, et comme c'était bon de vivre dans ce temps-là ? Non merci. Je ne veux rien savoir d'un bougonneur. J'ai pas besoin d'un homme pour être de mauvaise humeur.

— Allons donc, m'man ! Votre vie n'est pas si pire que ça ! Guillaume est là pour vous aider, et Denise aussi. Vous pouvez vous compter chanceuse de les avoir. Il y a des mères de famille de mes élèves qui sont vraiment toutes seules.

— À chacune ses misères, ma fille. J'ai assez des miennes sans ajouter celles des autres.

Voyant qu'il n'y avait rien pour ramener sa mère à de meilleurs sentiments, Georgiana se résigna à ne rien lui apprendre de ce qu'elle se préparait à lui annoncer. Elle avait su attendre, elle le saurait encore.

Chapitre 14

Une petite vie tranquille

L'hiver et le printemps passèrent et chacun se fit à sa nouvelle vie. Francesca et Victoire ne mirent guère de temps à s'acclimater à leur nouveau milieu. La saison estivale s'y prêtait bien. Elles pouvaient explorer les alentours à leur guise. Le bas niveau de la rivière leur permettait, en sautant d'une pierre à l'autre, de traverser le cours d'eau pour se rendre jusqu'à l'île qu'elles parcouraient sur une courte distance afin d'accéder à l'autre rive. De là, des crans de rocher prolongeaient l'île. Elles se rendaient à son extrémité. La rivière, plus large à cet endroit, formait des fosses où des jeunes du village venaient pêcher la truite.

Un jour qu'Élise avait confié une commission à Victoire, Francesca s'aventura seule sur les crans. Il n'y avait rien qu'elle aimait tant que de regarder les jeunes hommes pêcher. Elle en avait remarqué un, qu'elle croyait être de son âge, et avait été fascinée par la façon dont il lançait sa ligne, d'un geste vif du poignet, à l'endroit exact où il désirait voir tomber son appât. Elle n'avait pas osé lui parler quand Victoire l'accompagnait, mais pour une fois qu'elle était seule, elle espérait qu'il serait là et comptait bien faire sa connaissance.

En s'approchant de l'endroit où il pêchait, elle sentit son cœur battre plus vite quand, dépassant les arbustes qui lui masquaient la vue, elle l'aperçut, sa canne à pêche à bout de bras, occupé à sortir de l'eau ce qu'elle imagina être une truite. Elle s'assit sur un rocher et le regarda manœuvrer jusqu'à ce que le poisson soit assez près de lui pour que, tout en tenant fermement sa canne à pêche d'une main, il puisse le capturer au moyen de la puise qu'il tenait de l'autre. Elle signala sa présence en applaudissant. Le jeune homme regarda dans sa direction et esquissa un large sourire. Il ne fut pas long à relancer sa ligne à l'eau pour donner à son admiratrice une deuxième chance d'applaudir. Toutefois, les poissons se faisaient prier et de gros nuages noirs menaçants approchaient si vite que, s'en avisant, Francesca se leva d'un bond pour retourner en vitesse à la maison. Comme elle y parvenait, un éclair illumina les grands pins du bord de l'île et la foudre en décapita un dans un bruit sourd qui fit trembler le sol autour. La pluie se mit à tomber en déluge. Les gouttes frappaient le sol en giclant. Francesca eut juste le temps de se précipiter dans la maison. Elle se laissa choir sur le banc du quêteux près de la porte pour reprendre son souffle, cesser de trembler et sentir ses jambes moins flageolantes. Elle avait eu la peur de sa vie.

Élise, l'apercevant blême et tremblante sur le banc du quêteux, commenta :

— D'où sors-tu ? On dirait que tu viens de croiser le diable en personne.

Francesca mit du temps à répondre. Elle finit par soupirer :

— C'était presque ça. Un éclair a décapité un arbre à moins de cent pieds de moi. Le sol a tremblé si fort que j'ai cru qu'il s'agissait d'un tremblement de terre.

— Tu étais allée à la rivière ?

— Oui, m'man.

— Pourtant, je t'avais bien dit de ne pas t'y rendre seule.

— Je n'étais pas seule, il y avait des garçons qui pêchaient et je les ai regardés faire.

— À l'avenir, vas-y toujours avec Victoire.

— Mais là, vous l'aviez envoyée au village pour une commission !

Sur ces mots, sa mère l'invita à donner un coup de main à la cuisine. Francesca la suivit en pensant à ce qu'elle venait de vivre, et se fit le reproche : « Ça t'apprendra à faire de l'œil aux garçons ! » Un autre coup de tonnerre se fit entendre et la pluie redoubla. Au même moment, Victoire rentra, revenant de l'épicerie. Elle avait été surprise par l'orage et arrivait à la maison en pleurs et mouillée comme une fontaine. Élise, qui n'était pourtant pas portée aux attendrissements, fut bien obligée de la consoler un peu. Mais elle ne put s'empêcher de lui reprocher :

— Tu aurais pu t'abriter quelque part !

— Où ça, chez les Tourigny ? Vous nous avez défendu de leur parler.

La petite tremblait à la fois sous l'effet de la pluie et de la peur. Élise lui conseilla :

— Va te changer et oublie ça au plus vite.

Denise, plus sensible que sa mère, intervint en apportant une grande serviette dans laquelle elle enveloppa Victoire. Dehors, la pluie continuait à tomber, mais moins dru. Au loin, un rayon de soleil avait percé les nuages et éclairait tout un coin de forêt. De lourds nuages gris fuyaient vers l'horizon. Depuis la cuisine, Francesca s'écria :

— Venez voir l'arc-en-ciel !

Elles restèrent un long moment à admirer le phénomène. Les arbres dégoulinaient. Sur le sol, de larges flaques d'eau rappelaient le passage de la pluie pendant que les oiseaux reprenaient leurs chants.

Même si Élise se gardait bien de l'admettre, elle commençait à se plaire à Daveluyville. L'endroit s'avérait aussi beau que Guillaume le lui avait décrit. Quant à lui, il n'avait pas mis beaucoup de temps à se faire à son nouveau milieu. Il aimait travailler à la fabrique de meubles, parce qu'il s'y sentait moins anonyme et, surtout, parce qu'il était réellement devenu ami avec Philippe, chez qui il se rendait à l'occasion et avec lequel il aimait causer.

Dans la cuisine, Francesca était distraite. Sa mère le lui reprocha :

— T'es dans la lune. À quoi penses-tu ?

— J'étais en train de me dire que je ne resterai pas vieille fille.

— Aurais-tu quelqu'un en vue ?

— Peut-être. Sinon je finirai bien par rencontrer quelqu'un, peut-être un voyageur de passage à Daveluyville.

— Ma fille, tu dois être très prudente. Il y a toutes sortes de monde qui voyagent. Il ne faudra pas te fier au premier venu.

— Allons, m'man ! Pensez-vous que je vais me jeter dans les bras du premier homme de passage ? Je me promets, par contre, de garder les yeux ouverts. Si jamais j'en vois un qui me plaît, je m'arrangerai bien pour savoir de qui il s'agit.

Élise n'en croyait pas ses oreilles ! Elle se rendait soudainement compte que Francesca, à dix-huit ans, était bel et bien en âge de se marier et ne repoussait pas cette éventualité, bien qu'elle ne se soit jamais plainte du fait qu'elle n'avait jamais pu fréquenter quelqu'un. Élise mesurait à quel point leurs déménagements successifs avaient dû la perturber.

Pendant que sa mère réfléchissait de la sorte, Francesca rêvait à son beau pêcheur.

Chapitre 15

La surprise

L'été avançait, faisant se succéder le temps des fleurs et celui des petits fruits. Quand, au début d'août, le bord de la route se colora du bleu des chicorées, Philippe décida qu'il était temps d'agir. Il se présenta chez les Courchesne dans un but très précis. Guillaume, qui avait été mis dans la confidence, ne fut donc pas étonné de le voir apparaître pour la grande demande. Georgiana s'était montrée discrète. Elle n'avait pas encore parlé de l'année scolaire qui approchait. Philippe se sentait un peu chez lui dans la maison des Courchesne. Il avait largement contribué à leur établissement à Daveluyville et Élise le considérait comme un bon ami de Guillaume, puisqu'il l'avait aidé à se trouver du travail et que tous deux se voyaient tous les jours à la fabrique de meubles. Étonnamment, Élise, qui pourtant ne manquait pas de tout flairer, ne connaissait pas l'autre version de l'histoire. Philippe et Georgiana s'étaient bien gardés, pour éviter des histoires, de parler de leurs fréquentations qui duraient depuis qu'elle avait obtenu son poste d'institutrice à l'école de rang de Bulstrode.

Élise se montra heureuse de la visite de Philippe.

— Il me semble que tu te fais rare dernièrement, commenta-t-elle. Tout va bien chez vous ?

— Tout le monde est à son affaire et il n'y a personne de malade.

— C'est toujours ça de gagné. Quel bon vent t'amène ?

Philippe ne passa pas par quatre chemins.

— J'espère que vous ne serez pas surprise de ma demande.

— Une demande ?

— Oui. Je désire épouser Georgiana.

Élise en resta bouche bée. Elle n'avait pas vu venir la chose et demeura un moment interloquée. Se reprenant, elle déplora :

— Mon pauvre garçon, il me semble que tu la connais à peine.

— Détrompez-vous, madame Courchesne. Georgiana et moi on se fréquente depuis qu'elle enseigne à Bulstrode.

Élise n'en croyait pas ses oreilles.

— Tu la vois depuis tout ce temps-là ?

— Oui, madame. Demandez à Georgiana. On s'est vus à peu près deux fois par semaine depuis qu'elle est dans les parages.

Élise rougit et semblait près d'éclater. Philippe s'empressa de l'apaiser.

— Nous nous sommes fréquentés convenablement, madame Courchesne. Nous n'avions pas de chaperon, mais nous avons su nous en tenir à ce qui est permis. Georgiana se garde pour après le mariage. Si j'avais voulu insister pour autre chose, elle ne l'aurait pas pris et je ne serais pas ici pour vous demander sa main.

Se tournant vers Guillaume, Élise demanda :

— Et toi, t'étais au courant, je suppose ?

— Comme doit l'être un chef de famille, assura Guillaume, en esquissant un léger sourire qu'il réprima aussitôt pour ne pas indisposer sa mère.

Se tournant vers Georgiana qui s'était approchée au fond du salon, Élise commanda :

— Viens ici !

Georgiana obtempéra en se demandant ce que sa mère avait derrière la tête.

— Tu aurais pu être plus franche avec moi. Qu'est-ce que ton père aurait dit de ça ?

Guillaume intervint :

— P'pa n'est plus là, m'man. C'est moi qui le remplace et je suis bien d'accord avec ce mariage.

Philippe intervint :

— Vous n'avez rien à craindre, madame Courchesne, je vais bien m'occuper de Georgiana et vous verrez, dans moins d'un an vous serez grand-mère !

Élise était prise de court. Elle n'avait plus d'arguments et se rendait bien compte qu'il était inutile de s'opposer à cette union. Elle demanda :

— Où allez-vous vivre ?

— Chez mes parents, en attendant d'avoir notre propre maison.

— Dans dix ans, je suppose.

— Détrompez-vous, dans quelques mois à peine, puisque je m'en fais construire une pas très loin d'ici, le long de la rivière.

— Où prends-tu ton argent ?

— Je suis un homme prévoyant, madame Courchesne. Étant le dernier de la famille, j'ai toujours donné un coup de main à mes parents et comme ça fait quelques années que je travaille à plein temps à la fabrique, j'ai pu économiser, parce que mon père ne m'a jamais chargé de pension pour vivre à la maison. Il m'a dit: "C'est notre cadeau de noces, à ta mère et moi. Si tu as la sagesse d'épargner, tu ne le regretteras pas quand viendra le temps de te marier."

Élise ne savait plus quoi objecter. Elle déplora:

— Jamais je ne serai capable de payer les noces de ma fille.

Comme s'il effaçait l'objection d'un geste de la main, Philippe s'écria:

— Pourquoi vous inquiéter avec ça? Vous le savez, p'pa est un des plus riches habitants de la place. Il saura bien nous organiser une noce convenable où tout le monde trouvera son compte.

Élise finit par donner son assentiment. Philippe les quitta, le cœur gonflé de bonheur. Georgiana rayonnait. Denise s'empressa de demander:

— Alors, les noces, c'est pour bientôt?

— Pour le début de l'automne, si possible, assura Georgiana.

— Cachotière! lui reprocha Denise avec un sourire. C'est pour ça que tu ne parlais pas de regagner ton école. Quelle robe comptes-tu mettre pour tes noces?

— Philippe a promis de m'en avoir une belle. Nous irons l'acheter à Bécancour.

— Dis donc, il n'est pas regardant à ses sous.

— Il répète qu'on ne se marie qu'une fois. Il veut que je sois la plus belle possible pour notre mariage.

Denise soupira:

— Je t'envie d'être aimée autant...

Georgiana esquissa un large sourire avant de murmurer:

— Tout vient à point à qui sait attendre.

— As-tu hâte d'avoir des enfants?

— À qui le dis-tu ! Philippe en veut au moins une demi-douzaine, sinon plus.

— À ce que je vois, je serai matante bien des fois.

— Et m'man aura beaucoup de petits-enfants !

Chapitre 16

Chicane de clocher

Le mariage de Georgiana devait avoir lieu en septembre. La plus grande inquiétude d'Élise venait du fait que, depuis leur arrivée à Daveluyville, la chapelle qu'on y avait construite n'était pas encore ouverte. Il y avait eu toute une histoire autour de cette chapelle. Pendant des années, on s'était disputé à qui mieux mieux au sujet de l'endroit où elle devait être construite. Les gens de Sainte-Anne-du-Sault, comme ceux de Bulstrode et de Maddington, désiraient l'avoir non loin de chez eux. En attendant, chaque dimanche, tout le monde devait se rendre à l'église du village le plus proche et, pour ce faire, parcourir des milles et des milles alors qu'il aurait été si facile de satisfaire tout le monde en érigeant une chapelle plus près. Mais qui en aurait assumé les coûts ? Et qui de Maddington, de Bulstrode et de Sainte-Anne-du-Sault méritait le plus une chapelle sur son territoire ? Si on parlait de la construire à Bulstrode, ceux de Sainte-Anne-du-Sault et de Maddington criaient au meurtre. Les mêmes cris s'élevaient de part et d'autre s'il était question de la bâtir à Maddington ou à Sainte-Anne-du-Sault. Après des chicanes à n'en plus finir, monseigneur l'évêque de Nicolet trancha et décida que la future chapelle serait érigée sur le territoire de Sainte-Anne-du-Sault, devenue depuis peu Daveluyville. Une fois le problème de l'emplacement réglé, la construction de la chapelle se fit rapidement.

— Comme tu vois, elle est flambant neuve, avait expliqué Philippe à Guillaume un beau jour, lorsque ce dernier lui avait demandé ce qui en retardait l'ouverture. Mais tu ne peux pas savoir comment l'endroit choisi pour son érection a causé de chicane. C'est ce qu'on appelle une chicane de clocher, et une méchante à part ça. Tellement que la chapelle est encore fermée.

— Pourquoi donc ?

— En raison de tout le trouble qu'elle a suscité à sa construction et de celui qu'elle continue de causer pour la vente des bancs. Tu ne me croiras peut-être pas, mais plusieurs paroissiens, tant du côté de Bulstrode que de Maddington, ont cessé de pratiquer leur religion pour ça. Ils voulaient avoir la nouvelle chapelle dans leur cour. Et en plus, imagine-toi qu'elle n'a pas encore servi qu'on parle déjà de la déménager ! Monsieur le maire veut la remplacer par une vraie église. Tout ça prouve, une fois de plus, qu'on ne peut pas contenter tout le monde et son père.

Le lendemain de la demande officielle de Philippe, Guillaume alla lui rendre visite en compagnie de Georgiana. En passant devant la chapelle, tout près de leur demeure, Guillaume y jeta un coup d'œil en songeant à quel point les chicanes de paroisse étaient curieuses. Tout en jasant, ils étaient parvenus chez Philippe, qui, aux côtés de sa fiancée, fut tout heureux d'annoncer à ses parents qu'Élise avait donné son assentiment au mariage. Même si Guillaume était le chef de famille, et qu'il avait déjà donné son approbation, l'opinion d'Élise comptait beaucoup aux yeux des parents de Philippe.

— Une nouvelle de même, ça s'arrose! s'écria Josaphat Lacombe.

Quelques minutes plus tard, tout le monde, même Georgiana, qui n'avait pas l'habitude de boire, levait son verre au futur mariage. Elle ne put retenir ses larmes, tant elle était émue.

— Pourquoi pleurer quand on doit se réjouir d'une si grande nouvelle? s'étonna Guillaume.

— Tu ne sais donc pas, reprit Georgiana en souriant, qu'il existe aussi des larmes de joie?

Sur ce, Philippe s'approcha d'elle et la serra dans ses bras.

— Demain, si tu le veux, nous irons comme promis à Bécancour pour acheter ta robe.

Marceline, la future belle-mère, intervint. Elle conseilla:

— Vous devriez en profiter pour vous faire photographier pendant que vous serez là. Il n'y a rien qui garantit qu'on pourra trouver un photographe ambulant le jour de votre mariage.

Philippe promit d'y voir. À la seule pensée de pouvoir posséder le portrait de son bien-aimé, Georgiana se remit à pleurer.

— Allons, lui reprocha gentiment Marceline. Pourquoi pleurer comme une fontaine? Tu peux être certaine que quand on a su qu'on allait se marier, Josaphat et moi, nos yeux sont restés bien secs. On vivait presque dans la misère. Heureusement, Josaphat a eu la bonne idée d'ouvrir sa fabrique. Nous avons passé des moments difficiles, mais nous nous en sommes toujours bien tirés. Une famille de sept enfants, ça fait bien des bouches à nourrir. Mais regarde notre belle famille aujourd'hui !

— Vous avez bien raison d'en être fière, s'empressa de dire Georgiana.

— Ben, ma fille, je t'en souhaite une comme la nôtre. Avec Philippe, tu ne devrais pas te plaindre. C'est un bon garçon.

L'intéressé, qui causait avec Guillaume, redressa soudainement la tête et s'exclama dans un éclat de rire :

— Vous avez pas toujours dit ça, m'man !

— Mon vlimeux ! s'écria sa mère. T'écoutais ? Méfie-toi de lui, conseilla-t-elle à Georgiana, en l'invitant à passer à la cuisine, il n'y a pas grand-chose qui lui échappe.

Quand elles furent seules, Marceline mit une main sur l'épaule de Georgiana, et en la regardant droit dans les yeux, elle lui demanda :

— Sais-tu au moins comment on fait des enfants ?

— Madame Lacombe ! s'écria Georgiana d'une vive voix, je ne suis pas tombée de la dernière pluie…

Sa réaction fit bien rire sa future belle-mère.

— Tant mieux, tant mieux, se réjouit-elle. De même, je risque d'être à nouveau grand-mère bientôt et comme vous allez rester tout près, j'aurai enfin la chance de catiner.

— Vous allez avoir de la concurrence, vous savez.

— Ta mère ? Tant mieux si elle a bien accepté la nouvelle de votre mariage. Philippe nous avait mis dans le coup depuis longtemps, mais ta pauvre mère, je m'en suis bien fait pour elle.

— Il ne fallait pas. Si vous saviez comment elle a hâte d'être grand-mère.

Josaphat apparut soudainement dans la cuisine. Il venait expressément d'inviter Guillaume à rester souper avec eux et pressa Georgiana d'accepter aussi. Georgiana se montra hésitante.

— Il faudrait avertir m'man.

— C'est justement pour ça que je suis là. J'ai un voisin qui part vers chez vous. Il pourrait prévenir votre mère en passant.

Guillaume intervint :

— Faites-lui dire que nous restons tous deux à souper.

Dès que son mari eut quitté la cuisine, madame Lacombe s'activa. Elle invita Georgiana :

— Viens, ma fille, nous allons nous préparer quelque chose de bon. Mais avant tout, maintenant que tu feras très bientôt partie de la famille, tu peux m'appeler Marceline. On ne choisit pas notre nom, mais je l'aime mieux que « belle-maman ».

Une heure plus tard, ils se retrouvaient tous autour d'une table superbement garnie.

Chapitre 17

Le mariage

Après avoir longuement insisté, monsieur Lacombe obtint du curé que la nouvelle chapelle soit enfin ouverte pour le mariage de son fils.

— Comptez-vous chanceux, souligna le prêtre. Ce sera le premier acte inscrit dans le registre tout neuf de baptême, mariage et sépulture. C'est de bon augure.

Dès qu'elle apprit que la chapelle serait bien ouverte pour son mariage, fixé finalement à la mi-septembre, Georgiana suspendit son chapelet à la corde à linge derrière la maison. Elle espérait tellement qu'il fasse beau le jour de ses noces ! Elle se voyait déjà avec son beau Philippe dans la calèche de monsieur Lacombe, défilant triomphalement dans le village. Si jamais un photographe ambulant passait, elle ferait arrêter la voiture sur le pont au-dessus de la chute et lui demanderait de tirer un portrait d'eux. Ça constituerait la première photo de leur album car, elle en était certaine, il y aurait bien un album pour les photos de famille parmi les quelques cadeaux de mariage.

Deux semaines avant le mariage, Guillaume se mit en frais d'inviter ses oncles, ses tantes, ses cousins et ses cousines. Élise n'était pas trop emballée par cette idée. Après tout, depuis la mort d'Aimé, la famille Courchesne ne s'était pas préoccupée d'eux. Il y avait peu de chances également d'y voir un frère ou une sœur d'Élise. Ils s'étaient tous désistés quand elle avait voulu que l'un ou l'autre prenne soin de leur mère pendant leur séjour à Lowell. Élise avait l'impression qu'ils étaient honteux de l'avoir laissée tomber et qu'ils avaient coupé les ponts avec elle pour cette raison, et cela d'autant plus que la vieille était morte.

Par contre, un grand nombre de Lacombe promettaient d'être de la noce. Ils aimaient fêter et danser – et quoi de mieux qu'une noce pour s'y adonner? Philippe prévint Georgiana:

— Attends-toi à être demandée souvent pour danser.

— Mais je ne sais pas danser!

— Tu n'auras qu'à te laisser mener et tout ira bien.

Avec Philippe, il n'y avait jamais rien de compliqué. Georgiana l'admirait pour sa débrouillardise et son optimisme constant. Elle bénissait le jour où ils s'étaient rencontrés dans le train les ramenant à Drummond.

Est-ce que le chapelet suspendu y fut pour quelque chose? Quoi qu'il en soit, le jour du mariage, on n'aurait pu souhaiter un ciel plus éclatant. Georgiana s'empressa, dès son lever, d'enlever le chapelet afin d'éviter que le temps ne se brouille.

En arrivant à l'église, dès qu'il vit Philippe, Guillaume s'empressa de lui dire:

— Quelle belle journée!

— C'est parce que nous menons une bonne vie, soutint un Philippe radieux.

— Ou bien parce que le bon Dieu est distrait par autre chose, le taquina Guillaume.

Le mariage s'avéra une belle fête. Si on avait demandé à Georgiana ce qu'elle y avait trouvé de plus agréable, elle n'aurait pas su quoi répondre. Le lendemain des noces, elle était encore tout étourdie de ce qui s'était passé la veille, sans compter ce qu'elle avait vécu avec son Philippe au cours de la nuit. Il lui semblait avoir rêvé. Tout s'était déroulé comme elle l'avait souhaité, mais si vite ! Il y avait bien eu l'incident de l'oncle Aurèle Lacombe qui, trop saoul pour savoir ce qu'il faisait, avait déboulé l'escalier de l'auberge, leur causant la peur de leur vie parce qu'on l'avait cru mort. Mais, la chose est connue, les ivrognes s'en tirent toujours bien en pareilles circonstances. On l'avait tout simplement transporté dans une chambre de l'auberge pour l'étendre sur un lit afin de lui permettre de récupérer.

Ovide Lacombe, par contre, les avait fait bien rire avec ses histoires plus ou moins salaces et le tour qu'il avait joué à Philippe en mettant un blaireau à barbe dans la poche de son veston.

Georgiana tenta de se rappeler toutes les fois où, avant son mariage, elle avait subi un contretemps ou un petit malheur et qu'on lui avait dit : « Tu ne t'en souviendras plus le jour de tes noces. » Chose étonnante, elle ne parvint pas à se remémorer un seul de ces incidents. Tout ce qui lui trottait dans la tête était le fait qu'au moins elle pourrait se souvenir de ses noces, car un photographe ambulant en avait entendu parler et s'était présenté dès le matin pour réaliser quelques photos, dont celle sur le pont, au-dessus de la chute. Georgiana l'avait justement dans les mains et le simple fait de la regarder lui rappelait l'amour exceptionnel qu'elle vivait avec Philippe.

Pour lors, Philippe et elle vivaient dans la maison des Lacombe, mais bientôt elle aurait son chez-soi et, elle l'espérait de tout son cœur, donnerait naissance à un premier enfant pour son époux. Ce qui, elle en était bien consciente, changerait toute leur vie. Philippe espérait tellement ce moment où il tiendrait dans ses mains leur petit ! Elle n'était même pas encore enceinte, qu'il cherchait déjà quel nom ils donneraient à leur premier-né selon que ce serait un garçon ou une fille.

En ce lendemain des noces, Philippe était parti à son travail et, après avoir fait le lit, Georgiana s'apprêtait à seconder sa belle-mère dans sa journée. Elle connaissait bien les tâches qui revenaient aux femmes. Sa mère lui en avait si souvent répété la litanie : « Tu devras savoir faire à manger, cuire le pain, t'occuper du ménage, du raccommodage, du lavage, du reprisage, du repassage et du jardinage, et tiens-toi bien quand tu ajouteras à tout ça l'élevage des enfants ! » Elle ne manquait jamais d'ajouter d'un ton acerbe : « As-tu remarqué que ce sont tous des mots qui riment avec esclavage ? »

Voilà ce qui l'attendait maintenant qu'elle était mariée. Pour l'instant, elle n'était pas trop pressée et se permettait de rêver. Ses pensées la ramenaient constamment à la belle fête de la veille.

Le mariage de Georgiana avait également été un moment particulier pour un autre membre de la famille. À la noce, Francesca eut la surprise de sa vie. Elle arriva nez à nez avec le jeune pêcheur qu'elle admirait tant. Ce dernier, en souriant de son étonnement, lui dit spontanément :

— Tiens, mon admiratrice ! Sauf erreur, c'est toi qui viens parfois me regarder pêcher ?

Francesca rougit et n'eut pas d'autre choix que celui d'acquiescer.

— En effet.

— Qui es-tu ?

— La sœur de la mariée.

— Les autres me l'ont bien dit, mais je ne les croyais pas. Il me semble que vous ne vous ressemblez pas. Ta sœur est plus costaude que toi, et même un peu boulotte, tandis que toi, tu es plutôt du genre chicot.

Il lui débita le tout avec des yeux moqueurs. Francesca s'offusqua :

— Dis donc que je suis laide.

— Oh ! Mademoiselle a du caractère ! Sache bien que jamais il ne me viendrait une idée comme celle-là. Les rondes ne sont pas mon genre, mais j'adore les grandes minces, en plein ce que tu es. Et comme tu veux sans doute savoir qui je suis, je te dirai, puisque tu sembles l'ignorer, que je me nomme Albert Lacombe. Je suis un des cousins de Philippe. Et toi-même, tu as bien un nom ?

— Francesca.

— Ton nom te va à merveille. Permets-moi de te dire que je le trouve aussi beau que toi.

Francesca demeura interloquée. Elle avait devant elle le jeune homme qui, à la pêche, faisait palpiter son cœur, et non seulement il était beau et s'exprimait merveilleusement bien, mais elle semblait lui plaire ! Elle laissa choir sa gêne et demanda :

— Puis-je savoir ce que tu fais dans la vie ?

Il lui sourit et, la regardant droit dans les yeux, déclara :

— J'étudie au Séminaire de Nicolet pour peut-être devenir prêtre.

Francesca en fut désarmée et surtout intérieurement désolée. Mais comme elle était une battante, elle se dit : « On verra bien si je ne saurai pas te charmer, mon futur petit curé. »

Chapitre 18

Les tourments de Georgiana

Au bout de quatre mois de mariage, ne devenant pas enceinte, Georgiana commença à s'inquiéter. Elle se tourmentait : « Tout à coup que je ne pourrais plus avoir d'enfants… » Guillaume, la voyant soucieuse, en devina la raison. Dès qu'il eut la chance de lui parler seul à seule, il lui conseilla de consulter un médecin. Prétextant un mal de ventre, Georgiana se rendit chez le docteur Beaupré pour lui demander s'il ne connaissait pas un médicament quelconque susceptible de favoriser la grossesse. Le docteur ne passa pas par quatre chemins :

— Depuis combien de temps êtes-vous mariée ?

— Quatre mois.

— Pauvre vous ! Vous n'êtes pas très patiente. Donnez-vous encore plusieurs mois, et si jamais la nature ne fait pas son travail, revenez me voir. En attendant, je vous conseille de boire beaucoup et de faire ce qu'il faut tous les soirs si ça ne vous en demande pas trop.

Quand Guillaume apprit ce que le docteur avait dit, il ne put se retenir de rire. Georgiana en fut vexée.

— Si c'est comme ça, Guillaume Courchesne, ne compte plus sur moi pour te confier mes inquiétudes.

— Ne te fâche pas, grande sœur. J'ai tellement hâte d'être mon'oncle.

— Dans ce cas-là, souhaite-moi que ça marche au plus vite.

Quelques jours plus tard, alors qu'il était invité à souper chez sa sœur, dans la nouvelle maison où Philippe et elle venaient d'emménager, Guillaume trouva le moyen de lui conseiller d'aller voir une certaine dame Robichaud, renommée pour ses remèdes efficaces.

— Comment as-tu su son nom?

— Les gars en ont parlé à la *shop*. La femme d'Henri-Paul est allée la voir et il paraît que ça a marché ensuite.

La dame que Georgiana alla consulter avait tout pour se faire remarquer. Elle était si grosse qu'elle se dandinait comme une oie en marchant. Ses cheveux, jadis roux, semblaient maintenant rouille et étaient parsemés de blanc, ressemblant ainsi aux flancs d'un jeune daim. Elle avait des joues rondes et rouges comme des pommettes bien mûres entre lesquelles se perdait une petite bouche édentée. Elle parlait lentement d'une voix grave et rauque de fumeuse.

Georgiana lui fit part de ses inquiétudes. D'un geste vif, la femme fit mine de balayer tout cela au loin. Puis, sans autre préambule, elle se dirigea dans le coin de sa cuisine où se trouvait une armoire au-dessus d'un comptoir. Elle en sortit un petit flacon, en dévissa le bouchon pour en sentir le contenu et, après l'avoir refermé, le remit à Georgiana contre la somme de dix sous, en lui recommandant d'en prendre une cuillerée tous les soirs pendant neuf jours de suite. Georgiana lui demanda:

— De quoi s'agit-il ?

— De la bourrache, ma fille, de l'huile de bourrache. C'est divin pour la fécondation.

Puis, levant les sourcils en même temps que l'index de la main droite qui se mit à battre la mesure, elle débita :

— À condition que vous en preniez, sans faute, dès le début de la lune croissante jusqu'à la pleine lune, accompagnée de ceci.

Elle tenait en main un minuscule pot d'onguent.

— Ce pot, continua-t-elle, contient de la crème d'igname sauvage que vous appliquerez au moyen d'une petite cuillère, jamais au grand jamais avec vos doigts, un soir sur votre poignet gauche et le lendemain sur le droit, en alternant de la sorte sans vous tromper, sinon…

— Sinon ?

— Ni la bourrache ni l'igname ne feront leur effet.

Elle tendit la main, exigeant cinq sous de plus pour le minuscule pot d'onguent. Georgiana demanda :

— Dans combien de temps puis-je espérer être en famille ?

— Un mois, deux mois, sinon…

— Sinon ?

— Ne revenez pas me voir.

Ni la bourrache ni l'igname ne firent leur travail. La pauvre Georgiana n'osa pas retourner chez la Robichaud comme tout le monde l'appelait dans le village. Après avoir essayé les plantes sans succès, Georgiana se tourna vers la prière. Le curé, à qui elle avait demandé à quelle sainte elle devait s'adresser, s'exclama :

— Il y en a tellement sur cette question que je ne saurais trop laquelle vous recommander. Sainte Colette en est une dont la réputation n'est plus à faire. Elle a amplement démontré sa puissance en ce domaine depuis le XVe siècle. Par ailleurs, si nous vivions en France, où j'ai eu le bonheur de me rendre, je vous recommanderais de passer neuf jours au sous-sol de la cathédrale Notre-Dame-de-Chartres et vous en reviendriez assurément porteuse d'un enfant en vous.

Il se garda bien de lui parler de la statue de saint Greluchon dont, disait-on, il suffisait de caresser le membre viril pour être aussitôt fécondée. Il lui recommanda tout simplement de s'adresser à la bonne sainte Anne. N'avait-elle pas mis au monde la mère de Jésus ?

Georgiana se lança dans une neuvaine à la bonne sainte et attendit vainement le miracle. Voyant qu'il ne se réalisait pas, elle se tourna pendant neuf jours vers sainte Colette, mais fit également chou blanc avec elle. Puis un dimanche, une pieuse dame vint la trouver au sortir de la messe.

— J'ai entendu dire que vous priiez pour avoir un enfant.

Georgiana, qui avait bien pris soin de mener ses démarches secrètement, se demanda comment cette femme pouvait avoir appris qu'elle priait pour devenir féconde. Elle vit là une intervention providentielle du ciel et écouta attentivement la dame lui conseiller de se rendre au Cap-de-la-Madeleine et de baiser les pieds de la statue miraculeuse de la Vierge Marie.

— Je m'y rendrai, assura-t-elle, voire à pied s'il le faut.

— Vous ne regretterez pas un instant votre pèlerinage, lui assura l'inconnue avant de disparaître parmi un groupe qui retournait du côté de Bulstrode.

Philippe, à qui elle fit part de son désir d'aller au Cap-de-la-Madeleine, ne s'y opposa pas. Il insista même pour l'accompagner. Heureusement, Daveluyville n'étant pas très éloigné du Cap-de-la-Madeleine, il s'agissait, dans un premier temps, de se rendre en voiture à Bécancour et là, de trouver un marinier qui voudrait bien les mener à destination, de l'autre côté du fleuve. Leur pèlerinage se fit dans les meilleures conditions que l'on eût pu souhaiter : un ciel bleu, un soleil radieux, très peu de vent et une bonne chaleur. Georgiana eut tout le loisir de baiser à sa guise les pieds de la statue miraculeuse, mais elle attendit en vain par la suite le miracle espéré. Ils avaient même allumé un lampion à la Vierge Marie. Elle se demanda plus tard si elle n'avait pas trop baisé les pieds de la statue…

Sa déception était si grande qu'elle ne savait vraiment plus quoi tenter pour réaliser ce rêve qui ne lui quittait plus l'esprit : tomber en famille. Puis, un beau matin, elle croisa au marché nulle autre qu'Antonia Bruneau, leur voisine, celle qui, le lendemain de leur arrivée à Daveluyville, avait transporté un quart de lard dans leur cave. Antonia l'arrêta et lui glissa à l'oreille :

— Il paraît que tu désires avoir des enfants et que ça ne vient pas ?

Comment avait-elle été mise à son tour dans le secret qui semblait maintenant connu de toute la paroisse ? Sans doute sa mère lui en avait-elle glissé un mot. Georgiana n'eut pas le temps de se le demander longtemps, car l'autre lui dit tout de go :

— Ma petite fille, écoute-moi bien attentivement. Tu vas faire venir une relique de la bonne sainte Anne.

— Une relique ?

— Oui, une relique. Ils en ont autant que tu en veux à Sainte-Anne-de-Beaupré près de Québec, sauf qu'ils n'en expédient pas à n'importe qui. Mais, rassure-toi. Nous sommes des privilégiées. Comme nous demeurons à Sainte-Anne-du-Sault, ils ont passé une entente particulière avec notre paroisse, qui a la même patronne, pour fournir sur demande des reliques de la bonne sainte Anne. Nous allons en demander une pour toi. Ça a bien marché pour moi, tu le sais, j'ai eu douze enfants. Il faudra cependant que tu suives parfaitement les instructions qui viennent avec la relique.

Quelques semaines plus tard, un jeune garçon apporta un petit paquet à Georgiana, sans lui quêter un seul sou. Elle en fut très étonnée. S'empressant de déballer le paquet, elle y trouva un tube contenant ce qui semblait être un bout de tissu – la fameuse relique tant attendue. Elle était accompagnée de trois raisins secs. Sur un bout de papier, elle put lire: *Après avoir réalisé en compagnie de votre époux une semaine de jeûne, tout en portant constamment sur vous, près de votre ventre, la relique de la sainte, vous partagerez ces trois raisins.* Les instructions étant claires, Philippe et elle s'y conformèrent à la lettre. Une fois de plus, au bout de deux mois, comme rien ne se passait, Georgiana perdit espoir d'avoir des enfants. Elle n'avait plus de solutions, quand une bonne âme, en la personne de Joséphine Désilets, la femme du laitier, lui apprit qu'un certain Lucas, un homme du village voisin de Saint-Louis-de-Blandford, possédait des dons très particuliers. En passant doucement ses mains sur les membres douloureux des gens, il faisait disparaître leurs souffrances. S'il posait ses mains sur son ventre, sans doute y remettrait-il l'ordre dont Georgiana avait besoin pour partir en famille. Philippe accepta de la conduire là-bas. Le Lucas en question exigea d'abord d'être seul avec elle. Georgiana dut lui offrir son ventre nu. Il y fit courir ses mains, puis, s'arrêtant, il expliqua:

— Ce sera vingt-cinq sous si nous nous arrêtons là, mais, si vous le désirez, cette séance pourrait être gratuite.

— Gratuite? Comment?

— Si vous me laissez poursuivre jusqu'entre vos cuisses.

Georgiana recula, lui lança les vingt-cinq sous à la figure et, confuse, alla rejoindre Philippe qui, en la voyant, se rendit compte que quelque chose de particulier s'était passé. Il eut beau la questionner, elle ne voulut rien lui révéler, ne desserrant pas les dents de tout le voyage.

— Le mieux, conseilla-t-il une fois de retour à Daveluyville, c'est que tu cesses de tenter toutes sortes de choses pour tomber en famille. Ça viendra bien quand tu n'y penseras plus.

Chapitre 19

Des nouvelles de Nashua

Depuis leur retour à Drummond et leur déménagement à Daveluyville, Denise avait expédié plusieurs lettres à l'oncle Louis pour prendre des nouvelles de Vianney. Les lettres étaient restées sans réponse, ce qui faisait répéter souvent à Élise:

— Vianney, c'est notre enfant perdu.

Chaque fois, Denise s'indignait:

— Dites pas ça, m'man, ça porte malheur!

— Que je le dise ou pas ne changera rien, cet enfant nous a oubliés à jamais.

— Nous finirons bien par avoir de ses nouvelles un jour.

Comme la chose se produit souvent, il suffit d'en parler une fois de plus pour qu'au cours de la semaine suivante, Guillaume revienne de son travail porteur d'une enveloppe qu'on lui avait remise au bureau de poste.

— Ça vient de Nashua, assura-t-il à sa mère. J'ai pris le temps de la lire. Mon oncle nous donne des nouvelles de Vianney.

En entendant les propos de Guillaume, Denise, Francesca et Victoire qui, selon leur habitude, se réfugiaient au salon pour tricoter et placoter, s'approchèrent dans la cuisine.

Guillaume tendit la lettre à Denise.

— Lis-la à haute voix !

Nashua, 3 avril 1891

Bonjour à vous tous,

J'espère que votre vie est aussi prospère que la nôtre. Nous sommes si occupés que nous n'avons pas trouvé le temps de vous écrire avant aujourd'hui. Nous nous enrichissons tous les jours, tellement les choses vont bien. Émérentienne et moi, nous nous demandons pourquoi vous n'êtes pas restés aux États, il y a tellement plus de possibilités d'y devenir riche. Il est vrai qu'il faut trouver un travail qui rapporte. Vianney qui est très occupé m'a demandé de vous écrire, afin d'obtenir des nouvelles de vous. Il m'a fait promettre de vous rendre visite au cours de l'année qui vient. Comme de bonne, il veut savoir où se trouve Daveluyville. Il dit avoir hâte de vous revoir tous, en particulier sa sœur Francesca.

Je l'accompagnerai. Nous serons trois et nous aurons bien des choses à vous raconter, c'est pourquoi je n'en écris pas plus long, sinon pour vous prévenir que je vous fournirai tous les détails et en particulier la date et l'heure prévue de l'arrivée de notre train, en espérant que l'un ou l'autre de vous puisse venir nous y chercher.

D'ici là, portez-vous bien et à bientôt !

Louis Courchesne

Quand Denise eut terminé sa lecture, Guillaume, d'un air désinvolte, se tourna vers Francesca qu'il aimait bien taquiner.

— Comme on peut le voir, Vianney avait sa chouchou ou, mieux, sa chouchoute.

Denise intervint vivement et d'une voix décidée qu'on lui entendait rarement, elle répliqua :

— Ça va de soi, Guillaume ! il n'y a que deux ans de différence entre eux.

— Ça lui fait quel âge ?

— À Vianney ?

— Oui.

S'arrêtant un moment, Denise compta vivement sur ses doigts.

— Vingt et un ans.

— Il doit être prêt à se marier. Et toi, Francesca, qu'attends-tu pour te trouver un mari ?

Elle répondit d'un air piteux :

— Si nous étions restés à Drummond, ça serait probablement déjà fait.

— Tu avais un prétendant ?

— Non, mais j'aurais certainement rencontré quelqu'un. Tandis qu'à Lowell, deux ans, puis à Drummond un an et demi, et ici…

Elle ne termina pas sa phrase.

Son attitude cependant en disait long. Elle ne se plaignait pas, mais se languissait de ne pas pouvoir commencer des fréquentations parce qu'elle ne connaissait à peu près personne.

— Pourtant, affirma Guillaume le plus sérieusement du monde, ce ne sont pas les jeunes hommes qui manquent ici. Tu pourrais faire de l'œil à Marcel Tourigny.

— Marcel Tourigny ?

— Tu sais bien, notre jeune voisin.

— La calotte ? Me prends-tu pour une dinde ?

— Non, mais une saprée belle poule !

Rouge de colère, Francesca leva le bras pour le frapper. Il l'attrapa et la calma en lui promettant :

— Je vais faire quelque chose pour toi. Tu vas t'arranger pour venir faire un tour à la *shop* et, avec Philippe, nous te présenterons des gars convenables qui travaillent avec nous. En te voyant, je suis certain qu'il y en a que ça va faire réfléchir.

Francesca le dévisagea, se demandant s'il se moquait d'elle. Guillaume la rassura :

— Je parle le plus sérieusement du monde, p'tite sœur. Nous allons faire quelque chose pour que tu puisses rencontrer l'homme de ta vie.

Pendant que Guillaume parlait, l'image de son beau Albert, occupé à pêcher, traversa l'esprit de Francesca. L'homme de sa vie, elle le connaissait déjà, mais c'était son secret. Guillaume, comme le reste de la famille, n'en savait rien.

— Donnons-nous quelques mois, poursuivit Guillaume, et je gage que nous assisterons à ton mariage.

Francesca haussa les épaules. « Même s'il me présentait tous les gars de sa *shop*, se dit-elle, je n'en voudrais pas un. » Elle répliqua :

— Tu parles pour parler, Guillaume Courchesne. Toi-même tu n'es pas pressé de nous faire connaître notre future belle-sœur.

— Ça viendra en son temps. Ne t'inquiète pas, j'ai les yeux ouverts !

Denise les appela à table. Leur mère y était déjà assise, l'air las. Guillaume se fit la réflexion que c'était la première fois qu'il la voyait agir de la sorte. Il n'osa pas lui demander si elle se sentait souffrante. Il dit le bénédicité. Quelques minutes plus tard, la salle à manger était remplie des bruits et des bonnes odeurs coutumières de leur repas en famille.

Chapitre 20

La mésaventure

À dix-neuf ans, Francesca était depuis longtemps en âge de travailler. Elle n'avait pas les deux pieds dans la même bottine et l'ouvrage ne lui faisait pas peur. Depuis leur arrivée à Daveluyville, elle se cherchait un emploi. Philippe lui avait bien trouvé une tâche de domestique au restaurant du village, mais elle n'y avait passé qu'une semaine, prétextant qu'elle pourrait faire autre chose que vider des poubelles et des crachoirs, et surtout rencontrer des gens plus aimables que son patron.

Élise avait mal réagi à sa décision.

— Penses-tu que tu pourras continuer longtemps à te faire vivre à nos dépens ?

Francesca avait du caractère. Elle se permit de répondre vivement :

— Il me semble, m'man, que je fais ma part dans la maison. Mais si vous trouvez que je suis une bouche de trop, je peux fort bien me chercher du travail ailleurs qu'à Daveluyville.

Ces mots ébranlèrent Élise. Elle ne s'attendait pas à pareille réponse de Francesca, qui s'était toujours montrée docile. Elle adoucit ses propos.

— Je voulais simplement te faire savoir qu'il serait temps que tu puisses gagner un peu ta vie.

— Très bien. À partir d'aujourd'hui je vais parcourir tout le village, à genoux s'il le faut, pour me trouver de l'ouvrage, et je vais commencer par aller me renseigner auprès de monsieur le curé.

Sa démarche au presbytère ne donna d'abord rien qui vaille, jusqu'à ce qu'au bout de deux semaines, le curé la fasse venir pour lui annoncer qu'une place de femme de chambre s'offrait à l'auberge du village.

— Ce n'est pas dans mes habitudes, mais je vous ai tout de même recommandée à l'aubergiste. Il attendra votre visite dès demain.

— J'y serai, assura-t-elle. Merci, monsieur le curé.

Le lendemain matin, à huit heures, elle se présenta à l'auberge, bien décidée à imiter ses sœurs Annabelle et Georgiana, qui avaient longtemps travaillé comme domestique chez les Millar. Elle était assurée que dans une auberge, elle rencontrerait beaucoup de monde, ce qui la désennuierait et augmenterait ses chances, si jamais son Albert se faisait prêtre, de peut-être faire la connaissance de son remplaçant, l'homme de sa vie.

Tout se passa à merveille les deux premières semaines. Mais un beau midi, alors qu'elle était occupée à faire un lit et se trouvait penchée pour étendre un drap, sans qu'elle n'ait entendu le moindre bruit, elle sentit quelqu'un se presser contre elle par-derrière, et une main baladeuse se glisser entre ses cuisses. Elle se releva si brusquement et avec une telle vigueur, que celui qui tentait ainsi de la violer se retrouva assis sur le plancher de la chambre. Profitant de l'effet de surprise, elle passa la porte à la course, non sans entendre son patron la menacer :

— Un mot de ça, et t'es pas mieux que morte !

Elle ne se fit pas prier pour quitter l'auberge. Elle savait fort bien que si elle arrivait à la maison en plein après-midi, sa mère ne manquerait pas de la questionner. Elle se rendit donc au bord de la rivière, sans pouvoir se sortir de la tête la scène qu'elle venait de vivre. Le cœur à l'envers, elle s'assit sur une grosse pierre et multiplia les efforts pour ne pas pleurer. Le spectacle de la nature parvint peu à peu à l'apaiser. Malgré un soleil encore chaud, les premiers signes de l'automne commençaient à se manifester. Sur la rive opposée, un érable rougissait, et l'air se mit à fraîchir dès que le soleil se cacha derrière un nuage.

Elle retourna chez elle en fin d'après-midi, au moment où elle avait l'habitude de s'y retrouver et, en arrivant, prétexta un malaise pour gagner sa chambre et ne plus la quitter.

Élise, ne la voyant pas paraître au souper, alla s'enquérir de ce qui se passait. Francesca laissa entendre qu'elle avait mal au cœur. Elle attendait le retour de Guillaume avant d'annoncer qu'elle ne remettrait plus les pieds à l'auberge. Elle tenait à l'avoir comme allié après lui avoir relaté ce qu'elle avait vécu. Quand son frère arriva, avant qu'il ne se mette à table, elle le pria de venir.

— J'ai quelque chose à te dire.

Guillaume la suivit dans sa chambre. C'est en pleurant qu'elle lui raconta l'agression qu'elle venait de subir. Guillaume était furieux. Le plus pressant était de la rassurer, ce qu'il fit :

— Je dirai à m'man que ce travail à l'auberge ne te convient pas, que c'est mal payé et que tu t'ennuies à ne rien faire. Tu devras cependant te démener de ton mieux pour te trouver un autre emploi.

Les explications de Guillaume parvinrent à chasser les doutes et les reproches d'Élise et Francesca put se remettre tranquillement de l'incident malheureux qu'elle avait vécu.

L'automne s'installa pour de bon et avec lui, des matins glaciaux et des soirées froides. Francesca n'avait pas manqué de chercher un autre emploi, mais elle n'avait toujours rien trouvé quand le temps des fêtes arriva. Bien qu'elle n'eût pas l'occasion de le revoir depuis le mariage de Georgiana, elle décida qu'elle ferait tout ce qu'il faut durant les vacances des fêtes pour contacter son beau Albert Lacombe, qui ne quittait toujours pas son esprit. Par une heureuse surprise, elle le revit chez Georgiana et Philippe, alors qu'elle rendait visite à sa sœur pour le jour de l'An. Elle apprit qu'il avait trois ans de moins qu'elle et qu'il en était à sa dernière année comme séminariste.

— J'hésite entre la prêtrise, le droit ou la médecine, lui confia-t-il.

Francesca lui avoua :

— Si jamais tu choisis le droit ou la médecine, je veux que tu saches que je saurai t'attendre.

En entendant ces paroles, il resta un instant interdit et, songeur, la regarda intensément. Elle lui confia :

— Si tu n'avais pas été au séminaire, je pense que je t'aurais écrit tous les jours. Mais je savais que c'était inutile parce que les lettres que vous recevez sont d'abord lues par des yeux indiscrets.

Il se tut un bon moment, se contentant de la regarder avec des yeux interrogateurs, sans doute stupéfait de voir à quel point elle l'aimait en silence depuis plus d'un an.

Elle n'eut pas le loisir de lui en dire plus, car au même moment Philippe invitait tout le monde à passer à table. Elle aurait souhaité manger aux côtés d'Albert mais, soucieux de voir tous ses invités profiter au maximum de ce souper en se sentant à l'aise avec son voisin ou sa voisine, Philippe distribua les places selon un ordre préétabli, et Francesca se retrouva entre lui et la vieille tante Adolphine qui était dure d'oreille et se répétait sans cesse, ne se souvenant plus de ce qu'elle avait dit trois minutes plus tôt. Quant au cousin Albert, il avait gagné le gros lot à l'autre bout de la table en subissant le verbiage incessant de sa sœur Agnès et la mauvaise humeur de l'oncle Onésiphore.

Francesca espérait pouvoir parler de nouveau à Albert avant la fin de ses vacances. Elle n'eut malheureusement pas la chance de le revoir. Elle aurait tellement aimé faire le point avec lui, suite à ses aveux. Un mois passa, puis Philippe, en visite chez eux en compagnie de Georgiana, lui remit une lettre en douce, après avoir posé son index sur ses lèvres pour l'inviter à se taire. Elle s'empressa de la glisser discrètement dans son corsage, puis gagna sa chambre pour la déposer sous son oreiller. Denise la rappela pour qu'elle vienne donner un coup de main pour la vaisselle. Contrariée, elle gagna la cuisine à contrecœur et elle expédia distraitement son travail, ne pensant qu'au moment où elle pourrait enfin connaître le contenu de la lettre. Son cœur battait vite. Elle savait qu'il s'agissait d'un mot d'Albert. En plaçant dans l'armoire la dernière assiette qu'elle venait d'essuyer, elle poussa un long soupir.

— Ouf! fit-elle en relevant les épaules d'un coup sec, je pense que mon lit sera le bienvenu.

— Veux-tu me dire ce qui te prend? lui fit remarquer sa mère. Ce n'est certainement pas ta journée qui t'a épuisée…

— Peut-être pas, m'man, mais il y a des jours, et vous le savez comme moi, qui ne sont pas nos meilleurs.

— Ça n'a jamais tué personne!

— Sans doute, mais pour en fatiguer plusieurs, c'est certain que ça les fatigue.

Sur ce, elle s'éclipsa dans sa chambre, se précipita à la tête de son lit, souleva l'oreiller et, s'emparant de la lettre, elle en fit fébrilement sauter le sceau. Le cœur battant, elle lut les lignes suivantes :

Chère Francesca,

J'ai longuement hésité à t'écrire. Je ne savais surtout pas comment te faire parvenir ce mot sans qu'il ne tombe entre les mains de ta mère ou de ta sœur. J'ai d'abord pensé l'expédier à Guillaume à la fabrique de meubles. Mais comme je ne connais pas beaucoup ton frère, j'ai préféré me tourner vers Philippe, en pensant qu'il ferait encore un meilleur messager. Ce sera par son intermédiaire que tu la recevras.

J'aurais tant aimé te revoir avant de partir à la fin de mes vacances des fêtes. Depuis notre rencontre, tes paroles n'ont pas cessé de me trotter dans la tête. Se peut-il vraiment que je sois aimé de toi qui es mon aînée de trois ans ? Tu m'as laissé entendre que si je choisissais la médecine ou le droit tu saurais m'attendre. Depuis, je me pose réellement des questions sur ce qu'on a toujours prétendu être ma vocation, celle de prêtre. Je me sens tourmenté. Il faudra que je réfléchisse sérieusement avant de prendre une décision qui aura un grand impact sur mon avenir.

Mais comme dans la vie rien n'arrive pour rien, je me dis que ton intervention est sans doute un avertissement de la Providence pour m'éviter de faire un mauvais pas. Prie et espère avec moi que la lumière surgisse en moi. Peut-être suis-je appelé à faire ma route avec toi. Je me donne les mois qui restent avant la fin de l'année scolaire pour prendre la décision la plus judicieuse possible. Je tenais à te le faire savoir, ce qui t'explique la raison de cette lettre.

Cordialement,

Albert Lacombe

Francesca resta songeuse un long moment, puis elle relut la lettre avec plus d'attention en se disant que, s'il avait pris le temps de lui écrire pour lui dire qu'il remettait son avenir en question, c'est qu'Albert ressentait quelque chose pour elle. Sans doute l'aimait-il sans trop vouloir se l'avouer. Elle replia la lettre et chercha dans sa chambre un endroit sûr où la ranger, sinon il lui faudrait la brûler. Elle possédait un coffret où elle déposait les menus objets qu'elle désirait conserver : une plume d'oiseau, un caillou blanc, une médaille, un ruban, un sou noir percé et, entre deux feuillets, une fleur séchée. Elle vida le coffret avec précaution, retira le morceau de papier ciré qui en couvrait le fond. Pliant la lettre en quatre, elle la glissa tout au fond, puis replaça par-dessus le papier ciré. Elle s'assura que la lettre était bien dissimulée, avant de remettre les menus objets à leur place et, après avoir déposé le coffret dans sa cachette habituelle, poussa un long soupir. Albert l'aimait-il vraiment ? Pensait-il souvent à elle ? Pouvait-elle espérer un jour être sa femme ? Ces questions sans réponse lui trottèrent des heures dans la tête avant qu'elle ne puisse enfin trouver le sommeil.

Chapitre 21

Guillaume et ses ambitions

Guillaume rêvait toujours de devenir très riche. Ce n'était certes pas le travail qu'il accomplissait à la fabrique de meubles qui allait le rendre millionnaire, il en était bien conscient. Il avait la charge de sa famille et, pour lors, il parvenait tout juste à assurer aux siens le toit et la nourriture. Il ne mettait pas pour autant un frein à ses ambitions. Il en parla à Philippe un matin qu'ils se rendaient à la fabrique ensemble.

— Je te sais gré de m'avoir trouvé du travail à la *shop*, mais, tu sais, je ne passerai pas ma vie ici.

— Pourquoi donc ? Tu n'es pas bien avec nous ?

— Ça n'a rien à voir. Je suis bien, et j'aime ce que je fais, mais ce n'est pas assez payant.

— Tu cherches quelque chose qui rapporte plus ?

— En plein ça ! Quand j'étais à Drummond, je rêvais de me partir un magasin général.

— Ça prend bien des sous pour ça !

— Je le sais bien. Je pense que j'aurais pu y arriver si nous n'avions pas déménagé à Lowell. Mais, finalement, après avoir bien réfléchi, je me suis rendu compte que je ne pourrais pas faire un travail qui m'accapare autant.

— Cherche un homme riche ou très à l'aise, comme mon père, et tu vas te rendre compte qu'il ne vit que pour sa *business*. Il n'y a rien d'autre qui existe.

Guillaume sembla quelque peu ébranlé par les paroles de son ami. Il répliqua tout de même :

— Peut-être bien que je pourrais en faire autant si c'était une job qui me plaît vraiment.

— Comme quoi ?

— Quelque chose qui me laisse le temps de vivre en pleine nature, comme trapper par exemple, ou prospecter de l'or.

— Connais-tu bien des trappeurs ou des chercheurs d'or qui sont riches ?

— Non, mais je sais que certains le sont devenus. Imagine qu'un jour, en prospectant, je découvre un endroit où il y a de l'or. J'achète le terrain. J'en fais l'exploitation.

— Tu rêves, Guillaume ! Tu rêves ! Pour ça il faut des connaissances du sol que tu n'as pas.

— Tout s'apprend.

— Peut-être bien. Mais quand penses-tu trouver le temps de t'y mettre ?

La question de Philippe le laissa songeur et il prit un moment pour y réfléchir, en regardant autour de lui. Au lever du soleil, le ciel semblait en feu. La journée s'annonçait belle. Ça lui rappelait ces matins où, en compagnie de son père, il assurait la première traversée du jour sur la Saint-François. Il revoyait le bac, la rivière, les gens en attente de l'autre côté du cours d'eau et le jeu du soleil levant sur les nuages et les arbres des deux rives. Il aimait ces moments où la nature se manifestait dans ce qu'elle avait de plus beau. Il n'avait maintenant plus le loisir d'assister à ces métamorphoses. À peine pouvait-il apprécier ce qui se préparait pour la journée, qu'il devait s'enfermer dans la fabrique afin de gagner son pain, tandis qu'à la traverse… Son esprit continuait à vagabonder dans le passé. Il en oubliait tous les jours où il avait rouspété parce qu'il devait se lever tôt afin d'être à son poste. Combien de fois son père ne l'avait-il pas réprimandé ? Tout cela, il l'escamotait pour ne s'arrêter qu'à ces moments privilégiés des matins de beau temps. Son ami le tira de ses pensées en l'invitant :

— Allons, tu étais parti loin. Le travail nous attend.

Ils entrèrent à l'usine qui commençait à s'animer. Déjà, quelques ouvriers s'adonnaient à leur travail du jour et la grande scie faisait entendre son couinement particulier. Le bois laissait s'envoler ses odeurs et toute la bâtisse baignait dans des effluves de bran de scie frais. Les deux amis se quittèrent, Philippe gagnant son poste non loin du bureau de son père pendant que Guillaume se dirigeait vers le coin où l'on assemblait les tables et les chaises dont les pièces avaient été fraîchement fabriquées. Tout près, quelques hommes s'occupaient de l'emballage des meubles envoyés au loin. Guillaume s'arrêta soudain. « Tiens ! songea-t-il, le travail d'emballage, ça pourrait convenir à une femme aussi. Si j'en glissais un mot à Philippe, pour qu'il sonde le terrain auprès de son père, peut-être pourrais-je faire embaucher Francesca, ne serait-ce qu'à temps partiel. »

Il avait de nouveau l'esprit tourné vers Drummond et la traverse quand il commença distraitement à débiter un bout de bois. Un de ses compagnons de travail lui donna un coup de coude.

— T'es pas encore réveillé ? Regarde ce que tu fais ! Tu coupes tout croche.

— Ouf ! soupira-t-il en tenant à bout de bras le morceau de bois sur lequel il travaillait, et qui était destiné à devenir un barreau de chaise.

Il se secoua, reprit sa pièce et, à l'aide d'une varlope, fit disparaître un peu de bois autour de l'esquille qu'il venait d'y faire. Il tourna la pièce, vérifia s'il ne l'avait pas trop abîmée, puis poursuivit son travail dans les odeurs et les bruits coutumiers. Il continua à faire machinalement son ouvrage, l'esprit occupé à chercher le métier qui pourrait un jour le rendre riche. Saurait-il découvrir ce chemin vers la richesse ? Il se promit, une fois sa journée terminée, de mettre la main sur un journal et de s'en servir comme référence afin de passer en revue les professions et les métiers les plus payants.

Durant toute la journée, il eut l'esprit occupé par cette ambition qui ne le quittait pas. En retournant à la maison, le soir, il s'arrêta au magasin de monsieur Doucet.

— Vous n'auriez pas un vieux journal à me donner ? demanda-t-il.

— Pour quoi c'est faire ?

— Je me cherche de quoi lire.

— Si c'est juste pour ça, commenta le vieil homme, je vais t'accommoder.

Il alla fouiller dans un coin de son magasin et en revint avec un vieux numéro de *La Minerve*.

— C'est pas ça qui va t'rendre savant, se moqua-t-il en le lui remettant.

Guillaume ne releva pas sa remarque. Il le remercia, s'empara du journal et poursuivit son chemin, non sans se dire : « Faut-il en entreprendre, des démarches, dans une vie pour finir par savoir vraiment ce qu'on veut ! »

Chapitre 22

La grossesse

Après avoir longtemps désespéré, et même s'être résignée à ne plus avoir d'enfant, Georgiana tomba finalement enceinte. Se plaignant depuis quelque temps de nausées et de maux de ventre, elle alla consulter un médecin peu après le temps des fêtes. Le praticien lui apprit alors qu'elle était enceinte de deux mois.

Quand elle annonça la nouvelle à Philippe, il se montra si enthousiaste qu'elle en fut touchée aux larmes. Il la serra dans ses bras et lui glissa à l'oreille, comme s'il s'agissait d'une confidence :

— J'espère que ce sera un garçon.

— Et si c'était une fille ?

Il ne répondit pas. Elle en déduisit qu'il serait un peu déçu. Elle s'empressa de lui rappeler que la nature seule en déciderait :

— Il serait bien devin celui qui pourrait prédire le sexe des enfants à naître. Tu aimerais donc mieux que ce soit un garçon ?

— Bien sûr !

— Je vais m'efforcer de croire que j'en porte un, même si je ne te garantis rien.

Maintenant qu'elle était en famille, son bon tempérament avait repris le dessus et elle chantonnait souvent, ce qui plaisait à Philippe.

Cette grossesse arrivait au moment où l'hiver, d'une journée à l'autre, se montrait de plus en plus rigoureux. Il fallait constamment bourrer le poêle pour sentir un peu de chaleur dans la maison. Philippe était fidèle à garnir la boîte à bois de bons quartiers d'érable ou de merisier. Il rapportait aussi de l'usine des retailles de bois qui brûlaient bien et se prêtaient parfaitement à de bonnes attisées. Tout cela permettait d'oublier les tempêtes, la neige, la poudrerie et les froids intenses. Georgiana passait ses journées à attendre le retour de son homme, appréciant d'autant plus les moments où Élise, Francesca, Denise ou Victoire prenaient quelques minutes pour lui rendre visite. Tout comme Guillaume, elles se plaisaient dans la grande maison où elles habitaient, mais elles enviaient aussi, sans le dire, le sort de Georgiana. La maison toute neuve où elle habitait faisait l'envie des voisins. Certains, sans doute par jalousie, laissaient entendre en parlant de Philippe qu'il était chanceux que son père soit passé avant lui. Quant à Guillaume, bien qu'il trouvât parfaite la maison louée, il rêvait d'avoir un jour, comme Georgiana, son propre foyer et il ne pouvait pas l'imaginer sans de nombreux enfants.

Les mois passèrent, le printemps se mit de la partie. De toutes les visites qu'elle recevait, Georgiana préférait celles de sa sœur Francesca. Elle était devenue sa confidente depuis qu'Annabelle, l'aînée, était devenue religieuse. Francesca, après lui avoir fait jurer de garder cela pour elle, lui avait parlé de son amour rêvé pour Albert. Se rappelant ses amours houleuses avec son Roméo, Georgiana montra beaucoup de sollicitude envers Francesca :

— Si jamais ça se concrétise entre vous deux et que ça devient sérieux, promets-moi de prendre ton temps. On ne connaît jamais assez bien celui dont on tombe amoureuse.

Se méprenant sur ce que venait de dire Georgiana, Francesca s'enquit :

— Tu n'es pas heureuse avec Philippe ?

— Au contraire ! Je voulais tout simplement te prémunir. Tu sais que nous avons mis près de deux ans avant de nous marier. Quand nous l'avons fait, nous savions ce que nous faisions. Ce n'est pas le cas de tout le monde.

Soudainement, pendant qu'elle parlait, Georgiana se tint le ventre à deux mains et fit une grimace qui n'échappa pas à Francesca.

— Qu'est-ce qui se passe ? T'as pas l'air bien…

— Je le suis, mais j'en ai un ou une là-dedans qui ne donne pas sa place. Ça m'empêche même de bien dormir. Durant la nuit, je suis des heures à jongler à ce que deviendra ma vie, quand le bébé sera là. Il me semble que tout ça est irréel encore. Pourtant, je suis bien consciente du phénomène qui se passe en moi. Je vois bien mes seins gonfler et mon ventre prendre de plus en plus d'expansion et j'appréhende l'accouchement. L'autre en moi se charge de me ramener à la réalité.

— As-tu l'impression qu'il s'agit d'un garçon ?

— Probablement, je ne sais pas trop pourquoi. Et si jamais c'est une fille ?

Tout à ses pensées, elle se tut un moment avant de reprendre :

— Au fait, tu sais que s'il s'agit d'un garçon, Guillaume en sera le parrain, mais si c'est une fille, accepterais-tu d'en être la marraine ?

Francesca resta si étonnée de cette demande qu'elle figea un moment avant de serrer Georgiana dans ses bras pour la remercier d'avoir pensé à elle. Puis, se ravisant, elle lui fit remarquer :

— Tu ne crains pas que Denise t'en veuille pour le restant de tes jours ?

— Tu le sais, je n'ai jamais été aussi proche d'elle que de toi ou d'Annabelle.

Francesca, malgré la joie qu'elle avait ressentie à cette demande de Georgiana, argumenta :

— Tu serais mieux de prendre Denise comme marraine. La pauvre, elle restera vieille fille. Tu sais comme moi qu'avec elle, ton enfant, surtout si c'est une fille, sera très gâté. Et comme tu en auras d'autres, je suis prête à passer mon tour pour cette fois.

Georgiana regarda Francesca et sans feindre, elle poussa un long soupir. Avec soulagement, elle avoua :

— Si c'est comme ça, j'en parlerai à Philippe. Nous prendrons la meilleure décision possible.

Une fois de plus, Georgiana grimaça. Francesca s'inquiéta.

— Qu'as-tu ?

— Depuis ce matin, je me sens toute drôle. Aide-moi à m'étendre.

Francesca la reconduisit à sa chambre puis, voyant que Georgiana ne se détendait pas et restait assise sur son lit plutôt que de s'y coucher, elle s'enquit :

— Est-ce que je devrais prévenir le docteur ?

— Non, non. J'ai des contractions, mais il me semble que c'est beaucoup trop tôt.

Francesca n'en était pas persuadée.

— Il y a des enfants qui sont plus pressés que d'autres de se montrer le bout du nez. Il vaut mieux prévenir que guérir. Je vais avertir le docteur Beaupré. Il demeure à deux pas. Étends-toi, je serai partie cinq minutes tout au plus.

— Allons donc ! Je ne suis quand même pas sur le point d'accoucher !

Francesca partit en vitesse. Quelques minutes plus tard, elle était de retour. Elle rassura sa sœur :

— Le docteur Beaupré ne tardera pas.

— Il viendra pour rien, gémit Georgiana. Tu vois, je me sens déjà mieux.

— Nous serons plus tranquilles quand il t'aura vue. En attendant, as-tu besoin de quelque chose ? Veux-tu de l'eau ? J'ai l'impression de ne servir à rien !

Francesca courut à la cuisine chercher de l'eau. Elle jeta un coup d'œil par la fenêtre. L'après-midi était déjà avancé. Le soleil fuyait vers l'horizon. La brunante allait bientôt descendre. Elle s'apprêtait à regagner la chambre de sa sœur quand le médecin apparut à la porte. Elle alla lui ouvrir. Il se rendit à la chambre, questionna Georgiana sur ce qu'elle ressentait et prit le temps de l'examiner.

— En voilà un ou une, commenta-t-il, qui a hâte de voir le soleil. Le bébé est trop pressé, par contre. Si vous ne voulez pas le perdre, madame, il vous faudra être bien sage dans les prochaines semaines et ne quitter votre lit que pour les besoins essentiels. Pouvez-vous compter sur quelqu'un pour veiller sur vous ?

Francesca s'avança.

— Je serai là, dit-elle.

Georgiana fut très émue d'entendre sa sœur lui offrir spontanément de s'occuper d'elle avant l'accouchement. Le docteur Beaupré approuva :

— Voilà qui est bien. Il n'y a pas deux enfants qui agissent de la même façon. Certains mettent un temps fou à apparaître, tandis que d'autres, comme le vôtre, sont plus pressés de se retrouver sur le plancher des vaches. Il est nécessaire alors que vous ne soyez pas seule.

— Ne vous en faites pas, docteur, dit Francesca. Je veillerai sur ma sœur. J'ai bien hâte de me faire appeler « matante ».

— Ce ne sera pas tout de suite ! s'exclama le médecin en riant.

— Rien de plus vrai, approuva Francesca, mais comme on peut voir, c'est un petit vite, alors il devrait parler assez tôt.

— Qui te dit que ce sera un garçon ? l'interrogea Georgiana.

— Mon petit doigt.

— Souhaitons qu'il ne te mente pas. Philippe serait tellement content !

Voyant que Georgiana n'avait plus besoin de ses services, le médecin, avant de partir, s'adressa à Francesca :

— Vous me ferez prévenir, mademoiselle, dès les premières contractions.

— Vous pouvez compter sur moi.

Il les salua en soulevant son chapeau et quitta la maison.

— C'est bien gentil à toi de vouloir me seconder, dit Georgiana à Francesca. Tu m'en vois très touchée.

— Ça va de soi. À quoi sert une sœur si elle ne peut même pas servir à ça ?

Georgiana avait la gorge nouée. Elle ne sut quoi répondre. Elle lui fit signe d'approcher. Francesca se pencha vers elle. Georgiana la serra dans ses bras en lui disant merci. Au même moment, Philippe arriva de son travail. Francesca s'empressa d'aller l'informer de la situation.

— Elle ne doit plus rester seule jusqu'à l'accouchement, lui apprit-elle. Tu as bien failli être père plus tôt que prévu.

Si tu le veux bien, quand tu seras au travail, je viendrai ici pour veiller sur ma sœur.

— Je n'aurais pas osé te le demander, mais tu ne peux pas savoir à quel point ton offre me soulage. Ma mère aurait sans doute pu venir, mais je préfère, et de beaucoup, que ce soit toi.

— Dans ce cas, demain matin je serai là et tous les jours ensuite je tiendrai compagnie à ma sœur, et après, à la grâce de Dieu !

Chapitre 23

La visite attendue

Une nouvelle lettre de l'oncle Louis leur apprit sa visite imminente en compagnie de Vianney. « Nous serons trois », laissait-il entendre en précisant le jour et l'heure de leur arrivée à la gare de Saint-Louis-de-Blandford. Guillaume obtint un congé de monsieur Lacombe pour l'occasion. Ce dernier commenta :

— Quand quelqu'un se donne la peine de partir des États-Unis pour venir en visite, ça vaut le coup de bien le recevoir !

— Mon oncle est un homme qui sait ce qu'il veut. Il a une bonne *business*.

— C'est un homme d'affaires ?

— Oui. Mon frère travaille pour lui.

— Tu me le présenteras. On a toujours quelque chose à apprendre des personnes comme lui. Je lui ferai visiter la fabrique. Je suis certain qu'il appréciera.

Guillaume proposa :

— Je vais demander à ma mère et ma sœur de préparer un souper de circonstance et vous viendrez avec madame Lacombe de même que Philippe et ma sœur.

Monsieur Lacombe lui prêta son cheval et sa voiture. Guillaume se mit en route par les chemins de rangs. Ça lui rappelait l'époque où il allait rendre visite à Georgiana dans son école à Saint-Germain. Le paysage ne variait guère. Les champs succédaient aux champs, bordés de clôtures égayées par endroits d'arbustes et de fleurs. Des fossés où grouillaient crapauds, grenouilles et couleuvres couraient le long de la route. De temps à autre apparaissaient au bout des prés un ou deux renards, ou encore quelques chevreuils occupés à paître paisiblement. Des buses ou des faucons surgissaient brusquement, à l'affût d'une proie. Guillaume adorait se promener ainsi en toute liberté en pleine campagne.

Le soleil tapait fort en ce début d'après-midi. Guillaume n'était pas pressé. Il profitait de chaque moment, s'arrêtant en route au bord d'un ruisseau afin de permettre au cheval de boire. Il rêvait au temps où il pourrait enfin être son propre patron et profiter de journées comme celle-là pour vivre en pleine nature.

Il arriva à la gare une bonne demi-heure à l'avance. Il descendit de voiture et s'assura que les cordeaux du cheval étaient bien fixés à une des bornes le long du modeste édifice semblable à un entrepôt. Il suspendit un sac de grain sous le museau du cheval et entra dans la gare. Des odeurs de fumée, d'huile et de charbon imprégnaient les murs. La gare, presque déserte, semblait morte. Un homme dormait sur un banc. Par le carreau du guichet, on pouvait voir le chef de gare occupé à lire le journal à la lueur d'une lampe à l'huile. L'horloge au-dessus de la porte marquait quatre heures. Guillaume se dirigea paisiblement vers le quai qu'il arpenta lentement. Puis, pour se dégourdir les jambes, il marcha sur la voie ferrée, déplaçant devant lui des essaims de sauterelles. Il s'arrêta vis-à-vis de l'église, puis, entre une rangée de cailloux et de morceaux de houille, il suivit un petit sentier qui y menait. Curieux, il jeta un coup d'œil à l'intérieur. Seule une vieille faisait ses dévotions. Par la rue, il regagna la gare qui s'animait. Quelques voyageurs avaient envahi le quai. Le train allait bientôt arriver. Des moineaux pépiaient sur le toit. Leurs cris furent bientôt couverts: au loin, la locomotive faisait entendre son sifflet au croisement d'une route de rang. Le bruit s'accentuait au fur et à mesure de son approche.

Guillaume se fit la réflexion: «On appelle ça un train parce que ça fait vraiment du train.» Le convoi arriva en ralentissant et s'immobilisa dans le tintamarre des freins, de la cloche, de la vapeur et d'un dernier coup de sifflet. Une image vint à l'esprit de Guillaume, celle d'un cheval rétif. Il n'eut pas le temps de jongler davantage. L'oncle Louis, une valise à la main, descendait d'un pas assuré. Une autre valise apparut, portée celle-là par Vianney. Guillaume eut peine à reconnaître son frère tant il avait grandi. Il s'attendait à voir apparaître à sa suite la tante Émérentienne, mais ce fut plutôt une jolie jeune femme qui descendit prestement du wagon. Le trio se dirigea immédiatement vers lui. Guillaume serra la main de son oncle et resta un moment figé devant Vianney qui, à vingt-deux ans, était devenu un homme. Les marques de tendresse n'étant pas leur fort, il n'osa pas le serrer dans ses bras. Il lui tendit une main que son frère serra vivement. Puis il se tourna vers la jeune femme, l'air indécis. Voyant que Vianney ne réagissait pas, l'oncle se chargea de présenter l'inconnue:

— Guillaume, voici Alberte Dubois, lui apprit-il, la fiancée de Vianney.

Elle esquissa un sourire en faisant une petite révérence. Guillaume la salua d'un «Bienvenue chez nous», quelque peu guindé, puis s'adressant à son frère, il s'exclama:

— T'es un beau cachottier ! Félicitations. Si j'en juge par ce que je vois, tout le monde sera heureux de faire la connaissance d'Alberte.

La jeune femme le gratifia d'un large sourire. Guillaume s'empara de la valise de son oncle et les invita à le suivre. Ils déposèrent les valises à l'arrière de la voiture. Il les pria d'y monter, s'empressant de débarrasser le cheval du sac de grain suspendu à son cou. L'animal avait bien mangé et semblait en bonne forme. D'un claquement de la langue, Guillaume l'invita à se mettre en route. Ils empruntèrent le chemin qui, au-delà de l'église, s'ouvrait sur la campagne. Il s'arrêta à la sortie du village à une auge servant d'abreuvoir pour les chevaux. Le cheval ne se fit pas prier pour y boire. Ils avaient à peine quitté l'endroit que l'animal s'arrêta de nouveau, cette fois pour laisser tomber derrière lui des pommes de route, pour le bonheur d'une bande de moineaux. Cette diversion sembla délier les langues. L'oncle Louis parla le premier :

— J'ai pensé que vous ne pourriez probablement pas être présents au mariage. Voilà pourquoi j'ai voulu vous faire une petite surprise en emmenant Alberte avec nous. Vianney étant d'accord, nous voilà !

— Vous allez faire bien des heureux, affirma Guillaume. En commençant par moi, mais surtout par m'man. Elle nous parle si souvent de Vianney en se plaignant de ne jamais avoir de ses nouvelles. Elle le qualifie même de son enfant perdu !

— Perdu aux États, c'est un bien grand mot ! s'exclama l'intéressé. J'aurais l'air bien plus perdu ici. Je n'ai jamais vu l'endroit où tu nous mènes. Si encore il s'agissait de Drummond…

— Non, mais Daveluyville est quand même une belle place, tu verras. M'man est très heureuse de la maison où nous vivons, juste au bord de la rivière. Ça lui rappelle la traverse.

— Elle va bien ? s'enquit l'oncle.

— Elle vieillit comme tout le monde, mais elle est en bonne santé jusqu'à présent.

— Les autres aussi vont bien ? demanda Vianney.

— Très bien. Georgiana est à la veille d'avoir son premier enfant.

— Elle doit être contente !

— Contente ! C'est pas le mot ! Elle chantonne tout au long du jour. Elle a bien failli le perdre, mais là tout va bien. Francesca reste avec elle jusqu'à l'accouchement.

— Que devient-elle, la belle Francesca ?

— Elle ne donne pas sa place, mais ne parle pas encore de mariage.

— Et toi ?

— Ça viendra en son temps.

— Tu n'es pas fiancé ?

— Pas encore. Pour ça, il me faudrait trouver, comme toi, la perle rare.

Voyant qu'on parlait d'elle, Alberte rougit. L'oncle intervint :

— Comme tu vois, Vianney a du goût.

La jeune femme saisit le compliment au vol et en profita pour en faire un :

— Et moi aussi !

Ce fut au tour de Vianney de rougir. Guillaume le tira d'embarras en demandant :

— Comment vous êtes-vous connus ?

— Un hasard, assura Vianney. Je me suis rendu chez un client de mon oncle. Il n'était pas chez lui. C'est Alberte qui m'a reçu. En la voyant, j'ai su tout de suite que je l'épouserais.

— En la voyant ?

— Oui, un vrai coup de foudre !

— Réciproque, précisa Alberte.

— Eh bien ! Depuis combien de temps ?

— Plus d'un an !

Pendant qu'ils causaient, défilaient sur cette route sans grands attraits et en succession des champs et des bouts de forêts. Au loin se profilait le clocher d'une église. L'oncle commenta :

— Ça ressemble plus ou moins à chez nous. Il y a bien des champs et de la forêt, mais différents d'ici.

Guillaume le questionna :

— Nashua est-il semblable à Lowell ?

— Ça se ressemble un peu, mais à choisir, je préfère de beaucoup Nashua. Il y a moins de monde et moins d'industries, et on est plus proche de Boston.

— Je me suis toujours demandé, mon oncle, ce qui vous avait emmené aux États.

— Le travail. J'ai fait comme bien d'autres Canadiens français. Nos terres n'étaient plus bonnes et il y avait de l'argent à faire là-bas. Je connaissais un de mes anciens voisins à Nashua. Voilà comment nous nous sommes retrouvés là, Émérentienne et moi. J'ai eu la chance de pouvoir partir un petit commerce d'outils et de matériaux de construction. Ça a marché comme sur des roulettes et, peu à peu, j'ai pu m'enrichir. Ensuite, par hasard, j'ai réparé la mécanique d'un moulin à scie. Mon nom s'est fait pour la réparation de toutes sortes de bébelles. Aujourd'hui, à peu près tout ce qui se brise à Nashua et dans les environs me passe entre les mains. Apprends que ton frère est quasiment aussi bon que moi pour remettre en marche tout ce qui refuse de le faire !

Comme pour les narguer, le cheval se mit à traîner de la patte, cherchant à brouter l'herbe au bord de la route.

— En voilà un qu'il faut justement remettre en marche, constata Guillaume, en fouettant d'un coup discret la croupe du cheval.

Rappelée à l'ordre, la bête reprit son rythme. Une heure plus tard, les visiteurs entraient à Daveluyville non sans s'être arrêtés avant pour admirer les chutes Maddington.

Ils étaient attendus avec impatience, car dès que la voiture parut sur la route, Élise, Denise, Francesca et Victoire sortirent sur le pas de la porte. Les visiteurs ne restèrent que deux jours, le temps de faire le tour du village, de visiter la fabrique de meubles et de faire un peu connaissance, et ils repartirent en promettant de donner des nouvelles au sujet du mariage de Vianney et d'Alberte. Élise fut très émue de revoir son fils. À peine était-il parti qu'elle dit tristement à Francesca :

— C'est bien la dernière fois que je le vois.

— Ne dites pas ça, m'man. Ça porte malheur. En plus, qui vous dit qu'il ne reviendra pas nous montrer son premier-né ?

Chapitre 24

L'accouchement

Depuis que Georgiana avait failli accoucher prématurément, Francesca passait une bonne partie de ses journées avec elle. Quand Philippe revenait de son travail, elle retournait à la maison, mais revenait fidèlement chez sa sœur dès le matin suivant. Les deux femmes jasaient de choses et d'autres. Combien de fois n'évoquaient-elles pas l'époque de leur enfance !

— Pour moi, disait Georgiana, à part ce que je vis présentement, le temps de p'pa et de la traverse a été la plus belle partie de ma vie.

Francesca acquiesça :

— C'est vrai que nous étions bien à Drummond. Mais la vie nous a joué de bien vilains tours ! Lowell, et maintenant Daveluyville…

— Tu ne te plais pas ici ?

— À quoi je sers ?

— Tu te poses la question et tu es là à veiller sur moi, comme une mère sur son enfant !

— C'est temporaire.

— Si tu veux mon avis, il serait temps que tu trouves un travail et un mari.

Francesca s'esclaffa :

— Oui ! Tu sais comme moi qu'on peut cueillir les maris dans les arbres et les emplois au bord de la route.

— Je sais bien que ce n'est pas facile, Francesca, pourtant tu es belle et intelligente, je ne peux pas croire qu'à part ton séminariste, il n'y a pas d'homme dans ta vie.

Francesca mit du temps à répondre. Soudain, des larmes lui montèrent aux yeux.

— Allons, la calma Georgiana. Je ne voulais pas te faire de peine.

— C'est pas facile de vivre avec dans la tête et le cœur l'image de celui qu'on aime, et de ne pas pouvoir le voir ni lui parler.

— Est-ce qu'il t'aime, au moins ?

— Je le crois.

— Dans ce cas-là, ne désespère pas. Il saura bien te retrouver.

Au moment où elle commentait ainsi la situation de Francesca, Georgiana sursauta tout en portant ses mains à son ventre. Elle gémit et ferma les yeux en grimaçant.

Francesca s'inquiéta :

— Ça ne va pas ?

— Ouf ! se plaignit Georgiana. Cette fois, je pense que c'est la bonne.

Elle se traîna vers le lit en se tenant le ventre à deux mains. Francesca l'aida à s'étendre. Elle était à peine couchée qu'elle hurla de douleur. Francesca se précipita chez le médecin. Quelques minutes plus tard, elle revenait et, par-dessus les cris et les gémissements de sa sœur, elle assura :

— Le docteur Beaupré va être ici dans une minute ou deux. M'man aussi arrive.

Saisissant une serviette, elle la trempa dans de l'eau fraîche et vint éponger le front de Georgiana.

— Allons, fit-elle, courage, le temps est venu de te montrer forte.

Dès qu'il mit les pieds dans la chambre, le médecin examina sa patiente. Il confirma :

— Réjouissez-vous, si je me fie à mon expérience, le bébé ne se fera pas attendre trop longtemps.

Il demanda à Francesca de préparer une bassine d'eau chaude et d'apporter des serviettes propres. Quand elle revint, après avoir déposé le tout sur la commode près du lit, elle se précipita auprès de sa sœur dont les hurlements la faisaient frémir. Le docteur lui conseilla :

— Tâchez de l'aider à se détendre.

Cette demande s'avérait bien inutile. Comment peut-on réussir à se calmer, quand on sent son corps entier déchiré par des aiguilles ?

Telle une personne sur le point de se noyer, Georgiana s'agrippait à Francesca comme à une bouée de sauvetage. Francesca ne savait plus trop où donner de la tête. Au même moment, Élise se montra à son tour. Francesca poussa un long soupir.

Élise s'approcha du lit et commenta :

— Je pense que j'arrive à temps.

— C'est parfait ! s'exclama le docteur Beaupré. Plus on a de l'aide, mieux les choses se passent.

Entre les cris de sa fille, Élise put apprendre que tout allait bien et que l'enfant devrait bientôt venir au monde. Le docteur ne semblait pas nerveux. Il avait relevé ses manches. Il souleva le drap et s'écria :

— Je vois sa tête !

Puis, s'adressant à Georgiana, il l'encouragea :

— Allez, madame, il faut pousser.

Georgiana soufflait et avait la figure toute rouge tellement elle forçait.

— Reprenez votre souffle, puis poussez encore.

Tenant fermement la main de Georgiana, Francesca l'aidait de son mieux à suivre les directives du docteur Beaupré, tout en l'encourageant d'une voix douce.

— Ça va aller !

— Poussez, poussez, respirez, poussez fort, l'encourageait le docteur. Là, ça y est presque…

Georgiana n'en pouvait plus. Tout le temps que sa sœur accoucha, comme si elle craignait de la perdre, Francesca ne lui lâcha pas la main. Puis, ce fut la délivrance. Tous ses nerfs se relâchèrent d'un coup, Georgiana sembla inerte dans le lit détrempé. On entendit un vagissement. Francesca ne put retenir un hourra. L'enfant vivait. Elle se pencha et chuchota à l'oreille de sa sœur :

— C'est fait, et bien fait !

Pendant ce temps, ça bougeait vite à l'autre bout de la chambre. Élise avait pris les choses en main : le docteur Beaupré avait coupé le cordon ombilical, et elle s'occupait de laver le bébé. Francesca et Georgiana ne désiraient plus qu'une chose : savoir s'il s'agissait d'un garçon ou d'une fille. Élise s'approcha, tenant le bébé dans ses bras, enroulé dans une serviette. Elle le tendit à Georgiana en murmurant d'une voix émue :

— C'est une belle fille.

Francesca, tout comme la mère, trouva l'enfant adorable.

— Comme elle est belle ! s'exclama la nouvelle tante, ravie.

Élise s'adressa à Georgiana :

— Merci, ma fille, de m'avoir faite grand-mère !

Georgiana, visiblement lasse, esquissa un sourire avant de murmurer :

— Elle est magnifique, mais pourquoi est-ce si difficile de mettre un enfant au monde ? Le bon Dieu n'aurait pas pu agrandir le corridor ?

Sa réflexion fit s'esclaffer Francesca et Élise et, du coup, chassa toute la tension qui les accablait depuis plusieurs heures. Le docteur Beaupré les quitta en précisant :

— Vous n'aurez qu'à passer me payer à mon bureau quand vous voudrez. Et toutes mes félicitations, madame Lacombe !

Les rideaux de la chambre avaient été tirés. Élise en souleva un. Le soleil éclaira d'un coup toute la pièce. Francesca s'en réjouit.

— Voilà ce que je te souhaite toute ta vie, murmura-t-elle, en se tournant vers l'enfant qu'Élise avait couchée dans son ber afin de donner une chance à Georgiana de récupérer.

La mère et sa fille somnolaient déjà.

Les deux femmes sortirent de la chambre en marchant sur la pointe des pieds. Élise émit un souhait :

— Pourvu que la petite n'ait pas faim trop vite. Ça m'étonne qu'elle n'ait pas déjà demandé le sein.

— C'est bon signe, se réjouit Francesca, ce ne sera pas un bébé difficile.

La petite fut baptisée deux jours après sa naissance. Elle reçut le nom de Georgette. À son grand bonheur, Denise fut désignée comme marraine et joua son rôle consciencieusement. Toujours soucieuse du bien-être de l'enfant, même si elle savait que sa filleule ne manquait de rien, elle s'inquiétait pour elle et accompagnait sa mère dans ses visites afin de toujours s'assurer que l'enfant se portait bien.

Chapitre 25

Les espoirs de Francesca

Francesca s'ennuyait à mourir depuis qu'elle avait perdu son travail à l'auberge. Heureusement, elle s'était sentie utile auprès de Georgiana avant et pendant l'accouchement. Elle aurait également adoré aider Georgiana à prendre soin de son bébé, mais Marceline Lacombe accaparait toute la place chez sa belle-fille. Depuis, Francesca trouvait les jours longs. Élise avait beau l'inciter à contribuer au travail de la maison en lui confiant toutes sortes de petites tâches, rien n'y faisait: elle les accomplissait bien, mais avait la tête ailleurs. L'été maussade n'aida pas son humeur. Heureusement, les beaux jours finirent par arriver comme une délivrance. Après plusieurs jours de grisaille, Francesca profita finalement du beau temps pour s'évader, le plus souvent en traversant à l'île et en se rendant là où elle avait vu pour la première fois son Albert.

On était au cœur de l'été. Quel ne fut pas son étonnement, un jour, de voir Albert occupé à pêcher sur les crans au bout de l'île. Il lui tournait le dos. Elle s'en approcha doucement, puis osa lui adresser la parole:

— Bonjour, le futur curé!

Il se retourna vivement, la canne à pêche en main, et s'exclama :

— Toi ?

— En effet, glissa Francesca, le sourire aux lèvres.

Quittant son bout de rocher, il déposa tout près son équipement de pêche et s'approcha d'elle.

— Si je m'attendais à te voir !

— Pourquoi ne m'as-tu pas prévenue de ton retour ?

— J'avais demandé à Philippe de t'avertir.

— Il n'y a certainement pas longtemps que tu es revenu, car je l'ai vu il y a trois jours et il ne m'a pas parlé de toi.

— Ça se comprend, je ne suis arrivé qu'hier. J'avais des travaux scolaires à compléter.

Elle s'immobilisa pour l'examiner à sa guise avant de rappeler :

— Quand je t'ai parlé aux fêtes, ce n'était pas des paroles en l'air.

Il la regarda intensément, comme s'il la voyait vraiment pour la première fois.

— Habituellement, ce sont les hommes qui avouent leur amour en premier.

— Pourquoi les femmes ne pourraient-elles pas en faire autant ?

Il sembla étonné de la voir répliquer avec autant d'assurance. Il s'approcha et, avec un sourire en coin, lui annonça :

— Ce n'est pas un futur prêtre que tu as devant toi, mais un futur médecin.

Francesca se montra tellement enchantée par cette nouvelle qu'elle en perdit ses moyens. Émue, elle se détourna pour qu'il ne voie pas les larmes lui monter aux yeux. Cherchant à se donner une contenance, elle se pencha, attrapa un brin de foin qu'elle porta à ses lèvres et demanda, la gorge serrée :

— Des études en médecine, ça dure combien d'années ?

— Trois ou quatre ans, selon les spécialités.

Elle ne sembla pas ébranlée.

— Je saurai t'attendre, murmura-t-elle.

La voyant troublée, il laissa entendre :

— Nous ne nous connaissons pas vraiment.

— Raison de plus pour commencer à le faire. Pourquoi ne profiterions-nous pas de cet été pour nous fréquenter ?

Elle était si spontanée et si vive qu'il ne la quittait pas du regard, l'air incrédule et tout étonné de son audace.

— Pourquoi pas ? concéda-t-il.

— Dans ce cas, je t'attends chez moi, pas plus tard que demain soir vers sept heures.

Il ne prévoyait vraiment pas une telle invitation, et fut stupéfait de la voir si pressée de le connaître mieux. Se rendant compte de son hésitation, elle demanda :

— Quelque chose ne va pas ? Tu es occupé demain ? Dans ce cas, ça pourrait être après-demain.

— Non, demain me va. Seulement…

— Seulement ?

— Ta mère ne sera-t-elle pas surprise de me voir arriver ?

— Ma mère ? Je me charge de la préparer à cette visite.

Elle avait le cœur battant quand elle le quitta, au moment où d'autres jeunes arrivaient pour pêcher.

Parvenue à la maison, pendant qu'elle en avait encore le courage, elle ne perdit pas un instant pour s'adresser à sa mère.

— M'man, devinez qui je viens de voir au bord de la rivière.

Élise haussa les épaules.

— Qui tu viens de voir ? Comment le saurais-je ? Ça peut être aussi bien un ange que le diable en personne.

La réponse de sa mère sembla la désarçonner. Elle commenta :

— Si ç'avait été le diable, j'aurais eu la frousse de ma vie. Mais non, je suis allée sur l'île et je me suis rendue sur les crans comme je le faisais l'été dernier. Et là, j'ai rencontré nul autre qu'Albert Lacombe, le cousin de Philippe.

— Le futur prêtre ?

— Il a terminé ses années de séminaire et est en vacances. Il m'a dit qu'il ne pense plus à la prêtrise. Il a choisi de devenir médecin.

— Grand bien lui fasse ! souffla Élise.

La réflexion de sa mère la fit hésiter. Elle ajouta tout de même :

— Je l'ai invité à venir faire un tour ici, demain soir.

Se tournant brusquement vers sa fille, Élise questionna :

— Qu'est-ce qui te prend ? Aurais-tu un œil sur lui ?

Francesca se retint de dire : « non pas un, mais les deux ». Elle se contenta d'expliquer qu'elle ne connaissait pas de garçons de son âge à Daveluyville, sauf lui. Sa mère hocha la tête.

— Ce n'est pas une raison pour inviter le premier venu que tu croises.

— Mais, m'man, je le connais un peu, j'ai jasé avec lui au mariage de Georgiana et aussi aux fêtes. Il sait tout plein de choses.

— S'il est si connaissant, il pourrait peut-être te trouver du travail.

Ne se laissant pas déstabiliser, Francesca acquiesça :

— Qui sait ? Si je lui demande, peut-être aura-t-il quelque chose à me suggérer. Vous pourrez lui en parler demain, lors de sa visite.

Ce fut au tour d'Élise de se montrer hésitante. Mise de la sorte au pied du mur, elle n'eut d'autre choix que de permettre à Francesca de recevoir son ami.

Le lendemain soir après le souper, Albert se présenta comme prévu et Francesca le reçut avec enthousiasme. Guillaume le salua en passant, avant de se rendre chez Philippe et Georgiana à qui il avait promis une visite. Cependant, Francesca n'eut guère le loisir de parler à Albert à son aise, car sa mère, tout comme Denise et Victoire, ne les quitta pas pendant tout le temps qu'il fut chez eux. Le jeune homme parla de ses études au Séminaire de Nicolet et de celles qu'il allait entreprendre en médecine à Montréal. Élise voulut en apprendre davantage sur ses parents. Il leur révéla que son père, après des études de droit, avait longtemps pratiqué comme notaire à Nicolet, avant de se retirer à Daveluyville dans la maison dont il avait hérité de son propre père. Il avait deux frères et trois sœurs, tous mariés. Sa mère se plaisait à Daveluyville. Elle s'occupait des bonnes œuvres de l'église.

Voyant qu'il ne pourrait pas se retrouver seul avec Francesca, Albert ne prolongea pas sa visite et se dit enchanté d'avoir fait la connaissance de la famille entière. Francesca comprit que si elle désirait le revoir, il lui faudrait procéder d'une façon différente. Elle prétexterait des visites à sa sœur Georgiana pour, de connivence avec elle et Philippe, lui donner des rendez-vous à leur maison.

Chapitre 26

Le chat sort du sac

Victoire, la plus jeune de la famille, ne faisait guère de bruit. Quand elle voulait aller sur les crans au bout de l'île pour observer les goélands et les canards, elle s'y rendait toujours en compagnie de Francesca, son aînée de quatre ans, qui veillait sur elle. Voilà qu'un beau jour, Francesca étant occupée à ses amours, Victoire décida de traverser seule au bout de l'île. À partir de la berge, près de la maison, elle courut sur les pierres à fleur d'eau. La rivière étant basse, elle n'eut aucune difficulté à se retrouver sur l'île. De là, elle suivit le petit sentier qui, à travers les fougères, menait vers les crans où plusieurs jeunes avaient l'habitude de pêcher. Elle grimpa sur une grosse pierre au bord de la rivière et demeura là sagement. Il y avait bien vingt minutes qu'elle s'y trouvait quand, en voulant descendre, elle perdit pied et se retrouva dans la rivière. Heureusement, un des jeunes pêcheurs l'avait vue tomber. Il alerta les autres. L'un d'eux sauta à l'eau pour la rattraper avant qu'elle ne soit emportée par le courant. Il eut tout juste le temps de le faire. Elle revint bien piteuse à la maison, accompagnée de son sauveur qui était aussi trempé qu'elle.

Quand Élise apprit ce qui venait de se passer, les remontrances fusèrent, à tel point que Victoire se mit à pleurer comme une Madeleine. Le jeune homme qui était revenu avec elle se permit même d'intervenir :

— C'était un accident, madame ! Elle ne faisait pas de folies. Elle a tout simplement glissé.

— Qu'est-ce qui serait arrivé si tu n'avais pas été là ?

— Je l'ignore, mais j'étais là et nous étions nombreux. Si ce n'était pas moi qui l'avais sortie de l'eau, ç'aurait été un autre.

Sur ce, il s'excusa :

— Je dois aller me changer.

Avant de partir, il s'adressa à Victoire :

— Ça ira, l'encouragea-t-il, ça ira !

Quand, à son tour, Francesca apprit la mésaventure de Victoire, elle en fut toute bouleversée. Elle fit promettre à sa sœur de ne plus remettre les pieds sur l'île sans elle.

Si elle ne l'accompagnait pas ce jour-là, c'est qu'officiellement elle se trouvait en visite chez Georgiana. Mais, en réalité, c'était pour y passer du temps avec Albert. Elle se reprochait de ne pas avoir été présente pour surveiller Victoire. Mais comment aurait-elle pu deviner ce qui allait survenir ?

Victoire se remit petit à petit de sa mésaventure. Elle avait bon caractère et aimait rire. Peu importe ce qu'Élise lui demandait, elle le faisait toujours, sourire aux lèvres. Il n'était pas rare de la voir éclater de rire pour un chien courant après sa queue, un lièvre détalant dans un fourré ou encore un chardonneret se nourrissant de graines de fleurs. Francesca prenait bien soin d'elle.

Depuis qu'elle était à Daveluyville, Victoire fréquentait l'école du village et tout allait bien, jusqu'à ce qu'un jour de septembre elle en revienne maussade et craintive, ne lâchant pas Francesca d'une semelle dès qu'elle mettait les pieds dans la maison. Elle avait perdu sa bonne humeur. Élise attribua le tout au fait qu'elle était en pleine adolescence. Mais Francesca, qui partageait sa chambre, n'était pas de cet avis, car Victoire faisait des cauchemars qui l'inquiétaient beaucoup. Voulant en avoir le cœur net, un bon samedi, elle l'interrogea de façon plus serrée.

— Qu'est-ce qui ne va pas, ma biche ? Quelqu'un te fait du mal à l'école ?

— Non.

— Pourquoi alors as-tu si peur ? Tu n'étais pas comme ça avant.

Se renfrognant, l'adolescente ne répondit pas. Francesca en glissa un mot à sa mère :

— Victoire n'est plus la même depuis quelque temps.

— Depuis quand au juste ?

— Il me semble que c'est depuis qu'elle a recommencé l'école.

— Elle ne doit pas aimer sa maîtresse.

— Je le lui ai déjà demandé et elle m'assure qu'elle s'entend bien avec les sœurs enseignantes.

Élise était occupée à la préparation du dîner. Elle laissa entendre :

— C'est sûrement passager, ça ne devrait pas durer encore bien longtemps.

Francesca n'était pas de cet avis et elle le fit savoir :

— S'il s'agit d'une simple passade, elle dure depuis des semaines. Je finirai bien par apprendre ce qui la tracasse tellement.

Francesca finit par remarquer que Victoire se comportait normalement tant qu'elle était hors de la maison et se renfrognait et devenait maussade dès qu'elle y mettait les pieds. Elle demanda à sa sœur :

— Tu n'aimes pas notre maison ?

Victoire ne répondit pas. Francesca reprit sa question. Sa sœur s'entêtait à ne pas répondre.

— Si tu l'aimais, constata Francesca, tu t'empresserais de le dire, c'est donc que tu n'es pas bien ici. Pourquoi ?

Elle n'obtint qu'un silence obstiné. Francesca la conjura :

— Tu as beau faire ta tête dure, je finirai bien par le savoir. Ça ne sera peut-être pas dans le temps de le dire, si j'en juge par ton obstination, mais tout se sait et je le saurai.

Voyant que Francesca s'impatientait, Victoire se décida à parler.

— À l'école, il y en a qui me disent que je reste dans la maison du pendu.

— La maison du pendu ? D'où sortent-ils ça ? Et c'est ça qui te fait peur ?

Sa sœur opina. Au souper, Francesca rapporta tout bonnement au reste de la famille ce que Victoire avait révélé. Elle demanda :

— Comme habituellement il n'y a pas de fumée sans feu, les enfants ne doivent pas dire ça pour rien. Quelqu'un a entendu parler de cette histoire ?

Il se fit un silence que Guillaume rompit :

— Oui, admit-il, quand j'ai visité la maison la première fois.

— La rumeur est-elle fondée ? demanda Élise.

Guillaume n'eut pas le choix d'admettre que oui. Il choisit néanmoins de minimiser l'information en laissant entendre :

— Des morts, il y en a eu dans toutes les vieilles maisons. Autrement, où voulez-vous que les gens finissent leur vie ?

Élise était blême.

— Un pendu, c'est pas un mort comme les autres !

— Qui vous dit, m'man, que personne n'est mort dans la chambre que vous occupiez à Drummond ?

— N'essaie pas de détourner l'attention ! protesta vivement Élise. S'il y a eu un pendu dans cette maison, je ne resterai pas un soir de plus ici. Les murs doivent être pleins de maléfices.

— M'man, ça fait près de trois ans qu'on vit ici, est-ce que ça a changé quelque chose dans nos vies ? Ne sommes-nous pas biens ici ?

— Ça change tout. Je veux savoir qui s'est pendu, où il l'a fait et quand.

Guillaume avoua qu'il s'agissait de l'ancien propriétaire. Ses héritiers avaient décidé de se départir de la maison.

— Voilà ce qui explique pourquoi tu l'as eue à si bon prix.

— Mais m'man, qu'est-ce que ça change ? La maison est bien située. On a un beau jardin, c'est tranquille. Que voulez-vous de plus ?

— Je viens de comprendre pourquoi personne ne vient nous voir. La maison d'un pendu ! Je veux savoir où il s'est pendu.

Pensant apaiser tout le monde, Guillaume, qui avait appris par Philippe que l'homme s'était pendu dans la cave, qu'Élise utilisait quotidiennement, se permit de mentir :

— Dans le hangar à bois.

Il calma quelque peu les ardeurs de sa mère, mais il savait, maintenant que la chose était connue, qu'Élise ne manquerait pas de faire son enquête. Si jamais quelqu'un prétendait savoir que cet homme s'était pendu dans la maison, il continuerait de soutenir qu'on lui avait assuré que c'était dans le hangar.

Sa mère, qui ne lâchait pas le morceau, lui fit promettre :

— S'il s'est vraiment pendu dans le hangar, tu vas le brûler dès demain.

Guillaume s'offusqua.

— Brûler le hangar pour en construire un autre ?

— En plein ça, mon garçon. Je ne veux pas qu'il reste une trace de ce pendu, et compte-toi chanceux qu'il ne l'ait pas fait dans la maison, car c'est elle que tu aurais fait disparaître.

Le lendemain, après avoir sorti du hangar tout le bois et les effets à conserver, Guillaume démolit les murs à coups de hache. Il avait déposé tout près des seaux d'eau. Puis il mit le feu à l'amas de bois qui avait été le hangar, avant d'éteindre les flammes. Il en fut quitte pour en construire un nouveau. Il en profita pour l'ériger ailleurs sur le terrain.

Tout cela ne calma pas Élise pour autant. Elle se réveilla un beau matin en disant qu'elle avait rêvé au pendu et qu'elle ne pouvait pas rester plus longtemps dans cette maison. Elle allait retourner à Drummond, à pied s'il le fallait. Guillaume tenta de la raisonner :

— Que feriez-vous toute seule à Drummond ?

— Inquiète-toi pas, mon garçon, ta mère a toujours travaillé et elle est encore capable de le faire. Ça fait cinquante ans que je respire et je compte bien continuer à le faire pour un autre trente ans. Si j'ai seulement à m'occuper de moi, sois certain que je saurai le faire et que je n'en serai que mieux !

Persuadé qu'elle parlait uniquement pour se convaincre elle-même, Guillaume cessa de discuter. Pourtant, le lendemain, Élise recommençait la même chanson. Il ne savait pas trop comment régler ce problème, quand la vie s'en chargea finalement pour lui.

Chapitre 27

Tout s'écroule

Au fond, tout allait pour le mieux pour Guillaume et les siens. À part Élise qui n'avait pas encore digéré cette histoire de pendu et qui parlait toujours de retourner à Drummond, les autres membres de la famille acceptaient volontiers leur nouvelle vie. Georgiana était maintenant établie avec Philippe. Tout en se cherchant du travail, Francesca rêvait à son Albert, parti faire ses études de médecine à Montréal. Pour Denise, rien n'avait changé. Elle ne sortait pas plus et continuait de seconder sa mère et de donner un coup de main dans la maison. Il lui importait peu que ce soit à Drummond ou à Daveluyville. Quant à Victoire, comme la majorité des jeunes le font, elle s'était tout de suite acclimatée à son nouvel environnement.

Guillaume, pour sa part, ne perdait pas de vue son idée de devenir riche un jour, mais il gagnait honorablement sa vie et se contentait de son sort pour l'instant. Il aimait son travail à la fabrique, tâchait d'en apprendre davantage tous les jours et échafaudait des plans pour devenir un jour propriétaire d'une pareille entreprise.

En une nuit, cette quiétude partit en fumée. Ils furent réveillés vers deux heures du matin par la cloche de la chapelle qui sonnait à toute volée. Sous de lourds nuages, c'est un ciel rouge qui s'offrit à leurs yeux. Un puissant incendie illuminait tout le village. Guillaume, comme tous les autres, était inquiet. Il formula à haute voix ce que tous se demandaient :

— Quelle maison est la proie des flammes ?

Il enfila son manteau et ses bottes. Élise, le voyant faire, s'empressa de le prévenir :

— Sois prudent. Ne t'approche pas trop.

— Ne vous inquiétez pas, m'man, je veux juste savoir où le feu fait rage.

Il partit en vitesse, guidé par les flammes qui s'élevaient si haut dans les airs que tout le village était éclairé comme en plein jour. Il ne mit guère de temps à deviner le lieu du sinistre, au fur et à mesure qu'il s'en approchait, et il se désola à voix haute :

— Maudit, c'est bien l'usine de meubles !

Comme s'il pouvait faire quelque chose pour éviter la catastrophe, il accéléra le pas. Il arrivait à proximité de l'incendie, quand il se buta presque à Philippe.

— L'usine était-elle assurée ? fut la première question que Guillaume posa à son beau-frère.

— Rassure-toi, elle l'est. Mon père n'aurait jamais laissé sa fabrique sans assurances.

— Est-ce qu'on sait comment le feu a débuté ?

— Pas encore. Sois certain que mon père va faire procéder à une enquête !

Ils se rapprochèrent. Comme la moitié des gens du village, attirés par les flammes, ils restèrent là à regarder l'édifice se consumer sans y pouvoir quoi que ce soit. Les pompiers étaient à pied d'œuvre et s'efforçaient de protéger les maisons avoisinantes. À leur arrivée, l'édifice était déjà un immense brasier. Les flammes eurent rapidement raison de cette bâtisse en bois, elle-même remplie de bois et de matériaux inflammables.

Guillaume et Philippe restèrent longtemps à regarder les pompiers s'activer à éteindre les dernières braises. Quand ils jugèrent qu'il n'y avait plus rien à espérer, ils repartirent la tête basse en traînant les pieds. Au moment où ils allaient se séparer, Guillaume demanda à Philippe :

— Combien penses-tu qu'il faudra de temps pour rebâtir ?

— Certainement plusieurs semaines, mais ce ne sera pas ici.

En entendant ces paroles, Guillaume resta interdit.

— Ce ne sera pas ici ?

— Mon père a dit qu'il ne reconstruira pas à Daveluyville.

— Comment ça ?

— Les mauvaises langues de la place lui ont fait assez de tort. Mon père a été catégorique. Je l'ai croisé alors qu'il sortait de chez lui. Quand il a vu que la fabrique serait une perte totale, il a secoué la tête et a décrété d'une voix sourde : "Ces gens ne méritent pas que je fournisse du travail à une grande partie du village, je rebâtirai ailleurs et ceux qui sauront me respecter seront les bienvenus dans ma nouvelle usine."

Étonné de cette décision, Guillaume s'informa à Philippe de quelles rumeurs son père était victime.

— On voit qu'il n'y a pas longtemps que tu vis ici et que tu es discret, sinon tu aurais entendu parler des propos malfaisants concernant mon père. Plusieurs bonnes âmes de la paroisse ne se gênent pas, depuis longtemps, pour laisser entendre que, chaque fois qu'il est appelé à Montréal ou ailleurs pour son travail, mon père en profite pour voyager avec sa maîtresse. Ces médisances ont été la cause de plusieurs prises de bec entre mon père et ma mère. Tout ça dure depuis des années. Mon père doit se défendre chaque fois qu'il quitte Daveluyville pour un jour ou deux. Combien de fois ma mère n'a-t-elle pas entendu la réflexion suivante: «Lacombe est encore parti pour un petit voyage spécial.»

— Je suppose qu'il n'y a rien de fondé?

— Je l'ignore. Mon père n'est peut-être pas un saint, mais rien n'empêche qu'il fait vivre une bonne vingtaine de familles de la place. Les gens sont méchants, tu le sais comme moi. Ne te demande pas pourquoi pas un seul de mes frères et pas une seule de mes sœurs ne vivent ici. Ils ont préféré s'exiler plutôt que de continuer d'entendre toutes sortes de propos désobligeants au sujet de notre père.

— Toi, pourquoi es-tu resté?

— Parce que je ne porte pas attention aux bêtises des gens. Bien souvent la jalousie en est le fondement. J'ai un bon travail que je dois à mon père, pourquoi écouterais-je les divagations de Pierre, Jean ou Jacques à son sujet?

— As-tu une idée où il fera reconstruire?

— Je n'en sais rien.

— Pourquoi pas à Drummond? C'est bien situé, pas trop loin des lignes américaines, entre Québec et Montréal. Parles-en à ton père. Je suis certain qu'il pourrait y faire de bonnes affaires.

— Il a mentionné Sorel, à cause du fleuve et des trains.

— Il n'y a pas le fleuve à Drummond, mais il y a la rivière, les trains y passent et les États-Unis en sont moins loin que de Sorel.

— Je ne manquerai pas de lui faire remarquer.

— Je suppose que tu vas le suivre où il fera reconstruire?

— Certainement.

— Je ne retrouverai pas un meilleur travail ici. Je n'ose pas penser que nous devrons à nouveau déménager… et m'man ne voudra certainement pas entendre parler que ce soit ailleurs qu'à Drummond.

DEUXIÈME PARTIE

LE RETOUR AUX SOURCES

1893-1894

Chapitre 28

Nouveau départ

L'hiver étendait son emprise sur tout le pays. La neige avait déposé son linceul sur les champs. Quelques arbustes en bordure y dessinaient des hiéroglyphes. Les routes ressemblaient à de longs lacets blancs. Tout paraissait mort. De temps à autre, une buse en quête d'une proie survolait ces mornes étendues. Sur un piquet de clôture ou au faîte d'un arbre, un hibou blanc guettait sa prochaine victime. Un froid glacial figeait tout. Pourtant, sur une route de rang entre Daveluyville et Drummond, une *sleigh* progressait lentement. Elle était occupée par Guillaume et Philippe, qui se rendaient à Drummond pour trouver une maison que Guillaume pourrait louer.

L'incendie de la fabrique était venu briser d'un coup leur petite vie tranquille. Soudain sans emploi, Guillaume devait trouver comment gagner le pain quotidien des siens. Il prit donc la décision de retourner à Drummond. Là, il aurait plus de chances de décrocher un nouvel emploi. Peut-être réussirait-il même, vu son expérience à la fabrique de meubles, à être embauché à l'usine de carrosses de monsieur Pépin. Carrossier lui semblait être un métier très honorable qui devait sans doute être assez bien rémunéré. Il n'osait pas penser plus loin, de peur d'être contraint de reprendre, bien malgré lui, le chemin du moulin de monsieur Vassal ou encore celui des forges.

Quand Guillaume décida que toute la famille regagnerait Drummond après les fêtes, il y eut peu de protestations. Élise ne voulait plus vivre dans la maison d'un pendu. Sa seule peine de quitter Daveluyville provenait du fait qu'elle ne pourrait bientôt plus jouer son rôle de grand-mère à sa guise. Depuis que la petite Georgette était née, elle avait pris l'habitude de rendre visite à sa fille une ou deux fois par semaine. Bercer l'enfant lui faisait oublier la routine quotidienne. Denise, Francesca et Victoire s'étaient ralliées sans trop de peine à ce déménagement.

L'avenir de Philippe et de Georgiana était plus incertain. Il fallait compter quelques mois avant que monsieur Lacombe ne fasse reconstruire sa fabrique et il n'avait pas encore décidé du lieu. Philippe était résolu à suivre son père là où il rebâtirait. Georgiana espérait, tout comme Guillaume et les autres, que ce soit à Drummond.

Pour lors, leur voiture progressait bien sur la neige où elle glissait sans que le cheval n'ait à faire de gros efforts. Guillaume était si pressé de se trouver du travail, qu'il n'avait pas hésité à se mettre en route, malgré les grands froids qui sévissaient depuis quelques jours. Il ne pouvait plus attendre. Était-ce de savoir qu'il retournait aux sources en ce lieu qui l'avait vu naître qui le rendait si impatient? Il était en verve et confia à Philippe:

— Nous n'aurons pas eu vraiment le temps de nous enraciner à Daveluyville. Je crois que m'man, qui a une sainte horreur des déplacements, ne se serait pas montrée si conciliante s'il avait été question de déménager ailleurs qu'à Drummond.

— Ça se comprend, elle y a passé la plus grande partie de sa vie. Selon moi, plus on vieillit, moins on a le goût de changer de lieu. On dirait qu'une fois qu'on s'est fait à un endroit et qu'on s'y sent bien, c'est là qu'on veut terminer nos jours.

— Que dit Georgiana de tout ça ?

— Ah ! tu sais, maintenant qu'on a une fille, rien d'autre ne compte plus pour elle. Georgiana me suivra là où j'irai, pourvu que je leur assure une bonne existence, à elle et à l'enfant.

— Ton père a-t-il une meilleure idée de l'endroit où il va rebâtir la fabrique ?

— Il ne m'en a encore rien dit. Mais ne compte pas trop que ce soit à Drummond.

— Pourquoi donc ?

— Il n'y connaît personne, tandis qu'il a plusieurs connaissances du côté de Sorel. Je pense bien qu'il rebâtira par là.

Pendant qu'ils causaient, la route défilait son ruban entre champs, forêts et villages. Des fermes enfouies sous la neige apparaissaient de temps à autre. La fumée des cheminées et les aboiements des chiens semblaient être les seuls signes de vie. Les gens se terraient, préférant la chaleur d'un bon poêle aux corvées habituelles. Ils n'échappaient pas toutefois à la traite des vaches et au transport du bois de poêle, non plus qu'à l'obligation de se pourvoir en eau. On voyait d'ailleurs, bien dégagé autour de chaque maison, le trajet menant au puits, tout comme celui des bécosses au fond des cours. Bien emmitouflés dans leurs peaux de mouton, Guillaume et

Philippe, que le froid tenaillait, avaient cessé de parler. Le vent glacial avait pris le dessus et seul le cheval continuait à faire vaillamment son travail. Ils le laissèrent parcourir avec régularité les milles qui les séparaient de Drummond. Ils étaient partis de Daveluyville à l'aube et n'avaient fait halte qu'une fois parvenus à la hauteur de Saint-Samuel-de-Horton où, à un carrefour, une petite auberge accueillait les passants. Ils ne s'attardèrent pas plus d'une demi-heure à cet endroit, le temps de déguster le pain, le fromage et une pointe de tarte au sucre que leur avait préparés Élise.

Ils reprirent sans plus la route, laissant le cheval les conduire. Arrivé à Notre-Dame-du-Bon-Conseil, Guillaume arrêta la *sleigh* à la porte de l'auberge. Il ne comptait pas y passer la nuit, mais il voulait profiter d'une bonne heure de repos pour leur permettre de se réchauffer autour d'une tasse de thé et d'un bon feu tout en donnant du répit au cheval. Pendant que Philippe s'engouffrait à l'auberge, Guillaume conduisit l'animal à l'écurie. Au palefrenier, il promit:

— Je te payerai bien si tu lui donnes une bonne ration de foin et vois à ce qu'il se réchauffe.

Le jeune homme s'approcha, prit le cheval par la bride et dit:

— Oui, m'sieur, j'y verrai.

Guillaume gagna l'auberge. À peine avait-il passé la porte qu'il se sentit ragaillardi par une bonne chaleur mêlée à des odeurs de nourriture. Il rejoignit Philippe qui était déjà installé à la table la plus près du poêle. L'auberge était vide. À part eux, seuls deux hommes se tenaient à une table, tout au fond de la pièce. La fumée de leur pipe montait autour d'eux et flottait au plafond, remplissant l'air d'une odeur âcre de tabac. Philippe avait commandé du thé bien chaud. Cette halte était la bienvenue. Avant la nuit, ils seraient à

Drummond. Guillaume avait prévu coucher à l'auberge de monsieur Boisvert. Philippe y passerait également la nuit et retournerait à Daveluyville le lendemain.

— Tu ne manqueras pas, insista Guillaume, de rassurer ma mère et mes sœurs. Je vais nous trouver une maison à louer et, à moi, de l'ouvrage, et elles pourront s'en venir à Drummond en train. Je ne devrais pas prendre plus que deux ou trois jours à être fixé. Souhaite-moi de pouvoir travailler à l'usine de monsieur Pépin. J'aurais presque l'impression de me retrouver dans celle de ton père.

— Fabriquer des carrosses ne doit pas être désagréable.

— En effet, c'est aussi varié que de faire des meubles et j'imagine que les futurs propriétaires de carrosses doivent avoir des goûts particuliers pour la décoration. Sais-tu ce que j'aimerais faire ?

— Quoi donc ?

— Sculpter des ornements en bois.

— As-tu déjà fait de la sculpture ?

— Pas vraiment, sauf une fois où j'avais sculpté un bonhomme qui tenait dans sa main une flèche indiquant la direction de la traverse. Mon père avait bien apprécié et le bonhomme est resté là longtemps, planté le long de la rue Saint-Georges, jusqu'à ce qu'un matin on se rende compte qu'il avait disparu. Quelqu'un l'a sans doute volé pour s'en servir quelque part autour de chez lui. S'il existe toujours et qu'un beau jour je le retrouve, tu peux être certain qu'il y en a un qui va me voir arriver et qui va passer un mauvais quart d'heure !

— Je te souhaite que ton rêve se réalise.

— Il paraît, justement, qu'il faut croire beaucoup à nos rêves, sinon ils n'ont pas de suite. Sculpter, voilà un des rêves qui ne me quittent pas l'esprit depuis des années.

Tout en causant, ils buvaient leur thé, oubliant un moment le froid et la distance qui les séparait encore de Drummond. Philippe les ramena à la réalité :

— On est mieux de ne pas trop traîner. La noirceur vient vite et nous avons encore plusieurs milles à parcourir.

S'adressant à l'aubergiste, Guillaume demanda :

— Vous savez combien il y a de milles d'ici à Drummond ?

— Treize bien comptés.

Philippe commenta :

— Parfait ! Nous devrions y être à la brunante.

Ils payèrent l'aubergiste et, sans tarder, malgré le froid tenace, ils se remirent en route. Fort heureusement, il ne neigeait pas. Le vent toujours présent faisait tournoyer de temps en temps un nuage de neige. Malgré tout, le cheval allait d'un bon pas. La route était déserte. Ils semblaient être les seuls assez courageux pour se déplacer. Puis, en approchant de Drummond, ils croisèrent quelques voitures dont les occupants disparaissaient sous un tas de peaux d'ours ou de mouton. Ils poussèrent un soupir de soulagement quand enfin l'auberge Boisvert leur apparut, rue Heriot. Après avoir dételé le cheval et rangé la *sleigh*, ils menèrent leur bête à l'écurie, puis ils pénétrèrent à l'auberge en même temps qu'ils y faisaient entrer un souffle de froid. L'aubergiste leur cria :

— Fermez vite et soyez les bienvenus au royaume de la chaleur et de la bonne nourriture. Qu'est-ce qui vous a pris de voyager par un temps pareil ?

Guillaume commenta :

— Parfois, la vie ne nous demande pas notre avis !

L'aubergiste réagit :

— À ta voix, il me semble te connaître. Dégrayez-vous que vous puissiez ressembler à autre chose qu'à des ours.

Quand Guillaume eut enlevé son casque de poil et son manteau de chat sauvage, l'aubergiste s'écria :

— Sapristi, c'est toi, Guillaume ! Ça fait un bon moment qu'on ne t'a pas vu à Drummond.

— En effet, monsieur Boisvert. Ça me fait plaisir de vous revoir.

— Et moi de même. Et ton ami, on peut savoir son nom ?

— Philippe Lacombe. C'est mon beau-frère, s'empressa de préciser Guillaume. Vous aurez bien une chambre pour nous à soir ?

— Bien sûr ! Par des temps comme aujourd'hui, l'auberge est pratiquement vide. Personne ne met le nez dehors. Ça prend une bonne raison pour le faire. Vous avez mené votre cheval à l'écurie ?

— Il y est déjà.

— Conrad va en prendre soin. La pauvre bête le mérite sans aucun doute. Vous arrivez d'où comme ça ?

— De Daveluyville.

— C'est là que t'étais parti avec ta famille ? Ta mère va toujours bien ?

— Oui et mes sœurs aussi, mais on revient à Drummond.

— Vous n'avez pas aimé ça là-bas ?

— On y était bien, sauf que j'ai plus d'ouvrage. La fabrique où je travaillais a passé au feu.

— Une *bad luck*. La vie en a tout un assortiment.

Tout en parlant, l'aubergiste les invita à s'asseoir dans la pièce attenante qui servait de salle à manger.

— Vous allez souper, je suppose. Donnez-moi une minute que j'avertisse à la cuisine.

L'aubergiste les quitta. Philippe leva les bras et s'étira longuement.

— J'ignore si tu ressens la même chose que moi, déclara-t-il, mais j'ai tellement faim que je mangerais un cheval.

— Pourvu que ce ne soit pas le nôtre ! s'écria Guillaume.

Sa réflexion les fit s'esclaffer. L'aubergiste revenait. Il s'arrêta au milieu de la pièce, se demandant ce qui les rendait de si belle humeur.

Chapitre 29

La recherche

Après une bonne nuit, Philippe regagna Daveluyville pendant que Guillaume traînait à l'auberge et s'enquérait auprès de son hôte de ce qui s'était passé à Drummond depuis leur départ.

— Drummond est une bien petite ville, fit remarquer ce dernier. Il ne se passe pas grand-chose sans que tout le monde, et moi le premier, en soit informé. En faisant le tour de la place, tu devrais voir par toi-même ce qu'il y a de changé.

— Il me faut d'abord repérer une maison à louer pour la famille.

Tout en causant, l'aubergiste réfléchissait. Soudain, son visage s'illumina d'un large sourire.

— Une maison à louer ! s'exclama-t-il. Je l'ai ! Celle de la traverse où vous demeuriez autrefois est vide depuis peu. Monsieur Champagne, qui l'habitait, est mort il y a deux semaines. Sa veuve est partie vivre chez une de ses sœurs à Saint-Cyrille. Va chez le notaire Vallée, il saura te dire si elle est encore libre.

En entendant ces paroles, Guillaume bondit. Il se réjouit :

— C'est un cadeau du ciel ! Je n'en crois pas mes oreilles. Je cours chez le notaire. Souhaitez avec moi que j'arrive à temps ! Où habite ce notaire Vallée ?

— Au même endroit que le notaire Rhéaume, qui est décédé il y a deux ans. Au coin de Brock et Saint-Georges. Je te garde la chambre pour ce soir aussi ?

— Bien sûr !

Guillaume ne tenait plus en place.

— Je ne peux pas croire ce qui arrive.

Il enfila ses bottes, son capot et son bonnet de poil. La nuit avait été froide et la journée s'annonçait tout aussi glaciale. La neige craquait sous ses pieds comme du papier que l'on froisse. À chacun de ses pas, une buée s'exhalait de sa bouche. Il gagna en vitesse l'étude du notaire. Il marchait confiant. Le simple fait d'arpenter de la sorte la rue Heriot faisait se bousculer dans sa tête toutes sortes de souvenirs du passé. Quand il parvint devant l'église anglicane Saint-George, il ne put s'empêcher de sourire à l'idée que leur mère leur défendait d'y pénétrer. Elle ignorait, la pauvre, qu'il était allé y fouiner en compagnie d'un ami de l'école. Il n'y avait pas plus de danger là que dans l'église catholique Saint-Frédéric. Il traîna un peu le pas en passant devant le magasin général. « Et si, songea-t-il, j'allais demander à monsieur Murphy s'il n'aurait pas une place pour moi ? » À peine eut-il évoqué cette possibilité qu'il secoua la tête. « Je ne serai jamais riche si je demeure un simple commis. » Il poursuivit son chemin en passant près de l'église devant laquelle il modéra le pas pour se donner le temps de voir si quelque chose avait changé de ce côté. Tout était comme autrefois. Tout près, le presbytère dressait sa longue silhouette avec son immense galerie. Il eut le temps d'admirer les décorations de bois qui, comme de la dentelle, ornaient le bord du toit. Ça lui rappela la conversation de la veille avec Philippe. « Si je pouvais, se dit-il, sculpter de semblables dentelles sur les carrosses de monsieur Pépin... »

Arrivé rue Saint-Georges, il jeta un coup d'œil du côté de ce qu'avait été la traverse. La maison semblait morte. Aucune fumée ne montait de la cheminée. Il lâcha un cri : « Youpi ! elle est libre ! » et accéléra le pas en direction de la demeure du notaire. Il s'arrêta net avant d'y parvenir. Une nouvelle maison d'importance venait d'être construite juste à côté de celle du notaire. Il prit le temps de la détailler du regard un moment, se demandant qui y habitait. Deux minutes plus tard, il cognait à la porte du notaire Vallée. Une jeune femme, bonnet de toile sur la tête et tablier autour des reins, vint répondre. Il s'enquit :

— Monsieur le notaire est-il ici ?

— Oui ! Donnez-vous donc la peine d'entrer. Par les froidures que nous avons, il ne fait pas bon de traîner dans l'entrée des maisons, ne trouvez-vous pas ?

— Vous avez raison. Il fait frette comme jamais.

Il enleva ses bottes. Elle le pria de la suivre. Sur le plancher, un épais tapis occupait la largeur du corridor. Guillaume en apprécia la douceur. La jeune femme le fit asseoir dans une pièce voisine.

— Monsieur le notaire est avec quelqu'un, mais il ne tardera pas à venir.

Elle sourit à Guillaume, qui lui rendit ce sourire. Avant qu'elle ne le quitte, il s'enquit :

— Pouvez-vous me dire qui habite la nouvelle maison construite à côté ?

— Vous n'êtes certainement pas de Drummond, car vous sauriez qu'il s'agit du nouvel hôtel de ville.

— Ah bon ! Merci du renseignement.

Elle sourit de nouveau en laissant tomber :

— Y a pas de quoi.

Sans plus, elle se dirigea vers ce qui devait être la cuisine, en déduisit Guillaume, tout en se demandant qui elle pouvait bien être. Ses sourires et sa bonne humeur ne l'avaient pas laissé indifférent. Il se jura d'apprendre son nom. Pour lors, il n'avait plus qu'à attendre sagement le notaire. Il détailla du regard la pièce où il se trouvait. Devant lui, le long du mur, un foyer bien alimenté fournissait une chaleur heureuse. Il s'en approcha, tendant les mains vers le feu pour les réchauffer. Après un moment, il tourna le dos à cette généreuse source de chaleur et observa la pièce. Quelques portraits ornaient les murs. Il y jeta un bref coup d'œil, se disant qu'il s'agissait sans doute des parents ou grands-parents du notaire. Outre la chaise où il avait pris place en entrant, deux autres chaises à haut dossier occupaient l'espace vacant le long du mur. Un bureau de chêne, derrière lequel se trouvait un fauteuil de cuir capitonné, occupait le fond de la pièce. De chaque côté, des étagères débordaient de livres et de paperasse. En entendant des voix venant du corridor, il regagna vivement sa chaise. Un instant plus tard, le notaire entrait en lui tendant la main.

— Bonjour ! Veuillez m'excuser de vous avoir fait attendre. Je ne crois pas vous connaître. À qui ai-je l'honneur ?

Guillaume lui serra la main tout en se présentant.

— Guillaume Courchesne.

— Enchanté de faire votre connaissance. Je suis Dominique Vallée. Vous êtes de la région ?

— De Drummond, oui. Vous avez sans doute connu mon père. Il était autrefois le passeur.

— Vous parlez d'Aimé Courchesne ? Je ne l'ai pas connu, mais d'après ce que j'ai entendu, c'était un homme bien apprécié à Drummond. J'allais dire : quel bon vent vous amène, mais je me serais fort mal exprimé si nous tenons compte des vents glaciaux qui nous accablent depuis plusieurs jours. Bienvenue tout de même et que puis-je faire pour vous ?

— Monsieur Boisvert, l'aubergiste, m'a appris que l'ancienne maison de la traverse est à louer.

— C'est sans doute là que vous êtes né ?

— Oui, comme tous les autres membres de ma famille.

— En effet, la maison est à louer, mais j'ai déjà quelqu'un qui s'y intéresse.

Guillaume hésita avant de demander :

— Quelqu'un de sérieux ?

— Un monsieur qui n'a pris aucun engagement pour l'instant.

— Dans ce cas, et si la maison est demeurée telle que nous l'avons quittée il y a quelques années, dites-vous que vous avez devant vous un preneur très intéressé. Nous vivons à Daveluyville depuis plus de trois ans, mais nous reviendrons définitivement à Drummond dès que nous y aurons un toit.

— Eh bien, laissez-moi le temps de contacter dès aujourd'hui la personne en question et revenez me voir demain.

Guillaume soupira.

— Je vais espérer toute la journée et toute la nuit que le sort nous soit favorable.

— Je vous le souhaite bien.

— Dites-moi, si jamais je la loue, la maison est-elle toujours meublée ?

— Semi-meublée. Le poêle y est comme aussi quelques armoires, deux lits, un buffet et quelques ustensiles et outils que les propriétaires ont laissés là. Je pense qu'ils pourraient accommoder les nouveaux locataires pour bien d'autres choses qu'ils ont remisées au hangar.

Guillaume ne quitta pas le notaire sans insister une nouvelle fois pour lui rappeler qu'il était preneur. Le notaire le remercia en l'assurant que ça simplifierait sans doute sa démarche auprès de celui qui s'était montré intéressé, mais sans s'engager plus loin.

— Demain, ajouta-t-il, vous en aurez le cœur net.

Puis, remarquant sans doute la nervosité de Guillaume, il se ravisa.

— Pourquoi ne reviendriez-vous pas ce soir ? Je pourrai vous donner l'heure juste. De la sorte, que la réponse soit positive ou négative, sans doute pourrez-vous mieux dormir.

Guillaume le remercia chaleureusement avant de passer la porte. Dès qu'il fut dehors, il sentit le froid l'envahir et il partit d'un bon pas en direction de la fabrique de monsieur Pépin. Tout en marchant, il s'encourageait en se disant que les astres semblaient bien alignés. Avec un peu de chance, il pourrait louer la maison, il se trouverait du travail et réussirait à faire la connaissance de la jeune femme qui l'avait accueilli chez le notaire. « Drummond, songea-t-il, nous a toujours été bénéfique. »

La fabrique de carrosses n'était pas tout à côté. Il accéléra le pas, refaisant à rebours le trajet déjà parcouru. Il remonta la rue Brock et, parvenu à destination, il s'arrêta un moment pour reprendre son souffle. Puis, prenant son courage à deux mains, il pénétra dans la bâtisse, confiant d'y dénicher de l'ouvrage. Plus d'une vingtaine d'ouvriers s'activaient autour des voitures en construction. Un homme s'avança pour l'accueillir. Guillaume lui tendit la main :

— J'aimerais parler au gérant.

— Suis-moi !

L'homme le conduisit tout au fond de la fabrique où une porte s'ouvrait sur un bureau vitré.

— C'est le bureau du gérant. Attends-le ici. Il ne devrait pas tarder.

Guillaume eut le loisir d'examiner ce qui se passait autour. Il se rendit compte que les voitures d'hiver, d'élégantes *sleighs*, étaient produites pièce par pièce et montées au fur et à mesure pour aboutir, complètes, à l'autre bout de la fabrique. Il se demanda combien les ouvriers en réalisaient par semaine. Il se posait cette question quand entra dans le bureau un homme rond et jovial, monsieur Pépin lui-même, qui lui serra la main en maudissant les grands froids des derniers jours.

— Heureusement, commenta-t-il, que nous ne travaillons pas en plein air, sinon nous crèverions de froid comme des rats.

S'assoyant sur la chaise pivotante derrière le bureau qui occupait une grande partie de la pièce, il demanda :

— Que puis-je faire pour toi, jeune homme ?

Guillaume, de sa voix la plus ferme, répondit :

— Je viens voir si vous n'auriez pas un emploi pour moi. Je travaillais à Daveluyville à l'usine de meubles de monsieur Lacombe.

— Celle qui a passé au feu ?

— Celle-là, en effet. Comme je suis de Drummond, j'ai pensé y revenir avec les miens et me trouver du travail ici.

— Que faisais-tu comme ouvrage là-bas ?

— J'étais chargé avec deux autres d'assembler les différents morceaux, les pattes pour les tables, les bras, les dossiers et les pattes des fauteuils, et la même chose pour les différents meubles en fabrication.

— Il y avait longtemps que tu faisais ce travail ?

— Plus de trois ans. Ça allait bien… et puis est arrivé cet incendie… Je suis revenu hier à Drummond et si je suis là, c'est parce que le travail réalisé ici me semble ressembler passablement à celui que je faisais là-bas. L'assemblage, je connais ça. Si vous aviez une place pour moi, soyez assuré que vous pourriez compter sur quelqu'un de fiable. J'ai été autrefois commis au magasin général de monsieur Murphy. Parlez-lui de Guillaume Courchesne, je suis certain qu'il n'aura que des bons mots pour moi.

— Guillaume Courchesne… tu es sans doute le fils d'Aimé ? Il me semblait aussi que ton visage me disait de quoi. Tu es déjà venu, il me semble, il y a une couple d'années voir s'il y avait une place pour toi.

— En effet, mais nous sommes ensuite partis pour Daveluyville.

— Eh bien, tu as plus de chance cette fois-ci. Je viens de perdre un de mes bons hommes, un nommé Champagne, et je ne l'ai pas encore remplacé.

— Monsieur Champagne ? Le monde est petit. Il habitait notre ancienne maison de la traverse. Figurez-vous qu'il y a des chances que nous puissions louer cette maison. Je le saurai ce soir.

— Eh bien, mon garçon, je suis prêt à te mettre à l'essai. Monter des meubles ou des voitures ça se ressemble. Quand pourrais-tu commencer ?

— Dans deux jours, ça ferait mon affaire, le temps de trouver une maison pour ma famille et de les prévenir qu'ils peuvent s'en venir.

— On est mardi. Jeudi, je t'attends à sept heures.

— À quels gages ?

— Celui de la plupart des ouvriers de l'usine, sept cents piastres par année.

En entendant ce chiffre, Guillaume n'en croyait pas ses oreilles. Il n'aurait jamais osé croire qu'il pourrait toucher un pareil salaire. C'était mieux payé que bien d'autres métiers. Quand il sortit de la fabrique, il ne portait plus à terre. Guillaume avait faim et désirait souligner de façon particulière cette journée faste. Il se rendit directement à l'auberge Boisvert où il dégusta d'abord une onctueuse soupe aux pois, puis une délicieuse tranche épaisse de rosbif, accompagnée de patates en purée, le tout suivi d'une pointe de tarte aux pommes arrosée de crème. Il se croyait au septième ciel.

Vraiment, la chance courait après lui. Il toucha du bois quand il repartit pour la maison du notaire. En route, il revoyait le visage de cette jeune femme qui l'avait reçu le matin. Il s'arrêta devant l'église et formula un vœu en se disant qu'il y a des jours où les astres sont bien alignés. Il était persuadé qu'en frappant à la porte du notaire, il verrait apparaître cette jeune femme, dont il s'était promis de connaître le nom.

Rendu au coin des rues Brock et Saint-Georges, il s'arrêta un moment pour reprendre son souffle, se surprenant lui-même à redresser son casque de poil avant de se servir du heurtoir de la porte. Il n'attendit que quelques secondes et la porte s'entrebâilla. La jeune femme, car c'était bien elle, le pria d'entrer. Il était si étonné de voir ses espoirs se réaliser qu'il resta figé sur le seuil.

— Allons, l'invita-t-elle. Entrez, sinon vous allez faire geler toute la maison.

— Excusez-moi, bredouilla-t-il.

— Je suppose, lança-t-elle d'une voix chantante, que vous venez de nouveau voir mon frère ?

— Vous êtes la sœur du notaire ?

— En effet, Odette Vallée pour vous servir, répondit-elle, d'une voix moqueuse en esquissant une petite révérence. La plus jeune de la famille à l'emploi de son frère, célibataire endurci, bon dans les paperasses, mais incapable de se faire cuire un œuf. Vous allez devoir patienter. Mon frère s'est absenté il y a dix minutes en me laissant entendre qu'il reviendrait dans une demi-heure tout au plus, ce qui nous laisse à tous les deux un bon quinze minutes pour faire connaissance.

Guillaume n'en demandait pas tant. Elle l'invita à la suivre.

— Venez, il fait plus chaud dans la cuisine.

Il ne se fit pas prier. Une fois là, elle lui indiqua une chaise, lui offrit une tasse de thé et retourna à ses fourneaux.

— Comme ça, assura-t-elle, je pourrai faire d'une pierre deux coups, surveiller le pâté qui cuit et mieux faire connaissance avec vous. Êtes-vous de Drummond ? Si non, suis-je indiscrète de vous demander ce qui vous y amène ?

Guillaume, encore tout ébahi par ce qui lui arrivait, lui fit part de ses démarches.

— Il semble bien que tout tourne bien pour vous. Mais pourquoi pas ? Il paraît que dans la vie nous avons des jours de chance. Sans doute cette journée est-elle ainsi marquée pour vous dans le grand livre de la vie.

Guillaume sauta sur l'occasion qui lui était offerte.

— Peut-être avez-vous raison. D'abord, un nouvel emploi et probablement, tout à l'heure, notre ancienne maison à louer et surtout le bonheur d'avoir fait votre connaissance.

Aux propos de Guillaume qui rougissait sans le vouloir, elle éclata d'un beau rire.

— À ce que je vois, vous savez tourner les compliments.

Guillaume reprit :

— Ce n'est pas tous les jours qu'on a la chance de rencontrer une personne comme vous.

Elle rougit à son tour et s'exclama :

— Je vous retourne le compliment. C'est un plaisir de vous connaître.

Guillaume fonça :

— Puis-je espérer vous revoir ?

Elle fut agréablement surprise par cette demande et ne se priva pas de le laisser savoir.

— J'aime les gens qui savent ce qu'ils veulent, assura-t-elle. Bien sûr que j'aimerais qu'on se revoie.

— Donnez-moi le temps de m'installer et je vous ferai signe bientôt.

Guillaume achevait à peine sa phrase qu'on entendit la porte s'ouvrir. La jeune femme réagit :

— Mon frère est de retour, venez, il ne faut pas le faire attendre.

Il la suivit dans le corridor. Quand elle vit son frère, elle lui lança :

— Dominique, il y a ce monsieur pour toi.

Apercevant Guillaume, le notaire s'exprima :

— C'est vous, monsieur Courchesne ! Je ne vous ferai pas languir plus longtemps. La maison est à vous si vous le désirez.

Une fois de plus, Guillaume resta estomaqué. Il ne pouvait pas croire à autant de chance. Le notaire proposa :

— Venez me voir demain matin et nous ferons les arrangements nécessaires.

Guillaume exultait. Il allait sortir quand il se retourna vers le notaire pour lui demander :

— Puis-je déjà savoir combien le propriétaire demande par mois ?

— Le tarif habituel pour ce genre de maison, soit deux dollars et trente.

— Ce qui donne, je suppose, vingt-huit dollars par année.

— En plein ça !

Guillaume salua le notaire tout en se rendant compte que du bout du corridor, Odette lui faisait au revoir de la main.

Le lendemain, il loua la maison et, clé en main, s'y rendit. Son cœur se chargea d'émotion lorsqu'il se retrouva dans le lieu qui l'avait vu naître.

Il s'arrêta ensuite à la gare et fit expédier un télégramme à Daveluyville. Francesca avait promis de passer tous les jours à la poste voir s'il n'y aurait pas de nouvelles pour eux. Guillaume écrivit qu'il avait trouvé un emploi et loué une maison, mais ne précisa pas laquelle, pour leur faire une surprise. « M'man, songea-t-il, ne voudra pas le croire. »

Chapitre 30

De retour à Drummond

Deux jours plus tard, Élise, Denise, Francesca et Victoire descendaient du train à Drummond. Guillaume les y attendait. Il avait fait les choses en grand en empruntant la *sleigh* de monsieur Boisvert. Dans deux valises, les femmes avaient apporté le nécessaire pour couvrir les besoins essentiels. Guillaume les déposa à l'arrière du véhicule où il fit monter tout le monde. Étonnée de cet accueil, Élise demanda :

— Veux-tu bien me dire où tu nous mènes ?

— Chez nous, voyons, m'man ! C'est pas très loin. Je pense que nous y serons bien.

Plutôt que de se diriger directement de la gare vers la rue Saint-Georges, il remonta la rue du Couvent jusqu'à la rue Brock, qu'il emprunta jusqu'à la rue Loring, pour se diriger ensuite vers la rue Heriot.

— Où nous emmènes-tu ? s'inquiéta Élise.

— Je voulais vous faire voir un peu Drummond avant de retourner à la maison.

Quand, au son des grelots, Guillaume se dirigea vers la rue Saint-Georges et qu'une fois là, il fit tourner la *sleigh* vers la rivière, Élise comprit ce qui se passait et s'exclama :

— Pas vrai !

— Ça se peut pas ! s'écria Denise. Tu as réussi à louer notre maison ?

— Eh oui, soutint Guillaume, fier de lui. Je vous ai dit que nous nous en allions chez nous !

On avait beau être en plein hiver avec des arbres chargés de neige et la rivière gelée, toute la famille fut en émoi quand Guillaume arrêta la *sleigh* à la porte de la maison.

Élise et les filles descendirent gaiement et se pressèrent près de la porte en attendant que Guillaume ouvre. Une bonne chaleur les y accueillit. Guillaume avait pris le temps, la veille, de s'aménager une chambre et il avait chauffé le poêle de telle sorte qu'on eût dit que la maison les attendait. Comme il n'avait pas tout ce qu'il fallait pour garnir les lits, il proposa que, pour ce premier jour, ils pourraient tous passer la nuit à l'hôtel. Mais elles ne voulurent pas quitter les lieux, s'organisant de leur mieux dans leur maison, en trouvant le moyen de dormir sur des paillasses dans la cuisine pour bénéficier de la chaleur du poêle.

— Demain, assura Élise, nous dormirons dans nos chambres.

Dès le lendemain, Philippe arriva avec Georgiana et la petite Georgette passer deux jours en leur compagnie tout en apportant dans la *sleigh* double les effets laissés à Daveluyville. Ils employèrent la journée à mettre la maison à leur main. Guillaume se retrouva au magasin général de monsieur Murphy pour y acheter une lampe, quelques ustensiles, un peu de vaisselle et du savon. À la demande de Guillaume, monsieur Murphy accepta de lui ouvrir un compte et de tout mettre sur sa note. Pendant ce temps, comme si elle voulait se convaincre qu'elle ne rêvait pas, Élise, accompagnée de Denise, s'occupa de garnir le garde-manger, malgré le froid qui sévissait toujours. Elles décidèrent de remonter la rue Heriot où l'on pouvait trouver de tout. D'un pas lent, en humant les bonnes odeurs venant de la boulangerie, elles jetèrent un coup d'œil en passant au salon du barbier Peter Carrol. À travers la vitrine givrée, elles aperçurent, bien installé sur la chaise, un homme dont le visage était couvert de savon à barbe. Élise fit spontanément la réflexion :

— Pauvre homme ! Pourvu qu'il lui coupe bien la barbe et non la gorge.

— Il en serait bien capable, commenta Denise.

Sa réflexion les fit s'esclaffer comme elles ne l'avaient pas fait depuis des mois. Elles étaient heureuses comme des enfants qui réalisent leurs rêves. Elles entrèrent à l'épicerie de monsieur Joyal, dévorant des yeux le chocolat qu'elles ne pouvaient pas s'acheter. Elles notèrent le prix de plusieurs aliments dont une douzaine d'œufs à huit cents, un gallon de mélasse à trente cents, une livre de beurre à vingt-cinq cents, une livre de sucre à six cents, une livre de thé à vingt cents et une pinte de lait à dix cents.

— Les prix ont encore augmenté, se plaignit Élise.

Denise commenta en soupirant :

— Je ne sais bien pas quand ça va s'arrêter, si jamais ça s'arrête !

Elles achetèrent des pois pour la soupe, quelques tranches de jambon et des œufs, se réservant de se procurer du pain sur le chemin du retour à la maison en arrêtant à la boulangerie de Basile tout en se réjouissant à l'avance de la surprise qu'elles causeraient à Armande. Elles s'attardèrent encore un moment à l'épicerie pour jouir des odeurs en se penchant au-dessus du comptoir à épices, et surtout pour lorgner dans la direction des desserts et des bonbons. Puis elles continuèrent à arpenter la rue Heriot et s'arrêtèrent également à la pharmacie pour les odeurs. Elles y traînèrent un moment en portant à leur nez un pot d'onguent ou une touffe d'herbe aromatique tout en respirant bien fort. De là, elles se dirigèrent vers la boucherie. Il y avait longtemps qu'il n'y avait pas eu de roast-beef sur la table. Elles ne se privèrent pas, avant d'acheter quelques saucisses, d'examiner les pièces de bœuf tout en laissant leur imagination faire le reste. Maintenant qu'elles étaient revenues à leur maison de la traverse, et surtout que Guillaume allait gagner un excellent salaire, elles ne doutaient pas de voir réapparaître sur la table jambon, rosbif, boudin et steak. Pour lors, il n'y aurait peut-être que des crêpes, de la soupe aux pois et des fèves au lard, mais tout de même, ce serait accompagné du meilleur pain au monde, celui de Basile chez qui elles arrêtaient justement.

Armande eut presque une faiblesse en voyant apparaître Élise et Denise. La grosse femme porta la main à son cœur en s'écriant :

— Mais qu'est-ce que vous faites ici ?

— On revient toujours à l'endroit qu'on aime le plus.

Regardant intensément son amie, Armande questionna :

— Veux-tu dire que vous êtes revenus à Drummond ?

— Eh oui ! Parfois le destin fait bien les choses.

— Ça fait longtemps que vous êtes là ?

— Même pas deux jours, mais nous avons déjà eu le temps de nous installer dans notre maison.

— Votre maison ?

— Oui, tu as bien entendu, notre ancienne maison de la traverse.

Armande ouvrit de grands yeux. En bégayant, le souffle coupé, elle réussit à dire :

— C'est pas croyable… Vraiment, quelle surprise ! Jamais j'aurais pensé… Basile ne voudra pas le croire. Mais je suis là à questionner. Dégrayez-vous et assoyez-vous !

— On le voudrait bien, répondit Élise, mais tu comprends qu'il nous reste pas mal de choses à mettre en place. Pour une jasette il faudra que je revienne.

— Au moins, vous êtes en santé, soupira Armande. Ce n'est pas la même chose pour mon Basile.

— Quoi ? Il est malade ?

— Depuis des mois. Heureusement, son aide a pris la relève pour la boulangerie.

Élise soupira :

— Pauvre Basile !

— Voulez-vous le voir ?

Élise s'empressa de dire :

— Nous reviendrons. Aujourd'hui, nous nous sommes arrêtées pour te saluer et aussi pour acheter du pain.

Armande se précipita vers la porte menant à la boulangerie et elle en revint avec deux pains encore chauds, tout juste sortis du four. Elle les mit entre les mains de Denise en disant d'une voix émue à Élise qui tirait de son portemonnaie les sous pour les payer :

— C'est mon cadeau pour votre retour.

Élise en fut touchée et la remercia chaleureusement.

— Je vois, commenta-t-elle, que tu as toujours aussi bon cœur.

— C'est facile d'en avoir pour des amies, mais promettez-moi de revenir.

Élise assura d'une voix vive :

— Promis ! Je reviendrai d'ici un jour ou deux, et d'après ce que je vois, nous en aurons beaucoup à nous raconter.

Avant de sortir, en portant les pains à leur nez, la mère et la fille s'exclamèrent ensemble :

— Comme ça sent bon !

Denise ajouta :

— Ça sent le bonheur.

Puis, d'un même pas, elles repartirent en saluant Armande. Le froid se faisait plus vif. Elles le ressentaient davantage en sortant de cette maison surchauffée. Elles regagnèrent la leur, les mains pleines des denrées qu'elles rapportaient et la tête débordant des souvenirs que leur tournée dans Drummond faisait remonter à leur mémoire.

Le lendemain, ils se regroupèrent autour de la *sleigh* qui ramenait Philippe, Georgiana et la petite Georgette à Daveluyville. Ils regardèrent la voiture s'éloigner, conscients qu'une nouvelle étape de leur vie commençait.

Chapitre 31

Il y a de l'amour dans l'air

Maintenant que sa famille et lui étaient bien installés à la maison de la traverse et qu'il avait commencé à travailler à la carrosserie, Guillaume cherchait une raison de se retrouver chez le notaire pour y revoir Odette. Parce qu'elle avait été gentille avec lui, il était convaincu qu'elle s'intéressait à lui. Puis, il se mit à douter, se demandant s'il ne se faisait pas vainement des idées à ce sujet. Comment une si belle jeune femme, qui tout au long de l'année, devait rencontrer des dizaines de jeunes hommes, n'était-elle pas mariée ? Chose certaine, elle devait être libre, sinon elle ne se serait pas montrée intéressée à l'idée de le revoir.

Assuré de la voir s'il se rendait chez le notaire, il prit prétexte du fait qu'il cherchait des meubles usagés pour y retourner. C'est Odette qui vint répondre. Il lui glissa un billet dans une main, tout en s'informant s'il pouvait parler au notaire. Elle le précéda au bureau de son frère et, au sourire qu'il vit se dessiner sur ses lèvres quand elle le quitta, il comprit qu'elle était heureuse de sa venue.

Deux jours plus tard, il se présenta au rendez-vous qu'il lui avait fixé à l'auberge Boisvert. Les froids des derniers jours avaient cédé la place à du temps plus doux. Le simple fait de savoir que le printemps approchait rendait Guillaume heureux et, après sa journée de travail chez monsieur Pépin, il se sentit privilégié de pouvoir s'entretenir avec celle qui occupait son cœur et ses pensées depuis la première fois qu'il l'avait vue.

De connivence avec l'aubergiste, il l'avait invitée à souper en tête-à-tête. Monsieur Boisvert leur avait fait aménager une table dans un coin discret.

— Vous pourrez parler à votre aise, l'assura-t-il.

Ce n'était pas la façon habituelle de courtiser une femme, et Guillaume se demandait bien si elle viendrait. Il fut tout ému de la voir apparaître à la porte, souriante. Elle n'avait certes pas peur des qu'en-dira-t-on. Il l'accueillit chaleureusement en la remerciant d'être venue.

— Je suis désolé de vous recevoir dans ce décor, s'excusa-t-il. Mais il me semblait que cette première rencontre devait se faire dans un milieu neutre et discret.

— La prochaine fois, s'exclama-t-elle avec un sourire et des yeux pétillants, il nous faudra un chaperon.

Guillaume hésita puis comprit qu'elle se moquait. Il fut quelque peu désarçonné de la voir si sûre d'elle. Elle rit de sa réaction. Il ne s'en formalisa pas. Son admiration grandit quand elle lui dit :

— Vous savez, le lieu et le décor importent peu, ce qui compte, c'est de profiter de chaque minute pour faire mieux connaissance.

Il ne la quittait pas des yeux tandis qu'elle parlait. Mon Dieu qu'elle était belle avec ses cheveux châtains bouclés, ses yeux bruns si vivants, la courbe douce de son front, son nez audacieux et ses lèvres fines ! Se sentant observée, elle ne broncha pas, préférant laisser entendre qu'elle avait faim.

— Fort bien, acquiesça Guillaume.

Il se leva et fit signe à l'aubergiste qui leur envoya aussitôt un serveur.

— Qu'y a-t-il au menu ? s'informa Guillaume.

— Une soupe aux pois, du pâté de poisson ou du porc frais, au choix, et au dessert de la tarte aux pommes, accompagnée d'un bon thé.

Odette n'hésita pas, optant pour la soupe et le pâté. Guillaume préféra le porc. Pendant tout ce temps, comme il l'avait déduit à leur première rencontre, il concluait qu'elle n'était pas une femme compliquée et qu'elle savait ce qu'elle voulait. Il n'en était que plus amoureux. Une fois leur commande passée, avec le sourire moqueur qui semblait être une de ses forces, elle l'invita :

— Maintenant, monsieur Courchesne, si vous voulez bien, passons aux choses sérieuses. Par quoi commence-t-on ? Je vous parle de moi et vous ensuite de vous ?

— Je veux tout savoir sur vous, avoua Guillaume.

— Tout savoir, c'est beaucoup dire ! Comme je vous l'ai déjà appris, je suis la plus jeune d'une famille de trois garçons et trois filles. Vous connaissez déjà mon frère aîné, Dominique. J'ai étudié à Saint-Hyacinthe au pensionnat des sœurs de la Présentation de Marie. Elles auraient bien voulu me garder dans leurs rangs, mais mon cœur m'appelait ailleurs. Je voulais devenir rien de moins que la secrétaire de mon notaire de père. Mais il nous a quittés trop vite, emporté par une crise du cœur qui ne lui a laissé aucune chance. Dominique lui a succédé comme notaire et j'ai pu faire valoir mes connaissances à ses côtés.

— Qu'est-ce qui vous a amenés à Drummond ?

— Tout simplement le hasard. Il y avait trop de concurrence à Saint-Hyacinthe et voilà qu'une porte s'est ouverte ici avec la mort du notaire Rhéaume.

Pendant qu'elle parlait, le serveur leur apporta la soupe. Elle y trempa sa cuillère et d'une voix moqueuse elle conclut :

— Voilà. Vous savez tout de moi. À votre tour !

Guillaume resta interloqué. Il hésita.

— Par où commencer ?

— Pardi ! Rien de plus simple : par le commencement.

La réflexion de la jeune femme sembla le déstabiliser. Il mit quelque temps avant de lui apprendre qu'il était né dans la maison de la traverse que, par chance, il avait pu de nouveau louer. Il lui raconta son enfance, son travail au magasin général, leur séjour à Lowell et celui à Daveluyville. Elle l'écouta avec beaucoup d'attention et, quand il eut terminé, elle demanda :

— Et maintenant, que comptes-tu faire ?

— Je dois faire vivre ma mère et mes sœurs. Mais ça ne sera pas toujours comme ça.

Et le plus sérieusement du monde, il ajouta :

— Je sais qu'un jour je serai riche.

— Qu'est-ce qui te fait dire ça ?

— Parce que je le suis déjà.

— Tu as de l'argent ?

— Non, mais tu es là et ça me suffit.

Elle s'attendait si peu à ce compliment qu'elle rougit.

— Ce que tu viens de dire là me touche beaucoup. Est-ce que je compte déjà autant pour toi ?

— Oui, Odette, tu prends beaucoup de place dans ma vie.

Sans même s'en rendre compte, ils s'étaient mis à se tutoyer, preuve qu'une bonne entente régnait entre eux. La jeune femme ne manqua pas de le remarquer :

— On cherche longtemps puis les bonnes choses arrivent comme ça, au moment où on s'y attendait le moins.

Guillaume était ému à un point tel qu'il s'étouffa au moment où il avalait un morceau de tarte. Elle le taquina :

— Faut pas te faire mourir pour ça !

Reprenant son souffle, il exulta :

— Depuis mon retour à Drummond, la vie me comble.

— Il n'en tient qu'à nous pour que ça continue.

Guillaume sut qu'elle tenait à lui. Il la regarda intensément. Elle soutint son regard. Ses yeux brillaient. Le serveur arriva au même instant, venant d'un coup, par sa présence, briser ce moment privilégié.

— Vous prendrez bien un bon thé ?

Ils acquiescèrent. Quand le serveur repartit, il y avait encore dans l'air des traces de ce qu'ils venaient de vivre.

— Ils ont le don, constata Odette en riant, de surgir juste au mauvais moment.

— Des instants semblables, nous en bâtirons d'autres, assura Guillaume.

Le sourire qui se dessina sur les lèvres de sa compagne le rassura. Il proposa :

— Demain, si tu le veux, je te présente à ma famille.

Il n'aurait pas été étonné de l'entendre dire qu'il allait vite en affaires. Il fut le plus heureux des hommes quand elle répondit plutôt :

— Pourquoi pas, après tout ! Il faut battre le fer pendant qu'il est chaud.

Guillaume raccompagna Odette chez elle. Il était si enchanté de sa soirée qu'il ne sentait pas le froid qui s'installait pour la nuit. Il regagna la maison où tout le monde était en émoi. Il n'avait prévenu personne de son retard. Sa mère fut la première à lui en faire reproche.

— Tu aurais pu nous avertir. Nous t'avons attendu pour le souper.

— Je sais, ce n'est pas dans mes habitudes, mais j'avais un rendez-vous important. Demain, j'aurai une invitée pour le souper.

— Une invitée ?

— Oui, m'man ! Mademoiselle Odette Vallée, la sœur du notaire. Notre retour à Drummond nous porte chance. Nous avons un toit – et pas n'importe lequel. J'ai du travail et voilà que maintenant l'amour frappe à ma porte. Vous serez d'accord avec moi : tout ça s'est fait dans le temps de le dire.

Pour une fois, sa mère ne sut quoi répondre.

Chapitre 32

Odette rencontre la famille

Le lendemain, Élise, Denise, Francesca et Victoire attendaient avec impatience le retour de Guillaume. Toute la matinée, Denise s'était demandé ce qu'elle pourrait bien préparer pour ce souper particulier. Guillaume méritait qu'on reçoive son invitée avec un repas dont elle se souviendrait. Sa mère ne manqua pas de lui faire des suggestions.

— Ton poulet royal devrait faire l'affaire.

— J'avais pensé à une omelette ou à un soufflé au fromage.

— Et si ton soufflé ne monte pas et que tu brûles ton omelette ?

— Brûler mon omelette ? M'man, vous n'y pensez pas !

— Justement, ça peut arriver. Tu n'es pas habituée au poêle d'ici. Tu es mieux de préparer quelque chose que tu as souvent servi.

Denise, qui était occupée à récurer le fond d'un chaudron, murmura quelque chose que sa mère ne comprit pas.

— Que disais-tu ?

— Je ferai une soupe aux tomates en entrée, ça c'est certain.

— Es-tu seulement assurée de trouver des tomates quelque part ?

— Monsieur Joyal en a certainement en pot à son épicerie. Je passerai ensuite à la boucherie pour acheter un poulet.

— Prends-le pas trop gros, de même on ne risque pas d'en gaspiller. Tu le feras mettre sur la note. Guillaume passera le payer. Et pour dessert, qu'est-ce que tu penses servir ?

Denise ne répondit pas tout de suite. Elle réfléchit un moment, puis s'écria :

— Une tarte à la farlouche, c'est toujours bon ! Je vais acheter ce qu'il faut à l'épicerie.

— Là aussi, tu feras mettre sur la note.

— Pensez-vous, m'man, que Guillaume va être content ?

— Il le sera. De toute façon, j'ai bien peur que ce ne soit pas la nourriture qui le préoccupe le plus. Je me demande bien comment il a fait si vite connaissance avec cette fille.

— Elle est parente avec le notaire, il nous l'a dit. C'est sûrement à son bureau qu'il l'aura rencontrée.

Les deux femmes se turent. Dehors le vent faisait se tordre la tête des arbres. Des flocons de neige tourbillonnaient dans l'air. Il y eut un sifflement du côté du salon. Élise poussa un soupir.

— L'hiver est pas tout à fait fini, il s'étire. Va falloir que Guillaume voie d'où vient ce bruit. Pour moi, il y a une fenêtre qui ferme mal. C'est pour ça qu'on sent des courants d'air.

Elle se leva pour jeter un coup d'œil du côté du salon. Tout à ses pensées, Denise intervint :

— M'man, si jamais Guillaume se mariait, qu'est-ce qui se passerait ?

Élise, revenant du salon, ne fut pas longue à répondre :

— Ma fille, c'est pas demain la veille. Il connaît à peine cette fille que nous n'avons jamais vue. Il leur faudra du temps pour se décider. Ça m'étonnerait que ça aille bien vite.

— Mais si jamais ?

— On verra dans le temps comme dans le temps.

Denise la laissa finir avant de demander :

— M'man, est-ce qu'on va manger au salon ?

— Es-tu folle ? Tu mettras la table à la salle à manger comme d'habitude. C'est pas monseigneur ou ben le pape qu'on reçoit.

Denise soupira. Elle était heureuse que Guillaume ne soit pas là pour entendre sa mère. Elle se rendait bien compte que l'apparition de cette Odette dans leur vie menaçait de changer bien des choses. Elle se demandait ce qu'il adviendrait d'elle et de leur mère si jamais Guillaume se mariait. Accepterait-il de les garder sous son toit ? Et cette Odette, est-ce qu'elle s'entendrait bien avec elle ? Elle risquait peut-être d'avoir de grands airs. Elle était perdue dans ses pensées quand sa mère intervint :

— Quand comptes-tu te rendre à l'épicerie ?

— Le temps de m'habiller chaudement et j'y vais. Voulez-vous venir avec moi ?

— Non, j'ai à faire. Pendant que tu vas te rendre là-bas, je compte aller chez Armande. Il nous faut du bon pain pour accompagner le reste. Tu sais, du bon pain, ça sauve n'importe quel repas.

Denise réagit vivement :

— Tant qu'à y être, m'man, dites donc que je vais manquer mon souper !

La réaction de Denise sembla prendre sa mère de court :

— Tu sais bien, ma fille, que ce n'est pas ce que j'ai voulu dire.

— C'est quoi, alors ?

Élise ne répondit pas. Il arrivait rarement à Denise de perdre patience. Cette fois, Élise sentait bien que sa réflexion l'avait blessée. Elle voulut se racheter, en lui offrant de l'accompagner à l'épicerie et à la boucherie, mais Denise enfilait déjà son paletot et elle partit sans plus attendre en claquant la porte.

De retour à la maison, avec ce qu'elle rapportait de l'épicerie, Denise se mit aussitôt à la préparation de son souper. Sa mère n'était pas encore revenue de chez son amie Armande. Denise, qui avait la tâche de préparer les repas, se sentait plus à l'aise de le faire quand sa mère n'était pas là. Elle n'avait pas à recevoir ses conseils inutiles l'obligeant à procéder de telle ou telle façon, et pendant qu'elle préparait tranquillement le repas, elle avait tout son temps pour réfléchir à ce qui se passait dans leur vie. Pour lors, ce souper pour l'amie de Guillaume l'intriguait particulièrement. Elle avait hâte de voir à quoi ressemblait cette Odette Vallée qui semblait avoir fait la conquête de son frère.

Pendant que les aliments cuisaient sur le poêle, Denise disposa les assiettes et les ustensiles sur la table. « Voyons, se dit-elle, nous serons six : m'man, Guillaume, son amie, Francesca, Victoire et moi. » Elle en était là de ses réflexions quand sa mère arriva. Dès qu'Élise posa les pieds dans la maison, la litanie de questions débuta : « As-tu trouvé tout ce que tu cherchais ? As-tu assez mis du bois dans le poêle ? As-tu pensé que nous serons six ? » Après les questions vinrent les conseils : « Il va falloir commencer par servir

Odette, n'oublie surtout pas ça. Ne mets pas trop de sel dans la soupe, les tomates sont souvent trop salées. Ma p'tite fille, je trouve des fois que tu y vas trop fort sur la sauce. »

Denise s'impatienta.

— M'man, si vous voulez préparer le repas à ma place, dites-le.

— Les jeunes d'aujourd'hui ! Vous êtes pas capables de prendre un seul conseil.

— M'man, si je suis capable de préparer à souper, c'est justement parce que j'ai suivi vos conseils depuis longtemps. C'est vous qui m'avez appris à faire à manger. Un jour Guillaume vous a dit : "Laissez Denise préparer les repas et occupez-vous à autre chose." Vous avez accepté que ça marche de même, asteure faites ce que vous vous plaigniez de ne pas pouvoir faire.

Élise déposa son pain sur la table et gagna sa chambre en bougonnant. Denise pensa : « Ça va être beau tout à l'heure pour recevoir la future belle-sœur. » Ses appréhensions furent vaines, car quand Guillaume se présenta avec Odette, Denise, Francesca et Victoire furent enchantées de faire sa connaissance et Élise n'eut pas d'autre choix que de se montrer accueillante. Odette était une jeune femme toute simple, affable, enjouée et à l'aise avec tout le monde. Elle répondit spontanément aux questions d'Élise.

— Bien sûr, madame Courchesne, que j'ai été à l'école ! Mon père étant notaire, vous savez bien qu'il tenait à ce que l'on sache lire et écrire. On a tous été d'abord à l'école du village, puis les garçons ont fait leurs cours au séminaire de Saint-Hyacinthe et les filles chez les sœurs de la Présentation de Marie. C'est même là que j'ai appris ce qu'il fallait pour devenir la secrétaire de mon frère.

— Est-ce bien difficile ? questionna Francesca.

— Pas tellement. Il faut savoir bien écrire et connaître un peu les tournures de phrases des notaires. Mais on a des modèles que nous n'avons qu'à suivre. Même les notaires comme mon frère, quand ils écrivent un contrat, possèdent des livres où ils peuvent trouver des modèles. Si tu veux, tu pourras venir chez moi et je te montrerai. Secrétaire, est-ce un métier que tu aimerais pratiquer?

— Peut-être bien, qui sait?

— Dans ce cas, tu viendras me voir et je te montrerai.

Sur ce, Denise les invita à passer à table. Odette fut enchantée de ce qu'elle mangea. Elle ne manqua pas de féliciter Denise pour ses bons plats. Le souper se déroula sans anicroche, à parler de choses et d'autres, et en particulier du temps de la traverse. Quand Guillaume raccompagna Odette chez elle, Denise et Francesca soulignèrent à quel point le souper avait passé vite et combien elles trouvaient Odette charmante. Élise ne trouva rien à redire, parce qu'il n'y avait justement rien à redire. Quand Guillaume revint à la maison, elles lui firent part de leur enthousiasme.

— Toi, questionna Élise, comment l'as-tu connue?

— Tout simplement en allant chez son frère le notaire pour la location de la maison. Surprenez-vous pas, m'man, maintenant que vous la connaissez, de me voir souvent à la maison le soir avec elle.

— Si ta mère a une chose à te dire, mon garçon, c'est: ne va pas trop vite. Prends le temps de la connaître comme il faut.

— Ne vous inquiétez pas, m'man, je commence déjà à savoir qu'elle me ferait une bonne épouse.

La réflexion de Guillaume fit sursauter sa mère. Elle poussa un long soupir, avant de commenter:

— Dis-moi pas que tu parles déjà de mariage?

— Pourquoi pas, m'man ? Vous ne pensez pas qu'à mon âge, ça commence à être le temps ?

Élise ne sut que répondre. Dehors, une rafale de vent souleva la neige et fit se plaindre les murs de la maison. Un sifflement se fit entendre du côté du salon.

Élise commenta :

— On sent des courants d'air. Mon homme, je pense que ça vient du salon. Pour moi, il y a une fenêtre qui laisse passer du vent. Il va falloir que tu t'en occupes.

Tout avait été dit. Guillaume promit d'y voir.

Chapitre 33

Élise et ses amies

Le retour à Drummond avait d'abord enchanté Élise. Elle s'était installée dans la maison de la traverse comme si elle ne l'avait jamais quittée. Elle y avait retrouvé ses repères et s'était aussitôt efforcée d'y vivre comme au temps où Aimé était là. Pour elle, tout devait marcher comme autrefois quand le travail d'Aimé dictait l'allure des jours. Mais, comme le lui avait fait remarquer Denise, le travail de leur père dépendait de l'arrivée de gens qui voulaient traverser la rivière. Aussi soupait-on à cinq heures comme à sept heures, selon le scénario du moment. Ce n'était plus la même chose avec Guillaume parce qu'il revenait de son travail toujours à la même heure. Depuis leur retour, les soirées se déroulaient toutes de la même manière, autour du poêle. Élise savait que, durant l'été, ils se retrouveraient tous sur la galerie, comme autrefois, à l'heure où les enfants s'amusaient dehors avant d'aller se coucher. Elle appréhendait ce qui se passerait, tant les souvenirs anciens venaient hanter son esprit. Elle était bien obligée d'admettre que le présent ne ressemblait pas au passé. Sans qu'elle ne s'en soit trop rendu compte, Denise l'avait remplacée à la cuisine, et voilà qu'elle, la mère de famille, se sentait parfois bien inutile. La voyant tourner en rond, Denise n'avait pas manqué de lui dire :

— M'man, vous en avez bien assez fait. Vous méritez de vous reposer. Vous devriez vous faire des amies et passer du bon temps avec elles.

— Des amies ! Ça ne pousse pas dans les arbres.

— Mais ça existe. Au sortir de la messe dimanche dernier, j'ai jasé avec Gilberte Berthiaume, une ancienne amie d'école. Elle était tout heureuse de voir que j'étais revenue à Drummond. Je lui ai demandé des nouvelles de sa mère. Il paraît qu'elle va très bien. Elle joue aux cartes avec ses amies. Gilberte m'a dit qu'elles avaient ben du fun ensemble. Vous devriez faire comme elle. Armande connaît beaucoup de monde. Peut-être qu'elle pourrait vous aider.

Les paroles de Denise firent réfléchir Élise. Elle était bien consciente que si Guillaume s'était vraiment fait une blonde, les choses allaient changer encore davantage. Comment tout cela allait-il tourner ? Ces interrogations lui trottaient dans la tête quand elle se prépara à se rendre chez Armande. À peine était-elle rendue chez son amie qu'elle lui fit part de son idée :

— J'ai du temps asteure, Armande, j'aimerais bien ça faire la connaissance d'un groupe de femmes pour jouer aux cartes. Toi qui connais bien du monde, t'aurais pas quelque chose de même à me suggérer ?

— Des femmes qui jouent aux cartes ? Voyons… Le mieux, c'est que tu ailles rencontrer Marguerite Dusablon, tu sais, la veuve du vieux Caya. Elle organise toutes sortes de choses avec un groupe de femmes de la paroisse.

— Tu pourrais venir la rencontrer avec moi, proposa Élise.

— Comment veux-tu ! J'ai bien trop d'ouvrage à la maison et à la boulangerie. En plus, il faut que je m'occupe de Basile. Sa santé n'est pas meilleure, tu sais.

Armande n'aimait pas quitter sa maison. Elle voyait beaucoup de monde à la boulangerie et trouvait le moyen de jaser avec l'une ou l'autre des femmes venues y chercher du pain, ce qui lui suffisait. Élise dut se résoudre à rencontrer seule Marguerite Dusablon. C'était une grande femme maigre, toute ridée, une meneuse, engagée dans toutes sortes d'activités.

— Des joueuses de cartes…, fit-elle. Il y en a bien deux ou trois groupes. Encore faudrait-il qu'elles se cherchent une nouvelle partenaire. Vous inquiétez pas, madame Courchesne, je vais m'informer et j'en trouverai bien quelque part qui ne demanderont pas mieux que de vous avoir avec elles.

C'est ainsi que le lundi suivant, Élise se rendit rue Loring, chez Augustine Fontaine, pour jouer aux cartes en compagnie de la vieille Amanda Beaudoin et de Thérèse Couture. Élise savait qui elles étaient, sans jamais avoir eu l'occasion de leur parler. Elle se demandait bien comment les choses allaient se dérouler. Elle ne fut pas longue à comprendre que les cartes constituaient un prétexte pour commenter tout ce qui se passait dans la paroisse. Augustine Fontaine, en particulier, ne donnait pas sa place. Elle avait toujours quelque potin à raconter au sujet de l'un ou de l'autre. C'est ainsi qu'Élise apprit l'existence dans la paroisse d'un débit de boisson clandestin.

— S'il fallait que monsieur le curé sache ça !

— Justement, s'étonna Thérèse Couture. C'est surprenant que personne ne lui en ait parlé.

— Le curé Marchand l'aurait certainement découvert, lui, assura Amanda Beaudoin.

Pour entrer dans la conversation, Élise laissa entendre à quel point c'était un bon prêtre.

— Qui vous a pourtant fait bien du tort avec son pont, insinua Augustine.

Élise l'admit sans détour.

— Pour ça, oui, mais il ne pouvait pas aller contre le progrès. Ça prenait un pont et du coup ce fut la fin de la traverse.

— Il faut bien admettre que notre curé actuel n'est pas aussi efficace, dit Amanda.

— Savez-vous ce que les gens lui reprochent le plus? demanda Augustine.

Elles tendirent l'oreille tandis que leur hôtesse poursuivait:

— Il paraît qu'il est très avare.

— Ça ne serait pas plutôt parce qu'il veut éviter des dépenses inutiles? insinua Élise.

— Peut-être après tout, mais si je me fie à ce que j'ai appris à son sujet, il faut parler sûrement d'avarice. Il paraît qu'il a une bourse cachée dans sa chambre et qu'elle est remplie de pièces d'or.

— Qui vous a parlé de ça?

— Quelqu'un de bien informé, soyez-en certaines.

— Pour être aussi bien informé, commenta Thérèse, il faut que ce soit quelqu'un qui travaille au presbytère.

Augustine s'empressa de faire dévier la conversation.

— Pour en revenir à ce que je vous disais, une chose est sûre, il y a dans la paroisse un débit de boisson, pis pas mal actif à part ça. Il passe par là passablement d'alcool.

— Qui vient d'où?

— Ça, je ne saurais pas le dire, mais si vous vous adressiez à certaines femmes de la paroisse dont le mari est toujours saoul, elles pourraient sans doute vous en apprendre des vertes et des pas mûres.

Élise en avait assez entendu. Elle voulut leur rappeler pourquoi elles étaient là.

— Qui doit brasser les cartes ? demanda-t-elle.

— C'est au tour de Thérèse, intervint la vieille Amanda.

— Vous en êtes certaine ? s'enquit Augustine.

— Oui, c'est son tour.

Elles jouèrent une partie et la conversation dériva tout naturellement sur un des pires scandales survenus dans la paroisse.

— De quoi c'est donc ? demanda Thérèse.

— Votre voisine, la Bérubé, vous avez bien dû la voir, elle est apparue l'autre jour, en plein sur la rue Lindsay, en pantalon comme les hommes, dit Augustine.

Scandalisée, la vieille Amanda, en portant la main à sa bouche, s'écria :

— Pas vrai ! C'est-y pas affreux ? En pantalon ! Ma foi du bon Dieu, elle devrait être en prison à l'heure qu'il est.

— Mais non, intervint Augustine. Le chef de police l'a laissée faire. S'il fallait qu'un jour d'autres femmes se mettent à faire comme elle ! Où s'en va-t-on, mesdames, je vous le demande ?

Sa question tomba dans le vide, jusqu'à ce qu'elle renchérisse :

— Il y a pire pour une femme que de porter une paire de pantalons...

— Quoi donc, Augustine ? intervint Thérèse.

Sans doute pour se rendre intéressante, leur hôtesse se leva et alla chercher un verre d'eau dans la cuisine, avant de leur révéler :

— Figurez-vous qu'une femme de la paroisse, et je tairai son nom par charité chrétienne, s'est vu refuser par ses parents de se marier avec un colporteur.

Amanda commenta :

— Un colporteur ? Seigneur ! On ne sait jamais d'où ils sortent et s'ils ne sont pas déjà mariés quelque part !

— Eh bien ! Vous ne devinerez jamais ce que cette jeune femme a fait.

— Ne nous fais pas languir, Augustine, qu'est-ce qui lui est arrivé ?

— Elle a ouvert la fenêtre de sa chambre au moment où plusieurs hommes passaient dans la rue et elle a crié : "J'épouserai le premier homme qui viendra me demander en mariage." Au moins trois d'entre eux se sont précipités à la porte, le premier à entrer étant un des pires quêteux du coin. Le père de la jeune femme a voulu intervenir. Les trois hommes l'ont tassé dans un coin pour se disputer sa fille. Elle est intervenue en disant qu'elle partait avec le premier à être entré. Elle est sortie de chez elle au bras du quêteux.

— Monsieur le curé ne voudra jamais les marier, affirma Élise.

— La jeune femme a disparu de la paroisse, précisa Augustine.

— Qu'est-ce qu'elle est devenue ?

— Personne ne le sait. Le quêteux a raconté qu'une fois sortie de la maison de ses parents, la jeune femme lui a dit "suivez-moi", ce qu'il a fait. De l'autre côté du village, le colporteur l'attendait avec cheval et charrette. Elle est montée dans la charrette. Quand le quêteux a voulu la suivre, le colporteur l'a jeté en bas de la charrette et ils sont partis en vitesse au trot du cheval.

Augustine ayant dit ce qu'elle avait à dire, leur rencontre se termina là-dessus. Sur le chemin de retour chez elle, la pauvre Élise se demandait bien si elle retournerait à ces parties de cartes, prétexte pour faire le procès de toute la paroisse. Elle se disait: «Qu'est-ce qu'elles peuvent bien raconter sur nous quand nous ne sommes pas là?» En y réfléchissant bien, elle décida qu'il valait mieux être présente qu'absente, ce qui lui donna une excuse pour continuer à les fréquenter.

De retour à la maison, une mauvaise surprise l'attendait. Victoire était revenue du couvent en pleurs. Élise eut beau tenter de savoir ce qu'elle avait, Victoire demeura muette comme un poisson mort. C'est Francesca qui finit par apprendre ce qui se passait. Une de ses camarades de classe l'avait traitée de sauvagesse. Elles s'étaient même battues. Victoire ne voulait pas retourner à l'école. Il fallut toute la gentillesse de Francesca et la persuasion de Guillaume pour qu'elle cède. La fin de l'année scolaire approchait. Victoire promit de retourner au couvent, mais non sans au préalable avoir insisté pour ne plus y remettre les pieds en septembre. Francesca lui fit remarquer:

— Tu vas perdre toutes tes amies.

— J'en ai seulement une, Claudine, et elle s'en va comme pensionnaire à Saint-Hyacinthe l'an prochain. J'aimerais ça y aller, moi aussi.

Francesca s'enquit:

— Qu'est-ce que tu aimerais apprendre?

— Tout!

— On ne peut pas tout apprendre, formula Guillaume. On verra, dans le temps comme dans le temps. Pour tout de suite, tu vas sagement retourner au couvent et terminer ton année. Le printemps est là. Il ne te reste que trois mois d'école. Tu vas me promettre de bien t'appliquer et si tu le fais, on verra pour l'année prochaine.

Chapitre 34

Francesca apprend un métier

Le printemps se montra vraiment le bout du nez quand, un matin, les premiers bourgeons pointèrent dans les peupliers et les saules. Il s'installa sans plus, s'imposant en douceur, sans demander la permission. Un beau jour, Francesca était assise sur un banc vermoulu installé au bord de la rivière. Le soleil perçait à travers les branches des saules. Sa chaleur se faisait sentir comme un baiser plein de tendresse. Le sol captait cette chaleur qui faisait oublier l'hiver.

Francesca, une lettre d'Albert en main, avait décidé de s'installer au bord de la rivière pour la lire et la relire tout en tâchant de découvrir du nouveau entre les lignes. Elle rêvait, s'imaginant que son Albert venait vers elle les bras grands ouverts. Serait-elle un jour sa femme ? Elle en était de moins en moins certaine. Elle craignait que celui qu'elle aimait puisse rencontrer quelqu'un d'autre dans la grande ville. Elle n'avait jamais le cœur en paix. D'une lettre à l'autre, il lui semblait que son Albert l'aimait moins. Au début, il était tout feu tout flamme, il lui répétait à quel point il l'aimait. Mais dans ses dernières lettres, son langage avait perdu de son enthousiasme. Lui qui répétait à quel point elle lui manquait ne semblait plus souffrir de son absence.

Francesca, qui était tenace, avait de la suite dans les idées et rêvait du jour où elle pourrait voler de ses propres ailes. Une chose la tourmentait depuis le premier souper avec Odette. Elle désirait lui rappeler ce dont elles avaient parlé lors de cette rencontre. Elle attendit la bonne occasion pour lui en glisser un mot, un soir qu'elle était venue voir Guillaume à la maison.

— Je n'ai pas oublié ce que tu m'as dit, formula Francesca alors qu'ils finissaient de manger.

— Nous avons échangé sur beaucoup de choses, fit remarquer Odette, sourire aux lèvres.

— Je ne sais pas si tu te souviens, mais j'aimerais apprendre des notions de secrétariat.

— Ah oui ! Tu en avais parlé.

— Si j'allais passer quelques jours chez toi, sans doute pourrais-tu m'initier à ce travail…

Odette hésita un moment. Elle ne connaissait pas très bien Francesca. Jetant un regard vers Guillaume, qui de la tête lui signifia son accord, elle en déduisit que Francesca était suffisamment instruite et débrouillarde pour occuper un poste de secrétaire. Elle lui dit aimablement :

— Viens quand ça te le dira, je t'informerai de mon mieux de ce en quoi consiste ce travail.

Francesca ne se fit pas prier pour se présenter dès le lendemain chez le notaire. Odette vint l'accueillir. Après avoir parlé de choses et d'autres et une fois qu'Odette se fut informée des études de Francesca, elle l'invita à jeter un coup d'œil sur la lettre qu'elle était occupée à écrire.

Francesca fut quelque peu étonnée d'y retrouver quelques mots dont elle ne connaissait pas la signification. Odette la rassura :

— C'est le jargon des notaires. On s'y fait assez rapidement. Si tu veux, je te laisserai répondre à la prochaine lettre en t'aidant à l'écrire. Tu peux prendre ce document comme modèle. Tu verras que ce n'est pas sorcier.

À la fin de l'après-midi, en revenant chez elle, Francesca ne portait plus à terre. Elle ne pouvait rêver de meilleur professeur qu'Odette. Elle était certaine qu'en quelques semaines elle pourrait accomplir le travail d'une bonne secrétaire. Elle était si enchantée de sa journée qu'elle avait besoin de le confier à quelqu'un. Ce fut la première chose qu'elle dit à sa mère en entrant à la maison.

— M'man, vous ne pouvez pas savoir comment Odette est fine ! Elle va me permettre, sans que j'aie besoin d'être pensionnaire chez les sœurs, d'apprendre à être secrétaire.

— Tu ne t'emballes pas trop vite ?

— Non, m'man. Comme Odette le dit, il n'y a rien de sorcier là-dedans. Il faut s'habituer au jargon des notaires, mais à part ça, c'est exactement comme quand nous écrivons des lettres ordinaires et ça, je l'ai appris à l'école.

Francesca se montrait si exaltée qu'Élise, qui avait vu neiger, se dit que la perspective de pouvoir travailler comme secrétaire ne devait pas être la seule raison de l'enthousiasme de sa fille. Elle la pria :

— Si ça te plaît tant, raconte-moi en détail le déroulement de ta journée.

— Je suis arrivée là comme Odette finissait de déjeuner. Elle m'a ouvert en s'exclamant : “Déjà ce matin ! Tu as de la suite dans les idées. Remarque que j'admire les personnes qui savent ce qu'elles veulent. Bienvenue.” Vous savez, m'man, comment elle est gentille. Elle m'a présentée à son frère, le notaire.

— De quoi a-t-il l'air ?

— Il est grand, les cheveux châtains très fournis, les yeux bruns, tout cela accompagnés d'un beau sourire. Il m'a souhaité la bienvenue et a ajouté : “Francesca est un beau prénom qui va bien à celle qui le porte et qui, si je me fie à ce qui se passe présentement, risque fort d'être ma belle-sœur un jour. — Pas trop vite ! Pas trop vite !” s'est empressée de dire Odette. Monsieur Vallée a l'air de bien aimer sa sœur, parce qu'il a ajouté en riant : “On connaît ça, l'amour fait beaucoup de ravage. Il va peut-être même me voler ma secrétaire.” Odette s'est empressée de dire en me regardant : “Et t'en fournir une autre. — Dans ce cas, a-t-il conseillé, mettez-vous sans tarder au travail. Je vous reverrai à l'heure du dîner, parce que, mademoiselle Francesca, vous allez dîner avec nous. Ça vous donnera l'occasion de percer le secret d'une des bonnes recettes de ma sœur. Vous allez voir, en plus d'être une excellente secrétaire, c'est une cuisinière hors pair.”

— Est-ce qu'elle l'est autant qu'il le dit ?

— Oui, m'man ! Elle a préparé une fricassée de bœuf, délicieuse comme je n'en ai jamais mangé. J'aimerais bien que Denise ait sa recette.

— Si elle est aussi bonne que ça, ne manque pas de la lui demander !

— Je le ferai demain.

— À part ça, qu'avez-vous fait ?

— Comme je vous l'ai dit, on a écrit des lettres et Odette m'a fait recopier un contrat. Elle m'a félicitée pour ma bonne écriture. Vous pouvez pas savoir, m'man, comme je suis heureuse de pouvoir apprendre de même.

Elles en étaient là de leurs échanges quand Victoire revint de l'école, suivie quelques minutes plus tard par Guillaume, à qui sa mère demanda :

— Odette vient-elle ce soir ?

— Non, mais demain, par exemple. C'est mieux comme ça, parce que nous avons eu une dure journée au travail. Rodolphe Vézina s'est blessé à une jambe en forçant après un carrosse. Il a fallu faire venir le docteur Bérard. Il était à peine arrivé que Jérôme Dumoulin se coupait profondément à une main. Tout ça a perturbé notre travail. Monsieur Pépin n'était pas de bonne humeur. On a des carrosses à livrer sans faute à des dates précises et, avec deux estropiés, on a pris du retard. La journée n'a pas été bonne.

— Elle l'a été pour moi, lui confia Francesca. J'ai travaillé avec Odette.

— Tant mieux ! Tu vas avoir un bon professeur. Odette a les idées claires, tu sais. Elle n'a pas besoin de se forcer pour bien expliquer les choses.

Seulement de parler d'elle, il avait les yeux brillants. Sa mère et Francesca ne manquèrent pas de le remarquer. Denise vint les prévenir que le souper était prêt. Francesca s'empressa de lui dire :

— Demain, je vais demander à Odette sa recette de fricassée de bœuf. Je ne sais pas ce qu'elle met dedans, mais elle est succulente. Je suis certaine qu'avec sa recette tu pourrais nous en préparer une aussi bonne.

— Dis donc que je fais mal à manger !

— Pourquoi le prends-tu de même, Denise ? M'as-tu déjà entendue dire que tu faisais mal à manger ? Je pense tout le contraire. Odette a une bonne recette, et je suis certaine que si tu la connaissais, tu serais même capable de la rendre meilleure.

Le compliment amadoua sa sœur qui, pendant le souper, les informa qu'elle avait pris une résolution.

— Laquelle ? s'enquit sa mère.

— Eh bien, à partir d'aujourd'hui, je vais me greyer des meilleures recettes qu'y a pas. De même, je serai la meilleure cuisinière de toute la place.

— Comment comptes-tu y arriver ?

— Je vais faire le tour de toute la paroisse et demander à chacune des femmes de me donner sa meilleure recette. Je vais commencer ma tournée dès demain. Comme ça, on va pouvoir manger autre chose que de la soupe aux pois, des bines pis de la tarte à la farlouche.

C'est ainsi que, du jour au lendemain, Francesca et Denise trouvèrent à s'occuper utilement, ce qui permit à leur mère de se rendre à ses parties de cartes – ou plutôt à ses séances de potins paroissiaux… Quant à Victoire, elle terminait ce qui serait sa dernière année au couvent. La vie de chacun et chacune prit tout simplement la direction qu'elle devait prendre. Georgiana et Philippe vivaient maintenant à Sorel où monsieur Lacombe avait fait reconstruire sa fabrique. Francesca gagna de plus en plus d'assurance dans ce qu'elle accomplissait et Denise réalisa des recettes sublimes, tandis que Guillaume et Odette multipliaient si bien leurs fréquentations que, dès l'été venu, il fut tout naturellement question de noces.

Chapitre 35

Un autre mariage

Odette et Guillaume se fréquentaient depuis six mois. Leur décision de se marier sema l'émoi dans la maison. Qu'allaient devenir Élise et les trois filles ? Les futurs mariés les apaisèrent en laissant entendre qu'elles pourraient toutes continuer à vivre sous leur toit. Élise fut sollicitée pour dresser une liste des personnes à inviter aux noces. Odette lui fit part de ceux et celles qui, du côté des Vallée, devraient être invités. Pour les Courchesne, la liste ne fut pas longue. Georgiana serait là avec son mari et sa fille, et on préviendrait l'oncle Louis à Nashua, au cas où il pourrait venir avec Émérentienne, Vianney et Alberte, sa fiancée, sinon sa femme, car ils avaient si peu de nouvelles de lui qu'ils ignoraient s'ils s'étaient mariés. L'oncle Norbert et son épouse Judith, de Lowell, seraient aussi invités. Quant aux autres oncles et tantes du côté des Courchesne, ils avaient si peu gardé de relations avec eux que Guillaume ne jugea pas nécessaire de les prévenir. Élise n'était pas de cet avis et le fit savoir à son fils.

— Tu devrais quand même les inviter au cas où ils décideraient de venir. Au moins Appoline et Josaphat !

— M'man, je les connais à peine. On ne les a pratiquement jamais vus du temps de p'pa, pourquoi je les inviterais ?

— Par politesse.

— Pensez-vous, m'man, qu'ils vont se déplacer pour mon mariage ? Si nous nous fréquentions régulièrement, ça me ferait plaisir qu'ils viennent, mais je ne connais même pas mes cousins et cousines.

Odette intervint.

— À mon idée, Guillaume a raison. Nous sommes mieux de voir à nos noces des personnes que nous connaissons bien et que nous serons heureux d'avoir avec nous que de parfaits inconnus.

Élise se rallia finalement à cette idée. Il valait mieux une cérémonie modeste et agréable que de grandes célébrations où tout le monde s'ennuie. Les invités arrivèrent pour la plupart le jour même du mariage. Ceux de plus loin se présentèrent la veille ou l'avant-veille. Parmi eux, l'oncle Louis arriva en compagnie de sa femme, ainsi que de Vianney et d'Alberte, sa jeune épouse. Ils firent à Élise une grande surprise en lui amenant un petit-fils portant le prénom d'Aimé.

— Nous n'avons pas voulu vous l'apprendre avant de venir aux noces de Guillaume, expliqua Vianney.

Si tout le monde fut heureux d'accueillir ce nouveau membre dans ses rangs, le mariage de Guillaume permit également de réunir toute la famille, ce qui ne s'était pas fait depuis plusieurs années. La présence de Philippe et Georgiana, venus de Sorel avec leur petite Georgette, fit grandement plaisir à tout le monde. Pour une fois que la famille se réunissait pour autre chose qu'un deuil !

Guillaume désirait qu'après le repas de noces, dont la préparation avait été confiée à Denise, on puisse danser.

Il fallait trouver des musiciens. Dans la famille, il n'y en avait pas. La veille du mariage, on en cherchait encore. Ce fut l'oncle Louis qui, arrivé de Nashua, sauva la mise : il sollicita l'honneur de s'occuper de la musique lors du dîner de noces. Connaissant ses capacités d'organisateur, Guillaume le laissa se déprendre avec ce problème.

La cérémonie à l'église se déroula sans anicroche. Quelques veuves, qui ne manquaient jamais un mariage, y assistèrent sans y avoir été invitées. Elles venaient revivre leurs propres noces par procuration. Elles chuchotaient entre elles quand les mariés sortirent de l'église. La gorge serrée et la larme à l'œil, elles laissaient percer leurs états d'âme en se rappelant ce jour où elles avaient eu le grand bonheur de se marier.

L'oncle Louis avait assisté au début du mariage, puis il avait filé en douce pour s'occuper de la musique, comme il l'avait promis. Quand les mariés, escortés de leurs invités, arrivèrent à la maison, ils y furent accueillis par une musique envoûtante. Le soleil brillait de tous ses feux. On n'aurait pu souhaiter une plus belle journée. Pour le repas de noces, on avait installé les tables dehors. Denise courait de l'une à l'autre pour bien s'assurer que rien n'y manquait. D'on ne sait où, de la musique parvenait aux oreilles des convives. Ne voyant aucun musicien aux alentours, tout le monde se demanda d'où pouvait bien provenir cette musique sublime.

L'oncle avait apporté des États-Unis un cadeau merveilleux, un gramophone. Il avait installé l'appareil près de la maison. On s'approcha pour examiner de plus près ce tout nouvel instrument capable de produire de la musique. Sur une boîte de bois surmontée d'un grand cornet, un rouleau recouvert de cire tournait. Le petit bout du cornet placé vis-à-vis du rouleau permettait de reproduire la musique merveilleuse qui emplissait l'espace ambiant. Ce fut la fête. Tout le monde parlait en même temps. L'oncle se démenait pour manipuler la manivelle placée à l'un des bouts de la boîte et assurer que le rouleau ne cesse pas de tourner. Cette merveille attira les voisins et une bonne partie de la paroisse. Le repas de noces se déroula au son de la musique et fut suivi par des danses endiablées. Jamais n'avait-on vu des noces si particulières. Les mariés étaient au comble du bonheur, pendant que les invités se croyaient au septième ciel. On savait qu'on parlerait longtemps des noces de Guillaume et d'Odette. L'oncle leur fit cadeau du gramophone qui fut installé sur une petite table du salon.

Comme prévu, Odette s'installa avec Guillaume dans la grande chambre pendant qu'Élise, Denise, Francesca et Victoire occupaient chacune une des chambres libres. Quand Guillaume avait dit à Odette que sa mère et ses sœurs continueraient de vivre sous leur toit, elle s'était montrée quelque peu réticente. Guillaume l'assura que tout se passerait bien.

— Je vais prévenir ma mère et Denise que désormais c'est toi qui seras la maîtresse de maison.

— J'ai bien peur que ta mère ne le prenne mal.

— Elle n'aura pas le choix. Après tout, c'est moi qui la fais vivre.

— Et ta sœur ?

— Denise ? Elle fait bien à manger. Si tu lui permets de réaliser ses recettes, elle sera la femme la plus heureuse du monde et elle ne te causera pas de soucis. Tu connais comme moi sa marotte. Elle passe ses matins à courir la paroisse pour découvrir quelque part une nouvelle recette.

Tu n'auras qu'à lui laisser la cuisine l'après-midi. Ça te permettra de t'occuper du jardin et des autres tâches pour l'entretien de la maison. Je suis certain que m'man, de son côté, sera heureuse de t'aider. Et quand nous aurons un premier enfant, ma mère sera la première à en prendre soin quand tu auras d'autres choses à faire.

Les bonnes paroles de Guillaume n'apaisèrent pas Odette pour autant. Comme il ne peut pas y avoir deux coqs dans le même poulailler, il est rare que deux et même trois femmes puissent se partager sans heurts la direction d'une maison et d'une cuisine. Odette le mentionna à Guillaume, qui parvint à la convaincre d'essayer.

— L'avenir, assura-t-il, nous dictera quoi faire.

Chapitre 36

Victoire se questionne

Victoire, qui avait maintenant dix-sept ans, passait ses vacances à la maison, après avoir terminé sa dernière année au couvent. Elle devenait une belle jeune femme. Ses yeux vifs et ses abondants cheveux noirs lui donnaient beaucoup d'éclat. Elle n'était pas sans intéresser les garçons de son âge, mais elle les ignorait parce qu'autre chose occupait son esprit. Elle n'avait jamais oublié dans quelles circonstances elle s'était retrouvée chez les Courchesne. Aussi, depuis quelque temps, elle répétait à Francesca qu'un jour elle retrouverait ses vrais parents. Francesca le mentionna à Élise, qui s'insurgea :

— Qu'est-ce qui lui prend tout d'un coup ? Ses vrais parents ! On n'a même jamais su son nom de famille… Comment pense-t-elle les retrouver ?

— Je le sais pas, m'man. Je crois tout simplement qu'en vieillissant, elle ressent davantage le besoin de savoir d'où elle vient.

— Elle a dû en parler à une de ses amies qui lui aura mis ça dans la tête.

— C'est un peu normal, m'man, vous ne trouvez pas? Je sais bien que moi, en tous les cas, si j'avais été adoptée, je tenterais tout pour connaître mes vrais parents.

— Pourquoi? Il me semble que quand une enfant a eu tout ce dont elle avait besoin, elle devrait en être contente.

— Bien sûr, m'man! Mais je pense que, veut, veut pas, un enfant adopté doit toujours se demander qui étaient ses vrais parents. Victoire est maintenant à un âge où cette question doit la tourmenter davantage.

Francesca avait raison. Ce qu'elle ne savait pas, c'est qu'un événement des plus banals était survenu à la maison, et depuis ce temps Victoire était devenue songeuse.

On était au cœur de l'été. Chaque année, à Drummond, on profitait de cette période pour tenir une foire agricole. Il y avait longtemps que Victoire se proposait d'y aller en compagnie de Claudine, sa meilleure – et seule – amie. Si on y exposait les plus beaux animaux de toute la région, vaches, porcs, moutons, chevaux et chèvres, ce n'était toutefois pas ce que Victoire désirait voir. Ce qui l'intéressait davantage, c'était le fait qu'on annonçait plusieurs spectacles et expositions auxquels elle voulait assister. Il y avait d'abord le corps momifié d'un homme qui, selon ce qu'on racontait, avait été un dangereux criminel, à preuve les dents en or que révélait sa dépouille. Les gens qui avaient vu cette momie en parlaient comme de quelque chose de tout à fait invraisemblable. Comment était-on parvenu à conserver un mort en si bon état? Claudine était d'avis que ce devait être un faux cadavre qu'on faisait passer pour un vrai. Voilà pourquoi Victoire tenait tant à le voir.

Une autre chose également l'intéressait vivement. Un monsieur, dont elle n'avait pas retenu le nom, avait obtenu le privilège de tenir toutes les tables de lunchs froids sur le terrain de l'exposition. Elle réussirait certainement, avec Claudine, à mettre la main sur un ou deux sandwichs, surtout ceux aux œufs qu'elle aimait tant. Ce qui l'intriguait également était de voir la fameuse vache qu'on promettait d'exhiber. On assurait que son pis serait intarissable pendant toute la durée de l'Exposition et qu'elle fournirait à elle seule tout le lait que les gens désireraient.

Victoire et Claudine se retrouvèrent au premier rang pour voir cette merveille. Elles furent quelque peu déçues de constater qu'il s'agissait d'une vache artificielle grandeur nature, couverte d'une véritable peau. On la remplissait de lait et une jeune fille se chargeait de la traire et servait un verre à qui en désirait.

— Flûte ! s'écria Victoire, déçue. Ils peuvent bien dire qu'elle est capable de fournir du lait tant qu'on en veut…

— C'était une attrape, déplora Claudine.

— M'man répète qu'il ne faut pas croire tout ce qu'on raconte.

— Ta mère a raison. Moi, je me méfie de pas mal de choses.

— Comme quoi ?

Claudine mit du temps à répondre. Elle préféra poser une question.

— Sais-tu comment se font les bébés ?

Victoire s'attendait si peu à ça qu'elle en resta bouche bée.

— Je t'ai posé une question, insista son amie.

— Oui, je sais, mais ta question est embêtante. Je sais que pour avoir des enfants, il faut qu'un homme couche avec une femme. Mais je ne sais pas comment ils font.

Incrédule, Claudine la regarda d'un drôle d'air avant de lui demander :

— As-tu déjà vu un bœuf monter une vache ?

— Jamais.

— Bon, je comprends. Si tu avais vu ça comme je l'ai vu, tu saurais un peu comment ça se passe entre un homme et une femme.

Visiblement mal à l'aise d'aborder pareil sujet, Victoire insista pour parler d'autre chose. Elles se dirigèrent vers une tente où on annonçait qu'un homme marcherait, comme sur le plancher des vaches, sur un fil tendu entre deux poteaux. Comme elles se rapprochaient de la tente en question, une femme les interpella :

— Mesdemoiselles, où allez-vous ?

— Voir le monsieur qui marche sur un fil.

— Monsieur le curé a défendu d'y aller.

Interloquées, elles s'arrêtèrent. Claudine demanda :

— Pourquoi donc ?

— Parce que cet homme met sa vie en danger. Ça va contre la volonté de Dieu.

Passant outre à ces recommandations, Victoire et son amie s'apprêtaient à pénétrer sous la tente quand la femme les arrêta de nouveau. S'adressant à Victoire, elle lui dit :

— Si je ne me trompe pas, t'es une petite Courchesne ?

Interdite, Victoire s'arrêta.

— Je suis une amie de ta mère, l'informa la femme. Si tu vas là, je le lui ferai savoir.

Victoire allait renoncer, quand Claudine la prit par l'épaule et l'entraîna avec elle sous la tente. Victoire resta sur le qui-vive tout au long du spectacle. Qu'est-ce que sa mère allait dire ? Le seul fait de penser qu'Élise allait la disputer la faisait se rebiffer. « Après tout, se disait-elle, elle n'est pas vraiment ma mère. » Du coup, lui revint l'idée qui lui trottait le plus dans la tête depuis quelque temps. Après le spectacle, qu'elle n'avait pas pu apprécier à sa juste valeur, elle confia à son amie :

— Si tu savais comme j'aimerais connaître ma vraie mère.

— Ta vraie mère ? Tu ne sais même pas comment elle s'appelle.

— Ça n'empêche pas que j'aimerais savoir qui elle est.

— Il faudrait d'abord que tu saches d'où tu venais quand t'es arrivée à Drummond.

— Justement, je pense m'en souvenir.

— Comment ça ?

— L'autre jour, un homme est venu à la maison avec Guillaume. Ma mère a jasé avec lui et à un moment donné, elle lui a demandé d'où il venait. Il a répondu "Deschambault". Ce nom-là m'a sonné comme une cloche dans la tête. Je l'avais déjà entendu quelque part. En y repensant plus tard, ça m'est revenu. Quand j'étais petite, avant que je sois adoptée, je me souviens qu'on disait : "Il y a des beaux champs à Deschambault." Ça doit être de là que je viens !

— Tu penses que tes vrais parents y demeuraient ? D'abord, où ça se trouve ?

— Je ne le sais pas pantoute, mais vois-tu, dans une foire comme ici, il y en a beaucoup qui ont voyagé. Si on leur posait la question, je suis certaine que quelqu'un pourrait nous renseigner.

Elles consacrèrent une partie de l'après-midi à questionner les gens à gauche et à droite au sujet de Deschambault. N'obtenant pas de réponse précise à savoir où pouvait être situé ce village, elles s'avisèrent qu'elles seraient mieux de s'informer à l'un ou l'autre des figurants d'un spectacle. Le monsieur qui marchait sur un fil devait donner des représentations partout, de même que la femme qui présentait le corps momifié. Mais comment réussir à les interroger ? Ils étaient l'un et l'autre beaucoup trop occupés.

— Le monsieur cracheur de feu ou le lanceur de couteaux doivent sûrement savoir où se trouve Deschambault, avança Claudine.

— Je n'ai plus un sou, déplora Victoire.

— Moi non plus, confirma son amie. Mais nous n'avons pas besoin d'assister à leur spectacle pour leur parler.

— Tu penses ?

— J'te l'dis. On n'a qu'à surveiller l'un ou l'autre quand il se repose. Le cracheur de feu doit bien s'arrêter de temps en temps.

— Je ne sais vraiment pas comment il fait pour ne pas se brûler.

— On pourrait le lui demander et en profiter pour s'informer au sujet de Deschambault.

Elles s'approchèrent de la tente où cet homme, en compagnie de plusieurs autres, faisait sa prestation. Le soir était venu. En raison de la noirceur, le spectacle était plus impressionnant et les gens se montraient plus nombreux. Pour attirer le monde, le cracheur de feu fit une démonstration devant la tente. À peine eut-il terminé que Victoire s'approcha et lui posa sa question :

— Comment faites-vous pour ne pas vous brûler ?

— Ah, ma belle ! C'est trop long à expliquer comme ça. Si tu venais me voir dans ma tente, je pourrais répondre plus facilement à ta question.

Au regard appuyé qu'il lui jeta, Victoire comprit que la dernière chose à faire serait de se rendre à sa tente. Elle recula d'un pas. Claudine s'approcha à son tour et demanda :

— Sauriez-vous nous dire où se trouve Deschambault ?

— Ben sûr. De l'autre bord du fleuve, en amont de Québec.

Maintenant qu'elles avaient leur réponse, elles ne se firent pas prier pour déguerpir. Victoire était si bouleversée qu'elle en tremblait. Elle soupira :

— C'est la deuxième fois que je vois un homme avec des yeux si méchants. Il m'a fait peur.

— À moi aussi, renchérit Claudine. Je n'aurais pas aimé tomber entre ses pattes. Tu dis que c'est la deuxième fois. Tu as déjà vu un homme aussi méchant ? Qui était-ce ?

— Je ne sais pas… j'ai un souvenir flou d'un homme qui me faisait peur, quand j'étais petite.

— Hein ? Tu te souviens de ta vie d'avant ?

Victoire mit du temps avant de répondre.

— On dirait que plus j'essaie de me rappeler de ma mère, plus les souvenirs me reviennent.

— Comme quoi ?

— Quand je suis partie de chez nous.

— Tu t'en rappelles ?

— Ça me revient par bouts… Tu sais, comme quand on se rappelle d'un rêve.

— C'est d'même que tu t'es souvenue de Deschambault ?

— Oui. Au moins, nous savons un peu où c'est.

— Mais qu'est-ce que ça veut dire, « en amont de Québec » ?

— Je vais le demander à Guillaume ou bien à Francesca. Mais j'y pense : le notaire Vallée, où elle travaille, doit bien avoir une carte qui l'indique. Peut-être même qu'Odette sait où Deschambault se trouve.

Sa compagne s'arrêta net de marcher et l'avertit :

— Tu vas faire une bêtise !

— Comment ça ?

— Si tu les questionnes sur Deschambault, ils vont te demander pourquoi tu t'intéresses à cet endroit.

— C'est bien trop vrai ! Mais j'ai le goût de parler de tout ça à quelqu'un d'autre.

— À qui ?

— À Francesca.

Elles arrivaient chez Victoire. Claudine la quitta en lui faisant jurer qu'elle lui raconterait tout quand elle en parlerait à Francesca. Victoire la rassura.

— Tu seras la première à qui j'en parlerai.

Chapitre 37

Les révélations

Comme elle se l'était promis, Victoire attendit le bon moment pour aborder avec Francesca ce sujet qui la préoccupait au plus haut point. Depuis que Victoire était entrée dans leur vie, dix ans auparavant, Francesca s'était toujours préoccupée d'elle. Elle la considérait vraiment comme sa jeune sœur, la petite dernière, celle qu'elle protégeait de son mieux et gâtait à sa façon. Elle facilita la tâche de Victoire quand, un bon jour, elle lui fit la remarque :

— Toi, il y a quelque chose qui te préoccupe. Est-ce que je me trompe ?

Même si Victoire laissa d'abord entendre que tout allait bien, Francesca ne fut pas dupe.

— Allons, tu me feras pas croire que rien ne te travaille.

Voyant que Francesca visait juste, Victoire se décida à parler :

— Je pense à ma mère.

— Dis-moi pas que tu commences enfin à te souvenir d'elle ?

— C'est à cause de Deschambault.

— Deschambault, qui c'est? Un monsieur que t'as connu ?

— Pantoute. Je pense que c'est la place d'où je viens. Je m'en suis souvenue y a pas longtemps.

Victoire se tut. Elles n'étaient pas seules dans la maison et elle ne voulait se confier qu'à Francesca.

— Si on allait dehors pour parler de ça? proposa-t-elle. Mais il faut que ça reste entre toi et moi.

Francesca acquiesça. La brunante s'installait graduellement tel le sable au fond d'un sablier. De l'autre côté de la rivière, une lune immense se levait sur l'horizon. Elles s'arrêtèrent un moment pour l'admirer. Un petit vent faisait frissonner la surface de l'eau et les rayons de lune y multipliaient une myriade de points argentés. L'ambiance se prêtait aux confidences. Victoire était soucieuse, Francesca le sentait bien. Pour briser la glace, elle demanda:

— Comme ça, tu commences à te souvenir de ton passé?

Victoire prit un moment à répondre. Elle s'exclama soudain:

— J'aimerais tellement revoir ma vraie mère!

— Pour ça, il faudrait que tu te souviennes de son nom. Sans ça, nous ne pourrons jamais la retrouver. Dis-moi ce qui te revient de plus que d'habitude.

— On vivait dans une maison.

— Un campe de bois rond?

— Non, ça ressemblait plutôt à une maison comme ici.

— Étiez-vous seules, ta mère et toi?

— Je m'en souviens pas. Pour moi, oui. Je me rappelle qu'un jour j'entendis un homme à la voix méchante. Je pense qu'il me cherchait. Ma mère me pressa: "Cache-toi! Cache-toi!" Je me suis cachée dans une armoire. Je me suis bouché les oreilles parce que le méchant homme criait. Puis, curieuse, j'ai voulu voir de quoi il avait l'air. J'ai entrouvert tranquillement la porte. Il se tenait près du poêle. Je pouvais voir ses yeux qui luisaient comme des braises. J'ai eu peur et je n'ai plus bougé.

— Et après ?

— Tout ce dont je me rappelle, c'est qu'ensuite quelqu'un m'emmenait dans un canot sur l'eau. J'étais couchée au fond et il faisait noir. Après, on vivait dans une grande maison semblable à une cabane.

— T'es-tu déjà demandé si ta mère ou ton père étaient indiens ?

— Comme ceux qui viennent parfois au marché ?

— Comme ceux-là.

— Pourquoi tu penses ça ?

— Parce que tu as des traits d'Indienne : tes yeux et tes cheveux noirs, tes pommettes saillantes, ton nez et ton menton droits.

— Veux-tu dire que je ne suis pas belle ?

— Au contraire, tu deviens de plus en plus belle. Les Indiennes sont belles.

Elles avaient échangé tout en marchant. Elles s'arrêtèrent non loin de l'église. Des fanaux éclairaient les rues. Elles s'assirent sur l'unique banc posé près de l'entrée du presbytère. La lune montait dans le ciel, dessinant les silhouettes des maisons. Les rues étaient pratiquement désertes. Désireuse d'en apprendre plus, Francesca demanda :

— Est-ce que tu te souviens quand tu es arrivée toute seule à la traverse, là où p'pa t'a trouvée ?

— Il me semble que j'étais là après y avoir été conduite sur l'eau.

— Le même homme t'y aurait amenée ?

— Je ne sais pas. Il va falloir que j'y pense encore pour que ça me revienne.

— Tout ça est resté en toi, j'en suis certaine. Quelque chose a fait que tu t'es efforcée de ne pas t'en souvenir.

Victoire demanda soudain :

— Sais-tu où ça se trouve, Deschambault ? Le cracheur de feu de la foire a dit que c'était de l'autre bord du fleuve, en amont de Québec. Qu'est-ce que veut dire « en amont » ?

— Le plus simple serait de l'apprendre sur une carte. Demain, en allant travailler chez Dominique, je vais regarder.

— J'ai hâte de savoir où c'est au juste.

— Sois patiente, je te le dirai demain. Mais de le savoir ne t'avancera pas à grand-chose, à moins que d'autres souvenirs refassent surface.

— Ce qui m'est revenu est mieux que rien du tout.

Francesca l'encouragea.

— Continue à y réfléchir, tu finiras bien par y voir plus clair et tu me reparleras de tout ça. J'aviserai alors de la meilleure chose à faire. Un jour, j'en suis certaine, nous saurons mieux comment tu t'es retrouvée ici.

Victoire se sentait soulagée d'avoir parlé à Francesca. Elle lui fit promettre à nouveau de garder ça entre elles. Par contre, à la première occasion, elle rapporta cette conversation à Claudine.

— Tu vois, lui dit son amie. Des fois il vaut bien mieux parler de ce qui nous préoccupe.

Fidèle à sa promesse, Francesca apprit le lendemain à Victoire que Deschambault était un village situé de l'autre côté du fleuve, à mi-chemin entre Drummond et Québec.

Tout cela n'aurait pas dit grand-chose à Victoire, mais Francesca avait pris le temps de lui reproduire la carte sur une feuille. On y voyait l'emplacement de Drummond, puis plus au nord le fleuve et, sur la rive opposée, elle avait inscrit Trois-Rivières et, plus loin, Deschambault et Québec. Francesca lui promit de tenter de rapporter des renseignements sur cet endroit.

— Peut-être que ça ne nous avancera pas à grand-chose. Mais, parfois, un détail peut aider. Si jamais j'en ai la chance, je tâcherai d'obtenir des photos de ce village. Peut-être y reconnaîtras-tu les lieux.

— Il y avait des photos de Lowell quand nous y étions, se souvint Victoire. Il devrait bien y en avoir de Deschambault.

— On devrait en trouver chez le photographe, Cléophas Duguay. Sinon il nous dira où nous en procurer. J'espère bien que nous en aurons avant que tu partes pour ton pensionnat !

Chapitre 38

Élise se cherche

Septembre était arrivé, et avec lui le début de l'année scolaire. Victoire entama sa première année au pensionnat à Saint-Hyacinthe. Il y avait maintenant plus de deux mois qu'Odette vivait dans la maison des Courchesne. Élise, qui avait jusque-là affiché une santé de fer, se mit à se plaindre de toutes sortes de maux. La pauvre Odette en conclut qu'elle était la cause de la maladie de sa belle-mère. On fit venir le docteur Bérard qui, après avoir examiné la patiente, déclara que sa fièvre était due à un refroidissement et qu'elle s'en remettrait rapidement puisqu'elle était en bonne santé. Le docteur prit Guillaume à part.

— Ta mère, lui confia-t-il, se tourmente et s'ennuie, voilà sa maladie. C'est un gros changement dans sa vie que de devoir se faire servir et ne plus se préoccuper du fonctionnement de la maison. Tu as là tout ce qu'il faut pour rendre quelqu'un malade. Vous devez voir à ce qu'elle ait toujours quelque chose à faire, sinon elle va dépérir.

— Elle a des amies, assura Guillaume.

— Elle gagnerait à les fréquenter plus souvent, et tu devrais voir à ce que ta femme lui confie plus de responsabilités dans la maison.

Mise au courant des propos du médecin, Odette promit à Guillaume de parler à sa mère.

— Je lui demanderai ce qu'elle aimerait faire dans la maison.

— Dis-lui aussi qu'elle n'a pas à se gêner pour voir Armande et jouer aux cartes avec ses amies.

Remise de sa fièvre, Élise ne demanda pas mieux que de se retrouver avec Augustine, Thérèse et Amanda. Jouer aux cartes lui faisait oublier ses bobos, et surtout, c'était l'occasion pour elle d'apprendre toutes sortes de nouvelles étonnantes. Au début, ces potins l'avaient quelque peu déçue, puis, d'une rencontre à l'autre, elle y prêtait plus d'attention. C'est ainsi qu'elle apprit qu'un enfant de la paroisse était né dans le hangar où vivaient ses parents.

— C'est-y Dieu possible, s'écria Augustine, qu'il y en ait qui habitent dans un hangar et se permettent d'avoir des enfants !

— Tu sais comme moi, lui fit remarquer Thérèse, qu'il y a des personnes incapables de travailler. Elles doivent se contenter de vivre dans des cabanes.

— Ça devrait leur être défendu de faire des enfants.

— Allons donc, qui pourrait empêcher ça ? C'est tout ce qu'elles ont à faire de leur journée.

La réflexion de Thérèse fut suivie d'un court moment de silence, puis Amanda intervint à son tour pour leur faire part d'un événement qui avait étonné beaucoup de monde.

— Monsieur le curé en a parlé à la grand-messe dimanche. Croirait-on qu'il y en a qui ont si peu de cœur qu'ils se permettent des choses de même…

— Quoi donc ? questionna Thérèse. Je n'étais pas à la grand-messe.

Heureuse de prendre la parole, Amanda ne se fit pas prier.

— Le charivari organisé contre Cléophas Marcoux.

— Un charivari ? Il me semble qu'il n'y en avait plus.

— Détrompe-toi, il y en a bien eu un.

— Cléophas Marcoux, demanda Élise, c'est bien celui qui s'est marié à la petite Barabé ?

— Celui-là. Il a au moins vingt ans de plus qu'elle.

— C'est pas étonnant qu'on leur ait fait un charivari, renchérit Augustine.

— Ils ont eu ce qu'ils méritaient, poursuivit Amanda.

Augustine s'enquit :

— Comment as-tu su ça ?

— On les entendait de chez nous. Ensuite, une amie, dont je tairai le nom, et dont le mari a assisté à la scène, m'a raconté ce qui s'est passé. La troisième nuit, ils sont arrivés à plusieurs. Ils étaient masqués et déguisés pour éviter d'être reconnus. Ils ont tourné autour de la maison en hurlant comme des forcenés, en faisant sonner des grelots et en tapant à tour de bras sur des chaudrons et des chaudières. Il paraît même qu'il y en a un qui avait un trictrac, vous savez ce genre de crécelle qui fait un bruit d'enfer. Ensuite, ils ont chanté une litanie pas belle du tout à entendre et dans laquelle il était question d'expiation pour leurs péchés. Ils l'ont fait suivre d'un *De profundis*. Il paraît que c'est ça qui a causé le plus de peine à monsieur le curé. Il a d'ailleurs déploré qu'au mépris de ce que la religion a de plus sacré, des individus se permettent de blasphémer le nom de Dieu et de manquer de la plus élémentaire charité chrétienne pour s'en prendre à des gens qui n'ont rien à se reprocher devant Dieu.

— Les pauvres nouveaux mariés ont dû avoir la peur de leur vie !

— Je comprends donc ! Les cris et les injures n'étaient que le début de leurs troubles.

— Parce qu'ils leur en ont fait d'autres ?

— Je comprends donc. Imaginez-vous donc qu'ils ont frappé contre la porte avec des bâtons et ont demandé que Cléophas sorte. Il a eu le malheur d'ouvrir pour leur dire de s'en aller, sinon qu'il se plaindrait à la police. Ils se sont emparés de lui, qui était à moitié habillé. Ils l'ont attaché sur une grande tringle et l'ont promené comme ça, pendant au moins une couple de milles à travers les rues de la ville, jouqué sur la perche que les autres portaient sur leurs épaules. Ils l'ont dompé comme ça au bout du boulevard Mercure. C'est un habitant de là qui l'a ramené chez lui.

« La police a fait emprisonner certains de ces tapageurs. Ma voisine m'a raconté que le chef de police et son assistant ont pu en arrêter six, parce que Cléophas a reconnu leur voix, même s'ils étaient masqués. Il paraît qu'ils vont payer chacun dix piastres aux Marcoux, en compensation pour le trouble qu'ils leur ont fait. »

— C'est bien fait pour eux, conclut Élise. Ils n'avaient qu'à les laisser tranquilles.

— Parlant de bruit, intervint Augustine. Je ne sais pas si vous vous souvenez, il y a de ça plusieurs années ici même à Drummond, qu'il y a eu en même temps, dans la même maison, un deuil et des noces.

— Hein ! C'est-y Dieu possible ? s'écria Amanda.

— Je m'en rappelle, soutint Élise. C'était chez les Brisson.

Augustine poursuivit :

— En effet. Figurez-vous donc que dans une partie de la maison, pendant que la femme d'un des Brisson était exposée, dans l'autre partie se déroulaient les noces d'un des garçons de la famille.

— Ils ne pouvaient pas retarder le mariage ?

— Il semble que non. Le garçon devait aussitôt partir pour du travail qu'il s'était trouvé ailleurs. S'il n'y allait pas, il perdait sa job.

— Ça doit pas être facile d'accorder un deuil et des noces dans la même maison…

— Il paraît que les noceurs se sont organisés pour ne pas faire de bruit.

— Tu parles d'une affaire !

Thérèse, qui les recevait cette fois, intervint :

— Vous prendrez bien un peu de thé, mesdames ?

Pendant que Thérèse préparait le thé, les trois autres continuèrent à jacasser.

— Quand j'étais jeune, se rappela Amanda, mon père répétait toujours un proverbe canadien qui, soutenait-il, représentait ce qu'il y a de plus agaçant dans la vie. Je ne sais pas, mesdames, si vous serez du même avis…

Élise demanda :

— De quel proverbe s'agit-il ?

— *Un toit coule, un poêle fume, une femme dispute et un cochon a faim.*

— Tout ça est désagréable, commenta Élise, mais il faudrait ajouter : *un homme grogne*.

Les autres s'esclaffèrent. Amanda s'écria :

— Comme tu as raison, Élise ! Le proverbe n'est pas complet. Quand mon homme grognait, c'était pas beau à voir.

— Le mien le fait souvent, leur révéla Thérèse, qui revenait avec le thé. Heureusement qu'il n'est pas là, parce que vous pouvez être certaines que vous l'auriez entendu.

Augustine ajouta son grain de sel :

— Si le mien grogne, c'est six pieds sous terre, on ne l'entend plus.

— Le mien avec, renchérit Élise.

À l'évocation de leurs défunts maris, les femmes se turent un moment, puis leurs papotages recommencèrent, cette fois autour de l'hiver et du mauvais temps. Quand Élise revint chez elle, Odette lui remit une liste de ce qu'elle aimerait lui voir faire dans la maison. Élise murmura quelque chose qu'Odette ne comprit pas. Si elle avait été présente à la réunion de ces dames, elle se serait certainement rappelé ce bout du proverbe : *une femme dispute*.

Chapitre 39

Un incident malheureux

Depuis qu'il travaillait à la fabrique de carrosses, Guillaume semblait avoir retrouvé sa joie de vivre. Il était d'humeur égale et parlait moins de son idée de devenir riche. À la maison, tout le monde s'en portait mieux. Odette et lui s'aimaient et se promettaient d'avoir plusieurs enfants. Guillaume était même parvenu à se faire quelques amis à son travail, dont un, Julien Parent, avec lequel il comptait aller à la chasse. L'automne commençait et tous les deux rêvaient de chasses miraculeuses. Ils réussiraient certainement à tuer quelques chevreuils et, avec un peu de chance, peut-être même un orignal. Comme ils n'avaient congé que le dimanche, ils ne pouvaient pas se permettre de manquer leur coup. Au lever du jour, ils seraient à l'endroit qu'ils avaient choisi entre Drummond et L'Avenir, le long de la rivière, là où les bêtes allaient se désaltérer. À coup sûr, ça ne pouvait pas manquer tellement il y avait de chevreuils : ils parviendraient certainement à en tuer au moins un et qui sait, peut-être deux.

Guillaume se répétait le scénario de cette journée mémorable à venir. Avec Julien, il gagnerait la forêt. Le chevreuil de leurs rêves, un mâle avec un impressionnant panache, leur apparaîtrait dans toute sa splendeur. Ils l'abattraient d'un seul coup de feu. Ce serait lui ou Julien, mais probablement davantage lui puisqu'il était meilleur chasseur que son ami. Ils reviendraient avec leur trophée de chasse juste avant la grand-messe, au moment où, quittant leurs demeures, les gens convergent vers l'église. Toute la paroisse serait ainsi témoin de leur exploit. Ils réserveraient la charrette et le cheval de monsieur Parent pour ramener leur chevreuil. Guillaume ne doutait pas un instant de leur réussite. Élise lui fit promettre de ne pas pour autant manquer la messe.

— Voyons, m'man ! Nous serons sur place à l'aurore. Nous aurons tout le temps de revenir pour la grand-messe.

— Tu dis ça, mais si jamais vous n'avez rien tué, je te connais, vous allez rester là-bas jusqu'à ce que vous ayez réussi. Monsieur le curé ne sera pas heureux d'apprendre que tu manques la messe du dimanche pour chasser.

Guillaume était si certain de son coup qu'il rassura sa mère :

— Si jamais nous n'avons pas tué, nous reviendrons pour la messe, quitte à repartir ensuite.

Souvent, la vie prend plaisir à contrarier les plus beaux rêves et les meilleurs plans. C'est, hélas, ce qui arriva à Guillaume et à Julien. La veille de leur première expédition, un terrible accident vint mettre fin à leur projet. Guillaume s'apprêtait à découper une planche à la scie circulaire quand Julien l'aborda :

— Guillaume, je suis pressé. Laisse-moi scier mon morceau avant le tien.

— Vas-y et pense à demain !

Au moment où Julien glissait sa planche sous la scie, sans doute parce qu'il était trop pressé, il fit un faux mouvement et Guillaume fut sidéré de voir tomber sur le sol, juste à ses pieds, la main droite ensanglantée de son ami. Le cœur lui fit trois tours. Il fut sur le point de perdre connaissance, mais en voyant Julien s'effondrer sur le sol, il eut la force d'appeler au secours. Des compagnons s'approchèrent. L'un d'eux prit rapidement les choses en main et fit un garrot au bras de Julien pour arrêter l'hémorragie. Sous le choc, Guillaume resta figé là jusqu'à ce que le contremaître le conduise à son bureau. Il mit beaucoup de temps à chasser de son esprit l'image de cette main qui venait sans cesse le hanter.

Élise et Odette furent étonnées de le voir revenir de son travail au beau milieu de l'après-midi, accompagné d'un homme grand et costaud, dans la cinquantaine, au regard franc et à la poigne solide. Guillaume était livide et si bouleversé qu'il ne put prononcer un seul mot. Son compagnon insista auprès d'Odette et d'Élise pour qu'elles le conduisent à sa chambre.

— Il a grand besoin de repos.

— Qu'est-ce qui est arrivé? s'inquiéta Odette.

— Mettez-le d'abord au lit et je vous le raconterai.

Après s'être assurées que Guillaume se reposait, elles laissèrent son compagnon leur faire part de l'accident. Il se présenta d'abord.

— Je m'appelle Joseph Légaré, je suis le *foreman* de Guillaume et de son ami Julien.

Il leur raconta ensuite ce qui s'était passé.

— Guillaume va s'en remettre. On est ainsi fait qu'on se remet de tout. Mais le choc a été puissant. Imaginez-vous, voir la main de son ami rouler à ses pieds…

Seulement à entendre cet homme leur rapporter le drame, les deux femmes étaient secouées. Comment pouvait bien se sentir Guillaume? Odette alla jeter un coup d'œil dans la chambre. Il semblait endormi.

— Je vous recommande de le laisser dormir le plus longtemps possible, leur suggéra le contremaître. Et demain, qu'il se repose toute la journée. Tout ça arrive à un bien mauvais moment. Lui qui nous cassait les oreilles depuis quelques semaines avec sa chasse miraculeuse!

— Vous ne le connaissez pas, reprit Élise. Demain matin, justement pour oublier ce malheur, il est bien capable de partir seul à la chasse.

— Il ne faudrait pas. Si vous le permettez, demain je serai ici au petit matin pour m'assurer de ce qui se passe.

— Vous êtes bien bon de vous donner cette peine.

— C'est la moindre des choses, madame. J'ai été heureux de faire votre connaissance. Vous avez un fils vaillant et dont nous n'avons pas à nous plaindre.

Le lendemain matin, comme il l'avait promis, Joseph Légaré vint aux nouvelles. Guillaume avait passé une bonne nuit et ne parlait pas d'aller à la chasse.

Élise invita leur visiteur à déjeuner avec eux. Il ne se fit pas prier. Il leur apprit qu'il était veuf et avait cinq enfants, tous mariés.

— La vie, parfois, ne nous épargne pas. Quand mon Eugénie est tombée dans la ravine, je croyais bien qu'elle survivrait. Mais non. La vie en avait décidé autrement.

— Votre femme est morte accidentellement? questionna Élise.

— Eh oui! Elle s'est enfargée dans une racine sur le sentier le long de la rivière et elle a fait une chute mortelle sur la rive, une vingtaine de pieds plus bas.

— Vous m'en voyez désolée, le plaignit Élise.

— Vous-même, vous êtes veuve, madame Courchesne ?

— Oui, mon mari est mort accidentellement quand nous étions à Lowell, aux États.

Hochant lentement la tête, Joseph déplora :

— La vie nous réserve de bien mauvaises surprises. Elle nous comble aussi parfois de diverses façons, souvent grâce à nos enfants et aussi à notre travail.

— Vous n'avez pas toujours travaillé à la fabrique de monsieur Pépin ?

— J'y suis depuis qu'elle est ouverte, avant j'ai touché un peu à tout, les chantiers, les forges, la tannerie, la fonderie, et là, les carrosses, mais plus pour longtemps.

— Pourquoi donc ?

— Mes enfants se débrouillent et je veux devenir mon propre boss avant de mourir. Comme j'ai fait de tout, je suis demandé un peu partout pour toutes sortes de petites jobs. Je vais devenir un homme à tout faire et travailler à ma convenance. On peut bien se payer du bon temps avant de disparaître.

Il en était là de ses explications quand Guillaume apparut. Sa mère lui demanda :

— Comment ça va ce matin ?

— Bien.

S'avisant de la présence du contremaître, il lui demanda comment allait Julien.

— Rassure-toi, il va s'en sortir. Je voulais voir comment tu allais à matin.

— Ça va.

Voyant que tout semblait sous contrôle, leur visiteur se leva.

— Dans ce cas, je vous laisse.

S'adressant à Élise, il la salua en assurant avoir été heureux de faire sa connaissance. Il prit soin ensuite de recommander à Guillaume :

— Mon garçon, prends le temps de te remettre de cette mauvaise aventure. Ne te sens pas obligé de venir travailler lundi, si ça ne te le dit pas. On comprendra.

Sans un mot, Guillaume serra la main qu'il lui tendait.

Il mit beaucoup de temps par la suite à se remettre du choc subi. Il fallut toute la sollicitude d'Odette pour lui faire oublier ce malheur. La vie reprit son cours, mais on eut beau dire et beau faire, une fois de plus, Guillaume se mit à répéter qu'il ne travaillerait pas toujours dans un endroit où on risque de voir son ami se faire couper les mains, et qu'un jour, il trouverait le moyen de devenir riche.

Chapitre 40

L'étonnante Francesca

Le printemps avait succédé presque sans transition à un hiver doux. Il y avait maintenant plusieurs mois que Francesca avait tout bonnement pris la place d'Odette auprès du notaire Vallée. La transition s'était faite simplement. Elle se rendait chez lui tous les matins à sept heures pour terminer sa journée en après-midi à cinq heures, parfois six heures, selon les contrats à rédiger et le travail à réaliser. Grâce à l'aide de Denise, qui continuait de dénicher et d'essayer toutes sortes de recettes nouvelles, elle avait appris à concocter plusieurs plats qui faisaient le bonheur du notaire. Elle lui servait donc à la fois de secrétaire et de cuisinière, trouvant toujours le moyen de remplir avantageusement les deux tâches.

Au début, après lui avoir servi le dîner, elle se retirait à la cuisine pour manger, jusqu'au jour où il l'invita :

— Mademoiselle Francesca, pourquoi ne dînerions-nous pas ensemble plutôt que chacun dans notre coin comme deux statues de bois ?

Francesca, qui était sociable, ne demandait pas mieux. Elle lui répondit :

— Pourquoi pas, en effet ? Sans doute pourriez-vous m'en apprendre beaucoup sur votre travail. Ainsi, je pourrais accomplir encore mieux le mien.

Pour le premier repas en sa compagnie, elle lui servit un de ses plats préférés, un poulet à la créole accompagné de riz, une des premières recettes que Denise lui avait apprises.

— Francesca... Vous permettez que je vous appelle Francesca ?

— Certainement !

— Voulez-vous me dire où vous avez déniché cette si bonne recette ?

— Ma sœur Denise est une cuisinière hors pair. Sa marotte est de mettre la main sur des recettes nouvelles partout où elle le peut, chez les gens d'abord et dans les journaux ensuite. Elle en fait l'essai à la maison et personne ne s'en plaint. C'est elle qui me les apprend. Son poulet à la créole est une recette des Antilles. Ne me demandez surtout pas comment elle l'a obtenue.

— C'est ma chance que de pouvoir, grâce à vous, savourer les découvertes de votre sœur. Manger n'est-il pas un des plus grands plaisirs de la vie ?

Francesca acquiesça. Dominique poursuivit :

— Outre ces questions culinaires, il y en a une autre qui m'intrigue. Peut-être pourrez-vous me dire pourquoi vous portez ce prénom particulier. On ne rencontre pas des Francesca à toutes les portes.

Sa question la fit sourire. Le notaire ne manqua pas de constater à quel point ce sourire la rendait belle.

— En effet, commença-t-elle. Je me sens passablement unique, car je ne connais pas d'autres Francesca. J'ai eu la curiosité de demander à ma mère ce qui m'avait valu un tel prénom.

— Je suis curieux de l'apprendre.

— Quand je suis née, mon père s'occupait de la traverse. Un jour, un étranger a fait la traversée, accompagné d'une petite fille qui portait ce prénom. Quand mon père entendit cet étranger appeler sa petite fille ainsi, il trouva ce prénom si singulier qu'il le lui fit répéter. "Ma femme attend un enfant, lui confia-t-il. Ce prénom est tellement beau que si nous avons une fille, elle s'appellera Francesca." Voilà. Ce n'est pas plus sorcier que ça. J'ai quand même pris le temps de m'informer d'où pouvait venir ce nom. Il paraît qu'il s'agit tout simplement de la forme latine du prénom Françoise.

— Vous intéressez-vous aux qualités qu'on attribue à nos prénoms ?

— Pas vraiment.

— Vous devriez, car les Françoise, paraît-il, sont des femmes sur lesquelles on peut toujours compter. Elles sont belles, franches et pleines d'énergie. Ce sont d'ailleurs des qualités que vous avez.

Francesca rougit de l'entendre parler de la sorte. Elle osa lui demander :

— Et que dit-on des Dominique ?

Sans doute pour la taquiner, il répondit :

— Dois-je vous le dire ou vous laisser le trouver par vous-même ?

Francesca se mit à rire et laissa entendre en le regardant dans les yeux :

— Vous êtes le seul Dominique que je connaisse, mais si je me fie à ce que je vois, en plus d'être très intelligents, ils doivent être passablement disciplinés, ordonnés et rigoureux.

Sa réponse le fit bien rire.

— Vous avez visé juste, Francesca. Mais le Dominique que je suis apprécie aussi les gens. Il est également sensible à la beauté, à la grâce, à la vivacité et à la vaillance. Savez-vous que je trouve tout ça chez vous ?

Francesca ne s'attendait pas à de pareilles louanges. Elle rougit à nouveau et, pour se donner une contenance, se leva afin de desservir la table. Elle profita de son passage à la cuisine pour lui apporter son thé bien chaud.

— Pour dessert, lui apprit-elle, il y a de la confiture de fraises qui se mangerait bien avec du pain frais et de la crème. Le boulanger et le laitier sont passés ce matin et je n'ai pas manqué d'en prendre. Je commence à bien connaître vos goûts.

De nouveau, il éclata de rire.

— Vous êtes bien prévoyante. Allez, l'encouragea-t-il avec un sourire, ce dessert m'ira et j'espère à vous aussi, car vous le prendrez bien en ma compagnie.

— Avec plaisir, dit-elle.

— Tout le plaisir sera pour moi, rétorqua-t-il. Je me demande encore pourquoi j'ai attendu si longtemps de faire de nous autre chose que des statues de bois.

Elle ne sut que répondre et, tout en mangeant son dessert, se contenta de lui parler d'un problème qu'elle devait résoudre dans la rédaction d'une mise en demeure. Elle prétendit qu'un passage n'était pas clair.

— Venez me voir cet après-midi, après le départ de monsieur Lalime. Nous regarderons cela ensemble.

Quelques heures plus tard, elle se retrouvait dans le bureau du notaire qui, en moins de deux, régla le problème qui la tracassait. Il fit mieux, car au moment où elle retournait vers l'autre pièce où une table lui servait de bureau, il la rejoignit et l'entoura de ses bras. Elle n'eut pas le temps de dire quoi que ce soit qu'il l'embrassait avec passion. Elle se raidit et protesta.

— Non, pas tout de suite!

Il desserra les bras.

— Vous ne m'aimez pas, Francesca?

Elle lui rappela qu'elle n'avait pas connu d'autre homme que lui et que tout cela la troublait profondément.

— Ça va trop vite, se plaignit-elle.

— Fort bien, concéda-t-il. Puisqu'il en est ainsi, je prendrai le temps de vous apprivoiser, en espérant me faire aimer de vous.

Le voyant dans ces dispositions, elle murmura:

— Vous n'aurez guère de misère, je suis déjà conquise.

Elle le quitta doucement, le cœur battant, se demandant si elle ne l'avait pas offusqué. Il la regarda aller. Si elle avait pu voir ses yeux à ce moment, elle se serait rendu compte qu'ils étaient chargés de tendresse.

TROISIÈME PARTIE

UN SOUFFLE NOUVEAU

1895-1899

Chapitre 41

Visite des fêtes

Élise avait décidé de réunir toute la famille au jour de l'An. Il y avait longtemps que Philippe et Georgiana n'avaient pas donné de leurs nouvelles. Elle demanda à Denise d'écrire un mot à Georgiana pour les inviter. Denise objecta:

— Vous ne pensez pas, m'man, que c'est beaucoup demander de les faire venir de Sorel en plein hiver avec leur petite Georgette? Ils vont devoir voyager en voiture. Vous savez tout comme moi que le train ne se rend plus à Sorel depuis que le pont de Yamaska a été emporté.

— Allons donc. Ce n'est certainement pas la neige ou le froid qui vont leur faire peur. En plus, ils ne seront pas dans le bois tout le temps. Entre ici et Sorel il y a plusieurs villages: Yamaska, Saint-David, Saint-Germain. Ils ne se perdront pas.

— Si jamais ils sont pris dans une tempête de neige?

— Tu vois noir pour rien. Philippe n'est pas fou. Il ne s'amènera pas icitte en pleine tempête.

Denise se décida à écrire à sa sœur. Elle expédia également une lettre à Vianney à Nashua. Pendant qu'elle écrivait, elle se demandait quelle mouche avait piqué sa mère. Pourquoi, tout d'un coup, tenait-elle tant à réunir toute la famille, et en plein hiver par-dessus le marché ? Sentait-elle sa fin venir ? Pourtant, elle n'était pas malade. Ils ne furent pas longs à comprendre qu'elle voulait reproduire un peu le passé, cette époque où, au temps des fêtes, toute la famille, sans exception, se réunissait.

Le retour de Victoire de son pensionnat pour les fêtes et l'arrivée de Philippe et Georgiana furent soulignés à grand renfort de cris et de rires. Odette avait aussi invité son frère Dominique à partager leur repas. Francesca ne se fit pas prier pour lui tenir compagnie. Vianney s'était contenté d'écrire pour leur souhaiter une bonne année et annoncer qu'Alberte était enceinte une deuxième fois.

Georgette passa par tous les bras pour aboutir tout naturellement dans ceux de Victoire. Le voyage en *sleigh* de Philippe et Georgiana depuis Sorel s'était très bien déroulé, même si Georgiana s'était montrée craintive quand ils eurent à traverser la Yamaska gelée.

— Il n'y avait aucun danger, assura Philippe. Le pont de glace était solide. Nous étions loin d'être les premiers à y passer.

Georgiana expliqua :

— Même si la glace est ferme, je n'aime pas savoir qu'il y a en dessous des dizaines de pieds d'eau, surtout en ce moment.

— Pourquoi donc en ce moment plus qu'à un autre ?

— Parce que comme le disait monsieur le curé, j'aurai bientôt un paquet à livrer.

— Dis-moi pas ! s'écria Élise. T'es à combien de mois ?

— Quatre. Philippe espère que cette fois, ce sera un garçon.

— Je vous le souhaite bien. As-tu quand même une idée là-dessus ? Dans mon temps, nous avions une femme que certains appelaient la sorcière. Elle prédisait si ce serait un garçon ou une fille. Elle ne se trompait à peu près jamais.

Georgiana, qui était restée debout depuis son arrivée, chercha une chaise. Après s'être assise, elle s'enquit :

— Comment faisait-elle pour deviner ?

— Elle allait voir celle qui attendait de la visite. Elle l'examinait une ou deux minutes, puis demandait : “Est-ce toi ou ton mari qui couche le long du mur ?” Selon que c'était le mari ou sa femme, elle disait : “Ce sera un garçon, c'est sûr”, ou bien, “une fille, c'est certain”. Si elle se trompait, elle prétendait que la jeune femme ne lui avait pas dit qu'ils avaient changé de place dans leur lit, avant la naissance de leur enfant. “Penses-y bien ! Vous avez certainement changé de place un soir ou l'autre.” Ainsi, elle se donnait toujours raison. “De toute façon, continuait-elle, si vous m'en aviez parlé avant, je vous aurais dit comment vous y prendre pour avoir à coup sûr un garçon ou une fille.”

— Elle connaissait des trucs ?

— D'abord, ceux habituels pour deviner en voyant la future mère. Si elle avait le ventre pointu, ce serait une fille. Si au contraire elle portait son bébé bas, ce serait un garçon. Mais elle laissait entendre que, sur cette question, les couples devraient la consulter avant même de faire des enfants. Elle prétendait avoir un truc infaillible pour que ce soit un garçon.

— Avez-vous su lequel ?

— Elle ne l'a jamais révélé publiquement, mais il semble bien que son truc était très simple. Quand il faisait la chose, pour être certain d'avoir un garçon, elle conseillait au mari d'enrouler ses orteils dans un drap de laine. Si ça ne marchait pas et qu'une fille naissait, elle avait encore une défaite, disant que le drap de laine ne devait pas être assez vieux.

Ils continuèrent à bavarder comme ça de choses et d'autres. Denise, aidée d'Odette, se surpassa pour le repas du jour de l'An. On vit apparaître sur la table les plats auxquels on était habitué pour commencer l'année, en particulier tourtière et ragoût, mais, pour le dessert, Denise jugea bon d'ajouter aux beignes une tarte au citron avec meringue que tous dégustèrent avec grand plaisir. Tout en prenant une énorme bouchée, Guillaume parvint à dire :

— Ça change de la tarte à la farlouche.

Élise ne put se retenir de rappeler à son fils :

— On ne parle pas la bouche pleine.

— C'est mieux que les poches vides, rétorqua-t-il, ce qui les fit tous bien rire, à l'exception d'Élise qui ne semblait pas apprécier particulièrement la fête.

Elle paraissait pourtant heureuse de retrouver ses enfants autour de la table, mais de temps à autre on la sentait ailleurs.

Élise se plaignit :

— On dirait que Vianney ne fait plus partie de la famille… Il va me faire des petits-enfants que je ne connaîtrai jamais. Comment s'appelle celui qu'ils ont, déjà ?

Guillaume intervint :

— Vous le savez très bien, m'man. Ils ne l'ont pas appelé Aimé pour rien. Une chose est certaine, m'man, Vianney ne demeure pas tout à côté.

— D'après ce que l'oncle Louis nous dit, ce ne sont pas les sous qui leur manquent. Il aurait pu faire un effort pour se joindre à nous. Une fois par année, il me semble que ce n'est pas trop.

— Si Alberte attend de la visite, m'man, c'est peut-être mieux qu'elle ne voyage pas.

Profitant de ce que toute la famille était réunie, Odette intervint :

— Parlant de visite... Je t'annonce, mon chéri et à vous tous, que j'en aurai dans quelques mois.

Cette nouvelle les fit s'exclamer haut et fort. On entoura Odette et Guillaume pour les féliciter. Guillaume était aussi étonné de la nouvelle que tous les autres. Ce premier jour de la nouvelle année débutait sous de bons augures. Malgré tout, le lendemain, au moment où Philippe et Georgiana s'apprêtaient à regagner Sorel, profitant de ce que Philippe était à atteler le cheval et qu'elle se trouvait seule avec Guillaume, Georgiana lui demanda :

— Que se passe-t-il ?

— Que veux-tu dire ?

— M'man ne semble pas dans son assiette.

Guillaume n'esquiva pas la question.

— Elle n'est pas heureuse depuis qu'elle a perdu sa place de maîtresse de maison.

— Odette et elle se chicanent ?

— Non, mais m'man boude parfois comme un enfant. Odette lui a précisé les tâches qu'elle pouvait accomplir dans la maison. En plus, on l'a fortement invitée à se trouver des amies. Elle en a bien avec qui elle joue aux cartes une ou deux fois par semaine. En plus, elle ne passe pas une journée sans rendre visite à son amie Armande. Mais ce n'est peut-être pas la seule raison de son humeur. Je la soupçonne aussi, parce que nous vivons dans l'ancienne maison de la traverse, de trop jongler au passé.

Georgiana fit promettre à Guillaume de l'amener leur rendre visite à Sorel.

— Ça lui changera les idées. Nous y sommes bien, vous verrez. Mon beau-père a reconstruit sa fabrique et ça fonctionne mieux que jamais. J'ai bien hâte que ton enfant vienne au monde. Notre Georgette aura du plaisir avec le petit ou la petite quand elle viendra en visite. De notre côté, quand le petit frère ou la petite sœur de Georgette sera là, il faudra que vous veniez pour le baptême. Ce sera à l'été. Ça voyage bien.

— Il faudra que vous en fassiez autant quand Odette va mettre le nôtre au monde.

Philippe s'approcha. La *sleigh* était prête. Il salua Guillaume en déplorant le fait qu'ils n'aient pas pu échanger beaucoup durant ce court séjour.

— C'est d'même dans le temps des fêtes, répondit Guillaume. On commence à placoter avec un, on se fait couper la parole par un autre ou bien parce qu'il se passe quelque chose, on voit beaucoup de monde et à la fin on n'a pas eu le temps de parler à personne.

Bien emmitouflés dans des peaux de mouton, Philippe et Georgiana, la petite Georgette placée entre eux, partirent pour Sorel. Deux jours plus tard, c'était au tour de Victoire de prendre le train pour retourner à son pensionnat. Durant les fêtes, Francesca lui avait bien montré quelques nouvelles photos de Deschambault, mais ça ne lui avait rien rappelé. Francesca l'encouragea :

— Ne t'en fais pas, on finira bien par trouver.

Avec le départ de Victoire, la page des fêtes était tournée. La vie de tous les jours recommença, avec ses hauts et ses bas.

Chapitre 42

Le souper d'Élise

Le mois de mai se colorait de ses feuilles et de ses fleurs. Les chants des oiseaux égayaient les matins et l'air transportait des parfums nouveaux. Les jours de soleil, des petits nuages légers défilaient doucement, jetant de temps à autre une ombre bienvenue.

Depuis quelque temps, Élise avait retrouvé sa joie de vivre. Tout juste revenue d'une visite chez son amie Armande, elle chantonnait et paraissait être sur un nuage, à tel point que Denise se permit de le lui faire remarquer.

— M'man, il y a longtemps que je ne vous ai pas vue d'aussi bonne humeur.

— Ma fille, le printemps est ma saison préférée. Tout se met à revivre. Du temps de ton père, j'aimais le voir s'affairer à préparer la traverse. Sais-tu à quoi j'ai pensé ?

— Quoi donc ?

— Je veux souligner ce printemps d'une façon spéciale.

— Vraiment ?

— Je souhaite organiser un souper pour Basile, Armande et un invité particulier.

— Qui donc ? s'informa Odette.

— Vous le verrez en temps et lieu. Le pauvre Basile file un mauvais coton. Il me semble que ça lui fera du bien de partager un repas avec nous autres. Armande est bien inquiète. Heureusement que son aide travaille pas mal mieux qu'avant.

Denise s'informa de ce que sa mère souhaitait voir sur la table pour le souper. Elle proposa :

— Un soufflé au fromage, m'man ? Comme vous l'aimez ?

— Oh oui ! Si tu ne le rates pas.

— Inquiétez-vous pas. Je le servirai avec des patates, des saucisses et une fricassée de bœuf. Qu'est-ce que vous en pensez ?

— Ça ira.

— J'ajouterai un dessert spécial.

— Quoi donc ?

— Vous verrez. Moi, j'aurai la surprise de découvrir qui est invité à part Basile et Armande, vous, vous aurez au moins celle de voir apparaître mon dessert spécial sur la table.

Guillaume remarqua que, plus le jour de ce souper approchait, plus sa mère se montrait fébrile. La veille, elle avait échappé un pot de gelée sur le plancher, ce qui avait fait tout un dégât. Guillaume ne se souvenait pas d'avoir vu sa mère si nerveuse. Il en fut si intrigué qu'il lui demanda :

— M'man, ça va ? Voulez-vous bien me dire ce qui vous rend d'même ?

— Quoi donc ?

— Vous nous semblez à tous sur le gros nerf.

— Mais non.

— C'est vous qui le dites. Vous ne vous voyez pas ! Odette, Denise et moi, nous nous demandons ce qui se passe. Même Francesca, qui reste pourtant peu de temps à la maison, l'a remarqué.

Comme si elle voulait détourner la conversation, Élise s'écria :

— J'oubliais ! Tu diras à Francesca qu'elle invite le notaire pour le souper. Odette va être contente de voir son frère, et Basile et Armande pourront faire sa connaissance. Chaque fois que je rappelle que Francesca travaille pour lui, Armande me demande de quoi il a l'air. En plus, elle ne connaît pas très bien Odette. Ça va être une bonne occasion pour eux de se faire une idée de qui ils sont.

Malgré cette digression de sa mère, Guillaume n'avait pas perdu le fil de son idée. Il revint à la charge.

— J'ai l'impression, avança-t-il diplomatiquement, que vous auriez besoin de repos.

— Pas plus que d'habitude.

— Il me semble que vous allez moins jouer aux cartes.

— Mon garçon, si tu entendais tout ce que ces femmes racontent, la tête te tournerait parfois pas mal vite. C'est pour ça que de temps à autre, je saute mon tour. Mais, comme tu vois, je suis fidèle à rendre visite à Armande.

— C'est bien tant mieux. Dire que p'pa était le meilleur ami de Basile ! Il était un peu plus jeune que lui, mais ça ne l'a pas empêché de partir en premier.

— Justement, ce pauvre Basile est toujours à bout de souffle. Ça inquiète bien gros Armande. Elle pense qu'un beau jour, elle va le trouver mort dans son lit.

Habilement, Élise était parvenue à détourner l'attention de Guillaume à son sujet. Les préparatifs du souper allaient bon train. Le notaire Vallée confirma sa présence. Odette, Guillaume, Denise et Francesca se demandaient bien qui était l'invité secret, prétexte pour ce repas. Ils en avaient discuté entre eux et ils en étaient venus à la conclusion que les invitations à Basile et Armande, de même qu'à

Dominique Vallée, servaient à couvrir la venue du mystérieux invité.

— Pourvu qu'elle ne nous arrive pas avec monsieur le curé, fit remarquer Denise, non sans un certain bon sens.

— Ça serait le bout du bout ! s'écria Odette en ricanant. Pourtant, ça m'étonnerait, ta mère n'est pas une grenouille de bénitier.

Le jour du souper arriva, et même s'ils avaient tenté de deviner qui Élise avait invité, ils n'étaient pas plus avancés que la veille. Aussi furent-ils étonnés, et Guillaume en particulier, de voir apparaître à la porte Joseph Légaré, son ancien contremaître. Élise s'empressa d'expliquer :

— Monsieur Légaré a maintenant cessé de travailler aux carrosses, mais il a été si bon pour Guillaume quand il a assisté au terrible accident de Julien, que je tenais beaucoup à le remercier.

Le repas se déroula gaiement. Le notaire raconta une anecdote qui les fit bien rire :

— Croyez-le ou non, une de mes clientes voulait se marier en séparation de corps !

Comme il arrive souvent, il s'agit que quelqu'un raconte une histoire pour qu'un autre le relance. Leur invité décida donc de donner la réplique au notaire.

— Vous savez, commença-t-il, que les notaires ont mauvaise réputation. Il y en a plusieurs qui les disent voleurs.

Dominique accueillit la remarque en riant. Odette s'empressa d'assurer :

— Ce n'est pas le cas de mon frère.

Joseph poursuivit :

— Voilà pourquoi, dans l'histoire que je vais vous raconter, je mettrai plutôt deux avocats. Un homme était mourant. Il insista auprès de son épouse pour faire venir deux avocats et qu'ils se placent de chaque côté de son lit. "Pourquoi ?" lui demanda-t-elle. "Parce que, répondit-il, je veux comme Jésus-Christ mourir entre deux voleurs."

Tout le monde rit. De cette façon, histoire après histoire, le souper se passa dans la bonne humeur. Guillaume avait bien deviné qu'une autre raison motivait la présence de Joseph Légaré à leur table. Le repas tirait à sa fin. Le dessert spécial de Denise, un délicieux pouding au pain, assaisonné de cannelle et arrosé de sirop d'érable, venait d'être englouti et Denise parlait d'un petit digestif, quand soudain, sa mère les fit taire et prit la parole. Elle alla droit au but.

— Basile et Armande ici présents pourront vous le confirmer : Joseph et moi sommes fiancés.

Il se fit un grand silence. Fort heureusement, ils étaient encore tous assis, sinon on en aurait retrouvé le derrière par terre. Après un moment, Guillaume, qui revenait de sa surprise, comme s'il avait mal entendu, fit :

— Hein ?

— Pas vrai ! s'écria Francesca. Vous êtes fiancés ?

Celle-là, ils ne l'avaient pas vue venir. En souriant, Armande leur apprit qu'Élise et Joseph se fréquentaient depuis plusieurs semaines et que ce n'était pas pour rien qu'Élise lui rendait visite à la boulangerie presque chaque jour.

— Basile et moi, ajouta-t-elle, on leur sert de chaperons. De même, personne ne peut rien trouver à redire.

Guillaume étant un homme pratique, il s'informa aussitôt :

— La date du mariage est-elle fixée ?

— Dans un mois, leur apprit Élise, quand l'été sera là.

— Où vivrez-vous ?

— Chez Joseph. Il a sa maison, rue Loring.

Encore sous le choc, Guillaume se tut. Odette le relaya:

— Comptez-vous faire la noce là?

— Bien sûr! assura Élise.

— Pourquoi pas ici? suggéra Odette. Le terrain est grand. S'il fait beau, ce sera agréable au bord de la rivière.

Joseph, qui jusque-là n'avait rien dit, laissa entendre que l'invitation lui plaisait et qu'ils allaient y réfléchir. Élise semblait être du même avis. Revenu de ses émotions, Guillaume trancha:

— Il n'est pas dit que la noce va se faire ailleurs qu'ici. Quand vous aurez fixé la date, vous nous le ferez savoir. Je tiens à ce que ce soit une journée dont tout le monde se souviendra.

Une fois toute la famille informée de cette décision, Élise commença à rapailler ce qui lui tenait le plus à cœur. Elle fit transporter sa chaise berçante et une commode ainsi que son linge d'hiver chez Joseph. Elle allait emménager chez lui le soir même de ses noces.

Un mois plus tard, après la célébration du mariage, les noces se déroulèrent dans une atmosphère bon enfant avec en sourdine la musique joyeuse diffusée par le gramophone, cadeau de l'oncle Louis. Présent avec Vianney et Alberte, de même que leurs deux enfants, Aimé et Archange, l'oncle Louis avait pris soin d'apporter des rouleaux de musique appropriée. Il fut étonné de constater que Victoire n'était pas de la partie.

— La petite va revenir de son pensionnat dans quelques jours, l'informa Élise. Nous n'avons pas jugé bon de payer son passage aller et retour à Saint-Hyacinthe, avant qu'elle en revienne une semaine plus tard. Nous l'avons cependant prévenue que quand elle reviendrait, je ne serais plus à la maison.

Quand la noce fut terminée, et que les invités furent partis, les nouveaux mariés y compris, Guillaume resta songeur. À Odette qui lui demandait ce qui le tracassait tellement, il répondit :

— Jamais, au grand jamais, je n'aurais cru que ma mère se remarierait. Elle nous a bien eus en organisant tout ça en cachette.

— Faut croire que l'amour n'a pas d'âge, constata Odette.

— Te rends-tu compte que, depuis ma naissance, si on ne compte pas les voyages, c'est la première fois que ma mère ne couchera pas à la maison ?

— Nous n'en sommes pas à notre dernière surprise, commenta-t-elle.

Elle passa la main sur son ventre.

— Sans doute que la prochaine sera d'apprendre si j'aurai un garçon ou une fille.

Guillaume la serra dans ses bras.

— L'un ou l'autre, murmura-t-il, pourvu que ce soit un enfant en santé.

Chapitre 43

Où est passée Victoire ?

Juin se terminait, avec ses fleurs et ses journées chaudes et humides pendant lesquelles personne n'avait le goût de bouger. Il n'y avait qu'au bord de la rivière que l'on sentait l'air un peu moins lourd. Même les oiseaux semblaient économiser leurs chants. Les canards ne quittaient pas la surface de l'eau, les renards tout comme les chevreuils, que la soif attirait, se montraient plus souvent.

L'année scolaire étant terminée, Victoire devait arriver de Saint-Hyacinthe en train. Denise se rendit à la gare, quelques minutes avant l'arrivée du train de deux heures. Elle avait hâte de revoir celle qu'elle considérait comme sa jeune protégée. Elle s'imaginait à quel point, vu son âge, elle devait avoir changé depuis le temps des fêtes.

Le convoi était en retard de près d'une heure. Le chef de gare en prévint tous ceux qui attendaient sur le quai. Denise aurait eu le temps de retourner à la maison et de revenir, mais elle préféra s'asseoir sur le dernier banc au bout du quai et s'intéressa au va-et-vient des moineaux et des hirondelles qui avaient fait leur nid quelque part dans le comble de la gare. Au bout de dix minutes, elle se leva pour se dégourdir les jambes. Un homme dans la quarantaine qui s'amenait sur le quai l'interpella :

— Mademoiselle, vous oubliez votre sac !

Denise se souvint subitement qu'elle avait emporté le sac dans lequel elle gardait l'ensemble de ses recettes.

— Ah ! s'écria-t-elle. C'est bien aimable à vous de me le signaler.

— Y a pas de quoi ! Parfois, par mégarde, nous laissons derrière nous des choses qui nous tiennent à cœur. Voilà pourquoi je vous ai prévenue.

— Je vous en remercie beaucoup.

— Excusez ma curiosité, était-ce là quelque chose de précieux à vos yeux ?

— Vous ne pouvez pas savoir comment. J'ai là toutes les recettes de cuisine que j'ai pu recueillir depuis des mois.

— Vous vous intéressez à la cuisine ? Je présume que vous devez être une bonne cuisinière ?

Denise ne se fit pas trop modeste.

— Bonne, oui, c'est du moins ce que les autres disent.

— Heureux de faire votre connaissance. Je me présente : Raoul Denoncourt, aubergiste. Et vous êtes… ?

— Denise Courchesne.

— Êtes-vous de Drummond ?

— J'y suis née et y demeure toujours.

Curieuse, elle demanda :

— Vous tenez auberge à quel endroit ?

— Je viens tout juste d'acheter une maison rue Brock. Je compte la transformer en auberge ou, si vous préférez, en hôtel. Aujourd'hui, je prends le train pour Québec où je vais m'approvisionner en meubles. Mais j'y songe, mademoiselle Courchesne, il faudra venir me voir dans une semaine environ, au 35 de la rue Brock, à mon auberge, *Le Repos du guerrier*, j'aurais vraiment besoin d'un cordon-bleu à la cuisine.

— Je ne manquerai pas d'aller vous voir.

Ils causèrent encore un moment, puis le train entra en gare dans un nuage de fumée. La locomotive semblait sortir d'un nid de brume. À peine une poignée de passagers en descendirent. Après un bref salut à Denise, Raoul Denoncourt y monta. Denise s'attendait à voir apparaître Victoire, mais le train se remit en marche sans qu'elle en descende. Inquiète, elle s'informa au chef de gare s'il était possible de connaître la liste des passagers montés à Saint-Hyacinthe.

— Pourquoi donc ?

— Ma sœur devait être à bord.

— Désolé, mademoiselle. Nous ne tenons pas de registre de nos passagers.

— Se pourrait-il que ma jeune sœur ait oublié de descendre ici ?

— Je l'ignore tout autant que vous.

— À quelle heure ce train arrivera-t-il à Québec ?

— Vers les sept heures, s'il ne subit pas d'autres retards.

— Feriez-vous quelque chose pour moi ?

L'homme la regarda en esquissant un sourire :

— Qui, mademoiselle, ne le ferait pas pour vos beaux yeux ?

Interdite, Denise rougit. Le chef de gare en rajouta :

— Vous voilà encore plus belle ! s'exclama-t-il. Faites-moi part de votre désir. J'espère être en mesure de l'exaucer.

— Enverriez-vous un télégramme au chef de gare de Québec pour qu'au débarquement des voyageurs, il surveille s'il n'y aurait pas parmi eux une jeune fille de dix-neuf ans répondant au nom de Victoire Courchesne ?

— Victoire Courchesne, vous dites ? Je ne manquerai pas d'en prévenir mon confrère.

— Si jamais elle s'y trouve, dites-lui de voir à ce qu'elle puisse coucher en sécurité, nous irons la chercher et payerons les frais encourus pour elle.

Denise retourna à la maison et informa son frère de la situation. À sept heures quinze, Guillaume se trouvait à la gare et se renseignait auprès du chef de gare si Victoire avait été vue à Québec.

— Je suis désolé, il n'y avait pas de jeune fille de cet âge à la descente du train. Il faut savoir toutefois que si elle s'est rendu compte qu'elle avait dépassé Drummond, elle pourrait être descendue à n'importe quelle gare entre ici et Québec.

Guillaume revint, soucieux, à la maison. Quand il annonça à ses sœurs que Victoire n'avait pas été vue à Québec, ce fut la consternation. Francesca se laissa tomber sur une chaise en marmonnant quelque chose que personne ne comprit et Denise se mit à faire les cent pas dans la maison.

— La première chose à faire, murmura Guillaume, comme s'il se parlait à lui-même, est de savoir si elle est bien partie de Saint-Hyacinthe.

Denise, qui ne tenait plus en place et passait son temps à vérifier par la fenêtre si personne ne venait, proposa :

— Il faut envoyer un télégramme au pensionnat.

Guillaume acquiesça.

— C'est la bonne chose à faire.

Il se leva d'un bond et fouilla à bout de bras tout au fond de la plus haute tablette de l'armoire de cuisine où il mit la main sur un pot de verre servant de réserve en cas d'imprévu. Il y prit quelques sous et, sans plus attendre, se dirigea de nouveau vers la gare. En route, il se disait : « Il ne manquait plus que ça. Où peut-elle être ? » Arrivé à destination, après avoir pris le temps de bien choisir le nombre de mots afin d'épargner le plus possible, il fit expédier le télégramme suivant au pensionnat de Saint-Hyacinthe : *Prière de nous informer si Victoire Courchesne bien partie pour Drummond.*

Voyant que Guillaume comptait obtenir une prompte réponse, le chef de gare le prévint : « À mon avis, vu l'heure, il est bien inutile d'espérer une réponse avant demain matin. »

Guillaume, la mort dans l'âme, retourna à la maison. Quand il y parvint, sa mère, que Denise était allée chercher, s'y trouvait également. Les femmes étaient en grande discussion. C'est Francesca qui parlait :

— Je vous le dis, m'man, depuis deux ans, Victoire n'avait qu'une chose en tête : retrouver sa vraie mère.

— Nous ne connaissons même pas son nom !

— Sans doute, mais je peux vous dire que ça la travaillait passablement. Mais j'y songe ! Elle serait partie pour Deschambault que je n'en serais pas étonnée une seconde.

— Deschambault ?

— Oui, m'man. Je ne devais pas en parler, mais là, je pense qu'elle ne m'en voudra pas de vous le dire. Il y a deux ans, elle a commencé à se souvenir un peu de son passé. Elle m'en a parlé, car elle cherchait où se trouvait Deschambault.

— Pourquoi ?

— Parce qu'elle croit venir de là. Je ne sais pas si vous avez remarqué la même chose que moi, mais je trouve qu'elle a des traits d'Indienne.

La réflexion de Francesca fit réagir Denise et Guillaume qui s'exclamèrent en même temps :

— C'est vrai !

Comme Élise ne commentait pas, Guillaume demanda :

— M'man, vous ne trouvez pas ?

Élise mit un peu de temps à répondre.

— Peut-être bien, après tout.

— J'en suis certaine, renchérit Denise. Regardez ses yeux foncés, ses cheveux noirs et ses pommettes saillantes. Elle a du sang indien, c'est certain.

Repliée sur elle-même sur sa chaise, les coudes sur les genoux, Francesca semblait réfléchir profondément. Elle dit subitement :

— Il y a autre chose qui soudain me revient. Victoire pensait s'être retrouvée à la traverse en y venant sur l'eau, à bord d'un canot. Se pourrait-il qu'elle ait été reconduite jusqu'ici en canot par un Indien ? Dans ce cas-là, ça vaudrait la peine d'aller s'informer du côté de la réserve, vous savez, celle qui est située sur la rivière Saint-François, près du fleuve.

Guillaume lança spontanément :

— La réserve Saint-François ? Elle est justement pas très loin de Sorel. J'avais promis à Philippe et Georgiana que nous irions leur rendre visite quand leur nouveau serait arrivé. Nous allons y aller et pas plus tard qu'en fin de semaine. Et tant qu'à y être, nous poursuivrons notre route jusqu'à cette réserve et enquêterons chez les Indiens.

Chapitre 44

Le voyage

Guillaume tint parole. Tôt le samedi matin, il était à la gare pour se faire remettre un télégramme confirmant que Victoire avait bien pris le train à Saint-Hyacinthe. Dès son retour à la maison, il partait pour Sorel, accompagné de sa mère et de Francesca, pendant que Denise restait avec sa belle-sœur Odette, qui préférait ne pas faire le voyage étant donné sa grossesse avancée. Guillaume regrettait presque sa décision. Le temps couvert annonçait de la pluie. La route menant à Sorel, mal entretenue, était parsemée de passages difficilement praticables. Si la pluie se mettait de la partie, Guillaume n'osait pas penser dans quel bourbier il risquait de s'enliser. Il savait cependant qu'il s'agissait d'une route passablement fréquentée et que s'il avait besoin de s'arrêter pour dépanner quelqu'un, un ou des voyageurs éventuels en feraient tout autant pour lui. De toute façon, avaient-ils le choix? Une voiture enlisée sur cette route bloquerait le passage de toutes les autres.

Tout au long de leur trajet, la pluie menaça. Ils se comptèrent chanceux, car elle ne commença à tomber qu'au moment où ils arrivaient à Sorel. Philippe et Georgiana leur avaient bien indiqué le chemin à suivre dans les rues du village pour atteindre leur maison. Ils y arrivèrent trempés, mais heureux. Ils furent accueillis à bras ouverts. Philippe aida Guillaume à mettre cheval et voiture à l'abri, pendant qu'Élise comblait son désir de grand-mère en tenant dans ses bras son petit-fils Olivier, né un mois plus tôt.

Francesca ne fut pas longue à dévoiler le deuxième motif de leur venue. Pendant que Georgiana, sensible au récit de Francesca, laissait poindre son inquiétude au sujet de Victoire, en homme pratique, Philippe planifiait déjà le programme. La journée était passablement avancée. Il proposa :

— J'accompagne tout de suite Guillaume au village indien. Nous y passerons la nuit et reviendrons demain vers midi pour vous donner le temps de retourner à Drummond.

Francesca intervint :

— J'y vais avec vous autres. Après tout, c'est moi qui en connais le plus au sujet de cette histoire. Je dois être là pour ma petite sœur.

Guillaume et Philippe acquiescèrent. Philippe attela son cheval à sa voiture toute neuve, munie d'un toit contre les intempéries et, une demi-heure plus tard, ils partirent pour la réserve de Saint-François, située à une vingtaine de milles de Sorel. En route, Philippe se fit raconter toute l'histoire par Francesca. Il décida :

— Nous nous adresserons au chef en personne. S'il y a quelqu'un capable de nous éclairer à ce sujet, c'est sûrement lui. Chez les Indiens, le chef est ordinairement informé de tout. Vous verrez, ce sont des gens très accueillants.

Guillaume demanda :

— De quelle tribu sont-ils ?

— Ce sont des Abénaquis venus du Connecticut et, plus récemment, leur nombre a été augmenté par une bande autrefois cantonnée dans la Beauce.

— En connais-tu parmi eux?

— Un type qui travaille à la fabrique de mon père est marié avec une Indienne de cette tribu. J'ai eu l'occasion, une fois, d'aller là-bas avec lui. Vous verrez, ils sont bien corrects.

— Pourrons-nous coucher là?

— Sans problème. Ils aiment recevoir des Blancs comme nous. Mais armez-vous de patience, il faut vous attendre à palabrer passablement de temps avec eux avant d'en venir au sujet principal. Vous aurez à expliquer en long et en large ce qui vous amène chez eux. Il ne faut pas vous attendre à ce qu'ils répondent clairement à vos questions. Ils sont comme ça. Si jamais Victoire a été amenée à Drummond par l'un d'entre eux, l'histoire doit être connue du chef. Il ne laissera rien paraître, mais chose certaine, il fera une enquête parmi les siens pour la retracer si jamais sa disparition leur est attribuable. Au moment où vous vous en attendrez le moins, l'un d'eux vous arrivera avec des éclaircissements, sinon avec votre sœur.

Francesca ne manqua pas de réagir:

— Espérons, soupira-t-elle, que nous sommes sur la bonne piste.

Philippe l'encouragea:

— L'idée qu'elle soit arrivée en canot jusqu'à Drummond n'est pas bête du tout. En plus, comme vous dites, elle a des traits indiens. Il y a de fortes chances, si elle venait d'ailleurs, qu'elle ait transité de Deschambault à Drummond par ce village.

— Ce qui m'intrigue le plus, avoua Francesca, c'est cette histoire de Deschambault. À ma connaissance, il n'y a pas d'Indiens par là.

— Ça ne veut rien dire. Des Indiens ou des descendants d'Indiens, il y en a partout, même à Drummond, j'en suis certain.

Les choses se déroulèrent exactement comme l'avait laissé entendre Philippe. Ils furent très bien accueillis à Saint-François. On leur offrit même à souper avec un plat de lièvre accompagné de banique. Ils dormirent dans une cabane servant de gîte pour les visiteurs. On les assura que tôt le lendemain le chef Joseph Portneuf les recevrait. C'était un homme d'une cinquantaine d'années, à l'œil vif et au sourire affable. Il les accueillit sous sa tente en compagnie de trois vieux Indiens qui ne dirent pas un mot de toute la durée de leur rencontre.

Après qu'ils eurent pris le temps de révéler le pourquoi de leur venue, le chef les soumit à plusieurs questions sur leur travail et le déroulement de leur vie. Il se montrait curieux de tout ce qu'ils racontaient, apparemment pas du tout pressé d'en venir au vif du sujet. Le temps filait. Sans le laisser voir, Guillaume commençait à s'impatienter. Ils finirent par demander au chef s'il savait quelque chose à propos de Victoire. Si ce dernier en avait entendu parler, à aucun moment il ne le laissa paraître. Il était onze heures bien sonnées quand ils purent enfin repartir. Sur le chemin du retour, Philippe confia qu'il avait l'impression que le chef était informé de cette histoire.

— Qu'est-ce qui te laisse croire ça ? questionna Guillaume.

— Son attitude en général. Tu as dû remarquer qu'il a pris bien du temps à vous laisser parler, toi et Francesca, de ce qui vous préoccupait. Ensuite il n'a pas posé de questions pour demander plus de précisions. Tout ça me donne l'impression qu'il en sait beaucoup plus qu'il ne veut le laisser croire.

— Tant mieux, soupira Francesca. De même, Victoire devrait être vite retrouvée.

De retour à Sorel, après avoir mangé en vitesse, ils reprirent sans tarder le chemin de Drummond. Le soleil brillait, effaçant les traces de pluie de la veille. Heureuse de sa visite à Georgiana qui lui avait permis de rencontrer son nouveau petit-fils, Élise ne rouspéta pas, comme elle l'avait fait la veille, dans les bouts de chemin où ils se faisaient brasser comme des sardines en boîte. Victoire n'était pas retrouvée, mais Guillaume et Francesca étaient persuadés qu'ils étaient sur la bonne piste. Victoire leur reviendrait, tout comme le jour où elle était apparue seule à la traverse.

— Si jamais nous n'avons pas de nouvelles d'elle, laissa entendre Guillaume, il faudra bien aller voir du côté de Deschambault.

— J'irai, promit Francesca. Dominique me donnera congé, j'en suis certaine. Ce n'est certainement pas pour rien que Victoire s'est souvenue de cet endroit.

Une fois à Drummond, Guillaume laissa sa mère chez elle. Elle insista :

— Si vous avez des nouvelles de Victoire, il faut me le faire savoir.

— Ne vous inquiétez pas, m'man, on va vous tenir au courant.

Francesca se fit rassurante :

— Il ne faut pas vous empêcher de dormir, m'man, je suis certaine que Victoire est en sécurité. On finira bien par apprendre le fin mot de l'histoire.

Chapitre 45

À Deschambault

Voyant qu'aucune nouvelle ne parvenait de la réserve indienne de Saint-François, Francesca tint parole. Se servant de ses économies, et après avoir demandé congé au notaire, qui le lui accorda avec empressement, elle prit le train pour Québec. De savoir Victoire quelque part dans la nature la rendait nerveuse et inquiète. Qu'est-ce qui pouvait bien lui être arrivé ? Pourquoi ne donnait-elle pas de ses nouvelles ? Avait-elle été enlevée ? S'était-elle souvenue de quelque chose en particulier qui l'avait incitée à ne pas revenir à Drummond ? Était-elle restée à Québec, parce qu'incapable de se rendre à Deschambault ?

Parvenue à destination, au bout de cinq heures, aussitôt descendue du train, elle demanda où elle pouvait prendre la diligence menant à Deschambault. Fort heureusement, ce n'était pas loin de la gare. On lui apprit qu'il lui faudrait attendre au lendemain pour pouvoir gagner Deschambault, alors elle s'arrêta au premier hôtel et loua une chambre pour la nuit.

À sept heures le lendemain, la diligence partait pour Trois-Rivières. Francesca y avait acheté sa place jusqu'à

Deschambault. La voiture prit la direction de l'ouest par la rue des Fossés et continua sa route par le chemin du Roy vers Saint-Augustin, qu'elle traversa sans s'y arrêter. Par la fenêtre, Francesca ne perdait rien de ce qu'elle pouvait apercevoir. De la route de terre montaient, sur leur passage, des nuages de poussière qu'heureusement le vent d'ouest balayait derrière la voiture. La route cahoteuse ne laissait guère de repos aux passagers, une vieille dame et trois hommes qui, au tout début, ne prononcèrent pas une parole avant que l'un d'eux se mette à pester contre les cantonniers incompétents.

— Oui, je vous le dis. Nous vivons dans un pays de broche à foin. Regardez l'entretien des routes, par exemple. Qu'est-ce que vous en dites ? Il devrait y avoir des règlements obligeant les propriétaires des terres à entretenir leur bout de route !

Un gros homme rougeaud, assis sur le banc en face de celui qui venait de parler, ne put se retenir de lui rafraîchir la mémoire.

— Ça se faisait de même du temps des seigneuries et des grands voyers. Aujourd'hui, c'est à nos dirigeants à voir à l'entretien des routes et surtout du chemin du Roy.

— Nos dirigeants, grogna le premier, parlons-en donc !

Le troisième homme, mince et sec, intervint nerveusement.

— Permettez-moi, messieurs, de vous prévenir que vous vous avancez là sur un terrain glissant. Parler politique soulève généralement les passions. Vous n'avez qu'à vous référer à ce qui se passe dans le temps des élections. On rapporte chaque fois des batailles épiques. Pourquoi ne pas nous apprendre plutôt ce qui nous oblige à faire ce déplacement en diligence ? Pour ma part, ça ne saurait guère vous intéresser, je m'en vais à l'enterrement d'un de mes frères à La Pérade, mais peut-être que l'un d'entre vous a quelque chose d'intéressant à raconter au sujet de son déplacement ?

— Je sympathise avec vous, monsieur, formula le gros rougeaud en soulevant son chapeau. La perte d'un frère est toujours quelque chose de douloureux.

— Et nos compagnes de voyage, intervint l'autre, veulent-elles bien nous dire où elles vont ?

Francesca, que ce monsieur zieutait depuis le départ, répondit spontanément :

— À Deschambault, y chercher ma jeune sœur.

— Dans ce cas, vous ne tarderez pas à nous quitter, déplora son interlocuteur. Nous approchons déjà de Neuville. Il y a ensuite Donnacona, Portneuf, et puis Deschambault. Êtes-vous originaire de là ?

— Non pas, mais de Drummond.

— Hein ? Qu'est-ce que votre jeune sœur fait à Deschambault ?

Francesca, que cet interrogatoire commençait à mettre mal à l'aise, pensa s'en tirer en prétendant que Victoire y était en visite chez sa marraine. L'autre sauta sur l'occasion de prolonger la conversation en annonçant :

— J'ai de la parenté par là. Comment se nomme la marraine ?

Francesca ne réfléchit pas longtemps. Elle lança le premier nom qui lui passa par la tête.

— Marguerite Hamelin.

Le bonhomme ouvrait la bouche pour lui poser une question. Elle n'eut heureusement pas à en rajouter, car la voiture fit un soubresaut en roulant sur un caillou saillant et les secoua aussi fort que si ce fut un pommier.

— Heureusement que nous ne sommes pas des pommes ! s'écria la vieille en ricanant. Nous serions tous tombés sur le derrière en bas du pommier.

Sa réflexion les fit bien rire. C'est à elle ensuite que le rougeaud s'adressa pour savoir où elle se rendait. Francesca ne prêta plus attention à leur conversation. Une trouée entre les arbres laissait apercevoir le fleuve. Elle s'intéressa au paysage qui défilait sous ses yeux. Ils arrivèrent ainsi à Donnacona sans qu'elle ait à ajouter un mot. La conversation de ses compagnons de voyage dériva ensuite sur le métier de croque-mort qu'exerçait le petit homme sec. Quand, enfin, la voiture entra à Deschambault, Francesca fut heureuse d'en descendre. Elle en avait assez d'entendre parler de morts et surtout, elle espérait trouver Victoire saine et sauve.

Deschambault était un village assez important. Fort heureusement, la diligence s'arrêta près de l'église. Francesca, valise à la main, se dirigea droit vers le presbytère. « Si quelqu'un peut avoir entendu parler de Victoire, se dit-elle, c'est bien le curé. » Elle frappa à la porte. La femme qui vint répondre la reluqua comme si elle était une quêteuse. Francesca alla droit au but :

— J'aimerais parler à monsieur le curé.

— À quel sujet ?

— Je le lui apprendrai moi-même, si ça ne vous offusque pas.

— Que voulez-vous que je lui dise ? Qu'une jeune femme désire lui parler ?

— C'est en plein ça, ma bonne dame.

L'autre la planta là et lui tourna le dos en murmurant. Quelques minutes plus tard, le curé, un petit homme bedonnant, s'approcha et invita Francesca à le suivre.

— Vous pouvez laisser votre valise près de la porte. Vous la reprendrez en sortant.

Francesca s'exécuta. Elle suivit le curé jusqu'à une pièce sentant le tabac à pipe, qu'elle devina être le bureau de ce curé qui, de prime abord, lui sembla sympathique.

— Je présume que vous voulez vous confesser ? commenta-t-il.

— Non pas, répondit Francesca en secouant la tête. J'ai plutôt plusieurs questions à vous poser. Vous n'auriez pas entendu parler depuis un jour ou deux d'une jeune fille inconnue dans votre paroisse ?

— Une jeune fille de quel âge ?

— Dix-neuf ans, nommée Victoire Courchesne.

— Victoire Courchesne... La dernière fois que j'ai entendu le prénom de Victoire, il était porté par une enfant de sept ans environ. Sa mère, domestique chez la famille De Mont, venait de mourir. Du jour au lendemain, la petite a disparu. On l'a longtemps cherchée aux alentours et on a pensé qu'elle s'était noyée.

— La famille De Mont avait-elle du sang indien ?

Le curé sursauta en jetant un curieux regard à Francesca.

— Que dites-vous là, mademoiselle ? Les De Mont ne peuvent pas être plus français.

— Et la mère de la Victoire dont vous avez parlé, travaillait donc comme domestique chez eux ? Avait-elle du sang indien ?

Le curé se montra intrigué par les questions de Francesca.

— Pourquoi me demandez-vous tout ça ?

— Tout simplement parce qu'il y a douze ans, Victoire Courchesne a été trouvée à Drummond, assise seule au bord de la rivière Saint-François, à la traverse dont mon père s'occupait. Elle avait alors environ sept ans. Personne ne l'a réclamée. Mes parents l'ont adoptée. Elle ne se souvenait pas d'où elle venait, jusqu'à ce que, il y a deux ans, elle entende parler de Deschambault et prétende se souvenir y avoir vécu. Comme elle a des traits indiens, nous pensons que son père ou sa mère devaient l'être.

Le curé se tut et, après réflexion, laissa entendre :

— Cette domestique, après tout, était peut-être indienne.

Comme s'il ne voulait pas s'avancer plus loin sur ce sujet, il s'empressa de rappeler qu'on ne lui avait pas rapporté la présence au village d'une jeune fille de dix-neuf ans. Francesca lui demanda :

— Comme je compte passer la nuit ici, auriez-vous un endroit à me recommander où je pourrais coucher à bon prix ?

— Madame Falardeau, qui reste à une rue d'ici, met une chambre à la disposition des gens de passage. C'est une vieille dame qui aime bien recevoir et elle se fait ainsi quelques sous bienvenus pour lui permettre de survivre.

Francesca se fit indiquer par le curé l'endroit exact de cette pension. Elle lui fournit ensuite ses coordonnées en lui demandant de lui envoyer un télégramme si jamais il entendait parler de Victoire. Après l'avoir remercié, elle lui dit :

— Vous allez ainsi faire un acte de charité dont le bon Dieu vous tiendra compte. Vous ne pouvez pas savoir à quel point nous sommes inquiets au sujet de Victoire.

Reprenant sa valise, elle quitta le presbytère et se dirigea droit chez madame Falardeau. C'est l'esprit ainsi tourmenté qu'elle frappa à la porte de la pension. Le curé ne s'était pas trompé. Cette vieille dame, par son accueil chaleureux, montra à Francesca à quel point elle aimait avoir de la compagnie. Elle la conduisit à sa chambre.

— Installez-vous, mademoiselle, et venez me retrouver ensuite pour que nous ayons le temps de jaser un peu.

Heureusement, la journée n'est pas encore trop avancée. J'ai hâte de faire meilleure connaissance avec vous. Vous avez sans doute faim. Je vous prépare du thé et de quoi vous régaler.

Francesca, qui n'avait grignoté qu'un bout de pain pendant le trajet jusqu'à Deschambault, fut heureuse de l'entendre parler de nourriture. À peine était-elle revenue au salon, que la vieille dame lui apportait une tasse de thé tout en lui demandant ce qui l'amenait à Deschambault.

Après que Francesca eut révélé les motifs de sa présence, la vieille femme leva la main comme pour lui signifier de se détendre et d'écouter.

— Je vais vous apprendre quelque chose, assura-t-elle, qui va vous étonner. Il fut un temps où les De Mont avaient des esclaves, et non des domestiques.

Francesca ouvrit de grands yeux.

— Des esclaves ?

— Oui. Et pas des esclaves nègres comme vous pouvez le penser, mais bien des esclaves indiens.

— Des Indiens ?

— Oui, parce qu'ils les utilisaient pour la traite des fourrures. Les Indiens savaient comment piéger les animaux, alors ça rapportait gros aux De Mont. Ils avaient au moins deux Indiens à leur service, le père et son fils. Quand le fils s'est marié et a eu des enfants, les De Mont ont continué à tous les faire travailler comme des esclaves, même si on a aboli l'esclavage depuis 1833 ! J'étais toute jeune à cette époque, mais je me souviens très bien de m'être promenée du côté du domaine des De Mont. Les Indiens qui leur servaient de domestiques vivaient dans une maison à l'arrière du manoir de leurs maîtres.

Plus madame Falardeau parlait, plus se dessinait dans la tête de Francesca le scénario qui devait être à l'origine de l'arrivée de Victoire à Drummond. Sa sœur pouvait fort bien avoir fait partie de cette famille d'esclaves indiens. Les propos de la vieille dame vinrent en quelque sorte confirmer son hypothèse :

— Il y a environ vingt-cinq ans, un des fils De Mont a épousé une de ces Indiennes, la plus jeune de la famille. Vous pouvez être certaine que les gens du village en ont parlé longtemps ! Ça chuchotait : “Les v'là maintenant qui s'marient avec leurs esclaves.” Ce garçon De Mont eut trois enfants avec elle. Comme c'était un courailleux, et pis colérique à part de ça, un beau jour, il la planta là et disparut du paysage. Les parents du garçon, pour faire taire les gens, et sans doute aussi pour aider leur bru à se sortir de la misère, car elle avait des enfants sur les bras, l'ont reprise comme domestique et l'ont installée avec sa marmaille dans l'ancienne maison où avaient vécu ses parents et grands-parents comme esclaves. La mère est morte, ça doit faire à peu près douze ans. On ne sait pas trop comment, mais, du jour au lendemain, ses enfants ont disparu dans la nature. Je me souviens très bien que les De Mont les ont fait rechercher. Ils ont même offert une somme à qui les ramènerait.

— Vous souvenez-vous des enfants ?

— Je ne les connaissais pas, mais je me souviens que la plus jeune était une fille et les deux autres, des garçons.

— Croyez-vous que quelqu'un pourrait m'en apprendre plus au sujet de la jeune fille ? Monsieur le curé par exemple ?

— Il n'y a que cinq ans qu'il est par ici. Mais, en y pensant bien, mon ami Ange-Albert Desruisseaux pourrait peut-être mieux vous aider que moi. Il les connaissait assez bien. Il fournissait les De Mont en pain.

— Pensez-vous que je pourrai lui parler demain ?

— Ça devrait. À son âge, il est comme moi : il ne bouge pas beaucoup de chez lui…

Le lendemain, Francesca se retrouvait chez Ange-Albert Desruisseaux. Madame Falardeau avait tenu à l'accompagner. Après que Francesca eut expliqué la raison de sa présence, le vieil homme, qui semblait avoir encore tous ses moyens, confirma que c'était bien trois enfants qui avaient disparu dans la nature après la mort de leur mère.

— Il y a du Sauvage en dessous de ça, j'en suis certain… Tout de suite après le service de la défunte, au moment où les quelques personnes qui assistaient à l'enterrement jetaient de la terre sur le cercueil, on se rendit compte que les trois jeunes avaient disparu. Où étaient-ils passés ? Tout le monde se l'est demandé. J'ai souvenir que quelqu'un a prétendu avoir vu, ce matin-là, un grand canot de Sauvages sur le fleuve. Même si les De Mont promirent une bonne récompense à qui les mettrait sur la piste des enfants, personne n'a plus jamais entendu parler d'eux.

— Vous qui leur fournissiez le pain, connaissiez-vous le nom des enfants ?

— Non, mais je me souviens que la mère s'appelait Victoria. Ça devait être en l'honneur de la reine d'Angleterre.

Francesca en avait suffisamment appris. Elle tenait à se retrouver à Québec le soir même pour y prendre son train le lendemain. La diligence venant de Trois-Rivières arrêtait à Deschambault à deux heures. Elle dîna en compagnie de madame Falardeau et, heureuse des renseignements qu'elle détenait, sauta dans la diligence pour Québec à l'heure dite. Toutefois, en route, une question ne lui quittait pas l'esprit. Où Victoire pouvait-elle être ?

Chapitre 46

L'enlèvement

Cette nuit-là, Victoire rêva de Drummond et de la maison de la traverse. Un homme qui lui tournait le dos s'affairait à ramasser du bois de grève au bord de la rivière. Elle crut le reconnaître et l'appela : « Guillaume, c'est moi, ne t'en va pas ! Attends-moi ! » Il s'arrêta. Elle s'approcha. Il se tourna vers elle. Ce n'était pas Guillaume ! Elle poussa un cri et se réveilla, le cœur battant à tout rompre. La chambre était plongée dans le noir. La réalité lui revenait d'un coup. Depuis combien de temps était-elle dans cette chambre, prisonnière de cet inconnu ?

Il n'y avait pourtant rien qu'elle aurait tant souhaité que de se retrouver à Drummond. Le train avait filé de Saint-Hyacinthe à Acton Vale. Son amie Geneviève l'avait quittée à la gare d'Acton et c'est alors qu'un homme qui occupait le banc juste derrière celui où elle se trouvait s'était approché.

— Je t'ai entendue parler de Deschambault avec ta compagne. Est-ce là où tu habites ?

— J'y suis née.

— À Deschambault ? Et moi aussi. Où t'en vas-tu comme ça ?

— À Drummond.

— Tu disais à ton amie que tu ne savais pas trop comment te rendre à Deschambault. As-tu l'intention d'y aller bientôt ?

— Bien sûr !

— Dans ce cas, tu sais que tu dois rester dans le train à Richmond si tu veux continuer vers Québec, et ensuite tu dois prendre une diligence vers Deschambault.

Elle pensa qu'il allait la laisser tranquille, mais il proposa :

— Si tu veux te rendre à Deschambault, as-tu l'argent pour payer ton billet ?

— Non, mais un jour je l'aurai.

— Veux-tu gagner des sous ?

— Certainement.

— Eh bien, je peux facilement te faire obtenir le prix de ton billet en quelques jours. Je possède un magasin général à Richmond, tu pourrais y travailler quelque temps.

— Mais que va dire ma famille si je ne les préviens pas ?

— Nous allons leur faire parvenir un télégramme.

C'est ainsi que, se fiant aux belles paroles de cet homme, elle descendit du train à Richmond et le suivit jusqu'à cette maison qu'il disait être la sienne. Elle n'avait pas vu le magasin dont il prétendait être le propriétaire.

Depuis, elle était enfermée dans cette chambre. Ça devait bien faire au moins une semaine. Elle ignorait toujours ce qu'il attendait d'elle et pourquoi il la séquestrait ainsi. Il venait de temps à autre, entrouvrait la porte et lui glissait un peu d'eau et de nourriture. Il lui avait laissé un pot de chambre qui débordait. Elle se demandait quand il le viderait. C'est précisément en réfléchissant à cela que lui vint l'idée qui la sauva. Quand il entrouvrit la porte pour lui remettre son repas, elle lui lança le contenu entier de son pot de chambre à la figure. Profitant de la surprise de son geôlier, elle se faufila dans le corridor et parvint à lui échapper. La première chose qu'elle sut, elle se retrouva dans la rue où, souple et vive comme elle l'était, elle prit le large à la course.

Par où était-elle venue et par quelles rues se retrouva-t-elle au presbytère ? Elle n'aurait pas su l'expliquer elle-même. Elle se trouvait cependant au bon endroit. Si quelqu'un pouvait lui venir en aide, c'était bien le curé. La voyant si agitée, il commença par la calmer en la priant de reprendre son souffle et ses idées. Elle lui raconta sa mésaventure. Il voulut savoir si elle était en mesure de lui indiquer la maison où cet homme l'avait enfermée. À la simple idée de chercher à retrouver cette maison, elle tremblait de tous ses membres. Quelques heures plus tard, le curé la confia à un de ses paroissiens qui partait en voiture pour Drummond.

Fort heureusement, la journée était belle. Les nuages voyageaient rapidement dans le ciel, jouant à la cachette avec le soleil. Soudain, comme recouverte d'un drap, la forêt s'assombrissait d'un coup, pour s'éclairer vivement quelques minutes plus tard, quand le soleil perçait les nuages. La route serpentait en bordure de la rivière, se pliant à ses moindres caprices.

Assise sagement sur le deuxième banc dans la voiture, Victoire ne desserra pas les dents de tout le trajet. Elle appréhendait le moment où elle arriverait à la maison et devrait faire part de sa mésaventure. L'homme qui la ramenait à Drummond semblait fort aimable. Malgré tout, elle était méfiante. Il gardait constamment sa pipe à sa bouche mais trouvait le moyen de turluter de temps à autre, en même temps qu'une grive ou un goglu laissaient fuser leur chant. Prévenu par le curé de ce que Victoire venait de vivre, il ne la harcela pas de questions. Il ne fit que lui demander, à l'approche de Drummond, où elle voulait qu'il la dépose. Elle eut ainsi tout le loisir de se préparer une excuse pour tout ce qui lui était arrivé. Elle savait même de quelle façon elle comptait rapporter son infortune.

En voyant paraître les premières maisons de Drummond et se dessiner au bord de l'eau la silhouette du moulin Vassal, elle poussa un long soupir. Elle repassa dans sa tête, depuis sa descente du train, chaque instant de sa malheureuse histoire. Tout cela parce qu'elle désirait tellement en connaître plus sur ses origines !

La voiture atteignit la rue du Couvent et emprunta la rue Heriot. Le conducteur demanda à nouveau où elle demeurait. Elle le lui répéta, disant qu'il pourrait fort bien la laisser descendre tout de suite et qu'elle s'y rendrait à pied. Il insista pour l'y mener. Elle était si préoccupée par la façon dont elle serait reçue que ce n'est qu'à ce moment-là qu'elle se rappela que sa valise était demeurée dans la maison de son ravisseur.

Alors que le soir tombait, que les lumières de rue s'allumaient, comme une naufragée rescapée, elle entra à la maison de la traverse, deux minutes à peine avant que Francesca y arrive à son tour.

Chapitre 47

Odette donne une bonne frousse

Préoccupée par sa recherche de Victoire, Francesca fut stupéfiée par ce qu'elle vit en arrivant à la maison. D'abord, Victoire elle-même, qui venait à peine de la précéder. Francesca poussa un cri de joie et la serra dans ses bras. Alertés par son cri, Denise, Élise et Guillaume accoururent. Les effusions ne se prolongèrent pas, car un autre problème les tenait tous préoccupés. On se serait cru en plein drame. Odette donnait prématurément naissance à son enfant. Au dire de Denise, les choses ne se passaient pas comme elles auraient dû. Le travail ayant commencé la veille, le docteur Bérard avait accouru dès que Guillaume était allé le chercher. Il avait laissé tout de suite entendre qu'il aurait été préférable qu'Odette puisse prolonger sa grossesse d'un mois. Un enfant prématuré, prévint-il, risque fort de ne pas tenir le coup. Si jamais il naissait, il faudrait le garder continuellement au chaud, ce qui n'était pas une sinécure. Élise s'était spontanément offerte pour s'occuper d'Odette. Denise et elle se relayaient depuis plusieurs heures à son chevet. Guillaume, que les femmes tenaient à l'écart, ne vivait plus. Comme un ours en cage, il faisait les cent pas dans la cuisine. Il énervait tellement tout le monde que sa mère lui conseilla de se réfugier ailleurs et, en même temps, d'emmener Victoire avec lui.

— Où voulez-vous que j'aille, m'man ?

— Chez moi. On ira vous chercher quand le bébé sera là.

— Joseph ne voudra pas nous voir.

— Comment ça ? Ce n'est pas un sauvage. C'est ton ami. Il va t'endurer facilement et je voudrais bien qu'il ne veuille pas te voir. Icitte, tu énerves tout le monde et c'est déjà assez fatigant comme ça.

Guillaume n'avait pas le choix. Il partit avec Victoire. Les femmes restèrent seules avec le docteur. Il y avait maintenant plus de seize heures que ça durait.

— Cet enfant veut et ne veut pas naître…, se plaignait Élise.

Elle n'avait pas dormi de la nuit. Pour lors, après plusieurs alarmes, le bébé ne semblait pas pressé de naître. L'arrivée de Francesca permit de donner un peu de répit à sa mère et à Denise. Élise se retira dans la chambre de Francesca pour se reposer un peu. Denise resta auprès du médecin, au cas où l'enfant se déciderait enfin à se montrer le bout du nez. Puis, les choses se calmèrent. Odette cessa d'avoir des contractions. Le docteur Bérard, assis non loin du lit, en profita pour piquer un petit somme. Denise alla s'étendre dans sa chambre, tandis que Francesca veillait sur Odette. L'accalmie, cependant, fut de courte durée, car la mère se mit de nouveau à gémir. Tout le monde fut d'un coup sur pied. Élise et Denise se retrouvèrent devant la chambre, hésitant à déranger le médecin.

— Pourquoi, fit remarquer Denise, la porte est-elle si étroite ? Le bon Dieu a manqué son coup en faisant les femmes de même.

— Ne t'en prends pas au bon Dieu, lui reprocha sa mère. Il sait beaucoup mieux que nous autres ce qui est bon ou pas pour nous.

— Mais, m'man, vous ne pouvez pas dire le contraire. Il me semble que ça devrait être beaucoup plus facile de venir au monde.

— Tu dis ça parce que pour Odette c'est difficile, tandis qu'il y en a qui accouchent comme ça sans problème.

— Pour vous, m'man, est-ce que ç'a été difficile ?

— Pas une seule fois. Si Aimé était icitte, il te le dirait. C'est vrai que ç'a beau être douloureux, après, quand on a le petit ou la petite dans les bras, on oublie tout.

Un cri venu de la chambre les fit sursauter. Tout repartait. Élise et Denise se précipitèrent. Restée auprès du docteur Bérard, Francesca avait l'air inquiet.

— Je ne connais pas ça, m'man, chuchota-t-elle, mais ça n'est certainement pas normal. La pauvre Odette est plus blanche que ses draps. Le docteur lui dit de pousser et elle ne semble pas l'entendre.

Comme pour conjurer le sort, Élise, qui avait peine à se contrôler, lui reprocha vivement :

— Tu ferais bien mieux de te taire avant de porter malheur.

Odette poussa de nouveau une longue plainte.

— Nous allons la perdre, souffla Denise.

Le docteur calma tout le monde en affirmant :

— Préparez tout. Il ne faut pas que l'enfant ait froid. À mon avis, cette fois est la bonne.

Il demanda à Élise et Denise de redresser Odette, pendant que Francesca lui tenait une main, et, d'une voix ferme, il la pria de pousser.

— Allons, encore un petit effort, madame Courchesne. Je vois sa tête. Vous serez bientôt délivrée.

Odette semblait si épuisée qu'elle avait de la peine à forcer. Encouragée par Élise, Denise et Francesca, elle réagit. Comme si elle reprenait vie, le sang lui remonta aux joues et elle engagea ses dernières forces à se délivrer de l'enfant. Le médecin la dirigeait de son mieux.

— Oui, oui, ça va y être. Voilà ! voilà !

Odette gémit longuement. Le docteur Bérard poussa à son tour un cri.

— Ça y est ! Ça y est !

Il tenait dans ses mains un bébé si menu, qu'il n'arrivait pas à comprendre comment il avait pu donner tant de difficultés à sa mère. Après s'être assuré que l'enfant respirait bien, il le remit à Élise, pour voir à ce qu'Odette reprenne des couleurs. Il ne fallait pas la perdre au moment où tout était fini. Il lui donna quelques petites tapes sur les joues pour éviter qu'elle ne perde connaissance, tout en lui disant :

— Respirez normalement, madame Courchesne. Vous avez bien fait ça. Restez avec nous.

Pendant ce temps, Élise et Denise s'affairaient à nettoyer ce petit paquet de vie qui tenait dans une main. C'était une fille.

— Comme elle est petite ! s'exclama Francesca en la voyant enfin. Comment peut-elle avoir tant donné de misère à sa mère ? S'il faut qu'elle soit comme ça en vieillissant !

— Ne vous en faites pas, assura le docteur Bérard. La plupart du temps, par la suite, ce sont les enfants les plus dociles du monde.

— Souhaitons-le, intervint Denise. Je ne suis pas près d'oublier la peur qu'elle nous a causée.

Occupé à se laver les mains, le docteur demanda :

— Au fait, comment les parents ont-ils l'intention de l'appeler ?

— Charlotte, lui apprit Denise.

— C'est un beau prénom, pas mal mieux qu'Augustine ou Hortense, comme se nommaient deux de mes tantes.

À la seule évocation de ces prénoms, il se mit à rire, ce qui lui permit de chasser en partie la tension causée par ce qu'il venait de vivre.

— Tout ça est curieusement fait, commenta-t-il. Parfois, des gros bébés ne nous donnent aucune difficulté et souvent des petits, comme elle, qui ne se décident plus à sortir, nous font vivre un mauvais quart d'heure.

Tout en parlant, il se rapprocha d'Odette. Elle somnolait, l'air détendu.

— Laissez-la récupérer, conseilla-t-il. Il sera toujours temps de lui présenter sa fille à son réveil. Voyez plutôt à ce que l'enfant ne manque pas de chaleur. Dès que la mère sera en mesure de le faire, qu'elle lui donne le sein. D'ailleurs, la petite ne devrait pas tarder à le réclamer.

Francesca prit son manteau. Le jour se levait à peine.

— Je cours chercher le père et Victoire, lança-t-elle en sortant.

La journée s'avérait belle. L'air sentait bon. Un voilier d'outardes filait dans le ciel. Au bord de la rue Lindsay, deux jeunes chats se roulaient dans l'herbe. Les cloches de l'église appelaient les fidèles à la messe du matin. Quelques vieilles se dirigeaient à petits pas vers l'église. Les marchands ouvraient leurs portes. Un coq, quelque part, sonnait le réveil. Francesca respirait à pleins poumons. La journée s'annonçait si bien qu'elle en conclut: «Cette petite naît sous de bons augures, ça devrait être une enfant docile et agréable.» Puis, ce qui la tracassait avant son retour à Drummond lui revint à l'esprit: et Victoire, dans tout ça? Que lui était-il donc arrivé? Elle songea ensuite au secret qu'elle gardait pour elle depuis la veille. Elle ne devait plus tarder à annoncer à Victoire ce qu'elle avait appris sur sa famille. Pour lors, heureuse de la bonne tournure des événements, elle se hâtait vers la maison d'Élise et de Joseph. Guillaume serait délivré d'apprendre que tout était bien qui finissait bien. Elle se promettait ensuite d'avoir une bonne jasette avec Victoire.

Chapitre 48

Francesca surprend tout le monde

Dans l'énervement causé par l'accouchement prématuré d'Odette et la réapparition de Victoire, Francesca était revenue de son voyage sans pouvoir rendre compte de ce qu'elle avait appris à Deschambault au sujet de Victoire. Dès que le calme fut quelque peu revenu à la maison, elle fut heureuse d'informer les siens, et Victoire la première, des résultats de ses démarches. Les Indiens de la réserve Saint-François avaient certainement joué un rôle, d'abord dans son enlèvement à Deschambault, et ensuite dans son transport et son abandon à la traverse de Drummond, bien qu'on ne sache pas pourquoi ils avaient agi ainsi. Comme une somme importante d'argent avait été alors promise à qui mettrait les De Mont sur la piste des trois enfants disparus, Francesca était persuadée que pour ne pas risquer d'être dénoncés ou même soupçonnés, les Indiens avaient jugé préférable de les faire disparaître de leur milieu en se fiant à la générosité de quelqu'un pour s'occuper d'eux.

L'été passa. Maintenant que l'inquiétude suscitée chez tous par la disparition de Victoire était dissipée, puisqu'elle leur avait finalement avoué ce qui lui était arrivé, et qu'Odette avait donné naissance à son enfant, la vie devait reprendre son cours normal. Cependant, Francesca, qui ne pouvait plus attendre, se décida à livrer à tous un autre grand secret qui était sien depuis plusieurs semaines. Sous le prétexte de souligner la naissance de Charlotte, elle invita sa mère et son mari Joseph à souper, profitant de ce que toute la famille serait présente. Elle se fit aider par sa sœur pour la préparation du repas.

Joseph et Élise arrivèrent au moment où Guillaume revenait de travailler. Il offrit un verre de whisky à son beau-père, qui ne se fit pas prier pour l'accepter, et il s'en servit un à lui aussi. Les femmes préférèrent une tasse de thé. Réunis au salon, comme chaque fois que la famille était ainsi regroupée, ils discutèrent avec entrain. Il fut question de Victoire. Elle avait maintenant repris le chemin de son pensionnat et avait pu se libérer des craintes que lui avait causé sa mésaventure. Francesca se montra rassurante. Elle était persuadée que tout se replacerait pour elle. Pour sa part, Joseph leur apprit que la ville avait confié l'éclairage des rues à William Mitchell.

— Il va installer les lampadaires et tout ce qu'il faut pour éclairer les rues à l'électricité, pas moins de cinquante lampes de chacune trente-deux chandelles. Elles vont rester allumées jusqu'à minuit. Finis les fanaux à l'huile. Monsieur le curé va cesser de se plaindre en disant qu'avec la noirceur vient le péché !

Cette nouvelle suscita une multitude de commentaires. Joseph, que les affaires de la ville intéressaient au plus haut point, ajouta :

— Vous savez sans doute aussi que, dès l'an prochain, un barrage électrique va être construit sur la rivière. Cette fois devrait être la bonne. Après ça, une chose est certaine, plus rien ne sera pareil.

Ils se réjouissaient de cette bonne nouvelle et allaient passer à table, quand on frappa à la porte. Denise alla répondre et ne put retenir une exclamation de bienvenue. Le visiteur était nul autre que leur beau-frère, le notaire Dominique Vallée. Il avait accompagné Francesca à la maison à quelques reprises quand sa sœur Odette était sur le point d'accoucher. On ne l'avait pas revu depuis qu'il était venu voir la petite, quelques jours après sa naissance. Tout le monde pensa qu'il venait justement pour revoir sa nièce. Comme ils passaient à table, ils l'invitèrent spontanément à se joindre à eux.

— Quand il y en a pour six, s'exclama Denise, il y en a pour sept, surtout que c'est le chiffre parfait !

Dominique fut heureux d'accepter l'invitation. On lui amena sa nièce dont les yeux bleus faisaient l'admiration de tous. Il ne manqua pas de souligner qu'elle grandissait en beauté. Francesca aida Denise à servir. Selon son habitude, cette dernière avait concocté une recette nouvelle, cette fois du poulet aux champignons, qui fit le bonheur de chacun. Le souper était aux deux tiers achevé et on arrivait au dessert quand Francesca intervint :

— Avant le dessert, j'ai une bonne nouvelle à vous apprendre. Rassurez-vous, ça ne devrait pas vous faire perdre l'appétit.

Ils tendirent tous l'oreille. C'est une Francesca toute souriante qui annonça :

— Dominique et moi, nous sommes fiancés.

Élise, qui allait mordre dans un bout de pain, resta la bouche grande ouverte. Denise, occupée à servir le thé, faillit le renverser. Guillaume ouvrit de grands yeux incrédules. Sur le visage d'Odette se dessina un large sourire. Quant à Joseph, il laissa échapper un bravo sonore. Élise fut la première à questionner :

— Depuis quand ? demanda-t-elle.

— Depuis plus de deux mois, avoua Francesca. Nous voulions, Dominique et moi, vous en parler avant, mais alors est arrivée la disparition de Victoire, puis il y a eu l'accouchement d'Odette… Eh bien là, vous le savez.

L'onde de choc passée, tout le monde se mit à parler en même temps. Guillaume fut le premier à retomber sur ses pieds. Il s'écria :

— À quand le mariage ?

— Ça ne traînera pas, assura Dominique.

Élise n'était pas encore revenue de sa surprise. Elle laissa filer :

— Cachottiers, va !

— Vous pouvez bien parler, reprit Francesca en riant.

Sa réflexion fit se dérider Joseph. Après tout, n'avaient-ils pas eux aussi causé une surprise en annonçant qu'ils allaient se marier ?

S'approchant de Guillaume, Odette lui glissa un mot à l'oreille. Voyant qu'il acquiesçait, elle déclara :

— Nous venons de trouver un parrain et une marraine à Charlotte.

Les larmes aux yeux, Francesca les remercia de penser à eux. Guillaume avait demandé quand le mariage aurait lieu, Dominique les prévint :

— Nous n'attendrons pas que l'hiver prenne pour nous marier. Si monsieur le curé accepte, dans deux semaines ce sera fait. Mettez-vous aux invitations. Ce ne sera pas difficile à décider. De nos familles, nous devrions avoir à peu près les mêmes que ceux venus au mariage de Guillaume et Odette. Pour les autres invités, je m'en charge. De plus, c'est moi qui paye la noce.

Quinze jours plus tard, l'église accueillait les futurs mariés. Dominique étant notaire, la plupart des notables de la ville avaient été invités, monsieur le maire en tête. Le docteur Bérard était présent, tout comme le conseiller Caya et même monsieur Hemming. Il fallait voir le beau couple que formaient Dominique et Francesca. Elle s'était démenée comme une bonne pour dénicher une robe toute simple, mais jolie, que mademoiselle Jutras, la couturière, avait ornée de quelques perles. Francesca était radieuse. Guillaume la conduisit fièrement à l'autel.

La noce qui suivit la cérémonie du mariage se déroula dans la grande salle de l'hôtel Boisvert et fut mémorable. Il y eut de tout, du chant, de la danse, de la musique endiablée. Pour une fois, Élise, au bras de son Joseph, accepta même de danser.

Francesca allait désormais vivre sous le toit de Dominique. Odette ne manqua pas de la prendre à part pour lui dire à quel point elle était heureuse de la voir mariée à Dominique.

— Vous nous avez tous pris par surprise. Tu ne peux pas savoir comme je suis contente. Jamais je n'aurais pensé, quand tu es venue travailler avec moi pour apprendre le métier de secrétaire, que les choses allaient tourner comme ça. Maintenant, il faut t'y mettre pour avoir des enfants, comme ça ils auront à peu près le même âge que les nôtres. Je les vois déjà courir au bord de la rivière, les garçons ensemble à la pêche et nos filles en train de faire tourner la tête de tous les beaux gars de la ville !

— Tu vas trop vite ! la reprit Francesca, le sourire aux lèvres. Laissons-nous le temps de les faire !

Odette, qui jusque-là s'était exclamée avec enthousiasme, devint tout à coup soucieuse. Francesca le lut sur son visage et demanda :

— Quelque chose te tracasse ?

— Tout serait parfait, murmura Odette, si je n'avais pas eu tant de misère à accoucher. Ça me fait peur pour le deuxième.

À cette évocation, Francesca perdit son sourire, mais demeura toutefois optimiste.

— Pauvre toi, ne désespère pas, l'encouragea-t-elle, c'était ton premier. Charlotte a ouvert le chemin. Tout devrait mieux aller avec le prochain.

Chapitre 49

Une autre surprise

L'hiver s'installa comme un voleur de beau temps. Il marqua le pays de son emprise dès le début de décembre. Du jour au lendemain, tout le paysage blêmit. Les jours gris succédèrent aux jours gris. Heureusement, la neige au sol répandait une clarté bienvenue à travers cette grisaille qui n'en finissait plus. Puis, avec les jours de soleil, le froid rigoureux s'installa, ne laissant aucun répit. Les capots de chat, les bonnets de poil, les mitaines de cuir doublées de mouton et les bottes réapparurent comme par enchantement. Les cheminées des maisons se mirent à cracher leur fumée, pendant que, regroupés autour du poêle, on se réchauffait comme on le pouvait. La petite Charlotte, heureusement gourmande, reprenait les livres qui lui avaient manqué à la naissance en tenant sa mère passablement occupée.

— La petite bonyenne ! se plaisait à dire Odette. Si je l'écoutais, j'aurais toujours un sein à l'air, sinon les deux. Elle est gourmande comme ça se peut pas !

— Ne te plains pas, la reprenait Guillaume en souriant, tout est parfait comme ça.

Avec le mariage d'Élise et celui de Francesca, la maison s'était vidée. Guillaume ne le déplorait pas, puisque ça lui faisait deux bouches de moins à nourrir. Et maintenant qu'Odette se retrouvait seule avec la petite, Élise était fidèle à lui rendre visite. Elle en profitait pour jouer à la perfection son rôle de grand-mère. Malgré le froid, elle ne manquait pas d'apparaître deux ou trois fois par semaine et Odette était toujours heureuse de l'accueillir. Elle s'étonnait, chaque fois, de ne plus y voir Denise, qui avait trouvé un emploi quelques semaines auparavant. Odette lui rappelait :

— Vous le savez, depuis que monsieur Denoncourt l'a engagée comme cuisinière à son auberge, elle ne vient plus coucher à la maison. Il paraît qu'elle n'est pas débordée d'ouvrage, parce que l'auberge est rarement pleine, mais avec le froid, et je la comprends, elle préfère rester là-bas. Comme ça, elle peut certainement mieux organiser son temps.

— Tu ne regrettes pas qu'elle ne soit plus là ?

— Elle me rendait de bons services, je l'admets volontiers, mais ne vous inquiétez pas, je m'arrange bien. J'étais habituée, avant, de faire les repas de mon frère, je n'ai pas perdu la main.

— Guillaume ne trouve pas la maison trop vide ?

— Il ne s'en plaint pas. Bien sûr, après le départ de Denise, il a fait la réflexion suivante : "On pourra dire que la maison s'est vidée dans le temps de le dire !" Autrement, ça va bien. Si vous le voyiez avec sa Charlotte !

— Quand ils sont jeunes, dit Élise, nos enfants nous volent tout notre temps. La vie est bien faite. Je me serais jamais vue toute seule, du temps où mon mari s'occupait de la traverse. Je dois te dire que chaque fois que je remets les pieds ici, j'ai l'impression de revenir chez moi. Si les murs de la maison pouvaient parler, ils en auraient long à te raconter sur nous. J'y ai passé le meilleur temps de ma vie. Remarque que je ne me plains pas. J'ai un très bon mari. Mais tu sais, à mon âge, avec toutes sortes de bobos qui apparaissent, la vie, quoi qu'on en dise, n'est plus aussi bonne.

Un peu malgré elles, les deux femmes évoquèrent la disparition et la réapparition de Victoire, l'été précédent. Élise soutint qu'il y en a comme ça dans la vie qui ont le don d'apparaître et de disparaître.

— Victoire nous est arrivée un jour alors qu'elle avait à peu près sept ans, dit Élise. Aimé s'est vite attaché à elle. On a tout fait pour savoir d'où elle venait. Puis, douze ans plus tard, voilà qu'elle a disparu de nouveau, et après avoir vécu des heures difficiles, elle nous est revenue, comme si elle n'était jamais partie. C'est sans doute son destin.

Changeant de sujet, Odette demanda :

— Il me semble que ce doit être difficile de voir ses enfants quitter la maison un à un…

— Je n'ai pas trop à me plaindre là-dessus. J'ai été chanceuse, parce qu'il n'y a qu'Annabelle qui est entrée chez les sœurs et Vianney qui est resté aux États chez son oncle. Les autres sont demeurés longtemps avec moi. Georgiana est partie la première, mais ça ne fait pas tant d'années de ça. Et maintenant, voilà que Denise et Francesca se sont casées, alors que j'étais déjà remariée.

Elles continuèrent à échanger de la sorte, ne manquant pas d'évoquer les surprises qui s'étaient succédé à un bon rythme depuis quelques années. Il y avait eu, bien sûr, le mariage de Georgiana, celui de Guillaume avec Odette, celui d'Élise, puis la disparition de Victoire et le mariage de Francesca.

Le simple fait qu'Élise n'habite plus chez Guillaume avait changé sa relation avec Odette, qui était une jeune femme à l'esprit ouvert douée d'un bon caractère.

— On peut dire qu'il s'est passé pas mal de choses dans notre vie depuis moins de trois ans, disait Odette.

— C'est ça la vie, fit remarquer Élise. On ne sait jamais ce qui nous pend au bout du nez.

— On est mieux de ne pas le savoir, conclut Odette, sinon on ne vivrait jamais en paix.

— Souhaitons, ajouta Élise, que la prochaine surprise ne soit pas désastreuse.

Avait-elle senti quelque chose venir ? Deux jours plus tard, alors qu'elle avait invité tous ses enfants à venir souper pour célébrer avec elle l'anniversaire de Joseph, Denise les prit tous de court.

— Raoul et moi, on va se marier.

— Hein ? s'écria Guillaume.

— Pas vrai ! laissa échapper Francesca, occupée à nourrir Charlotte. Ton patron ? Tu vas te marier avec lui ?

Joseph se leva. Il les regarda tous l'un après l'autre avant de se rasseoir et de formuler d'un drôle d'air :

— Décidément, je suis entré dans une famille où les surprises ne manquent pas.

— J'ai bien le droit de me marier moi aussi ! protesta Denise.

— On ne prétend pas le contraire, insinua Élise. C'est juste…

— Juste quoi ?

— Personne ne s'y attendait. Tu nous apprends là une nouvelle difficile à avaler.

— Pourquoi donc ? Raoul n'est pas assez bien pour vous ?

Voyant que les choses risquaient de s'envenimer, Odette intervint :

— Toutes mes félicitations, Denise. S'il y en a une qui le mérite, c'est bien toi. Monsieur Denoncourt ne doit certainement pas mesurer sa chance. Ta bonne cuisine est en train de faire la réputation de son auberge. Ce n'est pas un homme à plaindre. Avec une femme comme toi, son avenir, tout comme le tien, est assuré. Je suppose que c'est lui qui t'a demandée en mariage ?

Au fur et à mesure qu'Odette parlait, Denise rougissait. Quand Odette eut posé sa dernière question, Denise lui demanda :

— Comment as-tu deviné ?

— Te connaissant comme je te connais, toi qui es la discrétion même, il est facile de deviner que c'est lui qui s'est avancé en premier.

— Tu as raison, Odette, il me faisait la cour depuis la première fois que je l'ai vu. Je pensais qu'il n'était pas sérieux jusqu'à la semaine dernière où il m'a dit qu'il m'aimait et me voulait comme femme.

— Et toi, demanda abruptement Élise, l'aimes-tu ?

— Bien sûr, m'man. Mais je n'osais pas le lui dire. Je ne suis pas très bonne pour ces choses-là.

— Bon, bien, tu nous vois tous contents pour toi.

Sans doute pour décharger l'atmosphère et donner écho aux paroles de sa mère, Guillaume se leva et, brandissant son verre, les invita tous à boire à la santé de Denise et Raoul. Ce n'est qu'une fois revenu à la maison qu'il laissa percer un peu de son inquiétude en disant à Odette :

— Je ne sais pas si ça va marcher. Il a au moins vingt ans de plus qu'elle.

Odette, toujours optimiste, répondit :

— Pourquoi pas ? En amour ce n'est pas l'âge, mais bien le cœur et ce qu'il y a dedans qui compte.

Elle se dirigea vers la chambre pour déposer dans son lit la petite qui dormait à poings fermés.

— Une chose que je lui souhaite, affirma-t-elle, c'est d'avoir des enfants.

— C'est un pensez-y-bien, fit Guillaume en secouant la tête d'un air incrédule, à l'âge qu'il a et à l'ouvrage qui attend ma sœur…

— Ne t'inquiète pas, Denise est bien plus solide que tu ne le penses. Elle saura bien nous étonner à son tour ! Sais-tu quand ils parlent de se marier ?

— Au début de l'été, avant que l'auberge ne soit trop occupée. Une chose est certaine, ça bouge dans la famille. Il n'y a pas si longtemps nous étions six dans la maison et voilà que même avec la petite nous ne sommes plus que trois, lorsque Victoire est au pensionnat.

— Il va falloir nous mettre à l'œuvre pour être bientôt quatre.

— Pourquoi pas commencer tout de suite ? l'invita Guillaume.

— Pourquoi pas ? répondit-elle, en riant de bon cœur.

Chapitre 50

Les confidences de Denise

Raoul et Denise laissèrent mourir l'hiver et, dès qu'apparurent les premières fleurs printanières, ils expédièrent des invitations aux membres de leur famille respective, les priant de se joindre à eux pour leur mariage qui serait célébré à Drummond au début de juin.

— Nous profitons de ce que l'auberge n'est pas trop occupée à ce temps-ci de l'année pour le faire, précisa Denise. On va fermer durant quelques jours.

Élise ne manqua pas de répliquer :

— Il était grand temps que vous le fassiez, ça commençait à placoter fort dans la paroisse.

Denise s'indigna :

— Les gens sont donc méchants ! Ce n'est pas parce qu'un homme et une femme vivent dans la même maison qu'ils sont toujours couchés ensemble. M'man, pensez-vous qu'avec l'ouvrage qu'il y a dans une auberge, nous avons beaucoup de temps pour faire des galipettes ?

— Ma p'tite fille, du temps pour ça, on en trouve toujours. Si tu ne voulais pas faire parler les gens, tu aurais été bien mieux de continuer à rester chez Guillaume.

— Et me lever à quatre heures du matin pour me rendre à l'auberge et faire mes journées ? M'man, vous savez que la plupart de ceux qui passent la nuit à l'auberge en repartent de bonne heure le matin. Il faut que je sois là pour le déjeuner.

— Je peux le comprendre, ma fille, mais rien n'empêche que c'est ce que tu aurais dû faire.

— M'man, j'ai fait pour le mieux et Raoul aussi.

— En tout cas, ça jase fort dans la paroisse. Je n'ose même plus aller à mes parties de cartes avec Augustine, Amanda et Thérèse.

— Vous m'en voyez désolée, m'man. Si vous voulez les faire taire, et puisque ce sont vos amies, dites-leur que nous les invitons aux noces. Raoul ne regardera pas à la dépense.

— J'aimerais savoir ce que monsieur le curé pense de tout ça…

— Ce qu'il en pense ? Il est bien content de célébrer notre mariage. Il nous a dit qu'il allait nous confesser avant. Il veut savoir si on a fait la chose avant notre mariage. Il va avoir la surprise de sa vie, parce qu'on ne l'a pas fait. Raoul, tout comme moi, attend avec impatience notre mariage. Mais après, vous pouvez être certaine que ça va y aller gaiement.

— J'aimerais bien pouvoir dire ça aux autres.

— Vous leur diriez qu'elles ne vous croiraient pas. Vous-même, vous ne semblez pas me croire.

Après cette affirmation de sa fille, Élise se redressa, se leva de sa chaise et, pour ne pas avoir à répondre à ces propos, elle se dirigea vers la cuisine sous le prétexte d'y chercher à boire. Connaissant sa mère, Denise changea de sujet et demanda :

— Puis vous, m'man, avec Joseph, ça va bien ?

— Aussi bien que ça puisse aller. Si tu veux notre réponse pour ton mariage, nous y serons.

— Et heureux d'y être, j'espère !

— Sans doute, sans doute…

Faisant fi de l'humeur de sa mère, Denise lui apprit que le lendemain des noces, Raoul et elle iraient passer deux jours à Trois-Rivières à l'auberge d'un ami de Raoul.

Élise se contenta de répondre :

— C'est bien tant mieux.

— Savez-vous ce que je crois que Raoul va m'acheter pour nos noces ?

— Tu sais déjà quel cadeau il va te faire ?

— Je le pense.

— Puisque tu en parles, c'est que tu as envie de me le dire. C'est quoi alors ?

— Un Kodak.

— Qu'est-ce que tu vas faire avec ça ?

— Des photos, c't'affaire ! Je veux monter un album de famille. De même, si jamais nous avons des enfants, ils pourront voir de quoi nous avions l'air dans notre jeunesse. À propos, avez-vous des photos de votre mariage ? Il me semble que je n'en ai jamais vu.

— Dans notre temps, on ne pensait pas trop à ça. Les photos étaient rares.

— Je me souviens que vous en aviez quelques-unes de la traverse et de nous autres. Vous les avez toujours ?

— Bien sûr ! J'ai ça quelque part dans mes affaires. Elles sont en tôle.

— Pourriez-vous me les prêter ?

— Pourquoi donc ?

— Je veux monter un album pour le montrer aux invités le jour de mes noces.

Élise la regarda, un peu incrédule.

— Tu n'as jamais fait et ne feras jamais les choses comme tout le monde. D'abord les recettes rares et maintenant les photos !

— Il me semble qu'il n'y a pas de mal à ça. Bon, j'vais vous laisser. Il faut que je passe voir Odette. Elle aura certainement des photos à me prêter.

Fidèle à sa parole, le jour des noces, Denise avait préparé des panneaux décoratifs accrochés aux murs de la salle à manger de l'auberge. Elle y avait placé, bien en évidence, les photos de famille. Avant et pendant le repas de noces, ces photos furent le sujet de toutes les conversations. On ne manqua pas de souligner que Denise avait des idées pas comme les autres, mais qu'elles s'avéraient toujours fort intéressantes.

Les noces furent une réussite. Même Victoire put y participer. Raoul avait insisté pour qu'elle y soit et déboursa avec plaisir le prix de son billet de train. La parenté des États-Unis ne vint pas, ce qui fit répéter une fois de plus à Élise qu'ils ne faisaient plus partie de la famille. Un des souvenirs les plus marquants de ce mariage fut le dessert spécial que Denise réalisa elle-même. Au lieu du gâteau traditionnel, chacun eut droit à son baba au rhum avec coulis de caramel à l'orange.

Chapitre 51

La famille s'agrandit encore

Si le mariage de Denise surprit un peu tout le monde, celui de Francesca avec Dominique, l'automne précédent, avait également pris la famille de court.

Quand Guillaume et Odette revenaient sur le sujet, Guillaume demandait souvent à Odette si elle avait vu venir la chose.

— T'attendais-tu de voir ma sœur marier ton frère ?

— Ta sœur est une jeune femme dynamique et débrouillarde, il ne faut pas se surprendre qu'elle ait séduit mon frère Dominique, disait Odette en souriant. Même s'il se vantait d'être un célibataire endurci, je n'ai pas été étonnée qu'elle ait fait sa conquête. Quand elle est venue travailler avec moi pour apprendre le métier de secrétaire, je ne pensais vraiment pas qu'elle se débrouillerait si vite avec le jargon notarial, au point de pouvoir me remplacer quelques mois plus tard auprès de mon frère. Mais il fallait voir à quel point elle travaillait fort ! Aujourd'hui, quand j'y pense, je me rends compte que si tout cela l'intéressait autant, c'est qu'elle avait une autre raison très valable: mon frère lui plaisait.

— Et lui, j'imagine qu'il a vite eu un œil sur elle.

— Je ne l'ai pas remarqué au début.

— Ils ont bien caché leur jeu.

— Peut-être bien, mais il ne faut pas oublier qu'ils passaient leurs journées ensemble.

Elle lui adressa un large sourire.

— Tu le sais comme moi, quand l'amour frappe…

Il la serra dans ses bras en lui chuchotant:

— Quand l'amour frappe, on ne peut pas lui résister.

Ils éclatèrent de rire tous les deux. Odette reprit:

— Quand on y pense bien, et tu seras sans doute de mon avis, c'est incroyable de voir tout ce que Cupidon a fait dans ta famille et la mienne en peu de temps! D'abord nous, puis ta mère, Francesca qui a suivi et maintenant Denise. On peut dire que ça brasse dans la marmite familiale! La maison s'est vite vidée. Heureusement que nous avons Charlotte!

— Et Victoire, qui revient chaque été.

— Ne penses-tu pas qu'elle préférerait aller vivre chez ta mère?

— J'en doute fort. D'abord, elle ne connaît pas Joseph, ensuite, je suis certain qu'elle aime vivre avec nous afin de pouvoir catiner Charlotte. Tu l'as vu comme moi: aux noces de Denise, elle n'a pas cessé de vouloir tenir la petite dans ses bras.

Après un silence, Guillaume reprit:

— Francesca attend de la visite depuis quelques mois. As-tu eu l'occasion de jaser un peu avec elle aux noces?

— Pas vraiment, répondit Odette. Tu sais que dans des occasions comme ça on n'a pas le temps de placoter longtemps avec l'un ou l'autre. On est toujours dérangés. J'ai bien aimé parler avec Philippe et Georgiana. Ça m'a donné l'occasion de les connaître mieux. C'est tout récent, mais Georgiana est de nouveau en famille et je suis bien contente pour elle. Leur petite Georgette est très vive. Et Olivier est si mignon ! Ils forment une belle famille.

— Comme nous ! affirma Guillaume.

— À qui le dis-tu ! s'exclama Odette d'un air moqueur.

— Tu as appris la dernière nouvelle ? C'est m'man qui m'en a informé. Il paraît que Francesca veut aller faire un tour à Sorel chez Georgiana.

— Nous devrions en faire autant.

— Peut-être bien, mais juste pour un jour ou deux, tandis que Francesca qui se dit fatiguée parle de rester là pour plus d'une semaine. Dominique ne t'en a pas parlé ?

— Non. Ça fait quelque temps que je ne l'ai pas vu. Je vais les inviter à souper avant que Francesca aille là-bas. Elle me semble passablement avancée dans sa grossesse, elle a un bon bedon. Sa fatigue doit venir de là. Je me demande ce que Dominique pense de cette idée d'aller à Sorel. Il va peut-être me demander de la remplacer pendant qu'elle sera là-bas.

Odette s'en tint à son idée. Deux jours plus tard, Dominique et Francesca soupaient avec eux. Guillaume ne manqua pas de s'informer :

— M'man m'a dit que tu vas à Sorel.

— Oui, pour probablement plus qu'une semaine.

— Tu ne crains pas, dans ton état, que le voyage te fatigue ?

— Je n'aurai qu'à me laisser porter. Ce n'est pas comme si j'y allais à pied.

Se tournant vers Dominique, Guillaume demanda :

— Et que pense le père de tout ça ?

— Je ne trouve pas l'idée bête. Ta sœur a travaillé fort ces derniers temps. Un peu de repos avant de mettre notre enfant au monde ne lui fera pas de tort.

Odette demanda :

— Comment penses-tu la remplacer pendant qu'elle sera là-bas ?

— Justement, je voulais t'en parler. Tu pourrais venir avec ta petite et voir aux choses les plus urgentes.

— J'irai volontiers.

Elle ajouta, en s'adressant à Francesca :

— Comme ça tu pourras partir l'esprit tranquille.

Quelques jours plus tard, Francesca se faisait conduire en voiture chez Georgiana à Sorel. Il y avait à peine plus d'une semaine qu'elle y était qu'elle donna naissance à un garçon. Dominique l'apprit et la nouvelle fit le tour de la famille dans le temps de le dire. Guillaume, en arrivant chez lui, s'empressa de la communiquer à Odette.

— Tu ne sais pas ce dont Dominique a informé ma mère ? Francesca a eu son petit à Sorel. Il paraît que ça l'a prise comme ça, tout d'un coup. Elle s'est probablement fait trop brasser durant le voyage. Heureusement, il paraît que, pour un prématuré, le petit est en bonne forme.

Quand Francesca revint de Sorel avec le nouveau-né, tout le monde se précipita chez elle. Elle leur raconta que l'enfant l'avait surprise et était né comme ça, sans problème. Ils allaient le faire baptiser dimanche et tout le monde était invité.

— Comment avez-vous choisi de l'appeler ?

— André. Il me semble que ça lui ira bien.

On ne manqua pas de féliciter les nouveaux parents. De retour à la maison, Odette semblait songeuse.

— Peux-tu me dire ce qui te tracasse ? questionna Guillaume.

— Ne trouves-tu pas que ce voyage à Sorel et cette naissance supposément prématurée cachent quelque chose ?

— Qu'est-ce que tu tentes de me dire ?

— Je ne serais pas étonnée que mon frère et ta sœur se soient mariés obligés.

Guillaume s'exclama :

— Qu'est-ce que tu dis là ?

— Je dis ce que je pense vraiment.

— Si c'est ça, bien, bravo pour eux deux ! Ils ont trouvé le moyen de déjouer tout le monde et de faire taire toutes les mauvaises langues de la paroisse.

— Dis-toi une chose, Guillaume, si moi j'y ai pensé, il y en a sans doute bien d'autres qui l'ont fait aussi.

— Eh bien ! Ils en seront quittes pour le penser. Ça ne changera rien à la situation. Dominique et Francesca ont vraiment un beau bébé et nous, un beau neveu.

Chapitre 52

Victoire se rend à Odanak

L'année scolaire terminée, Victoire revint en train à Drummond. Tous se demandaient comment elle occuperait son été. On lui avait offert d'aller vivre chez Élise et Joseph, mais elle choisit de nouveau d'aller demeurer chez Guillaume et Odette. Elle aimait bien Odette et il y avait la petite Charlotte qui lui permettait de jouer à la jeune mère.

Toutefois, au bout de quelques jours, elle décida de rendre visite à Francesca. Elle voulait se faire raconter encore ce qu'elle avait appris au sujet de sa famille indienne. Francesca lui rappela ce que le vieil homme de Deschambault lui avait raconté. Victoire avait deux frères plus vieux qu'elle, enlevés eux aussi par les Indiens quand leur mère mourut, et conduits à la réserve en canot. Francesca ajouta qu'elle pensait que ce serait un ou des Indiens qui les auraient menés au village abénaquis et, de là, qu'elle aurait été emmenée, toujours en canot, à Drummond et laissée seule à la traverse. Victoire demanda :

— Est-ce que ça serait possible de retrouver mes frères ?

Ne voulant pas la décourager ni non plus lui donner de faux espoirs, Francesca lui laissa entendre :

— Il faudrait retourner au village indien, non loin de Sorel. Philippe, Guillaume et moi y sommes déjà allés, l'an dernier, mais les habitants n'ont guère collaboré.

— Si on y retournait cet été ? J'irais avec toi, Francesca.

— Ce n'est pas si simple que tu le crois.

— Dis oui, Francesca…

N'écoutant que son désir de voir Victoire satisfaite, Francesca promit de l'y conduire. « Cette fois, pensa-t-elle, ils ne pourront pas se dérober en voyant la petite. Quelqu'un là-bas doit bien savoir quelque chose. »

Le mois de juillet débuta en beauté avec des ciels sans nuages et un soleil chaleureux toujours présent. Puis, comme il arrive souvent, du temps gris s'abattit en apportant de la pluie et quelques journées maussades. Francesca attendit que le beau temps reprenne et elle tint sa promesse. Elle put se libérer en confiant son fils André aux bons soins d'Odette. Joseph accepta de prêter sa voiture et son cheval à Guillaume pour qu'il conduise Francesca et Victoire à la réserve Saint-François que certains appelaient désormais Odanak.

La route sinueuse suivait fidèlement le bord de la rivière en épousant chacun de ses méandres. Guillaume ne pressa pas le cheval. « À quoi bon, se dit-il, nous aurons tout l'après-midi et la soirée plus une grande partie de la journée de demain pour mener à bien notre enquête. » De son côté, Francesca estimait qu'ils n'auraient pas de temps de trop pour obtenir les informations désirées.

Ils étaient partis très tôt le matin, au lever du soleil. Ils avaient eu le plaisir de voir le ciel passer du bleu foncé au rose, puis au rouge orangé, avant que le soleil ne bondisse pour de bon dans le ciel pour les accompagner tout au long du trajet avec les chants des merles, des goglus et des pinsons. Sous la voûte des arbres, l'air demeurait frais et le vent poussait au loin derrière eux le faible nuage de poussière soulevé par leur passage. De temps à autre, ils faisaient détaler devant eux quelques chevreuils à leur approche. Francesca se montrait toujours impressionnée de les voir filer, leur queue blanche dressée comme s'ils négociaient la paix avec un drapeau blanc.

Ils atteignirent le village au début de l'après-midi et Guillaume guida le cheval jusqu'à la maison du chef Joseph Portneuf. Ils n'étaient pas attendus, mais fort heureusement le chef était seul à son bureau. Il les reçut sans montrer de signes d'impatience, en les priant de prendre place dans les fauteuils disposés autour pour accueillir les anciens de sa communauté. Guillaume s'excusa en leur nom d'arriver ainsi comme un cheveu sur la soupe et, sans plus, il lui présenta Victoire. À la réaction intéressée du chef, ils comprirent qu'il reconnaissait en elle une descendante de leur race.

Quand Guillaume lui eut rappelé leur visite précédente, le chef se dit heureux de constater qu'ils avaient retrouvé Victoire. Francesca prit alors la parole pour expliquer la raison de leur venue.

— Nous avons appris que Victoire vivait à Deschambault dans la famille De Mont. Son père était un De Mont qui abandonna sa femme et ses enfants, laissant à ses parents le soin de les recueillir. Je suppose que vous connaissez cette histoire ?

Sans dire un mot, le chef acquiesça d'un signe de tête. Francesca poursuivit :

— Quand Victoria, la mère de Victoire, mourut, ses trois enfants, deux garçons et une fille, disparurent. Nous savons qu'un homme a enlevé les enfants pour les conduire en canot sur le fleuve. Nous croyons qu'il les a amenés ici et qu'ensuite, parce que ces enfants étaient recherchés par les De Mont, des membres de votre communauté se sont chargés de les faire disparaître. Est-ce que je me trompe ?

Encore une fois, le chef acquiesça. Francesca termina ses explications en priant son interlocuteur de bien vouloir les aider, d'abord pour savoir s'il pourrait les mettre sur la piste des deux garçons, et ensuite pour une autre chose qui tenait beaucoup Victoire à cœur.

Francesca vit que le chef n'était pas disposé à répondre tout de suite à sa première demande. Toutefois, se tournant vers Victoire, il lui demanda :

— Que tiens-tu tellement à savoir ?

Victoire se leva et s'exprima d'une voix émue qui toucha le chef :

— J'aimerais mieux connaître les coutumes de mes ancêtres indiens.

S'adressant directement à elle, il dit :

— Tu sais d'abord que nous sommes un peuple hospitalier.

— Je le sais.

— Je suppose que tu es maintenant en vacances.

— Je le suis.

— Eh bien, puisque tu désires connaître les coutumes et les mœurs de tes ancêtres, je te propose de rester parmi nous pour les prochaines semaines. Tu auras l'occasion, avec des jeunes filles de ton âge, de vivre ce qu'ont toujours vécu nos anciens et nos anciennes. Pendant que tu seras parmi nous, je ferai une enquête pour trouver où vivent à présent tes deux frères. Si nous le découvrons, nous te le ferons savoir et tu pourras décider d'aller ou non vers eux.

Victoire avait de la difficulté à croire ce qu'elle entendait. Elle se tourna tout naturellement vers Francesca qui, d'un signe de tête, lui fit comprendre qu'elle pouvait accepter sans problème.

— Je serai heureuse, murmura Victoire, de rester parmi vous.

Le chef se leva et lui tendit la main.

— Dans ce cas, sois la bienvenue.

Francesca intervint :

— Nous n'avions pas prévu la laisser parmi vous, aussi nous n'avons pas apporté son linge et ses effets. Nous viendrons vous porter le tout dès après notre retour à Drummond et nous apporterons les sous nécessaires pour couvrir ses dépenses.

Levant la main droite comme pour effacer d'un geste l'objection, le chef déclara :

— Ce ne sera pas nécessaire. Nous avons ici tout ce qu'il faut pour qu'elle passe du bon temps parmi nous.

La rencontre se termina ainsi. Il n'y avait pas plus heureux que Guillaume et Francesca qui, après cette rencontre, prirent le chemin de Sorel où ils comptaient passer la nuit chez Philippe et Georgiana.

Chapitre 53

Un séjour chez les Abénaquis

C'est une Victoire transformée qui revint d'Odanak. Elle semblait beaucoup moins soucieuse. Guillaume, qui était allé la chercher, en fit la remarque à Odette dès son retour.

— Elle n'est plus la même. Elle n'a pas cessé de parler tout le long du voyage. Je ne l'ai jamais vue aussi enthousiaste. Ce séjour l'a changée.

— En quoi, tu penses ?

— Elle en a appris beaucoup sur ses origines indiennes et sur sa famille, mais aussi sur l'histoire de ses aïeux. C'est comme si elle avait retrouvé une moitié d'elle-même. Je pourrais te résumer un peu tout ce qu'elle m'a dit, mais ne t'inquiète pas, elle saura bien le faire elle-même.

Guillaume avait vu juste, car dès le lendemain de son arrivée, Victoire se mit à raconter à Odette l'été qu'elle venait de vivre.

— Tu ne peux pas savoir tout ce que j'ai appris !

— Non, mais je pense que tu as le goût de m'en parler. Commence donc par le début. Quand tu es arrivée au village indien, qu'est-ce qui t'a le plus frappée ?

— La gentillesse du chef. C'était comme s'il m'avait toujours connue. Il m'a tout de suite dit ce qu'il savait sur la famille de ma mère, qui s'appelait Victoria Tahamont. Les Tahamont étaient originaires d'Odanak, qui s'appelait alors le village Saint-François. Le chef m'a raconté que mon grand-père avait été acheté comme esclave par la famille De Mont. Ma mère était la plus jeune d'une famille de cinq enfants. Elle s'est mariée avec un des De Mont. Quand mon père est parti, il l'a laissée toute seule avec mes deux frères et moi. Les De Mont ont fait travailler ma mère comme une esclave, même si officiellement elle était embauchée comme domestique. C'est pour ça qu'elle est morte quand j'avais sept ans. Quand, à Odanak, le chef a appris que ma mère était très malade, il a envoyé Jean Tahamont aux nouvelles. Cet Indien était un cousin éloigné de ma mère. Il s'est rendu à Deschambault et y est arrivé le jour même où ma mère est morte. Il s'est informé de ce que mes frères et moi allions devenir. On lui a dit qu'on nous garderait dans la famille De Mont comme domestiques. Le lendemain, quand ils ont enterré ma mère, il a profité de ce que personne ne faisait attention à nous pour nous mener dans son canot jusqu'à Odanak. Quand le chef a appris que les De Mont nous faisaient rechercher, il a pris les moyens pour qu'on ne nous trouve pas. Mes deux frères ont été amenés dans un autre village indien, du côté des États.

— Pourquoi ne t'ont-ils pas envoyée avec eux ?

— Parce que j'étais trop jeune. Ils ont préféré me faire disparaître parmi les Blancs où je ne serais pas recherchée par les De Mont.

— Et c'est comme ça que tu t'es retrouvée à la traverse et qu'Aimé et Élise t'ont adoptée…

— J'ai appris tout ça sur ma famille, mais j'ai su aussi l'histoire de mes ancêtres abénaquis. Tu sais que le mot *abénaquis* veut dire « la lumière et la terre » ? Le chef m'a dit qu'on nous appelle le peuple du soleil levant.

— C'est un nom magnifique.

— C'est pour ça que je dois me lever en souriant tous les matins, comme un soleil levant. Après ça, il m'a raconté comment les Abénaquis qui vivaient aux États se sont retrouvés à Odanak.

— Ça doit être une longue histoire ?

— Oui, très longue, mais j'ai surtout retenu qu'avant que ceux de mon peuple s'installent au village Saint-François, d'autres Indiens y avaient vécu. Ils appartenaient à la tribu des Sokokis. Les Abénaquis de notre tribu ont été emmenés à Odanak par les missionnaires jésuites. Avant, ils vivaient en Nouvelle-Angleterre. Ensuite, les Français qui dirigeaient le pays les ont laissés s'établir dans la réserve parce qu'ils comptaient sur eux pour chasser les Iroquois de ce coin du pays. Les Français disaient qu'ils étaient leurs anges gardiens. Les Abénaquis y ont construit leurs maisons longues.

— Des maisons longues ?

— Oui ! Aujourd'hui, les Abénaquis, comme le chef Joseph Portneuf, vivent dans de vraies maisons, mais il y a aussi au village une maison longue dans laquelle j'ai couché.

— Vraiment ?

— Oui. Elle est bâtie avec des branches et recouverte d'écorce. Dans le haut, il y a comme un plafond rond avec des trous pour laisser sortir la fumée. Elle est tellement grande qu'on peut rester jusqu'à soixante personnes dedans. Elle peut contenir dix à dix-huit feux, c'est-à-dire un feu par famille qui y habite.

— Eh bien ! C'est extraordinaire. Alors, qu'as-tu fait pendant que tu étais là-bas ?

— J'ai appris comment vivaient mes ancêtres. C'étaient des agriculteurs, des chasseurs, des pêcheurs et des cueilleurs de petits fruits. J'ai appris comment ils pêchaient, comment ils chassaient et, surtout, j'ai travaillé au jardin et aidé à ramasser des fraises, des framboises, des mûres et des bleuets. J'ai aussi appris à faire cuire la banique.

— La banique ?

— C'est le pain des Indiens.

— Comment est-il confectionné ?

— Avec de la farine de maïs, de la levure, du sel et de l'eau. On mélange tout ça pour faire une pâte. Avec cette pâte on façonne des galettes qu'on cuit dans un poêlon pendant environ dix minutes. Ça donne un vrai bon pain. Moi, j'aime mieux faire cuire ma banique sur un feu de bois. J'enroule des morceaux de pâte au bout d'une branche écorcée. Je la place au-dessus du feu et je la fais tourner tranquillement pour que toute la pâte cuise également. Au bout de quelques minutes, quand ma banique est bien dorée, je la retire d'au-dessus du feu et je la mange avec des confitures. Si tu veux, Odette, je t'en ferai cuire.

— J'aimerais bien ça y goûter. À part ça, qu'as-tu appris de bon ?

— À faire des paniers.

— Vous avez fabriqué des paniers ?

— Oui. Attends un peu…

Victoire se leva et sortit. Elle revint avec un magnifique panier que, avec la complicité de Guillaume, elle avait caché dans le hangar. Elle avait les yeux brillants.

— C'est mon cadeau, dit-elle à Odette.

Elle eut droit à une accolade et un baiser. Odette examina le panier et n'en revint pas de voir comme il était solide et bien fait.

— Tu l'as tout fait toi-même ?

— Tout ! J'ai battu les troncs de frêne noir avec le dos d'une hache pour en décoller les écorces. Après, j'ai fait une entaille dans l'écorce d'environ un pouce de profondeur et j'ai mesuré la largeur que je voulais. Ensuite, j'ai séparé les clisses en lanières pour les tresser.

— Qui t'a montré ça ?

— Surtout Louisa Obomsawin. Elle tresse des paniers à longueur de journée.

— S'ils sont tous aussi beaux que le tien, ce doit être merveilleux de les voir !

— Quand je vais retourner là-bas, tu viendras avec moi.

— C'est promis, assura Odette. Et maintenant, que comptes-tu faire ?

— L'année scolaire va commencer, je vais retourner à mon pensionnat et étudier très fort. Un jour, je veux faire honneur aux Abénaquis. Je vais continuer à étudier leur histoire et j'écrirai un livre pour que tous les connaissent.

Chapitre 54

Nouvelles diverses

Encore réunis trois ans plus tôt dans la maison de la traverse, voilà que dans le temps de le dire les Courchesne s'étaient dispersés. Fort heureusement, si Georgiana, Vianney et Annabelle s'étaient éloignés, les autres vivaient quand même tous à Drummond ; Guillaume et Odette à la maison de la traverse, Élise dans la maison de Joseph, rue Loring, Denise à l'auberge de Raoul, rue Brock, et Francesca chez Dominique, rue Saint-Georges.

Profitant de ce qu'elle avait encore la plupart de ses enfants non loin d'elle, Élise avait institué une coutume qu'ils appréciaient tous. Une fois par mois, ils soupaient en alternance chez l'un ou chez l'autre. C'était l'occasion rêvée de faire le point sur la vie de chacun. Les enfants prenaient d'abord toute la place. On parlait de leurs finesses, quand ce n'était pas des derniers bobos de l'un ou de l'autre. C'était à qui avait dit le premier « maman » ou « papa ». Puis, on passait aux préoccupations de chacun, le travail des hommes, celui des femmes, la température et le temps qui filait à toute allure constituaient des sujets de prédilection. Il était aussi question de ce qui avait le plus marqué l'actualité dans la ville.

Pendant que tout le monde dégustait l'excellent pâté chinois servi par Odette, qui était l'hôtesse ce jour-là, les conversations allaient bon train. Élise avait appris, par les femmes avec qui elle jouait aux cartes, que s'il y avait eu beaucoup de maisons construites sur les rues Lindsay et Brock dernièrement, c'est que la population s'élevait maintenant à au moins mille cinq cents âmes, aux dires du curé lui-même. Elle ne manqua pas de le leur apprendre. Denise, qui, pour une fois, avait pu se joindre à eux, mentionna en coupant une tranche de pain que désormais le gros pain devait peser six livres et le petit trois livres.

Élise, qui se réjouissait de les voir tous présents autour de la table, au lieu de profiter du moment présent, en vint, comme à son habitude, à déplorer le fait que Vianney n'ait pas pu venir.

— Plus le temps passe, se plaignit-elle, moins fréquentes sont les lettres qu'il nous expédie. Il est en train de nous oublier, bientôt il ne saura plus qui étaient ses parents.

— À quand remonte sa dernière lettre ? demanda Dominique tout en surveillant les enfants qui commençaient à se chamailler au fond du salon.

— À plusieurs mois, répondit Élise.

— Ils sont en santé, au moins ?

— Oui, mais malheureusement je n'aurai pas la chance de connaître mes petits-enfants…

— Que voulez-vous, m'man, fit remarquer Francesca, en prenant son petit dans ses bras, il ne demeure pas à la porte à côté.

— Il pourrait au moins se forcer et venir nous voir de temps à autre.

— Il doit dire la même chose de nous, fit remarquer Guillaume. Au moins, il donne des nouvelles parfois. À ce compte-là, il y en a une dont j'aimerais bien savoir ce qu'elle devient. En se donnant au bon Dieu, Annabelle nous a vraiment oubliés.

— Elle a sa famille religieuse, l'excusa Élise.

— Bon, si vous le voulez, intervint Odette, parlons d'autre chose avant que ça ne tourne en eau de boudin.

Le repas tirait à sa fin. On en était au dessert, un pouding au pain arrosé de sirop d'érable, quand Odette, en bonne hôtesse, offrit aux hommes un digestif. Ils se retirèrent dans le salon pour causer un peu avant de repartir. Dès qu'ils étaient ensemble, les hommes ne pouvaient s'empêcher de commenter l'actualité municipale. Dominique fit remarquer que, contrairement à ce que l'on croyait, la ville ne grossissait pas.

— Il y a moins de monde à Drummond qu'il y a cinq ans.

— Les affaires ne marchent pas fort, renchérit Guillaume.

— Peut-être bien, acquiesça Joseph, mais d'après moi, ça devrait repartir sous peu. Vous savez que nous aurons bientôt une manufacture de chemises.

— Vraiment ?

— La Maple Clothing. Ils vont embaucher passablement de personnes.

— Des femmes surtout ? supposa Dominique.

— Et en plus, autant que possible célibataires, ajouta Guillaume.

— Mais c'est mieux que rien, conclut Joseph.

Il avait sorti sa pipe. Il l'alluma. Une volute de fumée en monta presque aussitôt jusqu'au plafond.

— Bon ! Je ne m'ennuie pas, soupira Dominique qui venait de terminer son verre, mais je pense que je vais faire un bout.

Joseph se leva à son tour et le suivit. Ils se dirigèrent vers la cuisine où les femmes étaient en grande discussion, à savoir lequel de leurs enfants ressemblait le plus à son père. En les voyant apparaître, Francesca lança :

— Il y en a qui ont décidé de lever le camp.

Puis, s'adressant à Dominique, elle dit :

— Donne-moi le temps de grayer le petit et on y va. C'est pas qu'on n'est pas bien chez toi, Odette, mais une grosse journée nous attend demain.

— Oui, un gros contrat, souligna Dominique.

— Quoi donc ?

— Un agrandissement à la fonderie de monsieur Gosselin.

— Heureusement qu'il y a ça qui marche, commenta Joseph.

— Il ne faut pas oublier l'usine de portes et fenêtres de même que la manufacture de cigares, leur rappela Dominique. Au fond, notre ville n'est pas si mal en point.

Ils partirent là-dessus. Seule Odette resta à la maison avec Charlotte et Victoire. Victoire et elles s'affairèrent à laver la vaisselle et à tout ranger dans la cuisine et la salle à manger.

Odette demanda à Victoire :

— C'est la fin des vacances. Ça ne te coûte pas trop de retourner à Saint-Hyacinthe ?

— Non, parce que j'y apprends beaucoup, répondit la jeune fille.

Chapitre 55

Guillaume rêve encore

Maintenant qu'il était père de famille et que la maison s'était vidée, Guillaume se sentait moins obligé envers sa mère et ses sœurs. Il aimait son travail à l'usine de carrosses, mais n'avait pas abandonné son projet de devenir riche. Odette tentait de le raisonner en lui assurant qu'elle était heureuse dans leur maison près de la rivière, mais il n'en perdait pas pour autant son idée.

— Un jour, prétendait-il, je serai mon propre patron. J'aurai mon commerce et nous vivrons passablement mieux que présentement.

Chaque fois qu'il parlait de la sorte, Odette répétait toujours :

— Il vaut mieux un petit pain qui contente notre appétit que pas de pain pantoute ou un gros pain qui nous gruge tous nos moyens.

Guillaume faisait celui qui n'entendait pas. Quand le magasin général de monsieur Turcotte fut à vendre, il pensa l'acheter, même s'il n'en avait pas encore les moyens.

— D'abord, lui fit remarquer Odette, tu as toujours prétendu que ce n'était pas le genre de travail qui t'intéresse parce que ça te tiendrait trop captif. Ensuite, ça ne sert à rien de rêver à ce que nous ne sommes pas en mesure de nous payer.

— Qui ne tente rien n'a rien.

Il se serait lourdement endetté en empruntant plus qu'il n'aurait jamais été capable de rembourser si, par un heureux hasard, Philippe, de passage à Drummond, n'était pas parvenu à le raisonner.

— Guillaume, y as-tu pensé? Tu vas travailler pour le restant de tes jours à rembourser l'argent emprunté et le magasin ne sera jamais à toi. Mon père a des sous, tu le sais, mais il m'a toujours répété qu'on est riche seulement quand ce que nous possédons est véritablement à nous parce que nous l'avons payé. Ramasse tes sous et achète au fur et à mesure ce dont tu as besoin. Regarde ceux autour de toi qui ont de l'argent.

Guillaume insinua:

— Quand ils ne l'ont pas volé, c'est parce qu'ils en ont hérité.

— Pas tous. À Sorel, il y a un type qui possède aujourd'hui son industrie. Il n'avait pas un sou, il y a une vingtaine d'années. Il s'est mis à ramasser tous les bouts de fer qu'il trouvait un peu partout. Il les vendait ensuite à la livre. Aujourd'hui, en plus d'avoir son chantier naval, il fournit tout le fer qui sert à la construction des navires dans le port.

Les propos de Philippe calmèrent quelque peu Guillaume qui se mit à songer de quelle façon il pourrait faire des sous en ramassant les vieilleries que les gens jetaient et qu'il pourrait revendre en tout ou en partie. Il avait beau se creuser la tête, l'inspiration ne venait pas.

Il songea à tenter sa chance dans la production de potasse. «Au fond, se disait-il, ça ne prend que du bois qu'on fait brûler et dont on vend la cendre. » Une industrie de la sorte, il en était sûr, le rendrait millionnaire. Selon ce qu'il racontait à Odette, produire de la potasse ne demandait pas des connaissances énormes et peu d'investissement. Il suffisait d'acheter une terre à bois au bon endroit et, en commençant tranquillement, il ne risquait pas de s'endetter. Il pourrait ensuite grossir son industrie en engageant des hommes et produire davantage. « L'argent, assurait-il, attire l'argent. »

Odette lui rappela la fable de La Fontaine, *La Laitière et le pot au lait*. La pauvre laitière, nommée Perrette, pensait qu'en vendant son lait, elle pourrait acheter une centaine d'œufs dont elle ferait une triple couvée de poulets. En vendant ses poulets, elle était assurée de s'acheter un cochon qu'elle vendrait pour s'acheter une vache qui lui ferait un veau. En pensant à tout ça, alors qu'elle s'en allait vendre son lait, elle s'enfargea, tomba et renversa son pot de lait. Adieu, veau, vache, cochon, couvée.

— Tu connais la morale de cette histoire ? demanda-t-elle à Guillaume.

Guillaume, qui entendait cette fable pour la première fois, fut bien contraint d'admettre que non.

— Rien ne sert de penser s'acheter des châteaux en Espagne ou, en d'autres termes, un tiens vaut mieux que deux tu l'auras. Où prendras-tu ton argent pour t'acheter une terre à bois ?

— Il est permis de rêver, soutint Guillaume.

— En autant, souligna Odette, qu'on ne prend pas ses rêves pour des réalités.

Sur ce point, ils ne s'accordaient guère. Guillaume n'en perdait pas pour autant ses ambitions ou ses illusions. Il défendit son idée de potasse jusqu'au jour où Joseph, son beau-père, à qui il parla de son projet, le ramena sur terre.

— La potasse ? Tu ne feras jamais une cenne avec ça.

— Pourquoi donc ?

— Parce qu'il te faudra trouver une terre à potasse et autour d'ici, elles sont déjà toutes achetées et exploitées. La potasse sert maintenant d'abord et avant tout pour les engrais. Parles-en aux cultivateurs de par ici, ils vont tous te répondre qu'il n'y a rien de meilleur pour engraisser leur terre que la marde de leurs animaux. Ceux qui exploitent des terres pour produire de la potasse la vendent sur le marché. Me croiras-tu ? Les manufacturiers de coton s'en servaient autrefois pour solidifier les couleurs sur le coton imprimé. Aujourd'hui ils ont de quoi la remplacer. Je me suis même laissé dire que les imprimeurs l'utilisaient aussi. Ne me demande pas pourquoi. C'est sûr qu'il y a de l'argent à faire avec la potasse, mais encore faut-il posséder une terre qui en produit.

L'intervention de son beau-père éteignit les ambitions de Guillaume de ce côté-là, mais il était tenace et ne rêvait qu'à une chose : trouver enfin ce qui lui permettrait de faire des sous. Toutefois, il était maintenant convaincu qu'il fallait au départ mettre la main sur un produit qu'on pouvait obtenir gratuitement pour le revendre ensuite.

À l'automne, il pensa avoir trouvé ce qui le rendrait riche. Il découvrit un endroit où poussaient de magnifiques champignons. Il soupesa l'idée d'en produire. Il lui fallait d'abord trouver un endroit où s'installer. Comme la maison était grande, il se dit qu'il pourrait utiliser une pièce inoccupée. Il y ferait pousser des champignons qu'il vendrait ensuite. Comme il ne connaissait rien en ce domaine, il s'informa à gauche et à droite afin de savoir comment procéder. Il en parla à Odette, qui en toucha un mot à Dominique, lequel s'informa à ses amis. Mais personne ne pouvait réellement le conseiller, si bien qu'avant même de se lancer en affaires, il se rendit compte que ça ne lui rapporterait jamais assez pour tout le travail et les sous qu'il devrait investir. De plus, comment écoulerait-il sa production ?

Vraiment, il n'était pas facile de devenir riche à partir de rien… Il se contenta de continuer à travailler ferme tout en s'efforçant d'économiser le plus possible. Il n'était pas à plaindre. Il touchait un bon salaire à son travail, mais, depuis l'accident de son ami Julien, il se promettait qu'avant qu'il ne lui arrive pareil malheur, il trouverait un autre métier.

Malgré tout, quand Odette le voyait songeur, elle ne manquait pas de l'encourager en lui répétant qu'elle était satisfaite dans leur maison louée, que leur fille Charlotte grandissait bien, qu'il avait un bon travail, lequel rapportait assez pour tout ce dont ils avaient besoin pour vivre heureux au moment où ils allaient agrandir leur famille.

Même s'il se montrait d'accord avec tout ça, il n'en perdait pas pour autant l'idée d'être riche un jour. Il était persuadé qu'à force de réfléchir aux moyens d'y parvenir, il finirait bien par trouver l'idée géniale qui ferait de lui un millionnaire.

Chapitre 56

Une rencontre bien spéciale

Une autre année passa, et l'automne 1898 étendait maintenant son emprise sur tout le pays. On s'étonnait toutefois de la douceur du temps. Le paysage changeait d'une journée à l'autre. Les arbres avaient eu leur flambée or et rouge. En tombant, les feuilles avaient placé de longs tapis sur les sentiers le long de la rivière. Il faisait bon y marcher pour respirer la bonne odeur qui s'en dégageait et sentir leur douceur sous les pieds. Le beau temps tenait bon, apportant chaque jour dans le ciel son lot de petits nuages joufflus comme des angelots, qu'un vent léger faisait glisser lentement sur un fond de ciel bleu. Si l'automne, par sa splendeur, préparait l'hiver en douceur, il était surtout apprécié par les chasseurs pour qui c'était la meilleure saison de l'année.

Guillaume était du nombre. Il avait attendu avec impatience ce temps de l'année, et maintenant qu'il était arrivé, il en profitait à plein. Chaque fois qu'avec sa carabine il gagnait les bois, il rêvait de pouvoir en revenir avec la dépouille d'un chevreuil au panache imposant.

Ce dimanche après-midi-là, comme les précédents, il gagna les bois. Il choisit cette fois de suivre la rivière en descendant lentement vers le sud. Il savait fort bien que les chevreuils ont besoin chaque jour de se rendre à un point d'eau pour s'abreuver. Il comptait bien en voir détaler un ou plusieurs le long de la rivière. Comme il parvenait dans un détour causé par les méandres du cours d'eau, il entendit un bruit qui le fit se mettre à l'affût. Il attendit longtemps, espérant qu'il s'agissait d'un chevreuil. Après une longue attente, au moment où il ne s'y attendait plus, il vit paraître à travers les arbres la bête dont il rêvait tant. C'était en plein le chevreuil qu'il espérait abattre. Il prit son temps, leva sa carabine et tira. Il fut étonné d'entendre presque simultanément une autre détonation. Atteinte, la bête s'écroula sur place. Il se précipita pour s'assurer qu'elle était bien morte. Comme il parvenait tout près, il arriva presque nez à nez avec un autre chasseur. Il s'arrêta net et comprit que l'autre coup de feu qu'il avait entendu provenait du fusil de cet homme.

En y pensant bien, il fut persuadé de l'avoir déjà rencontré. Puis remonta à sa mémoire la journée où, quelques années plus tôt, il avait rencontré cet homme qui lui avait conseillé de chasser du côté de Saint-Joachim. Il se souvenait qu'il s'agissait d'un Écossais et que sa mère lui avait mentionné qui il était, mais il avait oublié son nom.

— Bonjour ! dit-il. Il me semble qu'on se connaît.

— *Good morning*, fit l'autre, en l'examinant comme pour se souvenir.

De son côté, Guillaume le regardait attentivement. Sa tignasse rousse qui débordait de sa calotte de chasseur et son accent lui confirmait qu'il s'agissait bien du même homme qu'il avait croisé jadis au bord de la rivière. Il répéta :

— Monsieur, on se connaît. Je suis maintenant certain que nous nous sommes déjà rencontrés.

Au sourire qu'il vit se dessiner sur le visage de son interlocuteur, il comprit qu'il venait de faire le lien.

Guillaume se présenta. En réponse, l'homme lui tendit la main en disant simplement :

— Sam MacFarlane.

« MacFarlane…, songea Guillaume. C'est bien ce que m'man m'avait dit. »

— Sauf erreur, monsieur MacFarlane, nous avons tiré presque simultanément.

D'un signe de tête, l'homme acquiesça. Guillaume proposa :

— Si vous êtes d'accord, nous partagerons, moitié-moitié.

— *It's fine with me.*

— Comment allons-nous procéder ?

— Si tu veux, *you may stay here.*

— Rester ici ?

— *Yes.* Je suis *not far. I am going to get* le cheval pour tirer la bête. Toi, tu peux la… préparer ?

Guillaume comprit que l'Écossais lui demandait d'éviscérer le chevreuil pendant qu'il allait chercher un cheval pour les aider à sortir la dépouille du bois. Il tira le couteau qu'il avait apporté pour ce genre de travail et se mit aussitôt à l'œuvre. Une heure plus tard, Sam MacFarlane arrivait avec son cheval. Guillaume avait eu le temps de fabriquer un genre de traîneau à l'aide de deux petits peupliers qu'il avait coupés et attachés en les espaçant comme un V, et sur lequel il avait attaché la dépouille du chevreuil. Ils n'eurent qu'à fixer le traîneau aux flancs du cheval et ils sortirent ensemble du bois avec leur trophée.

Ils longèrent la rivière sur une bonne distance en s'approchant de Drummond. Puis, sur une pointe de terrain formée par un méandre de la rivière, se dressa devant eux une superbe villa assise sur la falaise au bord de la rivière. C'était la demeure de Sam MacFarlane. Pendant qu'un domestique s'occupait du cheval et de la dépouille du chevreuil, l'Écossais invita Guillaume à entrer. Une jeune femme vint à leur rencontre. Sam la lui présenta, elle se nommait Judith. Guillaume comprit qu'elle était sans doute la jeune sœur de Sam. Elle était avenante et avait un si beau sourire que Guillaume se dit qu'il ne l'oublierait jamais. Elle parlait parfaitement français et s'empressa de demander à son frère s'il avait tué quelque chose. Il lui répondit en anglais qu'ils rapportaient la dépouille d'un chevreuil qu'ils avaient abattu tous les deux en même temps et qu'ils partageraient la viande obtenue.

Se tournant vers Guillaume, elle lui demanda :

— Vous prendrez bien un verre avec nous pour célébrer cette chasse réussie ?

— Volontiers !

— Eh bien, venez au salon, l'invita-t-elle.

Il la suivit pendant que Sam en profitait pour aller se changer. La jeune femme se dirigea vers une armoire au bout du salon. Elle en sortit verres et bouteilles en demandant à Guillaume ce qu'il désirait boire. Même s'il ne buvait pas beaucoup, Guillaume opta pour un whisky.

— Sam en prendra bien un, formula-t-elle.

Voyant que Guillaume s'intéressait aux portraits sur les murs, elle s'approcha pour lui apprendre qui y figurait. Elle lui indiqua en particulier le portrait d'un homme qui posait fièrement avec du défi dans le regard. Elle lui expliqua :

— C'était notre père. Il est venu au Canada en 1848 après avoir reçu des terres de la Couronne en raison de ses bons services militaires. Une fois au pays, il s'est mis à acheter et revendre des terres et a décidé de construire la villa où nous sommes sur une des terres dont il avait fait l'acquisition. Il est mort il y a quelques années et nous a laissé ce domaine, à mon frère et à moi. Nous avons un autre frère et une sœur qui ne demeurent plus au pays. Sam s'est marié il y a dix ans, mais sa femme est morte en donnant naissance à des jumeaux qui n'ont pas survécu. Il ne s'est pas remarié. Il aime sa solitude et passe le plus clair de son temps à écrire la vie des MacFarlane d'Écosse. Il est très fier de nos ancêtres. Le reste du temps, quand il n'est pas à la pêche ou à la chasse comme aujourd'hui, il voit à l'administration des biens que notre père nous a laissés et au bon fonctionnement de cette maison. Nous avons des hommes qui travaillent pour nous en coupant du bois sur nos terres. Ce bois est vendu aux marchands de Montréal et les revenus que nous en tirons suffisent amplement à nous faire vivre à l'aise. À part cela, nous avons trois domestiques : une cuisinière, une femme de chambre et un majordome qui est en réalité un homme à tout faire. C'est d'ailleurs lui qui aurait dû être ici pour vous servir votre boisson, mais, précisément, comme il aime trop boire, il est préférable que ce soit moi qui voie à cela !

Guillaume n'avait pas eu le temps de se faire une bonne idée de la grandeur de cette vaste maison. Comme Sam ne revenait pas, sa sœur proposa de la lui faire visiter.

— Vous aimeriez sans doute mieux connaître les lieux ? Venez, suivez-moi.

Elle le conduisit à la salle à manger, lui fit voir la cuisine, puis un boudoir, le grand bureau occupé par son frère et les chambres à l'étage. De là-haut, elle lui indiqua les dépendances, la maison des domestiques, l'écurie et la grange ainsi qu'un hangar où, lui apprit-elle, ils rangeaient les voitures d'été et d'hiver ainsi que les outils et autres objets inutilisés.

Guillaume fut émerveillé par tout ce qu'il voyait. Il n'aurait jamais pensé qu'on pouvait avoir de si belles choses et vivre dans une telle maison. Quand ils redescendirent au salon, Sam les y attendait et ils trinquèrent à leur réussite. Il l'invita à revenir dans quelques jours chercher sa part de viande. Elle serait alors préparée.

— Vous serez le bienvenu, assura Judith.

Guillaume les quitta en se retournant pour admirer encore cette villa qui le faisait rêver. «Je n'ai que trente-trois ans, mais un jour, se promit-il, j'aurai une pareille demeure.» Son rêve de devenir millionnaire ne lui avait pas quitté l'esprit. Il revint à la maison en tâchant, comme il le faisait toujours, de découvrir ce qui pourrait le rendre riche. Croyant qu'il revenait bredouille de la chasse, Odette s'apprêtait à lui souhaiter une meilleure chance la prochaine fois quand il lui apprit ce qu'il venait de vivre. Le voyant heureux, Odette décida d'ajouter à son bonheur en lui disant qu'elle était de nouveau enceinte.

— J'espère, souhaita-t-elle, que ce deuxième enfant passera mieux que le premier!

— Tout ira bien, la rassura Guillaume, et de mon côté, je souhaite que ce soit un garçon.

— On le verra en temps et lieu, dit Odette en souriant.

— En attendant, soupira Guillaume, comptons-nous chanceux d'avoir Charlotte.

La petite s'avançait justement vers son père qui la prit dans ses bras et se mit à la faire sauter sur ses genoux en lui disant: «p'tit galop, p'tit galop, gros galop». La petite riait à gorge déployée et en redemandait. Il entretenait son bonheur en la hissant au bout de ses bras et en faisant semblant de l'échapper.

— Celle-là, commenta Odette, fera certainement son chemin dans la vie. J'ai l'impression que rien ne lui fera peur.

— Nous allons nous arranger pour que ça arrive, lui assura Guillaume d'un air déterminé. Nous lui ferons faire de bonnes études. Elle nous fera honneur.

Chapitre 57

Pauvre Odette

Guillaume et Odette attendaient avec impatience la naissance de leur deuxième enfant. Le printemps s'était tranquillement installé, chassant un peu plus l'hiver chaque jour. La neige fondait sur les toits. On voyait apparaître de nouveaux oiseaux, annonçant une reprise de la vie. La rivière se débarrassa de ses glaces à la fin d'avril. Le printemps fut bon pour les sucres. Au début de mai apparurent les premières feuilles aux arbres et chez Guillaume et Odette une nouvelle vie s'annonça quand, un matin, la jeune mère ressentit les premières contractions. Le docteur Bérard accourut en même temps que Francesca, prévenue par Guillaume. Denise vint chercher Charlotte et André que Francesca avait amené avec elle. La sage-femme, qui était retenue par une autre naissance, finit par arriver à son tour.

Le docteur n'était pas sans se souvenir que le premier accouchement s'était avéré difficile. Il semblait bien que le même scénario se répétait. Les contractions se succédaient à un bon rythme. Odette poussait tant qu'elle le pouvait, mais rien ne semblait se passer jusqu'à ce que le docteur lui dise qu'il voyait les cheveux de l'enfant. Encouragée, Odette continua à forcer de son mieux.

Munie d'une serviette humide, Francesca essuyait le front de sa belle-sœur tout en l'encourageant. La pauvre avait beau pousser et pousser encore, l'enfant ne sortait pas. Sur son visage se dessinait à la fois la douleur qu'elle ressentait à chaque poussée et l'angoisse croissante qui envahissait son esprit. Que se passait-il ? Plus le temps filait, moins elle avait de force pour accoucher. Constatant que la délivrance ne se ferait pas de façon naturelle, le docteur Bérard intervint avec les forceps. Au deuxième essai, l'enfant sortit avec le cordon ombilical enroulé autour du cou. Il était bleu. La sage-femme s'en empara pour tâcher de le faire respirer. Voyant que ses efforts s'avéraient vains, elle ondoya l'enfant. De son côté, le docteur Bérard s'affaira à recoudre la déchirure provoquée par l'application des forceps, car Odette saignait beaucoup.

La mère s'en tira, mais pas l'enfant, un garçon, mort étouffé. La nouvelle de sa mort dévasta Odette et Guillaume. Le docteur était désolé. La sage-femme tâcha d'amoindrir ce malheur en prédisant qu'Odette aurait d'autres beaux enfants. Dépassée par ce qu'elle venait de vivre, Francesca sanglotait. Devant ce malheur, Guillaume se dit que l'avenir ne leur serait pas favorable. Il demanda au docteur Bérard s'il pourrait se risquer plus tard à tenter d'avoir un autre enfant.

— Il te faudra avoir la patience de laisser d'abord ton épouse se remettre complètement de cette mauvaise aventure, répondit le médecin.

— Combien de temps devrai-je attendre ?

— Donnez-vous au moins six mois, sinon plus, et, mon garçon, si j'ai un conseil à te donner, assure-toi bien avant de réessayer que ton épouse souhaite vivre d'autres grossesses. Pour elle, ce qu'elle vient de vivre est une terrible épreuve qui peut fort bien lui avoir enlevé tout désir de tomber enceinte de nouveau. Fort heureusement, vous avez déjà une fille, peut-être devriez-vous vous contenter de cette unique enfant.

— Mais si on ne peut plus en avoir, il nous faudra renoncer à nous accoupler.

— Vous en discuterez et vous verrez.

— Que va en penser monsieur le curé ?

— Il faudra que tu lui en parles.

À la seule idée d'être contraint de l'annoncer au curé, Guillaume rageait. Allait-il devoir renoncer à faire l'amour parce que le curé s'y opposerait? Il se dit : « Il va toujours bien attendre avant que j'aille le voir. »

Quand Denise ramena Charlotte et André à la maison, elle demanda à voir le nouveau-né.

— Où il est, le bébé ? renchérit Charlotte.

— Les sauvages n'en ont pas laissé en passant, dit la sage-femme.

La petite, qui ne comprenait rien à cette explication, se mit à pleurer, inconsolable. Depuis le temps qu'on lui avait promis un petit frère ou une petite sœur! Elle continua d'ailleurs à le réclamer les jours suivants.

— Ça sera pour une prochaine fois, lui assura sa mère.

Charlotte finit par se contenter de la poupée que sa tante Denise lui avait donnée. Guillaume avait entendu la promesse d'Odette à Charlotte. Il en profita pour lui demander si tout cela était sérieux.

— Pour qui me prends-tu, Guillaume Courchesne ? Quand je dis quelque chose, ce ne sont pas des paroles en l'air.

Elle calma Guillaume en l'assurant que malgré ses deux accouchements difficiles, elle ne renoncerait jamais à avoir d'autres enfants.

La vie reprit son cours habituel. Le temps se réchauffa, annonçant la saison estivale. Des fleurs vinrent égayer le sentier longeant le bord de la rivière et embaumer l'air. Les trottoirs et les rues de la ville s'animèrent. Les jours de marché, il faisait bon se promener, ne serait-ce que pour ressentir l'effervescence des lieux. Les marchands offraient leurs produits nés de l'hiver et du printemps. On pouvait se procurer de la tire, du sirop et du sucre d'érable. On se mettait au grand ménage. Sur les cordes à linge séchaient couvertes, mitaines, tuques et foulards. On rêvait des beaux jours à venir.

Remise de son accouchement difficile, Odette préparait le retour de Victoire. La petite Charlotte attendait sa tante avec impatience. Elle n'avait pas oublié les promenades en traîneau qu'elle lui avait fait faire au temps des fêtes. Victoire l'emmènerait certainement se promener où il y avait beaucoup de canards sur la rivière. Elle regarderait les gens leur jeter de la nourriture. Ce seraient des jours incomparables.

Chapitre 58

Des projets plein la tête

On se dirigeait allègrement vers un siècle nouveau, en ce mois de novembre 1899. Depuis son passage à la villa des MacFarlane, Guillaume multipliait les projets qui, pensait-il, finiraient par le rendre riche. Sachant que les MacFarlane avaient fait fortune en achetant des terres à bois, il se mit à rêver d'en posséder une. Mais encore fallait-il avoir les moyens de l'acheter. Or, il n'avait pas l'argent qui lui aurait permis de réaliser son rêve. « L'argent, le maudit argent, bougonnait-il. Comment l'obtenir ? »

Comme pour le narguer, une rare lettre de Vianney arriva juste à ce moment. Elle se lisait comme suit :

Bonjour à vous tous,

Je tiens à vous écrire ce petit mot, d'abord pour vous rappeler que je suis toujours vivant, et bien vivant, et que mon épouse comme nos enfants et moi, nous nous portons à merveille. Je ne regretterai jamais ma décision d'être demeuré aux États-Unis, car j'ai pu m'y bâtir une vie extraordinaire et un avenir prometteur.

Comme vous le savez, en travaillant pour notre oncle Louis, j'ai appris énormément de choses et en particulier comment m'enrichir par mon travail. Notre oncle a toujours été un homme d'avant-garde. J'ai pu apprendre auprès de lui que si nous voulons nous enrichir il faut voir grand. Je viens d'acheter ma deuxième maison que je compte revendre avec profit, pour m'en acheter une plus dispendieuse qui me permettra de faire encore plus de sous.

Voir grand, c'est ce que ne cesse de répéter notre oncle. Il est vrai que nous n'avons rien pour rien et que si nous voulons nous enrichir et conserver notre richesse, il nous faut travailler d'arrache-pied. Mais une fois que la roue de la richesse est partie, il n'en tient qu'à nous de continuer à la faire tourner. Tout cela pour vous dire que je compte bien un jour être millionnaire. C'est une ambition légitime et faisable.

Mais voilà que je m'enthousiasme et j'oublie vraiment de vous demander de vos nouvelles à tous. Suis-je de nouveau mon'oncle sans le savoir et est-ce que tous ceux que je connais sont en santé ? À défaut de pouvoir, en raison de mes affaires, aller vous voir, vous pourriez bien faire un effort pour nous rendre visite. Les jours, les mois et les années passent. Nous vieillissons tous sans avoir le bonheur de nous voir. Je compte sur l'un ou l'autre de vous pour me donner des nouvelles, en espérant pouvoir bientôt faire un saut au Canada afin d'avoir le plaisir de vous retrouver tous. Je me demande parfois, tant il y a longtemps que je vous ai vus, si je réussirai à tous vous reconnaître !

Portez-vous bien et au plaisir de recevoir des nouvelles. Je vous transmets les salutations de Louis et d'Émérentienne, et celles de mon épouse.

Vianney

En relisant cette lettre pour une énième fois, Guillaume se mit à réfléchir à ces années difficiles passées à Lowell et à se demander comment Vianney avait fini par se retrouver ainsi chez l'oncle Louis. Il ne put s'empêcher de penser aux hasards de la vie, qui font que certains ont une bonne fortune et d'autres tous les maux du monde. Il songea à sa propre situation et se classa dans la moyenne. Après tout, il avait de bonnes raisons de se trouver privilégié. Il avait un bon travail, un salaire convenable, une bonne épouse, une petite fille adorable qui lui apportait bien du bonheur et une excellente santé. Quoi demander de plus ? Pourtant, il n'était pas complètement comblé. Il songeait que si on ne voulait pas stagner dans la vie, il fallait faire des plans pour progresser et avoir plus, ce qui apportait encore davantage de satisfactions.

Tourmenté par son avenir, il se mit de nouveau à chercher de quelle façon il pourrait ramasser l'argent nécessaire pour lui permettre de réaliser son rêve. Il se mit ensuite à songer aux membres de sa famille, et plus particulièrement à sa mère qui s'était refait une vie avec son Joseph et semblait heureuse, à Philippe et Georgiana et leurs enfants, bien établis à Sorel où le père de Philippe avait relancé avec succès son usine. Il pensa aussi au destin de sa sœur Annabelle, entrée chez les religieuses et qui semblait y mener une vie satisfaisante, bien qu'elle eût coupé tous les ponts avec eux. Quand il évoquait le sort de Denise et de Francesca, il ne pouvait qu'être content pour elles. Enfin, la jeune Victoire, depuis son passage à Odanak, semblait heureuse.

En réalité, il ne pouvait que se réjouir pour tous ceux des siens qui étaient parvenus à faire leur chemin dans la vie. Pourquoi donc, malgré tout cela, n'était-il pas entièrement satisfait ? Que leur réservait la vie, à lui, à Odette et à Charlotte ? Saurait-il trouver sa voie et réaliser son rêve ?

Il en était là de ses réflexions quand Odette vint l'en tirer en le priant de se presser.

— Qu'y a-t-il donc ?

— Tu n'as pas entendu ? Un petit gars est venu nous dire de nous dépêcher d'aller chez ta mère.

— Pourquoi ?

— Il paraît qu'il lui est arrivé quelque chose…

Odette avait déjà Charlotte dans les bras. Guillaume la prit et ils partirent tous les deux, la tête pleine d'interrogations, vers la rue Loring. Quelque chose de grave se passait. Joseph n'était pas homme à s'énerver pour rien. Il ne les aurait jamais envoyé chercher s'il n'y avait pas eu une urgence. Quelle mauvaise surprise la vie avait-elle choisi de leur faire encore ?

Ils se dirigeaient d'un pas vif vers la maison de Joseph quand ils croisèrent dans la rue la faible d'esprit, Rosanna Hétu, qui, les montrant du doigt, se mit à ricaner de son rire fou, en murmurant quelque chose qu'ils ne comprirent pas.

Guillaume y vit un mauvais présage.

— La folle qui nous nargue, marmonna-t-il.

En l'entendant, Odette réagit :

— Ce n'est pas parce que nous croisons cette détraquée qu'il faut y voir un mauvais présage.

Pressant le pas, ils arrivèrent chez Joseph et entrèrent en vitesse dans la maison en demandant :

— Que se passe-t-il ?

C'est un Joseph tout penaud qui les reçut. À leur question, il ne put que répondre :

— Le docteur Bérard s'occupe d'elle.

Les années fastes

Personnages principaux

Alfred: domestique à la villa Old Pine, époux de Maria.

Augustin: majordome à la villa Old Pine.

Comtois, Josaphat: fermier de Old Pine.

Courchesne, Annabelle: fille aînée d'Aimé Courchesne et d'Élise Cournoyer.

Courchesne, Charlotte: fille de Guillaume Courchesne et d'Odette Vallée.

Courchesne, Denise: fille d'Aimé Courchesne et d'Élise Cournoyer.

Courchesne, Francesca: fille d'Aimé Courchesne et d'Élise Cournoyer.

Courchesne, Georgiana: fille d'Aimé Courchesne et d'Élise Cournoyer.

Courchesne, Guillaume: fils d'Aimé Courchesne et d'Élise Cournoyer.

Courchesne, Vianney: fils d'Aimé Courchesne et d'Élise Cournoyer.

Courchesne, Victoire: fille adoptive d'Aimé Courchesne et d'Élise Cournoyer.

Cournoyer, Élise : veuve d'Aimé Courchesne, seconde épouse de Joseph Légaré.

Cusson, Juliette : amie de Charlotte Courchesne.

Denoncourt, Raoul : aubergiste, époux de Denise Courchesne.

Dubois, Alberte : épouse de Vianney Courchesne.

Éphrem : palefrenier à la villa Old Pine.

Éva : cuisinière à la villa Old Pine.

Lacombe, Philippe : époux de Georgiana Courchesne.

Légaré, Joseph : second époux d'Élise Cournoyer.

MacFarlane, Judith : sœur de Sam MacFarlane et seconde épouse de Guillaume Courchesne.

MacFarlane, Sam : propriétaire de Old Pine et frère de Judith MacFarlane.

Maria : servante et cuisinière à la villa Old Pine, épouse d'Alfred.

Montour, Gus : frère de Victoire Courchesne.

Montour, Xavier : frère de Victoire Courchesne.

Peter : jardinier à la villa Old Pine.

Roberta : servante à la villa Old Pine.

Tremblay, Martial : commis dans un magasin général, époux de Victoire Courchesne.

Vallée, Dominique : notaire, époux de Francesca Courchesne.

Vallée, Odette : sœur de Dominique Vallée et première épouse de Guillaume Courchesne.

Personnages historiques

Un certain nombre de personnages historiques sont mentionnés dans ce roman. Nous n'avons retenu ici que les noms des principaux. Pour chacun, en plus de leur année de naissance et de décès, nous précisons leur titre et soulignons parfois leurs principales réalisations.

De Troyes, Pierre, dit chevalier de Troyes (1645-1688) : Fils de Michel de Troyes, procureur au parlement de Paris, et de Madeleine Alard, il est capitaine au régiment de Piémont quand le 5 février 1681, il épouse Marie Petit de Lestang. Il arrive à Québec en 1685 en même temps que le gouverneur Brisay de Denonville. Le 12 février 1686, le gouverneur lui confie une mission difficile : aller déloger les Anglais établis à la baie d'Hudson. C'est avec 30 soldats et 70 miliciens qu'il entreprend cette expédition. Il mène son expédition jusqu'à la baie d'Hudson où ses hommes s'emparent des forts anglais Monsoni, Rupert et Quichichouane. De retour à Québec en octobre 1686, il en repart quelques mois plus tard dans l'expédition de Denonville contre les Tsonnontouans. Le gouverneur lui donne le commandement de la garnison du fort Niagara. Il y meurt du scorbut le 8 mai 1688.

Garceau, Napoléon (1868-1945) : Né à Saint-Césaire en 1868, il exerce la fonction d'avocat à Drummondville dès

1901. Il fonde la Chambre de commerce et d'industrie de Drummondville et devient maire de 1905 à 1908, puis de 1909 à 1912, et de 1920 à 1924. Il fonde *La Justice* (1901-1906), le premier journal de Drummondville, puis *Le Présent* (1912-1914). Il est à l'origine de la création des premiers trottoirs de ciment en 1907 et des égouts en 1909. Il est également président de la Commission scolaire pendant vingt-neuf ans. Il décède en 1945.

Laferté, Joseph (1851-1930) : Fils d'Antoine Théroux dit Plessis et Laferté et d'Angèle Vanasse, il naît à Saint-David de Yamaska le 27 septembre 1851. Il est directeur de la Société d'agriculture du comté de Drummond et commissaire de la Commission scolaire de Saint-Germain-de-Grantham en 1894 et 1895. Il est élu député libéral en 1901 et de nouveau en 1904 et en 1908. Il est cosecrétaire du comté de Drummond de 1912 à 1916 et maire de Saint-Germain-de-Grantham de 1912 à 1927. Marié trois fois, il meurt le 1er mai 1930.

Lemire, Joseph (1870-1953) : Né à Baie-du-Febvre le 10 mai 1870, il est le fils de Damase Lemire et d'Olive Côté. Il épouse Marie Fleurent en 1896. On lui doit entre autres choses le remplacement des sémaphores de chemin de fer par des signaux lumineux, un moulin à vent actionnant une pompe sans friction, une horloge à batterie, un système électrique pour actionner les cloches des églises, un arc à souder ultrarapide et un système d'alarme à circuit fermé. Il meurt à Drummondville le 5 septembre 1953.

Lumsden, Alexander (1843-1905) : Fils de John Lumsden, il naît à New Edinburgh en 1843. Il fait ses études collégiales à Ottawa. Il épouse Margaret Duncan. D'abord marchand de bois à Ottawa, il va s'établir à Témiscaming et s'active dans de nombreux domaines, dont celui de la drave et du transport par vapeur des passagers et des marchandises sur le lac Témiscamingue. En 1888, il construit un moulin à scie où il emploie de 100 à 150 hommes. Vers 1900, il fait installer une génératrice d'électricité qui alimente la scierie, les cours des bâtiments de la gare ainsi que son hôtel Bellevue. Il meurt subitement en 1905.

Mitchell, J. William (1851-1926) : Fils de Thomas Mitchell et de Margaret Patrick, il naît le 14 mars 1851 à Durham. Il est d'abord employé d'une compagnie de chemin de fer dans le Maine. Il met ensuite en place une entreprise de bois de charpente qui prend de l'ampleur grâce à la Drummond County Railway qu'il fonde. En 1895, il obtient du conseil municipal de Drummondville le contrat d'éclairage des rues pour dix ans. Il devient maire de Drummondville en 1898, puis sénateur en 1904. Il meurt le 10 mai 1926.

Tétreau, Dominique (1850-1920) : Fils d'Hector Tétreau, forgeron, et de Pauline Cabana, il naît à Saint-Charles-sur-Richelieu le 12 juillet 1850. Il est ordonné prêtre le 20 septembre 1874 après ses études au Séminaire de Nicolet. D'abord vicaire à Gentilly de 1874 à 1876 et à Princeville en 1876 et 1877, il est ensuite nommé curé de Saint-Wenceslas de 1877 à 1883 et de Saint-Jean-Baptiste de New York jusqu'en 1900. En repos à Arthabaska de 1900 à 1902, il devient ensuite curé de Drummondville de 1902 à 1920. Il meurt subitement au presbytère de Drummondville le 8 mai 1920.

PREMIÈRE PARTIE

LE VOYAGE

1900-1901

Chapitre 1

Élise s'envole

Appelés d'urgence à la maison de leur beau-père, Guillaume et Odette y avaient trouvé un Joseph fort inquiet, qui leur avait annoncé que le docteur Bérard était au chevet d'Élise. Comme Guillaume voulait en savoir plus, Joseph expliqua qu'Élise soupait tranquillement avec lui quand elle s'était effondrée. Il l'avait transportée dans son lit puis avait couru en vitesse chez le voisin pour lui demander d'aller chercher le docteur Bérard, lequel, heureusement chez lui, arriva sans tarder. Atterré, Guillaume voulut se rendre à la chambre de sa mère. Joseph intervint :

— Le docteur préfère être seul avec la malade.

— Tu es son mari, s'indigna Guillaume, et je suis son fils, nous avons le droit de savoir.

— Patiente un peu, il va tout nous dire.

Ils attendirent encore un bon dix minutes avant que le docteur Bérard ne vienne leur parler. À voir son visage soucieux, ils comprirent qu'il n'avait pas de bonnes nouvelles à leur apprendre.

— Ta femme est paralysée de tout le côté gauche, expliqua-t-il à Joseph. Elle a eu une attaque au cerveau.

— Est-ce qu'elle va s'en remettre ?

— Peut-être, mais ça va prendre du temps. Elle va avoir besoin que quelqu'un s'occupe d'elle d'ici à ce qu'elle récupère.

— Est-ce qu'elle va nous comprendre quand on va lui parler ? l'interrogea Guillaume.

— Oui, sauf qu'elle aura beaucoup de misère à vous répondre. Elle a la moitié de la figure paralysée.

— Y a-t-il quelque chose à faire pour la guérir ? s'enquit Odette.

— Il faut laisser la nature faire son œuvre. Je reviendrai la voir de temps à autre.

— Je vous dois combien ? demanda Joseph.

— Ce que ton bon cœur te dira de me donner.

Joseph alla fouiller dans l'armoire de cuisine et en revint avec une piastre. Le médecin le remercia :

— C'est généreux de ta part. Si j'étais plus riche, mon pauvre Joseph, je te laisserais bien tes sous, mais vois-tu, comme tout le monde, j'ai des choses à payer.

Dès que le docteur Bérard eut passé la porte, ils se précipitèrent dans la chambre où Élise fixait le plafond, muette et immobile. Ils restèrent un peu auprès d'elle à se demander quoi faire. Guillaume questionna :

— Qui va en prendre soin ?

Joseph répondit :

— Je vais m'en occuper. Après tout, maintenant que je ne travaille plus, je n'ai que ça à faire.

Odette semblait soucieuse.

— Il va falloir lui donner à manger, la tourner dans le lit, la laver… Saurez-vous faire ça tout seul ?

— Ça s'apprend, assura-t-il. Ma sœur l'a bien fait pour son mari. Elle pourra sûrement me donner des trucs. Au fait, pourriez-vous vous charger de l'avertir ? Elle reste sur la rue Lindsay, au cent douze.

Prévenue de la situation, la sœur de Joseph se rendit tôt le lendemain au chevet d'Élise. Denise et Francesca passèrent également chez leur mère durant la journée. Elles furent si affectées de voir Élise ainsi diminuée qu'elles voulurent discuter avec Guillaume de ce qu'il y avait de mieux à faire.

— En premier, dit Guillaume, il faut prévenir Georgiana et Vianney. Il faudrait aussi écrire à Annabelle et Victoire. Même si elles ne peuvent se déplacer, elles ont le droit de savoir.

— On pourrait leur envoyer un télégramme, suggéra Francesca. C'est plus rapide qu'une lettre.

— S'il fallait qu'elle meure ! déplora Denise.

— Ne parle pas comme ça, lui reprocha Francesca, ça porte malheur.

Elle se chargea d'expédier les télégrammes à la gare, puis, au retour, s'arrêta de nouveau à la maison de sa mère pour prendre de ses nouvelles. Joseph ne se montra pas très optimiste.

— Y a rien qui a changé depuis hier. Ma sœur trouve que ça ressemble beaucoup à ce qui est arrivé à mon beau-père. Comme tu sais, il en est mort.

Le télégramme expédié à Vianney eut son effet, car quelques jours plus tard, il descendait du train à Drummondville et se rendait directement chez Guillaume.

— Je suis venu sans tarder. Je voulais la voir avant qu'il ne soit trop tard.

Après qu'il eut rendu visite à sa mère, il confia à Guillaume qu'une de leurs voisines à Nashua s'était retrouvée paralysée de la même manière et n'avait survécu que quelques semaines. Quant à lui, son travail l'attendait là-bas. Aussi, il ne resta qu'un jour de plus. Élise l'avait reconnu quand il s'était penché sur son lit. Il n'avait guère pu échanger avec elle, car sa voix était si faible qu'il n'avait pas compris la moitié de ce qu'elle avait marmonné. Il repartit à Nashua l'âme en paix. Il avait accompli son devoir de bon fils. Avant de quitter Guillaume et Odette, qui l'avaient raccompagné à la gare avec leur fille Charlotte, il soupira :

— Je me demande si elle verra la nouvelle année et le nouveau siècle. Chose certaine, si elle meurt, ne comptez pas trop sur ma présence. Je ne peux pas délaisser mon ouvrage comme je le veux.

— Elle a de bonnes chances de s'en sortir, assura Odette, comme pour s'en persuader elle-même. J'en connais au moins deux qui ont été paralysés et en sont revenus.

Odette n'avait pas tout à fait tort, car dès le jour de l'An de cette année 1900, Élise eut un regain de vie. Elle était toujours incapable de bouger le bras et la jambe gauche, mais on la comprenait mieux quand elle parlait et le docteur Bérard se montrait optimiste.

Le mois de janvier tirait à sa fin quand, une nuit, la malade subit une nouvelle attaque et cette fois, lorsque Joseph s'approcha de son lit au matin, ce fut pour constater qu'elle ne respirait plus. Même si sa famille s'attendait à une fin semblable, ce fut la consternation quand Joseph lui apprit la nouvelle.

La veillée au corps se déroula dans la maison même de Joseph. Le lendemain, le curé Alexandre présida au service de la défunte, au soubassement de l'église Saint-Frédéric, parce que celle-ci était encore en construction. Comme il ne connaissait pas vraiment Élise, il reprit à peu près le même éloge funéraire que celui qu'il répétait pour tous ses paroissiens. Guillaume se désola :

— Si ça avait été le curé Marchand, il aurait certainement su parler d'elle comme elle le méritait.

— Monsieur le curé a bien fait son possible, lui fit remarquer Odette. Il ne peut pas nous connaître tous comme si nous vivions avec lui tous les jours.

L'argument porta. Guillaume se calma, d'autant plus que Georgiana, Francesca et Denise, accompagnées de leurs époux, se retrouvèrent à la maison après le service pour un repas de famille. Les échanges furent limités. On parla surtout d'avenir afin d'éviter de s'apitoyer sur un passé qu'on ne pouvait pas refaire. Chacun regagna ensuite son chez-soi et la vie reprit son cours. Le siècle nouveau commençait par un départ.

Chapitre 2

Les rêves de Guillaume

La nouvelle année, et par conséquent le nouveau siècle, avait mal débuté. Il y avait pourtant de nombreuses raisons d'espérer qu'ils apporteraient de grandes choses. Dans son prône de la veille du jour de l'An, le curé avait rappelé que 1900 serait une année sainte, invitant tout le monde à mettre en pratique l'enseignement de Jésus-Christ et à s'aimer les uns les autres. Quant au cadeau que le pape Léon XIII réservait à tous les catholiques, il ne pouvait pas être plus beau : étant très âgé, Léon XIII préparait sa succession prochaine et laissait entendre que son successeur serait sans aucun doute le cardinal Jérôme-Marie Gotti, un prêtre reconnu comme étant très pieux et très modeste, et qui dormait toujours dans une petite chambre sur un matelas dur. Il y aurait donc bientôt un nouveau pape pour amorcer ce siècle qui commençait.

Malheureusement, ces bonnes nouvelles étaient assombries par de grandes inquiétudes. Comme le mentionna le curé, cette année s'ouvrait également dans le bruit des canons et les effusions de sang, avec la seconde guerre des Boers.

Guillaume se rappelait ces paroles du curé. Il les avait rapportées à Philippe lors du souper du jour de l'An, alors qu'Élise était encore en vie. Toujours aussi optimiste, son beau-frère lui avait répondu :

— Pauvre toi, depuis que nous sommes nés, les hommes ont toujours été en guerre. Mon seul souhait, c'est de ne jamais être obligé de partir, fusil sur l'épaule, pour aller me battre. Personnellement, je préfère m'intéresser aux choses qui vont nous permettre de vivre mieux.

— Comme quoi ? demanda Guillaume.

— Les hommes sont en train de raccourcir les distances. Tu as dû entendre parler de ce Belge qui a conduit une voiture électrique avec laquelle il a dépassé les cent kilomètres à l'heure. Sais-tu comment il a appelé sa voiture ?

— Non, mais je me doute que ce doit être un nom bien particulier.

— En effet, il l'a baptisée *La Jamais contente*. Jusqu'à présent, c'est surtout en Europe qu'on s'est intéressé à l'automobile, mais on promet de nous présenter, dès l'an prochain, la première série de voitures américaines de la marque Oldsmobile Curved Dash. Je me jure bien de posséder un jour une automobile. Sais-tu combien il s'en est construit dans le monde cette année ?

— Je l'ignore.

— Un peu plus de neuf mille.

— Dans quels pays ?

— Aux États-Unis, en France et en Allemagne.

De plus en plus enthousiaste, Philippe poursuivit :

— Tu sais comme moi que les hommes ont toujours rêvé de voler. Eh bien ! Ils vont maintenant pouvoir le faire à leur guise et, j'en suis certain, ça va continuer à progresser. Un dénommé Zeppelin promet de s'envoler dès cette année dans un ballon qu'on appelle un dirigeable et, aux États-Unis, deux hommes, les frères Wright, assurent que dans moins de cinq ans, ils vont voler à bord d'un appareil appelé un aéroplane ou, si tu aimes mieux, un avion. Quand on y pense, c'est extraordinaire ! D'ailleurs, sais-tu comment le mot « avion » a été créé ?

Voyant que Guillaume ne répondait pas, Philippe le lui apprit :

— Il signifie : « Appareil Volant Imitant l'Oiseau Naturel ».

— Veux-tu bien me dire où tu prends toutes ces informations ? questionna Guillaume.

— Dans les journaux. Mon père en achète régulièrement et je ne manque pas de les lire de la première à la dernière page.

Là-dessus, Guillaume commenta :

— On a beau parler de ce qui s'en vient dans le monde, moi, je suis bien plus préoccupé par ce qui m'attend cette année et les prochaines. Ça, les journaux ne peuvent pas nous l'apprendre.

Georgiana qui, tout en amusant les enfants, les écoutait d'une oreille attentive intervint :

— On est bien mieux de ne pas le savoir.

— Pourquoi donc ?

— Imagine si tu savais que tu vas mourir dans un mois, qu'est-ce que tu ferais ?

Sa réflexion fut suivie d'un long silence, puis Guillaume revint à la charge :

— Rien n'empêche que j'aimerais bien savoir un peu ce qui m'attend.

Philippe se leva pour se dégourdir les jambes et lança d'un air désinvolte :

— Tu le sais déjà !

— Allons donc !

— Tu vas travailler tous les jours pour gagner des sous afin de bien vivre.

Guillaume se leva à son tour et répondit en riant :

— Mesdames et messieurs, approchez, nous avons parmi nous un devin doublé d'un prophète ! Philippe Lacombe, ici présent, est en mesure de vous prédire votre avenir.

Joseph et Élise, de même qu'Odette, Francesca et Dominique, qui jasaient de tout et de rien autour de la table, se tournèrent vers eux.

— Qu'est-ce que tu racontes ? demanda Dominique.

— Imaginez-vous donc que nous parlions de ce qui nous attend au cours de cette année et Philippe m'a prédit que j'allais travailler tous les jours pour gagner ma vie.

La réflexion de Guillaume les fit bien rire.

— Rien n'empêche qu'il a raison, renchérit Dominique. C'est notre sort à tous.

Guillaume enchaîna :

— Un de ces jours…

Puis il se tut.

— Un de ces jours… ? le reprit Dominique. Qu'allais-tu dire ?

Guillaume pensait s'en tirer à bon compte en marmottant :

— C'est une idée que j'avais.

— Qu'on aimerait bien connaître, insista Philippe.

— Un de ces jours, fut-il contraint de poursuivre, je serai millionnaire et je n'aurai plus besoin de travailler.

— Ce jour-là, le taquina Odette, j'ai bien l'impression que les poules auront des dents.

Sa réflexion souleva bien des rires. Guillaume rougit. Il n'avait jamais perdu son idée d'être riche un jour.

Dominique avait mis un terme à cette conversation en affirmant :

— Rien n'empêche qu'on rêve tous d'être millionnaires.

Et voilà que la nouvelle année était à peine entamée qu'Élise, qui semblait redevenue en bonne santé au jour de l'An, n'était déjà plus avec eux. Lorsque Georgiana avait posé la question : « Imagine si tu savais que tu vas mourir dans un mois, qu'est-ce que tu ferais ? », Élise était loin de se douter que ce serait son sort moins d'un mois plus tard.

Chapitre 3

La quête de Victoire

La fin de juin ramena Victoire de son pensionnat. Avec les années, la cadette des enfants Courchesne était devenue très belle. C'est la réflexion que se fit Guillaume en l'apercevant à la gare. Son sang métissé en avait fait une jeune femme racée, aux cheveux noirs et aux yeux vifs. Depuis qu'elle avait appris la vérité sur ses origines, Victoire avait pris beaucoup d'assurance et savait désormais ce qu'elle voulait. À son retour à la maison, elle avait semblé heureuse, mais plus les jours passaient, plus elle devenait morose, ce qui incita Guillaume à lui demander ce qui n'allait pas. Elle avoua :

— J'avais un projet en revenant à Drummond, sauf que là je me sens obligée d'y renoncer.

— Pourquoi donc ?

— Parce que je dois faire ma part dans la maison.

Guillaume fut touché de voir qu'elle se souciait de rendre service. Il commenta :

— Il ne faut jamais renoncer à ses rêves. Avant tout, dis-moi quel est ce projet.

— Je veux retrouver mes frères.

Guillaume reçut positivement sa confidence.

— C'est tout à ton honneur. La famille est ce qu'il y a de plus important dans la vie. Toutefois, ce ne sera sans doute pas facile d'apprendre où ils vivent. Par où comptes-tu commencer ta recherche ?

— J'ai longtemps pensé à tout ça pendant que j'étais au pensionnat. J'irai à la réserve indienne d'Odanak et le chef saura bien me conseiller.

— Comment comptes-tu t'y rendre ?

— Je trouverai bien quelqu'un pour m'y conduire.

— Une fois là-bas, as-tu songé à tout ce dont tu auras besoin pour partir à la recherche de tes frères ?

— Je sais qu'il y a de nombreux Abénaquis qui voyagent. Je partirai avec eux.

Guillaume ne put cacher son inquiétude :

— Tu viens à peine d'atteindre ta majorité. Je me sens encore responsable de toi et je me ferais bien du souci si tu partais ainsi à l'aventure.

Les propos de Guillaume la touchèrent profondément. Puis il vit son visage s'assombrir. Il ne la laissa pas se tourmenter longtemps et lui proposa :

— Je t'ai dit qu'il ne faut jamais renoncer à ses rêves. Aussi je ne serai pas celui qui t'empêchera de les réaliser. Tu veux retrouver tes frères. Je vais voir avec toi ce que je peux faire pour t'y aider.

Les yeux de Victoire brillèrent en se remplissant de larmes. Il mesura alors à quel point son projet lui tenait à cœur. Il fit spontanément un geste qui n'était pas dans ses habitudes : il attira sa jeune sœur à lui et l'embrassa sur le front.

Le soir même, il confia à Odette le projet de Victoire.

— Son idée de se rendre à Odanak n'est pas mauvaise, observa Odette. S'il y a bien quelqu'un qui peut la mettre sur la bonne piste, c'est le chef abénaquis. Mais la laisserais-tu partir seule pour une telle recherche ?

— C'est justement ce dont je veux te parler.

Odette le voyait venir, car elle demanda :

— Aurais-tu idée de l'accompagner ?

— Pourquoi pas ?

Sa réponse fut suivie d'un long silence que Guillaume brisa en commentant :

— Je n'ai pas abandonné mon idée de devenir riche. Ce n'est pas en restant dans une usine que ça m'arrivera. Un voyage d'un mois ou deux pourrait changer beaucoup de choses dans ma vie.

— Et dans la nôtre aussi, répliqua Odette. L'aurais-tu oublié ? Charlotte et moi avons besoin de toi. Que deviendrons-nous seules ici sans toi ?

— Tu ne seras pas seule. Il y a ton frère Dominique, Francesca et Denise qui sont tout près. Et songe que ce voyage, si jamais je le fais, sera d'abord pour nous et pour Victoire.

Ne voulant pas provoquer un affrontement, Odette le fit taire.

— Si tu veux, nous en reparlerons demain.

Puis, d'un ton décidé, elle ajouta :

— Donne-moi au moins le temps de me faire à cette idée.

Deux jours plus tard, de retour de son travail, Guillaume revint sur la question. Un de ses collègues connaissait un Abénaquis nommé Fernand Obomsawin. L'homme remontait la rivière en canot toutes les deux semaines pour venir vendre au marché différents objets de sa fabrication. Il accepterait certainement de les conduire en canot jusqu'à Odanak, Victoire et lui. L'idée plaisait à Guillaume. Il leur suffirait de quelques heures pour se rendre là-bas. Il verrait ensuite comment le reste se dessinerait.

Dès qu'elle en eut la possibilité, Odette revint à la charge :

— Si jamais tu t'absentes pendant une longue période comme tu comptes le faire, que deviendrons-nous pendant ce temps ?

— J'ai mis suffisamment d'argent de côté pour que Charlotte et toi ne souffriez pas de mon absence.

— Et ton travail, tu y as pensé ?

— J'en ai parlé à mon patron, qui m'a assuré qu'il me reprendra à mon retour.

À court d'arguments, Odette se tut. Puis se ravisant, elle déplora :

— Il faut vraiment que tu sois malheureux avec nous pour entreprendre pareil voyage !

— Tu te trompes, ma mie. Et la pauvre Victoire mérite bien que je l'aide à retrouver sa famille.

Voyant qu'il était inutile d'insister, Odette se contenta de murmurer :

— L'inquiétude ne me quittera pas une seule minute durant tout le temps que durera ton absence.

Guillaume la serra dans ses bras.

— Ne t'en fais pas, je serai plus prudent qu'un renard aux aguets !

Une semaine plus tard, il partait pour Odanak en compagnie de Victoire. Il apportait du linge de rechange, sa carabine, des munitions et un peu de tabac. Odette ne voulut pas assister à son départ. Toute souriante, Victoire vint l'embrasser avant de partir. Comme pour se faire pardonner d'être à l'origine de ce remue-ménage, elle promit à Odette de lui écrire chaque semaine, afin de la tenir informée de leurs déplacements. Le cœur gros, Odette, la petite Charlotte dans les bras, les regarda s'éloigner de la maison en se demandant si ce n'était pas la dernière fois qu'elle les voyait. Fort heureusement, Francesca avait eu la bonne idée de venir lui tenir compagnie. Elles discutèrent pendant un bon moment de la tournure que prenait parfois la vie.

— Je sais que ce n'est pas facile, mais ne t'inquiète pas trop, l'encouragea Francesca. Guillaume est prudent et, si leur voyage se passe bien, Victoire sera bien heureuse de retrouver les siens. Qui sait si elle nous reviendra ? Par contre, elle est attachée à nous et je ne doute pas qu'elle gardera contact.

— Elle a promis de m'écrire chaque semaine.

— Elle tiendra parole, j'en suis certaine. Comme ça, tu auras régulièrement des nouvelles de Guillaume.

Les bonnes paroles de Francesca semblèrent porter, car Odette se résigna. Elle accrocha un calendrier bien en évidence au mur. Sur une petite table tout près, elle déposa un crayon, non sans avoir au préalable rayé d'un trait le carré où figurait la date du jour.

— Ça en fera un de moins, soupira-t-elle.

Chapitre 4

La première étape

Guillaume avait bien négocié avec Fernand Obomsawin lorsqu'il l'avait rencontré au marché, car l'Abénaquis accepta de bon cœur leur présence dans son canot. Ils gagnèrent Odanak en remontant la rivière Saint-François. Ce jour-là, on n'aurait pu souhaiter temps plus propice à un tel déplacement. Le soleil brillait avec intensité depuis le matin et quand leur guide mit son canot à l'eau, vers une heure, la surface de la rivière luisait comme un miroir, là où il n'y avait pas de courant. En son milieu, le cours d'eau semblait bouillir tant les vaguelettes qui l'animaient émettaient d'éclairs argentés.

À la demande de leur guide, Guillaume s'installa à la pince du canot, tandis que Victoire occupait le milieu. Après avoir poussé l'embarcation pour la dégager de la rive, Fernand Obomsawin sauta à l'arrière où il s'installa bien à son aise et prêt à intervenir au moindre danger.

Le courant aidant, ils descendirent la rivière à bonne allure. L'Abénaquis la connaissait à fond et ne se priva pas d'apporter des commentaires tout au long du parcours. C'est ainsi que Guillaume et Victoire apprirent, au premier grand méandre qu'ils croisèrent, là où la rivière s'agitait passablement, qu'ils se trouvaient aux rapides Spicer. Ils les descendirent sans trop de difficulté avant d'aborder un secteur plus paisible où ils eurent à se servir de leurs avirons pour accélérer un peu la cadence. Ils dépassèrent un groupe de petites îles sur lesquelles se tenaient bon nombre de goélands et de canards. Sur la rive, ils aperçurent un grand héron occupé à se nourrir. Un peu plus loin, quelques îles rendaient le passage plus difficile à l'endroit où le lit de la rivière se rétrécissait. Leur guide s'empressa de leur apprendre qu'une de ces îles se nommait Maskwanagaik, ce qui signifie l'« île à l'écorce de bouleau ».

Ils traversèrent un large bassin, puis arrivèrent en vue d'un grand nombre d'îles. L'Abénaquis fut tout fier de leur apprendre qu'en plus de la Grande Île et de l'île au Pin, il y avait notamment l'île Sasabaskin, aussi appelée l'île Saint-Sébastien. Ils les longèrent près de la rive pour se retrouver peu de temps après à Odanak, où ils échouèrent leur embarcation. Guillaume en profita pour demander ce que signifiait Odanak. Fernand Obomsawin esquissa un sourire avant de répondre :

— Rien de plus simple. Ça veut dire « au village », et nous y voilà.

Il les invita à le suivre. À partir de la rive où ils avaient échoué le canot, un sentier bordé d'arbustes rabougris menait vers le haut de la falaise, où s'élevait la maison longue. Guillaume y repéra d'un coup d'œil le bureau du chef, qu'il avait rencontré quelques années auparavant. Joseph Portneuf les reçut aimablement, les invitant d'abord à étancher leur soif en leur offrant de l'eau qui provenait d'une source voisine.

Guillaume avait pris la peine de faire transmettre au chef un message annonçant leur venue prochaine, en mentionnant la raison première de leur déplacement. Joseph fut heureux de revoir Victoire et lui assura d'emblée qu'elle pourrait réaliser son rêve.

— Nous savons où se trouvent tes frères. Ils vivent au Témiscamingue. Je dois cependant te prévenir que ce n'est pas à côté et que, si jamais tu veux t'y rendre en canot avec des membres de notre communauté, ce ne sera pas cette année. Ils sont déjà partis là-bas. Tu devras attendre à l'été prochain, quand ils retourneront là où tes frères habitent pour leur acheter les peaux des bêtes qu'ils auront piégées, en échange d'autres objets. Tes frères sont des trappeurs aguerris. Ils devraient t'accueillir comme tu le mérites.

Guillaume intervint :

— Si le voyage se fait l'été prochain, me sera-t-il possible d'accompagner Victoire ?

— Ce sont les Abénaquis qui décideront s'il y a suffisamment de place dans le canot.

— Il y en aura, le rassura Fernand Obomsawin. Ils y vont toujours avec un grand canot. Ce sera peut-être plus compliqué pour le retour, en fonction de la quantité de peaux qu'ils rapporteront.

Victoire était attristée d'avoir manqué l'occasion de partir. Guillaume la consola de son mieux.

— Avoir su, nous serions venus avant. Tu auras, tout comme moi, une année de plus pour te préparer à ce grand voyage.

— Si je connaissais leur adresse, je leur écrirais.

— Peut-être que le chef te la fournirait, même si je pense que tes frères lui ont probablement demandé de la garder secrète, parce qu'ils ont dû longtemps se cacher.

Comme ils ne pouvaient pas retourner à Drummondville le jour même, le chef leur indiqua lui-même un logis pour la nuit. Il s'agissait d'une grande tente habillée de peaux de bêtes. D'épaisses couches de mousse recouvertes de couvertures servaient de lits aux invités.

Guillaume mit du temps à s'endormir. Beaucoup de questions lui trottaient dans la tête. Devrait-il laisser Odette et Charlotte pour accompagner Victoire aussi loin qu'au Témiscamingue, avec tous les dangers qu'un pareil voyage pouvait comporter ? Il se promit de se faire expliquer plus en détail en quoi ce voyage consisterait avant de retourner à Drummondville.

Quand il s'en informa le lendemain, Fernand Obomsawin le rassura aussitôt.

— Nous devons d'abord remonter la rivière des Prairies, puis la rivière des Outaouais ou, si tu aimes mieux, la rivière des Français. Elle ne présente pas de grands dangers jusqu'au lac Témiscamingue. Plusieurs portages sont dangereux quand on descend la rivière, mais inoffensifs quand on la remonte, parce que nous devons alors tirer les canots à la cordelle ou encore les vider pour faire du portage. Il faut compter environ cinq cent soixante milles pour parvenir à destination.

— Ça se fait en combien de jours ?

— En remontant les rivières, nous parcourons d'habitude six lieues par jour, soit environ vingt milles.

Guillaume fit un rapide calcul. Il s'exclama :

— Vingt-huit jours ! En d'autres termes, un mois.

— Plus que ça parfois, reprit Fernand. La pluie peut nous arrêter quelques jours. Il est plus prudent de compter trente-cinq jours.

— Et pour le retour ?

— En descendant la rivière, quelque chose comme vingt à vingt-cinq jours.

Il avait sa réponse. S'il accomplissait le voyage durant l'été suivant, il s'absenterait pour près de deux mois. « L'été y passera, pensa-t-il. Il faut ce qu'il faut. Je me dois d'être auprès de Victoire pour veiller sur elle. »

Chapitre 5

Retour au point de départ

Puisque Fernand Obomsawin ne retournait pas à Drummondville avant une semaine, Guillaume résolut de trouver quelqu'un qui pourrait les ramener en voiture. Il apprit qu'un marchand de Sorel passait par la réserve chaque semaine pour se rendre à Drummondville, et ils purent revenir avec lui le jour suivant.

Odette fut la personne la plus étonnée de les voir arriver au beau milieu de l'avant-midi. Elle s'efforça de ne pas trop laisser paraître sa satisfaction que le voyage n'ait pas eu lieu.

— Ce n'est que partie remise, lui apprit Guillaume. Au début de l'été prochain, c'est le cas de le dire, nous ne manquerons pas le canot. Au moins, nous savons qu'une expédition comme celle-là prend environ deux mois.

— Deux mois ! Et tu as toujours l'intention de l'accompagner ?

— Je le lui ai promis, ce qui l'a aidée à mieux ravaler sa déception. Une année de plus de pensionnat ne lui fera pas de tort. Elle aura l'occasion de se perfectionner en cuisine et en tenue de maison.

L'intéressée n'était pas de cet avis, car quand arriva septembre, elle refusa net de retourner à Saint-Hyacinthe.

— Ma place est ici, insista-t-elle d'un ton décidé. Après tout, j'ai vingt-quatre ans ! Je vais aider Odette à la cuisine. De même, j'apprendrai des choses qui me seront vraiment utiles. Ce que j'avais à connaître au pensionnat, je le sais déjà. Si j'y retourne, les sœurs vont encore m'achaler pour que je prenne le voile.

L'argument porta et Odette put profiter de la présence de Victoire auprès d'elle tout au long de cette année.

À Drummondville, la ville s'animait une fois par semaine, quand arrivait le jour du marché. Victoire prit l'habitude de s'y rendre dès l'automne. Elle aimait revenir à la maison avec son panier plein des victuailles qui constitueraient les repas à venir. Elle n'avait eu que quelques occasions de s'y rendre lorsqu'elle s'aperçut par les propos que lui tenaient certains hommes qu'elle ne les laissait pas indifférents. Elle entendit toutes sortes de commentaires qui la rendirent méfiante, du genre : « Dis-moi quels soirs tu es libre, ma belle, je viendrai te tenir compagnie ! », « Ça doit être le bon Dieu lui-même qui t'a faite. Il n'a pas manqué son coup… » ou encore « J'aimerais bien voir ce que tu vois dans le miroir après ton bain ! »

Lorsque les hommes se contentaient de réflexions semblables, elle s'efforçait de les ignorer. Toutefois, un jour qu'elle revenait du marché, sans même se présenter, un jeune homme s'offrit pour l'accompagner jusque chez elle en portant son panier. Pourquoi accepta-t-elle ? Elle n'aurait pas su le dire. Elle n'était pas attirée par lui. Il ne semblait pas très déluré et il avait vainement cherché les mots pour vanter sa beauté. Elle regretta presque aussitôt de l'avoir autorisé à l'accompagner.

À partir de ce jour, il se mit à l'épier dès qu'elle sortait de la maison. Il se tenait au bord de la rivière ou sur le trottoir, quand elle allait en ville, et observait ses moindres gestes. Comme une ombre, il la suivait dans tous ses déplacements. Au début, elle ne s'en rendit pas compte. Or un jour, en se retournant pour suivre le vol d'un oiseau, elle l'aperçut non loin derrière elle. Était-ce un simple hasard ? Elle pensa qu'il allait la rejoindre pour lui adresser quelques mots, mais il garda ses distances. Deux jours plus tard, alors qu'elle se rendait à la boulangerie pour acheter du pain, il se faufila derrière elle et se comporta de la même manière. Victoire en ayant glissé un mot à Guillaume, il lui conseilla :

— Demande-lui directement de te laisser tranquille.

— J'aime mieux ne pas lui parler. Je le crains.

— Tant que ça ?

— Tu ne vois pas ses yeux quand il me regarde.

— Était-il à l'église dimanche ?

— Non, même s'il n'est jamais loin quand nous en sortons.

— Dimanche prochain, tu me le montreras. Je me renseignerai et je t'assure qu'il ne te suivra plus.

Apaisée par les paroles de Guillaume, Victoire fit mine d'ignorer l'inconnu les jours suivants. Elle se rendait bien compte toutefois qu'il continuait son manège. Le dimanche arriva. Quand elle sortit de l'église en compagnie de Guillaume, elle ne put lui désigner le jeune homme, car il ne se montra pas. Il disparut durant plus de deux semaines. Victoire ne s'en méfiait plus.

Par une belle journée ensoleillée, alors qu'elle avait décidé d'aller s'asseoir au bord de la rivière où elle se reposait en profitant du bon air, elle sentit soudain qu'elle n'était plus seule. Au moment où elle se retournait vivement, elle aperçut l'inconnu qui s'approchait sans faire de bruit. Par le regard qu'il lui jeta, elle devina que ses intentions n'étaient pas bonnes. Elle n'hésita pas une seconde, se leva d'un bond et, vive comme une biche, se mit à courir le long de la rivière. Il se lança à sa poursuite. Le sentant tout près et devinant qu'il s'apprêtait à lui sauter dessus, elle fit un écart du côté de la rivière. Son pied buta sur une pierre et la première chose qu'elle sut, elle était à l'eau. Par chance, elle savait nager et se laissa porter par le courant. Resté debout sur la rive, son agresseur la regarda s'éloigner sans esquisser le moindre geste pour l'aider. Elle dérivait vers les rapides Lord quand elle aperçut une branche qui pendait au-dessus de l'eau, un peu plus loin. Malgré la lourdeur de ses vêtements mouillés, elle se mit à battre avec vigueur des bras et des jambes et réussit à attraper la branche, ce qui la sauva.

De peine et de misère, elle regagna la rive. Elle n'était pas à la fin de ses malheurs. Alors qu'à bout de souffle, elle reprenait pied, elle vit apparaître son poursuivant à quelques centaines de pieds d'elle. Il allait certainement s'en prendre à elle, quand une voix se fit entendre :

— Mademoiselle, tout va bien ?

Elle était encore trop secouée pour répondre. L'homme qui s'était adressé à elle s'approcha entre les arbustes de la rive.

— J'étais à pêcher un peu plus haut. Je vous ai vue perdre pied. Je vous ai suivie du regard tout en sachant que je ne pouvais rien pour vous. J'ai bien pensé que vous alliez vous noyer dans les rapides. Remerciez le ciel d'être encore en vie. Je n'ai pas bien vu, seulement j'ai cru que quelqu'un vous courait après.

Retrouvant la parole, Victoire précisa :

— Il était encore par là il y a deux minutes à peine.

De la main, elle indiqua l'endroit où son poursuivant se tenait quelques secondes plus tôt. L'homme ajouta :

— Je ne vois personne. Où demeurez-vous ? Je peux vous raccompagner jusque chez vous, vous savez. De même, vous n'aurez plus rien à craindre.

Quand Odette la vit arriver toute trempée, elle s'écria :

— Veux-tu bien me dire ce qu'il t'arrive ?

L'homme qui l'accompagnait intervint :

— Ne la disputez pas, la pauvre. Elle est tombée dans la rivière et il s'en est fallu de peu pour qu'elle y reste.

— Que faisais-tu là ? demanda Odette à Victoire.

— J'étais en train de me reposer quand celui qui me surveille depuis des semaines est arrivé avec de mauvaises intentions. Pour éviter qu'il ne m'attrape, je me suis sauvée. J'ai perdu pied et je suis tombée dans l'eau.

Quand Guillaume apprit sa mésaventure, il enquêta pour retrouver le coupable, mais personne ne put identifier ce jeune homme. Victoire demeura craintive tout au long des mois qui suivirent. Elle se priva souvent de sortir pour ne pas se retrouver seule dans des endroits isolés. Elle se mit à compter les jours qui la séparaient de son départ.

Au début de l'été, en passant à Drummondville, Fernand Obomsawin vint prévenir Guillaume et Victoire que Joseph Sacamé et Alexandre Portneuf s'apprêtaient à se rendre en canot au lac Témiscamingue :

— Ils partent d'Odanak dans deux semaines. Si vous voulez être du voyage, soyez prêts. Je vous conduirai auprès d'eux.

Chapitre 6

Vers les Pays-d'en-Haut

Cette fois fut la bonne. Ce double départ affecta grandement Odette et la petite Charlotte. Quand Guillaume et Victoire allèrent rejoindre leur guide, munis de leur sac à dos, Odette ne voulut pas se rendre au bord de l'eau assister à leur départ. Après de courts adieux, Guillaume et Victoire embrassèrent une Odette et une Charlotte en pleurs.

— Deux mois, rappela Guillaume, c'est bien vite passé.

— C'est toi qui le dis !

Ils étaient à peine sortis que la maison semblait déjà vide à Odette. Guillaume avait beau lui avoir laissé un peu d'argent pour qu'elle puisse tenir le coup durant son absence, c'est de sa présence qu'elle s'ennuierait le plus.

Comme l'année précédente, ils montèrent dans le canot de Fernand sans trop laisser voir leur désarroi de quitter Drummondville. Victoire surtout avait le cœur gros. Elle s'était attachée à Charlotte, et maintenant que le canot la conduisait sous d'autres cieux, elle mesurait à quel point la petite allait lui manquer. Par contre, sa crainte d'être agressée par l'inconnu qui l'avait épiée l'automne précédent disparut avec l'éloignement.

À leur arrivée à Odanak, Guillaume incita Victoire à écrire à Odette comme elle le lui avait promis. Elle protesta :

— Nous venons à peine de partir. Je n'aurai pas grand-chose à lui dire.

— On a toujours beaucoup à raconter à ceux qu'on aime.

Victoire ne se fit pas plus prier et, dès le lendemain, elle écrivit une première lettre à sa belle-sœur.

— Elle la recevra bien vite, promit Fernand Obomsawin. Je la lui remettrai moi-même en allant au marché.

Deux jours plus tard, ils quittaient Odanak à bord d'un grand canot chargé de marchandises, conduit à l'avant par Alexandre Portneuf et à l'arrière par Joseph Sacamé. Descendant de nuages d'un gris de cendre, une bruine tenace se mêlait à la brume venant de l'eau.

Les voyageurs remontèrent le fleuve vers Montréal en longeant d'abord la rive sud. Ils filèrent allègrement vers la rivière des Prairies, leur première destination. Ils dépassèrent bientôt Sorel et l'embouchure du Richelieu. Leurs guides expérimentés faisaient glisser l'embarcation à un bon rythme. Le fleuve n'était pas agité, bien qu'on sentît sous le canot la puissance du courant. Il n'était pas midi que le soleil perçait déjà les nuages. Bientôt, la chaleur devint accablante. Assis au milieu du canot, Guillaume et Victoire s'efforçaient d'avironner de leur mieux.

Un peu avant Contrecœur, ils traversèrent le fleuve pour gagner la rive nord. Une grande île séparait le cours d'eau en deux. Ils la longèrent avant de s'y arrêter en glissant leur canot sur la grève sablonneuse. À peine avaient-ils posé les pieds au sol qu'en moins de deux Alexandre Portneuf avait ramassé suffisamment de bois de grève pour allumer un feu et y faire chauffer l'eau pour le café. Il en offrit à Guillaume et Victoire qui mordaient dans leur part de banique.

— Vous devrez vous habituer à cette nourriture, les encouragea Joseph Sacamé. C'est ce que nous allons surtout manger tout au long du voyage.

— Sauf si un soir ou l'autre nous trouvons le temps d'attraper du poisson au fanal, ajouta Alexandre.

— Attraper du poisson au fanal ? questionna Guillaume.

Joseph se montra étonné.

— Tu ne l'as jamais fait ?

— Non.

— C'est donc que tu n'as jamais manqué de nourriture. Quand on est à la banique depuis quelques jours, une truite ou un autre poisson est le bienvenu, tu verras.

Guillaume, que la question hantait depuis leur départ, demanda :

— Où coucherons-nous ce soir ?

— À l'Écore, avant le rapide du Sault-au-Récollet.

— Le Sault-au-Récollet… D'où vient ce nom ?

— D'un ancien missionnaire qui s'y est noyé.

Guillaume secoua la tête avant de commenter :

— Il y a parfois tout un drame derrière un simple nom.

— Vos anciens comme les nôtres ont su nommer les lieux par ce qu'ils représentent ou par un événement qui s'y est déroulé. Il y en a une multitude qui, dans notre langue, décrivent bien l'endroit où nous passons. Par exemple, Pakasewantekw signifie « la rivière aux longs détours », Kotskisek, « le portage au petit cèdre » ; Koategoc, « la rivière des pins blancs » et Papehagabaik, « la rivière aux noisettes ». Avant même d'y pénétrer, grâce au nom, nous savons déjà que sur la rivière où nous allons, il y aura, par exemple, une fourche à l'embouchure ou encore beaucoup d'aulnes sur la rive. Une montagne est baptisée « la petite montagne en forme de maison » et un lac, « le lac double». Nous ne pouvons pas nous tromper quand nous les apercevons.

Guillaume l'écoutait avec attention. Il admirait l'ingéniosité des Abénaquis qui, sans se casser la tête, avaient trouvé le moyen de bien décrire les lieux où ils vivaient pour faciliter leurs déplacements. «Pauvres de nous, songea-t-il. Nos ancêtres n'ont guère su baptiser nos villages, nos rivières et nos montagnes autrement que par des noms de saint qui ne décrivent en rien le lieu qu'ils désignent. Qu'on me parle de Saint-Paul, de Saint-Michel ou de Saint-Honoré et je ne saurais pas dire où c'est, tandis que je situe facilement Belœil, Sorel, Varennes, Verchères ou Contrecœur.»

Il en était là de ses réflexions quand Victoire, qui s'était aventurée dans l'île dès qu'elle avait eu fini de manger, vint le chercher.

— Viens voir! l'invita-t-elle.

Guillaume la suivit. Au bord d'une petite crique non loin de là, deux ours noirs se disputaient la carcasse de ce qui semblait être un renard. Une buse surveillait la scène depuis le ciel, tandis que sur la rive des bécasseaux se nourrissaient en bande. En s'approchant, Guillaume et Victoire les firent s'envoler en bloc. Ils formèrent aussitôt une masse grise qui se déplaça en direction de la rive nord, comme un nuage compact. Ils n'eurent pas le temps d'admirer plus longtemps le spectacle de la nature, puisque Joseph les appelait.

— Les voyageurs, en route!

Ils reprirent leur place dans le canot, entre les marchandises, et bientôt ils filèrent sur la rivière des Prairies en longeant les îles jusqu'au Sault-au-Récollet. En bas des rapides, ils rejoignirent un groupe de voyageurs déjà installés autour d'un bon feu et occupés à discuter de leur retour des Pays-d'en-Haut. Ces hommes avaient le cœur à la fête, car ils invitèrent Guillaume, Victoire et les deux Abénaquis à se joindre à eux. Un peu à l'écart se tenaient d'autres voyageurs qui lancèrent amicalement un défi au premier groupe. Un jeune homme s'approcha :

— Vous arrivez des Pays-d'en-Haut, nous y allons. Êtes-vous prêts à danser la ronde des voyageurs ?

— Ce n'est pas de refus, le jeune, amenez-vous, lui répondit un autre homme.

Un de ses compagnons déposa un sac sur lequel le jeune homme s'assit. Un voyageur du premier groupe, qui paraissait avoir beaucoup roulé sa bosse, en fit autant en plaçant son sac à une dizaine de pieds de l'autre. Le jeune comme le plus vieux tenaient une chaudière sous leur bras gauche. Leurs compagnons les entourèrent et la ronde débuta. Le jeune homme se mit à chanter un premier couplet d'un air de défi :

Venez célébrer avec nous notre départ
Le Pays-d'en-Haut ne nous fait pas peur
Chacun de nous aura sa large part
Nous serons riches comme des voleurs

À peine eut-il terminé son couplet qu'il se mit à taper sur le fond de sa chaudière pendant que tous les autres dansaient autour de lui. D'une voix grave, le voyageur plus âgé fit la leçon au plus jeune. Les compagnons de celui-ci arrêtèrent de danser pour entendre ce qu'il avait à chanter. Il entonna :

Mets de la patience dans ton gousset
Tu vas vite te faire rabaisser le caquet
À force de ramer et de porter en sueur
Sans même pouvoir t'arrêter une heure

Sitôt son couplet terminé, le vieux se mit à battre le fond de sa chaudière. Avec des hourras, tout le monde l'entoura et la ronde reprit jusqu'à ce que le jeune le relance :

Chers parents, mes frères et mes sœurs
Vous avez un héros dans la famille
Il va au loin vous faire honneur
Et vous ne chiquerez plus la guenille

Des cris et des rires accueillirent ses paroles et la ronde se poursuivit de plus belle. Guillaume et Victoire y participaient volontiers. Il y avait dans l'air une grande effervescence et chacun s'en donnait à cœur joie. C'était à qui sauterait le plus haut et rirait le plus fort. Une fois de plus, la ronde s'arrêta quand le vieux voyageur répliqua :

Ah, le jeune, embarque dans ton canot
Tu apprendras bien vite ta leçon
Il n'est pas encore né le jeunot
Qui tout là-haut fera le polisson

La danse reprit au son des battements sur le fond de la chaudière. Un voyageur s'approcha et se mit à jouer du violon, animant la ronde qui prit plus de rythme et dura un bon moment avant que le jeune n'enchaîne :

On rira bien comme de raison
On lèvera nos verres à l'unisson
Il n'est pas encore né le rapide
Qui nous fera avoir des rides

Plus les couplets se succédaient, plus la ronde s'animait. Tous les voyageurs sur place s'étaient joints aux autres ; même Joseph et Alexandre participaient à la danse. La noirceur avait envahi les lieux. Plusieurs dansaient en brandissant une torche. Guillaume sauta un tour pour admirer en retrait le spectacle. Par-dessus les cris et la musique, la voix de l'homme plus âgé monta :

Les maringouins te piqueront la tête
Ce sera jour après jour ta fête
Leur chanson au creux de tes oreilles
Te conduira loin du pays des merveilles

Cette dernière boutade sembla augmenter la vigueur de tout le monde. Un voyageur tira un coup de feu en l'air. De la poussière montait du sol là où les hommes menaient la ronde. Ils se mirent tous à lancer en chœur des oh ! et des ah ! tout en changeant de direction après chaque tour. Quand le jeune homme entama un nouveau couplet, ils s'arrêtèrent pile, prêts à crier et applaudir :

Qu'importe la pluie ou le soleil
Nous ne manquerons pas de sommeil
Apprenez que nous sommes valeureux
Rien ne nous rendra malheureux

Ce dernier couplet fit réagir les voyageurs qui revenaient des Pays-d'en-Haut. Il y eut des cris qui ressemblaient à des huées. La ronde se poursuivit, de plus en plus endiablée. Les danseurs commençaient à être essoufflés. Le vieux termina la joute :

Attends d'être dans les rapides
Avant de dire des choses stupides
Tu sauras bien faire tes prières
Quand l'eau te lèchera le derrière

Le couplet du voyageur fut suivi d'un immense fou rire. Les danseurs s'arrêtèrent enfin, ce qui marqua en quelque sorte la fin du spectacle.

L'heure avançait. Il fallait se lever au petit matin. Sagement, les deux voyageurs qui s'étaient affrontés cessèrent de battre le fond de leur chaudière et ramassèrent leur sac. Les hommes se dirigèrent vers leur tente. On éteignit les feux sur la grève. Le calme revint sous un ciel piqué d'étoiles.

— Comptons-nous chanceux, laissa entendre Joseph à Guillaume. Il fera beau demain.

Chapitre 7

En route

Ce n'était pas encore l'aube quand, à trois heures trente du matin, Joseph pria Guillaume et Victoire de se lever. Tout autour des tentes voisines, il y avait également de l'animation. Alexandre avait déjà allumé un feu et préparait le café. En bâillant, Victoire demanda :

— Pourquoi faut-il se lever si tôt ?

— Pour arriver là où nous devons être ce soir.

— Partirons-nous de si bonne heure tous les matins ?

— En effet. Ce sont les endroits où il est possible de bivouaquer qui déterminent chaque jour la distance à parcourir. Tout comme les oies et les outardes, nous savons où nous poser.

Ils avaient dormi en plein air, non loin du canot. À peine eurent-ils avalé café et banique qu'ils mirent le canot à l'eau. À l'horizon se dessinait une fine ligne de clarté qui marquait le début de l'aube. Sans hésiter, Joseph dirigea l'embarcation au milieu du courant. Ils pagayèrent d'abord vivement pour prendre leur rythme, puis le canot se mit à glisser régulièrement en remontant vers le lac des Deux-Montagnes. Montréal fit place à l'île Jésus, qui s'estompa petit à petit, les maisons se faisant de plus en plus rares. Joseph leur apprit son intention de traverser une bonne partie du lac avant de s'arrêter non loin de Pointe-Calumet pour la nuit.

La pluie commença au moment où ils quittèrent la rivière des Prairies pour se retrouver sur le lac des Deux-Montagnes. Fort heureusement, il ne ventait pas. Joseph ne parla pas de s'arrêter. Aidé de Guillaume, Alexandre avait étendu une bâche sur les marchandises. Victoire trouva le moyen de s'abriter en partie sous celle-ci tout en continuant à avironner. Attentif à tout ce qu'il apercevait, Guillaume ramait sans se soucier de la pluie, l'esprit envahi par cette idée qui ne le quittait plus depuis des années : devenir riche.

La brunante allait s'installer quand ils échouèrent le canot sur une grève sablonneuse. Leurs guides disposèrent l'embarcation sous deux sapins, puis s'affairèrent à la vider de son contenu. Des bâches protégeraient de la pluie les marchandises déposées à même le sol. Les Abénaquis avaient tout prévu, car ils recouvrirent aussi le canot sur toute sa longueur. Alexandre coupa quelques chicots dont il fit des piquets qu'il planta à quelques pieds de l'embarcation. Joseph et Guillaume soulevèrent la toile qu'Alexandre attacha aux piquets qu'il venait de planter. Ils se glissèrent sous ce toit improvisé qui leur servirait d'abri pour la nuit.

— Où sommes-nous ? s'enquit Guillaume.

— À Pointe-Calumet, lui rappela Alexandre.

— Voilà un nom que nous devons certainement aux Indiens.

— Sans aucun doute, assura Joseph, mais je ne saurais pas te dire qui en a eu l'idée.

Après un moment de réflexion, Guillaume commenta :

— Je mettrais ma main au feu qu'il est apparu à la suite d'une rencontre entre des Français et des Indiens.

— Probablement avec des Algonquins dont c'est l'ancien territoire. Ils auront fumé le calumet sur cette pointe, avança Alexandre.

Joseph acquiesça puis, à l'intention de Guillaume qui se souciait toujours du programme du lendemain, il ajouta :

— Demain, nous entamerons notre voyage sur la Grande Rivière.

La pluie cessa durant la nuit. Au lever, les deux guides, aidés de Guillaume et Victoire, s'affairèrent à ranger les marchandises dans le canot qu'ils avaient au préalable porté jusqu'au lac. Quand il fut temps de partir, un vent léger soufflait de l'ouest. Une fine brume montait de la rive. Des canards surgissaient du brouillard pour disparaître tout aussi vite. Victoire gardait son sourire malgré le lever à l'aube. Chaque coup d'aviron la rapprochait des siens. Elle était prête à tous les sacrifices pour les retrouver.

Ils en étaient encore au tout début de leur périple. Victoire devinait que ce voyage serait très exigeant, quoiqu'elle retrouvât en elle des traits propres à ses origines. Elle se sentait en accord parfait avec la nature. Elle était certaine qu'elle parviendrait au but qu'elle s'était fixé et qu'elle ne regretterait pas sa décision de partir.

De son côté, Guillaume pensait à Odette et à Charlotte. Il avait amplement le loisir de réfléchir car, pendant tout le temps qu'ils étaient sur l'eau, les guides se taisaient et ne communiquaient entre eux que lorsqu'une manœuvre l'exigeait. Guillaume se rendait compte à présent du sacrifice qu'il avait exigé d'Odette. Il constatait que Victoire aurait très bien pu partir seule avec les deux guides. En réalité, il s'était joint à eux pour satisfaire son désir de devenir riche. Il savait que ce n'était pas en travaillant jour après jour à fabriquer des carrosses qu'il comblerait son ambition.

Il comptait beaucoup sur ce voyage pour découvrir la voie miraculeuse qui lui apporterait la prospérité.

Pour lors, le canot filait sur l'eau en même temps que le ciel s'animait à l'est et que les premières lueurs du jour filtraient entre les nuages bas. De rose, le ciel devint peu à peu écarlate. Les nuages s'illuminaient sur toute leur longueur et semblaient rougeoyer comme des braises. Voir apparaître le soleil, semblable à un œil de feu qui grossissait au-dessus de l'horizon, émerveilla Guillaume. Il n'avait jamais eu la chance d'observer si longtemps le spectacle grandiose du jour naissant. Il avait souvent assisté au lever du soleil, mais chaque fois, il était soit en route vers son travail, soit occupé à aider son père à préparer une traversée avec le bac. Il jeta un coup d'œil vers Victoire, qui elle aussi semblait fascinée par ce spectacle.

Ils voguèrent sans relâche toute la journée avant de s'arrêter pour leur bivouac de nuit. Joseph pria Guillaume d'aller remplir deux chaudières d'eau à la rivière, ce qu'il fit avec diligence. Au moment où il s'y attendait le moins, Joseph lui en versa une sur la tête, tandis qu'Alexandre en faisait autant avec l'autre sur la tête de Victoire. Les deux Abénaquis riaient aux éclats. Offusqué, Guillaume voulut connaître la raison de leur geste. Joseph expliqua :

— C'est la première fois que vous voguez sur la Grande Rivière. Nous venons de vous baptiser, comme c'est la coutume, pour ce premier voyage vers les Pays-d'en-Haut.

Résignés, Guillaume et Victoire n'eurent plus qu'à assécher leurs cheveux avant d'enfiler des vêtements secs. Comme ils s'étaient arrêtés au pied du rapide de Carillon, les Abénaquis décidèrent de transférer immédiatement leurs marchandises en haut du rapide afin de ne pas perdre de temps le lendemain. Sollicité pour les aider, Guillaume se vit en deux minutes chargé comme un mulet. En plus du sac rempli de poudre à fusil, de balles, de plombs, de lignes à pêche, d'allumettes, de couteaux, de canifs et autres objets qu'il portait sur ses épaules, Joseph y ajouta une pile de couvertures roulées bien serrées. L'Abénaquis lui passa ensuite sur le front une large lanière de cuir qui lui permettait de porter un baril d'eau-de-vie appuyé contre son sac à dos. Le poids de toutes ces marchandises dépassait les cent vingt livres. Guillaume se pencha afin de ne pas être déséquilibré vers l'arrière, et se mit en route. Victoire le suivait, chargée elle aussi de marchandises diverses qu'elle portait allègrement. Guillaume avançait à petits pas, écrasé par le poids qu'il portait. Il crut bien, à chaque enjambée, qu'il allait s'enfoncer dans le sol. Quand enfin il put se décharger de son fardeau, il était exténué.

À peine avait-il repris son souffle qu'il retourna au bas du rapide afin de s'attaquer à une nouvelle charge. En remontant de nouveau le rapide, il croisa Joseph et Alexandre qui, après avoir chacun transporté une charge de près de deux cents livres, s'en retournaient chercher le canot. Ils le glissèrent habilement sur leurs épaules et le ramenèrent à l'endroit choisi pour y passer la nuit. Entre-temps, Guillaume n'avait pas traîné. Aidé par Victoire, il avait ramassé le bois nécessaire au feu qu'ils venaient d'allumer.

La soirée promettait d'être belle. La lune se levait à peine, formant un disque orange à hauteur d'horizon.

— Il fera beau demain, assura Joseph.

Guillaume pensa: «*Lune rouge, un lendemain qui bouge.*» Pour lors, il s'empêchait lui-même de bouger pour ne pas éveiller les maux qui accablaient chacun de ses muscles endoloris. Il avala sans appétit la sagamité qu'Alexandre venait de faire cuire dans un chaudron sur le feu de bois.

Il était éreinté et ne se fit pas prier pour se coucher sur le lit de branches de sapin qu'il avait encore eu le courage de couper. Victoire dormait déjà. Des bois environnants montaient des bruissements, des plaintes et des cris qu'il n'entendait déjà plus. Le ciel chargé d'étoiles fut la dernière image qu'il vit avant de sombrer dans un profond sommeil où se succédaient des rêves remplis d'or et de trésors fabuleux.

Chapitre 8

Sur la rivière des Outaouais

Ils atteignirent Ottawa deux jours plus tard. Habitué des lieux, Joseph fit échouer le canot lorsque apparurent les premières maisons. Pendant qu'Alexandre, Guillaume et Victoire attendaient en surveillant l'embarcation, il partit à la recherche du charretier qui avait l'habitude de charger le canot pour le remonter du côté de Hull, par-delà le barrage que Philémon Wright venait de construire sur la rivière des Outaouais, aux chutes des Chaudières.

De l'endroit où il se tenait, Guillaume pouvait apercevoir le Parlement sur la rive opposée. Le paysage était splendide et il se remplit les yeux de ce qu'il voyait. Il savait qu'après Ottawa, ils quitteraient pour de bon la civilisation. Il incita Victoire à écrire une nouvelle lettre à Odette.

— Qui sait, lui fit-il remarquer, c'est peut-être la dernière que tu pourras lui adresser avant longtemps.

— Pourquoi donc ?

— Parce qu'à partir d'ici, et ce, jusqu'au lac Témiscamingue, nous risquons bien de ne plus croiser personne, sinon des voyageurs sur le chemin de leur retour vers Montréal.

— Je profiterai de leur passage pour leur confier des lettres. De même, Odette aura toujours des nouvelles de nous.

— Souhaitons qu'il en soit ainsi et que la chance ne nous quitte pas.

Alexandre tendait l'oreille à leur conversation. Il intervint :

— La chance restera avec nous. On ne peut souhaiter un meilleur débit d'eau sur la rivière. Nous n'aurons plus à nous préoccuper du bois flottant et nous verrons bientôt changer la couleur de l'eau. Il n'y a rien de pire que l'écorce des arbres pour la brunir.

Profitant de ce que le charretier se faisait attendre, Victoire se mit à écrire sa lettre. Guillaume lui glissa :

— Dis-lui que tout va bien, que nous n'avons pas eu de pépins depuis notre départ et que je ne les oublie pas.

— Je lui raconte justement que tout a bien été jusqu'à présent.

Victoire eut tout juste le temps de terminer avant que Joseph ne revienne avec le charretier, un géant qui chiquait allègrement son tabac et crachait toutes les minutes un jet de salive brune. Il aida Joseph et Alexandre à hisser le canot et les marchandises sur sa charrette, puis ils montèrent à leur tour. Ils se mirent en route, empruntant le chemin qui longeait le bord de l'eau et menait en haut du barrage. Dans le ciel, de petits nuages couraient sous le souffle du vent, tandis que la surface de l'eau était sillonnée par une bande d'hirondelles de rivage en quête d'insectes.

L'avant-midi était passablement entamé quand ils parvinrent en haut du barrage. Ils remirent le canot à flot avec les marchandises et Joseph les pressa d'y monter.

— Si nous voulons arriver à notre bivouac avant la nuit, nous n'avons pas une minute à perdre.

Ils remercièrent le charretier, qui les salua et repartit de son côté. Ils écoulèrent le reste de la journée sur l'eau, se contentant de banique et d'eau claire pour toute nourriture. Le soleil tapait dur. Il était parfois heureusement caché par un nuage, ce qui leur permettait de respirer mieux. Ils passèrent Aylmer et arrivèrent près de Quyon à la brunante. Joseph guida prudemment l'embarcation vers la rive. Des moraines encombraient le rivage. Alexandre alluma une torche afin de trouver une place où échouer l'embarcation. Attirés par la lumière, des poissons tournaient à la pince avant du canot. S'adressant à Joseph, Alexandre demanda :

— J'en profite ?

Joseph acquiesça et maintint le canot sur place. Alexandre se munit d'un nigog, le fameux harpon qu'il maniait si bien. Dans le temps de le dire, il parvint à embrocher cinq poissons, qu'il jetait dans le canot au fur et à mesure qu'il les prenait. Quelques minutes plus tard, ils échouèrent l'embarcation et sans tarder, ils se mirent à quatre pour ramasser le bois de grève nécessaire à l'alimentation du feu, que Joseph alluma sans plus attendre. Alexandre coupa deux petits arbres fourchus. Il les planta fourche en l'air de chaque côté du feu. Joseph éviscéra les poissons et les glissa par les ouïes sur une broche qu'il posa sur les fourches, au-dessus du feu. Lorsqu'ils eurent terminé de préparer leur couche pour la nuit, le poisson était cuit à point. C'est le ventre plein qu'ils s'étendirent pour dormir comme des bienheureux.

Le lendemain au petit matin, par une journée sans vent qui promettait d'être belle, ils poursuivirent leur chemin en parlant peu et en réfléchissant beaucoup. Pendant que Victoire avait l'esprit tourné vers ce fameux lac Témiscamingue où ils se dirigeaient, Guillaume retournait en pensées à Drummondville. Plus il s'en éloignait, plus il pensait à Odette et Charlotte, regrettant presque de s'être embarqué pour un si long voyage. Il savait maintenant à quoi s'en tenir. Les jours à venir seraient tous sans répit et sans repos salutaire. Il s'était imaginé que la vie des coureurs des bois était beaucoup plus facile que ce qu'il vivait. Il avait peine à endurer les assauts des moustiques dès qu'il s'approchait de la forêt. Le soir, s'il voulait dormir, il était contraint de s'enrouler dans une couverture et de s'en couvrir la tête pour éviter les piqûres de ces bestioles déplaisantes.

Leur périple sur la rivière des Outaouais s'était fait jusque-là sans trop de peine. Ils allaient à présent affronter des eaux beaucoup plus agitées et les portages jusqu'au lac Témiscamingue seraient longs. Ils s'arrêtèrent à l'endroit précis où la rivière des Outaouais rejoint la Mattawa, dont le nom signifie « la rencontre des eaux ». Ils bivouaquèrent à l'embouchure de la rivière. D'autres voyageurs y campaient également. Guillaume leur demanda si le trajet jusqu'au lac Témiscamingue se présentait bien.

— Rien de plus facile, lui expliqua l'un d'eux, qui s'exprimait aussi bien en gestes qu'en paroles. Nous n'avons plus à nous préoccuper des rapides.

— Comment cela ?

— Il y a maintenant des voies ferrées qui longent les rapides de la Cave, des Érables, de la Montagne et du Long-Sault. On n'a qu'à mettre nos marchandises et nos canots sur le train. Une fois à Témiscaming, nous n'avons plus qu'à voguer sur le lac pour atteindre facilement Ville-Marie. Il y a même un vapeur qui fait la navette entre les deux places.

Guillaume n'en revenait pas de ce qu'il entendait. Il demanda à Joseph et Alexandre pourquoi ils n'en avaient jamais fait mention.

— Parce que tu ne nous l'as pas demandé, lui rétorqua Joseph, et que nous avons décidé d'accomplir tout le trajet en canot.

— Sérieusement ? Vous préférez transporter vous-mêmes vos marchandises en canot plutôt que de les mettre sur le train ?

— Nous ne sommes pas pressés, et comme nos anciens, il n'y a rien que nous n'aimons plus que d'arpenter tout ce parcours par nos propres moyens. En plus, c'est sans doute la dernière fois que nous pourrons pagayer sur cette rivière, à cause de la drave.

Cette révélation prit quelque peu Guillaume de court. Il ne fut toutefois pas long à se décider. Il glissa quelques mots à Victoire, puis s'adressa à Joseph :

— N'en soyez pas offusqués, mais demain, Victoire et moi prendrons le train jusqu'à Témiscaming. Nous profiterons de notre séjour à cet endroit pour nous informer à propos de ses frères.

Joseph répondit bien calmement :

— C'est votre choix. Vous êtes libres. Vous devriez trouver ses frères pas loin de Ville-Marie. Vous pouvez nous attendre là-bas et nous vous mènerons auprès d'eux, puisque nous allons justement chercher les fourrures que nous leur achetons.

Guillaume se promit de profiter des jours où ils seraient à Témiscaming pour réfléchir à des manières de s'enrichir. Il songeait depuis quelque temps à une idée qu'il pensait pouvoir exploiter sur place.

Le lendemain, après avoir récupéré leurs effets et souhaité bon voyage à Joseph et Alexandre, Victoire et lui se dirigèrent vers la petite gare, située tout près, pour la suite de leur périple.

Chapitre 9

Un contretemps

Le développement du chemin de fer dans cette région du Témiscamingue ne datait que de quelques années. Se rendre de Montréal à Témiscaming prenait alors au moins six jours. En 1886, on se mit à construire des voies ferrées longeant les rapides de la rivière des Outaouais, ce qui permit de transporter marchandises et fourrures beaucoup plus rapidement. Un an plus tard, on inaugurait la voie ferrée du Long-Sault. Bientôt, on relia les voies ferrées des quatre rapides et de la sorte, on put parcourir en train la distance entre Mattawa et Témiscaming. Ainsi, au lieu de prendre six ou sept jours, le trajet entre Montréal et Témiscaming ne durait plus que vingt-quatre heures à présent.

Guillaume et Victoire montèrent en même temps que quelques personnes dans le petit train qui les mènerait jusqu'à Témiscaming. Toujours aussi prévoyant, Guillaume s'informa auprès des autres voyageurs de la meilleure façon de se rendre ensuite de Témiscaming à Ville-Marie.

— Rien d'plus simple, mon garçon, lui dit un vieil homme qui paraissait connaître les lieux comme le fond de sa poche, t'as qu'à y aller en bateau. Y a pas longtemps, l'bateau qu'on prenait s'app'lait *La Minerve*.

— *La Minerve* ?

— Oui, c'était le vapeur qui reliait Témiscaming à Ville-Marie.

— Et il ne le fait plus ?

— La Société d'colonisation était au bord d'la faillite. Elle a vendu *La Minerve*.

— Alors ceux qui l'ont acheté ne le mettent plus en service ?

— Oui, seulement il est dev'nu *L'Météor*.

Sur un banc voisin, un homme accompagné de sa femme et de leurs deux jeunes enfants suivait leur conversation. L'homme intervint :

— Je vous écoute et je me demande…

— Quoi donc ?

— Pour se rendre de Témiscaming à Ville-Marie, c'est toujours possible de le faire avec ce bateau ?

— Si vous avez quelques sous pour payer, en arrivant à Témiscaming, rendez-vous au quai. L'heure des transports y est indiquée.

— Ils chargent combien ?

— Pas cher, même pas une piastre par famille. Vous vous en allez où ?

— À Fugèreville. J'y ai acheté mon lot.

— Ah, preyé ! Vous allez pas tout à côté. C'est carrément dans l'bois. Vous v'nez d'où ?

— De Chicoutimi.

— Vous auriez été mieux d'rester là.

Le bonhomme, qui chiquait tout en parlant, se pencha pour cracher par la fenêtre entrouverte. Le père de famille reprit :

— J'm'en va rejoindre mon frère à Fugèreville.

Son explication plut au vieil homme, car ce dernier commenta :

— Si vous avez d'la famille par là, ça se comprend.

Comme s'il venait de se souvenir de quelque chose, il se tourna vers Guillaume et Victoire et demanda abruptement :

— Vous autres, qu'est-ce qui vous amène par icitte ?

— C'est une longue histoire, répondit Guillaume, qui n'avait pas envie de s'étendre sur le sujet.

— Dites toujours, ça m'intéresse.

Pour aller au plus court, Guillaume mentit :

— Nous allons rejoindre deux de nos frères.

— Où ça ?

— Dans le bout de Ville-Marie.

— Ils font quoi ?

— Ils trappent. Nous sommes montés jusqu'ici en canot avec deux Abénaquis qui vont chercher leurs fourrures.

— Tout à coup que je les connaîtrais… vos frères, ils s'appellent comment ?

La question embêtait Guillaume. Victoire intervint :

— Marcel et Paul Obomsawin, mentit-elle.

— Comme ça, c'est des Sauvages ?

— Des Abénaquis.

— C'est curieux, par icitte les Sauvages sont des Algonquins.

De ses petits yeux vifs, il se mit à regarder attentivement Guillaume, puis Victoire, et commenta finalement :

— Me semble que vous ne vous ressemblez pas.

S'adressant à Victoire, il laissa entendre :

— Toi, t'as l'air d'une Sauvagesse, mais pas ton frère.

— Je suis son demi-frère, précisa Guillaume.

Le train longeait un rapide. Guillaume en profita pour faire dévier la conversation :

— De quel rapide s'agit-il ?

— Celui de la Cave, répondit le vieux.

— L'avez-vous déjà remonté ou descendu ?

— Pas moi, mais j'en connais plusieurs qui l'ont fait, pas en r'montant, y est pas r'montable, mais il paraît qu'y s'descend ben.

La conversation se poursuivit sur ce ton tout le reste du trajet. Guillaume était pensif. Une idée ne lui quittait pas l'esprit. Comme leur interlocuteur lui paraissait bien curieux, il n'osait pas trop le questionner. Plus ils approchaient de leur destination, plus sa question le tourmentait, et il se décida finalement à la poser :

— Il paraît qu'il y a de l'or dans le coin ?

— De l'or ? Pas au Témiscamingue. Du plomb avec de l'argent dedans, y en a à Guigues. De l'or, y en a qui disent qu'y en aurait tout à côté, en Abitibi.

— Vraiment ?

— Ouais ! Mais pourquoi y en aurait là-bas et pas par icitte ? Après toute, l'Abitibi c'est pas mieux que par chez nous, c'est rien que des milles et des milles de forêt d'épinettes avec des dizaines et des dizaines de lacs. Y a rien là, j'en suis sûr.

— Pourtant, reprit Guillaume, il y en a qui disent que le sol par là-bas n'est pas comme ici et qu'il y aurait des chances qu'on y trouve de l'or.

Le vieil homme se mit à hocher la tête en faisant une moue dubitative.

— Tu devrais en parler à Hormidas Lachapelle. Depuis l'temps qu'y en cherche, de l'or, y pourrait t'en raconter ben long là-dessus.

— C'est un prospecteur ?

— On peut dire ça. Il est si pauvre et si maigre qu'on se demande parfois si y vit pas seulement d'eau frette.

Le vieil homme laissa filer un nouveau crachat par la fenêtre entrouverte. Le train roulait lentement en pleine forêt. Des arbres défilaient sans arrêt de chaque côté de la voie ferrée. De temps à autre, une éclaircie permettait d'apercevoir une étendue d'eau quelconque, un chevreuil en fuite ou encore, au bord d'un petit lac, parmi les quenouilles, la haute silhouette d'un orignal. Des corneilles s'envolaient au passage du train, et n'eût été le bruit de la locomotive, on aurait pu entendre leurs cris et les appels des bêtes.

La voie ferrée longeait maintenant les rapides du Long-Sault. Les voyageurs se rendirent compte que le convoi ralentissait.

— Y a pas l'habitude d'arrêter par icitte ! s'exclama le vieux. Y doit y avoir un animal sur la voie.

Le train s'immobilisa complètement. Des gens étirèrent la tête par les fenêtres de chaque côté du convoi.

— Voyez-vous de quoi ? demanda quelqu'un.

La réponse lui vint rapidement :

— Rien pantoute !

Un cheminot avait sauté sur le bord de la voie dès l'arrêt du train. Il revenait à présent. Il fut aussitôt questionné.

— Qu'est-ce qui se passe ?

— Les maudits castors ont inondé la voie avec un de leurs barrages, répondit le cheminot.

— Qu'allez-vous faire ?

— Voir si on peut passer.

Le cheminot se dirigea vers le wagon de queue et revint deux minutes plus tard, chaussé de bottes qui lui montaient jusqu'à la ceinture. Il fila vers l'avant en grognant.

Les quelques hommes qui s'étaient aventurés hors du train remontèrent en vitesse.

— C'est pas endurable, expliqua l'un d'eux. On se fait manger par les brûlots et les mouches noires.

Au bout d'un quart d'heure, le cheminot revint pour prier les voyageurs d'être patients.

— On ne peut pas prendre de risque. Si on veut passer en sécurité, va falloir faire sauter le barrage et vérifier si les rails sont corrects.

— Ça va prendre du temps ?

— Au moins une vingtaine de minutes, sinon plus.

Sa réponse fut accueillie par des grognements. Quatre hommes qui jouaient aux cartes avant cette interruption se remirent à leur partie. Victoire semblait de plus en plus anxieuse. Elle confia à Guillaume :

— Si je m'écoutais, je ferais le reste du chemin à pied.

— Allons donc ! Sois patiente. Tu as entendu ? Tu te ferais manger par les moustiques. Et il ne doit plus rester beaucoup de milles avant Témiscaming.

— Pas plus que trois ou quatre, précisa le vieil homme, qui avait troqué la chique pour la pipe pendant ce temps.

L'odeur de son tabac, mêlée à celles des autres fumeurs, avait maintenant envahi tout le wagon. Guillaume se plaignit :

— J'ai hâte que nous repartions. C'est pas croyable qu'on soit en pleine nature et qu'on se fasse empester comme ça.

Sa remarque tomba dans le vide. Profitant de cet arrêt, trois voyageurs s'étaient étendus sur des bancs inoccupés et tentaient de somnoler. Guillaume décida d'en faire autant. Il s'adossa du mieux qu'il put à son banc et ferma les yeux. Ses pensées se tournèrent vers Drummondville. Que faisaient Odette et Charlotte ?

Une secousse du wagon le réveilla. Victoire le regardait en souriant.

— On repart, murmura-t-elle. Demain, si Dieu le veut, je verrai mes frères.

— Demain, tu penses ? À ta place, je ne serais pas si optimiste. Nous ne sommes pas encore arrivés. En plus, ils doivent vivre loin dans les bois. Avant qu'on apprenne où, il faut d'abord nous rendre à Ville-Marie et ensuite, avec l'aide des gens du coin, on finira bien par savoir où ils sont.

Chapitre 10

Témiscaming

Guillaume avait vu juste. Le retard du train leur fit manquer le bateau pour Ville-Marie et ils furent contraints d'attendre au lendemain. Témiscaming était une petite agglomération où ne vivaient qu'une centaine de personnes. Les chambres de l'unique auberge de l'endroit, tenue par une dame Bouliane, étaient toutes occupées pour la nuit. La propriétaire de l'auberge leur indiqua qu'ils trouveraient certainement de la place pour dormir à un camp de bois rond, situé au bord du lac.

Pendant qu'ils soupaient à l'auberge, Guillaume, dont l'esprit était toujours en effervescence, confia à Victoire :

— Savoir que ce village va se développer, te figures-tu ce que je ferais ?

— Quoi donc ?

— J'ouvrirais un magasin général. Ça serait facile de faire venir les marchandises par le train.

Victoire hésita un moment avant de demander :

— Crois-tu qu'Odette accepterait de venir vivre si loin ?

— Pourquoi pas ? Ça deviendrait notre chez-nous et on n'est jamais mieux que chez soi.

— Il me semble avoir aperçu une épicerie, rappela Victoire.

— Mais pas de magasin général, soutint Guillaume. Je n'en ai pas vu.

— Quelqu'un doit sûrement en tenir un, autrement, comment ils feraient venir leurs marchandises ?

— J'ai le goût de m'en informer, décida Guillaume. Allons voir.

Sur ces mots, aussitôt la dernière bouchée de pain avalée, ils sortirent de l'auberge. La noirceur régnait sur la place. Malgré un ciel sans nuage, à peine pouvaient-ils apercevoir la démarcation des épinettes sur le firmament. Le ciel piqueté d'étoiles annonçait du beau temps pour le lendemain. Aussi, avant de gagner leur refuge pour la nuit, Guillaume insista auprès de Victoire pour qu'ils arpentent encore un peu l'unique rue de l'agglomération. Il espérait rencontrer un habitant et ainsi lui demander de quelle façon les villageois se procuraient le nécessaire. La rue étant déserte, une autre idée accapara son esprit.

— Je vais te confier un secret, dit-il à Victoire.

— Un secret ? Pourquoi à moi ?

— Parce que j'ai le goût d'en parler à quelqu'un. Tu es ma sœur et j'ai confiance en toi.

Comme elle ne commentait pas, il poursuivit d'une voix assurée :

— Je pense avoir trouvé le moyen de devenir riche.

— Vraiment ?

— Je vais me faire prospecteur.

Victoire sursauta. D'une voix étonnée, elle s'exclama :

— Tu veux sérieusement te faire prospecteur ? As-tu bien entendu ce que le vieux voyageur a dit à propos de celui qu'il t'a conseillé de rencontrer ?

— Hormidas Lachapelle ?

— Oui. Le bonhomme dans le train nous a dit qu'il était loin d'être millionnaire.

Victoire fit une pause avant d'ajouter :

— On ne vit pas riche à courir après nos rêves. Les sœurs me l'ont souvent répété, au pensionnat.

Guillaume ne se laissa pas impressionner par ce que les sœurs pouvaient prétendre. Il ajouta vivement :

— Elles ont dû aussi vous dire que dans la vie, il faut avoir des rêves. N'est-ce pas un de tes rêves que tu es en train de réaliser ?

Victoire ne put soutenir le contraire. Après un long soupir et de son air le plus affable, Guillaume souhaita :

— Espérons, ma p'tite sœur, que tu ne seras pas déçue d'être venue si loin. Demain, une fois rendus à Ville-Marie, nous nous renseignerons pour trouver tes frères. As-tu remarqué une chose ? Nous les connaissons si peu que nous ignorons même comment ils s'appellent. Joseph et Alexandre le savent, eux. Nous n'avons même pas été assez avisés de le leur demander, pas plus qu'au chef à Odanak.

— C'est bien vrai et c'est de ma faute, admit Victoire. C'était à moi de m'informer comme il faut. Sans doute pensaient-ils tous que nous le savions.

— Ça sera une surprise de plus. De toute façon, il ne doit pas y avoir bien des frères dans le coin qui chassent et trappent ensemble, surtout des Abénaquis.

— Peut-être ont-ils continué à porter le nom de De Mont, supposa Victoire.

— Permets-moi d'en douter. Dans le temps, on les recherchait. Ils ont certainement changé de nom. Ils doivent en porter un qui est commun chez les Abénaquis.

— C'est pour ça que j'ai dit au vieil homme qu'ils étaient des Obomsawin.

— Qui sait ? commenta Guillaume d'une voix douce. Tu as peut-être deviné sans le savoir.

Tout en marchant, ils étaient revenus sur leurs pas. Le village entier semblait déjà dormir. Hormis les jappements d'un chien et les appels sinistres d'un huard, non loin sur le lac, tout paraissait mort. Ils se dirigèrent vers leur camp et se contentèrent de se rafraîchir la figure à la pompe de la cuisine, puis gagnèrent leur couche sans se faire prier. Ils trouvèrent bien moelleux les lits pourtant très modestes qui les attendaient. Avant de s'endormir, Guillaume laissa entendre :

— P'tite sœur, quelque chose me dit que demain sera le grand jour.

Victoire se contenta de soupirer. Guillaume s'endormit dès qu'il posa la tête sur l'oreiller. Il se mit aussitôt à ronfler à faire lever le toit du refuge. La pauvre Victoire ne parvint pas à trouver le sommeil. Dans sa tête défilèrent de grands pans de sa vie, depuis le jour où elle était arrivée à la traverse. Elle revit Aimé qui venait la chercher et Élise qui l'accueillait à bras ouverts. Elle évoqua tout ce temps passé à la maison de la traverse, puis à Lowell, à Daveluyville et le retour à Drummondville. Elle évoqua dans sa tête ses longues journées de pensionnat et les multiples heures d'étude, puis son court kidnapping quelque part à Richmond. Chassant ce mauvais souvenir, elle se remémora les beaux moments qu'elle avait vécus à Odanak, il y a quelques années, en particulier son apprentissage du tressage des paniers, des danses autour du feu au son des tambourins et des traditions de ses ancêtres abénaquis.

Guillaume s'était tourné dans son lit et avait cessé de ronfler. Dehors, on entendait de temps en temps le cri d'un animal. Par la fenêtre, la lune qui venait de se lever éclairait de sa lumière douce un vieux calendrier sur le mur. Victoire tenta d'y compter les jours quand le sommeil la gagna. Dans son rêve, il y avait un grand nombre de peaux de bêtes en train de sécher. Un homme lui tenait la main. Ensemble, ils regardaient le soleil se coucher sur un lac de feu.

Chapitre 11

Le dernier droit

Habitués à se lever tôt, Guillaume et Victoire s'éveillèrent en même temps que le soleil allumait ses feux sur les rives du lac. Leur première réaction fut de jeter un coup d'œil dehors. Ils restèrent longtemps à admirer le spectacle du soleil levant qui embrasait le faîte des épinettes et des grands pins le long de la rive.

— Tu sais ce que signifie Témiscamingue? questionna Victoire.

— J'avoue mon ignorance, admit Guillaume.

— Ça veut dire «lac profond». La région a été baptisée de même à cause du lac.

Comme pour le confirmer, un vapeur apparut au large. Ses roues à aubes battaient régulièrement l'eau. Guillaume fronça les sourcils et plaça sa main en visière au-dessus de ses yeux.

— Il traîne quelque chose de très grand, affirma-t-il au bout d'un moment.

Victoire s'enquit:

— Quoi donc?

— Un immense radeau de bois, je pense. Oui, c'est ça ! Ils font donc de la drave par ici. Regarde ! C'est un miracle que Joseph et Alexandre puissent encore remonter la rivière jusqu'ici. Je serais curieux de savoir comment les gens s'y prennent pour faire descendre les rapides à toute cette pitoune. Quand ils libèrent le bois des estacades pour le laisser aller, il doit y en avoir sur toute la largeur de la rivière. À Drummond, ils font aussi flotter le bois sur la Saint-François, sauf que c'est loin d'être comme ici. Il me semble voir les draveurs se démener avec leurs gaffes au bord des rapides pour repousser au large les pitounes qui veulent s'échouer. Ça doit être tout un spectacle, vu de près.

Victoire avait l'esprit ailleurs, car elle demanda :

— Es-tu prêt à aller déjeuner ? Moi, j'ai faim en tout cas.

— Allons-y, acquiesça Guillaume, et peut-être que j'aurai une réponse à la question que je me pose.

— Pour le magasin général ?

— En plein ça.

Ils gagnèrent l'auberge d'un bon pas. En les voyant entrer, madame Bouliane leur souhaita la bienvenue à sa manière :

— Tiens, les tourtereaux. Vous avez bien dormi ?

— Pour avoir bien dormi, on a bien dormi, approuva Guillaume. En ce qui a trait aux tourtereaux par exemple, madame, vous n'êtes pas dans le mille. Victoire est ma sœur.

— Ta sœur ? Je ne vois pas de ressemblance.

— C'est ça pareil.

La salle à manger était pleine. Ils durent attendre qu'une table se libère. Guillaume eut largement le temps de décider auprès de qui il s'informerait de l'existence d'un magasin général. Un vieillard au regard avenant fumait sa pipe dans un coin de la salle. Devant lui était posé le grand bol de gruau qu'il venait de terminer.

— Tu vois ce vieil homme là-bas ? dit-il à Victoire en le pointant du doigt. Il doit en connaître passablement sur l'histoire du coin. Pourquoi ne pas le lui demander tout de suite ? Je crois qu'il a fini de manger. Nous pourrions du même coup le remplacer à sa table.

Ils s'approchèrent. Les voyant venir, l'homme leva la tête. Guillaume s'adressa à lui bien poliment :

— Pardonnez-moi, monsieur, je ne suis pas d'ici et j'ai pensé que vous pourriez peut-être me renseigner. Y a-t-il un magasin général dans la place ?

L'homme le regarda d'un air moqueur.

— Un magasin général ? On n'en a pas d'besoin.

— Allons donc ! Il y en a un dans tous les villages ou à peu près.

— Ici, si tu as besoin de quelque chose, tu demandes à monsieur Lumsden.

— Monsieur Lumsden ?

— Ouais ! À peu près tout ici lui appartient, à part la gare et le quai, et encore. As-tu vu des vapeurs sur le lac ?

— Oui, tout à l'heure.

— C'est à lui. Sais-tu comment on achemine le bois coupé dans la forêt jusqu'ici ?

— Non pas.

Le vieux se leva et ordonna :

— Suivez-moi.

Guillaume s'excusa :

— Nous n'avons pas déjeuné et nous prenons *Le Météor* dans moins de deux heures.

Le vieil homme se rassit.

— Mangez, grommela-t-il, après je vous montrerai.

— On peut s'asseoir à votre table ?

— Assurément. Y a d'la place en masse.

— Auriez-vous l'obligeance de nous dire qui vous êtes ? questionna Guillaume.

— Édouard Bérubé, un des plus vieux d'icitte. Et toi, mon garçon ?

— Guillaume Courchesne.

Se tournant vers Victoire, monsieur Bérubé commenta :

— C'est pas tous les jours que j'ai l'honneur de m'adresser à une belle fille de même. Je peux savoir ton nom ?

— Victoire Courchesne.

— Ceux qui t'ont faite ont bien choisi ton nom. Victoire… tu ne pourrais pas t'appeler autrement.

Pendant que le vieillard faisait du charme à Victoire, Guillaume avait attiré l'attention de la jeune femme qui servait aux tables :

— Un gruau avec des toasts pour ma sœur et moi, avec du café et de la confiture si vous en avez.

Une fois attablé devant son repas, Guillaume voulut savoir ce que le vieil homme souhaitait tant leur montrer.

— Les installations de Lumsden, lui apprit-il. Il faut que vous voyiez ça avant de partir. Il a fait monter l'eau du lac Kipawa et grossir le débit du ruisseau Gordon pour faire flotter le bois jusqu'à la rivière. En plus, il a construit un de ces beaux moulins à scie.

— C'est loin d'ici ?

— Tout à côté.

Ils avaient à peine avalé leur dernière bouchée de toast et payé leur repas que leur compagnon les entraînait vers le moulin à scie en question. Ils y arrivèrent quelques minutes plus tard en empruntant le chemin Kipawa. Une fois sur les lieux, Guillaume comprit ce que le vieil homme avait voulu leur dire en parlant de ce monsieur Lumsden à qui appartenait à peu près tout ce qu'on voyait. Tout près du moulin se dressait un immeuble qui, à ce que le vieillard leur expliqua, abritait une cuisine, un bureau de poste, un entrepôt pour les provisions du magasin et, de l'autre côté, un logis pour le magasinier. À cela s'ajoutaient une trentaine de maisons de bois où logeaient les employés, une forge et un atelier pour la fabrication de bateaux. Guillaume n'en croyait pas ses yeux. Jamais il n'aurait pensé voir un si bel emplacement dans ce coin éloigné.

L'heure avançait. Ils remercièrent monsieur Bérubé de sa gentillesse et revinrent au village. Après avoir récupéré leurs sacs à dos, ils se rendirent au quai. Le vapeur *Le Météor*, un magnifique bateau, y avait accosté. Ils montèrent immédiatement à bord, heureux de savoir que, dans peu de temps, ils arriveraient à Ville-Marie. Ils se rendirent d'abord sur le pont arrière où, à leur grande surprise, ils virent deux vaches qu'on avait installées entre deux murs de caisses de bois et, dans des cages, quelques cochons, plusieurs poules, une chèvre et quelques moutons. Ils gagnèrent le pont avant où plusieurs voyageurs causaient bruyamment. Les gens étaient de bonne humeur si on en jugeait par les éclats de voix et les rires qui jaillissaient un peu partout. Il ne leur restait plus qu'à attendre le départ.

Chapitre 12

Victoire crie victoire

Le vapeur quitta le quai de Témiscaming en douceur. Guillaume et Victoire furent étonnés de la puissance des roues à aubes qui le propulsaient vers l'avant. Le lac Témiscamingue s'étendait majestueusement devant eux alors que la petite agglomération qu'ils venaient de quitter s'éloignait rapidement.

Impressionné, Guillaume ne manqua pas de se poser plusieurs questions. Se tournant vers Victoire, absorbée dans ses pensées, il demanda :

— Tu m'as dit que Témiscamingue signifie « lac profond ». As-tu une idée de sa profondeur ?

De la tête, elle fit signe que non.

— Allons, fit-il, tu me sembles soucieuse !

— Je pense à mes frères. Comment vont-ils réagir quand je vais leur apprendre que je suis leur sœur ?

— Pauvre toi, tu t'en fais pour rien. Si une chose comme ça m'arrivait, je serais tout heureux d'accueillir la nouvelle venue.

— Il va falloir que je leur donne des preuves que je suis bien leur sœur.

— Ils ne sont sûrement pas sans savoir qu'ils en avaient une dont ils ont perdu la trace.

Les propos de Guillaume l'apaisèrent. Il la pressa de profiter à plein de cette belle journée qui les rapprochait d'eux. Les cris d'un petit groupe de passagers à l'avant du navire attirèrent leur attention. Ils s'approchèrent.

— Ce n'était pas une baleine, tout de même ! s'exclama un jeune homme à l'intention d'un passager qui arborait un air émerveillé.

Le jeune homme était accompagné d'une toute petite femme souriante. Elle salua Victoire et Guillaume.

— Ils ont vu un gros poisson, leur expliqua-t-elle, et on dirait que c'est la fin du monde.

Guillaume expliqua :

— C'est un lac très profond. Il ne faut pas se surprendre d'y voir des poissons de grande taille.

Il ajouta du même souffle :

— Êtes-vous de la région ?

— Mon frère et moi, on est nés à Ville-Marie, avant même que la ville ne soit officiellement fondée. Nos parents, eux, étaient de Laterrière, au Lac-Saint-Jean.

— Qu'est-ce qui les a amenés dans les parages ?

— En plus d'être épicier, notre père était un bon *cook*. Un monsieur Fleury de par ici l'a engagé dans les chantiers, et il y a travaillé en plus d'ouvrir une épicerie au village. Vous savez, dans la région, c'est plein de chantiers et de bûcherons.

— Depuis notre arrivée, je me pose toutes sortes de questions, dit Guillaume. Peut-être pourrais-tu y répondre ?

— Ça dépend quoi.

— À combien de milles est-on de Ville-Marie ?

— Une soixantaine.

— Ça prend combien de temps pour s'y rendre ?
— À peu près quatre heures.
Victoire, s'intéressant à la conversation, intervint à son tour :
— Aurais-tu une idée de la profondeur du lac ?
— Je pense que mon frère saurait ça.
Elle l'interpella :
— Martial, saurais-tu combien il y a de pieds d'eau ici ?
— Ouf ! Quelque chose comme quatre cents.
Voyant que sa sœur parlait avec Guillaume et Victoire, il s'approcha.
— Vous êtes nouveaux par ici ?
— De passage seulement, précisa Guillaume. Peut-être que tu pourrais nous aider. On cherche deux frères trappeurs dans la vingtaine qui vivent dans le coin depuis plusieurs années.
Le jeune homme ne fut pas long à répondre :
— Ça doit être Xavier et Gus Montour. Ce sont de bons trappeurs. Ils ne vendent leurs peaux qu'à des Indiens. Ils le sont sûrement eux-mêmes. À tout le moins, ils ont du sang mélangé.
— Tu les connais ? demanda Victoire avec espoir.
— Je suis commis au magasin de monsieur Huard. Ils viennent y acheter leurs provisions. Je les ai servis assez souvent. Ils ne parlent pas beaucoup, mais ils payent bien.
Victoire était tout émue de ce qu'elle entendait. Le jeune homme s'en rendit compte. Il s'informa :
— Vous les connaissez ?
Guillaume intervint :
— Non. Nous savons seulement qu'ils sont parents avec nous et c'est ce qui nous amène ici. Nous espérons les rencontrer.

— Une fois à Ville-Marie, vous n'aurez qu'à demander à monsieur Huard, au magasin, il saura bien vous dire où vous pouvez les trouver.

— Parce qu'ils ne restent pas toujours à la même place ?

— Ils se déplacent beaucoup à cause des lignes de trappe qu'ils ont un peu partout.

Il n'était pas nécessaire d'être un bon observateur pour s'apercevoir que Martial s'intéressait vivement à Victoire. Il la dévorait des yeux. Elle le sentait bien, mais faisait semblant de ne pas s'en rendre compte. Sa sœur et lui ne les quittèrent pas du reste du voyage. Ils partagèrent le dîner ensemble dans la salle à manger du vapeur. Guillaume les fit parler de ce qu'était leur vie.

Ils apprirent que Ville-Marie existait depuis au moins une quinzaine d'années. Le village, fondé par des oblats, portait à l'origine le nom de Baie-des-Pères, avant que les religieux ne le troquent pour celui de Ville-Marie, puisque la Vierge était leur patronne. Martial raconta qu'il avait fréquenté l'école jusqu'à l'âge de quinze ans. Il avait longtemps secondé son père, propriétaire de l'épicerie de la place. Il y a deux ans, toutefois, son père était devenu *cook* à l'auberge de monsieur Boulerice, laissant leur tante s'occuper de l'épicerie. Depuis, Martial travaillait au magasin général de monsieur Huard. Quant à sa sœur, Grace, elle avait étudié au couvent des sœurs à Ville-Marie et, depuis quatre ans, elle travaillait comme leur père à l'auberge Boulerice.

— Vous n'avez jamais pensé aller vivre ailleurs ? demanda Guillaume.

— Pourquoi ? On a tout ce qu'il nous faut ici.

Vers les quatre heures, le vapeur réduisit sa vitesse.

— On approche de Ville-Marie, indiqua Martial. Il n'est pas question que vous alliez coucher ailleurs qu'à l'auberge où mon père est *cook*. Vous allez vous régaler. Peut-être même que monsieur Boulerice connaît les Montour et pourra vous indiquer où ils sont. Au nombre de voyageurs qui couchent à l'hôtel, il peut bien avoir entendu parler d'eux. Sinon vous demanderez à monsieur Huard, mon patron. Lui itou est bien informé.

Le vapeur aborda au quai de Ville-Marie devant une trentaine de personnes, venues assister aux manœuvres ou accueillir leurs parents, amis ou connaissances. Dès que l'embarcation fut amarrée, les voyageurs se précipitèrent vers la terre ferme, heureux de se retrouver enfin sur le plancher des vaches et de pouvoir vaquer à leurs affaires. Martial et Grace entraînèrent Guillaume et Victoire à leur suite. Guillaume remarqua immédiatement qu'il se trouvait dans un milieu cosmopolite. Autour de lui, plusieurs individus s'interpellaient sans qu'il puisse comprendre un seul mot de ce qu'ils racontaient. Martial nota sa stupéfaction.

— À Ville-Marie, il y a toutes sortes de monde. On compte plusieurs Suédois, des Norvégiens, des Écossais, des Irlandais, des Anglais, des métis et des Algonquins. Ce n'est pas la tour de Babel, mais presque.

— Qu'est-ce que c'est que ça, la tour de Babel ?

— Tu ne connais pas ton histoire sainte ? Babel était le nom d'une tour que les hommes voulaient ériger jusqu'au ciel. Ils ne purent la construire parce que, ne parlant pas la même langue, ils ne se comprenaient pas.

Ils les conduisirent vers l'auberge où Martial les présenta au propriétaire, monsieur Boulerice, et ensuite à leur père à la cuisine :

— Voici des amis que nous avons rencontrés, Grace et moi, sur *Le Météor*. Il doit bien y avoir une chambre à bon prix ici pour eux autres ? Pour le souper, ils sont mes invités.

Grace, qui devait prendre son service à l'hôtel, les quitta en leur faisant savoir qu'elle espérait trouver du temps pour les revoir. Martial les accompagna jusqu'à une chambre mansardée, au bout d'un corridor qui se terminait sous un des pignons du toit.

— Monsieur Boulerice va vous la laisser pour presque rien, assura-t-il. Installez-vous. Si ça vous tente, je vous ferai faire le tour de la place avant le souper.

Fondée depuis une quinzaine d'années, Ville-Marie s'était érigée graduellement, et cela d'autant plus que des sœurs grises vinrent y établir un hôpital et un couvent.

C'est ce village en expansion que fit visiter Martial à Guillaume et à Victoire. Anxieuse de savoir où vivaient ses frères, Victoire ne manqua pas d'interroger Martial, qui lui répondit :

— J'en ai parlé à monsieur Boulerice tout à l'heure. Il m'a conseillé de demander à monsieur Huard. S'il y en a un qui peut t'aider, c'est bien lui.

— C'est le propriétaire du magasin général ?

— Oui, et mon patron. Tout le monde, à des milles à la ronde, s'approvisionne là. Il vend de tout, et en particulier ce dont se servent les trappeurs, des pièges jusqu'aux carabines.

Victoire ne fut pas longue à exposer son idée :

— J'aimerais lui demander s'il sait où restent mes frères.

— Tout de suite ?

— Oui, si ça ne te dérange pas.

— Vos désirs sont des ordres, plaisanta le jeune homme en esquissant une révérence. Suivez-moi.

Il les conduisit sans plus attendre vers le magasin général. Monsieur Huard était occupé avec un client qui réclamait du tabac. Dès qu'il en eut terminé avec lui, Martial s'approcha.

— Tiens, te voilà de retour ! s'exclama son patron. Ton voyage s'est bien passé ?

— On ne peut mieux.

— Je veux te voir à l'ouvrage dès demain matin.

— J'y serai. Je vous amène deux amis qui cherchent les frères Montour.

— Ces deux-là disparaissent aussi vite que la fumée de leurs feux, commenta monsieur Huard.

— Ils doivent bien passer quelque temps à leur campe ? intervint Guillaume.

— Sans doute. Ils y sont probablement de ce temps-ci. Ils doivent être à la veille de vendre leur butin de l'hiver. Vous les connaissez ?

— Ce sont mes frères, répondit spontanément Victoire.

— Vraiment ? Si j'étais vous, je me rendrais sans trop tarder à Guigues. Ils sont bien connus dans le coin. On vous indiquera où se trouve leur campe.

— Guigues, où est-ce ? s'enquit Guillaume.

— À une dizaine de milles plus au nord.

Victoire ne put retenir un soupir de soulagement.

— Enfin, marmonna-t-elle. Nous y sommes presque.

Une demi-heure plus tard, ils étaient attablés à la salle à manger de l'auberge en compagnie de Martial et servis par sa sœur. Au menu figuraient une bonne soupe aux carottes, du steak d'orignal et une tarte à la farlouche.

Chapitre 13

Guigues

Le lendemain, le ciel sans nuage les incita à mettre tout de suite à exécution leur projet de se rendre à Guigues. Sachant qu'Alexandre Portneuf et Joseph Sacamé n'étaient pas près d'arriver, Guillaume et Victoire, conseillés par Martial, se mirent à la recherche de quelqu'un qui pourrait les emmener jusqu'à Guigues. Malheureusement, personne ne semblait s'y rendre le jour même.

— Dix milles, ça se fait bien à pied, insinua Guillaume.

Victoire fut aussitôt de cet avis.

— Vous aurez besoin de crème contre les moustiques, les prévint Martial.

D'un air jovial, il poursuivit:

— On a les deux au magasin: des moustiques et de la crème.

Ils ne quittèrent pas l'auberge sans avoir salué Grace et remercié monsieur Boulerice de son accueil. Ils se rendirent directement au magasin général de monsieur Huard. Martial les y avait précédés et leur avait déjà préparé un bocal contenant une graisse d'ours qui, à son dire, faisait des miracles contre les maringouins, brûlots et mouches noires.

Il fit cadeau d'une gourde à Victoire en lui faisant promettre d'arrêter le voir à leur retour de Guigues. Confuse, Victoire accepta ce présent en rougissant. Guillaume la tira d'embarras en laissant entendre qu'il était grand temps de partir. Le soleil avait déjà commencé sa course au-dessus des épinettes. Sac au dos, emportant un peu de pain et de confitures pour la route, ils empruntèrent le chemin qui, en passant à travers la forêt, menait directement à Guigues.

Toute la région était divisée en cantons auxquels on avait donné le nom d'évêques, de prêtres ou d'hommes politiques. Guigues n'échappait pas à la règle. Ce petit village devait son nom à monseigneur Joseph-Eugène-Bruno Guigues, premier évêque d'Ottawa. Pour lors, Guillaume et Victoire ne se souciaient guère du nom du village vers lequel ils se dirigeaient. Il faisait chaud sur la route de terre qu'ils parcouraient en pleine forêt et la graisse d'ours dont ils s'étaient enduits la figure et les mains ne les délivrait pas complètement des essaims de moustiques qui les assaillaient.

— Je ne sais vraiment pas à quoi servent toutes ces bestioles, grognait Guillaume.

— À te faire damner, se moquait Victoire, beaucoup moins affectée par les hordes d'insectes. Si ça peut te faire plaisir, ton sang doit être meilleur que le mien si on en croit les maringouins !

Tout en parlant, ils marchaient d'un bon pas parmi les fougères envahissantes tout en faisant détaler de temps à autre un chevreuil ou encore une perdrix qui ne manquait pas de les faire sursauter en s'envolant. Pendant quelques milles, un ruisseau longeait la route, laquelle était à peine éclairée par le soleil, tant le feuillage des arbres était dense. Au bout de quelques heures, ils débouchèrent sur une petite clairière où subsistaient toujours les ruines d'une cabane de bois rond. Ils s'y arrêtèrent pour dîner.

Ils commençaient à peine à manger quand apparut une voiture tirée par un cheval. Ils reconnurent rapidement un curé dans l'homme qui la conduisait. Les apercevant, il arrêta son cheval à leur hauteur.

— Bonjour ! lança-t-il d'une voix ferme quoique joyeuse. Vous êtes à pied ! Où allez-vous comme ça ?

— À Guigues, au bout de la route.

— Vous n'êtes pas d'ici. On peut savoir ce qui vous y amène ?

N'attendant pas leur réponse, il se mit en frais de descendre de sa voiture. Il était fort corpulent et faisait certainement honneur aux bons repas qu'on lui servait. La voiture se redressa lorsqu'il posa le pied par terre. Il reposa sa question :

— Qu'est-ce qui nous vaut l'honneur de votre visite ?

— Nous sommes à la recherche des frères Montour.

Son visage s'assombrit.

— Les Montour sont loin d'être des anges, commenta-t-il. De vrais païens qui ne font pas leurs Pâques et ne pratiquent pas non plus. Ils vivent à peu près comme des Sauvages.

Sans plus de discrétion, il ajouta :

— Qu'est-ce que vous leur voulez ?

Guillaume ne s'empressa pas de répondre. C'est Victoire qui le fit :

— C'est une longue histoire, vous savez.

— Vous aurez bien le temps de me la raconter si vous faites le reste du chemin avec moi.

Il mena son cheval boire au ruisseau. Profitant de ce qu'il était en retrait, Guillaume demanda à Victoire :

— Tu es d'accord pour qu'on monte avec lui ?

— Pourquoi pas ?

— Il va vouloir en savoir plus sur tes frères et toi.

— Je vais lui dire la vérité. C'est ce qu'il y a de mieux à faire.

Le prêtre revenait vers eux en tenant le cheval par la bride.

— Je vous réitère mon invitation de vous conduire à Guigues. J'en suis le curé.

— C'est bien aimable à vous de nous le proposer. Ce n'est pas de refus.

— Dans ce cas, en route.

Ils déposèrent leurs sacs à dos dans la voiture et y montèrent sans se faire prier. Le curé prit place sur le siège du conducteur et invita Guillaume à s'asseoir à ses côtés.

— Je suppose que vous êtes frère et sœur, commenta-t-il.

Guillaume acquiesça.

— Et vous venez de loin ?

— De Drummondville.

— Je n'y ai jamais mis les pieds. Vous n'aimeriez pas ça, rester ici ?

— C'est beau, bien qu'un peu trop loin de tout, glissa Victoire.

— Loin de tout, c'est une façon de voir. On ne manque de rien, vous savez. En plus, on vit dans la belle nature du bon Dieu. Que demander de plus ? Il y en a plusieurs qui nous envient, vous savez. La grande paix des bois n'a pas de prix. On vit comme Adam et Ève dans un paradis terrestre.

— C'est vous qui le dites, monsieur le curé, rétorqua Guillaume. Vous oubliez les moustiques. L'enfer doit ressembler à ça.

— L'enfer ? C'est bien pire que tous les moustiques du monde réunis.

Voyant que la conversation était bien amorcée, le curé revint à ce qui le préoccupait.

— Que voulez-vous aux Montour ?

— Ce sont mes frères, l'informa Victoire.

— Vraiment ? J'ignorais qu'ils avaient une sœur.

Victoire précisa :

— Nous nous sommes perdus de vue quand j'avais sept ans, mais ils n'ont pas dû m'oublier.

À peine terminait-elle sa phrase que le curé s'écria d'une voix forte :

— Malédiction !

Le chemin devant eux s'était affaissé juste au pied d'un petit pont de bois.

— À moins de remplir ce trou, on ne pourra pas passer, déplora le prêtre.

Guillaume s'était levé dans la voiture et examinait la route devant eux.

— Si j'avais une hache, je pourrais le combler en y couchant des épinettes, constata-t-il.

— Justement, il y en a une dans le coffre sous le banc. Vous savez, dans ce coin de pays, il faut toujours être prévoyant.

Guillaume leva le couvercle du banc et en tira la hache en question. Il sauta en bas de la voiture et, se dirigeant tout droit vers le bord de la route, abattit les premières petites épinettes qui lui tombèrent sous la main. Il les traîna jusqu'au trou et les empila au fond. Il recommença le même manège, cette fois avec des troncs plus gros. Il était en sueur. Victoire le fit boire à sa gourde. Au bout d'une heure, il avait comblé l'espace entre la route et le pont. Le curé dirigea le cheval et put lui faire franchir l'obstacle sans peine. Ils remontèrent sans plus attendre. Deux heures plus tard, ils arrivaient à Guigues. Le curé leur indiqua l'hôtel, puis leur dit :

— Peut-être que quelqu'un sera en mesure de vous dire où sont les Montour. Quant à moi, je l'ignore, car ils ne sont pas de mes paroissiens.

Durant le trajet, Guillaume s'était informé auprès du curé du nombre de paroissiens dont il avait la charge. Il apprit de la sorte que trois cents personnes occupaient les lieux et que la plupart s'adonnaient à l'agriculture. Ce qu'il retint surtout, c'est que non loin de là existait une mine d'argent en exploitation. Il n'était pas encore arrivé au village qu'il se promettait de la visiter. Selon le curé, elle était située dans le 1er rang. Quand Guillaume en parla à l'aubergiste, à l'hôtel, ce dernier précisa non sans fierté qu'il s'agissait de la plus ancienne mine d'argent au Canada.

— Tu ne le croiras peut-être pas, dit l'aubergiste, mais déjà du temps de Jacques Cartier, les Français étaient au courant de la possibilité de trouver de l'argent dans la région.

— Pas vrai ?

— En 1535, Jacques Cartier raconte dans son journal qu'il a rencontré trois Indiens à Hochelaga (Montréal) qui l'en ont informé. Tiens, j'ai une copie de ce qu'il a écrit.

Il alla ouvrir un tiroir d'un bureau au fond de la pièce et revint en tenant une feuille en main. Il lut à haute voix le passage suivant :

Et, en outre, ils nous montraient que le long des montagnes étant vers le nord il y a une grande rivière qui descend de l'occident comme ledit fleuve. Et sans que nous ne leur fissions aucune demande et signe, ils prirent la chaîne du sifflet du capitaine, qui est d'argent, et un manche de poignard, qui était de laiton jaune comme or, qui était au côté de l'un de nos mariniers, et montraient que cela venait d'amont le fleuve.

— Les Indiens, ajouta l'aubergiste, savaient qu'il y avait de l'argent par ici et mieux que ça, en 1686, lors d'une expédition vers la baie d'Hudson, des soldats français ont découvert qu'il y avait du plomb et probablement de l'argent à cet endroit. Si bien qu'en 1850, un dénommé Wright la redécouvrit et on commença à exploiter ce site, qui fonctionne plus ou moins au ralenti depuis 1880. Si jamais ça t'intéresse de le lire, j'ai ici quelque part le récit du commandant de l'expédition de 1686.

Il suffisait de parler d'argent à Guillaume pour qu'il se mette à rêver. Il s'informa auprès de l'aubergiste s'il ne connaissait pas Hormidas Lachapelle.

— De nom seulement, répondit-il. C'est un prospecteur comme il y en a plusieurs au Témiscamingue et en Abitibi. Jusqu'à présent, je n'en connais pas un qui ait fait de grandes découvertes. Ils vivent tous de peine et de misère, attirés par l'or qu'ils ne trouveront probablement jamais.

— Vous pensez qu'il n'y a pas d'or dans le coin ?

— Il y a de l'argent, comme je t'ai dit. Il pourrait bien y avoir de l'or quelque part, mais où ? Le territoire est immense, et habituellement, c'est sous terre que se cache l'or. Il arrive parfois qu'on puisse en découvrir en surface, seulement avec les épinettes, la mousse et les lichens qui recouvrent le sol, ça prend un moyen coup de chance pour tomber dessus par hasard. Ensuite, ce n'est pas tout, il faut aussi acheter le lot où l'or a été découvert pour ensuite l'exploiter et tout ça, ça prend des sous, je t'en passe un papier.

Ce discours de l'aubergiste laissa Guillaume rêveur. Il ne perdit pas pour autant son idée de rencontrer Hormidas Lachapelle, sinon d'autres prospecteurs. Il demeurait curieux de savoir ce qu'ils pourraient lui raconter.

De son côté, Victoire n'avait pas perdu son temps. Maria, la femme de l'aubergiste, connaissait les frères Montour. Victoire put ainsi apprendre à Guillaume qu'ils habitaient un camp un peu plus au nord, et qu'elle ne rêvait que d'une chose : s'y rendre dès le lendemain.

Mais ils ne purent concrétiser cette idée le matin suivant. Il pleuvait des cordes et les arbres étaient fouettés par des bourrasques du nord-est. Malgré la hâte de Victoire de retrouver ses frères, l'aubergiste, tout comme sa femme et Guillaume, la dissuada de partir par un temps pareil. L'aubergiste parvint à la persuader que ce n'était pas une journée de plus qui ferait la différence :

— Dites-vous que vous allez peut-être même faire l'expédition pour rien. Les Montour ne sont pas toujours à leur campe. Donnez-vous la journée pour l'apprendre. Dès qu'il y aura une accalmie, je vais m'informer. Je connais un de leurs amis qui saura bien nous dire s'ils sont chez eux ces jours-ci.

Victoire ne lâchait pas le morceau :

— Qui pourrait me parler d'eux ?

— Leur ami Gilbert Aubin.

— Où reste-t-il ?

— À quelques maisons d'ici.

— Dans ce cas, vous allez m'indiquer laquelle. Pluie ou pas, je vais aller le voir tout de suite.

Dès qu'il l'eut informée, elle partit sans plus attendre.

De son côté, intrigué par ce que lui avait raconté l'aubergiste la veille, Guillaume voulut en apprendre davantage sur cette expédition des Français en 1686. Comment avaient-ils découvert qu'il y avait de l'argent dans le coin ? L'aubergiste lui prêta le récit qu'il possédait en lui signalant les pages où il était question de la mine d'argent. Pour tuer le temps, Guillaume se plongea dans cette lecture. Il s'agissait précisément du récit du chevalier de Troyes, commandant de l'expédition de 1686 à la baie d'Hudson :

Le seize mai, nous campâmes à huit lieues de Mattawa, une lieue au-dessus du quatrième portage dont le chemin est très mauvais et mesure trois cents pas de long. Le sieur de Sainte-Hélène traîna le canot.

Le dix-sept nous montâmes encore à un lieu que l'on nomme le long sault, qui a deux lieues de long et est extrêmement difficile en raison de son grand courant qui nous oblige à traîner les canots en cinq ou six endroits. Il y eut des canots de crevés et nous campâmes au-dessus du dernier rapide.

Le dix-huit, nous partîmes de bon matin et n'arrêtâmes pas, malgré un orage qui dura presque toute la journée, afin d'arriver à la maison des messieurs de la Compagnie du nord. Elle est dans une île du lac Témiscamingue. Cette île peut avoir une demi-lieue de tour, et est entre deux rapides, provenant d'une petite rivière nommée Métabetchouan en sauvage, de laquelle il en sort quelques-uns pour venir à la traite. Il y avait quatorze Français dans cette maison de la compagnie et ils n'eurent pas moins de joie que nous de notre arrivée que l'on célébra par des coups de fusil.

Le dix-neuf et les deux jours suivants, il fit un temps très fâcheux. Messieurs de Sainte-Hélène et d'Iberville s'employèrent avec monsieur de Saint-Germain pour régler les affaires de la vieille et de la nouvelle société de marchandises et de pelleteries qui étaient dans le magasin. Ils y établirent le sieur Sébille pour rendre compte de tout à la compagnie. On lui laissa quatre hommes pour faire la traite, avec très peu de vivres. Les sieurs Guillet et Villedieu restèrent là pour se rendre trois jours après à la nation sauvage Népissingue, afin de faire faire des canots et les descendre à Montréal. Quant à nous, nous en commandâmes à des sauvages qui se trouvaient non loin de là, pour remplacer ceux que nous laissions à cet endroit, parce que trop pesants et trop incommodes pour le reste de notre voyage. Je pris si bien mes mesures qu'il se trouva deux bons canoteurs à chaque canot pour sauter les rapides.

Le vingt-deux, il plut toute la journée, ce qui ne m'empêcha pas de m'embarquer après la messe, suivi de trois canots pour aller visiter une mine à six lieues de la maison. Je donnai l'ordre à monsieur de Sainte-Hélène qui resta là pour finir de régler des affaires, de me rejoindre le lendemain avec le reste du détachement et de garder sur le lac la route du nord afin de m'y rencontrer plus facilement. Je vis à deux lieues de la maison trois cabanes de sauvages avec qui je traitai un petit canot de quatre places qui me servit pour le reste du voyage et pour mon retour à Québec. De là, nous campâmes dans une île, le temps ne nous permettant pas de nous rendre plus loin.

Le vingt-trois, après la messe, nous marchâmes pour aller chercher cette mine, le nommé Cognac nous conduisait. En la cherchant, nous vîmes une cabane sauvage dont les gens avaient tué la veille un gros orignal. Ça nous donna l'occasion de camper pas loin afin que Cognac retrouve la mine plus facilement. Il la chercha inutilement le reste de la journée. Durant ce temps-là, les deux lieutenants partirent de la maison pour venir nous rejoindre avec tout notre monde, mais ils s'écartèrent en raison du mauvais temps, les uns vers le sud, les autres vers le nord et d'autres dans une île, si bien que très peu de monde me rejoignit.

Le vingt-quatre, il fit tout le jour un gros vent accompagné de pluie. Mais Cognac, s'étant souvenu, m'assura qu'il se retrouvait et que la mine était proche. Je partis en canot avec lui, ramant en avant et lui gouvernant à l'arrière. Malgré le mauvais temps, nous gagnâmes le lieu où il jugeait qu'elle pouvait être. Nous la trouvâmes en effet. Cette mine est située d'est en ouest, sur le bord du lac à l'ouest sur le bord d'un rocher en demi-cercle qui a cinquante pieds sur le bord de l'eau et dix pieds de hauteur du niveau de l'eau et cent pieds de profondeur, n'y ayant pas de terre dessus et se perdant sous une montagne couverte de rochers. Nous arrachâmes quelques petits morceaux très difficilement avant de retourner au camp.

Guillaume suspendit sa lecture et se mit à réfléchir à ce qu'il venait d'apprendre. « Ainsi, pensa-t-il, cette mine a été découverte il y a maintenant plus de deux cents ans. Les hommes qui l'ont trouvée ont parcouru en canot la rivière des Outaouais où nous sommes passés. Joseph et Alexandre vont remonter ces mêmes rapides du Long-Sault et nous voilà à quelques milles à peine de cette mine. C'est incroyable ! Je vais certainement aller la visiter. »

Voyant qu'il s'intéressait autant à la mine, l'aubergiste lui apporta un autre texte où il en était question.

— Cette mine était connue des autorités du pays, car la même année, au mois de novembre, l'explorateur Tonty s'y rendit et écrivit ceci au marquis de Signelay.

Il tendit le papier à Guillaume, qui lut :

J'envoie à Monsieur Arnault un échantillon d'une mine de plomb ou d'étain qui s'est trouvée sur le bord du lac Témiscamingue. Je joins à cette lettre un mémoire du chemin qu'il y a de l'île de Montréal à cette mine ; tous les portages et rapides y sont marqués. Il faut dix-huit jours pour aller de l'île de Montréal jusqu'à la mine avec un canot chargé, et huit à dix jours pour en revenir. Cette mine est à 130 lieues de Montréal, en un lieu nommé Onabatongas, près de Témiscamingue. Elle est au bord d'un lac provenant d'une montagne pelée. Ce métal est d'un beau jaune et très dur; et l'on ne doute pas que cette mine soit considérable. On a toujours dit en ce pays qu'en cet endroit il y avait une mine.

La lecture de ces textes avait fasciné Guillaume. Voyant que la pluie se poursuivait et qu'il ne pourrait pas bouger de la journée, il décida de lire en entier le journal de l'expédition du chevalier de Troyes à la baie d'Hudson en 1686.

Quand Victoire revint de chez Gilbert Aubin, elle était radieuse. Il lui avait assuré que ses frères étaient à leur camp et lui avait expliqué comment s'y rendre.

— Demain, pluie pas pluie, je verrai mes frères, assura-t-elle à Guillaume.

— Je vais t'y accompagner.

— Tu ne peux pas savoir combien je suis heureuse, s'enthousiasma-t-elle. J'ai été chanceuse que ton père et ta mère m'aient recueillie, ça m'a fait une bonne famille, mais de savoir que je verrai mes frères, il me semble que je renais.

Chapitre 14

Les frères Montour

Le lendemain, le ciel demeurait menaçant, même s'il ne pleuvait plus. Le soleil avait percé les nuages et illuminait de mille feux les fenêtres des maisons. À peine Victoire avait-elle fini de déjeuner qu'elle était prête à se mettre en route.

— Tu n'es pas assez bien chaussée pour te rendre là-bas, la prévint l'aubergiste. Après la pluie d'hier, les chemins vont être une mer de boue.

— J'irai pareil !

— Libre à toi, seulement avant de partir, tu vas enfiler ceci.

Il lui prêta des bottes ainsi qu'à Guillaume, tout en leur souhaitant la meilleure des chances. Guillaume prit le temps de mettre dans son sac à dos du pain et du fromage, de même qu'une soupe aux tomates, du *corned beef* en boîte et un pot de confiture de fraises, achetée la veille chez l'épicier.

— Nous ne sommes pas pour arriver chez tes frères les mains vides, dit-il à Victoire.

Elle approuva :

— C'est bien correct de même, mais dépêche-toi.

Elle avait hâte de connaître enfin ceux qui constituaient toute sa famille.

Ils empruntèrent un sentier qui menait au bord du lac, vers le nord. L'aubergiste ne s'était pas trompé. Le sol détrempé ressemblait à une éponge pleine d'eau. Ils avaient l'impression de clapoter dans un mélange de terre et d'eau vaseuse, ce qui rendait leur marche pénible, d'autant plus qu'ils risquaient de glisser à chaque pas. Pourtant, rien ne pouvait plus arrêter Victoire. Elle avait attendu si longtemps ce moment qu'elle ne se souciait que d'une chose: arriver au plus tôt chez ses frères.

Ils marchèrent ainsi près de trois heures, dans un sentier envahi çà et là par des fougères et coupé de temps à autre par l'eau claire d'un ruisseau.

— Tu es certaine que c'est le bon sentier? À voir dans quel état il est, il n'y a certainement pas grand monde qui passe par ici, observa Guillaume.

— L'aubergiste me l'a bien expliqué.

Elle avait raison, car au moment où ils apercevaient le lac à leur gauche, au détour du sentier, ils entendirent les aboiements d'un chien. Quelqu'un le fit taire. Non loin de la rive, entre les arbres, ils aperçurent une cabane de bois rond dont le toit en pente touchait presque le sol. Un homme en sortit à leur approche. C'était visiblement un métis, bien qu'il portât le même genre de vêtements que les Indiens. Le teint cuivré, de taille moyenne, il paraissait très solide.

— Qu'est-ce qui vous amène? lança-t-il en les toisant d'un air méfiant.

Victoire resta muette. Guillaume intervint:

— Êtes-vous bien un des frères Montour?

— En effet!

— Nous avons à jaser sérieusement avec vous.

— On peut savoir de quoi ?

— Permettez d'abord qu'on se présente. Je suis Guillaume Courchesne et ma sœur adoptive, ici présente, se nomme Victoire.

À ce prénom, l'homme hésita. Il appela son frère.

— Gus, viens donc !

— Quoi c'est qu'il y a ? questionna le nouveau venu qui, bien qu'un peu plus grand que son frère, lui ressemblait en tout point, à croire qu'ils étaient jumeaux.

— Victoire, ça ne te rappelle rien ?

— Notre petite sœur ?

Ils la regardèrent attentivement.

— C'est elle que vous avez devant vous, leur annonça Victoire.

Pendant un instant, ils restèrent figés de stupeur. Puis, celui qui ne pouvait être que Xavier lui tendit la main. Visiblement émue, elle la serra vivement. Il les invita à entrer. Le camp était modeste, bien qu'on y trouvât tout ce qu'il fallait pour la vie courante. Des trophées de chasse décoraient les murs et, sur le plancher, des peaux d'ours servaient de tapis. Xavier les précéda et leur indiqua deux chaises où prendre place.

Quelque peu remis de son étonnement, il pria Victoire de s'expliquer. Elle raconta comment elle avait abouti chez les Courchesne et toutes les démarches qu'elle avait entreprises pour les retrouver. Ils l'écoutèrent attentivement sans l'interrompre. Au fur et à mesure qu'elle parlait, on les sentait de plus en plus émus. Si au début, ils pouvaient encore douter d'être vraiment en présence de leur sœur, ils ne purent que croire ses propos quand elle leur demanda :

— Pourquoi n'avez-vous pas conservé le nom de De Mont ?

La réponse de Xavier ne se fit pas attendre.

— Nous étions recherchés. Il nous fallait disparaître et changer de nom. Gus, qui tenait à conserver une partie de notre nom, a suggéré Montour, et nous sommes ainsi devenus des Montour pour tous ceux qui nous ont connus depuis.

— Personne ne vous a jamais embêtés ? questionna Guillaume.

— Oui. C'était pas longtemps après avoir quitté Deschambault. Certaines personnes avaient vu un canot de Sauvages sur le fleuve le jour de notre disparition. Les De Mont ont envoyé des gens enquêter dans les réserves indiennes. Ils sont venus à Odanak où nous étions. On nous a cachés et, même si les De Mont offraient une somme considérable à qui les renseignerait, personne n'a parlé. C'est Jean Tahamont, un cousin de notre mère, qui nous avait emmenés à Odanak. On lui demanda s'il voulait nous garder, mais il ne pouvait pas. Quand le chef a vu que les De Mont nous recherchaient, il a profité du passage de deux Abénaquis des États-Unis, venus visiter leur parenté à Odanak, pour leur demander de nous prendre avec eux. Une famille de Pentagouets nous a adoptés. C'est eux qui nous ont appris à chasser et à trapper.

— Comment vous êtes-vous retrouvés ici, alors ?

— Un Abénaquis d'Odanak, venu en visite à Pentagouets, nous a laissé entendre qu'il croyait savoir où nous avions de la parenté. Nous étions devenus des adultes. Nous avons décidé de tenter de retrouver ces gens. C'est comme ça que nous nous sommes retrouvés ici. L'information que détenait l'Abénaquis se révéla fausse. Ceux que nous avons rencontrés n'étaient pas de notre famille. Puis, une fois rendus sur les bords du lac Témiscamingue, nous avons vu que c'était un beau territoire de chasse. Nous nous sommes installés ici et, depuis, nous gagnons notre vie en trappant.

— Les De Mont sont-ils revenus à la charge ?

— Sans doute, mais comme nous avions changé de nom, ils n'ont pas pu nous retrouver.

— En effet, fit remarquer Guillaume, l'idée de changer de nom était la bonne.

— On vous a bien retracés, s'exclama Victoire, pourquoi pas eux ?

Son frère Gus intervint :

— Parce que vous y êtes arrivés grâce aux informations transmises par les Abénaquis.

— De toute façon, reprit Xavier, les De Mont ne nous recherchent certainement plus. Nous pouvons vivre en paix.

Ils continuèrent ainsi à échanger sur leur vie respective jusqu'à ce que Guillaume laisse entendre qu'il avait faim. Ils firent honneur à la nourriture qu'il avait apportée. Puis, ils en vinrent aux choses pratiques. S'adressant à Victoire, Xavier demanda :

— Tu nous as convaincus que tu es bien notre sœur. Qu'attends-tu de nous ?

— Je tenais beaucoup à vous connaître. Vous êtes ma vraie famille. J'aimerais passer quelque temps avec vous. Vous ne pouvez pas savoir à quel point j'ai attendu ce moment.

— Si c'est là ton vœu…, commença Xavier.

Avant de poursuivre, il jeta un coup d'œil à son frère qui, d'un signe de tête, manifesta qu'il était d'accord.

— Tu es la bienvenue.

— Dans la mesure où tu n'es pas ici pour t'y laisser vivre, précisa Gus.

— Ce n'est pas du tout dans mes intentions. Je serai vraiment une sœur pour vous.

— Que sais-tu faire de tes dix doigts ?

— Je cuisine, je peux faire du ménage, des paniers et différentes autres choses apprises à Odanak.

— Tu es allée là-bas ?

— J'y ai même vécu quelque temps, suffisamment en tout cas pour apprendre certaines de nos traditions.

— Tu risques de trouver le temps long par bout.

— Ne vous inquiétez pas pour elle, les prévint Guillaume. Elle n'a pas les deux pieds dans la même bottine. Elle va beaucoup nous manquer.

— Je ne m'installe pas ici pour la vie, protesta-t-elle. Quelques semaines devraient m'aider à voir plus clair en moi et devant moi. Après, je choisirai. Et toi, Guillaume, que vas-tu faire ?

— Je ne suis pas venu si loin pour repartir sans obtenir de réponses au tas de questions que je me pose. J'ai encore assez d'argent pour rester quelques jours dans les parages. Je verrai ensuite. Je compte cependant sur toi pour prévenir Odette. Écris-lui pour lui raconter comment ça se déroule ici.

L'après-midi était passablement avancé quand ils prirent congé de leurs hôtes.

— Nous allons dormir à Guigues ce soir et demain, je reviendrai avec mes effets, conclut Victoire.

Avant de partir, Guillaume ne manqua pas de recommander aux Montour :

— Je vous la confie, prenez-en bien soin.

Chapitre 15

Guillaume s'informe

Le lendemain, Guillaume accompagna Victoire sur un bout du sentier qui menait au camp de ses frères. À mi-chemin, il s'arrêta.

— Il est temps de nous séparer, bafouilla-t-il.

Il enlaça gauchement Victoire, tout en lui rappelant de ne pas tarder à écrire une lettre à Odette. Il ne prolongea pas les adieux.

— Je reviendrai te voir avant de quitter Guigues, lui promit-il.

Il refit à l'inverse le trajet qu'il venait de parcourir. Le ciel, quelque peu nuageux à leur lever, s'était dégagé. Le soleil multipliait ses rayons en pénétrant entre les épinettes et les pins. La forêt ressemblait à une passoire lumineuse. Le sentier se déroulait comme un lacet doré, bordé par des fougères incandescentes. Du sol montait une bonne chaleur, rehaussée par le parfum des fleurs. Tout l'espace était animé de cris et de chants d'oiseaux.

Guillaume pressa le pas. Il s'était juré de visiter la mine avant son départ. La route qui y menait coupait le sentier en y creusant un fossé. Un panneau indiquait: «Mine Wright, un mille ». D'un pas décidé, il emprunta ce chemin. À tout instant, il s'attendait à voir passer une voiture dans un sens ou l'autre. Il fut étonné de ne croiser personne sur sa route. Il se rappela que l'aubergiste lui avait laissé entendre que les activités de la mine étaient pratiquement au point mort.

— Elle ne produit pas assez ? avait demandé Guillaume.

— Les coûts d'extraction et de transport mangent à peu près tous les profits. En plus, de l'autre côté du lac, à Cobalt, en Ontario, il paraît qu'une grosse découverte vient d'être faite. Il y en a qui disent qu'il s'agit d'argent. L'avenir est incertain. Cobalt n'est pas loin du lac et une route y mène, en plus de la voie ferrée. Ce n'est pas comme ici.

Arrivé près de la mine, Guillaume se rendit compte que presque rien n'y bougeait. Situé sur le haut du rocher qui la surplombait, l'ascenseur qui y donnait accès ne fonctionnait pas. Ne voyant personne à qui s'informer, il se dirigea vers le bâtiment qu'il supposa être celui de la réception. Un homme s'y trouvait. Guillaume s'enquit :

— La mine ne fonctionne pas ?

— Pas pour tout de suite. Les *boss* se demandent s'ils vont continuer de l'exploiter.

— On m'a pourtant dit qu'il s'agissait de la plus vieille mine de plomb et d'argent au pays.

— C'est ce qu'on prétend. D'ailleurs, si ça t'intéresse, nous avons une petite salle de musée tout près où tu apprendras tout ce qui concerne l'histoire de la mine.

Guillaume ne se fit pas prier pour s'y faire conduire. Il eut le plaisir d'examiner des morceaux de minerai et des photos, accompagnés de légendes qui expliquaient de quelle façon on le traitait pour en extraire le plomb et l'argent. Placées dans des cadres sur les murs, des coupures de journaux rappelaient certains incidents survenus au cours des années.

Songeur, Guillaume retourna à Guigues sans se presser. Sa visite l'avait persuadé que ce n'était pas la voie à suivre pour devenir riche, même s'il était question d'argent. Maintenant qu'il en avait le cœur net, il voulut concrétiser son idée de rencontrer Hormidas Lachapelle, ou à tout le moins un autre chercheur d'or. Il lui fallait pour cela regagner Ville-Marie. Il avait promis à Victoire de la saluer avant de partir. Tôt le lendemain, il reprit donc le sentier du camp des Montour. Quand elle le vit arriver, Victoire devina qu'il allait bientôt la quitter. Elle lui remit la lettre qu'elle destinait à Odette pour qu'il la mette à la poste à Ville-Marie.

Maintenant qu'il lui fallait vraiment quitter sa jeune sœur, il était gagné par l'émotion. Ses adieux furent brefs. Il salua Xavier et Gus, serra Victoire dans ses bras et se retourna bien vite pour qu'ils ne voient pas qu'il avait le cœur gros et la larme à l'œil. Il les salua de la main avant de disparaître sur le sentier qui le ramenait à Guigues. Il ne s'attarda pas à admirer le lac. Ses pensées étaient maintenant tournées vers Odette et Charlotte qui attendaient sans doute son retour avec impatience.

Heureux d'avoir aidé Victoire à retrouver les siens, il quitta les lieux en paix, son devoir de chef de famille accompli. Il revint à Ville-Marie par le même chemin que celui qu'il avait emprunté avec Victoire. Il passa la nuit à l'auberge de monsieur Boulerice, non sans lui avoir auparavant demandé si Hormidas Lachapelle était dans les environs.

— Je ne pense pas qu'il soit dans les parages, répondit l'aubergiste. Il serait venu prendre un verre à l'auberge. Si tu tiens à rencontrer un chercheur d'or, va voir Cyprien Duhamel. Il est de passage à Ville-Marie. Il reste chez son frère Armand, à quelques maisons d'ici. Il pourra t'en raconter passablement long sur ses recherches.

Guillaume ne se fit pas prier. Le lendemain, il se mettait en quête de ce Duhamel. Pour une fois, la chance fut avec lui. L'homme était bien là, installé dehors sur la galerie. La pipe au bec et un couteau à la main, il était occupé à se fabriquer un pieu. « Instrument, pensa Guillaume, qui doit lui servir dans ses recherches d'or. » Il se présenta à lui et, allant droit au but, il lui fit aussitôt part du sujet de ses préoccupations.

— On m'a appris que vous êtes un chercheur d'or.

— On t'a bien renseigné. Qu'est-ce qui m'vaut ta visite ?

— J'aimerais chercher de l'or moi aussi.

L'homme le regarda avec un sourire moqueur.

— Dis donc plutôt que t'aimerais ça crever d'faim, t'faire manger par les maringouins et t'promener dans l'bois à plus trop savoir pourquoi.

Cette réflexion eut l'heur de le désarçonner passablement.

— Si je vous comprends bien, chercheur d'or n'est pas le métier le plus agréable sur terre.

L'autre éclata de rire.

— C'est ça, mon garçon. Tu m'voé, j't'ai dit à quoi j'm'occupe et ce que ça m'a rapporté jusqu'à présent.

— Chercher de l'or doit pourtant avoir ses beaux côtés ?

— Y en a au moins un en effet.

— Lequel ?

— L'espoir d'en trouver. Sauf que chercher d'l'or, c't'un peu comme courir après un rêve presque impossible. Si t'es prêt à souffrir, tu peux l'faire, et sans garantie que ça aboutisse à queu'que chose en plus. Tu vas vivre d'espoir et d'eau frette.

— Il y en a tout de même qui en trouvent.

— Peut-être, seulement celui que t'as d'vant toé en charche depuis plus d'trente ans et la chance lui a pas souri.

Trouver d'l'or, c'est comme un coup d'dé. Tu peux jeter ton dé des dizaines de fois sans tomber su'l'bon numéro. C'est c'qui m'est arrivé. Et pendant c'temps-là, tu vieillis sans avoir d'quoi à t'mettre sous les pieds. Mon frère a été plus sage que moé. Il a gagné honorablement sa vie comme capitaine sur un des vapeurs icitte su'l'lac. Il a un toit su'a tête, alors que moé, j'n'ai qu'un chapeau d'poil. Penses-y à deux fois avant d'tout lâcher pour d'l'or dont tu verras sans doute jamais la couleur.

Ce discours ébranla Guillaume. « Peut-être qu'un autre prospecteur plus chanceux ne tiendrait pas les mêmes propos », pensa-t-il. C'est la tête basse qu'il quitta Cyprien Duhamel, ce malheureux chercheur d'or qui se montrait navré d'avoir gâché sa vie pour un rêve impossible.

Quand monsieur Boulerice le vit revenir, il s'exclama :

— Tu donnes l'impression d'avoir été frappé par la foudre.

— C'est à peu près ça qui m'est arrivé. Monsieur Duhamel m'a vraiment découragé de faire son métier.

— Que comptes-tu faire ?

— Prendre le vapeur pour Témiscaming et ensuite le train pour Montréal.

Le lendemain matin, après avoir fait ses adieux à cette contrée qu'il ne reverrait sans doute jamais, Guillaume monta dans le vapeur, puis à Témiscaming sauta dans le train qui filait jusqu'à Mattawa. De là, il n'aurait plus qu'à monter dans celui qui menait à Montréal. Il ne rêvait plus que du moment où il pourrait serrer sa femme et sa fille dans ses bras. Ce qui le réconfortait le plus, c'est qu'il ne s'agissait pas là d'un rêve impossible.

Chapitre 16

Home Sweet Home

La locomotive cracha un nuage de fumée noire. Le convoi, secoué comme une personne endormie qu'on tente de tirer de son sommeil, se mit soudain à rouler de plus en plus vite en s'enfonçant sous le couvert des arbres, tout en laissant derrière lui les dernières maisons de Mattawa. Il fila à bonne vitesse dans ce paysage de pins, d'épinettes et de sapins qui, de temps à autre, laissait poindre l'éclaircie d'un étang ou d'un lac dont toute la région était parsemée.

Guillaume se mit à bayer aux corneilles en s'assoyant. Il savait que plus de vingt heures le séparaient encore de Montréal. Il n'avait pas pensé à s'apporter de quoi occuper ses dix doigts tout au long du trajet. Il remarqua en face de lui un homme corpulent qui semblait vouloir lui parler, ce qu'il fit d'ailleurs presque aussitôt :

— Tu joues aux cartes ?

— Ça dépend à quel jeu, répondit Guillaume.

— Au twist ?

— Ça se joue à quatre, non ?

— C'est vrai. À quoi pourrait-on jouer alors ?

— Au menteur.

— Au menteur ?

— Oui. C'est un jeu très simple. On distribue toutes les cartes. Le premier qui joue en dépose une sur la table, face visible, en disant par exemple « Trèfle ». Le second en dépose une par-dessus, face cachée, en disant, par exemple, « Cœur ». Si le premier doute qu'il s'agisse d'un cœur, il s'écrie « Menteur ! » et retourne la carte en question. S'il a raison, l'autre doit ramasser toutes les cartes déjà déposées sur la table. S'il a tort, c'est celui qui a crié « Menteur » qui ramasse le paquet. Le gagnant est celui qui se débarrasse en premier de toutes les cartes qu'il a en main.

Ils jouèrent un bon moment, ce qui leur permit de tuer le temps pendant une partie de la journée. Puis, reprenant sa place, Guillaume se remit à jongler à ce qu'il ferait à son retour à Drummondville. Il avait pratiquement flambé toutes ses économies. Il lui faudrait se remonter les manches et travailler ferme pour parvenir à économiser suffisamment afin de vivre, sinon comme un riche, du moins en étant à l'aise.

Il ne pouvait pas se payer une place dans un wagon-lit. Il passa une bonne partie de la nuit sagement assis sur sa banquette, à chercher vainement à s'endormir, puis le roulement monotone du train finit par avoir raison de lui et il sombra dans un profond sommeil peuplé de rêves d'abondance et de richesses fabuleuses. Quand, au petit matin, il revint à la réalité, le train filait allègrement vers Montréal. Il s'informa au premier employé qu'il vit s'il savait à quelle heure partait le train de Montréal vers Richmond.

« Vous devrez le demander à la gare », fut la réponse qu'il obtint. Il espérait pouvoir prendre la correspondance aussitôt à son arrivée. Il fut l'un des premiers qui sautèrent sur le quai de la gare dès que le train s'y arrêta. Il courut au guichet d'information. On lui apprit que le train du matin pour Richmond était déjà parti depuis près de deux heures. Il lui faudrait patienter jusqu'à une heure de l'après-midi avant de pouvoir monter dans le prochain convoi pour cette destination. Il lui fallait donc attendre près de quatre heures. Il résolut de les écouler en flânant dans les rues de Montréal.

Quittant la gare Windsor, il se rendit jusqu'au square Victoria, où il admira le monument rendant hommage à la reine, puis ses pas le menèrent à la Pointe-à-Callière et au fleuve Saint-Laurent. Il s'assit un moment sur un banc, s'intéressant au va-et-vient dans le port, puis, pris de panique à l'idée de manquer le train suivant, il repartit vers la gare en accélérant le pas. Quand il y arriva, il se rendit compte qu'il s'était pressé pour rien, car il lui restait encore une bonne heure d'attente, qu'il employa à observer les gens dans leurs déplacements et à tâcher de deviner pourquoi ils étaient là.

De guerre lasse, il conclut que tous cherchaient la même chose que lui, c'est-à-dire gagner leur vie décemment. Lui revint en mémoire le proverbe *Un tiens vaut mieux que deux tu l'auras*. Il décida qu'à son retour à Drummondville, il irait voir monsieur Pépin et reprendrait son travail à l'usine de carrosses. Rêver à la richesse n'apportait pas un sou de plus dans le porte-monnaie. Sa résolution prise, il s'apaisa.

Il fut le premier à monter dans le train à destination de Richmond avec arrêt à Acton Vale, où il prendrait la correspondance vers Drummondville. Il y avait maintenant plus d'une heure que le train avait quitté Montréal. Au départ, Guillaume s'était intéressé à tout ce qu'il voyait, puis il se mit à trouver le temps long. Le convoi filait dans un monde forestier. De temps à autre, une terre couverte de blé ouvrait le paysage comme la page d'un livre, qu'une touffe d'arbres refermait aussitôt. Afin de se dégourdir les jambes, il se leva pour marcher jusqu'au fond du wagon. Arrivé au bout, il s'apprêtait à regagner sa place quand il aperçut, assise au dernier banc près de la fenêtre, une jeune femme qui lisait. Il était certain de l'avoir déjà vue quelque part. Tout en retournant à sa place, il chercha vainement où il pouvait l'avoir déjà rencontrée.

Il était à peine assis que la mémoire lui revint : c'était Judith MacFarlane, la sœur de Sam MacFarlane, ce chasseur écossais qu'il avait jadis rencontré dans les bois à Drummondville. Il avait même visité leur maison. Il décida d'aller lui parler. Quand elle le vit s'approcher, elle leva la tête, l'air de se demander ce qu'il pouvait bien lui vouloir. Sans hésiter, il la salua :

— Bonjour, Judith !

Voyant qu'il la connaissait, elle l'examina avec plus d'attention, puis esquissa un sourire.

— Le jeune homme au chevreuil, évoqua-t-elle. Sam m'a souvent reparlé de toi.

— Et moi, je me rappelle très bien de votre accueil. Je suis surpris de vous retrouver par hasard dans ce train.

— J'arrive de Montréal où j'étais pour affaires.

Il n'osa pas lui demander de quoi il s'agissait. Quand il l'avait saluée, elle avait machinalement déposé son livre près d'elle sur le banc. Une secousse du train le fit glisser et tomber à ses pieds. Guillaume s'empressa de le ramasser pour le lui remettre. Elle le remercia d'un sourire. C'était une belle jeune femme vive, aux cheveux auburn et aux yeux bruns. Ses joues rondes et ses yeux pétillants attiraient tout de suite le regard. Son sourire était en quelque sorte son trait dominant. Elle portait une élégante robe verte qui lui allait à merveille et au cou, une chaîne où s'enfilait un camée sur lequel son visage était reproduit en relief. Guillaume le remarqua et se dit qu'il fallait avoir des sous pour porter un pareil bijou. Pour poursuivre la conversation, il commenta :

— Je vois que vous aimez lire.

— J'adore les contes comme ceux-ci. Est-ce que tu lis, toi-même ?

— Très peu. Je n'en ai pas vraiment le temps.

— Tu ne sais pas ce que tu perds. Il faut prendre le temps de lire de bons livres qui nous font découvrir d'autres mondes pleins de surprises, comme ce livre-ci, que monsieur Faucher de Saint-Maurice a intitulé *À la brunante*, qui contient une douzaine de contes. Tu vois, j'étais justement en train de lire celui qui s'intitule « Les blessures de la vie ». Un homme raconte qu'il vivait parfaitement heureux avec sa femme bien qu'ils n'eussent pas beaucoup d'argent, quand un jour le maître de poste lui remit une lettre cachetée, entourée de noir. Je ne connais pas la suite, mais j'ai bien hâte de savoir ce que cette lettre a changé dans sa vie.

Ne sachant pas trop de quelle manière commenter ses propos, Guillaume marmonna :

— C'est comme dans la vraie vie, parfois on a l'impression de se trouver dans un conte.

— En effet, alors il faut souhaiter que ce soit un beau conte.

À son tour, elle s'enquit :

— Est-ce indiscret de te demander pourquoi tu te retrouves dans ce train ?

— Justement, si vous me permettez de vous en parler, ça ressemble presque à un conte.

Elle se montra très intéressée à l'entendre et lui ménagea une place près d'elle sur le banc. Il lui narra en détail le voyage qu'il venait de vivre avec Victoire. Quand il eut terminé, elle approuva :

— Tu as absolument raison. La vie ressemble parfois vraiment à un conte.

Se sentant plus à l'aise avec elle, il demanda :

— Vos affaires à Montréal se sont bien passées ?

— Absolument ! Je m'y suis rendue pour faire développer des photographies que j'ai prises.

— Vous faites de la photographie ?

— Avec la lecture, c'est mon passe-temps préféré. En passant, tu pourrais bien me tutoyer toi aussi.

Guillaume hésita un peu, puis reprit :

— J'aimerais bien voir tes photographies.

— Vraiment ? Justement, je dois tenir une exposition de mes œuvres à la villa l'année prochaine. Si tu le souhaites, je t'y inviterai avec ta femme.

— Ça nous ferait grand plaisir. Tu photographies des personnes ?

— Oui, mais beaucoup plus souvent des scènes de la vie courante à Drummond et des paysages autour.

— J'ai bien hâte de voir ça. À propos, ton frère va bien ?

— Il est toujours occupé par toutes sortes de projets. Il fait des plans pour le réaménagement de la villa. Seulement, je trouve qu'avec le temps, son comportement devient de plus en plus bizarre.

— S'est-il remarié ?

— Non, répondit-elle spontanément, en penchant un peu la tête. Il passe son temps à répéter qu'il est bien trop occupé pour se mettre à nouveau la corde au cou.

Guillaume ne l'avait pas quittée des yeux. Il nota qu'elle avait un beau regard et une expression douce et bienveillante.

Ils en étaient là de leur conversation quand le contrôleur se présenta dans le wagon. Guillaume fut contraint de regagner sa place pour présenter son billet resté dans son sac à dos. Il quitta la jeune femme en lui faisant promettre de ne pas oublier l'invitation pour son exposition.

— Sois sans crainte. En temps et lieu, tu la recevras.

— Salue bien ton frère de ma part, la pria Guillaume.

— Je n'y manquerai pas.

Il regagna sa place, heureux d'avoir pu causer assez longtemps avec cette jeune femme chaleureuse qu'il comptait bien revoir. Qui sait ? peut-être s'en ferait-il une amie.

Quand le train entra en gare d'Acton Vale, une demi-heure plus tard, il se leva de son siège et alla offrir à Judith de se charger de sa valise.

— C'est trop gentil, répondit-elle, et ce n'est pas de refus.

Ils gagnèrent ensemble la petite gare. Ils devaient encore attendre deux heures avant de prendre le train effectuant la correspondance jusqu'à Drummondville. Il en profita pour la faire parler de sa famille. Son père, Edward MacFarlane, était né en Écosse, avait étudié à Édimbourg et s'était fait militaire puis, plus tardivement, marchand. Les parents de son épouse, une Davidson de Glasgow, possédaient une maison à Troon, au bord de l'Atlantique. Judith n'avait que cinq ans lorsque sa mère se noya dans un lac non loin de la maison de ses parents. Leur père se remit difficilement de ce malheur. Il voulut se changer les idées en quittant l'Écosse et s'établit en Angleterre, non loin de Southampton où il se lia d'amitié avec des marchands canadiens, ce qui le décida à déménager à Montréal. Il était d'ailleurs déjà venu au Canada quelques années plus tôt, après avoir reçu des terres de la Couronne pour ses services militaires. Ses affaires allaient bien, et il accumula une petite fortune qui lui permit de se faire construire, comme maison de campagne, la villa où Sam et Judith habitaient.

— Mon père est mort lors d'une traversée en Angleterre, conclut Judith. Le vapeur à bord duquel il était monté fit naufrage non loin des côtes après être entré en collision avec un chalutier. C'était en pleine nuit et par une brume épaisse. Personne du vapeur n'a survécu.

— Tu m'en vois désolé, déplora Guillaume. Je ne peux pas le croire. Le destin parfois s'acharne. Deux graves accidents vous ont fait perdre votre père et votre mère.

— Il faut croire que les choses devaient tourner ainsi. Nous avons hérité de toutes ses terres et propriétés, dont la villa de Drummond, où nous habitons. Sam déteste la ville et adore la nature. Il a vendu les autres propriétés et nous sommes restés à Drummond. C'est un grand rêveur. Pour ma part, je veille aux affaires et m'assure que nous ne manquions de rien. Bon, à ton tour de me dire ce qu'a été ta vie jusqu'ici.

Guillaume lui parla de la traverse, de leur séjour à Lowell et de la mort accidentelle de leur père, suivie de leur retour au pays. Il trouva le moyen de lui parler d'Annabelle, de Georgiana, de Denise, de Francesca et même de Vianney. Il lui parla d'Odette et de Charlotte. Quant à Victoire, il avait eu l'occasion de lui raconter en long et en large son histoire.

— Je t'envie d'avoir le bonheur de vivre dans une si grande famille, lui avoua Judith. Je n'ai pas eu cette chance. Heureusement, nous avons quelques amis et mes passe-temps me procurent beaucoup de plaisir.

Pendant qu'ils causaient, le train pour Drummondville entra en gare. Ils ne se firent pas prier pour y monter. Le long voyage avait passablement affecté Guillaume. Il profita du trajet entre Acton Vale et Drummondville pour se détendre un peu. Il se reprochait de ne pas avoir prévenu Odette de son retour.

— Tu aurais dû lui envoyer un télégramme, lui fit remarquer Judith.

— En effet, mais comme tu me vois, je suis si cassé que je n'aurais pas eu un sou pour le payer.

— Dans ce cas, je n'ai rien dit, reprit Judith. Je te souhaite de te trouver un travail qui va te permettre de te refaire.

— Il est déjà trouvé. Je retourne à l'usine de carrosses.

Quand enfin le train s'immobilisa en gare de Drummondville, il insista pour transporter la valise de Judith jusqu'à la voiture qui l'attendait. Elle lui offrit de le reconduire chez lui.

— Je préfère m'y rendre à pied, répondit-il. De même, j'aurai le temps de trouver de quelle façon je vais me faire pardonner d'être revenu sans prévenir.

Judith le salua en précisant qu'il avait été un très bon compagnon de voyage.

— Je serai heureuse de te voir à mon exposition.

— À bientôt alors !

Chapitre 17

L'accueil

De la gare, Guillaume gagna la maison d'un bon pas. Il avait vraiment hâte de pouvoir serrer ses deux amours dans ses bras. Même s'il n'avait pas été parti très longtemps, ça lui faisait tout drôle de se retrouver à Drummondville. Il lui semblait voir la ville avec des yeux neufs. Durant le voyage de retour, il avait à peine entrevu le soleil et voilà que son arrivée chez lui était soulignée par un soleil éclatant. Au tournant de la rue Saint-Georges, il s'arrêta pour percevoir le bruit des chutes, qu'il qualifiait souvent de babillage de la rivière, en se rappelant les rapides de la rivière des Outaouais. Il poussa un long soupir, redressa les épaules à la manière d'un homme soulagé et se dirigea chez lui d'un bon pas.

Il entra sans frapper. Charlotte, qui l'aperçut en premier, s'écria: «Papa!» Et, sans plus attendre, elle lui sauta dans les bras. Son cri attira l'attention d'Odette, occupée dans la cuisine. En le voyant, elle figea un instant, comme si elle se trouvait en présence d'un fantôme. Il s'approcha avec sa fille accrochée à lui. Il la déposa à terre aux pieds de sa mère et emprisonna Odette dans ses bras. Il la serra longuement contre lui. Elle n'avait pas prononcé un mot. Alors qu'il l'embrassait, il vit des larmes sur ses joues.

— Tu pleures ! s'exclama-t-il.

Elle était si émue qu'elle ne put d'abord répondre. Elle finit par bredouiller :

— J'ai eu si peur que tu ne reviennes jamais.

— Pourquoi donc ? Toi et la petite, vous êtes toute ma vie.

— Tu aurais pu mourir.

Il rit pour dédramatiser la situation :

— Allons donc ! Comme tu vois, je suis bien vivant.

Sa fille s'était cramponnée à ses jambes et réclamait son attention. Il se pencha et la prit dans ses bras. Spontanément, elle glissa les siens autour du cou de sa mère et ils restèrent ainsi un moment, unis tous les trois comme les rescapés d'une catastrophe. Odette reprit la situation en main en demandant :

— Je suppose que tu as faim ?

— Je dévorerais un bœuf.

— Tu devras te contenter d'une omelette. Avec un peu de pain, c'est tout ce qu'il nous reste à manger.

Sa réponse l'étonna.

— Tu n'as pas de viande ? Du poulet ferait aussi mon affaire.

— Pauvre de toi. Si tu m'avais prévenue de ton retour, tu aurais trouvé tout cela sur la table.

Du coup, Guillaume mesura à quel point il n'avait pensé qu'à lui au cours de ce voyage où il croyait découvrir le moyen de devenir riche. Il revenait sans un sou en poche. En femme pratique, Odette s'affairait déjà autour du poêle. Pour meubler le silence, il commenta :

— J'en aurai très long à te raconter.

— Je n'en doute pas. Moi aussi, j'ai beaucoup de choses à t'apprendre.

Voyant qu'il semblait réceptif, elle en profita pour ajouter :

— Oui, je te le répète, tu aurais dû me prévenir de ton retour. Comme ça, j'aurais pu avoir autre chose à te servir que des œufs.

Mesurant tout à coup le désarroi que son absence avait causé, il assura :

— Dès demain, je retourne au travail.

Charlotte était venue se réfugier sur ses genoux. Elle était fatiguée, car elle s'endormit paisiblement.

— Je vais la mettre au lit, annonça-t-il.

— Fais ça. Nous pourrons causer ensuite.

Par son ton un peu froid, il comprit qu'il avait beaucoup exigé d'elle. Tout en déposant sa fille dans son lit, il se demanda ce qu'il devrait faire pour qu'Odette lui pardonne. De retour dans la cuisine, il s'assit à la table et annonça :

— En tout cas, il y a une bonne chose de faite. Victoire a retrouvé ses frères. Elle a décidé de rester avec eux quelque temps. J'ai flambé mes derniers sous pour payer mon passage sur le train. De même, j'ai pu revenir plus vite à la maison. C'est bien pour dire, au lieu de presque un mois en canot, le trajet se fait en deux jours grâce au chemin de fer. Quand j'en aurai les moyens, je t'emmènerai avec la petite rendre visite à Victoire.

— Elle a donc décidé de faire sa vie là-bas ?

— Je ne sais pas, peut-être bien. Elle était si heureuse de retrouver sa vraie famille et en même temps, elle avait aussi le cœur déchiré de ne pas revenir ici.

L'omelette était prête. Odette la lui servit avec un peu de pain, se désolant de ne pas avoir de fromage pour accompagner le tout.

— Il faut que tu saches, dit-elle, qu'il était grand temps que tu reviennes. Charlotte et moi, nous nous sommes beaucoup ennuyées de toi.

— Je te promets que je ne repartirai plus, assura-t-il. Sais-tu quoi ? Dans le train, j'ai rencontré par hasard la sœur de Sam MacFarlane, tu sais, celui qui avait tiré sur un chevreuil en même temps que moi ? Elle s'appelle Judith. Elle lisait un livre et m'a résumé un passage de sa lecture. Il s'agissait d'un homme qui, sans avoir beaucoup d'argent, vivait heureux avec sa femme. Ça m'a fait comprendre que ce qu'on possède vaut cent fois mieux que ce qu'on pourrait avoir. Ça ne donne rien de courir après la richesse.

Odette soupira :

— Dis-moi pas que tu t'ouvres enfin les yeux ? J'ai de la misère à le croire.

Il allait commencer à lui raconter en détail les péripéties de son voyage, quand elle l'arrêta :

— J'ai quelque chose d'important à t'apprendre, moi aussi.

— Vraiment ? J'espère que c'est une bonne nouvelle.

— Je suis en famille.

Il resta interdit, puis se leva pour l'embrasser et la serrer dans ses bras tout en balbutiant :

— Tu ne pouvais pas me faire un plus beau cadeau. Je souhaite que ce soit un garçon.

— Un garçon ou une fille, peu importe ! Tu auras désormais non pas deux, mais trois raisons de ne plus partir.

Pour se justifier, il lui rappela qu'il avait avant tout entrepris ce voyage pour Victoire, et non pour lui. Elle ne voulut pas pousser les choses plus loin. Elle le regarda droit dans les yeux :

— Je sais que tu meurs d'envie de me raconter ton voyage. Dans ce cas, je t'écoute.

Il ne se fit pas prier. Une heure plus tard, ils étaient encore à table et il parlait toujours. Odette l'écoutait patiemment, heureuse de le voir sain et sauf, et confiante en la vie et en ce qu'elle avait encore à leur offrir.

Elle était si heureuse du retour de Guillaume que, dès le lendemain, alors qu'il allait reprendre son emploi à l'usine de carrosses, elle se rendit chez Francesca avec Charlotte.

— Il est revenu ! furent ses premières paroles à sa belle-sœur.

Témoin des inquiétudes d'Odette durant l'absence de Guillaume, Francesca se montra enchantée de cette nouvelle. Elle l'invita :

— Viens t'asseoir !

André et Charlotte tournaient autour d'elles. À peine Odette s'assit-elle qu'André lui tendit les bras pour se faire prendre. Charlotte en fit autant avec Francesca, qui la prit sur ses genoux tout en demandant à Odette :

— Guillaume se porte bien, j'espère ?

— Ah oui ! il est en parfaite santé. Je lui ai annoncé que j'étais en famille. Il en a été tout ému. À matin, de bonne heure, il est parti travailler chez monsieur Pépin.

— Et Victoire ?

— Elle est restée là-bas avec ses frères. Il paraît qu'elle est très heureuse de les avoir retrouvés. Elle a promis de nous écrire régulièrement.

— Que comptes-tu faire pour souligner le retour de Guillaume ?

— Je voulais inviter toute la famille à un repas à la maison. Sauf que, tu le sais, je n'ai pratiquement plus un sou. Il est grand temps qu'il nous ramène de l'argent.

Elle se tut. De son côté, après s'être levée pour servir un verre de jus à Charlotte et à André, Francesca en profita pour offrir une boisson gazeuse à Odette. Les enfants s'amusaient ensemble. Francesca fit remarquer :

— Ton idée d'un repas est excellente. Si tu veux, nous le ferons ici. Il va falloir prévenir tous les autres. À mon avis, on est mieux de l'organiser un samedi. Philippe et Georgiana vont sans doute pouvoir venir. Si c'est un dîner, Denise aussi devrait être en mesure de se libérer. Je me charge d'inviter Philippe et Georgiana. Tu t'occuperas de Denise et Raoul.

Ce repas ne put avoir lieu avant plusieurs mois, car il y en avait toujours un ou une à qui ça ne convenait pas. En raison de l'affluence à l'auberge, Denise ne pouvait pas être présente. Le samedi suivant, c'était Philippe qui avait un empêchement, ensuite Dominique était trop occupé. L'automne arriva et ce fut au tour de Guillaume de s'absenter en raison de la chasse, si bien que le repas en question fut reporté au temps des fêtes.

DEUXIÈME PARTIE

À L'ŒUVRE ET À L'ÉPREUVE

1902-1904

Chapitre 18

Réunion de famille

Au jour de l'An, quand ils se retrouvèrent tous chez Dominique et Francesca, le retour de Guillaume n'était plus le sujet de l'heure. Il y avait tout de même un bon moment qu'ils ne s'étaient pas vus. Ils en avaient long à se raconter. Guillaume eut malgré tout à résumer de nouveau son séjour au Témiscamingue. La grossesse d'Odette occupa un peu la conversation. Denise rapporta quelques faits cocasses survenus à l'auberge, entre autres drames celui qui s'y était déroulé quand un de leurs clients, quelque peu éméché, s'était retrouvé dans la mauvaise chambre tout en insistant pour y dormir avec son occupante.

Ce fut toutefois Dominique qui remporta la vedette quand il déclara qu'il comptait se présenter comme conseiller municipal.

— Qu'est-ce qu'il te prend, tu n'as pas assez de travail comme notaire ? s'exclama Raoul.

— Il me prend qu'il faut bien que des hommes s'occupent du bon fonctionnement de la Ville et j'ai décidé de faire ma part. Ce n'est pas le maigre salaire de conseiller qui va me faire vivre, mais qu'importe !

— Tu sais qu'il est grand temps que nous ayons des trottoirs de bois tout le long de la rue Heriot, formula Odette, et que les plus anciens soient remplacés par des trottoirs en ciment. Si jamais tu obtiens ça, tu auras droit à la reconnaissance éternelle de ta sœur.

— J'en prends note. Sois certaine que je vais m'efforcer d'en obtenir. Il y a d'autres suggestions pour votre futur conseiller ?

Pince-sans-rire, Philippe fit remarquer :

— Belle mentalité ! Il n'est pas encore conseiller et il est déjà prêt à réaliser un vœu de sa sœur.

Odette se défendit :

— Je suis loin d'être la seule à vouloir de meilleurs trottoirs. Si nous faisions un sondage, je gage que tout le monde ou à peu près serait d'accord.

— J'approuve ton idée, enchaîna Philippe, seulement ce sera une tout autre histoire quand il va s'agir de payer, exactement comme chez nous à Sorel.

— En effet, intervint Guillaume, dès qu'on parle de sous, les gens perdent la mémoire. Il y en a d'ailleurs un cette semaine qui semble l'avoir perdue.

— Qui donc ?

— Le docteur Moreau. Imaginez-vous qu'il a prescrit de la boisson comme remède à un de ses patients. Comme de bonne, monsieur le curé en a entendu parler et a présenté le cas aux conseillers, qui ont convoqué le médecin à la réunion du conseil. Le docteur ne s'est tout simplement pas présenté. Que ferais-tu dans des circonstances comme celles-là, Dominique ?

— Je pense que j'approuverais le docteur. Monsieur le curé s'occupe du soin des âmes, et le docteur de celui des corps. Si la boisson a de bons effets sur son patient et qu'elle le soulage de son mal, je ne vois pas pourquoi il ne pourrait pas lui en prescrire. De toute façon, comme conseillers, nous recevons toutes sortes de propositions. J'espère qu'il n'y en aura pas une comme celle du maire Vassal, il y a quelques années.

— Quelle proposition avait-il faite ?

— Imaginez-vous qu'il voulait changer les noms actuels des rues pour des noms de saints.

— Hein !

— Oui ! Attendez un peu que je me souvienne.

Il tira un carnet de sa poche, le feuilleta un instant avant de lire :

— La rue Brock serait devenue la rue Saint-Jean-Baptiste ; Lindsay, Saint-Joseph ; Dorion, Sainte-Anne ; Loring, Saint-André ; Cockburn, Saint-Patrick ; du Couvent, Notre-Dame ; Bérard, Saint-Antoine ; et des Forges, Saint-François-Xavier.

— Pas vrai ! s'écria Guillaume.

— Les amis du docteur Bérard et de monsieur Dorion, de même que les employés des forges, se sont opposés au changement.

— Heureusement ! commenta Raoul. Des hommes comme le docteur Bérard et monsieur Dorion méritent bien qu'une rue porte leur nom. Après tout, on a déjà la rue Saint-Georges.

La conversation se déroulait sur ce ton, quand Odette demanda la parole.

— Je présume que vous serez intéressés d'avoir des nouvelles de Victoire. Elle nous a justement écrit et j'ai apporté sa lettre. Aimeriez-vous que je vous la lise ?

— Bien sûr ! Bien sûr !

Voyant que tout le monde était d'accord, elle sortit la lettre de sa sacoche et elle en fit la lecture d'une voix enjouée.

Guigues, 20 octobre 1901

À chacun et chacune de la famille,

J'espère que vous vous portez tous aussi bien que moi. Il y a déjà plus de quatre mois que je suis au Témiscamingue. N'allez surtout pas croire que je vous ai oubliés. C'est que j'ai tellement de travail que je ne trouve pas le temps d'écrire ni de m'ennuyer. Mes frères sont très heureux que je les aie retrouvés. Ils voulaient m'appeler Maokwadinijemes, ce qui signifie «petite sœur retrouvée». Mais je trouvais ça long à prononcer. Ils ne m'appellent pas pour autant Victoire, plutôt Sigwan, ce qui signifie «printemps», parce qu'ils disent que je suis comme le printemps qui est entré dans leur vie.

Je leur rends de nombreux services. Je prépare les repas, je m'occupe du lavage et du ménage, et je fais de nombreuses commissions. Pendant ce temps, ils fabriquent tout ce dont ils auront besoin pour leurs journées de trappage cet hiver. Ils sont sur le point de se rendre sur leurs lignes de trappe sans que je les accompagne. Ils vont emmener avec eux Gailuron, notre chien malamute, qui est un bon gardien, car il aboie pour signaler l'arrivée de chaque visiteur. Je l'aime beaucoup et il s'est attaché à moi, car je n'oublie pas de le nourrir. Nous pêchons souvent des poissons dans le lac tout près. C'est la base de notre nourriture, et la sienne aussi. Il adore le poisson.

Joseph et Alexandre sont arrivés quelques jours après le départ de Guillaume. Ils ont échangé les marchandises qu'ils apportaient contre des fourrures d'orignal, de loutre, de castor et même d'ours noir. Mes frères troquent ces marchandises pour obtenir toutes sortes de choses dont ils ont besoin, par exemple, de la farine contre du tissu, du sucre ou de la mélasse contre des balles de fusil, du papier à lettres et de quoi écrire en échange de quelques couteaux. Dans le lot de marchandises qu'ils ont apportées se trouvaient quelques carabines. Xavier m'en a donné une et je me suis aussitôt exercée au tir. Mes frères trouvent que je suis douée, car j'ai déjà abattu quelques perdrix. Mes ancêtres abénaquis étaient très habiles au tir à l'arc. Je dois posséder une partie de leurs dons.

J'aime beaucoup demeurer ici en pleine nature, dans la grande paix du bon Dieu. Il n'y a rien que j'adore autant que d'assister au plus beau spectacle que la nature puisse nous donner, c'est-à-dire les aurores boréales. Le ciel nocturne commence tout à coup à s'éclairer et s'animer. On jurerait que des rideaux bleus, verts, mauves ou roses descendent du ciel. Ils se tordent, se croisent, disparaissent et réapparaissent en franges de couleurs dans une danse envoûtante. Les épinettes se découpent en silhouettes noires sur un fond de ciel incandescent. Soudain, les rideaux se transforment en rayons, puis en cascades. C'est de toute beauté. Ça dure parfois quelques minutes, mais le plus souvent au moins une heure et plus. Je ne me lasse pas de regarder encore et encore ce tableau grandiose.

J'ai eu l'occasion de me rendre une fois à Ville-Marie. J'y suis allée pour faire des commissions au magasin général. J'avais besoin d'une poêle et de quelques assiettes et tasses. J'ai eu le bonheur d'y revoir Martial Tremblay, que Guillaume et moi avions rencontré avec sa sœur sur le vapeur qui nous menait de Témiscaming à Ville-Marie. Je lui ai dit qu'à la fin de l'automne et cet hiver, quand mes frères seront partis trapper, j'ai l'intention de venir rester à Ville-Marie. Il m'a promis que d'ici là il me trouverait un ouvrage qui me permettra de payer le loyer d'un appartement et ma nourriture.

Comme vous le voyez, je suis fort occupée et heureuse d'être ici. Ne vous inquiétez pas pour moi. Quand on fait ce qu'on aime, la vie est belle et le temps passe très vite. Quand j'en aurai les moyens, maintenant que je sais qu'on peut se rendre en deux jours à Montréal, je ferai tout pour aller vous voir. Je vous fais parvenir cette lettre par la poste en espérant que vous la recevrez bel et bien. Ce sera sans doute proche du temps des fêtes. Je vous souhaite donc à tous un beau Noël et une année 1902 aussi merveilleuse que vous le désirez.

Portez-vous tous très bien.

Votre petite sœur Sigwan, qui ne vous oublie pas et pense souvent à la petite Charlotte.

Odette avait à peine terminé sa lecture que tout le monde commentait. Denise fut la première à le faire :

— Ce n'est pas moi qui irais vivre si loin.

— Grâce au train, ce n'est qu'à deux jours de distance, nota Guillaume. Le temps de le dire, on est rendu et le temps de le dire, on est de retour.

— Quand on pense que les Indiens d'Odanak savaient que tu pouvais te rendre là-bas en train ! fit remarquer Philippe.

— C'est de ma faute. J'étais persuadé que le canot était le moyen le plus rapide d'y aller, jamais je n'ai pensé au train.

— Une chose que j'envie à Victoire, avança Francesca, c'est de pouvoir admirer des aurores boréales. Je n'en ai jamais vu. Il paraît que quand on a le bonheur d'en observer une, on ne l'oublie jamais.

Raoul approuva :

— Tu as tout à fait raison. Quand j'étais jeune, nous restions au Saguenay, et il m'est arrivé d'en voir. Je m'en souviens comme si c'était hier. Victoire a décrit assez bien ce qui se passe. Quel dommage que nous ne puissions pas en voir à Drummond.

— Sans doute, commenta Philippe, mais nous avons bien d'autres choses qui compensent. Nous vivons plus près du monde et nous avons moins de difficultés à obtenir rapidement ce que nous désirons.

— Justement ! l'interrompit Georgiana. J'aimerais beaucoup que tu enfiles ton manteau et ton chapeau de poil et que tu ailles chercher Georgette et Olivier qui sont allés glisser avec Charlotte et André.

Philippe avait à peine passé la porte qu'Odette demanda à Georgiana :

— Espérez-vous avoir d'autres enfants ?

— On aimerait ça, mais j'ai perdu tous les autres que j'ai portés. On n'y comprend rien.

Odette soupira.

— J'espère qu'il ne m'arrivera pas la même chose qu'à toi avec celui-là.

Chapitre 19

Mauvaise nouvelle

Les semaines et les mois défilaient comme ils savent si bien le faire. L'hiver ne fut pas très rigoureux. Le printemps arriva à son tour discrètement, comme quelqu'un qui marche sur la pointe des pieds pour ne réveiller personne. La saison des sucres occupa beaucoup de monde et autant de conversations. Les oiseaux apparurent en multipliant leurs chants. Les pics, occupés à marquer leur territoire, s'amusèrent à faire résonner les arbres morts sous leurs coups de bec.

Un soir, tandis qu'Odette préparait le souper, le glas du clocher de l'église sonna. C'était la deuxième fois de la journée. Elle s'arrêta et se signa en tâchant de deviner qui pouvait bien être mort. Sa pensée se porta vers ceux et celles qu'elle connaissait et que la mort était venue chercher. Elle se demanda comment il se faisait que certains puissent partir si jeunes alors que d'autres vieillissaient au point de dépasser les cent ans.

Elle en était là dans ses pensées quand Charlotte revint du couvent. Comme toujours, la petite en avait long à raconter. Un gros chien était venu dans la cour du couvent et tout le monde en avait peur. Un monsieur qui passait dans la rue était venu le chercher. Odette, qui aimait les animaux et en particulier les chiens, en profita pour lui rappeler :

— La plupart des chiens ne sont pas dangereux. Il ne faut pas en avoir peur, seulement il faut être prudent en approchant de ceux qu'on ne connaît pas.

— J'aimerais avoir un chien, la supplia Charlotte. Dis oui !

— Il faut que tu demandes à papa. Il en a déjà eu un, mais il dit que ça lui a fait tellement de peine quand il est mort, qu'il n'en veut pas d'autres. J'ai bien peur que tu aies de la difficulté à le persuader du contraire.

Elle finissait à peine sa phrase qu'elle entendit Guillaume entrer. Aussitôt Charlotte se jeta dans ses bras et demanda :

— Papa, je voudrais avoir un chien.

— Un chien ! Pourquoi ?

— Ça serait mon ami.

— Qui t'a mis cette idée-là en tête ?

— Personne, j'aime les chiens. Il japperait quand des gens viendraient à la maison. Le gros chien méchant qui est venu dans la cour du couvent aujourd'hui jappait beaucoup.

— Tu vois, tu ne l'as pas aimé, celui-là !

— Maman m'a dit qu'il y a des chiens qui sont gentils et que tu en as déjà eu un.

— Oui. Il s'appelait Vulcain.

— Qu'est-ce que ça veut dire, Vulcain ?

— Vulcain, c'est le dieu romain du Feu, le patron des forgerons.

— Si nous avons un chien, comment on va l'appeler ?

— Avant d'en avoir un, il faudrait que maman et moi soyons d'accord.

— Allons demander à maman!

Odette avait entendu la conversation. Elle avait eu le temps de se faire une idée de ce qu'elle allait répondre. Quand la petite fit sa demande, elle précisa simplement:

— Avant d'avoir un chien, il faudra attendre que tu aies un petit frère ou une petite sœur. Ça te donnera le temps de réfléchir au nom qu'on lui donnera.

Elle ajouta:

— Tu chercheras un nom de garçon et aussi un nom de fille.

Charlotte semblait satisfaite de ce que lui proposait sa mère, car elle se mit à énumérer des noms de garçons et de filles. Odette en profita pour demander à Guillaume s'il avait entendu le glas sonner deux fois dans la journée.

— Avec tout le boucan qu'il y a à l'usine, nous n'entendons pas les cloches, mais j'ai quand même appris qui sont les personnes décédées.

— Des gens que nous connaissons?

— Oui, Basile et Armande Bourgault. En m'en retournant à la maison tout à l'heure, rendu en face de l'atelier d'Ovide Bousquet, le fabricant de cercueils, j'ai vu Marcel Bourgault qui en sortait. Il avait l'air très soucieux. Je lui ai demandé comme ça: «De la mortalité chez toi? — Tu ne le croiras pas, Guillaume. Les deux: mon père et ma mère.» Je lui ai offert mes sympathies, ainsi que mon aide, si jamais il avait besoin de quelque chose. Il a fait le reste du chemin avec moi en me confiant qu'au fond, il était bien soulagé. Ses parents étaient malades depuis des mois. Ça lui a causé beaucoup de soucis, car il devait quand même voir à ce que la boulangerie continue de fonctionner. Heureusement qu'Eugène Ringuet, son aide, était là. Il parle même d'acheter la boulangerie. C'est Hortense, la femme de Marcel, qui s'occupait des deux vieux pendant leur maladie. Elle aussi va pouvoir enfin souffler un peu.

— Est-ce qu'il t'a dit quand va avoir lieu le service ?

— Pas plus tard que demain matin. La veillée funèbre est à soir. Il n'y aura qu'un service pour les deux. Monsieur le curé a décidé de le célébrer aussi de bonne heure qu'à sept heures pour que les travailleurs puissent venir à l'église sans perdre toute leur journée de travail. Basile et Armande étaient très connus à Drummond. Il va sûrement y avoir beaucoup de monde à l'église.

— Comptes-tu y aller ?

— Bien sûr ! Armande était la grande amie de ma mère, et Basile, le grand ami de mon père.

— Quand sont-ils morts, au juste ?

— Basile est mort en premier, hier soir. Il y avait longtemps qu'il traînait et qu'on s'attendait à sa fin. Armande, qui était également malade et avait veillé sur lui presque jusqu'à la fin, est décédée quelques heures à peine après lui. Elle s'est laissée aller comme une personne qui a fait son devoir et se donne la permission de partir. Après souper, je vais me rendre à la veillée funèbre et avertir monsieur Pépin, qui sera sûrement là, de mon retard demain. De toute façon, nous serons certainement quelques-uns de l'usine au service.

— Je vais t'y accompagner.

— Et la petite ?

— Elle ira au couvent comme tous les jours.

Le double service eut lieu en grand. L'église était bondée. Chacun se souvenait des bons pains de Basile et de l'accueil chaleureux d'Armande à la boulangerie. Le père Tétreau, le nouveau curé, qui malheureusement les connaissait peu, resta dans le vague à leur sujet. Il rappela que les hommes étaient poussière et qu'ils retourneraient en poussière.

C'est précisément à ces paroles qu'Odette réfléchissait en rentrant à la maison. Comme elle avait un peu de temps, elle arrêta saluer Francesca et Dominique. Sa belle-sœur la reçut avec toute l'amabilité qui était sienne. Elle ne manqua pas de s'informer des progrès de sa grossesse. Dominique vint la voir à son tour. Il la taquina sur sa grosse bedaine.

— Si je ne savais pas ce que tu portes, je ne pourrais plus t'appeler ma petite sœur.

Elle en profita pour lui demander si sa décision de devenir conseiller municipal tenait toujours.

— Plus que jamais, l'assura-t-il, et ce ne sont pas les idées qui me manquent pour améliorer la situation.

— Pourtant, je ne trouve pas que ça va si mal que ça, laissa-t-elle tomber.

— Ça pourrait aller mieux. Justement, je voulais tenir une réunion de famille avant de me lancer pour de bon. J'aimerais que vous me donniez des idées à ce sujet. Francesca va bientôt organiser un souper. J'espère que vous pourrez y venir.

— Nous y serons certainement. C'est toujours agréable de manger en famille.

Chapitre 20

Le souper

Quelques jours plus tard, comme promis, Dominique organisa son souper. Même Denise trouva le moyen d'y participer. Francesca s'était surpassée en préparant un rosbif que tous dégustèrent avec appétit. Il y avait même un dessert très spécial. Francesca leur apprit qu'il s'agissait d'un baba au rhum. On ne manqua pas de lui demander :

— Où as-tu appris à préparer pareil dessert ?

— Depuis que Dominique veut devenir conseiller, nous avons rencontré la plupart des conseillers actuels. C'est la femme de l'un d'eux qui m'a refilé cette recette.

Denise fit promettre à Francesca de la lui donner. Le souper était terminé et tout le monde servi en digestif, quand Dominique les pria de bien vouloir l'écouter.

— Saviez-vous, commença-t-il, que ça ne va pas bien à Drummond ?

— Tu nous l'apprends, assura Guillaume. Il me semble que ça ne va pas si pire.

— En 1895, Drummondville comptait près de mille cinq cents habitants. À l'heure qu'il est, nous sommes à peine plus de neuf cent cinquante. Cela est en partie dû au fait que nous n'avons à peu près aucun service public, pas d'égout, des trottoirs de bois, un système électrique sur lequel nous ne pouvons pas compter. Il faut que nous trouvions le moyen de remettre tout en marche. Notre maire, monsieur Mitchell, a de fortes chances d'être nommé sénateur, ce qui va nous obliger à de nouvelles élections. Voilà pourquoi je veux devenir conseiller afin que nous, Canadiens français, prenions le pouvoir et organisions notre vie nous-mêmes.

« Vous savez qu'aux dernières élections provinciales, c'est monsieur Joseph Laferté qui a été élu député de Drummond. Son adversaire, monsieur Napoléon Garceau, qui a perdu par peu de voix, songe sérieusement à se présenter à la mairie. »

— Il me semble, intervint Odette, que ça fait à peine deux ans qu'il est à Drummond. Les gens ne le connaissent pas bien.

— Non, mais rien n'empêche que dans Drummond même, il a eu plus de votes que monsieur Laferté. Je trouve que c'est un homme dynamique et qu'il a d'excellentes idées. Il n'a pas froid aux yeux et je crois que s'il devient maire, il devrait faire bouger les choses. D'ailleurs, vous avez sans doute appris qu'il a organisé une grande assemblée nationaliste le dix-neuf juin prochain. Je compte bien y être. Monsieur Henri Bourassa, le grand adversaire du premier ministre Laurier, y sera un des orateurs.

D'un ton moqueur, Guillaume demanda :

— Je m'interroge sérieusement, Dominique : pourquoi tiens-tu tellement à te lancer en politique ?

— Je vous l'ai dit. C'est pour notre bien à tous. Il se passe justement quelque chose d'important au sujet des conseillers municipaux. Si vous lisez le journal *La Justice* de monsieur Garceau, vous avez appris que le nouveau conseiller, monsieur Henri Girard, a obtenu frauduleusement son siège avec l'aide du secrétaire de la Ville, monsieur Joseph A. Manseau, qui vient d'ailleurs d'être destitué de son poste. Je trouve le moment propice pour tenter ma chance.

— Si jamais tu deviens conseiller, à part des trottoirs de bois, que comptes-tu faire pour Drummond ?

— La première chose que je vais réclamer, c'est une bonne école pour les garçons. Il y a belle lurette que les filles ont leur couvent, alors que les garçons fréquentent une école qui n'en est pas une. Ensuite, je vais proposer que l'instruction soit obligatoire pour les garçons. Monsieur Garceau, dans son journal, propose que l'histoire du Canada soit enseignée dans les écoles. Il est convaincu que les enfants doivent apprendre deux choses : l'amour de Dieu et celui de la Patrie. Je trouve qu'il a raison. Le catéchisme se charge d'enseigner la première et les cours d'histoire, la seconde. Ceux qui sont actuellement au pouvoir sont des hommes d'affaires qui n'ont pas d'autres ambitions que celle de faire grossir leur porte-monnaie. Pensez-vous qu'ils vont se préoccuper de voir à l'enseignement de notre histoire ?

Denise, qui n'avait pas ouvert la bouche jusque-là, demanda timidement :

— As-tu entendu dire que ce monsieur Garceau n'aimait pas monsieur le curé Tétreau ?

— En effet, ils ne s'entendent pas du tout, parce que monsieur le curé veut tout régenter. Il dit qu'il est le seul maître à Drummond, des Canadiens français comme des Canadiens anglais. Monsieur Garceau n'est pas du tout du même avis. Il lui a fait savoir qu'il n'a pas sa place en politique. Il lui a conseillé de se contenter de voir à la construction de la partie supérieure de l'église de façon honnête pour se faire des fonds, plutôt que de forcer les sœurs de la Présentation à acheter le couvent qui appartient à la fabrique de la paroisse.

— Justement, en parlant de l'église… Il commence à être temps que sa construction soit terminée.

— Pour ça, Denise, il faut des sous. As-tu une idée de ce que ça va coûter ?

— Non.

— Pas moins de quatre-vingt mille dollars. C'est de l'argent en pas pour rire. Et tu sais qui va payer ? Monsieur et madame tout le monde. Voilà pourquoi je tiens à devenir conseiller. Comme je serai sur place, je pourrai sans doute empêcher que des transactions plus ou moins louches aient lieu. S'il vous vient de bonnes idées pour améliorer notre ville, ne vous gênez pas pour me les faire connaître.

Guillaume s'enquit :

— Quand comptes-tu te présenter ?

— Pas tout de suite. Le siège vacant est convoité par d'autres qui sont mieux connus que moi. Je vais par contre tenter de devenir conseiller aux élections de janvier prochain, en souhaitant que monsieur Mitchell soit défait, et monsieur Garceau élu.

— Je te souhaite bonne chance.

— Il en faut pour ça. *Qui vivra verra !*

Ils se quittèrent sur ces mots. En retournant à la maison, Odette demanda à Guillaume :

— Crois-tu qu'il ait des chances d'être élu ?

— Sans doute, mais je ne l'envie pas de se lancer dans ce monde.

En passant tout près de l'église, ils jetèrent un coup d'œil au chantier de construction. Seul le soubassement, qui servait temporairement pour les offices religieux, était achevé.

Le corps principal de l'église restait à faire. Guillaume ne put s'empêcher de commenter :

— À mon avis, nous en avons encore pour quelques années à fréquenter le soubassement de l'église.

Chapitre 21

Le grand malheur

Quand Odette en fut aux derniers jours avant d'accoucher, Francesca vint lui tenir compagnie. Il fallait qu'elle puisse compter sur quelqu'un pour avertir la sage-femme et le docteur Bérard lorsque les contractions commenceraient. Odette avait vraiment hâte d'être délivrée de l'enfant. Le temps que sa mère donne naissance, Charlotte fut autorisée à se rendre à Sorel, sous prétexte que son cousin et sa cousine désiraient la voir. C'est l'oncle Philippe qui vint la chercher le samedi. Cette fois, on s'était bien gardé de lui annoncer qu'à son retour, elle aurait un petit frère ou une petite sœur.

Deux jours s'écoulèrent encore avant que ne se manifestent les signes avant-coureurs de la délivrance d'Odette, de légères contractions en matinée. Francesca vit à ce que la sage-femme en soit avertie. On aviserait le docteur en temps et lieu. Guillaume était plus nerveux que jamais et Francesca lui conseilla tout simplement de se rendre à son travail.

— Ce n'est pas en tournant en rond dans la maison que ça rendra les choses plus faciles pour Odette.

— Ah, vous les femmes, vous ne savez pas ce que nous, pauvres hommes, éprouvons à ce moment-là.

— Une chose dont je suis certaine, se moqua Francesca, c'est que ça n'est rien comparé à ce que nous, pauvres femmes, ressentons.

Guillaume se rendit à l'évidence et décida d'aller travailler. Avant de partir, il embrassa Odette en lui disant qu'il avait bien hâte de la retrouver avec une fille ou un garçon dans les bras. Elle lui sourit et lui souhaita une bonne journée.

Les contractions commencées le matin se poursuivirent à un bon rythme au début de l'après-midi. La sage-femme était arrivée. Elle pria Francesca de faire prévenir le docteur Bérard. Se rendant en vitesse chez les voisins en espérant y envoyer quelqu'un chez le médecin, Francesca trouva la maison vide. Elle courut donc l'avertir elle-même. Elle pensait bien revenir avec lui, mais il était occupé à panser la main d'un homme qui s'était coupé deux doigts. Il la rassura :

— J'arrive tout de suite.

Elle revint en vitesse à la maison, pour découvrir qu'Odette avait déjà donné naissance à son enfant, que la sage-femme tentait de réanimer.

— C'est un garçon, confia-t-elle à Francesca, mais il ne veut rien savoir de la vie, on dirait bien.

Inquiète, Francesca jeta un coup d'œil rapide au poupon. Il était bleu. Elle se dépêcha d'aller voir Odette qui était aussi blanche que ses draps. Relevant celui qui la couvrait, elle se rendit compte que le lit était rouge de sang. Le docteur Bérard arrivait. Elle le pressa :

— Vite docteur, elle saigne beaucoup !

Il s'approcha pour évaluer la situation. Il ne fut pas long à prendre conscience qu'il était arrivé trop tard et qu'il ne parviendrait pas à arrêter l'hémorragie. De son côté, la sage-femme ne réussissait pas mieux auprès du nouveau-né. Le bébé ne respirait toujours pas. Francesca faillit ajouter au désarroi en manquant de perdre connaissance. Elle parvint à surmonter son émoi en se raccrochant à l'espoir que le docteur puisse réussir un miracle. Elle se rendit vite compte que tel n'était pas le cas. Elle ne put retenir ses larmes, accablée par une peine immense. Elle s'affaira néanmoins, en compagnie du docteur et de la sage-femme, à remettre un peu d'ordre dans tout le fouillis causé par ce funeste accouchement. Ensemble, ils lavèrent la défunte et firent disparaître toutes les traces de sang laissées par cet événement horrible. Se souvenant de son intervention précédente auprès d'Odette, le docteur déplora :

— Pour une fois que tout s'était déroulé pour elle dans un temps normal !

Il demanda à la sage-femme :

— La délivrance s'est-elle bien faite ?

— Absolument, seulement je n'ai jamais été capable de faire respirer l'enfant.

— Et pendant ce temps, la mère s'est vidée de son sang. Il aurait fallu que je sois là. Le destin ne l'a pas voulu.

Il resta sur place pour annoncer lui-même au père le grand malheur qui le frappait. Après son travail, Guillaume se précipita à la maison. En voyant sur le visage défait des trois personnes présentes les marques du drame qu'elles venaient de vivre, il poussa un cri. Avant même que le docteur n'ouvre la bouche pour lui annoncer la mauvaise nouvelle, il hurla :

— Ce n'est pas vrai !

Se précipitant dans la chambre, il se pencha sur Odette, la prit dans ses bras et se mit à la secouer comme pour lui faire reprendre vie. À trois, ils eurent toutes les peines du monde à le calmer et à lui faire lâcher prise.

— Et l'enfant ? finit-il par balbutier.

— Mort-né, lui apprit la sage-femme.

Il était si anéanti qu'il se laissa choir sur le plancher en hurlant sa douleur. Francesca resta près de lui, sans dire un mot, simplement pour qu'il ne soit pas seul. Au bout d'une dizaine de minutes, il se leva et se précipita vers la porte. Comme quelqu'un qui a perdu la raison, il se mit à courir à la fine épouvante au bord de la rivière. Francesca se lança à ses trousses et réussit à ne pas le perdre de vue pendant un moment, puis, à bout de souffle, elle dut s'arrêter. Elle se jeta à genoux sur le bord de l'eau, priant le ciel qu'il ne lui arrive rien.

Guillaume longea la rive, songeant à maintes reprises à se jeter dans les flots. Comme il ne savait pas nager, il était sûr de se noyer. Une seule chose parvint à le retenir : sa fille avait besoin de lui. Prévenus de ce qui se passait, plusieurs hommes arpentèrent vainement le rivage où il était censé être.

Il ne reparut pas de la soirée. Au milieu de la nuit, il revint, calmé. Soulagée de le savoir toujours vivant, après s'être assurée qu'il se couchait, Francesca s'accorda quelques heures de repos.

Debout au petit matin, elle établit une liste des choses à faire au cours de la journée. On devait d'abord prévenir le curé du décès d'Odette et de l'enfant. Le bedeau ferait sonner le glas. Dès qu'on connaîtrait l'heure du service, le lendemain, on préviendrait les gens du décès et on les recevrait pour la veillée funèbre. Il ne faudrait pas oublier de faire fabriquer un cercueil, et le fossoyeur devrait voir à creuser la fosse pour l'enterrement.

Francesca réalisa tout ce qui se trouvait sur sa liste durant la journée. Elle ne manqua pas non plus d'arrêter l'horloge, qu'elle ne remonterait qu'après l'enterrement. Guillaume, dans un état de torpeur, passa la journée assis dans le salon, là où on avait placé le corps de la défunte. Il ne voulut ni boire ni manger et on ne parvint pas à lui soutirer un seul mot.

Après le souper, la maison fut envahie de visiteurs. La mort d'une si jeune femme, survenue en plus au moment où elle s'apprêtait à donner la vie, toucha les gens. Guillaume fut entouré de ses collègues de travail. Il reçut les condoléances de chacun comme si ça ne le concernait pas. Il avait l'air absent et plusieurs s'inquiétèrent en le voyant. Ponctuée de la récitation d'un chapelet toutes les demi-heures, la veillée se déroula sans heurts, au rythme des conversations où il était question des qualités hors de l'ordinaire de la défunte, et également de phénomènes précédant ou suivant la mort de quelqu'un.

À la cuisine, Denise vit à ce que tout le monde puisse prendre un verre ou une bouchée. Une vieille la prévint qu'elle devait s'attendre à ce que sa belle-sœur défunte se manifeste par un phénomène quelconque.

— Tu vas voir : une chaise va bercer tout seule, un objet va se casser. Durant le voyage qu'il a fait l'été dernier, ton frère avait d'ailleurs certainement été prévenu de la mort prochaine de sa femme. Il paraît que ça se produit toujours. Tu le lui demanderas. C'est déjà arrivé à mon beau-frère. Il était parti loin de chez lui et, un soir, il fut réveillé par trois coups frappés à la porte dans le campe où il dormait. Il alla répondre. Il n'y avait personne. Quand il retourna se coucher, il vit trois taches de sang sur le drap de son lit. Il se dit : « Ma femme est morte. » À son retour chez lui, il apprit la mauvaise nouvelle.

Denise, qui ne croyait pas un mot de tout ce verbiage, fit la réflexion suivante :

— Qu'est-ce qui serait arrivé s'il n'était pas allé répondre quand il a entendu frapper à la porte ?

La vieille ne releva pas sa remarque. Elle ajouta plutôt que le conjoint qui se couche en premier le soir des noces meurt aussi en premier. Quand elle voulut savoir si c'était bien Odette qui s'était couchée en premier ce soir-là, Denise fit celle qui n'avait rien entendu et offrit un verre à Dominique qui venait d'arriver.

Le lendemain, à part Annabelle, Vianney et Victoire, tous les membres de la famille furent présents au service. Philippe et Georgiana arrivèrent de Sorel avec leurs enfants le matin même. Partis aux petites heures de la nuit, ils arrivèrent à Drummondville à peine un quart d'heure avant le service, en ramenant avec eux Charlotte, à qui on n'avait fait part de la triste nouvelle que quelques milles avant l'arrivée. Georgiana se chargea de lui apprendre ce grand malheur :

— Il ne faudra pas te surprendre de tout ce qui va se passer en arrivant chez toi. Nous avons appris que ta maman nous a quittés.

— Elle est partie de la maison ?

— Non, ma chérie. Malheureusement, elle est morte.

— Pas vrai ! s'écria la petite, avant d'éclater en sanglots.

Georgiana la serra dans ses bras, le temps qu'elle passe le plus gros de sa peine. Elle arriva chez elle quelques minutes à peine après la fermeture du cercueil. Le cortège se préparait à partir pour l'église. Charlotte alla se jeter dans les bras de son père. Son arrivée subite tira Guillaume de son accablement. La peine de sa fille le fit réagir. Il se leva et, la tenant fermement contre lui, il murmura :

— Viens avec moi dire un dernier bonjour à maman.

Précédé de Dominique, porteur d'une grande croix noire, le cortège s'ébranla jusqu'à l'église tout près. Francesca n'ayant pas jugé bon de réserver un corbillard, six hommes se chargèrent de transporter le cercueil. On aurait vainement cherché une place dans le soubassement de l'église, tant il était bondé. Le curé Tétreau célébra le service. Un bon nombre d'amis et de voisins tinrent à accompagner la défunte jusqu'à son dernier repos. Une fois encore, ils sympathisèrent avec Guillaume et Charlotte, de même qu'avec les autres membres de la famille.

La vie devait reprendre son cours. Francesca ne voulut pas que Guillaume et la petite restent seuls. Elle invita Philippe, Georgiana et leurs enfants, ainsi que Denise et Raoul, à se joindre à eux à la maison. Malgré sa peine d'avoir perdu sa sœur, Dominique fit tout ce qu'il put afin de détendre un peu l'atmosphère. On parla de tout et de rien, mais une chose préoccupait tout le monde : que deviendrait ce pauvre Guillaume, seul avec sa fille de six ans ?

Chapitre 22

Au jour le jour

Ce n'est qu'une fois seul avec Charlotte que Guillaume mesura vraiment le grand vide laissé par Odette. Il savait que désormais, il ne pouvait compter que sur lui pour s'occuper de la petite. Accablée par le départ de sa mère, l'enfant posait toutes sortes de questions quant au lieu où elle pouvait bien se trouver.

— On l'a mise dans la terre au cimetière, tu l'as bien vu.

— Oui, mais papa, est-ce qu'elle est au ciel ?

— Elle y est, j'en suis sûr.

— Monsieur le vicaire, au catéchisme, a dit qu'avant d'aller au ciel, on va au purgatoire. Maman doit être au purgatoire.

— Peut-être bien. Sauf que maman était si bonne que moi, je pense qu'elle est déjà au ciel avec les anges et le bon Dieu.

La petite semblait en douter. Son père ajouta :

— Si tu veux en être certaine, il y a un moyen de le savoir. Il fait beau aujourd'hui. Ce soir, le ciel sera bien dégagé. Nous irons dehors quand il fera noir. Tu sais compter jusqu'à cent ?

— Oui, papa, et même plus qu'à cent.

— Eh bien, nous allons compter cent étoiles. La dernière sera celle où maman se trouve et du même coup, elle sera vraiment au ciel.

Ils comptèrent ensemble les étoiles. Rassurée de savoir sa mère au ciel, la petite cessa de s'inquiéter. Guillaume, par contre, se demandait comment il allait pouvoir continuer à s'occuper d'elle, notamment durant les vacances d'été qui arrivaient. Dans la famille, tous étaient bien conscients qu'il fallait trouver une solution pour libérer Guillaume.

Un samedi de juin, répondant à une invitation de Denise à toute la famille pour un dîner à l'auberge, Georgiana vint de Sorel avec Philippe. Elle en profita pour demander à Guillaume comment il comptait s'arranger avec la petite durant les vacances.

— Je ne sais pas encore, répondit-il. Je cherche quelqu'un pour la garder pendant que je travaille. Là, ça va, elle passe ses journées au couvent, seulement cet été, ce ne sera pas la même chanson.

— Pour les repas, tu te débrouilles comment ?

— Je passe par l'auberge avant d'aller à la maison et Denise a toujours de quoi pour nous deux.

— Ça ne règle pas ton problème pour cet été.

— Je finirai bien par trouver une solution.

— Justement, Philippe et moi, nous avons une proposition à te faire.

— Vraiment ?

— On a pensé qu'on pourrait la garder en juillet et en août. Elle s'amusera avec Georgette et Olivier, et tu seras plus libre de ton temps.

Guillaume soupira. Cet arrangement lui enlevait un gros poids sur les épaules. Il ne manqua pas de les remercier :

— Vous ne savez pas comme vous me soulagez. Je vous paierai une pension pour elle, par exemple.

Philippe l'admonesta :

— Guillaume, oublie la pension. C'est un plaisir pour nous de te venir en aide. Et, bien entendu, tu pourras profiter de tes congés pour passer voir Charlotte ainsi que nous du même coup.

Ils en étaient là dans leurs échanges quand Denise les invita à table. Pendant le repas, ils discutèrent des derniers événements qui avaient marqué leur vie. Dominique fit le point sur son projet politique. Denise profita de leur visite pour leur montrer les nouvelles pages de son album. En le feuilletant, ils tombèrent sur des photos où Odette apparaissait. Ce fut l'occasion de se remémorer divers événements marquants de leur vie. Guillaume, que tout cela affectait au plus haut point, crut bon de faire dévier la conversation en leur apprenant que Victoire avait écrit.

— As-tu pensé à apporter sa lettre ? demanda Francesca.

— Oui, justement, je voulais vous la faire lire.

Il la tira de sa poche. Francesca la prit.

— Lis-nous-la, proposa Georgiana, comme ça nous serons tous informés en même temps.

Francesca déplia la lettre et sans plus tarder, en entreprit la lecture.

Guigues, 22 mai 1902

À chacun et chacune de la famille,

Quelle triste nouvelle que celle reçue par télégramme ! Vous ne pouvez pas mesurer tout le chagrin que j'ai eu en l'apprenant. Après la mort d'Élise, Odette a été une deuxième mère pour moi. Je ne peux pas croire que je ne la reverrai jamais. Elle était si gentille. Et la pauvre petite Charlotte qui devient orpheline ! Heureusement que Guillaume est encore là. Comme j'aurais voulu être parmi vous lors de cette grande épreuve. La vie est bien mal faite. La mort vient trop souvent chercher les meilleurs. Malheureusement, nous ne pouvons rien y faire.

Vous serez sans doute contents d'avoir de mes nouvelles. Je profite de cette lettre pour vous informer de ce qui se passe dans ma vie. Mes frères sont des trappeurs qui ne se sentent bien que lorsqu'ils sont dans les bois. Ils sont heureux comme ça. Aussi, quand en novembre ils ont quitté Guigues pour se rendre sur leurs lignes de trappe pour y passer tout l'hiver, comme je me l'étais promis, je suis partie pour Ville-Marie. Martial m'avait dit qu'il me trouverait du travail. Il a tenu promesse. Je me suis occupée des deux filles de la famille Naud, Aurore, qui a quatre ans, et Alexandrine qui en a cinq. Mes années de pensionnat chez les sœurs m'ont bien servi. Je leur ai appris à lire et à écrire avant même qu'elles ne commencent à l'école, et je les amusais pendant que leur père et leur mère travaillaient au restaurant qu'ils ont ouvert ici à Ville-Marie. Monsieur Naud m'a confié ses filles parce que, m'a-t-il dit, je suis métisse comme lui. Il m'a très bien payée et, en plus, j'étais logée et nourrie.

Martial et moi, nous nous sommes fréquentés pendant le temps que j'étais à Ville-Marie. Si les choses continuent comme ça, il est bien probable que nous nous marierons, probablement au printemps ou à l'été prochain, car j'avais promis à mes frères de les rejoindre à leur camp à leur retour de la chasse. Grace est très contente de nous voir ensemble. Elle est bien amie avec moi. Quant à Martial, il travaille toujours au magasin général de monsieur Huard. Soyez certains que vous serez tous invités à nos noces. J'espère que l'un ou l'autre d'entre vous trouvera le moyen de venir, malgré la grande distance qui nous sépare. J'aurai besoin de quelqu'un pour me servir de témoin.

Comme vous pouvez voir, je ne perds pas mon temps et je me tiens constamment occupée. Je pense souvent à vous tous. Il est certain que si jamais j'ai une chance de me rendre à Drummond, je le ferai sans hésiter. Je garde un si bon souvenir de vous tous. Donnez-moi de vos nouvelles tout comme je le fais. Je tiens à rester en contact avec vous. N'attendez surtout pas une mauvaise nouvelle avant de m'écrire.

Portez-vous tous aussi bien que moi.

Victoire

Francesca avait à peine terminé sa lecture que Dominique déjà commentait les nouvelles :

— Si jamais elle se marie, nous devrions tous prendre le train et nous rendre là-bas. Imaginez quelle surprise ce serait pour eux de voir arriver toute la famille !

— Tu parles pour parler, lança Denise. J'ai bien peur qu'elle ne nous voie pas souvent.

— Justement, fit remarquer Francesca, Vianney en est un dont nous n'entendons plus parler. Si m'man vivait toujours, elle l'aurait sûrement fait remarquer. Il ne faudrait pas que Victoire devienne pour nous une étrangère, même si elle demeure loin désormais.

Désireux de changer le cours de la conversation et, du même coup, de s'assurer que Georgiana et lui ne passeraient pas l'été sans voir personne, Philippe les invita pour un dîner à Sorel le dernier samedi de juillet.

— Nous y serons, assurèrent-ils tous.

— Nous vous y attendrons avec plaisir.

Sur ce, ils se levèrent, prêts à retourner là où la vie les appelait.

Chapitre 23

L'intervention de Dominique

L'été était survenu d'un coup, avec ses chaleurs humides qui faisaient regretter les beaux jours tempérés du printemps.

Guillaume voyait approcher septembre en se demandant ce qu'il ferait de Charlotte. Il ne s'imaginait pas capable de se presser de revenir de son travail tout au long de l'année pour préparer à souper à sa fille. Cuisiner n'était d'ailleurs pas sa spécialité. Il pensait aussi déménager dans une maison plus petite. Il commença des démarches afin de trouver un endroit convenable où envoyer Charlotte comme pensionnaire. Quand il en glissa un mot à Francesca, elle s'opposa d'emblée à cette idée.

— La pauvre, elle vient de perdre sa mère. Si tu la mets pensionnaire, elle aura l'impression que tu la rejettes tout comme le reste de la famille, d'autant plus qu'elle passe deux beaux mois d'été chez Georgiana. Non. Je comprends que pour toi qui dois gagner ta vie, ce n'est pas facile d'élever une petite fille. Mais il doit y avoir une autre solution que celle de l'expédier loin de la maison. Si tu veux, je vais en toucher un mot à Dominique. Il aura peut-être quelque chose à nous suggérer.

Deux jours plus tard, Guillaume était convié à souper chez Dominique et Francesca. Ils étaient à peine assis à table à déguster une soupe aux tomates préparée par Francesca que Dominique lui exposait son projet :

— Francesca m'a parlé de ton idée d'envoyer Charlotte au pensionnat. Je suis du même avis qu'elle. N'oublie pas qu'elle n'a ni frère ni sœur. Tu es tout pour elle. La pauvre s'ennuierait à mourir au pensionnat. Même si elle s'y ferait des amies, je crois que ses pensées resteraient tournées vers la maison et vers ceux et celles qu'elle connaît de la famille, et en particulier son cousin et sa cousine de Sorel.

— Sans vouloir t'offusquer, Dominique, aurais-tu une meilleure idée ? Te verrais-tu dans l'obligation de faire vivre seul une petite fille de sept ans ?

— Tu as bien raison, je ne saurais pas trop comment m'y prendre. Toutefois, j'ai pensé à une solution intermédiaire. Je me suis d'abord informé si le docteur Bérard était toujours le propriétaire de la maison où tu habites. On m'a confirmé au bureau d'enregistrement que la maison lui appartient toujours. Je suis allé le voir pour lui demander s'il aurait envie de la vendre, parce que j'aurais un client intéressé. Il m'a répondu qu'il désirait la garder. Puis, deux jours plus tard, après avoir repensé à son affaire, il m'a contacté pour me confier qu'il la vendrait peut-être s'il était certain d'en obtenir un bon prix. Je lui ai dit de faire son prix. As-tu une idée de ce qu'il en demande ?

— J'ignore totalement le prix des maisons.

— Eh bien, il la cèderait pour quatre cents dollars. Je lui ai laissé entendre que je contacterais mon client pour lui transmettre sa proposition. Puis je lui ai affirmé que selon mon client, après consultation des registres au bureau d'enregistrement, trois cent cinquante dollars seraient un juste prix. J'en ai avisé le docteur, qui après réflexion m'a fait savoir qu'il s'en départirait pour trois cent soixante-quinze dollars. Que penses-tu d'une telle transaction ?

— Je n'en sais trop rien. Comme je veux déménager, tout cela ne me concerne plus, car je n'aurai plus à payer le loyer mensuel au docteur Bérard. Qui sait ce que le nouveau propriétaire pourrait exiger par mois.

— Pas grand-chose, je le sais.

— Comment cela ?

— Parce que le nouveau propriétaire de la maison de la traverse, c'est moi.

En entendant ces paroles, Guillaume sursauta et le regarda d'un air éhahi.

— Tu as acheté la maison ? Tu veux venir y habiter ?

— Pas du tout. Je vais en faire un restaurant qui s'appellera La Traverse.

— Il ne me reste plus qu'à déménager.

— Au contraire, rien ne t'y oblige. Si tu acceptes d'y demeurer avec Charlotte, tu pourras occuper gratuitement les chambres du haut.

— Gratuitement ?

— Oui, parce que la maison servant de restaurant, elle ne devra pas être vide la nuit. Tu me serviras de la sorte de gardien. Voilà pourquoi tu pourras y habiter sans payer.

Francesca choisit ce moment pour ajouter :

— Bien mieux que ça ! Le restaurant ne sera ouvert que le midi. Nous allons engager une femme pour faire la cuisine. De dix heures du matin à deux ou trois heures de l'après-midi, je serai là pour servir les clients et desservir. Il y aura certainement des restes. Si tu ne fais pas ton difficile, je te laisserai ton souper et celui de Charlotte dans la cuisine avant de revenir à la maison. Comme ça, tu n'auras plus à te casser la tête pour savoir ce que vous allez manger pour souper. De plus, Charlotte pourra rester à Drummond et continuer d'aller au couvent.

Guillaume n'en revenait pas. Lui et sa fille seraient logés et nourris gratuitement !

— Pourquoi faites-vous ça ?

— Nous le faisons pour toi, bien entendu, et aussi pour notre filleule, Charlotte. Elle a perdu sa mère. J'ai donc à jouer un peu ce rôle auprès d'elle, expliqua Francesca.

Guillaume resta un moment bouche bée, puis il se confondit en remerciements. Dominique lui offrit de prendre un verre pour célébrer l'événement. Guillaume en profita pour demander à son beau-frère quand il comptait commencer les rénovations pour transformer la maison en restaurant.

— Ça ne saurait tarder. Dans quelques jours, les travaux devraient commencer. En réalité, il n'y a pas tellement de transformations à apporter : un mur à ajouter pour séparer la cuisine de la salle à manger, et un autre à enlever pour faire une grande salle du salon et de la salle à manger, afin d'y mettre huit tables pour quatre personnes.

— Comptez-vous attirer beaucoup de clients ?

— Nous en aurons certainement plusieurs les jours de marché.

— Ensuite, précisa Francesca, comme Dominique veut devenir conseiller, il pourra compter sur les autres conseillers pour prendre quelques repas à La Traverse. Tu verras, bientôt les gens devront réserver.

Guillaume se posait encore une autre question. S'adressant à Francesca, il demanda :

— Comme tu comptes travailler au restaurant le midi, il faudra bien que quelqu'un te remplace auprès de Dominique.

— Bien entendu. Aussi, nous avons fait passer une annonce dans le dernier numéro du journal *La Justice*.

Dominique se leva et lui apporta l'annonce en question.

Monsieur le notaire Vallée est à la recherche d'une jeune femme en mesure de travailler comme secrétaire du lundi au vendredi de dix heures à trois heures. Prière de prendre rendez-vous avant de venir offrir vos services.

— Si je comprends bien, le restaurant ne sera pas ouvert le samedi et le dimanche, en déduisit Guillaume.

— En effet, comme ça tu pourras profiter entièrement de la maison durant tes congés.

Quand Guillaume retourna chez lui, il ne portait plus à terre. Jamais il n'aurait pensé que les choses tourneraient aussi bien pour lui. Depuis la mort d'Odette, c'était la première fois qu'il pouvait se réjouir d'une si bonne nouvelle. « Enfin, pensa-t-il, je vais pouvoir mettre des sous de côté. Peut-être qu'un jour, je pourrai, moi aussi, posséder mon propre restaurant. » Une fois de plus, il se mit à penser que la richesse était peut-être à la portée de sa main.

Chapitre 24

L'exposition

Il ne fallut que quelques jours pour que la maison de la traverse soit transformée en restaurant. En pénétrant par la porte d'en avant, on accédait directement à la grande salle où étaient disposées huit tables décorées de fleurs artificielles. Sur les murs étaient suspendues des photos anciennes, illustrant différents coins de la ville. Certaines, en particulier celles du bac, rappelaient à Guillaume tout un pan de sa vie. Il était enchanté d'avoir le privilège de vivre encore dans cette maison grâce à l'intervention de son beau-frère Dominique. Il lui en était très reconnaissant.

L'été prolongea ses jours de chaleur jusqu'à la fin de septembre, puis l'automne, à la manière d'un peintre, installa ses couleurs. Le moment s'avérait propice pour convier les gens à toutes sortes d'activités, avant que l'hiver ne contraigne tout le monde à clore portes et fenêtres. Profitant de cette période, Judith MacFarlane annonça, dans le journal de monsieur Garceau, une exposition de photos anciennes dans la grande salle de la villa. Tout le monde y était bienvenu et l'entrée était gratuite.

Guillaume, qui ne s'arrêtait guère à lire le journal, aurait manqué l'exposition si Francesca ne le lui avait pas mentionné.

— La nouvelle secrétaire de Dominique est une bonne photographe. Elle convoque tout le monde à son exposition de photos. Je me propose de m'y rendre avec Denise.

Guillaume réagit :

— Dominique a une nouvelle secrétaire ?

— En effet. Elle me remplace, le temps que je me transforme en serveuse au restaurant.

— Cette secrétaire fait de la photo ?

— Et de la belle, il paraît. Tu ne lis donc pas le journal ?

— Où l'exposition a-t-elle lieu ?

— À Old Pine.

— Chez les MacFarlane ?

— Tu les connais ? lui demanda Francesca, étonnée.

— J'ai eu l'occasion de me rendre à la villa. Tu dois t'en souvenir, c'est quand j'avais tué un chevreuil en même temps que monsieur MacFarlane. J'y étais retourné pour chercher ma part de viande.

— Oui, ça me revient.

— Tu dois te rappeler aussi que j'ai rencontré Judith MacFarlane dans le train à mon retour du Témiscamingue. Elle m'avait parlé de cette exposition qu'elle projetait de faire et m'avait même dit qu'elle m'enverrait une invitation quand elle la tiendrait.

— Bon, bien, c'est en plein le temps d'y aller.

— C'est donc Judith MacFarlane qui est votre nouvelle secrétaire ?

— En effet. De toutes les candidates que Dominique et moi avons rencontrées, c'est elle qui avait les meilleures qualités pour accomplir ce travail.

— Les MacFarlane ont des sous. Je me demande comment il se fait qu'elle ait choisi de travailler comme secrétaire.

— Elle a laissé entendre que son frère devenait de plus en plus excentrique. Il ne reçoit plus personne et semble ne plus avoir d'amis. Aussi, ça fait du bien à Judith de passer un peu de temps loin de la villa, et de rencontrer les clients de Dominique.

— Je te remercie de m'avoir prévenu. Dès que j'aurai une minute, j'irai voir cette exposition.

— Ne tarde pas trop. Elle ne dure que jusqu'à dimanche.

— Est-ce ouvert le soir ?

— J'en doute. Denise et moi y allons samedi après-midi.

Guillaume ne manqua pas de s'y rendre le dimanche, croyant avoir l'occasion d'échanger avec Judith. Mal lui en prit. Il y avait tellement de monde qu'à peine put-il lui adresser deux mots en arrivant. Quand elle le vit, elle lui décocha un large sourire et insista pour qu'il reste. Elle tenait à lui parler plus tard.

Il fit le tour de l'exposition avec ravissement. Chaque photographie lui rappelait un épisode de sa vie. Quand il vit une grande photo de la maison de la traverse, il fut submergé par toutes sortes d'émotions. Une foule d'événements vécus à cette époque lui revinrent à l'esprit. Il se souvint de l'Ermite, du passage de l'évêque, du nouveau bac et, plus récemment, du bonheur de sa mère quand il avait réussi à louer leur ancienne demeure, à leur retour de Daveluyville.

Comme Judith lui avait laissé entendre qu'elle voulait lui parler, il s'attarda longuement à chaque photo. La plupart des belles maisons de Drummondville y apparaissaient. Y figurait en bonne place Grantham House, la demeure construite par Robert N. Watts sur l'ancienne propriété de son oncle, Frederick George Heriot, le fondateur de Drummondville. Il y avait aussi l'ancienne maison de monsieur Mitchell et la villa de la famille Millar, ainsi qu'une vue de la place Saint-Frédéric et une photo de l'église avant qu'elle ne passe au feu, de même qu'une du presbytère du curé Marchand, lui aussi détruit par les flammes depuis. Il s'arrêta longtemps devant la photo du magasin général de monsieur Murphy. Tellement de souvenirs lui défilaient dans la tête… Il se demanda même ce que pouvait être devenue Margaret, la fille du marchand, sa première blonde.

Une vue aérienne du vieux quartier de Drummondville l'intrigua en particulier. Il se demanda comment Judith s'y était prise pour la réaliser. Il étira de la sorte son séjour à la villa. Judith put enfin se libérer et vint le retrouver. Il la félicita pour cette magnifique exposition.

— Tu ne peux pas savoir à quel point ces photos m'ont fait faire un retour sur ma vie. Tout un tas de souvenirs me sont revenus. La photo du pont, par exemple, m'a rappelé notre départ pour Lowell. Celle du bac que menait mon père m'a fait replonger dans mon enfance, alors que je portais des culottes courtes. Merci pour ces belles photos. À propos, j'aurais manqué ton exposition sans ma sœur Francesca. Pourtant, tu m'avais dit dans le train que tu me ferais parvenir une invitation.

— Tu m'excuseras pour cet oubli. Je suis débordée en ce moment, et mon frère ne me laisse guère le temps de m'occuper d'autres choses que de lui. Puis il y a une autre raison qui m'a retenue de t'en avertir. J'ai su le malheur qui t'a frappé et je n'ai pas voulu troubler ton deuil.

Les propos de Judith l'ébranlèrent quelque peu. Elle était là, tout près de lui, tellement belle. Ses yeux brillaient. C'est d'une voix remplie d'émotion qu'il poursuivit :

— Ma sœur m'a appris que tu travailles maintenant comme secrétaire pour son mari.

— Elle t'en a informé ? Je ne voulais pas que tu le saches.

— Pourquoi donc ?

— Pour la raison que je viens d'évoquer, et aussi parce que je craignais que tu considères ça comme une déchéance pour moi.

— Je sais bien que tu n'as pas besoin de travailler. D'un autre côté, je comprends que tu puisses désirer te sauver de la villa, surtout si ton frère te donne du fil à retordre.

Ils en étaient là dans leurs propos quand un visiteur bien mis, qui semblait connaître Judith, s'approcha pour la féliciter. Elle s'excusa auprès de Guillaume, non sans lui faire promettre qu'il la contacterait.

— Je veux que tu saches que je tiens à te revoir.

Guillaume était songeur quand il regagna la maison. Il s'arrêta avant chez sa voisine, pour chercher Charlotte qui y jouait avec une amie. Il lui semblait que cette journée marquerait un tournant dans sa vie. Il se demanda quand il aurait l'occasion de revoir Judith MacFarlane. Il y avait maintenant huit mois qu'Odette était décédée. « Ordinairement, pensa-t-il, un deuil dure une année. »

Chapitre 25

Une visite surprise

L'hiver s'amena avec ses tempêtes et ses trombes de neige. Le froid faisait se murer les habitants. Quand, le matin, Guillaume se rendait à son travail, les cheminées des maisons crachaient leur fumée dans un ciel de glace. Excepté à quelques endroits où le courant devenait plus rapide, la rivière gelait de bord en bord. Heureusement, le temps des fêtes obligeait tout le monde à mettre le nez dehors. En ces jours de célébration du début de l'année 1903, Guillaume n'invita personne à la maison. Il n'avait pas le cœur à la fête. Personne ne lui en tint rigueur. Néanmoins, Charlotte et lui allèrent dîner chez Francesca à Noël, ainsi que chez Denise au jour de l'An.

La vie de tous les jours reprit son cours après la fête des Rois. À part quelques repas pris en famille à la fin de l'hiver, il n'y avait rien de neuf à signaler jusqu'à ce jour de la fin mars où tout le monde fut pris de court par une visite inattendue.

Au restaurant La Traverse, où il n'y avait encore que quelques tables d'occupées, Francesca était à servir les repas du midi quand un jeune couple entra. Elle vint à leur rencontre pour les accueillir quand elle poussa un cri de stupeur.

— Victoire ! Ce n'est pas vrai. Je ne peux pas le croire.

Sa jeune sœur s'approcha et lui sauta au cou. Francesca figea, se demandant comment réagir.

— Quelle surprise ! s'écria-t-elle finalement.

À la fois émue et heureuse de la réaction de Francesca, Victoire lui présenta son compagnon.

— Voici Martial, dont je vous ai parlé dans mes lettres. Nous sommes fiancés depuis une semaine. Nous avons tenu à venir vous l'apprendre en personne, car nous allons nous marier en juillet et nous espérons bien que vous pourrez venir à nos noces.

Encore secouée par cette arrivée subite, Francesca les pria de prendre place à une des tables libres.

— J'imagine que vous avez très faim, dit-elle. Je vous reviens avec le menu. Ne vous gênez surtout pas pour commander ce que vous désirez. Tout est gratuit pour vous.

Elle leur tendit une feuille où paraissait le menu du jour : soupe aux pois ou soupe à l'orge, boudin noir ou boulettes de viande avec pommes de terre en purée, le tout accompagné de carottes, fèves et navets. Elle les quitta pour servir d'autres clients, et prit le temps de desservir une table avant de leur revenir. S'adressant à Victoire, elle commenta :

— Tu as dû être étonnée des changements survenus ici.

— Non pas. Je savais que la maison de la traverse était devenue un restaurant. Guillaume nous en avait informés par une lettre. Ce qui me déroute surtout, c'est de ne pas y voir Odette. Il me semble qu'elle aurait tant aimé travailler dans ce restaurant.

— Vous allez coucher à Drummond ce soir ?

— Oui. Nous avons réservé une chambre à l'auberge de Raoul et Denise. Nous comptons passer deux jours à Drummond avant de retourner chez nous.

— Denise a dû être renversée de vous voir apparaître. Imaginez la réaction de Guillaume ce soir ! Il revient de son travail vers cinq heures, pratiquement à la même heure que Charlotte, qui arrive du couvent. Tu n'en reviendras pas de voir comme elle a grandi. Elle sera si heureuse de te voir. Elle nous parle encore souvent de toi. Si tu veux leur faire la surprise à tous les deux, il faudrait que tu reviennes ici vers les cinq heures trente.

Elle se tut pour reprendre aussitôt :

— Bon, je jase, je jase, et pendant ce temps-là vous avez faim.

Ils prirent tous deux de la soupe aux pois, Victoire optant ensuite pour le boudin pendant que Martial se laissait tenter par les boulettes de viande.

— Pour dessert, leur dit Francesca, vous aurez droit à la meilleure tarte aux fraises que vous avez jamais goûtée, bien sûr arrosée de crème si vous le désirez, à moins que vous ne préfériez une tarte aux raisins.

Ils choisirent la tarte aux fraises. Francesca les regarda se faire des œillades d'amoureux. Elle soupira, se rappelant à quel point l'amour peut être puissant à ses débuts. Elle les laissa et se dirigea droit à la cuisine. Deux minutes plus tard, elle revenait avec leur soupe, qu'elle leur servit en arborant un large sourire.

— Il y a des jours comme ça, confia-t-elle, où tout nous semble beau.

Victoire et Martial, heureux de leur initiative, lui rendirent son sourire. Francesca continua à s'occuper du service aux autres tables puis, les autres clients ayant quitté le restaurant tour à tour, elle se permit de s'asseoir avec eux pour jaser.

— Comme ça, vous avez décidé de vous marier ?

— Il est grand temps. Martial et moi, nous nous connaissons depuis près de deux ans. Nos fréquentations ont assez duré. Autrement, les gens vont se mettre à jaser.

— Si je me souviens bien, Martial, tu es commis dans un magasin général.

— En ce moment oui, mais un jour j'en serai le gérant et propriétaire.

— Tu ne manques pas d'ambition, un peu comme Guillaume. Tu sais qu'il a déjà rêvé d'être propriétaire du magasin général de monsieur Murphy, où il travaillait ? Malgré tous les malheurs qui lui sont arrivés, le dernier étant la perte d'Odette, il n'a jamais cessé de croire qu'un jour il sera millionnaire. À propos, que comptez-vous faire cet après-midi ?

— Je veux montrer à Martial les lieux de mon enfance, répondit Victoire. Nous allons nous promener le long de la rivière. Je veux qu'il voie le pont. Nous irons ensuite au cimetière prier un peu sur les tombes de m'man, de p'pa et d'Odette. Martial ne les a pas connus, mais ils ont été pour moi de bons parents. Après ça, nous reviendrons faire la surprise à Guillaume et Charlotte. À propos, Denise et Raoul nous invitent tous à souper à l'auberge ce soir. Je pense que nous en aurons long à nous raconter.

Ils terminèrent de manger et laissèrent Francesca à sa vaisselle afin de pouvoir réaliser le programme qu'ils s'étaient planifié. Victoire rayonnait, heureuse de se retrouver là où s'étaient écoulées les plus belles années de sa prime jeunesse. Martial s'intéressa à tout ce qu'elle lui confiait, de même qu'à tout ce qu'elle lui montrait.

Ils firent un tour à l'église Saint-Frédéric, toujours en construction, puis de là, ils se rendirent au pont. Elle lui raconta comment la construction de ce pont avait perturbé leur vie. Elle ne gardait pas de bons souvenirs de son séjour à Lowell. Il y avait eu ensuite Daveluyville, puis le retour en plein hiver à Drummondville. Ils se rendirent comme prévu au cimetière, puis regagnèrent tranquillement le restaurant. Quand ils s'en approchèrent, ils entendirent les aboiements d'un chien que la voix d'une enfant fit taire.

— Couché ! Prince, couché !

Charlotte apparut à la porte. Dès qu'elle reconnut Victoire, elle se mit à sauter sur place en répétant : « C'est pas vrai, c'est pas vrai ! Papa, papa, viens vite ! » Sans plus attendre, elle se jeta dans les bras de Victoire pendant qu'un Martial souriant assistait, silencieux, à cette scène émouvante. Guillaume apparut à son tour et resta estomaqué de ce qu'il voyait. Il manifesta son bonheur en serrant Victoire dans ses bras.

— Mon Dieu ! quelle belle surprise !

Apercevant tout à coup Martial, qu'il avait connu au Témiscamingue, il lui tendit chaleureusement la main et les deux hommes se saluèrent comme deux vieux copains qui se seraient perdus de vue depuis longtemps.

— C'est donc ça, dit Guillaume, c'est donc ça ! Êtes-vous en voyage de noces ou devrons-nous assister à un mariage bientôt ?

— Il y en a en effet un dans l'air pour le mois de juillet.

— Mais dites donc, s'étonna Guillaume, tout Ville-Marie a dû être scandalisé de vous voir partir ainsi en voyage alors que vous n'êtes pas mariés.

— Ils diront ce qu'ils voudront, rétorqua Martial. Je n'ai pas pu me résigner à la laisser partir seule. J'avais trop peur de me la faire voler. Les langues se tairont bien vite quand nous serons mariés, et il y a tellement d'autres sujets de commérage !

— Êtes-vous ici pour longtemps ?

— Jusqu'à demain soir.

— Où pensez-vous manger et coucher ce soir ?

— À l'auberge de Denise et Raoul. Vous êtes d'ailleurs invités à vous joindre à nous pour souper.

— Vous auriez pu coucher ici, déplora Guillaume. Nous vous aurions trouvé un coin pour dormir. Quant au souper, il y a toujours de quoi de bon à manger ici. Entrez !

Prince fit entendre un jappement que Charlotte réprima une fois de plus.

— C'est ton chien ? s'enquit Martial.

— Oui. Papa me l'a acheté il y a deux mois. Il ne comprend pas encore tout, même s'il est très intelligent. Ça ne devrait pas me prendre beaucoup de temps pour le dompter.

— Veux-tu que je te donne un bon truc pour ça ?

— Oh oui !

— Il faut répéter sans cesse des mots très courts, comme oui, non, couché, au pied, assis, ici... Après un certain temps, il comprend et obéit.

Victoire fit faire à Martial le tour de la maison, puis ils partirent pour l'auberge où tous les autres les rejoignirent pour le souper. Il y avait longtemps qu'ils n'avaient pas ri autant, car Martial se révéla un convive pince-sans-rire et un conteur hors pair. Il n'y avait pas de mauvais coup qu'il n'avait pas déjà fait à ses parents durant son enfance.

Martial raconta :

— Est-ce que je vous ai déjà dit que mon père était épicier, quand j'étais jeune ?

— Tu nous l'apprends, dit Denise.

— Bon ben, figurez-vous qu'à dix ans, j'étais en quelque sorte son bras droit. Je faisais la livraison et j'aidais dans l'épicerie quand il y avait beaucoup de clients, un sac de bines par-ci, une pinte de crème par-là. Comme tous les enfants, j'aimais tout ce qui était sucré. Mon père achetait des bonbons que ma mère mettait dans un pot. Ils se vendaient à l'unité. Il y en avait différentes sortes. Quand j'étais seul, de temps en temps j'en prenais une poignée sur le dessus du pot et, pour pas que ça paraisse, je vidais le pot et mettais des petits cailloux au fond, puis je remettais le reste des bonbons par-dessus. Vous auriez dû voir la volée que j'ai reçue quand ma mère s'en est rendu compte !

Son histoire en attira une autre, cette fois de la bouche de Dominique. Il raconta comment, quand il était pensionnaire à Nicolet, il s'était mis dans la tête avec des amis de faire un pique-nique en volant du pain, de la confiture et du lait pendant un repas, puis à déjouer le surveillant pour réussir à tout sortir du réfectoire sous son nez. Curieuse, Denise demanda :

— Comment vous y êtes-vous pris ?

— Rien de plus simple. Nous voulions avoir une mascotte pour notre collège. Nous avions organisé un concours à qui produirait le meilleur costume. Un midi, on invita les étudiants qui participaient au concours à nous présenter leur mascotte. La nôtre était un gros ours mal léché et mal foutu. Pendant que tous les regards étaient tournés vers le spectacle, notre mascotte, en attendant son tour, se rapprocha du chariot de nourriture et glissa dans son costume le pain, la confiture et le lait. Quand notre ours s'avança pour se présenter, il laissa derrière lui une trace de lait. La pinte s'était renversée sur ses pieds. Pour tâcher de cacher le dégât, il décida de s'asseoir et ce fut sur le pain. Nous n'avons jamais pu pique-niquer comme nous l'espérions.

Dominique terminait à peine son histoire que Martial enchaînait avec une autre, qui commençait elle aussi par :

— Est-ce que je vous ai dit que mon père était épicier, quand j'étais jeune ? Dans ce temps-là, on se servait d'une balance avec des poids. Est-ce que je vous ai dit que j'avais la dent sucrée ? Je m'arrangeais pour peser les commandes de sucre et de cassonade. J'en mettais toujours plus que moins et, au lieu de retourner le surplus dans le sac d'où il venait, il atterrissait directement dans mes poches. Un jour, comme j'en avais trop mis dans mes pantalons, sans m'en rendre compte j'ai laissé ma trace derrière moi comme le petit Poucet. Vous pouvez être certains que quand ma mère s'en est aperçue, le p'tit Poucet a mangé une maudite volée.

Le souper et une partie de la soirée s'écoulèrent ainsi, à rire de tous les mauvais coups de chacun. Ce fut une rencontre dont on parlerait encore longtemps dans la famille. D'emblée, tout le monde fut heureux de rencontrer Martial et chacun promit de faire tout son possible pour assister à leur mariage. Le surlendemain, les futurs mariés repartaient au Témiscamingue.

Chapitre 26

Dominique devient conseiller

Les élections municipales de janvier 1903 avaient vu Henri Girard se faire élire à la mairie par une seule voix de différence contre monsieur Bousquet, le maire sortant. Dans son journal *La Justice*, monsieur Garceau ne se gênait pas pour laisser entendre que tout n'était pas blanc comme de la neige à la mairie. Les ficelles étaient tirées par en dessous par l'ancien maire Mitchell, devenu sénateur. Dominique appuyait monsieur Garceau. Il résolut de se faire élire conseiller afin de mettre des bâtons dans les roues du maire Girard et, éventuellement, de faire élire monsieur Garceau.

Des conseillers cédèrent leur siège et Dominique en profita pour présenter sa candidature. En cette année 1903, il devint conseiller et n'hésita pas à prôner les idées de monsieur Garceau. Celui-ci martelait qu'il fallait en priorité pour Drummondville un meilleur éclairage électrique, la réparation de l'aqueduc et une route menant jusqu'à Saint-Cyrille. On devait de plus mettre l'accent sur l'agriculture et l'instruction des enfants. Surtout, on devait tout mettre en œuvre pour que les Canadiens français puissent traiter d'égal à égal avec les Anglais qui dirigeaient le pays. Pour cela, il voulait que soit construit à Drummondville un collège commercial. Dominique était de cet avis et en faisait son cheval de bataille au conseil. Il déplorait le fait que les garçons n'avaient même pas une école convenable. Il ne le disait pas trop fort, mais il jugeait qu'une grande majorité de Drummondvillois étaient de purs ignorants.

« Quand on pense qu'un nombre considérable d'enfants n'ont jamais mis les pieds à l'école ! » affirmait-il. Il faisait siens les propos de monsieur Garceau dans son journal *La Justice* et répétait : « Quels sont les enfants de Drummondville qui réussissent dans le monde, si ce n'est ceux justement que les parents ont pu envoyer à l'étranger quérir la manne intellectuelle que leur propre ville leur refusait ? »

Bien plus, sous l'influence de monsieur Garceau, Dominique devint nationaliste. Quand monsieur Mitchell, un anglophone, fut nommé sénateur, il s'éleva contre cette nomination en demandant que les francophones soient traités sur un pied d'égalité au Canada, en tenant compte de la proportion de la population et des mérites de leurs représentants.

Pendant que Dominique menait de la sorte ses combats, Guillaume tâchait de voir clair dans ce qu'il allait devenir. Maintenant seul avec Charlotte, il menait une petite vie tranquille et se demandait comment les choses allaient tourner pour sa fille et lui. Vivre dans la maison de la traverse avec sous les pieds le restaurant ne lui déplaisait pas, surtout qu'il n'avait rien à débourser pour son logement et sa nourriture. Ainsi, il pouvait mettre des sous de côté.

Il gardait précieusement dans sa chambre les dollars qu'il économisait.

Quand, un beau jour, Dominique s'enquit de ce qu'il faisait de son argent et qu'il avoua le garder précieusement chez lui, son beau-frère le mit en garde.

— De l'argent, Guillaume, c'est du papier.

— Je le sais bien.

— Que ferais-tu si la maison passait au feu ou encore si un voleur s'y introduisait ? Tu perdrais des mois voire des années de travail. Si tu veux un conseil, place cet argent à la banque. En plus, il te rapportera des intérêts.

Guillaume écouta Dominique, mais ne tint pas compte de son conseil. Son beau-frère revint à la charge une autre fois :

— Deviendrais-tu avare et amoureux de ta petite fortune ?

— Non, c'est juste que je n'ai pas eu le temps de passer à la banque.

— N'attends pas trop pour mettre ton argent en sûreté. Si tu veux, je me chargerai de le placer pour toi. Si j'ai pu acheter la maison de la traverse, c'est parce que j'ai su bien administrer mon argent. Tu devrais en faire autant.

Guillaume ne se décidait pas. Ce n'est que lorsqu'une maison de la rue Heriot passa au feu et fut une perte totale qu'il finit par céder. Dans le journal, on précisait d'ailleurs que les gens qui habitaient là conservaient leur argent chez eux et avaient perdu tout le fruit de leur labeur.

Il se rendit donc à la banque en compagnie de Dominique pour y déposer les sous accumulés depuis maintenant près de deux ans. Ces démarches firent renaître en lui le désir de devenir sinon millionnaire, du moins très riche.

De nouveau, il se mit à chercher ce qui pourrait lui apporter la richesse. Ce n'était certes pas en produisant du sirop d'érable au printemps qu'il s'enrichirait. D'ailleurs, il lui faudrait d'abord acheter une érablière et construire une cabane à sucre. Il n'en avait pas les moyens. « Si je m'achetais une terre à bois et que je vendais du bois, je finirais bien par me faire un bon magot », se disait-il. Là encore, il n'avait pas assez d'argent.

Pourtant, il devait bien exister un moyen d'accumuler des sous en partant de zéro. Ainsi, Basile et Armande avec leur boulangerie avaient assez bien réussi. Bon, il est vrai que leur travail était si accaparant qu'ils n'avaient jamais eu de répit, tout comme Denise et Raoul avec leur auberge et, à la rigueur, Francesca et Dominique avec le restaurant. De plus, ils étaient deux à se partager la tâche et Dominique, comme notaire et aussi conseiller, devait quand même toucher un bon salaire puisqu'il avait pu acheter la maison de la traverse.

« Et si je me lançais en politique ? se demanda alors Guillaume. Il faudrait que j'en parle à Dominique. » Puis, à peine cette idée lui avait-elle effleuré l'esprit qu'il l'oublia. Il se mit à penser aux marchands et aux hommes d'affaires de Drummondville. Comment avaient-ils fait fortune ? Monsieur Hemming, par exemple, qui avait été maire, et monsieur Vassal, avec son immense scierie au bord de la rivière, de même que monsieur Mitchell, devenu maire en 1898, où avaient-ils pris leur argent ? Il posa la question à Dominique, qui ne fut pas long à y répondre :

— Ce sont tous des hommes qui ont fait de hautes études. Ils sont diplômés d'universités en droit ou en commerce. Prends monsieur Hemming. Il a pratiqué comme avocat à Montréal. Dès que tu touches au domaine de la justice, tu as de fortes chances de devenir très riche. Connais-tu bien des avocats pauvres ? Il faut admettre qu'il y en a qui sont plus ou moins honnêtes, tout comme certains hommes politiques, mais en général ceux qui ont des sous, quand ils n'ont pas hérité de leurs parents, ont étudié dans un domaine qui leur permet d'en faire. L'argent ne tombe pas du ciel.

— Pourtant, reprit Guillaume, il y en a qui sont riches, sans avoir beaucoup d'instruction.

— Ça arrive en effet, sauf que leur fortune ne leur est pas tombée du ciel. La plupart du temps, ils ont débuté avec presque rien. C'est le cas de certains marchands qui ont commencé par vendre de petits objets et, à force d'économiser, ont pu partir leur magasin ou leur entreprise. Pense au père de Philippe. Si tu as l'occasion de lui en parler, il va te raconter comment, en partant de rien, il possède aujourd'hui son usine de meubles.

Guillaume poussa un long soupir.

— Je finirai bien par trouver mon filon d'or, marmonna-t-il.

— Je te le souhaite, dit Dominique. En attendant, tu n'as guère d'autre choix que de faire ce que tu fais.

— Je ne travaillerai pas à l'usine de carrosses toute ma vie, sois-en certain.

— Si c'est là ton désir, ça te concerne. Tout ce que je peux faire, c'est te souhaiter bonne chance.

Chapitre 27

À la villa de Judith

Lors d'une visite chez Dominique et Francesca, Guillaume eut le plaisir d'y rencontrer Judith MacFarlane. Elle n'avait pas oublié qu'ils devaient se revoir. Elle se servit du prétexte qu'il n'avait jamais vraiment eu l'occasion de visiter la villa pour l'y inviter.

— Viens un dimanche avec ta petite fille. Vous dînerez avec nous et je vous ferai faire le tour de la villa et des dépendances. Je suis certaine que ta fille aimera beaucoup cette visite, en particulier celle de l'écurie, où nous avons quelques chevaux, et aussi du poulailler et du pigeonnier. Tu ne peux pas savoir à quel point j'ai toujours aimé vivre ici depuis que je suis petite.

Un dimanche après la messe, Charlotte s'amusait avec Prince quand son père l'appela :

— Ce midi, je vais t'emmener dans un endroit que, j'en suis certain, tu vas beaucoup aimer.

— Où ça ?

— À Old Pine.

— Comment tu dis ?

— Old Pine, c'est une grande maison avec toutes sortes de belles choses dedans. Mon amie Judith y habite avec son frère et elle nous invite à dîner avec elle ce midi.

— Est-ce que Prince peut venir lui aussi ?

— Non, je pense qu'il risquerait de se perdre là-bas. D'ailleurs, Judith a beaucoup d'animaux et tu vas pouvoir les voir et les flatter.

— Est-ce qu'elle reste loin d'ici ?

— Non, c'est tout près. Nous nous y rendrons à pied, comme ça nous pourrons profiter du beau soleil et peut-être même voir des chevreuils le long de la route.

Ils partirent pour Old Pine comme le bedeau sonnait l'appel pour la messe de onze heures, que célébrait le vicaire. Ils remontèrent vers la rivière et empruntèrent le sentier qui longeait la berge. Ils dépassèrent le pont, puis débouchèrent quelques centaines de pieds plus loin sur une large route menant à la grille qui fermait l'accès à Old Pine.

Un téléphone était posé sur une petite tablette fixée à la grille. Guillaume s'en servit pour signaler son arrivée. Un vieil homme, qui semblait être le majordome, vint leur ouvrir la grille. Ils le suivirent jusqu'à l'entrée où Judith les attendait, toute souriante.

— Je suppose que vous avez faim et que la meilleure chose que nous puissions faire avant d'entreprendre la tournée de la villa est de manger, commenta-t-elle.

S'adressant à Charlotte, elle demanda :

— Ai-je raison, mademoiselle ? Vous avez faim ?

Quelque peu intimidée, la petite, qui d'ordinaire, aimait bien placoter et se montrait curieuse de tout, répondit d'un air gêné :

— Oui, madame.

— Appelle-moi Judith, tu veux bien ? Et toi, dis-moi ton nom que je puisse mieux te connaître.

— Charlotte.

— Quel nom charmant ! Il te va à merveille.

Elle les invita à la suivre dans la villa que Guillaume, qui ne l'avait visitée qu'à une seule reprise il y a des années, découvrait comme pour la première fois. Ils entrèrent par la porte principale et furent aussitôt impressionnés par le nombre de portraits suspendus au mur du hall.

— Mes aïeux vous accueillent, leur dit Judith, en désignant de la main l'ensemble des cadres.

Elle ajouta en esquissant un sourire énigmatique :

— Il ne semble pas que l'un ou l'une d'entre eux ne veuille pas de votre présence ici, car personne n'a protesté. Soyez les bienvenus à Old Pine, cette villa que nous aimons beaucoup, et dont Sam et moi avons hérité de notre père, avec tout le domaine également.

Ils s'avancèrent pour déboucher dans une grande salle qui s'avéra être le salon. De vastes fenêtres s'ouvraient de chaque côté. Des fauteuils étaient disposés le long des murs. Un foyer de forte dimension occupait le centre du mur extérieur. Des toiles où étaient illustrées des scènes de chasse à courre mettaient de la couleur dans toute la pièce. De là, Judith les conduisit à la salle à manger, qui était assez spacieuse pour accueillir deux douzaines de personnes. Sam était déjà là. Il les salua sans plus. Judith leur désigna leur place. Comme ils n'étaient que quatre, la table parut immense à Guillaume. Une bonne odeur de soupe aux légumes vint taquiner leurs narines quand une servante s'approcha avec une soupière. Judith la leur présenta comme étant Roberta. Elle servit d'abord Sam. Comme un enfant, il fit : « Miam, miam ! » en regardant avec de grands yeux la soupe dans son plat, ce qui arracha un petit rire à Charlotte. Guillaume allait intervenir pour la prier de mieux se tenir, quand Judith lui glissa :

— Ne la dispute pas. Ce n'est rien.

En parlant de son frère, elle ajouta tout bas :

— On finit par s'habituer à ses frasques.

Guillaume, qui avait déjà vu Sam à quelques reprises auparavant, fut dérouté par son comportement, à tel point que Judith ajouta :

— Je t'en toucherai un mot plus tard.

Ils se régalèrent d'un bon rôti de bœuf accompagné de carottes et d'une salade, le tout préparé par Éva, la cuisinière. Le repas se termina par un pouding au caramel comme dessert. Sam s'en beurra toute la figure en répétant des « Miam, miam, miam », qui contraignirent la pauvre Charlotte à se cacher la figure pour éviter qu'on la voie rire. Le maître se leva en rotant et les salua par ces mots :

— *Excuse me*. Je vais pisser !

— N'oublie pas ta sieste, lui rappela Judith.

Après le dîner, elle leur fit faire le tour de la villa, de la cuisine jusqu'aux chambres à l'étage. Il s'agissait d'une demeure cossue et bien décorée, que Guillaume eut du plaisir à redécouvrir. De là, ils gagnèrent les dépendances et jetèrent un coup d'œil à la maison des serviteurs. Ils s'arrêtèrent au pavillon de chasse, puis descendirent au bord de la rivière, où deux barques étaient à quai. Pour terminer, ils visitèrent l'écurie, le jardin, la remise et une grande serre, où ils furent accueillis par Peter, le jardinier, qui voyait à l'entretien extérieur du domaine.

Comme Judith l'avait laissé entendre, la visite de l'écurie ravit Charlotte, et cela d'autant plus qu'Éphrem, le palefrenier, la fit monter sur la jument Laurentide et lui fit faire le tour du domaine. Judith en profita pour rappeler à Guillaume qu'il n'avait pas à se gêner pour venir la visiter de temps à autre, qu'il serait toujours le bienvenu. Elle lui avoua aussi que son frère sombrait dans la folie et semblait retourner en enfance.

— Tu m'en vois navré, déplora Guillaume.

Elle haussa les épaules.

— C'est bien triste, mais on n'y peut rien.

Changeant de sujet, elle lui demanda s'il travaillait toujours à l'usine de carrosses. Il le lui confirma. Elle lui souhaita bonne chance pour tout ce qu'il entreprendrait.

Elle trouva encore moyen de faire plaisir à Charlotte quand la fillette revint de son tour de cheval. Elle lui remit une petite boîte dans laquelle elle trouva deux rubans bleus à glisser dans ses cheveux. Charlotte poussa un cri de joie.

Repensant à l'exposition, Guillaume s'étonna de ne pas avoir vu de ses photos sur les murs de la villa.

— Elles sont toutes à Montréal pour une autre exposition, lui apprit Judith.

— Il y en a une en particulier qui m'avait beaucoup touché.

— Vraiment ?

— Celle de la maison de la traverse. C'est toute mon enfance qu'elle représente, et un grand pan de ma vie. Comme tu le sais sans doute, je demeure d'ailleurs toujours dans cette maison.

Pendant le trajet de retour à la maison, Guillaume demanda à Charlotte si elle avait aimé sa visite.

— J'ai passé un très bel après-midi, apprécia-t-elle. Judith est gentille et j'ai adoré me promener à cheval. Est-ce qu'on va y retourner ?

— Certainement, mais auparavant, nous allons faire un très grand voyage.

— Ah oui ! Où ça ?

— Tu le verras bientôt et je suis certain que tu vas beaucoup aimer ça.

Chapitre 28

Une sortie du dimanche

Le mois de juin avait enfin apporté le soleil et l'été. Il faisait bon se balader au bord de la rivière pour y taquiner le poisson, ce que ne manquait pas de faire Guillaume le dimanche, quand Charlotte, qui s'était fait une amie, passait ses après-midi chez elle. Chaque fois que Francesca voyait son frère, elle lui trouvait l'air soucieux. Pour lui changer les idées, elle lui offrit de se rendre à Sorel avec lui et, bien sûr, d'y emmener Charlotte, afin qu'elle puisse garder contact avec ses cousins.

Ils profitèrent d'un dimanche de la fin juin pour s'y rendre avec un cheval et une voiture empruntés à Judith.

— Je te payerai, promit Guillaume à Judith.

— On ne fait jamais payer les amis, répondit-elle. Si je n'étais pas obligée de rester à la maison pour prendre soin de Sam, je me joindrais à vous.

— Tu as des serviteurs pour le faire, fit remarquer Guillaume. Ça nous ferait tellement plaisir que tu nous accompagnes.

— Une autre fois, peut-être.

La route menant à Sorel longeait par endroits la Saint-François, ce qui rendait le voyage moins monotone. Aussi loin qu'on remontât dans le temps, il y avait toujours eu de la construction navale à Sorel. Cette petite ville fondée en 1665 devait d'ailleurs son nom à son fondateur, Pierre Sorel, qui était un des capitaines du régiment de Carignan-Salières. Chaque fois que Guillaume s'y rendait et qu'il avait le plaisir de renouer avec son beau-frère Philippe, il se demandait s'il n'aurait pas dû le suivre à Sorel pour continuer à travailler à l'usine de meubles de monsieur Lacombe. Quand vers onze heures, ils arrivèrent en ville, il était encore plongé dans ses pensées. Il avait réellement besoin de faire le point sur sa vie. Allait-il continuer longtemps à vivre en célibataire ? Son deuil avait assez duré. Il était temps qu'il fasse quelque chose de sa vie. Mais quoi ?

Georgiana fut la première à les accueillir. Un serviteur vint s'occuper du cheval, ce qui surprit Guillaume. Il ignorait que sa sœur et son beau-frère étaient devenus aussi en moyens. Georgette et Olivier entraînèrent Charlotte avec eux.

— Ne vous éloignez pas trop, leur recommanda leur mère, nous allons dîner dans moins d'une heure.

— Nous allons juste faire un tour au fleuve, fut la réponse des enfants.

Heureuse de leur visite, Georgiana les pria d'entrer. Guillaume s'enquit :

— Philippe n'est pas là ?

— Il est à l'usine, mais il a promis de venir dîner.

— L'ouvrage ne manque pas, d'après ce que je peux voir. Il ne s'accorde donc pas de repos le dimanche ?

— L'usine est fermée, bien sûr. Il s'y rend juste pour mettre de l'ordre dans les papiers et préparer le travail de la semaine.

— Je croyais que c'était son père qui s'occupait de ça.

— Malheureusement, il y a deux semaines, il a eu une attaque qui l'a laissé paralysé.

— Pas vrai ? Le pauvre homme.

— Il est à l'hôpital et il paraît que ses jours sont comptés. De même, du jour au lendemain, Philippe a dû le remplacer, ce qui l'oblige maintenant à diriger l'usine. Mais j'y pense, on est dimanche et vous êtes venus de Drummond en partant tôt ce matin. Vous n'avez pas été à la messe ?

— Il faut ce qu'il faut, intervint Francesca. Ça ne nous rend pas plus pécheurs pour ça. C'était ça ou nous ne venions pas. Guillaume tenait à cette visite. On se voit si peu souvent, et lui comme moi, nous travaillons en semaine.

— C'est vrai, et ça marche bien, le restaurant ?

— Nous avons nos clients réguliers. Nous n'avons pas à nous plaindre.

Ils en étaient là dans leur bavardage quand Philippe arriva. Guillaume et Francesca l'accueillirent avec chaleur.

— Il paraît que tu es devenu le patron ? lui dit Guillaume d'un ton admiratif.

— Par la force des choses, admit-il sans grand enthousiasme. Ça m'enlève pratiquement le temps de vivre. C'est une tâche très accaparante. Je me demande comment mon père a fait pour tenir tant d'années.

— On n'a rien sans rien, commenta Francesca. Ça vous permet de vivre bien à l'aise.

— Pour ça, oui, si on excepte tout ce que ça exige.

Georgiana revint de la cuisine où elle s'était éclipsée un instant :

— Vous devez avoir faim ?

— Nous serions bien menteurs si nous disions le contraire, avoua Guillaume.

— Eh bien, passons à table. On servira les enfants quand ils reviendront.

Les couverts étaient mis dans la vaste salle à manger, fort bien décorée et éclairée. Dès qu'ils eurent pris place à table, une femme corpulente s'approcha avec la soupière. Guillaume ne put s'empêcher d'envier Philippe qui pouvait maintenant se payer une bonne. « Si j'étais riche… », songea-t-il.

Les enfants arrivèrent et s'installèrent à table. La conversation dériva sur le temps qu'il faisait et Georgiana insista pour obtenir des nouvelles de chacun.

— Est-ce que Dominique va bien ?

— Ouf ! soupira Francesca. Il n'arrête pas une minute, surtout depuis qu'il est devenu conseiller. Il a toutes sortes d'idées pour que ça aille mieux à Drummond. Il m'en parle tous les soirs au souper. Il a un grand cœur. Il voudrait voir tout le monde heureux. Quant à Raoul et Denise, ils sont très pris avec leur auberge. Ils n'ont pas beaucoup de temps pour eux et nous les voyons rarement.

— Nous sommes tous dans le même panier, commenta Philippe. Vivre, c'est le souci du pain quotidien. En passant, Guillaume, après dîner, pendant que les femmes placoteront dans notre dos, tu viendras avec moi à l'usine.

Georgiana et Francesca protestèrent. Philippe ne se laissa pas fléchir. Guillaume fit remarquer :

— Tu n'as pas peur de scandaliser toute la paroisse en te rendant à l'usine un dimanche ? Ça doit jaser fort dans ton dos.

— Peut-être bien, quoique monsieur le curé soit très compréhensif. Quand je lui ai dit que si l'usine fermait, ça ferait perdre leur emploi à près de trente ouvriers de la paroisse, il m'a autorisé à travailler un peu le dimanche.

À peine avaient-ils fini de manger que les hommes partirent pour l'usine. Les enfants s'envolèrent comme des oiseaux.

— Revenez vers trois heures, leur précisa Georgiana.

Francesca et elle passèrent au salon.

— Je suis bien contente de votre visite, Francesca. Ça fait toujours plaisir de vous voir. Avec les enfants et le travail de Philippe, je n'ai guère le temps de souffler.

— Nous devrions nous le permettre plus souvent. C'est surtout pour Guillaume que j'ai tenu à venir.

— Pourquoi, il ne va pas bien ?

— Depuis la mort d'Odette, il se cherche. Je pense que si je ne l'avais pas accompagné, il ne serait pas venu. Avec la petite, il se sent passablement prisonnier.

— Est-ce qu'il songe à l'envoyer pensionnaire ?

— Il y a pensé, mais je l'en ai dissuadé. Je craignais que ça affecte trop Charlotte et qu'elle le prenne comme un rejet. Au fond, ce que je pense, c'est que ça lui prendrait quelqu'un dans sa vie.

— Il n'a personne en vue ?

— Justement... Tu sais que Dominique a engagé une nouvelle secrétaire qui vient travailler pendant que je suis au restaurant. Elle s'appelle Judith. Elle est très gentille et elle aime beaucoup Guillaume. Je les verrais bien ensemble, même si elle n'est pas du tout de notre monde.

— Comment ça ?

— C'est une protestante qui vit dans une villa avec son frère.

— Comment ça se fait qu'elle travaille ?

— Ça lui change les idées, parce que son frère lui donne beaucoup de soucis. Il retourne en enfance.

— Pas vrai !

Se levant, Georgiana enchaîna :

— Tu prendrais bien un digestif ?

— Je n'en ai pas l'habitude.

— Eh bien moi, il m'en faut un.

Elle sonna le domestique et lui demanda de préparer deux whiskys.

— Tu y goûteras et tu n'auras qu'à le laisser si tu ne l'aimes pas.

Francesca ne protesta pas. Elle parcourut vivement des yeux le salon et commenta :

— Te voilà toi aussi d'une autre classe. On peut dire que vous ne manquez pas d'argent.

— Nous vivons à l'aise, mais chose certaine, l'argent ne rend pas heureux. Nous étions beaucoup mieux quand nous en avions moins. Aujourd'hui, c'est à peine si je vois Philippe. Son travail lui prend tout son temps.

— C'est bien dommage. Faut croire qu'il n'y a rien de parfait.

Changeant de sujet, Francesca parla du mariage prochain de Victoire.

— Tu sais que Guillaume a l'intention d'y assister. Il va représenter la famille. Tu n'aurais pas le goût d'y aller, toi aussi ?

— Peut-être bien, seulement c'est surtout le temps que je n'ai pas, et les enfants ont besoin de moi.

Francesca voulait se dégourdir les jambes. Elle proposa à Georgiana d'aller marcher un peu :

— J'aimerais voir le fleuve avant de m'en retourner à Drummond.

Elles sortirent. Quand elles revinrent, les enfants, tout comme Philippe et Guillaume, étaient de retour.

— C'est pas qu'on s'ennuie, lança ce dernier, mais il faudrait bien qu'on reparte si on ne veut pas arriver trop tard à Drummond.

Ils se remirent en route sans plus tarder. Pendant le trajet, Francesca questionna Guillaume sur sa visite à l'usine.

— Philippe est à la tête d'une belle entreprise, sauf que je ne l'envie pas. Il a peut-être beaucoup de sous, mais il est complètement accaparé par son travail.

— Ce n'est pas facile d'atteindre le juste milieu, fit remarquer Francesca. Être riche a ses beaux comme ses mauvais côtés. C'est un pensez-y-bien.

Ils arrivèrent à Drummondville à la brunante. Guillaume conduisit le cheval jusqu'à Old Pine. Judith l'y attendait. Pendant que le palefrenier s'occupait du cheval, elle invita Guillaume à entrer. Il la remercia et voulut payer, ce qu'elle refusa net.

— Si tu tiens tellement à me remercier, je me contenterai d'un baiser, plaisanta-t-elle en lui tendant la joue.

C'est un Guillaume rougissant qui s'exécuta. Elle rit et demanda :

— Ça va bien dans ton travail ?

— Oui, à part que je le trouve passablement monotone. À peu près tous les carrosses que nous fabriquons se ressemblent.

— Vous en faites parfois des différents ?

— Oui, quand quelqu'un veut faire apporter des modifications à sa voiture ou encore ajouter un nouvel ornement.

— Ah ! J'ignorais qu'on pouvait faire ça à votre usine.

— En effet, et dès lors, le travail est beaucoup plus agréable.

Tout en parlant, Guillaume s'était rapproché de la porte, s'apprêtant à partir. Judith s'enquit :

— Quand nous reverrons-nous ?

— Je pars bientôt pour le Témiscamingue. Au retour, je reviendrai te conter mon voyage.

En retournant chez lui, Guillaume était songeur. Il pensait au comportement de Judith avec lui. Se pouvait-il qu'elle l'aime ?

Chapitre 29

Le long voyage

Quand Guillaume avait reçu la lettre de Victoire qui lui annonçait son mariage le quinze juillet, il ne s'était pas interrogé longtemps. Il ferait le voyage au Témiscamingue. Seulement il ne voulait pas y aller seul. D'ailleurs, n'avait-il pas été question qu'ils arrivent tous en même temps pour créer la surprise ? Il fit le tour de la famille en demandant à droite et à gauche si certains d'entre eux se rendraient là-bas. Il savait déjà que Philippe et Georgiana ne viendraient pas. Philippe était trop occupé par la gérance de l'usine pour se permettre un tel déplacement.

— Nous ferons un cadeau à Victoire, avait-il promis. Tu pourras l'apporter. Ça compensera le fait que nous n'y soyons pas.

Il lui avait confié une coquette somme d'argent à remettre aux mariés. Guillaume obtint une réponse similaire de la part de Denise et Raoul qui ne pouvaient fermer leur auberge, surtout durant l'été. Dominique et Francesca, trop occupés également par leur travail respectif, répondirent qu'ils regrettaient bien de ne pas pouvoir se rendre à Ville-

Marie. En fin de compte, il n'eut pas d'autre choix que de s'y rendre seul avec sa fille.

— Nous payerons les dépenses de Charlotte, lui assurèrent Dominique et Francesca.

Pour la forme, Guillaume protesta :

— Je suis bien capable de le faire.

— Nous le savons, mais ce sera notre cadeau pour leur mariage. Victoire sera heureuse d'y voir Charlotte.

Cette fois, Guillaume savait comment procéder pour se rendre au Témiscamingue dans des délais raisonnables. Il alla à la gare réserver leurs billets, d'abord de Drummondville à Acton Vale, puis de là jusqu'à Montréal. À la gare Windsor, à Montréal, ils auraient à attendre pas moins de quatre heures avant de monter dans le train qui les mènerait jusqu'à Ottawa et, de là, à Mattawa. Ensuite, ce serait à nouveau le train jusqu'à Témiscaming, puis le bateau jusqu'à Ville-Marie. Charlotte était heureuse parce qu'elle accompagnait son père et surtout parce qu'elle reverrait Victoire.

Le voyage se déroula bien. Habituée à bouger beaucoup, Charlotte trouva le temps long. Les heures passaient sans que les passagers puissent voir autre chose qu'un défilé d'arbres à n'en plus finir. Les escales étaient les bienvenues, offrant aux voyageurs la possibilité de se dégourdir les jambes à leur gré. Il y avait bien sûr moyen de le faire dans le train, mais ils s'y sentaient coincés.

Heureusement, dans celui entre Ottawa et Mattawa, alors que le jour débutait, plusieurs passagers animèrent le trajet. L'un d'eux, un costaud à barbe rousse, interpréta d'une voix forte et juste une série de chansons à répondre. Tout le monde se mit de la partie. Il ne manqua pas de chanter l'hymne en l'honneur des raftmans :

Où sont allés tous les raftmans
Dedans Bytown sont arrêtés
Bing sur le ring
Laissez passer les raftmans
Bing sur le ring ! bing bang !

Les passagers reprirent le refrain avec lui. Les nombreux couplets défilèrent. D'autres chansons se succédèrent, comme *Alouette, gentille alouette*, *Marie Calumet*, *Le Rapide blanc*, *Ah ! les fraises et les framboises* et *La Destinée, la rose au bois*. Quand il entonna la chanson du *Curé Lopineau*, on le fit taire.

— Il y a des enfants dans le train, lui reprocha un homme.

— Qu'est-ce que ça peut faire ? le reprit un autre.

— C'est pas des paroles qu'ils doivent entendre.

Le ton monta. Depuis le départ, le whisky coulait à flots. Les choses risquaient de mal tourner. Le chanteur entonna *Ah ! si mon moine voulait danser*. Cette chanson parvint à calmer un peu tout le monde. Elle fut suivie par *Auprès de ma blonde* et une foule d'autres. Ainsi, le voyage leur parut moins long, d'autant plus qu'un homme leur raconta un fait qu'il jura s'être passé au Témiscamingue ou en Abitibi.

— Un bûcheron, commença-t-il, qui n'avait de respect pour rien, passait son temps à frapper d'un coup de hache tous les arbres devant lesquels il passait, même ceux qui ne devaient pas être abattus. À chaque fois, de l'entaille sortait un liquide qui semblait être du sang. Un jour que ce bûcheron se trouvait seul en plein milieu d'une cédrière, suivant sa mauvaise habitude, il se mit à entailler les cèdres qui l'entouraient. C'est alors que se produisit un phénomène absolument fantastique. Un coup de vent puissant fit ployer tous les cèdres ensemble et ils l'étouffèrent.

La morale de cette histoire, conclut le conteur, est que nous sommes toujours punis pour les mauvaises actions que nous commettons.

Sa réflexion en fit rouspéter quelques-uns, qui avaient sans doute quelques fautes sur la conscience. Le conteur allait se lancer dans une autre histoire, quand le sifflet de la locomotive se fit entendre. Les voyageurs se précipitèrent aux fenêtres du wagon pour tenter de voir ce qui se passait. Un choc se fit sentir et les freins du convoi crissèrent, puis le train reprit de la vitesse. Que s'était-il passé ? Certains eurent leur réponse quand ils virent la carcasse d'un orignal en bordure de la voie ferrée. Un homme cria :

— On vient de frapper un orignal !

— Pas vrai ! s'exclamèrent ceux qui n'étaient pas du bon côté du wagon.

L'événement suscita de nombreux commentaires. Tous avaient une histoire à raconter, qui sur la fin d'un chevreuil, qui sur celle d'un ours, d'un orignal ou d'une bête quelconque. C'est ainsi que le train entra enfin en gare de Mattawa. À Charlotte qui lui demandait s'ils étaient arrivés, Guillaume expliqua qu'il ne restait plus qu'à prendre un train se rendant à Témiscaming, ce qui serait beaucoup moins long, et de là, ils monteraient à bord d'un vapeur qui les mènerait à Ville-Marie.

— Je suis certain que tu vas aimer le voyage en vapeur sur le lac Témiscamingue, lui assura-t-il.

— Est-ce que ce sera long ?

— Quelques heures encore.

À Témiscaming, puisque le vapeur était déjà à quai, ils n'eurent pas à attendre plus d'une heure avant qu'il ne lève les amarres. Le soleil faisait miroiter la surface de l'eau. Le panorama grandiose appelait au silence. Appuyés au bastingage du pont supérieur, le père et la fille restèrent de longues minutes à contempler le paysage sans rien dire. Guillaume, qui n'avait pas oublié les renseignements obtenus lors de son voyage précédent, finit par émettre quelques commentaires au sujet de la profondeur du lac et des poissons qu'on pouvait y pêcher.

Quand, enfin, ils descendirent du navire au quai de Ville-Marie, Charlotte était à bout de nerfs. Le voyage l'avait beaucoup fatiguée. Elle n'en revenait pas que sa tante Victoire restât aussi loin. Comme Guillaume ne savait pas trop où la trouver, il choisit de se rendre au magasin général de monsieur Huard où il pensait voir Martial, ou du moins trouver quelqu'un qui saurait où le rejoindre.

Heureusement, Martial était au magasin. Il s'excusa, en son nom et en celui de Victoire, de ne pas être allé les accueillir au quai. Guillaume s'inquiéta :

— Vous avez bien reçu mon télégramme ?

— Oui ! Nous savions que vous arriviez vers les quatre heures, mais nous n'avons pas pu nous libérer ni l'un ni l'autre. Victoire garde les fillettes jusqu'à cinq heures et moi, je travaille jusqu'à six heures. Nous vous avons réservé une chambre à l'auberge de monsieur Boulerice. Allez-y et nous vous y rejoindrons bientôt.

— Le mariage est toujours prévu demain ?

— Oui. Il ne faut pas vous attendre à un grand mariage, nous n'en avons pas les moyens. Nous ne serons pas plus qu'une dizaine. Il y aura les frères de Victoire, bien sûr, mes parents et mon patron. L'important est que vous soyez là. Tu vas servir de témoin à Victoire. Elle va être bien soulagée de te savoir arrivé, et avec Charlotte en plus.

Ils gagnèrent l'auberge sans tarder, ne manquant pas, sur leur trajet, de sentir de nombreuses piqûres de moustiques.

Il avait fait beau toute la journée et on s'attendait au même temps le lendemain. À leur arrivée à l'auberge, ils furent accueillis par monsieur Boulerice lui-même. Le père de Martial quitta sa cuisine pour venir les saluer et son épouse les conduisit à leur chambre en leur demandant :

— On vous prépare à souper pour six heures, ça vous convient ?

Guillaume confirma :

— Ça nous va. Nous allons prendre le temps de nous installer et de nous détendre un peu.

Charlotte s'étendit sur le lit. Guillaume vit à ce qu'elle ne s'endorme pas tout de suite.

— Sinon, tu vas gâcher ta nuit et tu ne seras pas en forme demain, lui expliqua-t-il.

— J'ai hâte de voir Victoire.

— Allons l'attendre au salon !

Ils descendirent et s'installèrent sur l'unique divan de la pièce. Quand, après avoir patienté encore une bonne demi-heure, Charlotte vit Victoire entrer, elle lui sauta dans les bras. La future mariée était émue et reconnaissante envers Guillaume de s'être déplacé pour lui servir de témoin, sans compter qu'il avait eu la bonne idée d'emmener sa fille. Elle s'informa de la santé de tous les membres de la famille, puis les pria de la suivre à la salle à manger de l'auberge. À peine étaient-ils installés à table que Martial arriva, et c'est en compagnie des futurs mariés qu'ils prirent ce repas.

Guillaume, qui vivait en célibataire depuis le décès d'Odette, se demanda en les regardant s'il aurait la chance de se remarier. Comme s'il avait deviné ses pensées, Martial s'enquit :

— Penses-tu faire comme nous un jour ?

— Je ne dis pas non. Encore faut-il rencontrer la bonne personne.

— En as-tu une en vue ?

— En y songeant sérieusement, peut-être bien !

— Je te le souhaite. S'il y en a un qui le mérite, c'est bien toi.

Chapitre 30

Le mariage

Martial avait laissé entendre qu'il n'y aurait pas beaucoup de monde à son mariage. Il avait voulu dire pas beaucoup d'invités, parce qu'il fut le premier étonné de voir l'église presque pleine pour la cérémonie elle-même.

Commencée sous un beau soleil, la journée entière fut lumineuse. Dans sa robe de mariée, Victoire était plus belle que jamais. Ses deux frères avaient fait l'effort de s'habiller un peu comme tout le monde. Ils étaient davantage portés à se promener avec leurs habits de peaux, ou encore torse nu, qu'avec chemise et pantalons assortis. Ils avaient pourtant tous les deux enfilé des pantalons noirs et une chemise d'un rouge vif qui mettait de la couleur dans l'assistance. Les autres invités de la famille portaient leurs habits du dimanche. Charlotte était vêtue d'une belle robe blanche, cadeau de sa marraine Francesca. Elle portait aussi des souliers noirs tout neufs.

La célébration qui, normalement, se serait déroulée comme n'importe quelle messe du dimanche fut rehaussée par la présence d'un chantre, ami de l'aubergiste, qui les gratifia d'un bel *Ave Maria* suivi d'un superbe *Panis Angelicus* qui ravirent toute l'assistance.

Au sortir de l'église, les nouveaux mariés eurent droit à de nombreuses félicitations. Dans ce petit village où il ne se passait pas grand-chose, leur mariage devenait un événement auquel on se devait d'assister. Martial était passablement connu à Ville-Marie, ce qui n'était pas le cas de Victoire. Aussi, les curieux ne manquèrent pas de venir voir de quoi avait l'air la nouvelle mariée. Monsieur Boulerice avait fait les choses en grand, car une voiture les attendait devant l'église et, bien que l'auberge ne fût pas loin, c'est dans cette calèche ornée de fleurs que Victoire et Martial s'y rendirent.

Le repas de noces, préparé par le père de Martial, fut une réussite. Il avait pensé y servir des viandes sauvages qui firent le bonheur de tous. Le civet de lièvre s'avéra délicieux. Le steak d'orignal, dont tous les invités se régalèrent, fut le mets le plus apprécié. Les jeunes mariés eurent aussi droit à quelques cadeaux. Guillaume ne manqua pas de leur remettre la somme d'argent offerte par Philippe et Georgiana, ce qui fit bien le bonheur de Victoire, soucieuse d'économiser assez de sous pour pouvoir vivre un jour dans sa propre maison.

Ils eurent droit à la musique entraînante d'un violoneux. Tout le monde s'essaya à danser. L'alcool fit prématurément disparaître les frères de Victoire. Guillaume, peu habitué à boire, sut s'arrêter à temps pour ne pas donner à Charlotte un spectacle qu'elle n'aurait pas aimé voir. Fort heureusement, il n'y eut ni pleurs ni mésententes.

Un photographe itinérant vint immortaliser ce jour. Guillaume fit promettre à Martial de lui envoyer un exemplaire de la photo où ils figuraient tous. «Je tiens à ce que tout le monde de la famille puisse au moins avoir une petite idée de ces belles noces », expliqua-t-il.

Le lendemain matin, les nouveaux mariés avaient les traits passablement tirés. La nuit de noces semblait avoir été une réussite. Ils étaient tous les deux en congé et profitèrent de cette journée pour faire apprécier les moindres particularités du village à Guillaume et Charlotte. Ils se permirent même de se rendre à Guigues saluer les deux frères de Victoire. Charlotte fut impressionnée par le camp de Xavier et Gus, avec ses murs ornés de nombreux trophées de chasse.

De retour à Ville-Marie, Guillaume profita du souper avec Martial et Victoire pour les interroger sur leurs plans d'avenir. Victoire s'empressa de répondre :

— La première chose que nous ferons, ce sera un enfant. J'en veux plusieurs.

— Ensuite, ajouta Martial, nous souhaitons acheter notre propre maison. Dans un an ou deux, je l'espère, nous pourrons vous recevoir chez nous.

— Comptes-tu toujours travailler comme commis de monsieur Huard ?

— Pour l'instant, oui. Au fond, de quoi avons-nous besoin pour vivre heureux ? Simplement de manger tous les jours et de beaucoup d'amour entre nous.

Guillaume vit les yeux de Victoire briller. Martial avait bien raison. Il lui confia :

— Tu sais sans doute que j'ai aussi travaillé quelque temps dans un magasin général, à Drummond.

— Pourquoi n'y es-tu pas demeuré ?

— Parce que les circonstances de la vie ont fait que nous avons quitté Drummond, et ensuite, je n'ai pas pu retrouver mon emploi à ce magasin.

— Aimais-tu faire ce travail ?

— Oui, mais j'ai goûté à autre chose et maintenant mes intérêts sont ailleurs.

— Que veux-tu dire par là ?

— À l'époque, je songeais même à acheter le magasin un jour.

— Qui sait ? Peut-être bien que ça m'arrivera.

— Si c'est ton ambition, je te le souhaite sincèrement.

Ils continuèrent à échanger comme ça un moment. Victoire, qui jasait avec Charlotte, se rapprocha de son mari. S'adressant à Guillaume, elle déplora :

— C'est dommage que vous partiez demain.

— De toute façon, la vie continue et vous travaillez déjà tous les deux dès demain, rappela Guillaume. Nous n'aurions guère eu de temps pour jaser. Il nous faudra deux jours pour être à Drummond et moi aussi, il me faut retrouver mon gagne-pain.

— Vas-tu continuer longtemps à la manufacture de carrosses ?

— Aussi longtemps que je ne trouverai pas mieux.

Guillaume avait établi une belle complicité avec Martial. Pendant qu'ils causaient, il ne put s'empêcher de mentionner :

— C'est dommage que nous restions si loin les uns des autres. Quand aurons-nous l'occasion de nous revoir ?

Victoire proposa :

— Nous devrions nous promettre de nous visiter en alternance au moins une fois par année.

— Voilà une bonne idée, acquiesça Guillaume. Je vais la faire approuver par quelqu'un d'important.

S'adressant à Charlotte, il lui demanda :

— Que penses-tu de la proposition de Victoire ?

— Quelle proposition ?

— Celle qu'on se voie au moins une fois par année.

Avec sa spontanéité coutumière, Charlotte se réjouit :

— Ah oui, p'pa ! Je suis d'accord.

— Tu n'as pas peur de t'ennuyer pendant le voyage ?

— Maintenant que je sais que c'est si long, je m'apporterai quelque chose pour tuer le temps.

Sa réponse les fit sourire.

— Tuer le temps ! soupira Martial. Pour moi, c'est bien le contraire. Je n'en ai jamais assez.

Ils quittèrent Ville-Marie au petit matin, sous une pluie fine qui rendait brumeuse la surface du lac. Le vapeur prit le large en faisant entendre sa sirène. Tout au long de la journée, le ciel chargé déversa des tonnes d'eau. Dans le train les menant de Témiscaming à Mattawa, puis dans celui se rendant à Ottawa, Guillaume, qui était parvenu à mettre la main sur un jeu de cartes, joua avec Charlotte jusqu'à ce qu'elle se sente trop fatiguée pour continuer. Il se contenta alors de réaliser des solitaires.

Quand ils parvinrent à Ottawa, en pleine nuit, il n'avait pratiquement pas dormi. Il s'assit dans la gare avec Charlotte. Ils dégustèrent ce qui restait du lunch que le père de Martial leur avait préparé. Au petit matin, ils sautèrent dans le premier train pour Montréal. L'attente à la gare avant le départ du train pour Acton Vale leur parut très longue. Plus ils approchaient de Drummondville, plus Guillaume rêvait de richesse.

— Si j'avais beaucoup de sous, ne put-il s'empêcher de confier à Charlotte, sais-tu ce que je ferais ?

— Non, p'pa.

— Je nous emmènerais passer non pas deux jours, mais toute une semaine auprès de Martial et Victoire.

— Je vais continuer à ramasser mes sous, affirma la petite.

— Tu en as déjà ?

Elle ouvrit la main. Une pièce de cinq sous y brillait.

— Où l'as-tu prise ?

— C'est Victoire qui me l'a donnée.

Guillaume songea que c'est ainsi que commence à se constituer une fortune.

Chapitre 31

Une invitation particulière

L'été progressait en dents de scie, avec des jours de chaleur accablante suivis d'orages violents. On ne savait jamais à quoi s'attendre de la température du lendemain. Ces manifestations de la nature constituaient la base même des échanges entre amis et voisins :

— As-tu vu comme il fait beau ?

— Oui, mais c'est réellement trop chaud. On a de la misère à respirer.

— C'est tout de même mieux que l'hiver.

— Pour ça, oui.

— Qu'il fasse chaud ou froid, on n'est jamais content.

Les conversations ainsi amorcées se poursuivaient sur la maladie de l'un, la chance de l'autre, avant d'aboutir aux dernières confidences à propos d'un tel ou d'une telle. Les jours filaient de la sorte, semblables les uns aux autres, jusqu'à ce qu'un événement quelconque vienne changer la marche du temps.

En allant aux noces, Guillaume avait épuisé les quelques congés qu'il pouvait espérer avoir à son travail. Il se remit à l'ouvrage sans trop d'enthousiasme. La fabrication de carrosses avait pourtant ses beaux côtés. Si la plupart des voitures fabriquées se ressemblaient, parfois, un client montrait des goûts particuliers et exigeait un carrosse différent ou alors désirait faire modifier son propre attelage. Depuis qu'il travaillait à l'usine, Guillaume espérait un jour faire partie de l'équipe qui réalisait ces commandes spéciales.

C'est ainsi qu'au début de l'automne, Judith MacFarlane arriva à l'usine, à bord du beau carrosse dans lequel on avait si souvent vu passer son frère. Elle indiqua à monsieur Pépin les modifications qu'elle voulait y apporter. Elle insista auprès du fabricant pour que Guillaume Courchesne fasse partie des ouvriers choisis pour exécuter ce travail. Monsieur Pépin voulut savoir pourquoi elle tenait tant à ce que Guillaume soit du nombre.

— Parce que c'est un ami de Sam et moi, et j'aimerais pouvoir dire qu'un ami a travaillé à la transformation du carrosse.

— Je vois, commenta monsieur Pépin. Mais Guillaume ne fait pas partie de cette équipe. Ce sont des ouvriers spécialisés qui savent travailler le bois. Ils fabriquent des moulures et sculptent toutes sortes de figures en relief.

— Il y a un commencement à tout, insista-t-elle.

Monsieur Pépin promit d'intégrer Guillaume à cette équipe. L'intéressé fut tout surpris d'avoir enfin le privilège de travailler sur ce genre de carrosses. Comme il était habile de ses mains, il ne mit guère de temps à utiliser de façon adéquate ciseaux et gouges pour produire les fleurs et les volutes exigées, quand ce n'était pas des armoiries en relief.

Une fois les modifications au carrosse des MacFarlane achevées, Éphrem, le palefrenier, vint chercher la voiture. Il y attela son cheval. Avant de partir, après avoir appris le montant à débourser pour le travail, il prévint monsieur Pépin :

— Madame MacFarlane demande à ce que Guillaume Courchesne puisse m'accompagner jusque chez elle.

— Pourquoi donc ?

— C'est à lui qu'elle désire confier l'argent.

On était au milieu de l'après-midi. Monsieur Pépin donna congé à Guillaume. Ils empruntèrent les rues principales de Drummondville. Éphrem avait ordre de passer chercher Judith MacFarlane chez le notaire Vallée. Elle terminait justement son travail. Elle monta dans le carrosse et fut tout heureuse d'y trouver Guillaume. Elle le pria de lui montrer les modifications apportées, ce qu'il fit avec beaucoup de fierté. Elle s'enquit :

— Tu as bien participé à ce travail ?

— En effet !

— Je suis bien contente que ton patron ait acquiescé à ma requête.

— C'est toi qui lui as demandé de m'intégrer à cette équipe ?

— En effet. Tu m'avais dit que tu aimerais mieux faire ce genre de travail, qui est moins monotone. Est-ce que ça a été le cas ?

Guillaume admit qu'il avait aimé son expérience. Il en fut reconnaissant à Judith, tout en se demandant si elle avait organisé cette mise en scène uniquement pour lui procurer cette chance. Et maintenant, s'il allait à la villa, il le devait au fait qu'elle avait insisté auprès de monsieur Pépin pour qu'il y accompagne Éphrem. Il la remercia pour tout.

— J'espère, Guillaume Courchesne, que tu découvres que tu as en moi une amie.

Guillaume ne sut d'abord pas quoi répondre, puis il marmonna :

— Tu es trop bonne pour moi, Judith.

— On n'est jamais trop bon pour un ami.

Arrivée à la villa, elle lui glissa dans les mains l'argent à remettre à monsieur Pépin.

— Je compte sur toi pour cette commission, mais sais-tu ce qui me ferait vraiment plaisir ?

— Quoi donc ?

— Que tu ailles chercher ta fille et que vous veniez partager mon souper. Mon frère a été des plus odieux hier, et il me semble que manger avec un bon ami me donnerait l'impression de vivre dans un monde normal.

Guillaume ne pouvait pas vraiment se dérober à cette invitation. Il acquiesça. Sans plus tarder, il se rendit chez lui et, dès que Charlotte revint du couvent, ils se mirent en route pour la villa. Heureuse de pouvoir retourner à cet endroit, Charlotte ne cessa pas de discourir tout au long du trajet.

— J'espère que je pourrai encore flatter les chevaux.

— Tu verras bien une fois là-bas. Attends que Judith te l'offre, par exemple.

— J'aimerais ça, si nous avions autant de chevaux et une grande maison comme celle de Judith.

— Pour ça, tu sais, il faut des sous.

— Et tu n'en as pas assez ?

— Non. C'est pourquoi il faut se contenter de ce que nous avons. Tu n'es pas bien dans notre maison ?

— Oui, sauf qu'il n'y a pas autant de place que dans celle de Judith.

— Tu vois, il y a des gens qui ont des maisons avec beaucoup d'espace et d'autres, comme nous, qui en ont moins. Ça ne doit pas nous empêcher d'être heureux. Serais-tu malheureuse ?

Elle s'arrêta et regarda son père. Sur un ton offusqué, elle lança :

— Tu sais bien, p'pa, que je suis heureuse avec toi !

— Tant mieux, je le sais, même si je constate qu'une maison plus spacieuse te rendrait encore plus heureuse. Peut-être qu'un jour nous vivrons ailleurs qu'à La Traverse et, qui sait, dans une belle grande maison, avec une écurie pleine de chevaux.

Un lièvre traversa le sentier, presque à leurs pieds. Guillaume cria « Woh ! » L'animal s'arrêta, les oreilles dressées. Charlotte eut le temps de l'examiner avant qu'il ne détale pour de bon.

— Il était beau, papa. Tu l'as vu ?

— Oui, bien comme il faut. As-tu remarqué sa queue blanche ? L'hiver, son pelage gris devient entièrement blanc, afin de l'aider à se dissimuler dans la neige pour que les renards ne le voient pas.

Tout en parlant, ils étaient parvenus à la barrière de Old Pine. Guillaume utilisa le téléphone pour signaler leur arrivée. Le majordome vint leur ouvrir la grille. Il les conduisit directement à la salle à manger. C'est une Judith souriante et plus jolie que jamais qui les y attendait.

— Merci d'être venus, les salua-t-elle, en glissant tout bas à Guillaume : il faut que nous nous parlions.

S'adressant à Charlotte, elle ajouta :

— Sans doute qu'après le souper, tu seras heureuse d'aller voir les chevaux.

Spontanément, la petite laissa échapper un cri :

— Ah oui ! J'ai hâte. Merci, Judith !

— Tu devrais prendre exemple sur ta fille, conseilla-t-elle à Guillaume. Les enfants font moins de détours que nous pour exprimer ce qui leur tient à cœur.

Ils expédièrent le souper avec bon appétit. Aussitôt le repas terminé, Judith se rendit compte que Charlotte ne tenait plus en place. Elle appela le majordome et le pria de lui envoyer Éphrem. Dès que le palefrenier apparut, elle lui confia Charlotte.

— J'ai ici une petite demoiselle qui aimerait beaucoup flatter les chevaux. Prenez le temps de combler ses vœux.

— Je m'en occupe, madame.

Charlotte était à peine partie que Judith offrit à Guillaume de passer au salon. Puis elle aborda directement ce dont elle voulait lui parler.

— Guillaume, tu t'en souviendras, j'ai beaucoup apprécié la conversation que nous avions eue dans le train qui nous ramenait à Drummond. La raison pour laquelle je me suis abstenue ensuite de communiquer avec toi, c'est que je te savais en deuil. Maintenant que cette période est terminée, je me permets de te parler franchement. Tu dois deviner un peu de quoi il s'agit. J'ignore si tes sentiments à mon égard ressemblent aux miens pour toi, mais si c'est le cas, pourquoi ne tenterions-nous pas de nous connaître mieux ? On n'a jamais trop d'amis.

Guillaume resta un moment sans voix. Il avait beaucoup d'affection pour Judith, quoiqu'il n'aurait jamais osé le lui avouer pour une seule et unique raison :

— J'ai songé qu'entre nous des choses intéressantes pourraient en effet se passer, mais tu es protestante et je suis catholique.

Sa réponse déconcerta Judith, sans pour autant la décourager.

— Je suis très heureuse de t'entendre dire que ma présence ne te laisse pas indifférent. Pourquoi alors ne pourrions-nous pas nous voir de temps à autre, même si nous ne pratiquons pas la même religion ?

Guillaume ne sut trop quoi répondre. Judith le tira d'embarras :

— Ne sais-tu pas que cette question de religion n'empêche pas les personnes de se fréquenter quand même ? J'ai des amies qui se sont mariées avec des hommes qui n'étaient pas de la même religion. Leur amour a été plus fort que les lois religieuses.

Songeur, Guillaume baissa la tête sans répondre. Le voyant dans cet état, Judith enchaîna :

— Je vois que je te prends de court. Je te laisse le temps de réfléchir à tout ça. Si tu es d'accord, j'aimerais te revoir la semaine prochaine, ici à la même heure. J'aurais une offre à te faire.

Toujours silencieux, Guillaume fit signe qu'il acceptait.

Charlotte revenait justement avec le palefrenier. Elle s'approcha de Judith et lui fit un câlin.

— Tes chevaux sont vraiment très beaux et gentils, commenta-t-elle. Me permettras-tu de revenir les voir ?

— Bien sûr, puisque tu les aimes ! Tu verras, ils vont bien vite devenir tes amis.

Judith sourit en espérant que Guillaume comprendrait le message subtil qu'elle venait de lancer. Avant qu'il ne la quitte, elle s'exclama :

— Oh ! J'oubliais. Attends une minute.

Elle sortit du salon, puis revint avec un tube de carton qu'elle tendit à Guillaume.

— C'est pour toi.

Il le prit, ne sachant trop quoi en faire. Elle s'approcha et en sortit une grande photo qui y était roulée. C'était celle de la maison de la traverse.

Guillaume en fut tout ému. Elle lui tendit la main.

— À la semaine prochaine, fit-elle, sourire aux lèvres et yeux pétillants.

Chapitre 32

Guillaume cherche conseil

Guillaume n'avait jamais voulu s'avouer qu'il trouvait en Judith une compagne très agréable. Qu'elle se soit permis de lui proposer d'être amis et de lui remettre ce cadeau le déroutait quelque peu. Il ne savait trop sur quel pied danser. Désirant en avoir le cœur net, il décida de s'en ouvrir à Dominique et Francesca. Tous deux la connaissaient très bien. Sans doute, leurs conseils se révéleraient précieux. Il en parla d'abord à Francesca, dont il avait toujours été proche.

— Tu ne sais pas ce qui m'arrive ?

Voyant l'air mystérieux qu'il arborait, elle répondit :

— Non, mais te connaissant comme je te connais, si tu as le goût de m'en parler, c'est que ce doit être du sérieux.

— En effet. Je pense que Judith MacFarlane aimerait que nous nous fréquentions.

Il s'attendait à voir Francesca réagir vivement. Sa réaction joyeuse le laissa interloqué.

— Pour une bonne nouvelle, c'est toute une bonne nouvelle ! Judith est une excellente personne. Et tu penses qu'elle a un œil sur toi ? Compte-toi donc chanceux et ne manque surtout pas le bateau.

— Elle n'est pas de notre monde…

— Elle a peut-être reçu une éducation différente de la nôtre, mais au fond, c'est la personne la plus simple et la plus ouverte d'esprit que je connaisse. En plus, elle est d'humeur égale et très gentille.

— Tu trouves ?

— Absolument. Au fait, que lui as-tu répondu ?

— Rien, sinon qu'elle est protestante et moi catholique.

— Ça ne l'a pas offusquée ?

— Non ! Elle m'a tout simplement donné une semaine pour lui rendre ma réponse. Je me demande ce que Dominique en penserait, lui.

— La meilleure façon de le savoir est de lui en parler.

Dominique était occupé à la rédaction d'un contrat dans son bureau. Depuis qu'il était conseiller municipal, outre les contrats que lui apportait son travail de notaire, il avait quelques dossiers supplémentaires qui l'obligeaient souvent à travailler en soirée. Francesca cogna à la porte avant de l'entrouvrir :

— Peut-on te déranger quelques minutes ?

— Je te sais trop discrète, chérie, pour me déranger pour rien.

— Guillaume est ici et aimerait te parler.

— Entrez donc !

Il se leva de son bureau pour accueillir Guillaume en ne manquant pas de commenter :

— Pour que mon beau-frère tienne à me voir, c'est certainement du sérieux.

Guillaume s'entendait bien avec Dominique. Encouragé par Francesca, il alla droit au but.

— Je pense que Judith MacFarlane aimerait que nous nous fréquentions.

Guillaume s'attendait à voir de la consternation sur le visage de son beau-frère. C'est plutôt un sourire qui vint s'y épanouir.

— Figure-toi qu'elle m'a souvent parlé de toi. Au début, j'ai pensé que ce n'était qu'une passade, et je ne m'y suis pas arrêté. Toutefois, quand j'ai vu qu'elle revenait fréquemment sur le sujet, s'informant souvent si j'avais de tes nouvelles, je lui ai demandé franchement si elle avait un penchant pour toi. Elle m'a avoué qu'elle pensait souvent à toi depuis votre rencontre dans le train. Puis, il n'y a pas longtemps, elle m'a demandé: «Pensez-vous, Dominique, que ça l'offusquerait si je lui en parlais? — Au contraire, connaissant Guillaume, je suis persuadé qu'il sera flatté d'apprendre qu'il ne vous laisse pas indifférente.» Et maintenant, c'est à ton tour de vouloir connaître mon opinion. Eh bien, je te trouve chanceux qu'une jeune femme jolie, affable et en plus brillante comme elle ait su reconnaître en toi des qualités qui lui plaisent. Tu le mérites sans doute et à ta place, je ne laisserais pas passer l'occasion de t'en faire une grande amie.

Francesca intervint:

— Dominique, Guillaume m'a fait part de sa conversation avec elle.

— En effet, ça s'est bien passé, assura Guillaume, mais je lui ai fait une objection que je trouve importante. Je suis catholique, elle est protestante.

Dominique réagit vivement:

— Les questions de religion ne devraient jamais intervenir dans les relations entre les gens. Si vous vous entendez bien et que vous finissez par vous aimer, il sera toujours temps, rendu au mariage, de régler ces questions à mon avis secondaires. Ça n'arrive pas tous les jours, bien sûr. Quand même j'ai à quelques reprises rédigé des contrats de mariage entre catholique et protestant, et ce n'est rien de compliqué. Crois-moi, monsieur le curé ne soulèvera pas d'objections et encore moins monsieur le pasteur. Guillaume, si j'ai un conseil à te donner, saisis ta chance. Surtout que Judith, par les temps qui courent, vit des moments difficiles avec son frère qui semble avoir perdu l'esprit. Raison de plus pour être à ses côtés et lui apporter l'appui et la compréhension auxquels elle a bien droit.

Les paroles de Dominique apaisèrent Guillaume. Se penchant vers Francesca, il commenta :

— Je savais qu'auprès de vous, j'y verrais plus clair. Merci pour vos bons conseils.

Dominique se leva et se dirigea vers l'armoire au fond de la pièce. Il l'ouvrit et invita Guillaume :

— Une nouvelle de même vaut autant qu'un bon contrat, et la plupart des bons contrats se terminent de la même façon : ça s'arrose.

Il tenait une bouteille de whisky. Il déposa deux verres sur son bureau. Même si Guillaume n'avait pas l'habitude de boire, il accepta tout de même le verre que lui offrait son beau-frère.

— À ta réussite ! souhaita Dominique. Que ce ne soit que du meilleur.

Ils burent. Guillaume avait été intrigué par ce que Dominique avait laissé entendre au sujet de Sam MacFarlane. Il voulut en apprendre davantage.

— Comme ça, le frère de Judith a vraiment perdu l'esprit ?

— En effet. Il ne sait plus ce qu'il fait. Judith a confié au majordome la tâche de rester constamment auprès de lui pour l'empêcher de faire des bêtises. Elle préfère le garder avec elle parce qu'il y est mieux traité que si elle le faisait interner. Elle est généreuse et lui consacre passablement de temps. De venir travailler quelques heures ici lui permet de respirer et de se changer les idées. Ce qu'elle vit n'est pas facile, tu sais. Qu'elle ait pensé à toi malgré tout, ça l'honore. Ne la déçois pas. C'est une très bonne personne.

Guillaume assura Dominique qu'il ferait de son mieux. Francesca était passée à la cuisine. Elle vint offrir à Guillaume de partager leur souper.

— Va chercher Charlotte aussi. C'est toujours un plaisir de voir notre filleule.

— Je sais qu'elle sera enchantée de souper chez son parrain et sa marraine. Elle parle si souvent de vous.

Chapitre 33

À Old Pine

Fort de sa visite à Dominique et Francesca, Guillaume ne perdit pas de temps pour se manifester à la villa. Il fit avertir Judith par Francesca qu'il irait la voir comme prévu le dimanche après-midi suivant. Francesca lui avait offert de garder Charlotte. Il avait pris le temps de réfléchir à sa relation avec Judith. Il repensa à sa première rencontre avec elle, quelques années auparavant. Il avait accompagné Sam à Old Pine pour partager la viande du chevreuil qu'ils avaient abattu en même temps. Il s'était dit à cette époque-là qu'il n'oublierait jamais cette jeune femme, qu'il avait trouvée si éblouissante. Puis, le temps avait passé, il avait vécu heureux avec Odette jusqu'à ce que lui arrive le grand malheur de la perdre. Maintenant, voilà que cette femme de son âge désirait le connaître mieux.

Il était flatté, lui, petit travailleur manuel, d'avoir attiré l'attention de cette femme brillante et belle. Qu'allait-il se passer entre eux ? Son rêve de richesse allait-il se réaliser ? Ces questions le tenaillaient alors qu'il se dirigeait vers Old Pine, par ce bel après-midi d'automne où tout semblait coloré. Il faisait bon respirer à pleins poumons les odeurs qu'exhalait le boisé voisin. Au bord du sentier menant à la villa, les asclépiades répandaient leur parfum. Des papillons y butinaient encore malgré la fraîcheur de l'air. Il y avait de quoi avoir le cœur plein de chaleur et de reconnaissance envers le Créateur pour une journée si belle. Surtout qu'elle serait couronnée par une rencontre avec une femme qu'il n'aurait jamais cru intéressée par lui.

Il n'eut pas à signaler sa présence à la grille. Le majordome l'y attendait. Le vieil homme l'accueillit par ces mots :

— Madame sera heureuse de vous voir.

Guillaume se pinça pour s'assurer qu'il ne rêvait pas. C'était bien lui, Guillaume Courchesne, que la maîtresse de cette villa désirait voir. Elle avait insisté pour qu'il vienne seul. Elle voulait sans doute qu'ils soient tranquilles afin de lui parler cœur à cœur.

Quand il pénétra dans le salon où elle l'attendait, il sentit une émotion forte le gagner. Il ne sut pas comment se comporter. Devait-il se contenter de lui serrer la main ? Ou l'embrasser sur la joue ? Fort heureusement, il n'eut pas à se poser la question longtemps, car elle l'invita tout simplement à s'asseoir, ce qu'il fit avec soulagement.

— Je te remercie d'être venu, le salua-t-elle.

Elle souriait et ses yeux pétillaient. Une fois de plus, il remarqua à quel point elle resplendissait.

— Tu prendrais bien un verre ? lui offrit-elle.

Il refusa poliment.

— Je n'y suis guère habitué.

— Tu t'es sans doute demandé en quoi consiste l'offre que je compte te faire ?

— En effet.

— Comme tu le sais, je travaille chez ton beau-frère et j'ai donc eu l'occasion de bien le connaître, de même que ta sœur Francesca, que je considère comme une bonne amie et une précieuse confidente. Voyant la bonté de ta sœur, je me suis dit, si son frère lui ressemble un peu, il vaut la peine que je fasse meilleure connaissance avec lui. Je me suis souvenue de la fois où je t'ai rencontré dans ce train qui nous ramenait à Drummond. Tu m'avais parlé un peu de ce qu'avait été ta vie. J'avais aimé notre conversation. Je te savais marié. Ta sœur m'a appris dans quelles conditions tu vis depuis le décès de ton épouse. J'ai voulu connaître ta fille, Charlotte, qui est une charmante enfant. Tu sais que mon frère a sombré dans la folie. Je dois donc voir au bon fonctionnement de la villa tout en m'en éloignant de temps à autre pour mieux respirer. Voilà pourquoi je travaille chez ton beau-frère.

« Toutefois, depuis quelque temps, Peter étant vieillissant et ne pouvant guère s'occuper d'autre chose que de son jardin, je songe à engager un homme à tout faire, qui verrait à l'entretien de Old Pine et de ses dépendances. Il serait logé et nourri ici tout en étant rémunéré pour son travail. Ça me libérerait ainsi de ces soucis matériels. J'ai donc pensé t'offrir ce travail, si la chose te convient. De plus, tu n'aurais plus à te préoccuper de l'avenir et de l'éducation de ta fille, car je verrais à ce qu'elle puisse faire d'excellentes études et ainsi, se lancer dans la vie dans les meilleures conditions que l'on puisse souhaiter. »

Guillaume l'avait écoutée attentivement et était profondément songeur. Cette discussion avec elle lui semblait très différente de la précédente, et il ne comprenait pas pourquoi. Si telle était la vraie raison de son invitation, ce n'était pas tout à fait ce à quoi il s'attendait.

— Je sais, poursuivit-elle, que tout cela t'arrive brusquement. Aussi je te donne quelques jours pour y jongler avant de t'engager ou pas.

Ne sachant pas quoi penser de cette offre, Guillaume demanda quelques précisions sur le travail qui l'attendait, si jamais il acceptait. Elle expliqua:

— Rien de compliqué. Tu es habile de tes mains, tu sauras certainement voir à l'entretien matériel de la villa, des dépendances, des voitures et de tout ce qui nécessite d'être régulièrement inspecté et réparé au besoin. Je veillerai à ce que tu aies des temps libres avec ta fille. Je suis persuadé que ce travail te plaira beaucoup. Tu seras maître de tes journées. Tu organiseras toi-même ton travail et nous ferons le point ensemble, à l'heure du souper, sur ce qui a été fait, sur ce qui reste à faire et sur ce qui pourrait être amélioré. Tu verras, je pense que nous nous entendrons très bien tous les deux.

Malgré sa déception, rien que de penser qu'il aurait l'occasion de côtoyer cette femme admirable tous les jours suffit à ce que Guillaume prenne sa décision. Il se garda de la lui communiquer immédiatement, mais il vit là une chance inouïe de réaliser son rêve de devenir riche, à tout le moins de pouvoir vivre à l'aise sans avoir à trop se soucier du lendemain.

— Tout cela vaut bien un verre, lui offrit Judith.

Cette fois, il ne refusa pas. Un bon whisky ne pouvait que lui être bénéfique. Son hôtesse sonna le majordome et commanda la boisson. Quelques instants plus tard, Augustin apparaissait avec la boisson et deux verres. S'adressant de nouveau à Guillaume, Judith lui dit d'une voix enjouée:

— J'espère que tout cela ne te secoue pas trop. Je te saurais gré toutefois de ne pas tarder à me donner ta réponse. J'ai hâte que ce problème soit définitivement réglé.

Voulant se montrer poli, Guillaume murmura:

— Je suis désolé pour Sam. J'avais vraiment apprécié la rencontre que nous avions eue dans les bois.

— Malheureusement, les choses ont mal tourné pour lui. Les médecins ne savent pas trop comment expliquer sa maladie. Pour moi et ceux qui le connaissent, c'est une bonne leçon. Il faut savoir profiter de l'instant présent avant que la maladie nous assaille. La vie est trop courte pour que nous la gaspillions à nous plaindre.

Changeant de propos, elle demanda :

— Charlotte va bien ?

— Oui, c'est une enfant facile qui aime rire et s'amuser. Plus elle vieillit, plus elle me fait penser à sa mère.

— J'aurais bien aimé connaître ton épouse. Si elle avait aussi bon caractère que son frère Dominique, elle ne devait certainement pas manquer de charme.

Ils continuèrent à échanger ainsi, le temps de finir leur verre, puis Guillaume se leva pour prendre congé.

— Je ne tarderai pas à te donner ma réponse, assura-t-il. Il me faut auparavant en discuter avec une petite demoiselle qui mérite bien d'en entendre parler après tout.

— Tu as absolument raison de la préparer à ce changement, si évidemment il se produit. Je connais bien des parents pour qui l'opinion des enfants n'a aucune importance.

— Ce n'est pas le cas en ce qui me concerne. Charlotte est tout pour moi.

— Je n'en doute pas. À bientôt, je l'espère.

Chapitre 34

Nouveau départ

De retour à la maison, Guillaume discuta avec Charlotte du grand changement qui s'annonçait.

— Tu as aimé quand nous sommes allés chez Judith à la villa ?

— Ah oui ! Quand y retournerons-nous ?

— Que dirais-tu si nous allions vivre là-bas ?

— À la villa ?

— Oui, Judith m'a offert d'aller y travailler. Ce serait notre chez-nous.

— Ah oui, p'pa ! Judith est gentille et il y a aussi des chevaux. On va pouvoir emmener Prince ?

— Bien entendu.

— Quand est-ce qu'on y va ?

— Dans quelques jours. Il faut d'abord que je prévienne Dominique et Francesca pour qu'ils trouvent quelqu'un pour nous remplacer le soir et la nuit à La Traverse. Ensuite, je dirai à Judith qu'on s'en vient. Elle nous montrera l'endroit où nous allons coucher.

— Ça ne sera pas dans la villa ?

— Je ne crois pas. Il y a tout près une petite maison. Je pense bien que c'est là que nous habiterons.

Guillaume communiqua sa réponse à Judith et deux jours plus tard, Charlotte et lui quittaient la maison de la traverse pour Old Pine. Leurs biens furent transportés dans la voiture que conduisait Éphrem. Comme quelqu'un qui part en expédition sans trop y être préparé, Guillaume se demandait bien s'il faisait pour le mieux. Monsieur Pépin avait accepté sa démission sans faire de problèmes et Guillaume avait nettement l'impression de se lancer dans une nouvelle vie. N'était-ce pas effectivement ce qui l'attendait à la villa ?

Comme il l'avait supposé, ils occupèrent le petit pavillon qui jouxtait le côté droit de la villa. À l'arrière, une galerie donnait directement sur la rivière qu'on pouvait observer à loisir. Charlotte se montra enchantée de ce qui leur arrivait. Heureux de pouvoir profiter de grands espaces, Prince courait d'un bord à l'autre. Quant à Guillaume, après avoir emménagé dans le pavillon, il tint à faire le tour des dépendances en prenant note de tout ce qui à ses yeux méritait d'être réparé ou rafraîchi. Judith les invita à partager son souper. Charlotte était intarissable. Sourire aux lèvres, Judith l'écouta raconter les folies de Prince. Puis, s'adressant à Guillaume, elle demanda :

— Vous vous en tirez bien tous les deux pour cette première journée ?

— Tout va pour le mieux. Nous sommes bien logés et je pense que nous nous plairons à Old Pine.

— As-tu eu le temps de jeter un coup d'œil à ce qui nécessite de l'entretien ?

— L'écurie aurait besoin d'être nettoyée à fond. Je crois que c'est par ça que je vais commencer.

— Parfait ! Tu te feras aider par Éphrem. Il ne demandera pas mieux. Je me rends compte que nos serviteurs commencent à se faire vieux. Sam s'occupait d'en recruter de nouveaux au besoin. Sens-toi bien à l'aise de me dire ce que tu penses d'eux. Il faut aussi que tu saches que je ne te considère pas comme un serviteur, mais bien comme un ami précieux qui sera en quelque sorte mon bras droit pour assurer le bon fonctionnement de la villa.

Ils soupèrent tranquillement à trois, comme une petite famille, à la différence qu'ils n'avaient qu'à se préoccuper de manger sans se casser la tête pour faire la vaisselle et tout ranger ensuite. Judith poussa l'amabilité jusqu'à s'enquérir de ses goûts et de ceux de Charlotte. Elle fit venir Éva, la cuisinière, et la pria de dresser une liste des plats principaux qu'elle pouvait servir, « afin, précisa-t-elle, que mes invités puissent nous dire ceux qu'ils préféreraient voir sur la table ».

Elle rappela à Guillaume qu'il partagerait désormais son souper chaque soir, en compagnie de Charlotte, et qu'ensemble ils verraient à dresser l'inventaire des travaux à venir.

— Je tiens à ce que vous vous sentiez ici comme chez vous, insista-t-elle. Depuis la maladie de Sam, ceux que nous croyions être nos amis se tiennent à l'écart. Je me sens bien seule. Ta présence et celle de la petite à ma table du soir compenseront. De plus, en me sachant bien appuyée par toi, je pourrai continuer à veiller sur mon frère en toute quiétude.

Ils achevaient leur repas. Éva, tenant en main une liste, arriva de la cuisine. Elle la remit à Judith, qui y jeta un coup d'œil avant de la lire tout haut :

— Voici ce qu'Éva nous suggère comme plats principaux pour les prochains repas : canard à l'orange, poulet royal, filet de bœuf à la Chateaubriand, côtelettes de veau à la Talleyrand, grenouilles sautées à la bourgeoise.

Spontanément, Charlotte s'écria :

— Des grenouilles sautées ? Beurk !

Sa réflexion fit bien rire Judith. Guillaume se permit d'intervenir :

— Allons, Charlotte, excuse-toi !

Judith s'interposa :

— Bien non ! bien non ! Laisse-la s'exprimer. Ne crains rien, Charlotte, il n'y aura pas de grenouilles sautées.

— J'aimerais du boudin, suggéra la petite.

— Tu en auras, ma chérie, tu en auras.

Guillaume en profita pour rappeler :

— Tu sais, Judith, que nous les catholiques, nous n'avons droit qu'à du poisson le vendredi.

— Je verrai à ce qu'Éva nous en prépare le vendredi.

Charlotte, ouvrant de grands yeux gourmands, demanda :

— Est-ce qu'il y aura du dessert ?

— Bien sûr, voyons !

Éva la rassura :

— Je peux préparer de la tarte bourbonnaise sucrée, des beignets ou des chaussons aux pommes, du massepain, du pain d'épices, du blanc-manger, du riz au lait d'amande et bien d'autres choses. Il faudra me dire ce que vous désirez.

Cette énumération fit prendre conscience à Guillaume qu'il entrait dans un milieu différent de celui auquel il était habitué. Sans être soucieux, il était songeur quand il quitta la villa. Que lui réservait l'avenir ?

Le lendemain, en compagnie d'Éphrem, il se lançait dans un grand ménage de l'écurie. Trois jours y passèrent. Puis, il se mit à l'inspection des voitures d'été et d'hiver. Un des bancs de la *sleigh* avait besoin d'être réparé. Les patins de la carriole devaient être solidifiés. C'est ce qu'il confia à Judith à la fin du souper ce soir-là.

Grâce au verbiage de Charlotte, les soupers étaient animés, ce qui plaisait visiblement beaucoup à Judith. Elle riait aux propos spontanés de la petite. De la sorte, la gêne naturelle établie entre Guillaume et la jeune femme se dissipait petit à petit. Il se rendait compte que, pour lui comme pour Charlotte, débutait un temps nouveau et il s'en réjouissait en silence, quitte ensuite, à la première occasion qu'il aurait, à en parler avec Francesca. Il savait fort bien que Charlotte profiterait largement de la situation. Déjà, elle avait gagné le cœur de Judith et celle-ci avait promis à Guillaume qu'elle verrait à ce que la petite reçoive une éducation soignée et puisse jouir d'une excellente instruction. Pour lors, Charlotte continuait à fréquenter le couvent de Drummondville. Toutefois, il devenait évident que Judith visait pour elle les plus hautes sphères de l'enseignement. N'avait-elle pas laissé entendre à Guillaume que Charlotte était très brillante et qu'elle irait loin dans la vie ? Juste pour cela, Guillaume se sentait fier d'avoir accepté son offre. Il ne pouvait souhaiter meilleur scénario.

Chapitre 35

Les fêtes

L'hiver déploya ses glaces. La neige avait transformé le paysage. Les sapins portaient de longs manteaux blancs et les champs dormaient sous des linceuls. Les jours comme les nuits figeaient sous la froidure. Chaque cheminée laissait monter une colonne de fumée que, d'un souffle, le vent brouillait. Dans les bois, les arbres craquaient comme les murs des vieilles granges que le froid faisait gémir. Les gens ne sortaient plus que pour nourrir les bêtes et rentrer du bois.

Malgré tout, comme à chaque fin d'année et au début de la nouvelle, tout le monde avait le cœur à la fête. Noël rassembla toute la famille à l'auberge de Raoul et Denise. On en profita pour faire le point sur l'année qui se terminait. On apprit que l'usine de Philippe avait enregistré d'excellents profits. Guillaume parla de son travail à Old Pine. Tout le monde se réjouit pour lui et cela d'autant plus que Charlotte adorait vivre à cet endroit. Dominique vola la vedette en révélant tout ce qui attendait les Drummondvillois dans les mois et les années à venir.

La ville, après avoir stagné plusieurs années, reprenait vie grâce à Napoléon Garceau, le nouveau candidat à la mairie, qui brassait les choses et qui, comme tous les hommes politiques, promettait mer et monde. C'est d'ailleurs ce que fit remarquer Philippe à Dominique :

— Nos politiciens sont bons pour faire des promesses, qu'ils oublient bien vite une fois au pouvoir.

— Pas Napoléon, soutint Dominique. Il se débat comme un diable dans l'eau bénite pour obtenir une école commerciale pour les garçons. Il s'est adressé à ce sujet au député Laferté, qui n'a même pas daigné lui répondre. Ça ne l'a pas découragé. Il a écrit directement au premier ministre. Il n'a pas froid aux yeux, voilà pourquoi je l'appuie entièrement dans ses démarches. Vous allez voir, ça va bientôt bouger dans notre ville.

— Je vous le souhaite, renchérit Philippe, bien qu'à mon avis, le plus bénéfique pour une petite ville, c'est l'établissement de nouvelles industries.

— Justement, s'exclama Dominique, nous en avons deux de plus et elles sont prometteuses : une usine de cigares et une autre d'allumettes.

— Ils voulaient être sûrs de pouvoir allumer leurs cigares, plaisanta Guillaume.

Sa boutade les fit bien rire. Dominique reprit :

— Rien n'empêche, ces deux industries ont emmené beaucoup de monde à Drummond. À l'heure où je vous parle, notre ville qui, il y a quelques années, ne comptait que cinq cents personnes dépasse maintenant le millier d'âmes. Si jamais vous en avez la chance, je vous invite à aller visiter ces deux usines. C'est vraiment impressionnant de découvrir comment elles fonctionnent.

Profitant du fait que la conversation tournait autour de ce qui se passait en ville, Guillaume mit son grain de sel :

— Ton monsieur Garceau, si j'ai bonne mémoire, a promis, s'il devenait maire, de remplacer nos trottoirs de bois par des trottoirs en ciment. Savez-vous qu'il est grand temps que ça se fasse ?

— Pourquoi donc ? demanda Philippe.

— C'est vrai, tu ne restes pas ici, tu n'en as donc pas entendu parler. Imagine-toi qu'en voyant les premières bordées de neige tomber, les gens de la rue Dorion, ne voulant pas marcher dans la boue au printemps, sont allés chercher le trottoir érigé dans la rue Hemming pour l'installer devant chez eux. Il y a eu des hauts cris. Dominique, qui est au conseil, pourrait te le rapporter mieux que moi.

— Que s'est-il passé ensuite ?

Dominique précisa :

— Les fautifs ont prétendu, et avec raison, qu'ils avaient obtenu de monsieur Piché, le secrétaire de la Ville, l'autorisation nécessaire pour procéder. Mais ils ont dû aller reporter le trottoir là où ils l'avaient pris.

— Ça n'arriverait plus avec les trottoirs en ciment promis par monsieur Garceau, renchérit Guillaume, et le vœu de Francesca serait exaucé.

— Comment ça, mon vœu ? questionna l'intéressée.

— Ce n'est pas toi qui souhaitais des trottoirs de ciment ?

— Non, Guillaume, c'était Odette.

Cette évocation jeta un froid que Dominique s'empressa de faire oublier en laissant entendre que l'année qui venait promettait d'être fructueuse.

— Vous allez voir, monsieur Garceau a des idées extraordinaires.

— Nous aussi, lança Francesca. Que diriez-vous d'une bonne partie de cartes ?

Les femmes se portèrent volontaires, pendant que Philippe et Guillaume décidaient d'aller voir Charlotte, André, Olivier et Georgette, qui jouaient dans la neige. Comme ils arrivaient dehors, ils assistèrent à l'éboulement d'un amas de neige accumulé sur le toit dans la cour arrière. Ils entendirent Olivier hurler :

— Charlotte et Georgette sont sous la neige !

Les deux hommes se précipitèrent. Les petites, qui s'amusaient à faire un bonhomme de neige près de la maison, avaient été ensevelies sous la neige tombée du toit. Fort heureusement, il n'y en avait pas trop épais, et Guillaume et Philippe réussirent à récupérer leurs filles avant qu'elles ne soient asphyxiées. Ce furent des hommes sous le choc, quoique soulagés, qui ramenèrent les petites à la maison. Un drame venait tout juste d'être évité.

— Si nous n'étions pas sortis…, grommela Guillaume.

— Heureusement qu'Olivier et André n'ont pas été ensevelis eux aussi, soupira Philippe.

Les femmes réconfortèrent les petites de leur mésaventure. La fête de Noël se termina de la sorte.

— On se revoit au jour de l'An, rappela Dominique.

— Nous fêterons le Nouvel An à Sorel, précisa Philippe. Vous êtes tous invités.

— Je pense que ce ne sera pas possible pour Charlotte et moi, l'informa Guillaume. Nous sommes invités à souper à Old Pine.

— Dans ce cas, proposa Dominique, souhaitons-nous la bonne année tout de suite.

Ce qu'ils firent avant de se laisser.

Au Premier de l'an, Guillaume et Charlotte partagèrent le souper de Judith. Elle avait eu des visiteurs pour le dîner, mais se serait retrouvée seule le soir sans leur présence. Elle ne manqua pas de le souligner pendant le repas.

— Heureusement que vous êtes là ! Je l'apprécie beaucoup.

Elle remit un cadeau à chacun. Guillaume eut droit à une magnifique paire de gants en cuir fourrés de laine d'agneau. Charlotte reçut une traîne sauvage. Elle embrassa Judith en disant qu'il s'agissait là du plus beau cadeau qu'elle ait reçu de sa vie.

Guillaume se sentit mal de ne pas avoir pensé à acheter un cadeau à Judith. Il s'en excusa. Elle le regarda en esquissant un sourire. Sans hésiter, elle répondit :

— Charlotte et toi, vous êtes le plus cadeau que je pouvais souhaiter.

Les paroles de Judith troublèrent Guillaume, qui resta songeur tout le reste de la soirée. Se pouvait-il qu'en l'engageant comme homme à tout faire, Judith ait imaginé d'autres plans pour lui ?

Chapitre 36

Guillaume et Judith

L'hiver avait frappé durement, aussi la douce température de ce printemps 1904 avait enchanté tout le monde. On avait pu tirer le maximum des érables au temps des sucres et l'été s'annonçait des meilleurs.

Dans les derniers mois, en plus de l'entretien général, Guillaume s'était vu confier la bonne marche tant de la cuisine que du reste de la villa, de même que le bon fonctionnement de l'écurie et du jardin. Il avait sous ses ordres tous les domestiques et Judith s'était montrée satisfaite de son travail. De la sorte, ses journées étaient fort bien remplies. Il y avait toujours quelques commissions supplémentaires à confier au palefrenier, qui devait voir, en se rendant en ville, à se procurer tout le nécessaire pour la préparation des repas, ainsi que tous les matériaux dont on avait besoin pour les travaux que la villa et le domaine exigeaient.

Augustin, le majordome, avait désormais pour seule tâche de s'occuper de Sam MacFarlane. Depuis plusieurs mois, il ne mangeait plus avec eux. Judith parlait très peu de son frère, mais Guillaume n'était pas sans se rendre compte à quel point sa maladie l'affectait. C'était d'ailleurs pour cette raison qu'il avait peu à peu hérité des tâches du majordome, trop occupé auprès de son maître.

Judith se chargeait elle-même de l'administration. Elle voyait aux gages des serviteurs et aux paiements du laitier et du boulanger. Tous les deux venaient chaque jour livrer leurs produits. Elle supervisait également le travail de Josaphat Comtois, le fermier qui faisait fructifier les terres du domaine, tout comme celui des ouvriers chargés de couper le bois qui était ensuite vendu ou utilisé pour chauffer la villa.

Quand, un soir, Guillaume lui fit le bilan des travaux accomplis depuis la fonte des neiges, Judith commenta :

— Il y a comme ça des saisons qui nous comblent.

— C'est en plein le temps qu'on devrait toujours avoir, renchérit Guillaume.

— Si on pouvait en être maître, ajouta-t-elle. À ce propos, quand ferons-nous le bilan de nos vies ? Tu le sais, celle de mon frère Sam est finie. Vivra-t-il encore bien longtemps ? Il y a lieu de se le demander. Quand il ne sera plus là, que deviendra la villa ?

— Aurais-tu idée de vendre ? s'enquit Guillaume.

— J'y ai pensé. Tout dépendra de nous.

En entendant ces propos, Guillaume regarda Judith droit dans les yeux. Elle souriait. Il lui demanda ce qu'elle voulait insinuer. Elle ne fit pas de détours :

— Ne crois-tu pas qu'il serait peut-être temps que notre relation devienne plus intime ?

Bien qu'il ressentît beaucoup d'admiration pour elle, Guillaume n'avait jamais laissé ses sentiments prendre le dessus. Judith était sa patronne. Ils se voyaient tous les soirs pour le bilan de la journée. Elle s'était toujours montrée compréhensive à son égard et pleinement satisfaite de son travail. Elle lui avait d'ailleurs souvent répété : « Le jour où je t'ai engagé, j'ai pris la meilleure des décisions. »

Voilà qu'elle se montrait plus entreprenante. Guillaume comprit qu'il ne devait pas laisser passer l'occasion :

— Permets-moi, Judith, de te dire que depuis notre rencontre dans le train, quelque chose s'est passé en moi. Je m'étais promis de devenir ton ami et peut-être plus. Puis, tu m'as engagé à la villa, et à mes yeux, comme tu devenais ma patronne, je devais garder mes distances.

— Les choses changent, Guillaume.

Il n'en croyait pas ses oreilles.

— Veux-tu dire que toi et moi...

— Pourquoi pas ? Il n'en tient qu'à nous deux.

Les paroles de Judith le secouaient. Il ne voulut pas trop le laisser paraître. Il chuchota :

— Donne-moi le temps de m'habituer à cette idée.

— Nous avons tout notre temps, laissa-t-elle tomber en souriant. Je sais, tu m'objecteras sans doute que nous ne sommes pas du même milieu. C'est vrai ! Mais ça ne change rien à ce que nous sommes vraiment. J'ai eu le temps de te voir agir et de te connaître mieux. Chaque jour, je me suis félicitée de t'avoir à mes côtés. Peut-être sommes-nous destinés à faire un long chemin ensemble ?

Ils se quittèrent sur ces paroles. Guillaume devait aller chercher Charlotte, qui s'était rendue chez sa tante Francesca après le couvent. En chemin, il s'arrêta un moment pour réfléchir à ce qu'il lui arrivait. Il n'osait croire à ce qui venait de se passer entre Judith et lui. N'était-ce pas une porte grande ouverte à un jour nouveau ? Puis le souvenir d'Odette lui revint à l'esprit et il s'assombrit. Aimer une autre femme, n'était-ce pas oublier les jours de bonheur passés avec elle ? Il se dit qu'Odette comprendrait, qu'elle souhaiterait sûrement que Charlotte et lui soient heureux. Puis il se demanda pourquoi Judith avait attendu si longtemps avant de lui avouer ses sentiments. Sans doute avait-elle désiré mieux le connaître… Maintenant, il était fixé sur ce qu'elle ressentait pour lui. Quant à lui, il savait qu'il l'aimait. Depuis des mois, il prenait grand plaisir à se retrouver avec elle chaque soir, sans oser le lui confier. Désormais, tout allait changer. La richesse qu'il recherchait depuis si longtemps lui tombait du ciel, et qui plus est des mains de la femme qu'il admirait le plus au monde. Il se pinça en se demandant si c'était bien à lui que tout cela arrivait.

Comme chaque fois qu'il se trouvait dans une situation qui le tourmentait, il sentait le besoin d'en parler. C'est sans hésiter qu'il s'en ouvrit à Francesca lorsqu'il arriva chez elle. Quand il lui apprit ce qui se passait dans sa vie, Francesca se montra immédiatement heureuse pour lui.

— Te rends-tu compte au moins de ta chance ?

— Oui, mais…

— Pourquoi « oui, mais » ? Qu'est-ce qui te fait hésiter ? Tu n'aimes pas Judith ? Tu crains de ne pas être à la hauteur parce qu'elle n'est pas de notre milieu ? Nous avons l'occasion de la voir cinq jours par semaine, Dominique et moi. Il est vrai que je ne fais que la croiser quand elle part, seulement j'ai eu le temps de me rendre compte à quel point c'est une femme charmante dont tu n'auras pas à te plaindre. Et si tu veux en avoir le cœur net, tu n'as qu'à en parler à Dominique, qui se montre pleinement satisfait de ses services, que nous allons malheureusement perdre, car elle a laissé entendre qu'elle cesserait de venir. La maladie de son frère l'inquiète de plus en plus, et l'administration de la villa et du domaine lui vole beaucoup de son temps.

— Par qui la remplacerez-vous ?

— Je vais reprendre mon travail auprès de Dominique.

— Et le restaurant La Traverse ?

— Dominique est en pleine démarche pour le vendre. Il a même un acheteur potentiel. Comme tu peux voir, la vie nous pousse sans cesse vers l'avant. Nous n'avons qu'à nous adapter à ce qu'elle nous propose. Tu me demandes mon avis au sujet de ta relation avec Judith. Je n'ai qu'une chose à te dire : va de l'avant ! Qui ne marche pas piétine.

Guillaume avait sa réponse. La seule chose qui le tracassait encore était la réaction de Charlotte lorsqu'elle apprendrait ce qui se tramait. Elle aimait beaucoup Judith, qui d'ailleurs le lui rendait bien et était devenue, par la force des choses, pratiquement une deuxième mère pour l'enfant. Judith s'occupait bien d'elle. Elle aimait la voir s'amuser avec Prince et se pâmer devant les chevaux. Comme elle l'avait promis, elle se souciait de son avenir. Elle avait même proposé à Guillaume de l'envoyer à un pensionnat où elle bénéficierait d'un meilleur enseignement.

Guillaume avait promis d'y réfléchir et voilà que maintenant les choses risquaient de changer radicalement. Si jamais ses relations avec Judith devenaient plus sérieuses, il faudrait bien que Charlotte y trouve son compte. Il ne voulait surtout pas qu'elle attribue à cela le fait d'être envoyée au pensionnat en septembre prochain.

Au fond, Guillaume se donnait toutes ces excuses parce qu'il ne savait que trop comment tourneraient ses relations avec Judith. Rien que d'y penser, le cœur lui débattait et il en perdait ses moyens. Parce que Judith lui avait révélé ses intentions, une foule de sentiments qu'il croyait à jamais enfouis s'éveillaient dans son cœur. Il se demandait si elle pouvait vraiment être amoureuse de lui. Il avait peine à le croire. Elle avait pourtant bien précisé qu'elle souhaitait que leur relation devienne plus intime. Ces paroles ne pouvaient pas être plus claires. Aussi décida-t-il de ne plus cacher les sentiments profonds qui l'habitaient.

Chapitre 37

Le grand amour

Ce soir-là, Guillaume demanda à Francesca de garder Charlotte à souper afin de pouvoir être seul avec Judith. Quand il revint à la villa, tenant un bouquet de fleurs, elle en fut profondément émue. En guise de remerciement, elle s'approcha de lui et l'embrassa. Ce qu'il lut dans ses yeux vint confirmer que cette intimité qu'elle souhaitait entre eux venait de naître à l'instant.

Ils allèrent s'asseoir dans la salle à manger. Judith lui confia :

— Si nous étions vraiment seuls, sans serviteurs, nous ne serions pas assis face à face. En ce moment, je serais volontiers à tes côtés.

Guillaume ne sut trop quoi répondre. Il finit par murmurer :

— Il ne tient qu'à nous de remédier à la situation.

— Dans ce cas, nous y verrons à la fin du repas.

Ils avaient si souvent soupé ensemble sans laisser poindre leurs sentiments que, tout d'un coup, tout éclatait. Ils mangèrent presque en silence. Leurs yeux parlaient pour eux. Une fois le repas terminé, ils se retirèrent au salon. Judith demanda aux domestiques qu'ils ne les dérangent pas. Ils s'assirent en face l'un de l'autre pour pouvoir échanger à leur aise sur ce qui se passait entre eux. Judith fut la première à ouvrir son cœur.

— Guillaume, si j'ai tenu à te révéler ce que je ressentais pour toi, c'est parce que mes sentiments à ton égard n'ont pas changé depuis notre rencontre dans le train. J'ai tout de suite éprouvé beaucoup de tendresse pour toi. Je n'osais pas appeler ça de l'amour. Cependant, ce sentiment puissant n'a pas cessé de croître en moi depuis que je t'ai offert de venir vivre à Old Pine. Quand je te regarde, je me rends compte que tu sembles ressentir la même chose à mon égard. Est-ce que je fais erreur ?

Il ne répondit pas tout de suite, tant il était ému.

— Tu as bien deviné ce qui se passe en moi. Je peux maintenant t'affirmer, moi aussi, qu'en te revoyant dans ce fameux train, j'ai ressenti une très vive sympathie pour toi. Je n'ai pas voulu le laisser paraître, car j'étais marié. Si, ensuite, j'ai accepté de venir travailler à Old Pine, c'est que cette estime que j'avais pour toi a continué de grandir. Aujourd'hui, je sais que je suis amoureux de toi. Tu as dû d'ailleurs le lire dans mes yeux.

Elle sourit, et une fois de plus, Guillaume sentit son cœur battre plus vite. Elle poursuivit d'une voix douce :

— Merci, Guillaume, pour ta franchise. Nous avons beaucoup attendu avant de nous révéler notre amour. Je sais qu'il y a plusieurs différences entre nous, ne serait-ce que la religion que nous pratiquons. Ces divergences, par contre, ne peuvent rien changer aux sentiments qui nous animent. Nous nous aimons. Les convenances veulent que nous nous comportions de façon réservée tant que nous ne sommes pas mariés. Nous n'avons plus vingt ans. D'autres ne décideront pas pour nous du chemin que nous voulons suivre. Donnons-nous encore le temps de nous mieux connaître en échangeant en tête-à-tête comme nous le faisons présentement. Nous prendrons ensuite les dispositions nécessaires à l'épanouissement de notre amour.

Elle dit tout cela calmement. Guillaume accueillait chacune de ses paroles comme la plus belle des déclarations d'amour.

Il savait que désormais, sa vie allait changer. Il se demandait encore comment une si belle et si brillante jeune femme pouvait avoir trouvé en lui les qualités qui lui valaient d'être aimé de la sorte. Comme si elle lisait dans ses pensées, Judith ajouta :

— Je sais que tu es né dans un milieu plus modeste que le mien. Toutefois, je l'ai trop souvent vu dans mon monde, la richesse matérielle ne va pas toujours de pair avec celle du cœur, c'est même souvent le contraire. J'ai découvert en toi ce que j'ai toujours cherché vainement jusqu'ici. Tu es généreux. Il n'y a pas de malice en toi. Tu ne connais pas la duperie. Tu es franc, dévoué, droit et loyal. Qu'est-ce qu'une femme sensée peut souhaiter de mieux de la part de celui dont elle voudrait partager les jours ?

Les paroles de Judith touchèrent Guillaume droit au cœur.

— Je ne sais pas m'exprimer aussi bien que toi, mais sache que ce que tu viens de dire sur moi, je le retrouve au centuple chez toi. J'ai vécu avec Odette un grand amour. Je ne refuserai pas d'en revivre un semblable avec toi.

En entendant ces paroles, Judith baissa les yeux tout en esquissant un large sourire.

— Je savais qu'en toi vivait une partie de moi-même, ajouta-t-elle. Une fois réunis, nous ne ferons qu'un, et j'espère que la vie nous permettra de faire un bon bout de chemin ensemble.

Guillaume devait retourner chercher Charlotte chez Francesca. Il se leva, s'approcha de Judith et la serra dans ses bras tout en l'embrassant.

— Tout le reste de ma vie, assura-t-il, je considérerai ce jour comme l'un des plus beaux de mon existence.

Fière de ce qu'elle entendait, Judith le regarda droit dans les yeux.

— Merci, mon beau Guillaume. Nous avons la vie devant nous.

Il la quitta à regret. Il se rendit chez Francesca d'un pas ferme, le cœur submergé de bonheur. Il rayonnait tellement quand il entra chez elle qu'elle s'exclama :

— Eh bien ! Je n'ai pas besoin de te demander comment s'est déroulé ton tête-à-tête.

Il répondit en riant :

— Voilà pourquoi je n'aurai pas besoin de te le décrire.

Charlotte s'était approchée de lui. Il la serra contre lui. Il ne put s'empêcher de déclarer à sa sœur :

— La vie est belle. Elle nous réserve parfois des surprises qui vont au-delà de ce que nous attendions.

— Je suis heureuse pour toi, tu le mérites bien.

Il demanda à Charlotte :

— Tu t'es bien amusée au moins, chez tante Francesca ?

— J'ai dessiné mon oncle Dominique dans son bureau.

— Montre-moi ça vite !

— Mon oncle a gardé mon dessin et il m'a donné ça.

Elle ouvrit la main. Guillaume y compta cinq sous. Francesca intervint :

— Elle a beaucoup de talent. Elle adore dessiner et ça paraît. Dominique est bien content du portrait qu'elle a fait de lui. Tu devrais voir à ce qu'elle développe un pareil don.

— J'y verrai, promit Guillaume.

Il remercia sa sœur de son aide et revint à la villa avec Charlotte. « Vraiment, se réjouit-il, ce jour était béni. »

Chapitre 38

Des nouvelles de Victoire

Bien installé sur tout le pays, l'été ne donnait guère de répit avec ses journées torrides qui faisaient rechercher par tout un chacun le moindre coin d'ombre. Maintenant âgée de neuf ans, Charlotte se faisait confier par Guillaume diverses petites tâches, dont celle de se rendre une ou deux fois par semaine au bureau de poste voir s'il n'y avait pas de courrier pour eux.

Rien ne faisait autant plaisir à Charlotte que cette commission, car, avec l'autorisation de son père, avant de revenir à la villa, elle pouvait se rendre rue Brock, chez sa grande amie Juliette Cusson avec laquelle elle passait de bons moments. Toutes les deux aimaient dessiner et se passionnaient pour les chevaux. Depuis que Charlotte vivait à Old Pine, Judith lui avait donné un calepin dans lequel elle esquissait toutes sortes de dessins. Elle avait remarqué que Charlotte possédait un certain don pour reproduire ainsi sur papier les chevreuils, lièvres et écureuils qu'elle croisait sur le domaine. Mais ses meilleures esquisses étaient sans contredit celles des chevaux. Judith l'encourageait à continuer à les reproduire, et son amie

Juliette, quoique moins douée, l'accompagnait dans leurs séances de dessin.

Quand Charlotte se rendait en ville, avec Juliette, elles aimaient observer les gens. Les deux fillettes s'assoyaient en bordure de la rue et tentaient de leur mieux de tracer le portrait des passants. Elles ne s'en tiraient pas si mal que ça, si bien que Judith les mit en contact avec madame Cooke de Wendover, laquelle produisait de beaux dessins de Drummondville et des environs. Avec elle, elles reproduisirent l'église, le presbytère, le pont, les forges. Leurs dessins encore grossiers se raffinaient petit à petit, au grand plaisir de Judith.

Un samedi, en revenant de sa visite chez son amie, Charlotte rapporta à son père une lettre. Alors qu'il la décachetait, Guillaume se demandait de qui elle pouvait être. C'était Victoire qui lui avait écrit. Quand il lut les premières lignes, il se souvint de sa promesse : ils devaient se revoir chaque année. Victoire ne manquait d'ailleurs pas de commencer ainsi sa lettre.

Ville-Marie, 21 juillet 1904

Cher Guillaume,

Il y a un an, à mes noces, nous nous étions promis de nous revoir au moins une fois par année. Je vous ai rendu visite avant mon mariage. Malheureusement, je dois me rendre à l'évidence, tu n'as pas pu tenir ta promesse de venir me voir, si bien que le temps passe sans que je sache ce que vous devenez et sans que vous soyez informés de ce qui se déroule ici. Voilà pourquoi je me suis décidée à vous écrire.

Vous devez d'abord apprendre que vous avez une nièce de plus. Elle aura bientôt trois mois et j'ai tenu à ce qu'elle se nomme Élise. Tu le feras savoir aux autres de la famille. La petite est très éveillée et fait notre bonheur à Martial et moi. Parlant de Martial, il se porte bien et poursuit fidèlement son but de nous acheter éventuellement une maison. Quant à moi, après avoir cessé de garder, je me suis trouvé du travail grâce à ce que j'ai appris lors de mon séjour à Odanak. Je confectionne toutes sortes de paniers qui sont bien appréciés par les gens d'ici et également par les visiteurs de passage. Ils constituent de beaux cadeaux à offrir. J'en vends beaucoup et ça me permet de mettre un peu plus de beurre sur notre pain.

Mais assez parlé de nous. Que devenez-vous tous ? Est-ce que vous êtes tous en bonne santé ? Comment va Charlotte ?

Guillaume arrêta sa lecture, se reprochant de ne pas avoir pris le temps d'informer Victoire des changements survenus dans sa vie depuis le mariage. Il faudrait qu'il trouve le temps de retourner à Ville-Marie pour visiter sa sœur, son beau-frère et sa nièce. Judith serait sans doute heureuse de lui donner quelques jours de congé. Il poussa un soupir, puis poursuivit sa lecture.

J'espère que tu pourras trouver le temps de venir comme tu me l'avais promis. Je sais que c'est loin. Mais il n'y a pas de distance assez grande pour empêcher les gens qui s'aiment de se voir. J'aurai tant de plaisir à te présenter Élise.

Mes frères restent ce qu'ils sont. Ils gagnent bien leur vie et ne sont heureux que dans ce qu'ils font le mieux, chasser et trapper. À part ça, rien ne change bien gros ici. Ville-Marie est toujours en ébullition. On y voit constamment arriver quelques aventuriers à la recherche d'or, qui repartent un peu plus tard, aussi vite qu'ils sont venus.

Je pense qu'au fond, dans la vie, on n'est bien que lorsqu'on a trouvé ce qui nous convient et qu'on sait s'en contenter. Je te laisse là-dessus en espérant avoir bientôt de tes nouvelles et de ceux que je connais.

Ta jeune sœur,

Victoire

Comme Guillaume avait l'esprit quelque peu ailleurs, il prit le temps de relire la lettre sans se laisser distraire par tout ce qui lui tournait dans la tête. Lui revenait en mémoire ce temps où ils étaient tous à la maison de la traverse, et voilà qu'ils étaient dispersés et qu'il n'avait plus avec lui que Charlotte. Toutefois, l'avenir se montrait prometteur. Ses pensées se tournèrent tout naturellement vers Judith.

TROISIÈME PARTIE

UN TEMPS NOUVEAU

1905-1909

Chapitre 39

Samuel MacFarlane

Judith se montrait toujours très soucieuse du bien-être de son frère Sam. Augustin, le majordome, passait ses journées avec lui. Il voyait à ce qu'il mange et ne fasse rien d'excessif. Il avait dû à quelques reprises lui arracher des mains un objet quelconque avec lequel il aurait pu se blesser. Il prenait soin de son maître avec beaucoup de sollicitude, veillant jalousement sur lui, tâchant de son mieux de rendre ses journées les plus agréables possibles. C'était Sam qui l'avait embauché, près de vingt ans plus tôt. En bon serviteur, Augustin était désolé de voir à quel point la vie l'avait malmené. Il ne s'habituait pas à le voir chaque jour dans cette misérable condition. Quand arrivait le soir, il s'occupait de le coucher et ne le quittait pas avant de s'être assuré qu'il dormait à poings fermés. Heureusement, une fois endormi, Sam filait doux jusqu'au matin, si bien que son vieux serviteur devait le réveiller pour lui éviter de passer la journée au lit.

Augustin profitait de ces heures de répit pour se reposer lui-même. Il se retirait dans sa chambre afin de prendre quelques heures de sommeil avant de recommencer une autre journée qui lui apporterait sans doute un tas de problèmes nouveaux. Certains jours, Sam refusait de manger, s'amusant à rejeter sa nourriture. Seule Judith parvenait alors à le raisonner. Il lui obéissait comme un enfant, même si elle se demandait parfois s'il la reconnaissait. La santé de son frère la préoccupait de plus en plus, et elle s'interrogeait. Ne vaudrait-il pas mieux le faire interner dans un asile d'aliénés ? Elle ne parvenait pourtant pas à s'y résoudre, sachant fort bien qu'il ne recevrait pas des soins aussi attentifs que ceux que lui prodiguait Augustin. Il deviendrait tout simplement un malade parmi d'autres, et serait traité comme n'importe lequel d'entre eux.

Un jour qu'elle rentrait d'une visite à une amie, elle trouva Old Pine en émoi. Tout le monde courait de gauche à droite à la recherche de Sam. Judith interrogea Augustin, qui lui raconta que cet après-midi-là, il avait dû le laisser seul à peine cinq minutes, le temps de se rendre à la cuisine dire deux mots à Éva pour le prochain repas de son protégé. Quand il était revenu à la chambre, Sam n'y était plus. Il l'appela d'abord, sans qu'il se montre. Il courut avertir le reste du personnel. Ameuté, tout le monde se mit à sa recherche. C'est à ce branle-bas qu'assistait Judith à son retour.

Comme Sam ne semblait pas dans la villa, on le chercha vainement du côté des dépendances. Où pouvait-il être passé ? Plus les minutes filaient, plus l'inquiétude montait. Occupé à la réparation d'une porte au pavillon de chasse, Guillaume se joignit à la recherche dès qu'il apprit ce qui se passait. Il fut le premier à se demander si Sam ne pouvait pas s'être dirigé vers la rivière. Pour ne pas alarmer Judith, il ne lui fit pas part de cette hypothèse. Descendant sur le rivage, il aperçut des traces de pas sur le sable. Il les suivit.

Elles se dirigeaient droit vers la rivière jusqu'à l'eau. Ne voulant pas se rendre à l'évidence, Guillaume scruta la surface de la rivière, en suivit le cours depuis la rive jusqu'à la hauteur des rapides, puis revint, l'âme dans les talons, révéler à Judith sa découverte.

— Je crains fort qu'il ne nous revienne pas.

— Pourquoi affirmes-tu ça ?

— Viens, l'invita-t-il.

Elle le suivit. En approchant de la rive, il lui montra les traces. Pour éviter qu'elle ne s'effondre, il lui passa un bras autour des épaules et la fit asseoir sur un arbre mort, près de la rive. Le soleil brillait, des oiseaux chantaient, la rivière coulait comme toujours, la vie pourtant ne serait plus la même. Courageusement, Judith se ressaisit :

— Va prévenir le chef Gédéon Prince et les autres. Si Sam s'est noyé, je ne dormirai pas tranquille tant qu'ils n'auront pas rapporté sa dépouille.

— Envoie plutôt Augustin ou un autre, je vais rester près de toi.

Se montrant très forte dans cette épreuve, elle lui commanda :

— Guillaume, fais ce que je te demande. Je saurai bien m'occuper de moi.

Sans plus attendre, il courut alerter tout le monde. En peu de temps, des hommes arpentèrent la rivière sur ses deux rives. Si Sam avait été emporté, on retrouverait certainement son corps au bas des rapides. C'est là que les recherches furent concentrées. Elles s'avérèrent vaines ce jour-là.

Le lendemain, elles reprirent de plus belle. Quelques hommes en chaloupe descendirent au milieu de la rivière tout en examinant avec minutie les berges du cours d'eau.

D'autres firent le tour des îles, au cas où le corps du noyé s'y serait échoué. Un bon nombre, dont faisait partie Guillaume, arpentèrent les rives. Une fois de plus, ils n'eurent pas de succès dans leurs recherches.

On ne retrouva le corps de Sam que trois jours après sa disparition, coincé entre deux blocs de pierre sur l'une des rives de la rivière, à plusieurs milles de Drummondville. Le choc fut terrible pour Judith quand elle le vit étendu sur la charrette dans laquelle on l'avait ramené. Guillaume fit de son mieux pour la soutenir. Elle se montra courageuse et ne tarda pas à voir à ce que son frère ait un enterrement digne de son rang.

Elle fit appel à tous ses domestiques pour préparer le salon afin d'y tenir la veillée funèbre le lendemain. Deux hommes apportèrent le cercueil. Le corps y fut déposé. On s'empressa de fermer le couvercle afin d'amoindrir les odeurs qui s'en exhalaient. On tâcha de compenser par des bouquets de fleurs.

Sam était fort connu. Ses anciens amis, qu'on ne voyait plus depuis sa maladie, se firent un devoir de venir offrir leurs condoléances à Judith. Ils défilèrent rapidement devant le cercueil pour se retrouver dans le hall où l'air était plus salubre. L'église anglicane Saint-George ne put accueillir tout le monde le jour du service tant il y avait foule. Par solidarité, plusieurs restèrent à l'extérieur pendant toute la durée de la cérémonie. Le pasteur fit un bel éloge du défunt. Guillaume se remémora les meilleurs moments passés avec Sam, notamment quand ils s'étaient vus pour la première fois et avaient sympathisé.

On ramena la dépouille jusqu'à Old Pine et Sam fut inhumé à l'ombre des grands pins sous lesquels il avait autrefois connu le bonheur. Judith vit à ce que ceux qui l'avaient accompagné jusqu'à son dernier repos partagent encore un moment avec elle autour de la table de la salle à manger où on offrit quelques bouchées accompagnées de boissons. Plusieurs levèrent leur verre au défunt. L'après-midi se termina avec le départ des derniers amis. Un grand silence tomba sur la villa. Une page venait de se tourner sur son passé, une nouvelle s'ouvrait sur son avenir.

Chapitre 40

La découverte

Un des amis de Sam, qui gérait la fortune des MacFarlane, était nul autre que l'homme d'affaires John Archibald. Partis de Montréal, son chauffeur et lui avaient mis des heures à parvenir à Drummondville tant la route était mauvaise. Son passage à Drummondville fit sensation. Il s'agissait en effet d'une des premières voitures à essence à rouler dans les rues de la ville. Elle fit tourner bien des têtes et on en parla longuement entre amis dans le hall de Old Pine. Son propriétaire ne manqua pas d'expliquer :

— Il s'agit d'une Ford Model C.

— De l'année dernière ?

— Non, de cette année. C'est une 1905, le plus récent modèle.

— Elle ne doit pas être donnée !

Se passant les pouces dans les bretelles, John Archibald répondit comme un homme au-dessus de ses affaires :

— Pas si mal, près de mille dollars.

— Elle est superbe.

— En effet. J'aime en particulier son confort, sa beauté et sa capacité de me transporter là où je veux dans le temps de le dire. En plus, sa couleur verte, synonyme d'espérance, me plaît beaucoup. Pour les spécifications concernant son fonctionnement, je sais qu'elle a deux cylindres qui produisent dix chevaux-vapeur. Quant au reste, demandez à Oswald, mon chauffeur, il saura certainement répondre à vos interrogations.

Il se montrait on ne peut plus fier de son acquisition. Invité par Judith à coucher à la villa, il refusa poliment, prétextant qu'il avait déjà réservé une chambre à l'hôtel.

— Je reviendrai demain, promit-il, pour que nous fassions ensemble le point sur vos avoirs, puisque vous êtes l'unique héritière. Votre frère avait eu la sagesse de produire un testament, ce qui facilite beaucoup les choses.

— Dans ce cas, répondit Judith, je vous attends ici à dix heures.

L'unique raison pour laquelle il avait préféré coucher en ville tenait à son désir de lire l'étonnement et l'admiration sur le visage des gens à son passage dans les rues. Il avait visé juste, car ils furent nombreux à entourer la voiture quand Oswald la stationna devant l'hôtel.

Le lendemain avant-midi, quand il quitta l'établissement, plusieurs hommes examinaient encore la Ford avec admiration. Son propriétaire s'en montrait fier comme un paon. Son chauffeur fit défiler lentement la voiture sur la rue Heriot avant de prendre le chemin de Old Pine où ils arrivèrent quelques minutes avant l'heure du rendez-vous. À la grille, Oswald éteignit le moteur et descendit pour signaler leur présence à l'aide du téléphone. Augustin se montrait justement. Il ouvrit la grille. Oswald remonta dans la voiture. Quand il voulut la faire redémarrer, le moteur toussa quelques coups et s'étouffa. Le chauffeur eut beau tenter de la remettre en marche, elle ne collabora pas, si bien que c'est à pied que John Archibald dut franchir les quelques centaines de pieds le menant à la villa. Fort heureusement, à part Oswald et Augustin, personne d'autre ne fut témoin de sa déconvenue.

— On nous avait assuré que cette voiture était extrêmement fiable, rappela-t-il à Oswald avec impatience.

Son chauffeur promit de la remettre en marche.

— Ne vous inquiétez pas, je saurai bien régler le problème.

Pendant que son patron allait s'entretenir avec Judith, Oswald tenta encore de faire démarrer la voiture. Augustin avait accompagné monsieur Archibald jusqu'à la villa. Il revint auprès d'Oswald, au cas où il aurait besoin d'aide. Il avait vu juste, car ce dernier lui demanda s'il ne pouvait pas lui fournir quelques outils, dont une paire de pinces. Augustin retourna à la villa et en revint quelques minutes plus tard avec Guillaume, qui apportait les outils demandés.

Oswald remercia Guillaume. Mais il eut beau fouiller dans le moteur, serrer un boulon ici et là, rien n'y fit. Le moteur ne voulait pas tourner. Guillaume, qui voyait un pareil engin pour la première fois, se mit à l'examiner de près. Il interrogea le chauffeur sur ce qui se passait ordinairement au démarrage, s'intéressa à la transmission, à la pédale d'embrayage et même aux freins. Il demanda à Oswald de lui expliquer le rôle de chacun de ces éléments, puis s'installa derrière le volant et l'invita à tenter une nouvelle fois de mettre la voiture en marche. Oswald s'exécuta. Cette fois, après avoir toussoté à quelques reprises, le moteur se mit à ronronner, à la grande satisfaction du chauffeur qui poussa un soupir de soulagement avant de demander à Guillaume :

— Que lui as-tu fait ?

— Rien de bien spécial. J'ai seulement donné un coup sur la pédale d'embrayage. Elle devait être restée à moitié coincée, ce qui nuisait au démarrage.

Il monta dans la voiture au côté d'Oswald pour se rendre à la villa. Ils y arrivèrent alors que monsieur Archibald et Judith terminaient leur réunion. La première chose dont ce dernier s'inquiéta fut l'état de la voiture. Oswald le rassura :

— Guillaume que voici m'a aidé à la remettre en marche.

— Nous n'avons rien à craindre pour le retour ?

— Tout est en bon ordre. Toutefois, le temps se fait menaçant. Je crois que nous devrons rouler à toiture remontée.

— C'est en plein à cela qu'elle sert.

Le chauffeur se fit aider par Guillaume pour déplier la toile et la fixer en place sur les tiges prévues à cette fin. Après avoir salué Judith et lui avoir réitéré son estime en lui assurant qu'il continuerait à gérer scrupuleusement ses biens, John Archibald remonta fièrement dans sa Ford qui démarra sans problème.

Judith et Guillaume regardèrent le véhicule emprunter le chemin menant à la grille dans un nuage de poussière. Ils le virent disparaître au premier tournant de la route. Judith demanda à Guillaume :

— Si j'ai bien compris, c'est toi qui as trouvé ce qui ne fonctionnait pas avec la voiture ?

Guillaume ne voulut pas paraître prétentieux. Il répondit simplement :

— Ce n'était rien de bien compliqué.

— Un jour, promit Judith, nous aurons une automobile semblable.

— Ça coûte une petite fortune.

— Je sais. Cependant, nous avons les moyens de nous en procurer une. Tiens, et si tu t'occupais d'acheter celle qui nous conviendrait le mieux ?

— Je n'y connais pas grand-chose.

— Voilà pourquoi, puisqu'on semble produire plusieurs véhicules de ce genre, je te demande de t'informer de celui qui nous serait le plus utile ici à Old Pine et, éventuellement, pour que nous puissions nous aussi voyager à Montréal ou ailleurs.

— Je ne sais trop par où commencer, avoua Guillaume. Je vais m'y mettre et on verra bien.

Le lendemain, il se rendit en ville, rue Heriot, chez un libraire anglais qui vendait des livres de toutes sortes. Il y dénicha un volume produit par la compagnie Ford Motor de Détroit. Il se loua d'avoir appris l'anglais quand il travaillait pour monsieur Murphy. Il put ainsi parvenir à comprendre à peu près tout ce qu'on expliquait dans ce livre, à commencer par la façon dont on fabriquait les voitures à essence. En réalité, elles étaient composées de peu de choses. Un moteur actionnait quatre roues. Les deux d'en arrière propulsaient la voiture vers l'avant. Celles d'en avant pouvaient tourner à l'aide d'un volant, permettant de la sorte de se déplacer sur les routes carrossables à vingt ou trente milles à l'heure. Au besoin, on pouvait reculer. Des freins servaient à arrêter le bolide et une transmission procurait le luxe de passer d'une vitesse plus lente à une autre plus rapide.

Tout cela, Guillaume l'apprit facilement. Le fonctionnement du moteur, de la transmission et de l'embrayage l'intéressait plus que tout. Il se mit en tête de fabriquer une voiture de rêve pour Judith. Mais où trouver les pièces nécessaires et comment réaliser ce projet sans qu'elle s'en aperçoive ?

Il se mit à noter les déplacements de Judith sur le domaine et se rendit compte qu'elle ne mettait jamais les pieds dans le hangar attenant à la serre. Il résolut d'en faire l'atelier où il construirait sa voiture. Il mit le jardinier dans le secret avant de transformer petit à petit l'intérieur du bâtiment. Il lui restait cependant à se procurer le moteur et les pièces. Il se promettait d'y mettre tout le temps requis. Il finirait certainement par mener à bien son entreprise.

Chapitre 41

La promesse de Guillaume

Il y avait maintenant deux mois qu'on avait porté Samuel MacFarlane en terre. Aidée de Guillaume, Judith avait repris en main la destinée de Old Pine. Le rôle d'homme à tout faire de Guillaume s'était transformé pour devenir celui de gérant. Il voyait à ce que tout soit impeccable. Il travaillait ferme toute la journée, en se réservant quelques heures pour s'intéresser à son projet de voiture. Toutefois, il n'aurait jamais pu réaliser son rêve si la malchance des uns ne lui avait pas apporté la chance.

De passage à Drummondville, Philippe lui apprit la nouvelle du terrible accident survenu à un couple de Montréal en visite à Sorel. Le conducteur et sa passagère avaient été tués sur le coup en heurtant un arbre. L'accident avait constitué le sujet de conversation pendant des jours à Sorel. Ces jeunes gens roulaient trop vite, en tout cas, ils allaient beaucoup plus vite qu'un cheval au galop. Certains prétendaient même qu'ils avaient atteint plus de trente milles à l'heure. Guillaume demanda à Philippe :

— De quelle marque était leur voiture ?

— Ford, je pense.

— Qu'est devenu leur véhicule ?
— Pourquoi ? Tu t'y intéresses ?
— En effet. S'il n'est pas trop endommagé, je l'achèterais pour le remonter et le remettre en marche.
Philippe s'étonna :
— Tu crois vraiment être capable de faire ça ?
— Pourquoi pas ?
— Dans ce cas, je vais m'informer et je te ferai savoir ce qu'est devenue la voiture accidentée.

Deux jours plus tard, par téléphone, Philippe apprenait à Guillaume que la carcasse de la voiture avait été remisée dans la cour arrière du magasin général. Ce n'était plus qu'un tas de vieille tôle dont personne ne voulait. On en demandait trente dollars. Guillaume ne fut pas long à se décider. Il fit promettre à Philippe de la lui réserver. Il savait que Judith devait sous peu se rendre à Montréal par train pour y rencontrer monsieur Archibald et il choisit ce jour-là pour gagner Sorel. En effet, il souhaitait faire une surprise à Judith en remettant à neuf l'automobile.

Il n'eut pas de difficulté à trouver quelques hommes au magasin général pour qu'ils l'aident à monter ce qu'il restait du bolide sur une remorque accrochée derrière sa voiture tirée par deux chevaux de Old Pine. Le plus difficile fut d'y arriver sans que personne puisse trop savoir ce qu'il transportait. Il prit la précaution de tendre une bâche sur la remorque pour camoufler cette carcasse de voiture. En le voyant passer, les gens supposeraient qu'il s'agissait de planches, de meubles ou de quelque chose du genre.

Il déposa les restes du bolide dans son atelier. Si le tout ressemblait à un amas de ferraille, en y regardant de plus près, il constata qu'il y avait moyen d'en tirer quelque chose. Le moteur devrait être refait, mais à part le devant qui avait été déboîté, l'arrière de la voiture n'avait pas trop souffert. La remettre à neuf exigerait beaucoup de travail. Par contre, avec de la patience et le don qu'il s'était découvert, la chose s'avérait faisable.

Son inspection terminée, il fut enchanté de son achat. Sans plus tarder, il se mit à l'ouvrage. Il s'efforça d'extraire de la carcasse ce qu'il restait du moteur. Une fois l'engin retiré, il se mit en frais de restructurer tout l'avant du véhicule et le support du moteur afin de pouvoir l'y installer une fois remis à neuf. Au cours des semaines suivantes, il consacra des dizaines d'heures à réparer et remonter la voiture. Il débossela les ailes, parvint à sauver un des phares et entreprit des démarches pour s'en procurer un deuxième. L'essieu des roues avant ayant été crochi, il le fit redresser chez un forgeron. Quant aux bancs, ils avaient perdu beaucoup de bourrure et leur couverture de cuir avait été déchirée à maints endroits. Patiemment, Guillaume répara le tout. Puis il s'occupa de tous les mécanismes, ceux des freins, de l'embrayage, de la marche arrière et de la transmission. Il répara la toiture, puis retapa le moteur en entier. Quand il eut remis tout en place et branché tout ce qui devait l'être, il mit le moteur en marche. À sa grande joie, tout fonctionnait à merveille.

Fier de son ouvrage, il voulut essayer l'auto sur la route. Il attendit patiemment une nouvelle absence de Judith pour tenter le coup. Il se déguisa pour que personne ne puisse le reconnaître et revint enchanté de sa virée. Il lui restait maintenant à donner une couche de peinture au véhicule. Il se la procura auprès d'un des marchands anglais de Drummondville et peignit la voiture d'un beau rouge flamboyant. Quand il eut terminé son travail, on aurait certifié qu'il s'agissait d'une automobile neuve.

Ce dont il se louait le plus était d'avoir pu accomplir tout cela sans que Judith s'en rende compte. Il n'avait pas négligé pour autant ses autres tâches. Chaque soir, il lui résumait fidèlement ce qu'il avait abattu comme besogne, où il en était dans tel ou tel ouvrage. Pendant que Charlotte courait s'amuser avec Prince ou se rendait voir les chevaux, leurs tête-à-tête devenaient de plus en plus intimes. Ils échangeaient ouvertement sur ce que deviendrait leur vie.

— Vu notre âge, Guillaume, je crains fort que nous ne puissions avoir d'enfants.

— On ne sait jamais. Heureusement, nous avons Charlotte.

— Si nous voulons mettre toutes les chances de notre côté, il faudrait nous marier au plus tôt.

— Pourquoi pas cet été ?

— C'est ton souhait ? Dans ce cas, ce sera cet été. Je vais entreprendre sans plus tarder les démarches auprès du pasteur.

— Et moi auprès de monsieur le curé. J'espère que tout cela ne nous compliquera pas la vie.

— Pourquoi donc ? fit-elle en haussant les épaules. Tu sais aussi bien que moi qu'avec des sous tout est possible. D'ailleurs, très souvent, ça accélère les démarches.

Elle dit ça en riant, sachant fort bien que pour ce genre de décision, comme pour bien d'autres, l'argent ouvrait facilement des portes. Ce n'était pas flatteur pour le curé, non plus que pour le pasteur, cependant ça exprimait bien la vérité.

Guillaume la regarda du coin de l'œil et se mit à rire en la voyant si espiègle. Il aimait ce bon côté de son tempérament. Il s'approcha et l'embrassa. Ils restèrent un long moment dans les bras l'un de l'autre.

— Vivement que nous soyons mariés, souhaita-t-il à haute voix.

Chapitre 42

Chez Dominique et Francesca

Désireux de communiquer à quelqu'un leur décision, à Judith et lui, Guillaume alla visiter Francesca deux jours plus tard et lui lança de but en blanc :

— J'ai quelque chose d'important à vous annoncer.

Ayant sans doute deviné ce qui se préparait, sa sœur n'hésita pas :

— Tu viens souper quand ça te convient.

— Ce soir, alors.

— Seul ou avec Charlotte ?

— Je demanderai à Judith de garder Charlotte. Tu sais qu'Éphrem lui montre à monter à cheval ?

— Vraiment ? Elle aime ça ?

— Elle adore.

— J'espère qu'elle continue aussi à dessiner ?

— Si tu voyais ses croquis de chevaux !

— Un talent pareil ne doit pas se perdre.

— Tu n'as pas à t'inquiéter. J'y vois de près.

Le soir même, il se retrouvait chez Francesca et Dominique. Il n'eut même pas à s'expliquer que Francesca lui demanda :

— Je suppose qu'il sera question de mariage ?

Dominique, qui observait attentivement Guillaume, éclata de rire en voyant sa mine étonnée.

— Ta sœur est une vraie sorcière ! s'exclama-t-il. C'est pour ça que je l'ai mariée. J'adore les sorcières.

Francesca se tourna vers lui et lui passa la main dans les cheveux.

— Ça adonne bien, parce que moi, j'adore les sorciers.

À table, Guillaume les mit au courant de tout ce qu'il comptait faire avant le mariage, qui aurait lieu au cours de l'été. Il ne manqua pas de raconter aussi que, depuis le décès de Samuel, Judith avait reçu bon nombre de visiteurs, la plupart d'anciens amis de Samuel, qui ne se gênaient pas pour dire à Judith toute leur admiration.

— Il y en a qui apparaissent quand ils savent qu'il y a des sous en jeu, commenta Dominique. Compte-toi chanceux qu'elle ait jeté son dévolu sur toi.

— Si tu savais à quel point je mesure ma chance !

— Tu le mérites, approuva Francesca. Elle a su voir tes belles qualités. À toi maintenant de tirer le meilleur parti de la situation !

— Sois certaine que je ne m'en priverai pas.

— N'est-ce pas toi qui voulais devenir riche ?

— Oui, mais jamais je n'aurais pensé que la richesse me viendrait de cette façon.

Délaissant ce sujet, Dominique voulut confier à Guillaume ce qui le préoccupait :

— Pendant que tu vogues vers le grand bonheur, ton beau-frère se dépêtre avec les problèmes d'une petite ville.

— Tu n'avais qu'à ne pas devenir conseiller, le taquina Guillaume.

— Je me plains, admit Dominique, alors qu'au fond ça ne va pas si mal. Il y a bien la question de l'éclairage qui, c'est le cas de le dire, met de l'électricité dans l'air, tout comme celle, très controversée, des trottoirs de ciment.

— Je croyais tout cela réglé.

— Ce serait trop beau. Par contre, du côté des industries, comme tout le monde s'en rend compte, ça va vraiment pour le mieux. Tu sais qu'après les manufactures de cigares et d'allumettes, la manufacture de coton Gatehouse et Bothambly ainsi qu'une usine de chaussures, qui appartient à un monsieur Charbonneau de Montréal, se sont établies ici. Vraiment, là-dessus nous sommes gâtés.

— J'ai entendu parler d'une chicane qui aurait eu lieu à une réunion du conseil.

— Je ne qualifierais pas ça de chicane, plutôt de malentendu. Tu sais comme moi que, pour certains, leur chapeau ou leur calotte semble être une cuirasse qui les protège. Figure-toi donc qu'un conseiller, dont je tairai le nom, ne voulait pas du tout enlever son chapeau pendant nos réunions. Monsieur le maire a dû le menacer de suspension pour qu'il le retire enfin. Si bien qu'on a été contraints de revoir les règlements touchant les réunions du conseil. Si jamais il te prend l'idée d'y venir, tu dois savoir qu'il est maintenant défendu de fumer, de chiquer et de garder son couvre-chef sur la tête pendant les réunions du conseil. De plus, il est défendu aux assistants d'interrompre les délibérations.

— Changement de propos, avança Guillaume. Tu as vu comme nous tous la voiture à essence de monsieur Archibald il y a quelques mois ?

— En effet, je l'avais remarquée. Nous entrons dans une ère nouvelle. Dire qu'il y a quelques années, je m'en souviens très bien, j'avais abordé la question avec un de mes clients haut placés. Je lui avais demandé ce qu'il pensait des véhicules à traction mécanique dont on entendait parler. Il m'avait répondu qu'il ne croyait pas à ces niaiseries. « Voir si on va construire une machine plus fiable et plus rapide qu'un cheval, qui ne boit pas, ne s'emballe pas, ne laisse pas sur la route de traces de son passage et n'a pas besoin de se reposer. Vraiment, il y en a qui prennent leurs rêves pour des réalités ! » avait-il conclut. Cet homme est mort depuis, mais comme j'aimerais le ramener sur terre juste pour lui montrer qu'aujourd'hui ça existe bel et bien !

— Justement, j'en sais quelque chose, lui confia Guillaume. Judith parle de nous en procurer une.

— Je te le souhaite. J'espère m'en acheter une un jour, mais ce n'est pas demain la veille que j'en aurai les moyens. Tu vas faire de moi un envieux.

— J'ai quelques idées à ce sujet, ajouta Guillaume. Je t'en ferai part en temps et lieu. En attendant, il y a ce mariage pour bientôt. Judith m'a bien fait promettre de te demander si tu accepterais de rédiger notre contrat de mariage.

— Ce sera un honneur pour moi de le faire.

Ils se quittèrent sur ces bonnes paroles. Guillaume était aux anges en retournant à la villa. Le ciel encore orangé du couchant et l'air qui embaumait sous une douce chaleur, la première du début de l'été, lui semblaient être le présage d'une vie nouvelle pleine de tout ce qu'on peut souhaiter de meilleur.

Ce soir-là, il en profita pour annoncer à Charlotte son prochain mariage avec Judith. Le sourire de la petite montra toute la joie qu'elle ressentait à cette annonce.

Chapitre 43

Un autre mariage

Guillaume avait rendu visite au curé Tétreau pour lui faire part de sa décision de se marier avec Judith MacFarlane. Le curé s'était tout de suite indigné :

— Ce n'est pas une catholique !

— Je le sais bien, monsieur le curé, sauf que c'est elle que je veux épouser.

Le curé se mit à lui opposer tous les arguments possibles pour convaincre Guillaume de renoncer à ce mariage.

— Entends-moi bien, je ne prétends pas que les anglicans sont mauvais, simplement ils n'ont pas reçu la même éducation que nous, et leur foi en Dieu est différente. J'en connais, hélas, de ces couples, qui ne vivent plus ensemble. Pire encore, certains de nos bons catholiques ont renié leur foi. Comment peut-on penser que des personnes ne partageant pas les mêmes principes quant à leur façon de vivre peuvent finir par s'entendre ? Tu sais que nous, catholiques, sommes sous l'autorité du pape, tandis que les anglicans, eux, la rejettent. Voilà pourquoi je n'encourage pas ce genre d'union. C'est un pensez-y-bien. Tu t'imagines peut-être qu'un tel malheur ne peut pas t'arriver.

C'est pourtant ce qui te pend au bout du nez. Crois-en mon expérience.

Guillaume s'était préparé à pareil discours. Plutôt que de protester, il choisit plutôt d'évoquer des situations contraires.

— Judith connaît des catholiques mariés à des anglicanes, et vice-versa, qui sont toujours ensemble et s'entendent très bien. Au fond, comme Judith me l'a expliqué, les catholiques et les anglicans sont des frères, unis par la même foi mais divisés sur la personne à qui incombe l'autorité dans la famille.

Le curé ne semblait pas d'accord avec ces propos. Voyant qu'il ne parviendrait pas à faire changer d'idée Guillaume, il lui précisa que, s'il continuait dans cette volonté de se marier, il devrait d'abord et avant tout le faire à l'Église catholique et, si Judith et lui avaient des enfants, s'engager à les faire baptiser et à les instruire dans la foi catholique. De plus, il y aurait des sommes à débourser pour remplir les papiers nécessaires à une telle union.

Guillaume s'empressa de rassurer le curé :

— Nous paierons ce qu'il faut.

Pendant ce temps, de son côté, Judith n'eut même pas à argumenter avec le pasteur, habitué à voir de ses fidèles épouser des catholiques. Ainsi, les obstacles tombèrent un à un.

Judith connaissait la procédure de l'Église catholique dans le cas des mariages mixtes et ne fut pas surprise par les exigences du curé Tétreau. Elle ne souleva aucune objection à ce que le mariage soit célébré à l'église Saint-Frédéric. Cependant, elle voulait que la cérémonie soit grandiose – et elle le fut.

La veille, le soubassement de l'église fut décoré avec des fleurs et des banderoles. Le curé eut beau trouver cela extravagant, Judith tint son bout.

— Vous avez bien vos exigences, lui rappela-t-elle. Pourquoi n'aurais-je pas les miennes ?

Si la cérémonie eut lieu à l'église Saint-Frédéric, les réjouissances débutèrent au temple anglican où une foule d'amis de Judith se réunirent pour souhaiter le meilleur aux nouveaux époux. Le repas de noces eut lieu à Old Pine. Guillaume put célébrer en compagnie de sa famille. Francesca et Dominique, Denise et Raoul, Georgiana et Philippe étaient tous présents avec leurs enfants. Seule Victoire n'était pas de la partie. La petite Charlotte immortalisa le tout avec une série de dessins qui furent admirés par tous les invités.

Les réjouissances se poursuivirent tard dans la soirée. On dansa sur le grand parterre à l'extérieur de la villa. Les musiciens y allèrent de leurs meilleurs airs. La fête se termina par un feu d'artifice. Ce fut une noce que les invités ne seraient pas près d'oublier. Guillaume lui-même fut ébloui par tout ce qu'il vécut ce jour-là. Il avait laissé Judith s'occuper de l'organisation, sans jamais penser qu'elle y mettrait tant de splendeur.

Autant les noces furent une réussite, autant leur nuit fut ardente. Guillaume découvrit à quel point Judith, sous des dehors réservés, pouvait être une femme passionnée. Cet instant qu'ils attendaient depuis si longtemps se déroula tout simplement, comme si tout allait de soi. Elle se donna à lui entièrement et sans hésiter dans une union intense à souhait.

Dès qu'ils furent seuls, d'un même accord ils se déshabillèrent. Leurs lèvres se joignirent dans un premier baiser fougueux suivi d'une multitude d'autres. Ils se laissèrent choir sur le lit. Leurs baisers, leurs étreintes et leurs caresses se multiplièrent au point où ils en tremblaient d'excitation.

Leurs corps s'unirent tout naturellement et bougèrent d'un seul mouvement vers le plaisir qu'ils désiraient depuis des mois.

Une fois leur désir satisfait, ils s'apaisèrent pour se dire leur amour. Au bout d'un moment, ils s'enlacèrent dans une deuxième union plus douce, quoique aussi intense. Ils s'endormirent dans les bras l'un de l'autre pendant que déjà, à l'est, commençaient à poindre les premières lueurs du jour.

L'avant-midi était déjà bien entamé quand ils réapparurent. Roberta et Éva avaient dû multiplier les excuses pour faire patienter une Charlotte pressée de leur montrer ses dessins. Elle les rejoignit dans la salle à manger. Elle fut comme jamais l'objet de toutes les attentions. Tout en la félicitant, Judith lui demanda si elle désirait un jour devenir une grande artiste dont les œuvres seraient exposées partout. Charlotte n'en demandait pas tant.

— Tout ce que je veux, déclara-t-elle, c'est de rester toujours ici avec papa et toi.

— J'ai bien peur qu'un beau jour tu veuilles suivre la voie qui t'est destinée, la mit en garde Judith.

— Un jour ou l'autre, pour faire notre vie, nous quittons tous nos parents, renchérit Guillaume. Ça ne nous empêche pas de venir les voir de temps à autre pour leur raconter ce que nous faisons.

— Tu as un véritable talent, ma belle Charlotte, reprit Judith en l'attirant à elle. Il ne faudrait surtout pas le gaspiller. Que dirais-tu si bientôt nous faisions venir ici un artiste qui te montrerait à peindre avec des couleurs ?

Charlotte se montra enthousiaste à cette idée. Judith poursuivit :

— Demain, nous partons en voyage pour quelques jours, ton père et moi. Roberta et Éva ont promis de s'occuper de toi. Si tu veux, tu pourras dessiner à ton goût. J'aimerais que tu fasses un beau croquis de Prince, et peut-être aussi de la villa, ou encore de ce qu'il te plaira de dessiner. Nous pourrons montrer tout cela à un grand peintre que je connais. Sans doute acceptera-t-il de te donner des cours. Tu verras, ce sera merveilleux.

Le souper terminé, Guillaume prétexta une vérification à faire du côté du hangar et il s'y rendit en compagnie de Charlotte. Il lui montra la voiture qui s'y trouvait.

— C'est notre secret, lui confia-t-il. Fais-moi un beau dessin de cette voiture. Quand nous rentrerons de voyage, tu le remettras à Judith.

Le lendemain, il partait en voyage de noces avec sa nouvelle épouse.

Chapitre 44

Le voyage de noces

Judith avait insisté auprès de Guillaume pour organiser elle-même ce voyage. Elle ne lui avait pas révélé leur destination. Ils préparèrent leurs bagages pour une absence d'une semaine. Éphrem les conduisit à la gare. Une fois là-bas, Guillaume apprit qu'ils prenaient le train pour Québec.

— Notre amour est né dans un train, rappela Judith, et je tenais à ce que ce soit dans un train que nous commencions notre nouvelle vie.

Pendant qu'elle parlait, Guillaume la regardait en songeant qu'il lui devait son bonheur. Il l'adorait, toujours égale à elle-même, calme, souriante et belle comme jamais. Il détaillait ses traits, son visage rond et épanoui, ses yeux bruns et chaleureux, ses beaux cheveux auburn et son regard franc et enjoué. Il devait se pincer pour mesurer toute la chance qu'il avait d'être devenu son mari. Dans le train, ils se remémorèrent leur rencontre.

— Je me souviens que tu lisais, mentionna Guillaume en souriant.

— Je lis tellement, murmura-t-elle. Qu'est-ce que ça pouvait bien être ?

— Je ne l'ai pas oublié. Il s'agissait d'un récit dans lequel un homme qui avait peu d'argent vivait tout de même heureux avec son épouse.

Elle le regarda fixement, cherchant à se rappeler.

— Malheureusement, c'est tout ce dont je me souviens, ajouta Guillaume.

— Une chose est certaine, fit remarquer Judith, l'argent ne fait pas le bonheur, tu le sais comme moi.

— Quand même, il peut y aider.

— Pourvu qu'il ne devienne pas le but de notre vie.

Sa réflexion toucha Guillaume, qui ne rêvait que de richesse.

— Dans la vie, poursuivit-elle, une chose m'apparaît essentielle.

— Quoi donc ?

— Faire en tout temps ce que nous aimons.

Guillaume ne put retenir la réflexion suivante :

— N'est-ce pas ce qui nous arrive depuis hier ?

Un large sourire illumina le visage de Judith.

— Il n'en tient qu'à nous que ça se poursuive, fit-elle en posant sa tête sur l'épaule de Guillaume.

Le train avait pris de la vitesse. Les rails émettaient des crissements sur son passage. Dehors, le paysage défilait à grande allure. La journée s'annonçait belle. Ils restèrent ainsi longtemps, à s'aimer sans parler. Une femme passa dans l'allée, suivie de son mari qui ressemblait à un chien en laisse. Elle pinça le bec en apercevant Guillaume et Judith serrés l'un contre l'autre. Judith la vit et ne put s'empêcher de commenter :

— En voilà une qui nous envie.

Guillaume se mit à rire. Il avait le goût d'embrasser Judith. Il se retint pour éviter de mettre tout le wagon en émoi. La femme revenait en traînant son mari. Guillaume remarqua que le banc devant Judith et lui n'était pas occupé. « S'il fallait, pensa-t-il, qu'il lui prenne l'idée de s'y asseoir. » Ce fut exactement ce qui se passa. Guillaume crut qu'il n'y avait rien d'autre à faire que d'endurer ces indésirables. Judith ne semblait pas de cet avis puisqu'elle se leva et partit en quête d'une banquette vide. Elle en trouva une tout au bout du wagon. Revenant chercher Guillaume, elle le pria de prendre leurs valises déposées sur le porte-bagages. Il le fit, non sans admirer le cran de Judith. Quand ils eurent pris place, il s'esclaffa. Judith commenta :

— Pourquoi faudrait-il s'embarrasser de ces casse-pieds ?

Elle avait parfaitement raison. Il l'approuva en ricanant :

— En effet ! Pourquoi ?

Elle commenta :

— Apprends, si tu ne le sais pas déjà, que c'est nous qui faisons notre bonheur. Je n'avais pas du tout le goût d'endurer devant moi, pareille… comment vous dites ? Pareille binette, tout le reste du voyage.

— Tu as bien raison, elle avait une face d'enterrement.

— Justement, nous sommes en plein voyage de noces. L'enterrement viendra bien assez vite.

Guillaume admira sa force de caractère et ne l'en aima que plus. « Elle sait ce qu'elle veut », songea-t-il. Et il se réjouissait déjà de sa réaction quand il lui remettrait le cadeau de noces qu'il avait mis tant d'heures à lui préparer.

Pendant ce temps, le train faisait son petit bonhomme de chemin, laissant les milles défiler derrière lui et grugeant à bonne vitesse les derniers qui les mèneraient à destination. Guillaume s'informa :

— Comme ça, comme cadeau de noces, tu as décidé de m'emmener à Québec ?

— La ville est belle. Il y a là de bons hôtels. En haute ville, sur la terrasse Dufferin, on ne peut pas demander vue plus magnifique sur le fleuve. De plus, si on s'en donne le moindrement la peine, on peut assister à de bons spectacles. Quand ce n'est pas de la musique, c'est du théâtre. Quoi demander de plus ?

En l'entendant s'exprimer de la sorte, Guillaume se rendait compte combien elle était renseignée sur tout. Il avait hâte d'assister avec elle à l'un des spectacles dont elle parlait. Il n'avait guère eu le temps jusque-là de s'intéresser à la musique ou au théâtre. Il savait que Judith rêvait de l'initier aux arts et il ne demandait pas mieux.

Arrivés à Québec, ils se firent conduire en voiture de la gare au Château Frontenac, où Judith avait réservé une chambre. Le voyage les avait fatigués. Après un copieux souper à la salle à manger, ils gagnèrent leur chambre.

— Demain, promit-elle, tu vas sûrement aimer ce que nous ferons.

On les réveilla tôt le lendemain matin. Ils eurent tout juste le temps de déjeuner, qu'une voiture les prenait avec armes et bagages à la porte du Château pour les mener au port. Guillaume ne comprenait plus rien. Judith le rassura :

— Tu n'as pas à t'alarmer. Nous nous en allons dans Charlevoix.

Un grand bateau blanc était amarré. Déjà, des gens y montaient. Judith trouva un porteur pour leurs valises et elle entraîna Guillaume vers le navire. Sur le flanc de ce géant blanc, il lut : *Montréal.*

— Veux-tu bien me dire où tu nous emmènes ?

— Bien sûr ! Nous montons sur ce bateau qui va nous conduire au Manoir Richelieu, près de La Malbaie. Nous y coucherons ce soir. Demain, nous prendrons un autre navire, qui nous fera visiter le fjord du Saguenay.

— Tout cela doit coûter une fortune !

— Ce n'est pas donné, en effet. Mais puisque nous avons les moyens, pourquoi ne pas en profiter ?

Une fois de plus, Guillaume prenait conscience qu'il venait d'accéder à un échelon supérieur de la société. Il monta sur le paquebot en songeant à Victoire, occupée à gagner petitement sa vie quelque part au fond du Témiscamingue, et à Denise qui, pour vivre, devait se passer de vacances. Francesca et Georgiana s'en tiraient quand même mieux, tout comme Vianney. Et voilà que lui, tout simplement parce qu'il avait attiré l'attention de Judith, avait droit à un tout autre niveau de vie. Tout cela lui paraissait bien étrange.

Il put de nouveau remarquer cette division des classes à bord du navire. Les gens y offraient un spectacle bien particulier. Tout ce beau monde se faisait servir comme si tout leur était dû. S'il avait vu dans le train une femme qui ne savait pas sourire, il apercevait également, parmi les gens fortunés qui prenaient part à ce voyage de luxe, beaucoup de visages las et inexpressifs. Certains paraissaient profondément blasés, comme s'ils ne trouvaient plus de plaisir à partir en vacances avec leur famille ou encore à se payer un voyage aussi merveilleux.

Il se demanda comment on pouvait en arriver à ne plus apprécier à sa juste valeur pareille chance. Tout sur ce navire lui semblait digne de se réjouir. C'était un vrai palais flottant. Un escalier colossal donnait accès à un salon majestueux. D'épais tapis couvraient le sol. On y marchait à pas feutrés. Les murs décorés de tableaux donnaient aux passagers l'impression d'évoluer dans un musée. Des meubles d'acajou venaient compléter ce décor chaleureux. Luxe suprême, chaque cabine était pourvue de sa propre salle de bain avec baignoire. Leur cabine, munie d'un hublot, permettait de voir défiler en tout temps le merveilleux paysage de la côte. Les repas somptueux pouvaient contenter tous les appétits. En plus, du jus d'orange au champagne, il n'y avait pratiquement pas une seule boisson qu'on ne pouvait pas obtenir. Que demander de plus ?

Guillaume devait se pincer encore pour s'assurer que c'était bien lui qui vivait un pareil voyage, et tout cela, grâce à sa merveilleuse Judith. Elle-même ne paraissait pas dépaysée, trouvant le moyen d'adresser un mot aimable à un peu tout le monde. Il y avait parmi les passagers un couple qu'elle connaissait. Elle leur présenta Guillaume. Il eut l'occasion d'échanger avec nul autre que Bill Graham, dont le père possédait quelques restaurants de prestige à Montréal. Il fut question de nourriture, de théâtre et de littérature. Guillaume mesura alors à quel point ses connaissances dans ces domaines étaient limitées. Il réussit tout de même à faire bonne figure en parlant d'automobiles. Là-dessus, il en connaissait passablement plus que ce cher Bill, lequel éclusait whisky sur whisky pendant que son épouse, Katleen, entretenait Judith des derniers développements de la mode dans une conversation où il était question de robes, de chapeaux, de sacoches et de souliers.

Parti du port de Québec, le navire les laissa en fin d'après-midi au Manoir Richelieu, un autre endroit de prédilection pour les gens de la haute société. Au grand soulagement de Guillaume, Bill et Katleen continuaient leur voyage jusqu'à Chicoutimi. Il entraîna Judith dans leur chambre au Manoir où ils s'aimèrent comme les nouveaux mariés qu'ils étaient. Au souper, ils mangèrent peu, malgré un menu fabuleux. Guillaume avoua à une Judith aux yeux pétillants :

— Je comprends maintenant pourquoi on dit des amoureux qu'ils peuvent vivre d'amour et d'eau fraîche.

Elle trouva l'expression amusante et s'informa :

— Comment aimes-tu ton voyage jusqu'à présent ?

— Tout est merveilleux, assura-t-il, sauf peut-être les gens que nous croisons.

— Voilà pourquoi, dans la vie, il faut savoir choisir ses amis, répliqua-t-elle.

— Et que dire de celle avec qui nous voulons partager nos jours, renchérit Guillaume, non sans lui répéter à quel point il l'aimait.

Le lendemain, après un copieux déjeuner, ils montèrent à bord du *Richelieu* pour remonter le fjord du Saguenay et y découvrir des paysages à couper le souffle. Ils s'attardèrent à la poupe du navire, où des voyageurs étaient occupés à lire ou à bavarder, peu enclins à admirer les falaises vertes bordant le fleuve, où apparaissaient de temps à autre quelques maisons qui entouraient une église.

Ce ne fut qu'en vue de Tadoussac que plusieurs se dirigèrent vers le bastingage pour assister aux manœuvres d'accostage. Le vapeur y faisait une courte escale. Certains se montrèrent impatients en constatant qu'un seul passager montait à bord. Il s'agissait d'un homme corpulent dont la tenue laissait à désirer. Ses longs cheveux n'avaient certainement pas vu ni eau ni savon depuis longtemps, tout comme les vêtements qu'il portait d'ailleurs. Il n'avait pour tout bagage qu'un sac à dos. Il suivit un homme d'équipage qui le conduisit à sa cabine.

Le navire reprit le large. En descendant à leur cabine chercher un vêtement plus chaud pour Judith, Guillaume croisa le nouveau venu dans l'escalier menant au pont supérieur. Le type l'arrêta et lui débita d'une triste voix :

— Monsieur, je ne les ai pas trouvés.

Pour se montrer poli, Guillaume demanda :

— Vous parlez des amis ou de vos parents que vous cherchez ?

— Pantoute !

— Quoi donc alors ?

— Des plaques de plomb que les matelots de Jacques Cartier ont enterrées près de l'église de Tadoussac.

— J'en suis désolé pour vous.

D'un air rébarbatif, le bonhomme toisa Guillaume et tonna :

— Tu es comme tous les autres. Tu te dis désolé et tu ne l'es pas !

Guillaume le planta là pour se rendre à sa cabine. Quand il revint auprès de Judith, il lui raconta l'altercation.

— Il faut toute sorte de monde pour faire un monde, commenta Judith. À nous de l'éviter à l'avenir.

Le navire arrivait à l'embouchure du Saguenay ; il y pénétra. Pour impressionner les passagers, un des membres d'équipage lança à la ronde : « Nous avons à présent pas moins de six cents pieds d'eau au-dessous de nous, et plus nous avancerons, plus nous en aurons ! Ça ira jusqu'à mille cinq cents pieds. Mais que ça ne vous empêche pas de dormir. » Le vapeur passa devant les caps Trinité et Éternité. Les passagers s'étaient retirés dans leurs chambres pour la nuit en se disant qu'ils verraient ces fameux caps au retour.

Guillaume et Judith passèrent une bonne nuit. Au petit matin, le vapeur était amarré à un des quais de la baie des Ha ! Ha !. Des hommes, des femmes et des enfants attendaient que les passagers en descendent pour leur vendre différents produits, en particulier des framboises offertes dans des cassots d'écorce de bouleau ainsi que des bleuets dans des boîtes de bois et pour lesquels ils ne demandaient même pas vingt sous.

Ils se promenèrent un peu dans le village, visitèrent l'église et revinrent au navire au moins une heure avant que celui-ci ne quitte l'endroit pour redescendre vers le fleuve. « Y a-t-il au monde une rivière aussi profonde ? » se demanda Guillaume. Le vapeur passa au pied du cap Éternité, haut de trois mille pieds et directement immergé dans l'eau. Comme pour les rassurer de longer de si près ce rocher, le capitaine leur indiqua qu'il y avait autant d'eau au pied de cette montagne qu'au milieu du cours d'eau. Ils passèrent ensuite devant le cap Trinité et admirèrent l'imposante statue de la Vierge qui y était érigée. Guillaume s'étonna que des pins puissent pousser dans ces terrains rocheux où on cherchait vainement des habitations. Ils se sentaient un peu écrasés devant ces masses de roc, et furent heureux de retrouver le ciel quand le navire reprit sa route au milieu du cours d'eau.

Puis, avant de rejoindre le fleuve, les passagers purent apercevoir, non loin de l'embouchure de la rivière Saguenay, un petit village. Guillaume eut la curiosité d'en connaître le nom. On lui apprit qu'il s'agissait de Sainte-Rose-du-Nord. Il aurait aimé qu'on s'y arrête, tant l'endroit lui paraissait enchanteur, mais le vapeur continua son chemin. Il fallait respecter l'horaire.

Quand le navire s'avança sur le fleuve pour prendre la direction de Québec, ils purent admirer des baleines. Judith s'en montra enchantée. Il n'était pas donné tous les jours de pouvoir admirer semblable phénomène. Ils accostèrent de nouveau à Tadoussac. Seul l'étrange passager monté la veille descendit du navire. Guillaume pensa : « Le pauvre, il va sans doute chercher ses plaques de plomb. » Judith s'approcha.

— Nous passerons une journée à Québec. Je veux ramener de notre voyage le souvenir d'une promenade en amoureux dans les vieilles rues de la ville.

Chapitre 45

Québec

Le vapeur accosta au port de Québec en fin d'après-midi. Dès qu'ils touchèrent terre, les voyageurs se précipitèrent vers les calèches alignées le long de la rue en traînant leurs bagages. Quand Guillaume et Judith voulurent en emprunter une, toutes étaient occupées. Un homme en accaparait une à lui seul. Il pria le conducteur de les faire monter. Il se présenta comme étant William England, courtier en valeurs à Montréal. Guillaume et Judith ne l'avaient pas remarqué à bord du vapeur. Il avait vraisemblablement embarqué à l'escale à La Malbaie, au retour. Il leur raconta qu'il s'arrêtait à Québec chez un de ses clients.

La calèche emprunta la côte de la Montagne, en direction du Château Frontenac, où Judith avait de nouveau réservé une chambre. Tout au long de la montée, ils purent admirer les édifices de brique appuyés les uns contre les autres au bord de la rue en pente. En face de la boutique d'un antiquaire, une pancarte indiquait l'emplacement de l'ancien cimetière des Pauvres. Le cheval s'arrêta en haut de la côte pour boire à une fontaine. Puis, ils longèrent l'archevêché et la basilique Notre-Dame de Québec, que Judith se proposait de visiter le lendemain. Le cocher les laissa au pied du Château avant de conduire monsieur England chez son client, au bout de la rue Sainte-Anne. Guillaume paya les frais de leur déplacement. Un porteur se chargea de leurs bagages. Ils gagnèrent leur chambre en se tenant par la main, se promettant une soirée remplie d'amour.

Ils restèrent à la chambre le temps que Judith se refasse une beauté, puis ils descendirent manger au restaurant du Château. Le menu varié leur causa un peu de soucis : tout semblait si bon ! Judith opta finalement pour une escalope de veau, pendant que Guillaume se laissait tenter par du boudin. Après le souper, pour se dégourdir un peu avant d'aller au lit, ils se promenèrent sur la terrasse en contemplant le fleuve et les maisons de la rive sud, où s'allumaient à la brunante les lampes du soir. L'endroit était si beau et si paisible qu'ils s'assirent un moment sur un banc, le temps d'admirer la lune qui montait à l'horizon, avant de retourner à l'hôtel où, malgré la fatigue de cette journée, ils s'aimèrent avec ardeur.

Le lendemain, comme Judith connaissait Québec pour y être venue à quelques reprises, elle fut enchantée de servir de guide à Guillaume. À peine sortis du Château, face à la basilique, ils se mêlèrent à la foule du marché. Les femmes animaient la place devant leurs étals en vantant leurs marchandises à grands cris. Elles se taquinaient les unes les autres, au grand plaisir des clients et des clientes venus acheter des fruits et légumes frais. Se faufilant parmi tout ce beau monde, des écolières, leurs livres sous le bras, se rendaient à leurs cours chez les Ursulines, tout en croisant les garçons qui fréquentaient le Petit Séminaire. Deux ecclésiastiques discutaient devant l'église, en saluant quelques religieuses qui s'arrêtaient au passage y faire leurs dévotions.

C'était un plaisir de voir tout ce beau monde s'interpeller comme s'ils eussent été à une grande fête. Ces jours de marché étaient l'occasion idéale, en semaine, de fraterniser en se rapportant les dernières nouvelles, la maladie de l'un, le mariage prochain d'un autre, une naissance ou un décès. Tout autour des charrettes fusaient des exclamations ou éclataient des rires communicatifs. La bonne humeur régnait.

— Si Charlotte avait été avec nous, que de beaux dessins elle aurait pu exécuter ! regretta Judith.

— Je me demande vraiment ce qu'elle deviendra, murmura Guillaume d'un air songeur.

— Nous en ferons quelqu'un, assura Judith.

Comme Judith se l'était promis, ils se rendirent à la basilique, puis passèrent rue Sainte-Famille, devant le Séminaire. Elle conduisit Guillaume vers la rue des Remparts, afin que de cette hauteur il puisse découvrir la vue sur le port. Quand ils revinrent vers le Château Frontenac, l'angélus sonnait au clocher de la basilique. L'avant-midi s'était envolé comme le son des cloches sur la ville. Judith avait déjà choisi l'endroit où ils iraient dîner. Elle entraîna Guillaume dans la rue Saint-Jean, où s'élevait le Queen Restaurant. Ils y dégustèrent des huîtres. Ce fut une révélation pour Guillaume qui en mangeait pour la première fois.

Ils passèrent leur après-midi à la place Royale, se plongeant dans l'histoire devant la statue de Louis XIV, où un guide leur rappela les mérites de ce roi de France, protecteur de la Nouvelle-France. À l'église Notre-Dame-des-Victoires, il fut question du gouverneur Frontenac qui reçut à coups de canon les Anglais venus prendre Québec. Ils terminèrent leur après-midi au Château Frontenac, se permettant d'y prendre un apéro pour célébrer cette dernière journée de leur voyage, avant de souper et de se rendre au théâtre.

— Si nous étions venus ici dans quelques mois, en décembre, nous aurions pu assister ici même à l'Auditorium à un spectacle de la grande actrice Sarah Bernhardt, apprit Judith à Guillaume.

Pour Guillaume, il s'agissait d'une parfaite inconnue. Il ne manqua pas de le mentionner à Judith. Une fois de plus, il se rendait compte que les champs d'intérêt de son épouse n'étaient pas les siens. Il aurait du chemin à faire s'il voulait se hisser à son niveau.

— Ne t'en désole surtout pas, dit Judith, qui semblait avoir lu dans ses pensées. Tu n'as pas besoin de connaître les œuvres des grands écrivains et les noms des acteurs et actrices pour que je t'aime. Nos différences font justement que l'on se complète.

Il commenta, à propos de la pièce de théâtre à laquelle ils venaient d'assister :

— J'ai bien aimé cette pièce. Dommage que nous n'en ayons pas de semblables à Drummond.

— Ça viendra sans doute un jour. Cependant, comme tu as aimé l'expérience, rien ne nous empêche d'aller assister de temps à autre à des spectacles à Montréal ou à Québec. Tu sais aussi que, de plus en plus, il est question de cinéma. Il faudra un jour que nous allions voir un film ensemble. Un monsieur Ouimet parle d'ouvrir une salle à Montréal.

Ils retournèrent tranquillement à pied au Château par la rue Dauteuil et la rue Saint-Louis. Le lendemain, ils prirent le traversier jusqu'à Lévis et montèrent dans le train pour Drummondville.

Chapitre 46

Le retour à la réalité

Au fur et à mesure que le train les rapprochait de Old Pine, bien malgré eux, les soucis habituels reprenaient le dessus. Le grand livre des célébrations autour de leur mariage se refermait et le quotidien revenait au galop. Guillaume avait hâte de revoir Charlotte. Ils n'avaient pas oublié de lui acheter un petit souvenir au Manoir Richelieu. Il s'agissait d'un ensemble de crayons de couleur.

Guillaume était impatient de pouvoir enfin offrir à Judith le cadeau qu'il avait mis tant de temps à lui préparer. L'occasion se présenta le dimanche suivant, quand, à son retour de l'église, il réussit à la convaincre qu'une petite promenade leur ferait du bien. Le temps s'y prêtait à merveille. Le soleil brillait, quoiqu'il ne fasse pas trop chaud, et il ne ventait pas. Il proposa d'aller du côté de L'Avenir où on pouvait admirer la rivière le long de la route, et se reposer tout en pique-niquant. Judith s'attendait à ce qu'ils s'y rendent avec voiture et cheval. Elle fut la personne la plus étonnée du monde quand Guillaume vint stationner la Ford flamboyante devant l'entrée de la villa.

— Veux-tu bien me dire où tu as pris ça ?

Guillaume la laissa nager un moment en plein mystère avant de lui répondre :

— C'est ton cadeau de noces.

— Mais... mais... comment ? balbutia-t-elle. Où as-tu pris l'argent pour un pareil achat ?

— Et si je te disais qu'elle n'a pratiquement rien coûté ?

— Allons donc ! Tu me fais marcher. C'est impossible.

— *À cœur vaillant*, lança-t-il, *rien d'impossible*.

Sa réponse ne la satisfit pas. Il ne laissa pas durer le suspense. Il lui raconta comment il avait mis la main sur la carcasse de la voiture accidentée pour la remettre à neuf. Judith le regardait, pleine d'admiration, n'arrivant pas à croire qu'il était parvenu à leur procurer une voiture de cette façon, sans qu'elle se rende compte de rien. Pourtant, l'automobile était bel et bien là et elle fonctionnait à merveille. Judith y monta à ses côtés pendant que Charlotte prenait place à l'arrière. Augustin déposa sur le banc arrière un panier rempli de nourriture. Le moteur toussota, la voiture vibra, puis tranquillement ils prirent la direction de L'Avenir. Guillaume ne put retenir la remarque suivante :

— T'en rends-tu compte ? Pour notre première balade dans la Ford familiale, nous mettons le cap sur L'Avenir.

Judith le prit au mot :

— Justement, mon mari, à notre retour, il nous faudra parler d'avenir.

— Je ne demande pas mieux.

Ils firent tourner bien des têtes sur leur passage. « Voilà que les propriétaires de Old Pine se sont acheté une voiture ! » admiraient les gens. Assise à l'arrière, Charlotte parvint à produire quelques esquisses, malgré les cahotements du véhicule. Une fois à L'Avenir, elle s'installa sagement au pied d'un arbre et s'adonna à sa passion. Elle fit un dessin fort réussi de leur petite famille en pique-nique au bord de l'eau, avec en arrière-plan leur voiture neuve.

À peine étaient-ils de retour de cette promenade qui avait enchanté Judith, que Charlotte se précipita dans sa chambre et revint avec le cadeau qu'elle lui avait préparé. Elle tendit à Judith un étui de carton que celle-ci ouvrit avec précaution. Sur une feuille grand format, comme son père le lui avait demandé, elle avait dessiné la rutilante voiture. Judith en fut ravie.

— Je vais le faire encadrer ! s'enthousiasma-t-elle. Il faudra inscrire au verso la date d'aujourd'hui. Ce jour sera à jamais gravé dans mon cœur.

Elle se pencha vers la petite pour l'embrasser. Puis, se tournant vers Guillaume, elle l'attira à elle :

— Viens, dit-elle. Comme c'est dommage qu'il n'y ait pas en ce moment un photographe pour immortaliser ce jour.

— Parlant de photographies, intervint Guillaume, celles de notre mariage doivent être prêtes. Espérons qu'Augustin n'ait pas oublié d'aller les chercher chez le photographe.

Augustin ne leur avait pas fait défaut. Quand Guillaume le lui demanda, il répondit :

— Si monsieur veut bien attendre.

Il se dirigea d'un bon pas vers sa chambre et en revint en portant l'album familial.

— Je me suis permis d'y insérer les photos du mariage, expliqua-t-il. J'espère que Madame aimera.

Guillaume le remercia et se précipita au salon où Judith causait paisiblement avec Charlotte. La petite lui confiait que les crayons de couleur l'enchantaient. Judith lui rappela qu'elle comptait lui trouver bientôt un professeur qui lui apprendrait à peindre en couleurs. Quand Guillaume arriva avec l'album photo, ils s'installèrent tous les trois sur le divan et les exclamations fusèrent à l'apparition de chaque nouveau cliché. Déjà, cette page de leur vie n'était plus qu'un souvenir.

Profitant du fait qu'ils étaient réunis tous les trois, Judith alla droit au but et elle demanda à Charlotte :

— Que ferons-nous de toi, en septembre qui vient ? Tu es grande, maintenant. Je connais une école où tu serais heureuse et où tu pourrais apprendre tout ce dont tu auras besoin dans la vie.

Inquiète, Charlotte demanda :

— C'est loin d'ici ?

— Oui, en effet. Si une telle école existait à Drummond, tu la fréquenterais, ce qui n'est malheureusement pas le cas. Il faut parfois consentir à de grands sacrifices pour obtenir ce que l'on veut. Tu vois, ton père en a mis du temps à reconstruire l'auto qui nous a permis de passer un si bel après-midi ensemble. Si tu veux un jour pouvoir réaliser quelque chose de beau et de grand, il va falloir que tu t'en donnes les moyens. Pour cela, il faudra t'éloigner de nous quelque temps.

Elle préparait Charlotte à ce qui l'attendait bientôt. Elle appréhendait des pleurs bien que l'enfant ne laissât rien paraître des sentiments qui l'habitaient, sauf pour déplorer qu'elle ne verrait plus Prince et les chevaux.

Judith commenta :

— Hélas, on ne peut tout avoir dans la vie !

Quand ils furent seuls, Judith confia à Guillaume qu'elle avait auparavant pensé faire instruire Charlotte sur place en engageant un précepteur ou une préceptrice. Guillaume s'enquit :

— Pourquoi alors préfères-tu qu'elle soit pensionnaire ?

— Pour une seule et bonne raison : qu'elle puisse se faire des amies.

— À quelle école songes-tu pour elle ?

— Tu en seras sans doute surpris, mais j'ai pensé au Pensionnat du Sacré-Cœur au Sault-au-Récollet. Charlotte y recevra le meilleur enseignement qui soit. Elle pourra même y apprendre la langue anglaise, puisqu'on l'y enseigne. Et personne n'aura quoi que ce soit à redire du fait que je suis de religion anglicane, puisque Charlotte étudiera dans une école catholique.

— Que vises-tu pour elle ?

— Des études qui la prépareront bien aux niveaux supérieurs. Qui sait, peut-être que dans le futur, une carrière de médecin, d'avocate ou de notaire, selon ses préférences, pourrait s'ouvrir à elle.

— Ne la voyais-tu pas artiste peintre ?

— Si elle continue dans cette voie, nous l'y aiderons. N'oublie pas qu'elle n'a que dix ans. Elle a le temps de changer. Toutefois, je tiens absolument à ce qu'elle puisse avoir le choix de se lancer dans quelque chose qu'elle aime.

Guillaume ne trouva rien à redire. Il voulait ce qu'il y avait de meilleur pour sa fille. Grâce à Judith, il pouvait se le permettre. Il resterait à convaincre l'enfant du bien-fondé de devenir pensionnaire.

— Nous irons au Sault-au-Récollet avec elle. En visitant ce couvent, nous pourrons, tout comme elle, nous faire une idée de sa nouvelle école.

Une semaine plus tard, ils prenaient tous les trois le train pour Montréal. Charlotte s'était faite à l'idée de devoir quitter Old Pine pour se créer un avenir plus prometteur. Ils visitèrent avec intérêt l'institution. Charlotte elle-même insista à leur retour pour y être inscrite. À la fin d'août, après avoir salué son père et lui avoir promis de lui faire honneur, elle partit pour Montréal en compagnie de Judith. Sa marraine Francesca lui fit un immense plaisir en les rejoignant à la gare à Drummondville, avant leur départ. Elle lui avait apporté dans un sac quelques galettes et une orange à déguster en cours de route. Le temps gris, annonciateur de pluie, ne semblait pas trop déranger la petite qui songeait déjà à tout ce qu'elle ferait une fois à son pensionnat.

Tout au long du trajet en train, Judith lui raconta comment elle-même avait dû s'éloigner un temps de chez elle afin de poursuivre les études qui lui permettaient maintenant de diriger Old Pine.

— Nous nous écrirons, si tu veux bien, et j'irai te voir chaque fois que je viendrai à Montréal pour affaires, lui promit Judith. Tu passeras bien sûr le temps des fêtes et tes vacances d'été avec ton père et moi. Je suis certaine que tu te plairas dans ton nouveau milieu.

Chapitre 47

Le rêve de Guillaume

La vie reprit son cours à Old Pine. Si, par son mariage, Guillaume était en quelque sorte devenu le maître des lieux, en réalité, Judith détenait toujours les cordons de la bourse. Guillaume continuait à être l'homme à tout faire qu'elle avait engagé. Il aimait son travail. Toutefois, pendant leur voyage de noces, il avait pu mesurer une fois de plus les grandes différences qui existaient entre son épouse et lui. Tout ce qui touchait l'art et la culture faisait le bonheur de Judith. Le travail manuel occupait la vie de Guillaume.

L'été avait fait place à l'automne. Comme pour prévenir les gens que l'hiver approchait, les arbres avaient revêtu leurs couleurs vives et perdaient leurs feuilles en abondance, marquant la fin des chaleurs et le début des grands froids. Old Pine se refermait comme un cocon. On avait fait des provisions pour les mois d'hiver. Il y avait amplement de bois de chauffage. Déjà, Éva préparait de la nourriture pour le temps des fêtes. Judith avait décidé de profiter de cette période pour recevoir des amis et également la famille de Guillaume. Charlotte passerait du temps avec eux. Tout semblait présager de beaux jours à venir.

Guillaume tournait en rond depuis quelques jours, à se ronger les sangs sur ce qu'il pourrait bien faire. La Providence veillait sur lui, car à la mi-novembre Philippe l'appela pour lui proposer de venir les visiter, Georgiana et lui. Philippe lui avoua qu'il voulait aussi profiter de son expertise dans le domaine de l'automobile pour qu'il vienne en aide à un de ses amis de Sorel dont la voiture refusait de démarrer.

Il suffisait qu'on parle d'automobiles pour que Guillaume devienne fébrile, relève ses manches et se montre intéressé par toutes les réparations qu'on lui proposait d'effectuer. Philippe n'eut pas à discuter longtemps. Il était prêt à partir sur-le-champ pour Sorel, afin de rencontrer ce pauvre homme dont la Ford A se montrait récalcitrante.

Judith fut heureuse de le voir si enthousiaste. Elle le laissa volontiers aller à Sorel au volant de leur voiture, afin d'y exercer ses talents de mécanicien au bénéfice de l'ami de Philippe. Il prit la précaution de se recouvrir d'un drap qui servirait de cache-poussière et de se munir d'une énorme casquette à visière, ce qui fit se pâmer de rire Judith.

— Les routes sont si mauvaises, et il y a tant de poussière, il faut ce qu'il faut, se justifia-t-il.

— Je le sais bien, mais tu ne te vois pas. Tu ressembles à une chauve-souris, le taquina Judith.

Elle ajouta :

— Sois prudent.

— Je ne roulerai pas vite, je te le promets.

Il partit, heureux comme un écolier en congé, et gagna Sorel au volant de sa Ford, avec laquelle il pouvait parfois atteindre jusqu'à vingt-cinq milles à l'heure. Il était habile au volant et avait maîtrisé l'art de conduire en peu de temps. Il mit toutefois quelques heures à se rendre à Sorel. Il n'eut pas à subir de bris mécaniques, par contre il dut réparer sept crevaisons.

Dès son arrivée, il se dirigea chez Philippe, qui était encore au travail. Georgiana l'accueillit avec joie. Ils échangèrent sur un peu tout ce qui touchait la famille. Dominique aimait beaucoup son travail de conseiller municipal. Denise et Raoul, comme toujours, étaient rivés à leur auberge. On restait sans nouvelles de Victoire et de Vianney.

— Dès qu'il y a de trop grandes distances entre nous, c'est comme si nous nous perdions de vue, déplora Guillaume.

— Je serais tout de même curieuse de savoir ce qu'ils deviennent, s'interrogea Georgiana. Heureusement qu'il nous arrive de nous voir de temps à autre, car ce serait la même chose pour nous.

— Vous viendrez à Old Pine durant le temps des fêtes. Ça fera bien plaisir à Judith de vous connaître mieux.

— Au fait, comment va-t-elle ?

— Très bien !

— Et Charlotte ?

— Elle se plaît beaucoup à son pensionnat. Tu sais qu'elle a un don particulier pour le dessin. Eh bien, il paraît qu'à ce don, il faut maintenant en ajouter un semblable pour le théâtre.

— Tant mieux, approuva Georgiana. Nous n'avons jamais assez de compétences dans la vie.

— Et tes enfants ? demanda Guillaume.

— Georgette fera sans doute une bonne mère de famille. Quant à Olivier, il va probablement suivre les traces de son père. Ils vont bien tous les deux. Tu vas d'ailleurs avoir l'occasion de les voir, ils viennent dîner à la maison.

Georgette arriva quelques minutes plus tard, suivie de près par son frère. Guillaume eut l'occasion de leur dire quelques mots avant que leur père ne se montre à son tour. Ils dînèrent tout en discutant des derniers événements qui avaient marqué leur vie. Guillaume leur parla de son voyage de noces dans Charlevoix. Les enfants regagnèrent leur école pour l'après-midi. Après avoir salué et remercié sa sœur pour son dîner, Guillaume se rendit avec Philippe examiner de près la Ford en panne.

Il avait certainement un don pour la mécanique tout comme sa fille en avait un pour le dessin, car il n'y avait pas une heure qu'il était sur place que le moteur de la Ford A se mit à ronronner comme un chat bien en santé. L'ami de Philippe, un homme jovial, était propriétaire des chantiers maritimes de la place.

— Vous avez là une belle voiture, mon cher monsieur, apprécia Guillaume. La Ford A devrait faire votre bonheur pendant plusieurs années.

— Qu'avait-elle, au juste ?

— Un peu de saleté dans l'essence. À l'avenir, faites attention à ce que l'essence soit bien filtrée quand vous faites le plein. Ça ne prend pas grand-chose pour que la petite bête se mette à bouder.

Ce voyage à Sorel amplifia l'intérêt de Guillaume pour les automobiles. Il décida d'offrir ses services à tous les propriétaires d'automobiles aux prises avec une voiture récalcitrante. Judith l'encouragea dans cette voie en lui suggérant de publier une annonce dans les journaux. Il mit passablement de temps à la rédiger, mais elle finit par paraître dans *La Patrie* et *La Gazette de Montréal*. Elle se lisait comme suit :

Vous possédez une voiture à essence qui, un bon jour, refuse de démarrer ? Contactez Guillaume Courchesne par téléphone au numéro 112, à la villa Old Pine de Drummondville. Il vous garantit de la remettre rapidement en marche.

Guillaume se plongea dans l'étude des diverses marques de voitures, s'intéressant avant tout à leur fonctionnement. Dans le temps de le dire, il put se qualifier de spécialiste des automobiles américaines : Rambler, Oldsmobile, Winton, Buick, Dodge, Pierce-Arrow, Cadillac, Studebaker, Franklin et Ford. Il connaissait par cœur toutes les spécificités des différents modèles. Bientôt, ces automobiles n'eurent plus de secrets pour lui. Ses connaissances lui permirent de dépanner quelques propriétaires d'auto de la région de Montréal qui firent appel à ses services. Il fut très sollicité, à tel point qu'il parla à Judith de se louer un local en banlieue de Montréal où il pourrait procéder à la réparation d'automobiles.

Judith sauta sur l'occasion pour lui confier qu'elle songeait depuis quelque temps à acheter une maison à Montréal ou dans les environs pour en faire leur demeure d'hiver. La villa de Drummondville demeurerait leur maison d'été.

— Tu pourrais avoir ton local près de la maison. Tu y travaillerais à ton aise. Quant à moi, je profiterais de ces mois à Montréal pour assister à des concerts et à différents spectacles. Je visiterais des galeries d'art et je préparerais nos activités du printemps et de l'été.

— As-tu déjà une idée de l'endroit où nous pourrions acheter cette maison ?

— J'y ai longuement songé. L'idéal serait de déménager au Sault-au-Récollet. De la sorte, nous serions près de Charlotte et nous pourrions lui rendre fréquemment visite.

La proposition de Judith ne tomba pas dans l'oreille d'un sourd. Guillaume approuva, puis ajouta :

— Tu disais que tu irais à des concerts. Comment t'y rendras-tu, surtout en hiver ?

— En tramway.

— J'ignorais qu'il y avait une ligne de tramway. Si je comprends bien, tu aimerais acheter cette maison de façon à ce que nous y passions l'hiver dès cette année ?

— Pourquoi pas ? Nous resterons ici durant le temps des fêtes, et passerons le reste de l'hiver là-bas.

Quelques jours plus tard, en compagnie d'Éva, la cuisinière, et de Roberta, la servante et femme de chambre, ils partaient en train pour Sault-au-Récollet. Guillaume se souvenait d'y être passé avec Victoire en se rendant au Témiscamingue. Il avait justement été question de ce pauvre récollet qui s'était noyé dans les rapides, et qui était à l'origine du nom de l'endroit.

Ils allèrent d'abord s'installer dans une auberge, puis Guillaume loua une voiture et un cheval et se mit en route en compagnie de Judith pour visiter des maisons. Ils furent quelque peu déçus de ne pas en trouver une à leur goût au bord de la rivière des Prairies. Ils finirent par en découvrir une à vendre sur le chemin du Bord-de-l'Eau, mais du côté de la rue opposé à la rivière. C'était une demeure canadienne en pierre. Avec ses lucarnes, son toit en pente, ses larmiers, sa grande galerie et sa cheminée imposante, elle avait fière allure. Dès que Guillaume arrêta cheval et voiture devant l'entrée, un petit homme mince sortit de la maison voisine et s'approcha avant de leur demander :

— Désirez-vous visiter la maison ?

— Nous sommes là pour ça, lui apprit Guillaume.

— Je reviens, fit-il en se précipitant chez lui.

Il réapparut en tenant une grosse clé avec laquelle il déverrouilla la porte d'en avant. Il les invita à entrer.

— Comme vous voyez, commenta-t-il, la maison est complètement vide.

— À qui appartient-elle ?

— À madame Lanctôt. Son mari est mort il y a deux mois. Elle est partie vivre chez sa fille.

Ils en firent le tour, s'informèrent du prix demandé et décidèrent de l'acheter. L'homme précisa :

— Pour ça, il faut aller chez le notaire Turcot.

— Est-ce loin d'ici ?

— La maison à côté de l'église.

Ils s'y rendirent immédiatement. Le notaire était chez lui et les accueillit aimablement. Il avait pris la précaution de préparer un contrat de vente déjà signé par cette madame Lanctôt. En moins d'une demi-heure, ils devinrent les propriétaires de la maison.

Ils y retournèrent afin de prendre différentes mesures, notamment pour les rideaux des fenêtres, et évaluer les travaux nécessaires afin d'en rafraîchir l'intérieur. À l'auberge, ils obtinrent le nom d'un entrepreneur à qui ils confièrent la tâche de repeindre les murs. Ils se rendirent à Montréal et achetèrent tout ce dont ils auraient besoin pour meubler la maison. Trois jours plus tard, des livreurs y transportaient les meubles, les accessoires et les différentes fournitures. Roberta aida Guillaume à tout mettre en place, pendant qu'Éva s'occupait des repas et que Judith voyait à la décoration. Le vaste hangar adjacent à la maison fit le bonheur de Guillaume. Il résolut de le transformer en atelier où il réparerait les automobiles. Pour l'instant, ce hangar servait à ranger le bois de corde pour le chauffage du poêle. Afin de dégager l'espace nécessaire à son travail, Guillaume, avec de l'aide, construisit tout au bout un abri où il comptait remiser leur auto, ainsi qu'un appentis pour ranger le bois. Ils passèrent deux semaines à aménager le tout. Ils rendirent aussi visite à Charlotte, qui fut tout heureuse de la tournure des événements.

Quand ils regagnèrent Old Pine, Guillaume réfléchit une fois de plus au grand changement qui était en train de se produire dans sa vie. Son mariage avec Judith marquait pour lui le début d'une autre façon de vivre. Tout semblait se mettre en place. Il commençait à réaliser son grand rêve de richesse. De plus, il contribuerait par son travail au bien-être de Judith et de Charlotte. Il le confia à Judith :

— Ma chérie, je me sens enfin mieux.

— Tu n'étais pourtant pas malade.

— Non, seulement d'avoir un travail par lequel je contribue à notre prospérité me comble.

— Tu m'en vois heureuse. Toi comme moi, même si nous avons les moyens de ne rien faire, nous ne sommes pas de ceux dont le bonheur consiste à se tourner les pouces et à bayer aux corneilles. Il ne tient qu'à nous maintenant d'aller de l'avant et de rendre notre vie belle.

D'entendre Judith parler de la sorte réjouit Guillaume. L'avenir lui parut on ne peut plus prometteur.

Chapitre 48

La vie continue

L'hiver s'installa pour de bon quelques jours à peine après leur retour du Sault-au-Récollet. Pour s'assurer que tout serait bien en place quand ils reviendraient à leur nouvelle demeure, après les fêtes, Judith avait pris la précaution d'engager un homme chargé d'aller voir au chauffage et à l'entretien de la maison tous les jours. Elle avait décidé qu'Éva et Roberta les accompagneraient durant leur séjour là-bas. Le temps des fêtes approchait. Plusieurs amis de Judith lui avaient fait part de leur intention de lui rendre visite. Elle décida qu'elle leur réserverait la période de Noël. Quant au jour de l'An, il serait entièrement consacré à Guillaume et aux siens.

Judith reçut ses amis comme prévu. Guillaume n'y trouva pas son compte. S'il n'avait pas été aussi passionné pour les automobiles, il n'aurait su quoi dire aux invités, versés dans les arts, la littérature, les affaires et la politique. Guillaume se sentait bien loin de tout ce qui intéressait ces messieurs-dames, la plupart de langue anglaise. Fort heureusement, il se débrouillait assez bien en anglais pour les comprendre et pouvoir leur parler. Il se montra poli et affable. Cependant, certains ne manquèrent pas de lui faire sentir qu'il n'était pas de leur milieu. Les Jeffreys en particulier se montrèrent odieux à son égard, l'ignorant totalement et lui donnant l'impression qu'ils le considéraient comme un serviteur dans cette maison.

Quand, quelques jours après Noël, ils se retrouvèrent enfin seuls, Guillaume s'en plaignit à Judith :

— Tes amis ne sont pas les miens.

— Pourquoi dis-tu ça ?

— Tu as sans doute vu, comme moi, à quel point ils m'ont fait sentir que je n'étais pas des leurs.

— Qu'est-ce que ça change à notre amour ? Je ne t'ai pas choisi pour plaire à mes amis qui d'ailleurs, pour la plupart, étaient ceux de mon frère. Quand nous serons au Sault-au-Récollet, nous nous ferons connaître, toi par ton travail et moi par mes fréquentations, et tu verras que rapidement, nous aurons un nouveau cercle de connaissances. Nous éloigner de Drummond ne pourra que nous apporter du neuf. Ici, tu le sais comme moi, les marchands, les hommes d'affaires et les gens à l'aise sont en majorité de langue anglaise. Il n'en tiendra qu'à nous, et à toi en particulier, qui fera affaire avec beaucoup de gens à l'aise, de fréquenter des personnes avec lesquelles nous aurons des affinités tous les deux.

Le jour de l'An se déroula dans la bonne humeur et la simplicité. Depuis qu'elle avait cessé de travailler pour Dominique, Judith n'avait pas souvent eu l'occasion de causer avec lui. Elle fut heureuse de pouvoir s'informer en particulier de ce qui était arrivé à Drummondville, et de ce qui se préparait pour les mois à venir. Il fut question de la construction d'un collège commercial qui serait dirigé par les frères de la Charité. La gare du transcontinental était maintenant terminée. De plus, à chaque réunion du conseil revenait sur le tapis l'érection d'un barrage électrique, mais ce projet n'avançait pas parce que l'argent manquait. Enfin, depuis quelques mois, faute de fonds, on avait cessé la construction de la nouvelle église Saint-Frédéric, dont le soubassement servait au culte depuis quelques années. Dominique avait entendu dire que l'on se remettrait bientôt au travail pour enfin mener le projet à terme.

Pince-sans-rire, Dominique profita de l'occasion pour amuser tout le monde en mimant le déroulement d'une discussion entre les membres du conseil. Philippe parla de ce qui se passait à Sorel, puis d'un de ses grands centres d'intérêt, les exploits des hommes forts. Depuis qu'il avait assisté à un de leurs spectacles, il s'intéressait particulièrement à eux, et notamment à Louis Cyr, l'homme le plus fort du monde. Il leur apprit que, puisque ce dernier était malade, il avait presque complètement abandonné la compétition, après avoir battu des records encore inégalés, comme retenir quatre chevaux à la fois, deux tirant d'un bord et deux de l'autre, et avoir levé d'un seul bras un haltère de deux cent soixante-huit livres. Il avait également déjà soulevé avec son dos une plate-forme pesant quatre mille livres.

— Qu'est-ce qu'ils avaient mis dessus ? questionna Raoul.

— Dix-huit hommes y étaient montés.

Philippe ajouta que le mois prochain, à Montréal, Louis Cyr remettrait en jeu son titre de champion du monde en se mesurant à Hector Décarie, un homme beaucoup plus jeune que lui. Ils s'affronteraient pour huit tours de force. Philippe se proposait bien d'assister à ces exploits.

— Tu viendras coucher chez nous, l'invita Guillaume.

— Coucher chez vous ?

— Oui, au Sault-au-Récollet. Nous y avons acheté une maison. Nous y passerons le reste de l'hiver.

De la sorte, tout le monde apprit la nouvelle.

Francesca, pour sa part, leur confia qu'elle avait reçu une lettre de Victoire lui annonçant qu'elle était en famille et que, lors d'une prochaine visite, elle serait heureuse de leur faire connaître leur nouvel enfant. Elle promettait de les informer s'il s'agissait d'un garçon ou d'une fille dès après son accouchement. Elle espérait avoir une fille, mais Martial souhaitait que ce soit un garçon.

Chapitre 49

New York

Guillaume fut le plus heureux des hommes de se retrouver dans leur nouvelle demeure. Il y avait de plus en plus de propriétaires d'automobiles à Montréal et dans les environs et, vu ses compétences, il se fit rapidement un nom comme réparateur de voitures de marques américaines.

— C'est une Rambler 1902 ? demandait-il à un client.

— Oui.

— Elle n'a pas de volant, mais un levier de vitesse.

— En effet.

— Son moteur d'un cylindre produit six chevaux-vapeur. C'est une bonne voiture, moins performante que la 1904 qui, elle, est dotée d'un moteur à deux cylindres de quarante-cinq chevaux-vapeur. Vous savez qu'elle peut faire du quarante milles à l'heure ? Vous verrez, dans peu de temps nous aurons des autos qui rouleront à cent milles à l'heure.

Il était intarissable quand il s'agissait d'automobiles. Il pouvait en parler des heures durant et il n'aimait rien tant que d'en réparer une en expliquant dans les moindres détails ce qu'il accomplissait. Ses clients l'aimaient bien, car ils le savaient connaisseur et efficace.

— Connaissez-vous bien votre auto ? demandait-il à un autre. Votre Ford a un moteur de six chevaux-vapeur et elle peut atteindre tout près de trente milles à l'heure. On peut y ajouter un auvent et une porte arrière. Si vous voulez, pour trente piastres je vous pose un toit en caoutchouc et pour vingt piastres de plus, vous avez le même toit, mais en cuir.

Il confiait parfois à Judith :

— C'est extraordinaire. Dire qu'il y a quelques années à peine, seulement quelques dizaines d'automobiles circulaient à Montréal et voilà que bientôt nous en compterons plus de trois cents.

Il fut appelé à dépanner des gens un peu partout à Montréal et aux alentours. Il s'était acheté un camion-dépanneur. Parfois, il effectuait ses réparations sur place. La plupart du temps, il remorquait l'automobile jusqu'à son atelier, afin d'y procéder aux réparations ou aux améliorations demandées par les clients. Bientôt, il fut connu comme celui qui excellait à doter les voitures de nouvelles commodités. Tout ce qui constituait un extra à l'achat, il pouvait l'offrir à meilleur prix. Il se construisit un réseau de contacts afin de se procurer les différentes pièces dont il avait besoin. Il travaillait vite et à un prix raisonnable.

Pendant ce temps, Judith faisait ses emplettes, assistait à des spectacles et rendait visite à Charlotte, qui était très appréciée à son pensionnat tant elle était douée pour tout ce qui touchait les arts. On faisait appel à elle pour créer des illustrations. En plus de jouer dans la pièce annuelle de théâtre, c'est elle qui en conçut les décors.

Quand il fut question de retourner à Drummondville, lorsque l'été arriva, Guillaume se fit un peu tirer l'oreille. Il lui faudrait retourner au Sault-au-Récollet à quelques reprises pour satisfaire ses clients les plus exigeants. Voyant à quel point son travail l'accaparait, Judith craignait qu'il ne finisse par s'ennuyer à Old Pine, même s'il se chargeait toujours de l'entretien. Elle lui conseilla de se prévoir du travail à réaliser à Drummondville.

— Pourquoi ne ferais-tu pas comme pour notre automobile ? Il doit bien y avoir une ou deux automobiles dans le coin qui demandent à être pratiquement refaites ? Tu pourrais profiter de notre séjour à Old Pine pour y travailler, d'autant plus qu'à leur revente tu toucheras une bonne somme.

— Encore faut-il que je mette la main sur une voiture en très mauvais état. Il n'y a guère d'autos accidentées.

— N'y a-t-il pas eu deux accidents dernièrement à Montréal ?

— En effet, se rappela Guillaume. Toutefois, ce sont des piétons qui ont été heurtés par des automobilistes. On accuse d'ailleurs les chauffeurs d'homicide involontaire. Il y a toute une polémique à ce sujet. Plusieurs soutiennent que l'automobile est devenue un danger public. La limite de vitesse a été fixée à neuf milles à l'heure. Il y a encore un paquet de monde qui n'en reviennent pas qu'on puisse se déplacer avec un véhicule sans qu'il soit tiré par des chevaux.

Il ajouta :

— À ma connaissance, les véhicules en question n'ont pas été fortement endommagés malgré la collision.

Il n'eut pourtant guère à attendre. Il apprit par le journal qu'une voiture s'était retrouvée dans la rivière Yamaska après que son conducteur en eut perdu la maîtrise sur un pont. Malheureusement, l'homme et sa femme s'étaient noyés et la voiture gisait au fond de la rivière. Il ne perdit pas de temps pour se rendre sur les lieux. Il avait apporté tout le nécessaire pour tenter de sortir le véhicule de l'eau. Au grand plaisir d'une foule de curieux, il y parvint après de multiples essais. L'automobile ne semblait pas trop endommagée. Toutefois, comme elle avait séjourné plusieurs jours sous l'eau, elle nécessitait d'importantes réparations si on voulait un jour la revoir sur les routes.

Guillaume s'informa auprès des héritiers du couple décédé s'ils voulaient la récupérer. Le fils aîné fut catégorique :

— Aucun de nous ne tient à revoir ce maudit véhicule qui a été le tombeau de nos parents. Faites-en ce que vous voulez !

Guillaume n'attendit pas qu'il change d'idée. Il regagna Old Pine en remorquant avec sa propre voiture la Buick F 1905. Il savait qu'en la remettant à neuf il en tirerait facilement mille dollars. Il passa ses mois d'été à la démonter au complet, pour la remonter ensuite et en faire un véhicule qui n'avait rien à envier aux modèles neufs similaires.

Judith parvint à le faire sortir de son atelier quand elle organisa un voyage à New York avec Charlotte et lui. Ils prirent le train pour Montréal et de là se rendirent dans cette métropole américaine. Plongé dans ses travaux de remise à neuf de la Buick, Guillaume n'aurait sans doute pas voulu les accompagner si Judith ne l'avait pas appâté en lui proposant de visiter New York à bord d'un autobus non pas tiré par des chevaux, mais fonctionnant à l'électricité.

Ils firent la visite comme Judith l'avait promis. Non seulement Guillaume fut enchanté de ce qu'il vit sur leur parcours de douze milles dans Manhattan, mais il fut émerveillé par le véhicule. L'autobus en question pouvait transporter quarante-quatre personnes à la fois. Pour un dollar et cinquante, ils eurent droit à un guide qui leur expliqua les différentes attractions.

Guillaume voulut tout connaître de ce véhicule électrique, fabriqué à Denver, au Colorado, par un certain Henry J. Mayham. Si Judith l'avait écouté, il se serait rendu lui-même là-bas, uniquement pour visiter l'usine où se fabriquaient ces autobus.

Ils revinrent comblés de leur visite à New York. Charlotte avait été éblouie par tout ce qu'elle avait vu : les gratte-ciels, la foule, les marchés en pleine rue, les tramways, les voitures à essence, qui faisaient le bonheur de son père, et qu'il examinait de près quand elles étaient garées, les magasins où on pouvait acheter de tout, et aussi le port et la fameuse statue de la Liberté. Ils furent parmi les premiers à pouvoir emprunter l'ascenseur tout récemment mis en service qui menait au sommet du piédestal. Il leur restait ensuite à monter trois cent cinquante-quatre marches pour parvenir à la tête de la statue et à sa couronne, ce qu'ils firent avec enthousiasme, même s'ils durent attendre près de trois heures avant d'avoir leur tour de visite.

De retour à Drummondville, Charlotte s'empressa d'aller raconter son voyage à sa marraine, Francesca, qui ne manqua pas de l'inviter à souper. De retour à la maison, Charlotte était en train de faire à Judith le récit de sa visite chez Francesca quand le sol se mit à trembler. La secousse ne dura que quelques secondes, mais ce fut suffisant pour leur donner une bonne frousse. Guillaume se précipita pour les réconforter. Heureusement, la secousse sismique fut de faible intensité et ne dura pas. Ils avaient encore en tête le tremblement de terre meurtrier survenu à San Francisco en avril. Pas moins de trois mille personnes y avaient laissé la vie.

Septembre arriva trop vite pour Charlotte. Judith et Guillaume la reconduisirent à son pensionnat du Sault-au-Récollet. Ils profitèrent de ce voyage pour passer quelques jours dans leur nouvelle demeure. Guillaume fut sollicité pour quelques réparations mineures. Il trouva un client intéressé par la Buick refaite à neuf. Avec l'argent qu'il en tira, il put troquer son camion-dépanneur contre un camion Rapid Truck 1902, conçu pour servir au transport de marchandises. Il l'équipa pour ses remorquages. Il le mit à l'abri dans le hangar de leur maison du Sault-au-Récollet et regagna Drummondville en compagnie de Judith. Excepté durant leur voyage à New York, il n'avait pas arrêté de travailler une minute. Il profita du début de l'automne pour chasser le chevreuil. Il en tua un qu'il ramena à Old Pine. Ce fut pour Judith et lui l'occasion d'évoquer leur première rencontre.

Ils quittèrent Drummondville à la mi-novembre, tout en se promettant de revenir y passer le jour de l'An. Beaucoup de travail attendait Guillaume au Sault-au-Récollet. Il rêvait du jour où il pourrait s'y rendre sans difficulté depuis Drummondville au volant de sa Ford. C'était faisable, sauf que les routes entre les villages étaient si mal entretenues que s'y risquer devenait une aventure. Un trajet qui aurait dû prendre un peu plus de deux heures en exigeait souvent six ou sept, sans compter les dangers courus en croisant des voitures tirées par des chevaux.

Chapitre 50

Une visite de Philippe

De retour à leur maison du Sault-au-Récollet, Guillaume et Judith allèrent rendre visite à Charlotte. Elle fut heureuse de les voir, mais leur demanda si elle pourrait devenir externe au lieu de pensionnaire, maintenant qu'ils habitaient tout près. Judith lui fit comprendre que ce n'était pas possible, car où resterait-elle durant les mois qu'ils passaient à Old Pine ?

Il n'y avait pas une semaine qu'ils s'étaient réinstallés à leur maison du Sault, qu'ils reçurent une visite inattendue.

— Je m'excuse de ne pas vous avoir prévenus, dit Philippe. J'ai profité d'un voyage d'affaires à Montréal pour venir voir où vous habitiez. Je vous croyais encore à Drummond.

Guillaume le rassura :

— C'est un plaisir de t'accueillir. Ne te gêne surtout pas pour revenir quand tu en auras l'occasion. Comment va Georgiana ?

— La pauvre a été souffrante dernièrement.

— De quoi ?

— Un torticolis.

— Heureusement, on s'en remet ordinairement assez vite.

— C'est exactement ce qui s'est produit.

— Et les enfants ?

— On est bien heureux de les avoir, ils nous gardent jeunes. Ils vont bien tous les deux.

Profitant du passage de son beau-frère, Guillaume lui fit visiter son atelier.

— Je ne pensais jamais que tu étais si bien organisé, le complimenta Philippe.

— Il faut ce qu'il faut. Tu vois, j'ai même converti un camion en remorque. L'ouvrage ne manque pas. Je songe même à engager un homme pour m'aider. Il pourrait procéder aux petites réparations quand je séjourne à Drummond.

— Qu'est-ce que Judith pense de tout ça ?

— Elle est bien contente que mes affaires marchent si bien et moi, je suis heureux de ce que je rapporte à la maison. Je ne me voyais pas dépendre de la fortune de Judith pour le reste de mes jours.

— Tu sais que je songe à m'acheter une automobile ?

— Tu n'en as pas déjà une ?

— Mon père en a une.

— De quelle marque ?

— Une Oldsmobile.

— Il a fait un bon choix. La Oldsmobile Curved Dash 1904 est une très bonne voiture.

— Mon père l'aime bien. Elle est parfaite pour lui, mais ne me conviendrait pas. Je devrais plutôt dire « nous ». Il va nous en falloir une à quatre places. Que me conseillerais-tu ?

— Ça dépend de ce que tu veux payer. Celles à quatre ou cinq places vont chercher dans les mille deux cents à mille cinq cents piastres. Pour ce prix-là, tu peux avoir une Buick modèle F. Elle est puissante. Son moteur a vingt-deux chevaux-vapeur et elle peut rouler à près de cinquante milles à l'heure. Le problème, c'est qu'il n'y en a pas beaucoup sur le marché. À part ça, tu pourrais t'acheter une Studebaker. Ils nous en promettent une pour bientôt. Seulement elle est hors de prix. Plus de trois mille piastres. Il y a aussi Ford qui vient d'en sortir une de cinq places, à deux mille cinq cents piastres, par exemple. Elle a six cylindres qui produisent quarante chevaux-vapeur. Elle peut rouler à cinquante milles à l'heure. C'est quand même cher payé pour un véhicule. Si j'étais toi, j'achèterais une Ford A, la Tonneau, à quatre places. Avec ça, tu ne peux pas te tromper. Je pourrais t'en avoir une pour huit cents piastres. Elle n'a pas de toit, mais je t'en poserai un pour une trentaine de piastres, le prix des matériaux.

— J'ai bien fait de venir te voir. Il y a un vendeur de Sorel qui me proposait justement une Studebaker, que j'aurais dû financer. J'aimerais mieux la payer *cash*. La Ford pourrait faire mon bonheur au printemps prochain.

— Je m'en occupe.

Guillaume ajouta :

— Peut-être que, d'ici là, je pourrai faire mieux encore. Tu te souviens de la voiture accidentée que tu m'avais signalée à Sorel ? Je l'ai réparée et elle est devenue ma première voiture. Si je peux mettre la main sur une Ford qui a besoin de grosses réparations, je vais te la réserver. Tu sais que remonter des autos est devenu ma spécialité. On m'en apporte d'un peu partout. La plupart du temps, elles ne nécessitent que de petites réparations. Mais on m'en signale parfois une à récupérer après un accident. Dans ce temps-là, j'achète la carcasse. Je fais venir les pièces de Détroit et je remets bien vite le véhicule en marche. C'est à ça que je m'occupe tout l'hiver. Ça ne m'étonnerait pas que je puisse t'en dénicher une. Si c'est le cas, je te le fais savoir.

Philippe et lui continuèrent à parler d'automobiles. Guillaume se rendit compte que son beau-frère n'était vraiment pas dans la misère. Il n'avait pas trop sourcillé devant les prix de la Studebaker et de la Buick. Guillaume lui avait proposé une Ford parce qu'il estimait que c'était la meilleure affaire pour lui. Il lui confia que la compagnie Ford promettait de produire sous peu une voiture accessible à toutes les bourses. Quand viendrait le temps, Philippe pourrait en obtenir une à bon prix en échange d'un modèle plus ancien.

Les prédictions de Guillaume s'avérèrent justes, car il put mettre la main sur un véhicule Ford accidenté, qu'il obtint pour une bouchée de pain. Il commença à le remettre à neuf. Quand eut lieu la rencontre familiale à Drummondville au jour de l'An, Guillaume fut déjà en mesure de prévenir Philippe qu'il aurait sa voiture pour ce printemps 1907.

Ce jour de l'An fut l'occasion pour Dominique d'informer tout le monde de ce qui se préparait pour Drummondville. On assisterait enfin durant l'année à l'inauguration de la nouvelle église Saint-Frédéric. Également, monsieur Marler avait offert à la ville une magnifique fontaine en fonte s'inspirant des Trois Grâces. Il fallait encore décider de l'endroit où elle serait placée. De plus, grâce à monsieur Joseph Lemire, qui avait fait breveter son invention, on put remplacer les sémaphores des chemins de fer par des signaux lumineux automatiques, en utilisant le rail comme conducteur d'électricité.

Une fois le temps des fêtes terminé, Guillaume et Judith regagnèrent leur maison du Sault-au-Récollet. Guillaume ne pouvait plus se passer longtemps de son atelier. Il termina la remise à neuf de l'automobile qu'il destinait à Philippe.

Chapitre 51

L'auto promise

La neige avait à peine disparu qu'un beau dimanche, Philippe se fit conduire par un ami chez Guillaume et Judith au Sault-au-Récollet en compagnie de Georgiana et des enfants. Il venait chercher sa voiture. Guillaume les conduisit dans son atelier. Il avait pris la précaution de recouvrir le véhicule d'une bâche. Il laissa Philippe l'enlever. Des wow ! fusèrent quand la Ford apparut, prête à prendre la route. Spontanément, les enfants furent conquis par sa couleur rouge. Pendant qu'ils y montaient, Philippe en fit le tour. Guillaume ouvrit le capot et se lança dans de longues explications sur le fonctionnement du véhicule.

— Tu devrais en être satisfait, Philippe. C'est une excellente voiture. Tu fais une bonne affaire, parce que dès l'an prochain, tu pourras l'échanger avec profit pour la nouvelle Ford T à quatre cylindres et vingt-deux chevaux-vapeur dont je t'ai parlé. À mon avis, ce sera la voiture du siècle.

Patiemment, Philippe et Georgiana l'écoutèrent expliquer que la Ford finirait par dépasser toutes les autres voitures, et pour un prix bien plus accessible. Il leur montra ensuite où se trouvaient les pédales d'embrayage, de marche arrière et de frein. Il leur apprit comment fonctionnait le frein à main et où se trouvait le réservoir d'essence.

Philippe, qui avait conduit plus d'une fois la voiture de son père, était impatient d'essayer sa Ford. Guillaume l'aida à la mettre en marche et il s'engagea sur le chemin du Bord-de-l'Eau avec sa petite famille. Ils revinrent au bout d'une vingtaine de minutes, satisfaits de leur acquisition. Judith avait prévenu Éva de préparer un bon repas pour tous et elle les invita :

— Vous ne partirez pas sans avoir dîné avec nous. Ensuite, vous prendrez bien quelques minutes pour saluer Charlotte à son pensionnat. Nous irons avec vous. C'est à deux pas d'ici. Elle sera tellement heureuse de voir Georgette et Olivier.

Dès qu'ils eurent fini de manger, ils se rendirent à pied au pensionnat de Charlotte. Celle-ci fut tout émue de leur visite. À la demande de Judith, elle alla chercher ses dessins. Philippe et Georgiana apprécièrent la qualité de ses croquis. Il y avait des portraits de ses professeurs et aussi de ses amies, ainsi que quelques paysages et natures mortes. Vraiment, pour une jeune fille de onze ans, elle était extrêmement douée.

— Si tu continues ainsi, tu iras loin, la complimenta Philippe. Et si jamais tu viens à Sorel cet été, tu auras de beaux sujets de dessins : le fleuve, les bateaux, le chantier maritime, les gens au marché…

— Je ferai aussi votre portrait, suggéra Charlotte. Ma tante Denise a des photos de vous, tandis que moi je vous aurai en dessin.

— Ce ne sont pas les sujets qui manquent à Drummond non plus, ajouta Judith. Je crois bien qu'elle aura de quoi s'occuper cet été.

Ils la quittèrent en l'encourageant à continuer de développer ce talent exceptionnel. Impressionné par cette visite à sa cousine, Olivier soupira dès qu'ils furent sortis du pensionnat:

— Pauvre Charlotte. Je n'aimerais vraiment pas être à sa place.

— Pourquoi crois-tu ça? le questionna Judith.

— Parce que ça ne doit pas être drôle d'être enfermé comme ça tous les jours avec d'autres, sans pouvoir sortir.

— Ce n'est pas si pire que tu le dis, le rassura Judith. Les pensionnaires font toutes sortes d'activités intéressantes. Elles partent souvent en promenade, vont visiter des églises et parfois des musées. Elles ont même eu la chance de se rendre à l'oratoire Saint-Joseph, à Montréal.

S'adressant à Philippe et Georgiana, elle leur conseilla:

— En passant, si jamais vous en avez le temps, il faut que vous alliez visiter ce nouveau sanctuaire. C'est très impressionnant. Nous y sommes allés, Guillaume et moi, et ça en valait la peine.

De retour chez Guillaume et Judith, ils causèrent encore un peu, debout autour de la voiture. Ils refusèrent le digestif que Guillaume leur proposait.

— N'oublie pas que je conduis, lui rappela Philippe.

Sur ce, il mit fin aux échanges.

— Allons, il faut y aller, si nous voulons arriver à Sorel avant la noirceur.

— Comment comptes-tu traverser le fleuve? lui demanda Guillaume.

— Rien de plus simple, répondit Philippe. Un de mes amis de Sorel vient nous rejoindre au quai de Pointe-aux-Trembles avec son bateau. Je ferai monter l'auto sur le pont.

Le reste du voyage se déroulera sur l'eau. Les routes entre Montréal et Sorel ne sont guère praticables.

— Tu me donneras le nom et l'adresse de cet ami, insista Guillaume. Je pourrai peut-être compter sur lui pour venir avec ma Ford jusqu'à Montréal depuis Drummond.

— Maintenant que vous avez une automobile, vous n'aurez plus d'excuses pour ne pas venir à Old Pine cet été, leur fit remarquer Judith.

— C'est promis, s'engagea Philippe. Vous allez nous voir arriver.

Chapitre 52

L'été à Old Pine

L'été 1907 fut mémorable pour Guillaume et Judith. Ils reçurent un nombre considérable de visiteurs. Même Victoire leur fit la surprise d'arriver avec Martial et leurs deux jeunes enfants, Élise et le petit Jasmin. Martial n'en revenait pas de la beauté de Old Pine. La villa lui paraissait un château en comparaison de leur modeste demeure à Ville-Marie. Il avait toutefois tenu parole, car il était parvenu à construire leur maison, qu'il décrivit avec beaucoup d'émotion. Il eut beau tenter d'expliquer à Guillaume où elle se trouvait exactement, ce dernier ne parvenait pas à se rappeler suffisamment l'endroit pour pouvoir la situer.

— Il va falloir que nous y allions, laissa-t-il entendre.

Victoire lui fit promettre de venir.

— Maintenant que vous avez une automobile, insista-t-elle, vous pourrez venir. Nous devions nous écrire et nous le faisons si peu souvent. Il n'y aura plus d'excuses.

Judith intervint :

— Vous avez bien fait de nous rendre visite. Nous sommes très heureux de vous voir. Toutefois, si nous allons au Témiscamingue, ce sera en train. Je ne nous vois pas passer par les petites routes de campagne en voiture.

— Vous finiriez par arriver.

— Au bout de combien de jours et dans quelles conditions ?

— En compote, certainement, plaisanta Guillaume. Judith a raison. Le train reste encore le meilleur moyen de nous y rendre. Il y a un type des États-Unis qui a fait en auto le trajet de Boston à Sherbrooke, trois cent quarante milles en tout. Sais-tu combien de temps il a mis pour franchir cette distance ?

— Je dirais trois jours.

— Non. Huit.

— Comment ça ?

— Il a subi un bris mécanique et a dû commander une pièce par télégramme. Il a attendu quatre jours avant de la recevoir. Ensuite, il a été obligé de voyager de nuit seulement pour que son moteur ne chauffe pas trop. Il raconte aussi qu'il devait arrêter et se ranger au bord de la route lorsqu'il voyait une voiture tirée par un cheval qui s'en venait vers lui.

— Pourquoi donc ?

— Tu en as certainement entendu parler. Le bruit du moteur énerve tellement les chevaux qu'ils prennent le mors aux dents. En plus, il a dû réparer pas moins d'une quinzaine de crevaisons.

— Les pneus sont-ils si mauvais que ça ?

— Non, à vrai dire, ils sont plutôt bons en général. Cependant, il y a tellement de chevaux qui perdent des clous de leurs fers sur les routes que c'est inévitable. Enfin, sais-tu à quelle vitesse il roulait pendant son voyage ?

— Je donne ma langue au chat.

— À dix milles à l'heure. Il aurait quasiment mieux fait de s'y rendre avec une voiture tirée par un cheval.

Martial les interrompit pour demander :

— Si vous n'y voyez pas d'inconvénient, j'aimerais visiter Drummond.

Il en parcourut les rues en compagnie de Guillaume, Charlotte et Victoire. Ils furent impressionnés de la grandeur de la nouvelle église, et ils s'arrêtèrent un moment devant le tout nouveau Manoir Drummond.

Ils avaient réservé leur chambre à l'auberge de Raoul et Denise. Judith leur en fit le reproche :

— Pourquoi ne nous avez-vous pas prévenus ? Nous avons amplement de chambres à la villa.

— Quand on a une sœur et un beau-frère qui sont les propriétaires d'une auberge, il y a tout lieu de les encourager, expliqua Victoire. Surtout qu'ils vont avoir beaucoup de concurrence avec le Manoir Drummond.

— Ils vont survivre, les rassura Guillaume. Ce n'est pas tout le monde qui pourra se payer une chambre à ce manoir. À ce que je sache, ni Raoul ni Denise n'ont paniqué en le voyant se construire.

La venue de Victoire et Martial fut l'occasion d'une belle rencontre de famille. Judith vit à ce que tous ses invités repartent enchantés de leur visite. Le beau temps le permettant, ils mangèrent en plein air. Peu habitué à être reçu avec autant de faste, Martial se montra étonné que Judith et Guillaume n'habitent plus Old Pine toute l'année.

Judith tâcha de justifier de son mieux leur décision.

— Guillaume travaille de plus en plus dans la région de Montréal et notre Charlotte est pensionnaire au Sault-au-Récollet. Voilà ce qui nous a amenés là. Quant à moi, ça me permet d'assister à des spectacles et, à l'occasion, de rencontrer des amis. Comme ça, Guillaume, Charlotte et moi, nous avons notre compte. Nous aimons passer l'été ici, voilà pourquoi nous conservons la villa. Puis, quand septembre arrive, nous transportons nos pénates au Sault-au-Récollet où toutes sortes d'obligations nous attendent. Demandez à Guillaume si je n'ai pas raison.

Guillaume s'empressa de confirmer que dès qu'il mettait les pieds là-bas, il ne voyait plus le temps passer.

— J'ai engagé un aide, Arthur Lafrance, qui garde le garage ouvert durant l'été. De temps à autre, je m'y rends pour m'assurer que tout va bien. En réalité, le temps que je passe à Drummond est ma période de vacances. Il est vrai qu'à Montréal, en hiver, les activités diminuent passablement. Beaucoup moins de gens se servent de leur automobile, ce qui me permet d'en rafistoler quelques-unes durant ce temps-là, puis quand arrive le printemps, vous devriez voir le défilé de voitures à mon garage ! Certaines n'ont besoin que d'une petite réparation, ou leur propriétaire désire un nouvel équipement. Arthur et moi, nous n'arrêtons pas une minute. Ceux qui ont une automobile en sont très fiers et ils l'entretiennent bien. Disons que je ne manque pas de clients et ça fait mon bonheur.

Profitant de ce que Charlotte amusait Élise et son petit frère Jasmin, Victoire voulut savoir où elle en était dans ses études.

— Elle a maintenant presque douze ans et elle est très douée pour les arts, répondit Judith. Guillaume et moi, nous sommes allés la voir jouer dans une pièce de théâtre à son pensionnat. Tout le monde était d'avis qu'elle a un don particulier pour ça aussi. Si vous voulez lui faire plaisir, demandez-lui de vous montrer ses dessins.

Dès qu'elle en eut la chance, Victoire demanda à sa nièce :

— J'aimerais bien voir tes croquis.

— Vraiment ? questionna Charlotte en rougissant de plaisir.

— Bien sûr !

Elle courut les chercher. Il y avait de tout dans ce qu'elle produisait : des portraits, des paysages, des natures mortes. Les portraits impressionnèrent particulièrement Victoire. Elle voulut savoir qui y figurait. C'était en majorité des professeurs, mais également des amies. Charlotte n'avait pas à rougir non plus de ses paysages et natures mortes, fort bien réussis également. Victoire lui demanda :

— Aimerais-tu venir passer quelques semaines avec nous, à Ville-Marie ? Tu pourrais faire le portrait d'Élise et de Jasmin.

— De vous aussi, ajouta spontanément Charlotte.

Avant de s'engager, elle se tourna vers Guillaume et Judith, qui se gardèrent bien de réagir afin de la laisser libre de son choix. Charlotte aimait beaucoup Victoire, qui s'était bien occupée d'elle quand elle était petite. Voyant que ni son père ni Judith ne s'opposaient à sa décision, elle conclut :

— J'aimerais ça.

— Tu pourrais venir pour quelques semaines, suggéra Victoire. Tu verras, il y aura beaucoup de beaux sujets de dessins : des gens au marché, dans la rue ou sur le bord de l'eau. Tes parents pourraient venir te chercher et en profiter pour passer quelques jours avec nous. Nous irons pique-niquer et nous rendrons visite à mes frères, à Guigues.

Charlotte semblait déjà gagnée à l'idée de passer du temps chez son oncle et sa tante, d'autant plus qu'elle pourrait voir Élise et Jasmin. Quand ils quittèrent Drummondville, Charlotte les accompagnait, avec la promesse de Guillaume et Judith d'aller la chercher dans trois semaines.

Quelques jours plus tard, comme il l'avait laissé entendre, Philippe arriva à Old Pine avec Georgiana et leurs enfants. Philippe était toujours enchanté de sa voiture. Les enfants furent quelque peu déçus de ne pas trouver Charlotte.

— Elle est au Témiscamingue, avec Victoire et Martial, expliqua Guillaume. Nous y allons dans deux semaines.

— L'an prochain, il faudra qu'elle vienne passer quelques jours à Sorel, souhaita Georgiana. Elle pourra s'amuser avec Georgette et Olivier. Si Francesca le veut, elle pourrait aussi nous envoyer André.

— Le temps passe si vite et nous sommes si occupés, se désola Judith, que nous n'en consacrons pas assez à ceux qui nous sont chers. Au moins, vous êtes avec nous aujourd'hui, nous allons en profiter. J'ai demandé à Éva de tout préparer, nous allons pique-niquer au bord de la rivière.

Intrigué par le fait que Guillaume et Judith passaient de plus en plus de temps au Sault-au-Récollet, Philippe demanda :

— Comment ça se passe ici, quand vous êtes là-bas ?

Guillaume précisa :

— Augustin s'est retiré chez sa sœur. Il était trop vieux pour continuer son travail de majordome. Peter, notre jardinier, voit à l'entretien extérieur et Maria, notre nouvelle servante, s'occupe de la cuisine et garde la maison en ordre. Son mari Alfred est chargé des commissions et du chauffage. Quant à Éphrem, il joue avec efficacité son rôle de palefrenier et de chauffeur.

— Comptez-vous garder la villa quand même ?

— Tant que nous le pourrons, nous y passerons l'été et le temps des fêtes, confirma Judith. Nous aimerions que Charlotte puisse en hériter.

— Vous faites bien de ne pas vendre, approuva Philippe. L'endroit est magnifique, ça serait dommage que vous le perdiez.

Pendant qu'ils échangeaient de la sorte, arrivèrent Dominique, Francesca et André.

— C'est bien dommage que Denise et Raoul ne puissent pas se joindre à nous, déplora Guillaume. Comme ça, la famille aurait été presque complète.

— On ne peut pas tout avoir, soupira Judith. Ils ont choisi un métier très accaparant.

— Tellement, renchérit Guillaume, que la pauvre Denise ne trouve plus le temps de compléter son album de photos, et ce n'est pas peu dire.

Ils continuèrent ainsi leurs échanges tout en pique-niquant au bord de l'eau. En fin d'après-midi, Philippe, Georgiana et leurs enfants regagnèrent Sorel. Dominique, Francesca et André retournèrent chez eux, non sans promettre de revenir avant la fin de l'été.

Chapitre 53

Le drame

L'été se termina en beauté, les journées de chaleur se prolongeant jusqu'à la fin de septembre, au point qu'on put parler d'été des Indiens. Puis, octobre apporta sa symphonie de couleurs. Depuis le début de septembre, Guillaume et Judith avaient réintégré leur maison du Sault-au-Récollet et Charlotte avait regagné son pensionnat. Aux dernières nouvelles, tout le monde se portait bien, tant chez Philippe et Georgiana que chez Francesca et Dominique, et il en allait de même pour Denise et Raoul. Victoire et Martial avaient été très contents du passage de Guillaume et Judith, venus chercher Charlotte à la fin de son séjour au Témiscamingue. Martial les avait fait bien rire avec ses histoires qu'il commençait toujours par :

— Est-ce que je vous ai dit que mon père était épicier, quand j'étais jeune ? Bon, ben, dans mon jeune temps, je faisais de mon mieux pour l'aider, mais d'abord et avant tout, ce qui me motivait le plus, c'étaient les bénéfices que je pouvais retirer de cette situation. Un jour, en me pensant bien fin, je mis la main sur un rouleau de vingt-cinq sous qui traînait près de la caisse. J'allai le cacher au sous-sol, là où j'avais l'habitude d'enterrer mes trésors : un vieux canif, des bouchons de bouteilles et des cochonneries du genre. V'là-t'y pas que mon père se rend compte de la disparition des trente sous. Aidé de ma mère, il cherche partout dans l'épicerie, sans les trouver bien entendu. Voulant être le héros de l'histoire, je leur révèle que je sais où sont passés les trente sous en question. Suivi de mon père, je suis allé les déterrer où je les avais cachés au sous-sol. Je pense que j'ai mangé là la pire volée de ma vie.

C'est une Charlotte radieuse qui était rentrée de sa visite à Ville-Marie, avec un tas de croquis et des portraits très réalistes de Victoire, Martial, Élise et Jasmin. Elle n'avait pas rouspété quand était venu le temps de retourner à son pensionnat.

Tout allait pour le mieux dans le meilleur des mondes, lorsque survint un drame. La journée avait pourtant bien débuté pour Raoul et Denise. Malgré la concurrence du Manoir Drummond, leur auberge fonctionnait à merveille. Ce jour-là, ils affichaient complet. On se préparait pour la nuit quand, vers les dix heures, un client surgit du corridor vers la réception en criant : « Au feu, au feu ! » Pendant que Denise se démenait pour avertir les pompiers, Raoul se précipita dans le passage déjà plein de fumée afin de voir où le feu avait pris, et s'il n'y avait pas moyen de l'éteindre. Déjà, l'auberge entière flambait comme une boîte d'allumettes. Fort heureusement, la majorité des clients échappèrent à l'incendie. Denise chercha vainement Raoul parmi les gens regroupés à l'extérieur, qui regardaient l'auberge s'envoler en fumée. Où pouvait-il être passé ? Personne ne l'avait vu. Les pompiers trouvèrent ses restes dans les ruines fumantes. Denise était au désespoir quand Dominique et Francesca arrivèrent sur les lieux.

Après enquête, on apprit par un des clients que Raoul avait aidé deux d'entre eux à fuir l'incendie en les faisant sauter du deuxième étage à l'arrière de l'auberge. Lui-même, ayant voulu revenir sur ses pas, avait sans doute été asphyxié par la fumée.

Ce fut un coup terrible pour Denise. Dominique et Francesca l'accueillirent chez eux. Elle était complètement abattue et il faudrait tout le soutien et l'attention de Francesca pour qu'elle parvienne à se remettre de cette épreuve.

Dès qu'il fut informé de la catastrophe, Guillaume se rendit à Drummondville. Le service de Raoul eut lieu le lendemain de son arrivée. Il se souciait beaucoup de l'état de santé de sa sœur. Denise avait toujours été une femme solitaire et renfermée. Comment allait-elle survivre à cette épreuve ? Il en discuta avec Dominique et Francesca. Ils en vinrent à la conclusion que le meilleur remède était de l'éloigner des lieux du drame et de l'occuper à quelque chose qui lui ferait oublier son malheur.

— Non seulement a-t-elle perdu son mari, constata Guillaume, mais elle a également vu partir tous ses biens en fumée.

— Les gens sont généreux, l'informa Dominique. Il y en a qui lui offrent du linge et même des meubles. Pour le linge, ça va. Quant aux meubles, comme elle n'a plus de toit, elle n'en a que faire.

— Elle a aussi perdu quelque chose qui lui tenait beaucoup à cœur.

— Quoi donc ?

— Ses photos. Son fameux album a disparu dans les flammes et avec lui un tas de souvenirs. Mais j'y songe : pour lui changer les idées, j'ai le goût de lui proposer de venir chez moi pour quelque temps. Elle pourra faire le tour des studios de photographie avec Judith et commencer à reconstituer son album. Bien entendu, il y a un bon nombre de photos qu'elle ne retrouvera jamais, mais elle mettra sans doute la main sur plusieurs photos de Drummondville, par exemple. Monsieur Mahler pourra sans doute lui en fournir. Quant aux photos de la famille, nous ferons reproduire celles que nous possédons pour son nouvel album. Elle vivra de la sorte dans ses souvenirs et surmontera sans doute plus facilement cette grande épreuve. En outre, je suis certain que Judith saura l'occuper à la cuisine. Ainsi, avec le temps, elle devrait s'en remettre.

— Ça ne lui redonnera pas un toit pour autant, signala Francesca.

— Justement, commenta Guillaume. Si jamais ça fait son bonheur, nous l'engagerons à la cuisine de Old Pine pour seconder Éva. Elle pourra aussi la remplacer efficacement en venant avec nous au Sault-au-Récollet.

Contre toute attente, Denise accepta l'offre de Guillaume. Elle fut reçue à bras ouverts par Judith. Celle-ci parvint à la convaincre de reconstituer son album de photos. Elles passèrent beaucoup de temps à rapailler ici et là quelques photographies de Drummondville. Elles firent le tour des amis de Judith qui avaient habité à Drummondville et vivaient maintenant à Montréal. Par eux, elle obtint de magnifiques clichés de l'église Saint-George, du pont, des rapides sur la rivière et de plusieurs vieilles maisons de Drummondville. Denise fit aussi plaisir à Charlotte en allant lui rendre visite à son pensionnat. Pendant ce temps, Guillaume parvint à retrouver quelques photos de la famille. Il fit faire une copie de la vieille photo de la maison de la traverse que lui avait donné Judith et dont il était si fier.

Ils parvinrent ainsi à soulager quelque peu le malheur de Denise. Quand, pour le temps des fêtes, ils se retrouvèrent à Old Pine, Denise se remit à la cuisine. Elle accepta d'assumer cette fonction au Sault-au-Récollet, si bien qu'Éva demeura désormais toujours à Drummondville.

Chapitre 54

Le projet de Guillaume

De retour à son atelier du Sault-au-Récollet, après les fêtes, toujours occupé à mijoter quelques projets nouveaux, Guillaume songea tout à coup à ce qui pourrait éventuellement lui rapporter encore plus de sous. Judith lui avait récemment proposé d'aller passer deux ou trois semaines à Paris.

— Qu'irions-nous faire là ? avait demandé Guillaume, déconcerté.

— Visiter des musées, bien manger et nous changer les idées.

— Si ça te plaît d'y aller, vas-y avec une amie, ma chérie. J'aimerais bien t'y accompagner, seulement j'ai d'autres plans en tête. Plus ça va, plus on me demande diverses pièces pour les automobiles, par exemple des lampes à acétylène, ou encore, ce qui est tout nouveau, des essuie-glaces. Je pense que je vais me rendre aux États-Unis, là où les voitures sont fabriquées, afin de passer des ententes pour me procurer les pièces les plus demandées. Comme ça, je serai en mesure de contenter rapidement mes clients. Vous pourriez m'accompagner, Denise et toi. Pendant que j'effectuerais mes démarches, vous pourriez visiter Détroit, où je compte me rendre, à l'usine de Ford, et aussi à South Bend, où se trouve l'usine de Studebaker.

— South Bend, c'est où exactement ?

— Dans l'Indiana. Vous auriez la chance, une fois là-bas, de visiter Indianapolis ou encore Lafayette.

— Je n'ai aucune idée de ce que l'on peut y voir.

— Il faudra t'informer. Mieux encore, nous pourrions aller plus près de chez nous, à Flint, au Michigan, où sont fabriquées les Buick, ou encore à Lansing, toujours au Michigan. Ce n'est pas très loin de Détroit, comme ça nous pourrions faire d'une pierre trois coups et visiter un premier État des États-Unis.

De prime abord, cette proposition n'enthousiasma pas trop Judith. Puis, en y pensant bien, elle finit par accepter, en faisant toutefois promettre à Guillaume qu'en compensation, ils se rendraient à Paris au cours de l'été suivant, en compagnie de Charlotte. Il acquiesça.

En prévision de leur voyage au Michigan, Guillaume se plongea dans l'étude des principales pièces de voitures qu'on pourrait lui demander, à partir des bougies jusqu'au bouchon du radiateur, en passant par la manivelle de démarrage, les phares, le tuyau d'échappement et les pièces de frein. Il tenta de deviner ce qui serait le plus demandé. C'est muni d'une bonne liste qu'il prit le train pour Détroit en compagnie de Judith et Denise.

Il comptait beaucoup sur ce voyage pour concrétiser le projet qu'il avait en tête. Il fut enchanté de la visite qu'il fit à l'usine de montage de Ford. Il y apprit que Ford avait produit dix-neuf modèles différents depuis 1903, et il vit la première production du nouveau modèle T qui serait lancé au cours de l'été. Il eut l'occasion d'admirer comment fonctionnait la chaîne de montage de ces véhicules. Il fit part de son projet à l'un des directeurs de l'usine, qui lui promit de lui fournir rapidement sur demande toute pièce dont il aurait besoin. Il prit soin de rapporter un échantillon des pièces qui, selon le directeur, étaient les plus susceptibles d'être demandées.

Pendant qu'il négociait de la sorte, Judith et Denise visitaient Détroit. Elles furent très surprises d'apprendre que cette ville avait été fondée par des Français partis de Montréal en 1701, avec à leur tête le sieur Cadillac. Dès que Guillaume les eut rejointes, Judith s'empressa de lui demander :

— Savais-tu que Détroit a été fondé par un Français nommé Cadillac ?

— Tu me l'apprends, avoua Guillaume, et du même coup, je comprends qu'on ait pu appeler Cadillac une marque de voitures fabriquées ici.

Judith revint à la charge :

— On nous a rapporté d'autre chose, ajouta-t-elle. En 1763, un chef indien a voulu organiser une révolte contre les Anglais. Malheureusement, il a été trahi et n'a pas pu réaliser son plan. Sais-tu comment il s'appelait ?

— Je donne ma langue au chat.

— Tu devrais pourtant le savoir, le taquina Judith. Une marque de voiture porte également son nom.

— Ce ne serait pas Pontiac, par hasard ?

— Oui, monsieur, vous gagnez le gros lot.

De Détroit ils se rendirent à Lansing, où Guillaume visita l'usine de monsieur Olds, le créateur de l'Oldsmobile. Le gérant lui-même l'accueillit pour lui faire visiter ses installations. Il apprit à Guillaume que monsieur Olds avait construit sa première voiture à vapeur en 1894 et sa première voiture à essence en 1896. Guillaume félicita le gérant pour ses installations, où il se produisait plus de cinq mille voitures par année, avant de lui confier:

— J'ai visité l'usine Ford de Détroit et je trouve que leur chaîne d'assemblage ressemble beaucoup à la vôtre.

— Il ne faut pas s'en surprendre, monsieur Ford a tout simplement copié sur celle de monsieur Olds.

Judith et Denise, lors de leur visite à Lansing, furent vivement impressionnées par l'édifice du Capitole, dont le dôme rappelait celui de Saint-Pierre de Rome. Même si Lansing était la capitale de l'État, il s'agissait d'une petite ville paisible dont elles prirent plaisir à parcourir les principales rues à pied.

Après une nuit à l'hôtel, ils se remirent de nouveau en route, cette fois pour Flint, au nord du Michigan, où Guillaume désirait visiter l'usine où étaient fabriquées les voitures Buick. Flint venait tout juste de devenir le siège social de la General Motors. Comme il l'avait fait chez Ford, Guillaume se fit remettre quelques pièces d'automobiles Buick et les fit expédier par train à Montréal.

Cette fois, Judith et Denise n'eurent pas grand-chose à se mettre sous la dent, Flint n'étant encore qu'une toute petite ville. Elles furent satisfaites de leur voyage, tout comme Guillaume de ce qu'il avait vu et pu négocier. Ils prirent le train pour Toronto, puis Montréal. Au bout de près d'une semaine de voyage, ils furent heureux de retrouver la paix de leur maison du Sault-au-Récollet.

Dans leurs pérégrinations, Judith et Denise n'avaient pas oublié d'acheter un petit souvenir pour Charlotte. Elles allèrent le lui porter à son pensionnat. Il s'agissait d'un chien en peluche qui portait des lunettes sur le museau. Charlotte en fut ravie. Le chien fit l'envie de toutes ses compagnes.

Chapitre 55

L'atelier de Guillaume

Dès son retour de voyage, en attendant qu'arrivent les différentes pièces d'automobile qu'il avait choisies, Guillaume décida d'agrandir le hangar qui lui servait d'atelier.

— On peut tout faire, lui assura le charpentier qu'il engagea pour cette construction.

C'était un homme dans la cinquantaine, sûr de ses moyens et qui en avait vu d'autres. Guillaume lui dessina un plan de ce qu'il désirait.

— Je veux l'agrandissement exactement comme sur ce plan et de la même dimension. Il doit s'ajouter tout naturellement à l'atelier actuel.

— Vos désirs sont des ordres, monsieur Courchesne. Vous n'aurez qu'à vous louer de m'avoir engagé.

L'homme s'attaqua d'abord au mur du fond, qu'il démolit en prenant bien garde de ne pas abîmer les murs de côté. Il monta ensuite les deux murs de charpente sur une longueur de vingt-quatre pieds. Quand Judith vit ce qui se préparait, elle ne put retenir une remarque :

— Tu as de grandes ambitions, mon homme !

— Dans la vie, il faut voir grand. Tant qu'à construire, autant le faire pour un bon bout de temps.

— C'est toi qui sais ce que tu veux.

Guillaume expliqua à Judith ce qu'il comptait faire de cette nouvelle installation. Au début, elle semblait sceptique, mais Guillaume finit par la convaincre que tout cela serait grandement utile.

La nouvelle bâtisse prit forme en quelques jours. Guillaume fit poser à l'intérieur de multiples étagères. Quand arrivèrent les pièces qu'il avait achetées durant son voyage, il les rangea bien en ordre sur les tablettes tout en indiquant par des séparations à quelle marque de voitures elles appartenaient. Une fois cet ouvrage terminé, il fit paraître une annonce dans les journaux. Elle se lisait comme suit :

Vous possédez une voiture de marque Ford, Buick ou Oldsmobile et vous avez besoin d'une pièce quelconque pour son bon fonctionnement. Vous la trouverez au garage Courchesne, au Sault-au-Récollet. Si nous ne l'avons pas déjà, nous vous garantissons de vous la procurer en quelques jours.

Cette annonce fit aussitôt son effet. L'idée de Guillaume se révéla fort intéressante et lucrative. Il devenait le premier fournisseur de pièces d'automobile de la grande région de Montréal. Pour augmenter ses réserves, il fit passer une autre annonce :

Par malheur, votre voiture a subi un accident. Nous sommes acheteurs. Communiquez avec nous par téléphone au numéro 10373.

Il n'avait pas le téléphone au Sault-au-Récollet, mais Judith avait demandé l'aide d'une amie qui habitait au centre-ville de Montréal. Elle s'était engagée à prendre les appels de ce genre et à le faire savoir par télégramme à Guillaume. Il se rendait alors chez cette amie et utilisait son téléphone pour passer les ententes nécessaires afin de récupérer le véhicule accidenté. Il faut dire que les accidents étaient rares. Quand il en survenait un, les journaux en faisaient ordinairement état. Guillaume ne perdait alors pas de temps. Il se rendait sur place pour examiner la voiture accidentée, qu'il décidait ensuite de réparer ou non, selon les dommages, puis la remorquait jusqu'à son atelier s'il s'en portait acquéreur. Il parvint de la sorte à mettre la main sur deux autres voitures Ford, qu'il obtint pour une bouchée de pain. Il les démonta entièrement, enrichissant d'autant sa réserve de pièces. Avec Arthur, il eut à réparer quelques voitures accidentées.

Voyant que les affaires s'annonçaient prometteuses, il résolut de conclure des accords pour devenir le fournisseur de la région de Montréal pour toutes les pièces d'automobiles de marques Ford, Buick, Oldsmobile, Studebaker, Cadillac et Pontiac.

Son entreprise se mit à croître rapidement, à tel point qu'outre le mécanicien Arthur Lafrance, il dut engager l'aide-mécanicien Cyrille Lebel, qui les secondait dans leur travail.

L'été arriva et vint le temps de regagner Old Pine. Il se fit un peu tirer l'oreille parce que le travail ne manquait pas au Sault-au-Récollet durant l'été. Mais il avait promis à Judith de l'accompagner dans le voyage qu'elle projetait de faire à Paris avec Charlotte. Il confia la bonne marche du garage à Arthur, son homme de confiance.

Au début du mois de juillet, en compagnie de Judith et Charlotte, il montait à New York à bord du transatlantique *La Lorraine*, en direction du Havre, en France. Arrivés à bon port sept jours plus tard, ils gagnèrent Paris en train et s'installèrent à l'hôtel du Louvre. Judith désirait faire admirer à Charlotte les diverses collections du musée, et notamment les toiles des plus grands peintres. Elles profitèrent grandement de leur voyage. De son côté, Guillaume partait à la découverte des automobiles Peugeot, Renaud et Panhard.

Ils revinrent à Old Pine au début d'août, pleinement éblouis de leur voyage. Judith lança une invitation pour un dîner en plein air à Dominique et Francesca, ainsi qu'à Philippe et Georgiana. Denise avait passé l'été à Old Pine. Elle leur prépara ses meilleurs plats avec grand plaisir. Guillaume et Judith firent part de leurs découvertes à Paris. Charlotte décrivit avec passion à Georgette, Olivier et André les merveilles qu'elle avait vues au Louvre, de même que la cathédrale Notre-Dame. Un de ses meilleurs souvenirs était celui de sa visite à la tour Eiffel, du haut de laquelle elle avait admiré tout Paris.

Il fut bientôt temps de regagner Sault-au-Récollet. Ils avaient passé si peu de temps à Old Pine que, pour la première fois, Judith parla de mettre la villa en vente. Heureux de se retrouver dans son atelier, Guillaume ne s'y opposa pas, mais fit simplement remarquer :

— Il n'est pas dit non plus que nous irons en France chaque été. Aussi, je suis d'avis de ne pas précipiter les choses. Old Pine pourra sans doute nous apporter encore de bons moments en famille.

Judith se rallia à cet avis.

— Tu as raison. Prenons notre temps. Charlotte sera sans doute heureuse un jour d'hériter de Old Pine.

Cette année 1908 leur fut particulièrement profitable. Les affaires de Guillaume marchaient de mieux en mieux. Son rêve de devenir riche commençait à prendre forme.

Chapitre 56

D'autres nouvelles de Victoire

Pendant ce temps, la vie continuait paisiblement à Ville-Marie. Après avoir perdu un enfant lors d'une fausse couche, qu'elle se reprochait d'avoir causée en se démenant trop lorsqu'elle était enceinte, Victoire allait donner naissance à un troisième enfant. Elle ne manqua pas d'en informer Francesca par une lettre qui lui parvint au printemps.

Ville-Marie, 3 avril 1909

Chère Francesca,

Les années se suivent, mais ne se ressemblent pas. Après avoir perdu un enfant l'an dernier, voilà que dans quelques semaines j'aurai le bonheur de donner naissance à un autre bébé qui, cette fois, devrait nous rendre les parents les plus heureux du monde. Martial espère que ce sera un garçon et moi, une fille. La nature est bien faite. Elle nous en réserve la surprise. Mes frères, en faisant appel à je ne sais trop quelles connaissances conservées de nos ancêtres abénaquis, prétendent en me regardant le ventre que ce sera un garçon. Je pense bien qu'ils veulent tout simplement faire plaisir à Martial.

À part ce grand bonheur qui nous attend, ici tout va pour le mieux. Nous n'avons pas de problème de santé et le travail ne manque pas. Nous sommes bien heureux dans notre petite maison. En écrivant cela, je pense à la somptueuse villa de Judith et de Guillaume. Ne manque pas de leur transmettre nos salutations et dis à Guillaume qu'il pourrait se forcer un peu pour nous donner de ses nouvelles de temps en temps. Ça ne coûte rien d'écrire un mot et ça fait tellement plaisir.

Est-ce que nous aurons le bonheur d'avoir un peu de visite cet été ? Nous serions tellement heureux de vous recevoir et ce serait l'occasion pour vous de faire connaissance avec notre nouveau-né. Ce voyage vous permettrait de voir que les choses changent ici. Ville-Marie grandit. Il paraît que plusieurs barrages vont être construits sur la rivière des Outaouais, dont un à l'entrée du lac Témiscamingue, près de Témiscaming. Ça fait beaucoup jaser ici. Comme toujours, certains sont pour, d'autres contre. Qu'importe, ce n'est pas ça qui va changer le monde. Rien n'empêche que vous devriez venir. Vous le savez, la nature est très belle ici durant l'été. Nous irions bien vous voir, mais avec trois jeunes enfants bientôt, ce sera passablement plus difficile.

À part ça, faites-nous savoir comment tout le monde se porte. Georgette, Olivier et André tout comme Charlotte doivent grandir bien vite. Dis à Philippe et Guillaume qu'ils sont les bienvenus tout comme toi et Dominique. J'espère que ma lettre vous décidera à faire le voyage. C'est sur cet espoir que je vous laisse en vous souhaitant à tous ce qu'il y a de mieux, et surtout la santé.

Votre fidèle Victoire

P.-S. J'inclus une photo récente de nous. Pourquoi ne nous en feriez-vous pas parvenir une de vous tous ?

Francesca fut fidèle à faire connaître à toute la famille cette lettre de Victoire. Quand, de passage à Old Pine plus tard au printemps, Guillaume en prit connaissance, il se mit à parler à Judith de rendre visite à Victoire à Ville-Marie. Judith ne demandait pas mieux. Mais quand il émit l'idée de s'y rendre avec la Ford, elle s'y opposa :

— Tu n'as tout de même pas l'idée de faire un pareil voyage en auto ?

— Pourquoi pas ?

— Voyons ! Tu es sérieux ?

— Ça nous permettrait de traverser une bonne partie de la province.

— Mais à quel prix ? Penses-y ! Nous arriverions à Ville-Marie à moitié morts, si jamais nous y parvenions. Les routes ne sont pas assez belles pour que nous prenions de tels risques, alors que c'est si facile de s'y rendre en train.

Guillaume finit par accepter l'idée de prendre le train.

— Il faudra penser à acheter un cadeau approprié dès que nous saurons si Victoire a eu un garçon ou une fille. Charlotte devrait avoir une bonne idée à nous suggérer à ce sujet.

Ils partirent vers le Témiscamingue dès que Charlotte eut terminé son année scolaire. Leur voyage fut mémorable. Sur le vapeur qui les menait de Témiscaming à Ville-Marie,

Guillaume remarqua une femme installée un peu à l'écart sur le pont. Elle était passablement corpulente, avait les cheveux poivre et sel, et les yeux aussi gris que tout le reste de sa personne. Sa tête était en partie couverte d'un châle rouge, si bien qu'il était quasiment impossible de ne pas la remarquer. En passant tout près, Guillaume l'entendit l'interpeller :

— Monsieur, je peux vous prédire votre avenir. Déjà, je sais que vous deviendrez riche.

Interdit, Guillaume s'arrêta. Comment pouvait-elle avoir deviné ça ? Il lui demanda :

— Il y a longtemps que vous êtes voyante ?

— Depuis mon tout jeune âge. Si vous saviez le nombre de personnes à qui j'ai prédit l'avenir ! Bien entendu, plusieurs ne me croient pas jusqu'au jour où mes prédictions se réalisent. Il y en a dont j'ai pressenti la mort. Pensez-vous qu'ils m'ont crue ? Aujourd'hui, à l'heure où je vous parle, tous sont six pieds sous terre.

— Si c'est ce que vous voyez pour moi, j'aime mieux ne rien en savoir.

— Rassurez-vous, monsieur, les ondes que je capte autour de vous sont très belles.

Elle en était là dans ces explications, quand Judith et Charlotte apparurent. Voyant qu'il discutait avec cette femme, elles allèrent le rejoindre. Guillaume les présenta :

— Mon épouse, Judith, et ma fille, Charlotte.

Se tournant vers Charlotte, la femme laissa tomber :

— En voilà une qui fera son chemin dans la vie. Elle ira loin, je peux vous le certifier.

Coup sur coup, la voyante venait de prédire des choses positives. Judith voulut savoir ce qui lui permettait d'affirmer ça au sujet de Charlotte.

— Elle est voyante, la prévint Guillaume.

En réponse à Judith, elle expliqua :

— Dans la vie, il y a des personnes radieuses et d'autres, complètement éteintes ou presque. Quand une personne irradie, elle émet des ondes que je suis en mesure de déchiffrer. Je me trompe très rarement. Vous vous rendez à Ville-Marie. Ce soir, je serai à l'hôtel Unique. Si le cœur vous en dit, pour quelques sous, je vous dirai ce qui vous attend dans la vie.

Dès que Guillaume fut seul avec Judith et Charlotte, il déclara :

— J'aimerais bien qu'elle me dévoile mon avenir.

Judith sourit en hochant la tête.

— Serais-tu assez naïf, Guillaume Courchesne, pour croire aux prédictions de celles qui se prétendent voyantes ? Que sais-tu d'elle ?

— Rien ou presque, mais elle aussi ignore tout de moi. Comment a-t-elle pu me dire tout à l'heure que je me dirigeais vers la richesse ?

— Elle n'avait qu'à te regarder. Tu n'es pas habillé comme la plupart des voyageurs sur ce vapeur. Il est bien évident que nous sommes des visiteurs et que nous avons les moyens de nous payer un pareil voyage. De là à en déduire que tu te diriges vers la richesse, il n'y a qu'un pas, qu'elle a franchi pour attirer ton attention. Et maintenant qu'elle te tient dans ses filets, elle ne lâchera pas le morceau tant que tu ne l'auras pas payée pour qu'elle te radote des généralités que tu vas interpréter selon tes espoirs. Je pourrais même mettre ma main au feu qu'en partant elle va te dire que tu es père d'une jeune fille et que c'est ton enfant unique.

— Elle aurait raison.

— En effet, elle t'a vu avec Charlotte et moi. Si nous avions d'autres enfants, pourquoi ne seraient-ils pas avec nous ?

Guillaume fut bien obligé d'admettre que Judith avait raison. Pourtant, le soir même, il questionna Martial, qui lui apprit que cette femme venait à Ville-Marie à peu près chaque année à cette période, et que nombreux étaient ceux qui dépensaient des sous pour la consulter. Guillaume demanda :

— Ses prédictions sont-elles bonnes ?

— Il semble que oui. Il est vrai que comme d'autres choses, son passage est bien vite oublié.

Guillaume ne put résister au désir de se rendre à l'hôtel Unique. Quand il en revint, il rayonnait. Charlotte et Judith l'interrogèrent sur la cause de sa bonne humeur.

— Vous ne le croirez pas, mais elle a deviné que je m'intéressais aux voitures, s'enthousiasma-t-il d'entrée de jeu.

— J'en aurais fait autant ! affirma Judith en riant.

— Comment ça ?

— Regarde tes boutons de manchettes. N'est-ce pas une voiture Ford qui y figure ? Elle l'aura remarqué et, pour te mettre en confiance, elle a commencé sa séance par cette affirmation. Voyant que tu réagissais bien, comme je te l'ai déjà mentionné, elle t'a certainement dit que tu n'avais qu'une fille. Ensuite, elle est revenue sur ce qu'elle t'a raconté quand tu lui as parlé en premier, c'est-à-dire que tu t'en allais vers la richesse, que ta femme avait de l'argent, que nous avions deux maisons, une en ville et l'autre à la campagne, et que nous ferions un beau voyage à Ville-Marie.

Déconcerté, Guillaume fixa Judith en demandant :

— Comment sais-tu tout ça ?

— Il n'y a rien de plus simple. On n'a qu'à te parler d'automobiles pour que tu te mettes à rêver. Ensuite, elle n'a eu qu'à te faire croire à ton rêve.

— Tu ferais une bonne voyante ! s'exclama Guillaume en la serrant dans ses bras.

— Et que t'a-t-elle dit à mon sujet et à celui de Charlotte ?

— Elle ne m'a pas parlé de toi, mais a répété qu'elle a vu dans les yeux de Charlotte qu'elle irait loin.

Le lendemain midi, les conversations fusèrent de part et d'autre autour de la table. Comme elle le leur avait écrit quelque temps auparavant, Victoire avait eu un garçon prénommé François. Comme cadeau, Guillaume et Judith lui donnèrent un hochet et remirent à Victoire une somme d'argent suffisante pour lui acheter une belle couchette. Judith précisa :

— Elle lui servira à lui et aux autres qui viendront après.

Ils passèrent du bon temps en compagnie de Victoire et Martial. Ce dernier n'avait pas son pareil pour détendre l'atmosphère. Il ne manqua pas de leur conter, fidèle à son habitude, « une des belles histoires de son passé ».

— Est-ce que je vous ai dit que mon père était épicier, quand j'étais jeune ? Eh bien, cela faisait de moi un fils d'épicier. Et qu'est-ce qui caractérise un fils d'épicier ? Il a toujours le nez dans tout ce qu'il y a de meilleur à manger. Le chocolat étant quelque chose de bon à manger, la tentation était forte d'en prendre un dans une des bonbonnières en vente à la disposition des clients. Mais tu n'enlèves pas simplement un chocolat dans une boîte qui est censée en contenir douze ou vingt-quatre. Il faut le remplacer par quelque chose de ressemblant. Avez-vous déjà vu des crottes de renard ? Une fois séchées, certaines peuvent être prises pour un bon morceau de chocolat. Sachez qu'il m'est arrivé de remplacer par une crotte de renard un morceau de chocolat dans une bonbonnière sur laquelle était d'ailleurs écrit « Crottes de renard ». La bonbonnière en question est vite revenue à l'épicerie et celui qui a mangé sa crotte, ce fut votre humble serviteur ici présent.

— Et c'était bon ? questionna Guillaume.

À la grimace esquissée par Martial, tout le monde éclata de rire.

Ce séjour dans le Témiscamingue marqua le début des vacances, qui se poursuivirent à Old Pine. Judith avoua que de passer quelques semaines à pique-niquer et se détendre au bord de la rivière valait vraiment la peine. Aussi fallait-il demeurer propriétaire de Old Pine. Son entretien se payait par ce que les terres attenantes à la villa et le jardin rapportaient. Leur fermier, Josaphat Comtois, exécutait bien son travail. C'était le pain assuré pour sa famille de cinq enfants. À Old Pine, on ne manquait jamais de fruits et de légumes frais. Le domaine se suffisait presque entièrement grâce à ce que rapportait cette terre dont les surplus étaient écoulés et vendus au marché.

Guillaume avait beau aimer travailler au Sault-au-Récollet, les séjours à Old Pine lui étaient bénéfiques. Il ne se sentait vraiment chez lui qu'à Drummondville. Même s'il n'y séjournait pas longtemps, il appréciait chaque instant passé sur les bords de la rivière Saint-François. La villa était devenue sa demeure. Il s'y plaisait en compagnie de Judith. Tous deux profitaient de l'été pour refaire le plein. La vie les comblait et Charlotte était, d'entre tous, le plus beau cadeau qu'elle leur avait fait.

Chapitre 57

Que devient Drummondville ?

Guillaume profitait de ses séjours à Old Pine pour se renseigner à propos de ce qui se passait à Drummondville. Il ne manquait pas, chaque fois qu'il en avait la chance, d'aller aux nouvelles. Pour ce faire, il allait visiter Dominique.

À peine était-il revenu du Témiscamingue qu'il se rendit un soir chez son beau-frère. Francesca se montra heureuse de le voir. Elle l'accueillit à bras ouverts.

— Vous avez fait un beau voyage ?

— Excellent.

— Victoire va bien ?

— On ne peut mieux. Il faudra que vous veniez à la villa pour que nous vous en parlions plus longuement.

— Je te regarde et tu sembles en grande forme.

— Je le suis en effet.

— Si p'pa et m'man étaient encore avec nous, ils seraient vraiment fiers de toi. Penses-y, p'pa aurait été comblé de te voir devenu un homme d'affaires prospère et, en plus, propriétaire de deux maisons et d'une belle voiture.

— Je le dois en grande partie à Judith. Old Pine lui appartient à elle.

— Tu peux t'en réjouir. Le jour où tu es tombé amoureux d'elle, tu as vraiment fait un bon coup. En plus d'être belle, intelligente et distinguée, c'est une femme instruite et charmante, à l'esprit ouvert. Estime-toi chanceux de l'avoir pour épouse !

— Ne t'inquiète pas, je suis bien conscient de ma chance.

— Avez-vous des projets en cours pour bientôt ?

— Ce sera la dernière année de pensionnat de Charlotte. Elle va avoir près de quinze ans à la fin de son année scolaire. Ensuite, tout dépendra de ce qu'elle décidera de faire. Elle est très douée dans plusieurs domaines. Elle a adoré visiter le musée du Louvre à Paris. J'ai bien l'impression qu'elle va vouloir entreprendre une carrière comme peintre.

— Il n'est pas facile de réussir dans ce domaine. Il y a des peintres qui n'ont pas vendu une seule toile de leur vie.

— Je sais. Cependant, si c'est ce qu'elle aime, nous l'encouragerons.

— Il est vrai qu'il faut faire ce qu'on aime dans la vie, toutefois pas à n'importe quel prix.

— Heureusement, Judith la considère comme sa fille et nous avons les moyens de la soutenir.

— Et pour toi, les choses vont toujours bien ?

— On ne peut mieux. J'ai toutes sortes de projets en tête et, justement, je veux en parler à Dominique. Est-il ici ?

— Non, mais il ne tardera pas à arriver. Veux-tu prendre un verre en l'attendant ?

— Volontiers. Je veux en profiter pour faire le point avec lui sur ce qui se prépare pour Drummond. J'ai beau vivre ailleurs une bonne partie de l'année, je n'oublie pas l'endroit qui m'a vu naître. En réalité, peu importe où j'habite, je serai toujours attaché à Drummond.

Il en était là de ses réflexions quand Dominique arriva.

— Tiens, le beau-frère, qu'est-ce qui t'amène chez nous ?

— D'abord, vous deux. Votre compagnie est toujours un plaisir. Et aussi, j'ai un conseil à te demander, et j'aime bien quand le conseiller municipal que tu es m'informe de ce qui se prépare chez nous. Tu sais, Drummond est toujours mon chez-moi.

— Ce qui se passe ici ? Il y a d'abord le scandale de la statue s'inspirant des Trois Grâces.

— Quel scandale ?

— Figure-toi que nous avons eu une pétition pour faire changer la fontaine de place.

— En quel honneur ?

— Un bon nombre de nos concitoyens trouvent que les trois femmes représentant les Grâces sont trop peu habillées. Ils exigent qu'elles soient descendues de leur socle pour être placées dans un endroit plus discret.

— Allez-vous les écouter ?

— Nous n'avons pas le choix. Si tu passes au parc, tu verras qu'elles n'y sont déjà plus. Il reste maintenant à les installer ailleurs.

— Je suggère le terrain du presbytère.

— Avoir des idées pareilles, c'est bien toi ! le gronda gentiment Francesca.

— Rien n'empêche qu'avec des histoires de même, on aura tout vu !

— C'est précisément parce qu'on en voyait trop, intervint Dominique, qu'on doit mettre nos déesses en punition.

La réflexion de Dominique les fit bien rire. Guillaume commenta :

— Dire qu'il y en a tant de semblables en plein cœur de Paris. Nos concitoyens devraient voyager plus.

— Nos gens sont pudiques et pas habitués à ça.

— À part ces pauvres déesses, qu'est-ce qui se trame en coulisses ?

— Drummond se développe bien. Nous sommes maintenant plus de trois mille à y vivre. En général, les industries marchent à plein rendement, sauf les forges qui s'essoufflent un peu. La fabrique d'allumettes, elle, va bien, tout comme la manufacture de chaussures de monsieur Charbonneau et celle de chemises de la Drummond Shirt. Cependant, le plus urgent serait de régler la question de l'électricité et du fameux barrage à construire sur la rivière. On en parle pratiquement à toutes les réunions du conseil. Il y a des projets comme ça qui mettent beaucoup de temps à aboutir. Une chose est certaine, ça finira par se faire, parce que si on veut que la ville continue de bien se développer, on a besoin de l'électricité nécessaire. J'ai bon espoir que ça débloque bientôt.

Après un moment, Dominique demanda :

— Et toi, les affaires continuent de bien aller ?

— En effet. Ça ne peut pas manquer, l'automobile est le moyen de transport de l'avenir. Sans vouloir me vanter, je suis devenu le meilleur dépositaire des marques Ford, Cadillac, Buick, Pontiac, Oldsmobile et Studebaker de la région de Montréal.

— Tant que ça ?

— Eh oui !

— Tu n'es donc pas à plaindre.

— Non, pas vraiment, et en plus, j'aime bien gros ce que je fais. Par conséquent, tout va pour le mieux.

— Ça s'arrose !

Dominique se prépara un verre et ils burent ensemble à leur avenir et à celui de la ville. Guillaume en profita pour le questionner :

— Y a-t-il plusieurs propriétaires d'automobiles à Drummond ?

— Très peu, trois ou quatre à ma connaissance.

— C'est ce que je voulais savoir.

— Pourquoi donc ?

— Parce que je pensais éventuellement ouvrir un garage ici. À ce que je vois, c'est encore trop tôt. Peut-être dans quelques années.

Francesca vint se joindre à eux. Elle pria Guillaume de venir souper avec Judith et Charlotte le dimanche suivant.

— Vous vous faites trop rares.

— Promis, assura Guillaume. Je suis certain que Judith et Charlotte seront très heureuses de vous voir. Par contre, nous ne quitterons pas Drummond sans vous recevoir pour un bon repas en famille. Nous avons l'intention d'inviter aussi Philippe et Georgiana.

— À propos, comment se porte Denise ?

— Elle va bien. Elle a passé de durs moments, mais a toujours été heureuse dans une cuisine et elle continue de l'être.

Il les quitta là-dessus. Dominique commenta :

— En voilà un qui sait où il va ! Je suis bien heureux pour lui.

Chapitre 58

Que réserve l'avenir ?

Guillaume ne dormait plus. L'aube se levait à peine, dessinant la silhouette des arbres à l'est. Une légère brume montait de la rivière. Les oiseaux commencèrent leur concert. Un pluvier fit entendre son cri plaintif. Quelques canards caquetèrent, pendant que dans les aulnes de la rive un pinson chanteur égayait les environs de sa courte mélodie.

Guillaume était songeur. Il sortit s'asseoir sur la terrasse donnant vers la rivière. La nature poursuivit pour lui son spectacle. Une petite brise se leva, faisant pencher les quenouilles le long de la berge, puis danser les feuilles des trembles, avant de faire frissonner celles des bouleaux. Un héron, poursuivant sa quête de nourriture le long du rivage en grandes enjambées, dérangea une bande de bécasseaux. Ils changèrent de rive en laissant entendre des cris de protestation.

À l'horizon, l'aurore commençait à déployer sa symphonie de couleurs. De petits nuages montaient dans le ciel, se préparant au spectacle qu'ils allaient jouer. De violet, le ciel passa au mauve, au rose et à l'écarlate, puis il s'ouvrit en entier comme un manteau d'or au moment où sur l'horizon le soleil apparaissait et grandissait à la manière d'un ballon qu'on gonfle. Les nuages voguaient telles des caravelles enflammées. Deux chevreuils apparurent entre les arbres. Sur leurs gardes, les oreilles dressées, ils descendirent boire à la rivière. « Rien que pour ça, songea Guillaume, rester au bord de l'eau n'a pas de prix. »

Il était perdu dans ses pensées quand Judith parut, souriante. Elle s'approcha, lui passa les bras autour du cou et l'embrassa.

— Tu t'es levé tôt ce matin, mon homme.

Prenant une grande inspiration pour profiter du bon air matinal, elle poursuivit :

— Quelle belle journée se prépare !

— Elles sont toutes belles avec toi.

Le compliment la fit rougir.

— N'est-ce pas que nous sommes bien à Old Pine ?

— Raison de plus pour ne pas vendre.

— Évidemment. Il sera toujours temps de le faire, si un jour nous cessons de nous plaire ici. Que mijotes-tu ?

— Je réfléchis à nous trois et surtout à Charlotte.

— Tu veux qu'on en parle ?

— Que deviendra-t-elle l'année prochaine ?

— Il n'y a qu'elle qui puisse répondre à cette question. Je ne veux pas qu'elle décide en fonction de ce qui pourrait nous plaire. Malheureusement, elle n'est pas encore fixée sur son avenir. Elle est tiraillée entre devenir actrice ou tenter de se faire valoir en peinture. Au cours de l'année qui vient, je compte bien lui faire découvrir les avantages et les inconvénients de ces deux modes de vie. Les actrices n'ont guère de repos et la plupart de leurs soirées et de leurs journées sont très remplies. Leur temps ne leur appartient plus. Sans compter que, parfois, elles ne sont plus populaires. Ça, il faudra qu'elle en soit bien consciente. D'un autre côté, peindre exige une très grande discipline. Ce métier cependant laisse plus de liberté, quoiqu'il soit tout aussi exigeant. Il est difficile de s'y faire un nom. De cela aussi il faudra qu'elle soit bien prévenue.

— Où sera-t-elle l'an prochain, à pareille date ? Le temps passe si vite. Te rends-tu compte que dans un an ou deux elle va voler de ses propres ailes ?

— J'en suis bien consciente. Elle occupe une grande place dans notre vie. J'ai bien peur que nous ayons de la misère à nous habituer à son absence permanente. Elle avait beau être pensionnaire, nous étions quand même près d'elle, et elle a toujours passé le plus gros de ses vacances avec nous. Si jamais elle est appelée à vivre loin de nous, elle va beaucoup me manquer. En attendant, je m'informe à gauche et à droite de ce qui serait le mieux pour elle, selon qu'elle choisira le théâtre ou la peinture.

Guillaume resta un moment silencieux, puis fit remarquer :

— Comme c'est curieux, je suis son père et c'est toi, sa belle-mère, qui travaille le plus pour lui bâtir un bel avenir.

— N'est-ce pas ce à quoi je m'étais engagée en te mariant ? Je la considère comme ma fille et je désire ce qu'il y a de mieux pour elle.

Un vol d'outardes passa au-dessus de la villa. Ils le suivirent du regard. Guillaume fit la réflexion suivante :

— Elles au moins savent où elles vont.

— Nous finissons tous par le savoir. Notre bonheur en dépend. Charlotte trouvera bien la voie qui la rendra heureuse.

Est-ce parce que Judith venait de prononcer son nom ? L'intéressée apparut sur la terrasse. Enjouée, elle s'approcha en s'étirant comme un chat.

— La journée promet d'être belle.

— Je viens tout juste de faire la même réflexion à ton père, répondit Judith.

— Avez-vous des projets pour aujourd'hui ?

— Rien de particulier.

— Eh bien moi, je me propose de peindre.

— En plein air ?

— Oui, je veux faire une toile de la fontaine des Trois Grâces.

— Si tu la trouves, intervint Guillaume. Il paraît qu'on l'a déménagée ailleurs.

— Vraiment ? Je finirai bien par découvrir où elle a été installée.

Judith lui dit doucement :

— Ton père et moi, nous parlions justement de ton avenir. Es-tu plus fixée sur ce que tu veux devenir ?

— Pas encore, mais je pense bien que je verrai plus clair d'ici un an.

— Choisis ce qui fera le plus ton bonheur, ça assurera le nôtre.

Denise apparut à son tour sur la terrasse. Elle s'informa :

— Il fait tellement beau. Je suppose que vous prendrez votre déjeuner dehors. Je prépare la table.

Le soleil avait bondi sur l'horizon. Au clocher de l'église sonna l'angélus du matin. La ville s'animait. On entendait les bruits habituels des matins d'été, les couinements des roues de charrettes mal huilées, quelques jappements ici et là et, dans l'air, le murmure de la vie qui reprenait son cours. Deux corneilles s'appelèrent d'un côté et de l'autre de la rivière.

— Si je m'écoutais, chuchota Judith, je passerais ma journée à ne rien faire.

— Et moi de même, assura Guillaume. Seulement demain, je le regretterais.

— Que nous prépares-tu ?

— *Qui vivra verra !* En attendant, je vais me mettre de quoi sous la dent.

Denise finissait de disposer les assiettes sur la table. Elle leur apporta le pain, le beurre, les confitures et les boissons du déjeuner. Ils mangèrent en plein air avec grand appétit. Jusque-là, il s'agissait de la plus belle journée de l'été. Ils allaient se lever de table quand se fit entendre le bruit d'un moteur. Une automobile s'arrêta devant la grille de la villa.

Chapitre 59

Un visiteur

Chaque fois que quelqu'un se présentait à Old Pine sans s'annoncer, Guillaume prenait le temps de s'enquérir de qui il s'agissait avant d'ouvrir la grille donnant accès à la villa. Ce matin-là, il n'eut pas à le faire, car Judith le pria :

— Dis à Alfred d'aller ouvrir. C'est probablement monsieur Dyonnet, le visiteur que j'attends.

— Monsieur Dyonnet ?

— À mon avis, c'est le meilleur professeur de peinture que nous ayons à Montréal. Je l'ai invité, il y a quelque temps, à venir à la villa afin de lui présenter Charlotte et de lui montrer ses dessins. Je tiens à connaître son avis là-dessus. Il m'a laissé entendre par un télégramme pas plus tard qu'hier qu'il passerait à la villa.

— Il vient vraiment pour moi ? questionna Charlotte, incrédule.

— Bien sûr ! J'ai pensé que tu serais heureuse de peindre au cours de l'été. Tu t'apprêtais d'ailleurs ce matin à produire une toile de la fontaine des Trois Grâces. Monsieur Dyonnet aura sûrement des conseils à te donner, et peut-être pourras-tu suivre des cours avec lui cette année, si ça te plaît. Toutefois, il enseigne à Montréal.

La voiture Ford s'avança sur le chemin et s'immobilisa devant l'entrée. Un homme dans la cinquantaine, l'air sévère et tout de noir vêtu, en descendit. Il déposa son chapeau sur le banc arrière de son véhicule, après quoi il se dirigea d'un pas presque militaire vers la villa. Judith se précipita pour le recevoir.

— Vous êtes bien monsieur Dyonnet ?

— En effet.

— Merci d'avoir répondu à ma requête.

Elle l'invita à la suivre au salon et le pria de s'asseoir.

— Accordez-moi une minute, le temps de prévenir mon mari et sa fille qu'ils se joignent à nous. Je vais demander à Charlotte d'apporter ses croquis. Vous jugerez vous-même de son talent. Je tenais à ce qu'un connaisseur comme vous puisse se prononcer sur la valeur de ce qu'elle fait. Voilà pourquoi je vous avais invité à Old Pine, si vous aviez l'occasion de passer par Drummond.

— Eh bien ! Ça ne pouvait pas tomber mieux. J'ai eu à me rendre à Warwick y reconduire mon bon ami, le sculpteur Alfred Laliberté que vous connaissez peut-être. Je n'avais donc pas à faire de détour pour me retrouver ici.

Judith sonna le majordome, qui se présenta sans tarder.

— Alfred, allez prévenir mon mari et sa fille de bien vouloir nous retrouver au salon. Et que Charlotte apporte ses dessins.

Se tournant ensuite vers son visiteur, elle enchaîna :

— Je vous remercie beaucoup de vous être donné la peine d'arrêter en passant. Charlotte, dont je suis la belle-mère, mais que je considère comme ma fille, sera heureuse d'avoir votre avis. Elle songe sérieusement à entreprendre une carrière comme peintre.

Se pinçant un peu les lèvres et arborant un air dubitatif, son visiteur livra le fond de sa pensée :

— Ma chère dame, je ne voudrais pas vous paraître rabat-joie, toutefois vous savez sans doute comme moi qu'il n'est pas facile de réussir dans ce métier.

— J'en suis bien consciente, tout comme mon mari, mais Charlotte est notre unique enfant et nous voulons la voir consacrer sa vie à quelque chose qui la passionne.

Guillaume et Charlotte se présentèrent au salon. Après les salutations d'usage, Judith invita Charlotte à montrer ses dessins au visiteur. La pauvre était passablement intimidée. Sans un mot, elle étala une à une les œuvres qu'elle avait apportées sur la petite table aux pieds de monsieur Dyonnet. Ce dernier les examina un moment, puis posa une question :

— Mademoiselle, avez-vous déjà eu un professeur de dessin ?

— Pas vraiment.

— Vous possédez donc un talent naturel. Vos dessins sont originaux et passablement réussis. Toutefois, ils manquent quelque peu de nuances, côté ombre et lumière en particulier, défaut que vous réussiriez bien vite à corriger en suivant les cours d'un bon professeur.

— Permettez, intervint Judith. Voilà justement pourquoi je tenais, cher monsieur, à obtenir votre opinion là-dessus. Ainsi, des cours lui seraient bien utiles. Qu'en penses-tu, Charlotte ?

Retrouvant tous ses moyens, la jeune fille répondit spontanément :

— Je ne demanderais pas mieux que d'apprendre.

Monsieur Dyonnet la questionna :

— Je crois savoir que vous peignez également ?

— À l'occasion.

— J'aimerais voir aussi vos toiles.

Charlotte revint avec deux de ses peintures. Le professeur les examina attentivement.

— Vous êtes encore bien jeune, mademoiselle, mais vous avez un talent certain, que des cours vous permettraient sans aucun doute de développer au maximum.

Judith en profita pour faire part de son souhait :

— Monsieur Dyonnet, vous êtes un professeur renommé. Charlotte pourrait-elle s'inscrire à vos cours ?

— Oui, bien sûr ! J'ai un bon nombre d'élèves, par contre, ce sont tous des hommes et la plupart sont passablement plus vieux qu'elle. Sans indiscrétion, quel âge avez-vous, mademoiselle ?

Elle se vieillit en répondant :

— Près de quinze ans.

Il sourcilla en passant la main dans sa barbe.

— À mon avis, vous devriez suivre des cours particuliers.

Judith saisit là un avertissement ou mieux, une mise en garde.

— Nous verrons en septembre, quand nous retournerons au Sault-au-Récollet. J'aurais aimé qu'elle puisse suivre vos cours.

— Il faudra vous adresser à un autre que moi parce que je ne donne pas de cours particuliers. Peut-être pourrai-je vous recommander un de mes meilleurs anciens élèves. En attendant, Charlotte, je vous conseille de visiter des musées et de bien observer les toiles qui y sont exposées. Nous apprenons beaucoup du travail des autres. Il y a aussi d'intéressants renseignements à aller chercher dans les livres d'art.

Monsieur Dyonnet avait donné son opinion. Judith le remercia à nouveau de s'être donné la peine d'arrêter.

— Ce fut un plaisir, madame.

S'adressant à Charlotte, il l'encouragea :

— Mademoiselle, vous avez un talent que vous vous devez de faire fructifier.

Il se leva. Judith l'accompagna jusqu'à sa voiture. Revenue à la villa, elle fit le point avec Charlotte :

— Est-ce que cette visite t'a permis de voir plus clair ? As-tu toujours l'intention de te lancer en peinture ?

— Si j'ai un professeur, pourquoi pas ?

— Dommage que monsieur Dyonnet ne donne pas de cours particuliers. Au moins, il a laissé entendre qu'il nous recommanderait un professeur. Nous aviserons à ce moment-là.

Quelques jours plus tard, par une lettre, monsieur Dyonnet recommandait à Judith un certain William Brymner. Elle demanda l'avis de Guillaume :

— Qu'en penses-tu ?

— Je crois que Charlotte devra cesser d'être pensionnaire pour pouvoir suivre des cours particuliers de peinture. Nous l'inscrirons comme externe, cette année.

Quand Judith fit part de cette décision à Charlotte, elle se montra quelque peu réticente.

— Je vais perdre toutes mes amies.

— Tu auras l'occasion de parler avec elles lors des récréations. Au fond, ça ne changera pas grand-chose, puisque le reste du temps vous n'avez pratiquement pas le droit de placoter.

— Ça ne sera plus pareil.

— Donne-toi le temps de réfléchir à tout ça. Pensionnaire, il te sera impossible de suivre des cours de peinture avec un excellent professeur. N'oublie pas non plus le théâtre, pour lequel tu as un grand intérêt. En étant externe, sans doute sera-t-il possible que tu t'inscrives aussi à des cours d'art dramatique.

Il lui fallait faire un choix difficile. Charlotte promit d'y songer sérieusement.

DEUXIÈME PARTIE

RIEN NE VA PLUS

1884

TROISIÈME PARTIE
L'EXIL
1885-1888

Table des matières

UNE VIE NOUVELLE

DEUXIÈME PARTIE

LE RETOUR AUX SOURCES
1893-1894

TROISIÈME PARTIE
UN SOUFFLE NOUVEAU
1895-1899

Table des matières

Les années fastes

DEUXIÈME PARTIE

À L'ŒUVRE ET À L'ÉPREUVE

1902-1904

TROISIÈME PARTIE

UN TEMPS NOUVEAU

1905-1909

Achevé d'imprimer par GGP Media GmbH, Pößneck
en décembre 2018
pour le compte de France Loisirs,
Paris

N° d'éditeur : 93223
Dépôt légal : décembre 2018

Imprimé en Allemagne